Sammlung

der

für die Königlich Preußische Rhein-Provinz
seit dem Jahre 1813
hinsichtlich der Rechts- und Gerichts-Verfassung
ergangenen

Gesetze, Verordnungen,
Ministerial-Rescripte 2c.

Im Auftrage Eines Hohen Justiz-Ministeriums
herausgegeben
von

Marquardt,
Königlichem Geheimen Kanzlei-Rath und Geheimen Ober-Registrator.

Elfter Band,
welcher die Jahre 1854, 1855, 1856 und 1857 enthält.

Berlin,
Druck und Verlag von Georg Reimer.
1858.

XLI.

1854.

Gesetze, Verordnungen, Rescripte.

1.

Statut des Verbandes der Wiesenbesitzer in der Gemeinde Wallersheim, Kreises Prüm, Regierungsbezirks Trier. Vom 19. Dezember 1853.

I. 515. L. 12. Gesetz-Sammlung von 1854. S. 19.

2.

Allgemeine Verfügung vom 2. Januar 1854, — betreffend den Maaßstab, nach welchem Geldbußen für den Unvermögensfall des Verurtheilten in Freiheitsstrafen zu verwandeln sind.

Strafgesetzbuch §§. 17. 335.
Gesetz vom 2. Juni 1852. §. 12 (Ges.-Samml. S. 305).

Nach §. 12 des Gesetzes über den Diebstahl an Holz und anderen Waldprodukten vom 2. Juni 1852 soll die Dauer der an die Stelle einer Geldbuße bei dem Unvermögen des Verurtheilten zu substituirenden Gefängnißstrafe vom Richter so bestimmt werden,

daß der Betrag von zehn Silbergroschen bis zu zwei Thalern einer Gefängnißstrafe von Einem Tage gleichgeachtet wird.

Von mehreren Gerichten ist diese, mit den §§. 17 und 335 des Strafgesetzbuchs im Wesentlichen gleichlautende Bestimmung so ausgelegt worden,

daß an die Stelle einer Geldbuße bis zur Höhe von zwei Thalern jederzeit nur Ein Tag Gefängniß treten dürfe, demnach 10 Sgr. bis 2 Thaler einem Tage, 20 Sgr. bis 4 Thaler zwei Tagen Gefängniß u. s. w. gleichstehen.

Diese Ansicht ist nicht richtig.

Die Absicht des Gesetzes geht dahin, daß schon für zehn Silbergroschen Geldbuße Ein Tag Gefängniß substituirt werden kann, daß aber dem richterlichen Ermessen überlassen bleiben soll, im konkreten Falle einem höheren Betrage bis zwei Thaler Einen Tag Gefängniß gleichzustellen.

Dies ergeben unzweifelhaft die Materialien sowohl des Strafgesetzbuchs als des Gesetzes vom 2. Juni 1852.

Schon bei dem ersten Entwurfe des Strafgesetzbuchs hatte die Absicht vorgewaltet, die frühere Regel, nach welcher 5 Thaler Geldbuße 8 Tagen Gefängniß gleichzusetzen waren, dahin abzuändern, daß nicht mehr ein fester Maaßstab angenommen werde, sondern daß mit der zunehmenden Größe der Geldbuße die ihr zu substituirende Gefängnißstrafe nach einem allmälig abnehmenden Verhältnisse steigen solle. (Motive zum I. Entwurf I. S. 69). Die demgemäß in mehreren Entwürfen aufgestellte Skala wurde aber bei der Revision des Entwurfs von 1843 (§. 47 Revision von 1845 I. S. 114) verlassen, um besonders mit Hinsicht darauf, daß die Geldbuße sich nach den individuellen Verhältnissen allzu verschieden stelle, dem richterlichen Ermessen einen noch freieren Spielraum zu gewähren, anstatt dasselbe im Voraus in ein mechanisch und kasuistisch aufgestelltes Zahlenverhältniß einzuzwängen.

Aus dieser Anschauung sind diejenigen Bestimmungen hervorgegangen, welche sich in wenig veränderter Form in den §§. 17 und 335 des Strafgesetzbuchs wiederfinden. Ihnen schließt sich der §. 12 des Gesetzes vom 2. Juni 1852, den Diebstahl an Holz und anderen Waldprodukten betreffend, an und die Motive zu dem Entwurfe des letztern geben folgende Erläuterung (S. 23):

„In Betreff des für den Unvermögensfall der Geldbuße zu substituirenden Maaßes der Gefängnißstrafe war auf die Bestimmung des §. 335 des Strafgesetzbuchs zurückzugehen, wonach der Betrag von 10 Sgr. bis zu 2 Thalern einer Gefängnißstrafe von Einem Tage gleichgeachtet wird, d. h.

es ist in das Ermessen des Richters gestellt, ob er schon einem Betrage von 10 Sgr. oder erst einem höheren Betrage bis 2 Thaler Einen Tag Gefängnißstrafe substituiren will."

Es kann hiernach einer Geldbuße von 2 Thalern ein Tag Gefängniß, es kann derselben aber auch eine höhere Gefängnißstrafe bis sechs Tage substituirt werden, jenachdem die persönlichen Verhältnisse des Angeschuldigten und die sonstigen Umstände des konkreten Falles, insbesondere mit Hinsicht auf die Höhe des Tagelohnes, den Werth des Geldes und dergl. ein höheres oder geringeres Maaß angemessen erscheinen lassen.

Die entgegengesetzte Auslegung würde zu Mißverhältnissen und zu Resultaten führen, welche mit anderen gesetzlichen Bestimmungen nicht zu vereinigen sind.

Abgesehen davon, daß bei gleichen Verhältnissen der Angeschuldigten es nicht zu rechtfertigen sein würde, wenn für Geldbußen verschiedener Höhe (z. B. für 10 Sgr., 20 Sgr., Einen Thaler, zwei Thaler) eine Gefängnißstrafe derselben Dauer (von Einem Tage) substituirt wird, daß ferner namentlich bei den zur ärmeren Klasse gehörigen Angeschuldigten der feste Satz von Einem Tage Gefängniß für 2 Thaler Geldbuße mit dem Werthe des Geldes und dem Betrage eines täglichen Verdienstes in offenbarem Mißverhältniß stehen würde, enthalten auch die betreffenden §§. 17. 335 des Strafgesetzbuchs und der §. 12 des Gesetzes vom 2. Juni 1852 am Schlusse die Bestimmung,

daß die zu substituirende Gefängnißstrafe ein gewisses Maaß (§.17: vier Jahre, §.335: sechs Wochen, §.12: sechs Monate) nicht übersteigen dürfe.

Diese Bestimmung würde zwecklos und unerklärlich erscheinen, wenn jene irrige Auslegung für die richtige angenommen werden müßte. Denn bei dieser Auslegung würde in allen Fällen, auch bei der höchsten Geldstrafe, nur auf ein bedeutend niedrigeres Maaß der Gefängnißstrafe (nach §. 335 Strafgesetzbuch z. B. statt 50 Thaler nur auf höchstens fünf und zwanzig Tage) erkannt werden können, als das Gesetz besage jener Bestimmung der §§. 17. 335 Strafgesetzbuch und §. 12 des Gesetzes vom 2. Juni 1852 als anwendbar voraussetzt.

Der Justiz-Minister hat sich veranlaßt gefunden, auf diese Gesichtspunkte aufmerksam zu machen.

Sollten gleichwohl einzelne Gerichte bei Anwendung der §§. 17 und 335 des Strafgesetzbuchs und §. 12 des Holzdiebstahls-Gesetzes vom 2. Juni 1852 in ihren Entscheidungen der entgegengesetzten Ansicht folgen, so würde darin eine hinreichende Veranlassung vorliegen, das zulässige Rechtsmittel dagegen einzulegen. Die Beamten der Staatsanwaltschaft, insbesondere die Polizei-Anwalte, werden angewiesen, sich hiernach zu achten.

Berlin, den 2. Januar 1854.

Der Justiz-Minister
Simons.

An
sämmtliche Gerichte und die Beamten
der Staatsanwaltschaft.

I. 5436. F. 52. Vol. 17.

3.

Allgemeine Verfügung vom 3. Januar 1854, — betreffend die Einführung einer Kontrolle über die Haltung der Gesetz-Sammlung Seitens der dazu verpflichteten Justizbeamten.

Verordnung v. 27. Okt. 1810. (Ges.-Samml. v. 1810 S. 1.)
Allerhöchster Erlaß v. 6. Juli 1850. (Ges.-Samml. S. 362.)

Nach einer Anzeige des Gesetz-Sammlungs-Debitskomtoirs sind die bestehenden Vorschriften über die Verbindlichkeit der Behörden und Beamten zur Haltung der Gesetz-Sammlung nicht überall beachtet, und es ist deshalb die Einführung geeigneter Kontrollmaaßregeln für nothwendig befunden worden.

Im Einverständniß mit dem Herrn Minister für Handel, Gewerbe und öffentliche Arbeiten wird zu diesem Zwecke in Betreff der Justizbeamten hierdurch Folgendes angeordnet:

1) Die Entscheidung darüber, welche Justizbeamten zur Haltung der Gesetz-Sammlung verpflichtet sind, liegt in Beziehung auf die gerichtlichen Beamten den Obergerichten, in Beziehung auf die Beamten der Staatsanwaltschaft den Ober-Staatsanwalten ob. In zweifelhaften Fällen bleibt die Entscheidung dem Justiz-Minister vorbehalten.

2) Die Obergerichte und die Ober-Staatsanwalte haben von den ihnen untergeordneten Behörden im Monat Oktober jeden Jahres Listen anfertigen zu lassen, in welchen die zur Haltung der Gesetz-Sammlung verpflichteten Behörden und Beamten ihrer Geschäftsbezirke genau und vollständig aufzuführen sind.

3) Diese Listen sind von den Obergerichten und resp. den Ober-Staatsanwalten zu prüfen, und demnächst den betreffenden Ober-Postdirektionen jedesmal bis Ende November mitzutheilen.

4) Hinsichtlich der im Laufe des Jahres vorkommenden Veränderungen in dem Personal der Beamten, welche zur Haltung der Gesetz-Sammlung verpflichtet sind, wird Folgendes bemerkt:

a) Bei Versetzungen, die in Stellen solcher Beamten erfolgen, welche in der letzten Liste bereits aufgeführt sind, handelt es sich nur um eine Namensveränderung.

b) Eine Verminderung in der Zahl der in der Liste enthaltenen pflichtigen Beamten kann nur dadurch entstehen, daß ein solcher Beamte aus dem Dienste scheidet oder verstirbt und die Stelle desselben durch einen zur Haltung der Gesetz-Sammlung noch nicht verpflichteten Beamten interimistisch besetzt oder kommissarisch verwaltet wird.

In beiden Fällen (a. und b.) sind die eingetretenen Veränderungen auf Requisition der betreffenden Ober-Postdirektion nach Ablauf des letzten vierteljährlichen Abonnements zu Anfang des Monats Oktober von dem Obergerichte resp. dem Ober-Staatsanwalt zu beglaubigen.

c) Eine Vermehrung in der Zahl der pflichtigen Beamten, welche in der letzten Liste aufgeführt sind, kann im Laufe eines Jahres nur selten eintreten.

In vorkommenden Fällen der Art genügt es für die beabsichtigte Kontrolle, wenn der hinzugekommene pflichtige Beamte erst in die für das folgende Jahr aufzustellende Liste, jedoch unter Angabe des Termins, mit welchem seine Verpflichtung zur Haltung der Gesetz-Sammlung begonnen hat, aufgenommen wird.

5) Im Bezirk des Appellationsgerichtshofes zu Cöln werden die nach den vorstehenden Bestimmungen den Obergerichten und den Ober-Staatsanwalten obliegenden Funktionen, in Betreff der bei dem Appellationsgerichtshofe selbst angestellten Beamten dem Ersten Präsidenten, beziehungsweise dem General-Prokurator, in Betreff der übrigen Justizbeamten den Landgerichts-Präsidenten, beziehungsweise den Ober-Prokuratoren bei den Landgerichten, bei welchen sie fungiren, zugewiesen.

Nach diesen Vorschriften ist hinsichtlich der zum Halten der Gesetz-Sammlung verpflichteten Justizbeamten und Behörden fortan zu verfahren, für das Jahr 1854 aber die Aufstellung der Listen und die Mittheilung derselben an die Königlichen Ober-Postdirektionen sofort zu veranlassen. Die letzteren sind demgemäß von dem Herrn Minister für Handel, Gewerbe und öffentliche Arbeiten mit Anweisung versehen worden.

Berlin, den 3. Januar 1854.

Der Justiz-Minister
Simons.

An
sämmtliche Gerichtsbehörden und die
Beamten der Staatsanwaltschaft.

I. 4822. G. 4. Vol. II.

4.

Statut des Verbandes der Wiesenbesitzer in den Gemeinden Thallichtenberg und Pfeffelbach, Kreises St. Wendel, Regierungs-Bezirks Trier. Vom 9. Januar 1854.

I. 765. Rhein. Gen. 167. Vol. 2. Ges.-Samml. S. 53.

5.

Verfügung vom 9. Februar 1854, — betreffend die Kassationsrekurse wegen Verletzung oder unrichtiger Anwendung einer von der Regierung oder der Ortspolizeibehörde erlassenen Polizeiverordnung.

Nach einer Mittheilung des Königl. General-Staats-Anwalts ist das Königl. Ober-Tribunal in der neuern Zeit wiederholt in die Lage gekommen, über Kassationsrekurse zu erkennen, welche von den Polizeianwalten wegen Verletzung oder unrichtiger Anwendung einer von der Regierung oder der Orts-Polizei-Behörde erlassenen Polizei-Verordnung ergriffen worden waren.

Wenngleich in den meisten Fällen dieser Art die Fassung der betreffenden Verordnungen zu erheblichen Zweifeln Anlaß gegeben haben mag, so kann der Justiz-Minister es doch nicht für angemessen erachten, daß der höchste Gerichtshof in die Lage gesetzt werde, über die Auslegung derartiger, in ihrem Umfang engbegrenzter Polizei-Vorschriften zu erkennen, da zur Beseitigung der von den Gerichten erhobenen Bedenken sich der einfachere und sicherere Weg darbietet, die betreffende Verordnung in veränderter Fassung zu erneuern.

Demgemäß werden Sie, Herr General-Prokurator, hierdurch veranlaßt, die Königlichen Ober-Prokuratoren dahin anzuweisen, daß sie bei Prüfung der von den Polizeianwalten eingelegten Kassationsrekurse die obigen Gesichtspunkte beachten, und in den geeigneten Fällen nach Zurücknahme der Rechtsmittel die Königlichen Regierungen von den Bedenken, zu welchen die betreffenden Polizei-Verordnungen Veranlassung gegeben haben, in Kenntniß setzen, damit von ihnen die erforderliche Abhülfe getroffen werden kann.

Berlin, den 9. Februar 1854.

Der Justiz-Minister.
Simons.

An
den Königlichen Herrn General-Prokurator zu Cöln.

I. 91. Criminalia 44.

6.

Gesetz, — betreffend die Konflikte bei gerichtlichen Verfolgungen wegen Amts- und Diensthandlüngen. Vom 13. Februar 1854.

Wir Friedrich Wilhelm, von Gottes Gnaden, König von Preußen rc. rc.
verordnen, mit Zustimmung der Kammern, was folgt:

§. 1.

Wenn gegen einen Civil- oder Militairbeamten wegen einer in Ausübung oder in Veranlassung der Ausübung seines Amtes vorgenommenen Handlung oder wegen Unterlassung einer Amtshandlung eine gerichtliche Verfolgung im Wege des Civil- oder Strafprozesses eingeleitet worden ist, so steht der vorgesetzten Provinzial- oder Centralbehörde des Beamten, falls sie glaubt, daß demselben eine zur gerichtlichen Verfolgung geeignete Ueberschreitung seiner Amtsbefugnisse oder Unterlassung einer ihm obliegenden Amtshandlung nicht zur Last fällt, die Befugniß zu, den Konflikt zu erheben.

Auf einen solchen Konflikt finden die Vorschriften des Gesetzes vom 8. April 1847 (Gesetz-Sammlung 1847 S. 170) Anwendung.

§. 2.

Erachtet der Gerichtshof zur Entscheidung der Kompetenzkonflikte vor Fällung seines Urtheils noch thatsächliche Ermittelungen für erforderlich, so ist er befugt, solche durch die Verwaltungs- oder durch die Gerichtsbehörden zu veranlassen, insbesondere die Fortsetzung der gerichtlichen Instruktion oder Untersuchung bis zu einem zu bestimmenden Ziele anzuordnen.

Ueber das Ergebniß dieser Ermittelungen sind vor Fällung des Urtheils die in der Sache betheiligten Privatparteien zu hören. Denselben ist zu diesem Zwecke zu eröffnen, daß ihnen freistehe, sich über die Verhandlungen, deren Einsicht ihnen bei dem Gerichte, bei welchem die Verfolgung eingeleitet ist, gestattet werde, binnen einer Präklusivfrist von vier Wochen zu erklären. Im Uebrigen kommen auch hierbei die Bestimmungen der §§. 5 ff. des Gesetzes vom 8. April 1847 zur Anwendung.

§. 3.

Befindet der Gerichtshof (§. 2.), daß dem Beamten eine zur gerichtlichen Verfolgung geeignete Ueberschreitung seiner Amtsbefugnisse oder Unterlassung einer ihm obliegenden Amtshandlung nicht zur Last fällt, so entscheidet er, daß der Rechtsweg gegen den Beamten unzulässig sei, im entgegengesetzten Falle aber, daß derselbe zulässig sei. — Ein Urtheil der letzteren Art präjudizirt weder dem Beamten in seiner weiteren Vertheidigung vor dem Gerichte, noch dem Gerichte in seiner rechtlichen Entscheidung der Sache.

§. 4.

Vorstehende Bestimmungen sind auch anwendbar, wenn eine gerichtliche Verfolgung wegen Amtshandlungen (§. 1.) gegen einen aus dem Dienste bereits ausgeschiedenen Beamten oder gegen die Erben eines Beamten anhängig wird.

§. 5.

Unter den Beamten (§. 1.) sind auch diejenigen, welche in mittelbarem Staatsdienste stehen, einbegriffen.

§. 6.

Das gegenwärtige Gesetz findet auch Anwendung, wenn Personen des Soldatenstandes wegen Handlungen, welche von ihnen bei Ausübung oder in Veranlassung der Ausübung ihrer Dienstverrichtungen vorgenommen sind, oder wegen Unterlassung ihrer Dienstverrichtungen bei andern als Militairgerichten belangt werden. — In diesen Fällen steht dem vorgesetzten Divisions-Kommandeur oder kommandirenden General die Befugniß zu, den Konflikt zu erheben. Die Verrichtungen des Gerichtshofes zur Entscheidung der Kompetenz-Konflikte werden durch das Militair-Justizdepartement ausgeübt, welches unter Mitwirkung dreier höheren Offiziere, die von dem Könige jedesmal auf drei Jahre bezeichnet werden, zu entscheiden hat. Die Beschlußnahme erfolgt auf den schriftlichen Vortrag zweier rechtsverständiger Referenten, deren einer von dem Justizminister, der andere von dem Kriegsminister ernannt wird.

§. 7.

Ausgeschlossen von dem gegenwärtigen Gesetze bleiben die Fälle, in denen die gerichtliche Verfolgung eingeleitet ist:

1) gegen richterliche Beamte,
2) gegen andere Justizbeamte, mit Ausnahme der Beamten der Staatsanwaltschaft und der gerichtlichen Polizei,
3) gegen die im Bezirke des Appellationsgerichtshofes zu Köln angestellten Hypothekenbewahrer und Civilstandsbeamten.

Urkundlich unter Unserer Höchsteigenhändigen Unterschrift und beigedrucktem Königlichen Insiegel.

Gegeben Berlin, den 13. Februar 1854.

(L. S.) Friedrich Wilhelm.

v. Manteuffel. v. d. Heydt. Simons. v. Raumer.
v. Westphalen. v. Bodelschwingh. v. Bonin.

I. 1196. O. 37.

7.

Gesetz, — betreffend die Abänderung einiger Bestimmungen des Gesetzes vom 11. Juni 1837 über den Schutz des Eigenthums an Werken der Wissenschaft und Kunst gegen Nachdruck und Nachbildung. Vom 20. Februar 1854.

Wir Friedrich Wilhelm, von Gottes Gnaden, König von Preußen 2c. 2c.

verordnen zur Abänderung des Gesetzes zum Schutze des Eigenthums an Werken der Wissenschaft und Kunst gegen Nachdruck und Nachbildung vom 11. Juni 1837 (Gesetz-Sammlung von 1837 S. 165 ff.) unter Zustimmung der Kammern, für den ganzen Umfang der Monarchie, was folgt:

§. 1.

Wird ein Kunstwerk, das durch die Malerei oder eine der zeichnenden Künste hervorgebracht ist, mittelst der plastischen Kunst, oder umgekehrt, dargestellt, so ist eine solche Darstellung nur dann als eine verbotene Nachbildung zu betrachten, wenn sie auf rein mechanischem Wege erfolgt.

§. 2.

Veröffentlicht der Autor eines dramatischen oder dramatisch-musikalischen Werkes sein Werk durch den Druck, so kann er sich und seinen Erben das ausschließende Recht, die Erlaubniß zur öffentlichen Aufführung zu ertheilen, durch eine mit seinem darunter gedruckten Namen versehene Erklärung vorbehalten, die jedem einzelnen Exemplare seines Werkes auf dem Titelblatte vorgedruckt sein muß. Ein solcher Vorbehalt bleibt wirksam auf Lebenszeit des Autors selbst und zu Gunsten seiner Erben oder Rechtsnachfolger noch zehn Jahre nach seinem Tode.

§. 3.

Wer ohne die nach §. 2 erforderliche Erlaubniß gedruckte dramatische oder dramatisch-musikalische Werke öffentlich aufführt, hat eine Geldbuße von fünf bis funfzig Thalern verwirkt. Findet die unbefugte Aufführung auf einer stehenden Bühne statt, so ist die Hälfte der Einnahme von jeder Aufführung, ohne Abzug der auf dieselbe verwendeten Kosten und ohne Unterschied, ob das Stück allein, oder verbunden mit einem anderen, den Gegenstand der Aufführung ausgemacht hat, zur Strafe zu entrichten. Von diesen Geldbußen fallen zwei Drittheile dem Autor oder seinen Erben, und ein Drittheil der Armenkasse des Orts, an welchem die Aufführung stattgefunden hat, zu.

§. 4.

Die §§. 24 und 33 des Gesetzes vom 11. Juni 1837 treten außer Kraft.

Urkundlich unter Unserer Höchsteigenhändigen Unterschrift und beigedrucktem Königlichen Insiegel.

Gegeben Berlin, den 20. Februar 1854.

(L. S.) Friedrich Wilhelm.

v. Manteuffel. v. d. Heydt. Simons. v. Raumer
v. Westphalen. v. Bodelschwingh. v. Bonin.

I. 1373. N. 3. Vol. 7.

8.

Gesetz, — betreffend die Kompetenz der Gerichte zur Untersuchung und Entscheidung der politischen und der mittelst der Presse verübten Vergehen. Vom 6. März 1854.

Wir Friedrich Wilhelm, von Gottes Gnaden, König von Preußen ꝛc. ꝛc.

verordnen, mit Zustimmung der Kammern, was folgt:

§. 1.

Die Kompetenz der Gerichte zur Untersuchung und Entscheidung der strafbaren Handlungen regelt sich auch in Ansehung der politischen und der mittelst der Presse verübten Vergehen nach den Artikeln XIII. bis XV. des Gesetzes über die Einführung des Strafgesetzbuchs vom 14. April 1851.

Hinsichtlich des Militairgerichtsstandes verbleibt es bei den bestehenden Vorschriften.

§. 2.

Der Artikel XIX. des Einführungsgesetzes zum Strafgesetzbuche vom 14. April 1851 und der §. 27 des Gesetzes über die Presse vom 12. Mai 1851 werden aufgehoben.

Urkundlich unter Unserer Höchsteigenhändigen Unterschrift und beigedrucktem Königlichen Insiegel.

Gegeben Berlin, den 6. März 1854.

(L. S.) Friedrich Wilhelm.

v. Manteuffel. v. d. Heydt. Simons. v. Raumer.
v. Westphalen. v. Bodelschwingh. v. Bonin.

I. 1376. Criminalia 37.

9.

Gesetz, — betreffend die Zulassung von Ausländern zur Eingehung einer Ehe in den Königlich Preußischen Staaten. Vom 13. März 1854.

Wir Friedrich Wilhelm, von Gottes Gnaden, König von Preußen rc. rc.

verordnen, unter Zustimmung der Kammern, was folgt:

§. 1.

Ausländer, welche in Unseren Staaten mit einer Inländerin oder Ausländerin eine Ehe schließen wollen, haben, neben der Erfüllung der sonstigen gesetzlichen Erfordernisse, durch ein gehörig beglaubigtes Attest der Ortsobrigkeit ihrer Heimath nachzuweisen, daß sie nach dortigen Gesetzen, unbeschadet ihrer Staatsangehörigkeit, zur Eingehung einer Ehe im Auslande befugt sind, oder die nach diesen Gesetzen etwa erforderliche Erlaubniß zu der beabsichtigten Ehe erhalten haben.

§. 2.

Unsere Minister der Justiz, der geistlichen rc. Angelegenheiten und des Innern sind ermächtigt, sowohl in einzelnen Fällen, als, mit Rücksicht auf die Gesetzgebung einzelner Staaten, für die Angehörigen derselben überhaupt die Beibringung eines solchen Attestes (§. 1) zu erlassen.

§. 3.

Geistliche oder Civilstandsbeamte, welche bei Schließung der Ehe eines Ausländers amtlich mitwirken, ohne daß ihnen das erforderliche Attest (§. 1) vorgelegt worden, sollen, wenn die Beibringung desselben nicht erlassen ist (§. 2), mit Geldbuße bis zu Einhundert Thalern bestraft werden.

§. 4.

Die Verordnung v. 28. April 1841 (Ges.-Samml. S. 121) ist aufgehoben.

Urkundlich unter Unserer Höchsteigenhändigen Unterschrift und beigedrucktem Königlichen Insiegel.

Gegeben Berlin, den 13. März 1854.

(L. S.) Friedrich Wilhelm.

v. Manteuffel. v. d. Heydt. Simons. v. Raumer.
v. Westphalen. v. Bodelschwingh. v. Bonin.

I. 1778. E. 32. Vol. 2.

10.

Verfügung vom 16. März 1854, — betreffend die Wirkung einer Verneinung des Vorhandenseins mildernder Umstände durch einfache Stimmenmehrheit der Geschworenen.

Art. 347, 351 der Straf-Prozeß-Ordnung.
Verfügung vom 31. Dez. 1833 (Rh. Sammlg. Bd. III. S. 704.)

Gemäß dem Berichte über die im vierten Quartale v. J. in N. abgehaltene Assise, besteht bei den Assisen-Präsidenten und Richtern eine Meinungsverschiedenheit über die Frage: ob die Verneinung des Vorhandenseins mildernder Umstände durch einfache Stimmenmehrheit der Geschworenen definitiv zum Nachtheil des Angeklagten gilt, oder ob in diesem Falle die Richter des Assisenhofes nach Mehrheit ihrer Stimmen über die Zusatzfrage zu entscheiden haben. Für die erste Alternative wird angeführt, daß der Art. 347. der Str.-Pr.-Ord. allgemein lautet und daß die im Art. 351. nur in Betreff der Hauptthat gemachte Ausnahme durch die Verordnung vom 31. Dezember 1833 (Rhein. Sammlg. Bd. III. S. 704) lediglich auf die erschwerenden Umstände ausgedehnt worden sei. Für die mildere Meinung wird geltend gemacht, daß es nicht consequent erscheine, wenn für das Vorhandensein erschwerender Umstände die absolute Stimmenmehrheit erfordert werde, dagegen über die mildernden Umstände, welche in vielen Fällen, z. B. in denen der §§. 177 und 196 des Str.-Ges.-Buchs, von ungleich größerer Bedeutung für Geltung und Maaß der Strafe seien, die einfache Stimmenmehrheit zum Nachtheil des Angeklagten entscheiden solle; — die Verordnung vom 31. Dezember 1833 enthalte aber auch im §. 2 den allgemeinen Grundsatz, daß in allen Fällen, in welchen die einfache Mehrheit der Stimmen, bei der Entscheidung der Geschworenen zum Nachtheil des Angeklagten stattgefunden hat, die Richter des Assisenhofes selbst in Berathung treten sollen, und der Zusatz: „es möge diese Entscheidung die Hauptthat oder das Dasein eines erschwerenden Umstandes betreffen," habe nicht den Sinn und den Zweck den Grundsatz einzuschränken, sondern solle nur die Anwendung des letztern im Gegensatz zum früheren Rechte anschaulich machen.

Diese letztere Ansicht wird von dem Justiz-Minister für die richtige erachtet und die Anwendung des durch die Verordnung vom 31. Dezember 1833 eingeführten Grundsatzes auf die Feststellung der mildernden Umstände erscheint um so unbedenklicher, als die letztere erst in Folge der Bestimmungen des Str.-Ges.-Buchs Gegenstand des Verfahrens in Kriminalsachen geworden ist und auch für die übrigen Landestheile der Monarchie, gemäß Art. 98. des Gesetzes vom 3. Mai 1852 (Ges.-Samml. S. 209) jenes Princip in unzweifelhafter Allgemeinheit zu Gunsten des Angeklagten gilt.

Bei Durchführung dieser Ansicht wird eine Abänderung des bisherigen Formulars der Assisen-Protokolle in der Weise nöthig, daß statt der Worte:

„daß aber, wenn der Angeklagte nur mit 7 Stimmen gegen „5 der Hauptthat, oder eines dieselbe erschwerenden Umstandes „für schuldig erklärt werde, sie im Eingang ihrer Erklärung „bestimmt und ausdrücklich anzuzeigen hätten, ob die bejahete „Frage durch einfache Stimmenmehrheit entschieden sei,“

gesagt werde:

daß aber, wenn die dem Angeklagten nachtheilige Beantwortung der Frage nur mit einer Mehrheit von 7 gegen 5 Stimmen beschlossen sei, sie im Eingang ihrer Erklärung bestimmt und ausdrücklich anzugeben haben, daß diese Entscheidung durch einfache Stimmenmehrheit erfolgt sei.

Sie, Herr Erster Präsident und Sie, Herr General-Prokurator werden aufgefordert, dieses zur Kenntniß der Mitglieder des Appellationsgerichtshofes und der Ober-Prokuratoren zu bringen und dahin zu wirken, daß in der fraglichen Beziehung die Einheit des Verfahrens und der Rechtsprechung hergestellt werde.

Berlin, den 16. März 1854.

Der Justiz-Minister.
Simons.

An
den Königl. Herrn Ersten Präsidenten des Appellationsgerichtshofes und
den Königl. Herrn General-Prokurator zu Cöln.

I. 3140. Rhein. Criminalia 26. Vol. 2.

11.

Allerhöchster Erlaß vom 18. März 1854, — betreffend die Abänderung des Regulativs für das Gewerbegericht zu Lennep hinsichtlich der Zahl der Stellvertreter und deren Wahl.

Regul. v. 18. Nov. 1840 §. 4. (Rh. S. Bd. VII. S. 231).

Auf Ihren Bericht vom 10. März d. J. will Ich hiermit, in Abänderung der Vorschrift des §. 4 des von Mir für das Gewerbegericht zu Lennep unterm 18. November 1840 (Rh. Samml. Bd. VII. S. 231) vollzogenen Regulativs, bestimmen, daß die

Zahl der Stellvertreter fortan von acht auf dreizehn zu erhöhen, und auf die Wahl derselben die Vorschrift des §. 3 des gedachten Regulativs anzuwenden ist. Dieser Erlaß ist durch das Amtsblatt der Regierung zu Düsseldorf zur öffentlichen Kenntniß zu bringen.

Charlottenburg, den 18. März 1854.

Friedrich Wilhelm.

von der Heydt. Simons.

An
den Minister für Handel, Gewerbe
und öffentliche Arbeiten und
den Justiz-Minister.

I. 1508. Rhein. Gener. 52. Vol. 5.

12.

Gesetz, — über die Bestrafung von Seeleuten Preußischer Handelsschiffe, welche sich dem übernommenen Dienste entziehen. Vom 20. März 1854.

Wir Friedrich Wilhelm, von Gottes Gnaden, König von Preußen rc. rc.

verordnen, unter Zustimmung der Kammern, was folgt:

§. 1.

Ein Seemann, welcher nach abgeschlossenem Heuervertrage von einem Preußischen Handelsschiffe entläuft oder sich verborgen hält, um dem übernommenen Dienste sich zu entziehen, soll, insofern nicht die Handlung nach Inhalt des Strafgesetzbuches oder des Gesetzes zur Aufrechthaltung der Mannszucht auf den Seeschiffen vom 31. März 1841 eine härtere Strafe nach sich zieht, mit Gefängniß bis zu sechs Wochen oder mit Geldbuße bis zu funfzig Thalern bestraft werden.

Es macht hierbei keinen Unterschied, ob die strafbare Handlung im Inlande oder Auslande begangen ist.

§. 2.

Die vorstehend bezeichneten Uebertretungen (§. 1) verjähren in fünf Jahren.

Urkundlich unter Unserer Höchsteigenhändigen Unterschrift und beigedrucktem Königlichen Insiegel.

Gegeben Charlottenburg, den 20. März 1854.

(L. S.) Friedrich Wilhelm.

v. Manteuffel. v. d. Heydt. Simons. v. Raumer.
v. Westphalen. v. Bodelschwingh. v. Bonin.

I. 1881. S. 60. Vol. 2.

13.

Gesetz, — betreffend die gewerblichen Unterstützungs-kassen. Vom 3. April 1854.

Wir Friedrich Wilhelm, von Gottes Gnaden, König von Preußen ꝛc. ꝛc.
verordnen, unter Zustimmung der Kammern, was folgt:

§. 1.

Durch Ortsstatuten (§§. 168 ff. der Allgemeinen Gewerbe-Ordnung vom 17. Januar 1845) kann für Gesellen, Gehülfen, und Fabrikarbeiter die Verpflichtung festgesetzt werden, Kassen und Verbindungen zu gegenseitiger Unterstützung zu bilden, oder bereits bestehenden Einrichtungen dieser Art beizutreten.

Lehrlinge, welche Lohn erhalten, können durch das Statut hinsichtlich der Betheiligung bei jenen Kassen den Gesellen und Gehülfen gleichgestellt werden.

§. 2.

Auch da, wo selbstständige Gewerbetreibende, für deren Gewerbe am Orte eine Innung nicht besteht (§. 56 der Verordnung vom 9. Februar 1849), zur Bildung von Kranken-, Sterbe- oder sonstigen Hülfskassen zusammengetreten sind, können mit Zustimmung der Vertreter der betreffenden Kassen Alle, welche in dem Gemeindebezirke gleiche oder verwandte Gewerbe selbstständig betreiben, durch Ortsstatuten verpflichtet werden, diesen Kassen beizutreten.

§. 3.

Die im §. 169 der Gewerbe-Ordnung vom 17. Jan. 1845, im §. 56 bis §. 58 der Verordnung vom 9. Februar 1849, und im §. 1 und §. 2 des gegenwärtigen Gesetzes erwähnten Bestimmungen können künftig, sofern dem obwaltenden Bedürfnisse durch ein entsprechendes Ortsstatut nicht genügt wird, auch von der Regierung nach Anhörung Gewerbtreibender und der Kommunalbehörden für einzelne oder, nach Maaßgabe des Bedürfnisses, für mehrere Ortschaften getroffen werden.

§. 4.

Sowohl die bestehenden, als die neu zu errichtenden, in den §§. 1 bis 3 erwähnten Kassen haben, wenn ihre Statuten von der zuständigen Behörde genehmigt sind, die Rechte juristischer Personen. Die Ansprüche der Berechtigten auf die Leistungen dieser Kassen können weder an Dritte übertragen, noch auch mit Arrest belegt werden.

§. 5.

Die vorbezeichneten Kassen stehen unter der Aufsicht der Kommunalbehörde, welche dieselbe durch einen Kommissarius auszuüben hat. Die Kosten der Verwaltung können bis zur Hälfte ihres Betrages durch Ortsstatuten oder durch die im §. 3 erwähnte Anordnung der Regierung den betreffenden Gemeinden zur Last gelegt werden.

Urkundlich unter Unserer Höchsteigenhändigen Unterschrift und beigedrucktem Königlichen Insiegel.

Gegeben Charlottenburg, den 3. April 1854.

(L. S.) Friedrich Wilhelm.

v. Manteuffel. v. d. Heydt. Simons. v. Raumer.
v. Westphalen. v. Bodelschwingh. v. Bonin.

I. 1882. G. 64. Vol. 4.

14.

Gesetz, — betreffend die Eheschließung und die Beurkundung des Personenstandes evangelischer Preußischer Unterthanen in außereuropäischen Ländern. Vom 3. April 1854.

Wir Friedrich Wilhelm, von Gottes Gnaden, König von Preußen rc. rc.

verordnen, mit Zustimmung der Kammern, was folgt:

I. Allgemeine Bestimmungen.

§. 1.

In außereuropäischen Ländern, in welchen es Unseren dort lebenden Unterthanen evangelischen Glaubensbekenntnisses bei dem Mangel evangelischer Geistlichen nicht möglich ist, die Geburten, Heirathen und Sterbefälle durch einen solchen Geistlichen beurkunden zu lassen, können hierzu durch Unsern Minister der auswärtigen Angelegenheiten Unsere in jenen Ländern residirenden Konsuln ermächtigt werden.

§. 2.

Die Konsuln haben über die Beurkundungen der Geburten, Heirathen und Sterbefälle drei verschiedene Register zu führen, in welche die vorkommenden Fälle in protokollarischer Form unter fortlaufenden Nummern einzutragen sind.

II. Eheschließung und Beurkundung derselben.

§. 3.

Der Schließung einer Ehe vor dem Konsul muß das Aufgebot vorangehen. Vor Erlassung desselben sind dem Konsul die zur Eingehung einer Ehe nach den Gesetzen der Heimath der Verlobten nothwendigen Erfordernisse als vorhanden nachzuweisen. Insbesondere haben die Verlobten beizubringen:

1) ihre Geburtsurkunden in beglaubigter Form;
2) die Einwilligung der Eltern oder Vormünder, ertheilt durch persönliche Erklärung vor dem Konsul, oder in beglaubigten Urkunden.

Der Konsul kann die Beibringung dieser Urkunden erlassen, wenn ihm die Thatsachen, welche durch dieselben festgestellt werden sollen, persönlich bekannt sind, oder auf andere Weise glaubhaft nachgewiesen werden.

Auch kann er von unbedeutenden Abweichungen in den Urkunden, beispielsweise einer verschiedenen Schreibart der Namen oder einer Verschiedenheit der Vornamen, absehen, wenn in anderer Weise die Identität der Betheiligten festgestellt wird.

§. 4.

Das Aufgebot geschieht durch eine Bekanntmachung des Konsuls, welche die Vornamen, die Familiennamen, das Alter, den Stand oder das Gewerbe und den Wohnort der Verlobten und ihrer Aeltern enthalten muß. Diese Bekanntmachung muß an der äußeren Thüre des Konsulatsgebäudes acht Tage hindurch ausgehängt bleiben.

§. 5.

Wenn eine der aufzubietenden Personen innerhalb der letzten sechs Monate ihren Wohnsitz in einem andern Lande, als dem Bezirke des Konsuls gehabt hat, so muß die Bekanntmachung des Aufgebots in diesem Lande nach den dort geltenden Vorschriften erfolgen, oder ein gehörig beglaubigtes Attest der Obrigkeit des früheren Wohnorts der Verlobten darüber beigebracht werden, daß daselbst Ehehindernisse in Betreff ihrer nicht bekannt seien.

§. 6.

Der Konsul kann aus besonders dringenden Gründen von dem Aufgebote (§§. 4 und 5) ganz dispensiren.

§. 7.

Die Schließung der Ehe erfolgt in Gegenwart von zwei Zeugen durch die an die Verlobten einzeln und nach einander gerichtete feierliche Frage des Konsuls:

ob sie erklären, daß sie die Ehe mit dem gegenwärtigen anderen Theile eingehen wollen,

durch die bejahende Antwort der Verlobten und durch den hierauf erfolgenden Ausspruch des Konsuls,

daß er sie nunmehr kraft des Gesetzes für rechtmäßig verbundene Eheleute erkläre.

§. 8.

Die Ehe erlangt mit dem Abschlusse vor dem Konsul ihre volle Gültigkeit.

Der Konsul hat jedoch bei der Eheschließung dem zu trauenden Paare das Versprechen abzunehmen, bei erster vorkommenden Gelegenheit die kirchliche Einsegnung nachzuholen.

§. 9.

Die über die geschlossene Ehe in das Register einzutragende Urkunde (Heiraths-Urkunde) muß enthalten:

1) Vor- und Familiennamen, Alter, Stand oder Gewerbe, Geburts- und Wohnort der die Ehe eingehenden Personen;
2) Vor- und Familiennamen, Alter, Stand oder Gewerbe und Wohnort ihrer Aeltern;
3) Vor- und Familiennamen, Alter, Stand oder Gewerbe und Wohnort der zugezogenen Zeugen;
4) die auf Befragen des Konsuls abgegebene Erklärung der Verlobten, sowie die erfolgte Verkündigung ihrer Verbindung;
5) das Versprechen der Eheleute, die kirchliche Einsegnung nachholen zu wollen;
6) die Unterschrift der anwesenden Personen.

§. 10.

Die vorstehenden Bestimmungen über die Eheschließung (§§. 3—9) finden auch Anwendung, wenn nicht beide Verlobte, sondern nur einer derselben dem Preußischen Unterthanenverbande angehört.

III. Geburts-Urkunden.

§. 11.

Die Eintragung der Geburt eines Kindes in das Register kann von dem Konsul nur vorgenommen werden, nachdem sich derselbe durch Vernehmung des Vaters des Kindes oder anderer Personen die Ueberzeugung von der Richtigkeit der einzutragenden Thatsachen verschafft hat.

Diese Eintragung muß enthalten:

den Ort, den Tag und die Stunde der Geburt;
das Geschlecht des Kindes;
die ihm beigelegten Vornamen;
die Vor- und Familiennamen, den Stand oder das Gewerbe, sowie den Wohnort der Aeltern und zweier bei der Eintragung zuzuziehender Zeugen;
die Unterschrift des Vaters, wenn er anwesend ist, und der vorgedachten Zeugen.

IV. Urkunden über Sterbefälle.

§. 12.

Die Eintragung eines Todesfalls in das Register erfolgt auf Grund der Erklärung zweier Zeugen. Sie muß enthalten:

1) Vor- und Familiennamen des Verstorbenen, sein Alter, Stand oder Gewerbe, seinen Wohn- und Geburtsort, wenn dieser bekannt ist;
2) die Vor- und Familiennamen seines Ehegatten;
3) die Vor- und Familiennamen, den Stand oder das Gewerbe und den Wohnort der Aeltern des Verstorbenen, soweit diese Verhältnisse bekannt sind;

4) die Vor- und Familiennamen, Alter, Stand oder Gewerbe und Wohnort der Zeugen, welche die Erklärung abgeben, und, wenn es Verwandte des Verstorbenen sind, den Grad ihrer Verwandtschaft;
5) Ort, Tag und Stunde des erfolgten Todes;
6) Unterschrift der Zeugen.

§. 13.

Für die Unsern Konsuln durch das gegenwärtige Gesetz überwiesenen Geschäfte und die Ertheilung von Ausfertigungen aus den Personenstands-Registern sind Gebühren zu entrichten, über deren Betrag Unser Minister der auswärtigen Angelegenheiten zu bestimmen hat.

§. 14.

Unsere Minister der auswärtigen Angelegenheiten und der Justiz haben zur Ausführung dieses Gesetzes die weiteren Anweisungen zu erlassen.

Urkundlich unter Unserer Höchsteigenhändigen Unterschrift und beigedrucktem Königlichen Insiegel.

Gegeben Charlottenburg, den 3. April 1854.

(L. S.) Friedrich Wilhelm.

v. Manteuffel. v. d. Heydt. Simons. v. Raumer.
v. Westphalen. v. Bodelschwingh. v. Bonin.

I. 3865. C. 17. Vol. 2.

15.

Allgemeine Verfügung vom 3. April 1854, — betreffend die vorübergehende Beschäftigung versorgungsberechtigter Militairpersonen in den Kanzleien der Gerichte.

Seine Majestät der König haben mittelst Allerhöchster Order vom 5. Dezember v. J. dem Staats-Ministerium zu eröffnen geruht,

daß die Bestimmung darüber, ob eine vorübergehende Beschäftigung versorgungsberechtigter Militairpersonen in den Kanzleien der Civilbehörden ohne Nachtheil für den Dienst gestattet werden könne, allein der Regiments-Disziplin angehöre und es daher lediglich dem Ermessen der Militair-Vorgesetzten überlassen bleiben müsse, darüber in jedem einzelnen Falle nach den Umständen zu entscheiden.

Indem die Gerichtsbehörden hiervon in Kenntniß gesetzt werden, wird zugleich im Einverständnisse mit dem Herrn Kriegs-

Minister bemerkt, daß unter der in dem vorstehenden Allerhöchsten Erlasse bezeichneten „vorübergehenden Beschäftigung" lediglich eine solche verstanden ist, welche in militairdienstfreien Stunden erfolgt.

Berlin, den 3. April 1854.

Der Justiz-Minister
Simons.

An
die Gerichtsbehörden.

I. 1423. M. 89. Vol. 8.

16.

Gesetz, — betreffend die Vereinigung der Berg-, Hütten-, Salinen- und Aufbereitungs-Arbeiter in Knappschaften, für den ganzen Umfang der Monarchie. Vom 10. April 1854.

Wir Friedrich Wilhelm, von Gottes Gnaden, König von Preußen ꝛc. ꝛc.

verordnen, mit Zustimmung der Kammern, für den ganzen Umfang der Monarchie, was folgt:

§. 1.

Für die Arbeiter aller Bergwerke, Hütten, Salinen und Aufbereitungs-Anstalten, welche für Rechnung des Staates oder für Privatrechnung betrieben werden und unter der Aufsicht der Bergbehörde stehen, sollen Knappschafts-Vereine gebildet werden, welche den Zweck haben, ihren Theilnehmern und deren Angehörigen, nach näherer Bestimmung dieses Gesetzes, Unterstützungen zu gewähren.

Wenn mit den vorbezeichneten Werken zugleich Gewerbsanlagen, welche nicht unter der Aufsicht der Bergbehörde stehen, verbunden sind, so kann unter Zustimmung der Werkseigenthümer der Beitritt der bei jenen Gewerbsanlagen beschäftigten Arbeiter zu den Knappschafts-Vereinen angeordnet werden.

§. 2.

Die Bestimmung der Bezirke, für welche Knappschafts-Vereine zu gründen sind, sowie deren Beschränkung und Erweiterung, desgleichen die Feststellung der Erfordernisse zur Aufnahme in den Knappschafts-Verein, sowie des für jeden Verein zu errichtenden Statuts, erfolgt, nachdem sowohl Vertreter der Arbeiter, als auch die Eigenthümer der Werke darüber vernommen worden sind, auf den Vorschlag des Ober-Bergamts durch den Minister für Handel, Gewerbe und öffentliche Arbeiten.

Alle in dem festgestellten Bezirke beschäftigten Arbeiter, welche zu den im Statute näher bezeichneten Kategorien gehören, sind dem Vereine beizutreten verpflichtet.

§. 3.

Die Leistungen, welche jeder Knappschafts-Verein, nach näherer Bestimmung des Statuts, seinen meistberechtigten Mitgliedern mindestens zu gewähren hat, sind:

1) in Krankheitsfällen eines Knappschaftsgenossen freie Kur und Arznei für seine Person,
2) ein entsprechendes Krankenlohn während der Dauer der ohne eigenes grobes Verschulden entstandenen Krankheit,
3) eine lebenslängliche Invalidenunterstützung bei einer ohne grobes Verschulden eingetretenen Arbeitsunfähigkeit,
4) ein Beitrag zu den Begräbnißkosten der Mitglieder und Invaliden,
5) eine Unterstützung der Wittwen auf Lebenszeit, beziehungsweise bis zur etwaigen Wiederverheirathung,
6) eine Unterstützung zur Erziehung der Kinder verstorbener Mitglieder und Invaliden, bis nach zurückgelegtem vierzehnten Lebensjahre.

Für die Mitglieder der am wenigsten begünstigten Klasse sind mindestens die unter 1 und 2 genannten Leistungen, und wenn sie bei der Arbeit verunglücken, auch die unter 4 genannten zu gewähren.

§. 4.

Die zu den im §. 3 bezeichneten Leistungen und zu den sonstigen Bedürfnissen der Knappschafts-Vereine erforderlichen Mittel werden nach näherer Bestimmung des Statuts durch Geldbeiträge beschafft, welche die Arbeiter im Verhältnisse ihres Arbeitslohnes oder in einem entsprechenden Fixum zu entrichten haben und für die Werkseigenthümer auf die Hälfte bis zum vollen Betrage des Beitrags der Arbeiter zu bestimmen sind.

Auch zufällige Einnahmen können den Knappschaftskassen durch das Statut zugewiesen werden.

§. 5.

Die Verwaltung eines jeden Knappschafts-Vereins erfolgt unter Aufsicht des Bergamtes durch einen Knappschafts-Vorstand, dessen Mitglieder, nach näherer Bestimmung des Statuts, zur einen Hälfte von den Werkseigenthümern, beziehungsweise deren Repräsentanten oder Grubenvorstehern, und zur andern Hälfte von den Knappschafts-Aeltesten je aus ihrer Mitte oder aus der Zahl der Königlichen oder Privat-Berg- oder Hüttenbeamten gewählt werden.

Der Vorsitzende des Bergamtes oder ein von ihm bezeichneter Kommissarius wohnt den Sitzungen des Knappschafts-Vorstandes bei; derselbe ist befugt, jeden statutenwidrigen Beschluß zu suspendiren, muß jedoch sofort dem Bergamte davon Anzeige machen. Im Falle der Stimmengleichheit giebt der Kommissarius den Ausschlag.

Mitglied des Knappschafts-Vorstandes ist auch der Kassenbeamte des Vereins, jedoch ohne Stimmrecht.

§. 6.

Die Beamten des Vereins, sowie die Knappschafts-Aerzte, werden von dem Knappschafts-Vorstande erwählt und von dem Bergamte bestätigt.

Auf den Antrag des Knappschafts-Vorstandes können durch das Bergamt die Kanzleiarbeiten und Kassengeschäfte des Knappschafts-Vereins-Beamten der Bergbehörde, gegen angemessene Entschädigung übertragen werden.

§. 7.

Die jährlich zu legenden Rechnungen werden nach vorgängiger Revision durch den Vorstand den Knappschafts-Aeltesten und den Werkseigenthümern zur Einsicht und etwaigen Erklärung offen gelegt und sodann dem Bergamte zur Prüfung eingesandt, bevor der Vorstand dem Kassenbeamten die Entlastung ertheilt.

§. 8.

Die bei dem Erscheinen dieses Gesetzes bereits vorhandenen Knappschafts-Vereine bleiben bestehen; sie können jedoch mit Zustimmung ihrer Vertreter getheilt, oder einem nach §. 2 zu bildenden Bezirke einverleibt werden. Ihre Statuten (Reglements) sind mit den Vorschriften der §§. 3, 4, 5, 6 und 7 dieses Gesetzes in Uebereinstimmung zu bringen.

§. 9.

Nachdem die im §. 3 unter 1 bis 6 bezeichneten Leistungen und die im §. 4 bezeichneten Beiträge gemäß §. 2, beziehungsweise §. 8, durch Statute geordnet sind, treten die bisherigen Vorschriften über die Leistungen, beziehungsweise Beiträge, außer Kraft.

Die gesetzlichen Bestimmungen über die Freikuxgelder für Kirche und Schule, sie mögen unmittelbar an diese oder zur Verwendung für deren Zwecke an die Knappschaftskassen gezahlt sein, werden durch gegenwärtiges Gesetz nicht abgeändert.

§. 10.

Die Knappschafts-Vereine erlangen durch die Bestätigung ihrer Statuten (§§. 2 und 8) die Rechte einer juristischen Person, soweit ihnen solche nicht bereits zustehn. Die Ansprüche der Berechtigten auf die Leistungen dieser Kassen können weder an Dritte übertragen, noch auch mit Arrest belegt werden.

§. 11.

Alle Beiträge zur Knappschaftskasse können im Verwaltungswege exekutivisch eingezogen werden, und sind die Werkseigenthümer, nach näherer Bestimmung der Statuten, bei Vermeidung des gegen sie selbst zu richtenden Zwangsverfahrens verpflichtet, für die Einziehung und Abführung der Beiträge ihrer Arbeiter aufzukommen.

Die Nachweisung der einzuziehenden Beiträge wird von dem Bergamte exekutorisch erklärt und sind Reklamationen dagegen, mit Ausschluß des Rechtsweges, im Verwaltungswege zu erledigen.

§. 12.

Mit der Ausführung des gegenwärtigen Gesetzes ist der Minister für Handel, Gewerbe und öffentliche Arbeiten beauftragt.

Urkundlich unter Unserer Höchsteigenhändigen Unterschrift und beigedrucktem Königlichen Insiegel.

Gegeben Charlottenburg, den 10. April 1854.

(L. S.) Friedrich Wilhelm.

v. Manteuffel. v. d. Heydt. Simons. v. Raumer.
v. Westphalen. v. Bodelschwingh. v. Bonin.

I. 1883. B. 18. Vol. 7.

17.

Gesetz, — betreffend die Beschäftigung der Strafgefangenen außerhalb der Anstalt. Vom 11. April 1854.

Wir Friedrich Wilhelm, von Gottes Gnaden, König von Preußen ꝛc. ꝛc.
verordnen, mit Zustimmung der Kammern, was folgt:

§. 1.

Die zu Zuchthausstrafe Verurtheilten können auch zu Arbeiten außerhalb der Anstalt angehalten werden.

§. 2.

Sie können auch für die ganze Dauer der Strafzeit, oder einen Theil derselben, zu öffentlichen, beziehungsweise vom Staat beaufsichtigten Arbeiten verwendet werden.

§. 3.

Die wegen Vergehen, oder auf Grund des §. 341 des Strafgesetzbuches zur Gefängnißstrafe Verurtheilten können auch mit Arbeiten außerhalb der Gefangenanstalt in einer, ihren Fähigkeiten und Verhältnissen angemessenen Weise beschäftigt werden.

§. 4.

Die in den §§. 1, 2 und 3 gestattete Art der Beschäftigung der Gefangenen darf nur eintreten, wo dieselben von anderen freien Arbeitern dabei getrennt gehalten werden können.

§. 5.

Wenn Gefangene, die außerhalb der Gefangenanstalt beschäftigt werden (§§. 1 bis 3), sich zusammenrotten und entweder entfliehen, oder zu entfliehen versuchen, oder gegen die Aufseher sich widersetzen, oder dieselben zu Handlungen oder Unterlassungen zwingen, oder zu zwingen versuchen, so kommen wegen dieser Meuterei, auch wenn sie außerhalb der Anstalt begangen wird, die Strafbestimmungen im §. 96 des Strafgesetzbuches zur Anwendung.

§. 6.

Die von der Behörde bestellten Aufseher bei den außerhalb der Anstalt beschäftigten Gefangenen (§§. 1, 2 und 3) sind befugt, zur Verhinderung der Flucht derselben nöthigenfalls von ihren Hieb- und Schußwaffen Gebrauch zu machen.

§. 7.

Die polizeiliche Gefängnißstrafe (Strafgesetzbuch §. 334) kann gegen solche Gefangene, welche sich auf ihre Kosten zu verpflegen außer Stande sind, auch in der Weise vollstreckt werden, daß dieselben während der für die Gefängnißstrafe bestimmten Dauer, ohne in einer Gefangenanstalt eingeschlossen zu sein, zu Arbeiten, welche ihren Fähigkeiten und Verhältnissen angemessen sind, angehalten werden.

Sie können zu dem Ende einer anderen öffentlichen Behörde überwiesen werden, um sie so viele Tage zur unentgeltlichen Verrichtung von dergleichen Arbeiten anzuhalten, als polizeiliches Gefängniß gegen sie erkannt ist.

Die Behörden sind ermächtigt, gewisse Tagewerke dergestalt zu bestimmen, daß die Verurtheilten, wenn sie durch angestrengte Thätigkeit mit der ihnen zugewiesenen Arbeit früher zu Stande kommen, auch früher entlassen werden können.

§. 8.

Die Bestimmungen der §§. 1 und 2 finden auch auf solche Gefangene Anwendung, gegen welche auf Grund der vor Einführung des Strafgesetzbuches gültig gewesenen Strafgesetze auf Zwangsarbeit, Festungsarbeit oder Strafarbeit erkannt worden ist.

§. 9.

Der Minister der Justiz und der Minister des Innern sind, ein jeder in Beziehung auf die unter seiner Aufsicht stehenden Gefangenanstalten, mit der Ausführung dieses Gesetzes und dem Erlaß der dazu erforderlichen Instruktionen beauftragt.

Urkundlich unter Unserer Höchsteigenhändigen Unterschrift und beigedrucktem Königlichen Insiegel.

Gegeben Bellevue, den 11. April 1854.

(L. S.) Friedrich Wilhelm.

v. Manteuffel. v. d. Heydt. Simons. v. Raumer.
v. Westphalen. v. Bodelschwingh. v. Bonin.

I. 1884. Crimin. 57.

18.

Gesetz, — betreffend eine Abänderung des in der Verordnung vom 30. Juni 1834 wegen Einrichtung der Rheinzoll-Gerichte bestimmten Verfahrens in zweiter Instanz. Vom 24. April 1854.

Verordn. v. 30. Juni 1834 §. 44. Rhein. Samml. Bd. 4. S. 96).

Wir Friedrich Wilhelm, von Gottes Gnaden, König von Preußen 2c. 2c.

verordnen, mit Zustimmung der Kammern, was folgt:

§. 1.

An die Stelle des §. 44 der Verordnung vom 30. Juni 1834 wegen Einrichtung der Rheinzoll-Gerichte und des gerichtlichen Verfahrens in den Rheinschiffahrts-Angelegenheiten (Ges.-Samml. 1834 S. 136) treten folgende Bestimmungen:

Nach erfolgtem Schriftwechsel oder nach fruchtlosem Ablauf der dem Appellanten oder nach Unterschied dem Appellaten bewilligten Frist werden die Akten an das Appellationsgericht eingesendet. Nach Eingang derselben wird die Sache durch das Sekretariat kostenfrei zur Rolle gebracht; sie wird dem III. Civilsenat überwiesen und bei ihrem Aufruf daselbst eine nahe Sitzung zur Verhandlung bestimmt.

Die zur Verhandlung oder, wenn ein Vorbescheid erlassen ist, zur Fortsetzung der Verhandlung bestimmte Sitzung, ist auf Betreiben der Staatsanwaltschaft den Parteien in dem durch §. 30 der Verordnung vom 30. Juni 1834 bezeichneten wirklichen oder gewählten Domizil durch das Zollgericht auf Kosten des Appellanten, wenigstens acht Tage vorher bekannt zu machen.

In dieser Sitzung erstattet ein von dem Präsidenten bestimmter Richter über die Sache Bericht und es kann hierauf in mündlichen Vorträgen die weitere Ausführung der Beschwerden, sowie die Gegenausführung (§. 43 der Verordnung vom 30. Juni 1834) in Civilsachen durch Advokatanwalte des Appellationsgerichtshofs, in Strafsachen durch den Beschuldigten oder einen Advokaten als Vertheidiger desselben erfolgen.

Die Staatsanwaltschaft, welcher die Akten mindestens drei Tage vor der Sitzung durch den Sekretair mitgetheilt werden müssen, hat in Civilsachen in den durch Artikel 83 der bürgerlichen Prozeß-Ordnung bezeichneten Fällen, und in allen Strafsachen Anträge zu nehmen.

Das Urtheil oder, wenn noch eine nähere Ermittelung nothwendig erscheint, der Vorbescheid, wird nach Vorschrift des

§. 33 der Verordnung vom 30. Juni 1834 abgefaßt, und nachdem die Entscheidung nebst den Gründen in öffentlicher Sitzung verkündet worden, gemäß §. 46 der gedachten Verordnung an das Zollgericht zur Insinuation an die Betheiligten übersendet.

§. 2.

Für diejenigen Sachen, in welchen bei dem Eintritt der Gesetzeskraft des gegenwärtigen Gesetzes die Akten bereits an das Appellationsgericht eingesendet sind, bleibt es bei dem bisherigen Verfahren.

Urkundlich unter Unserer Höchsteigenhändigen Unterschrift und beigedrucktem Königlichen Insiegel.

Gegeben Potsdam, den 24. April 1854.

(L. S.) Friedrich Wilhelm.

v. Manteuffel. v. d. Heydt. Simons. v. Raumer.
v. Westphalen. v. Bodelschwingh. v. Bonin.

I. 2193. Rhein. Gener. 142. Vol. 3.

19.

Gesetz, — betreffend einige Abänderungen und Zusätze zu der Verordnung zum Schutze der Fabrikzeichen an Eisen- und Stahlwaaren in der Provinz Westphalen und der Rheinprovinz vom 18. August 1847. Vom 24. April 1854.

Verordn. v. 18. Aug. 1847. (Rh. Samml. Bd. 9. S. 117).

Wir Friedrich Wilhelm, von Gottes Gnaden, König von Preußen rc. rc.

verordnen, unter Zustimmung der Kammern, was folgt:

§. 1.

Die Verordnung zum Schutze der Fabrikzeichen an Eisen- und Stahlwaaren in der Provinz Westphalen und der Rheinprovinz vom 18. August 1847 findet auch

a) auf die Bezeichnung des raffinirten Stahls und
b) auf den Schutz der älteren, in Worten und Buchstaben bestehenden Zeichen

(§. 1 und §§. 17 und 18 der Verordnung) Anwendung.

§. 2.

Von den im §. 1 unter b. gedachten Zeichen bleiben jedoch ausgeschlossen:

1) alle Worte in Deutscher oder einer fremden Sprache, welche

eine Eigenschaft der Waare oder irgend eine sie empfehlende Bezeichnung ausdrücken;

2) die Namen und Firmen ausländischer Fabrikanten von Stahl und Eisenwaaren;

3) alle geographischen Benennungen.

§. 3.

Zur Feststellung der Freizeichen und der älteren Privatzeichen für raffinirten Stahl, sowie der älteren Wort- und Buchstabenzeichen (§. 1) sind gesonderte Verzeichnisse und Zeichenrollen anzulegen. Im Uebrigen kommen für das Verfahren hierbei die Bestimmungen der §§. 2, 17 u. 18 der Verordnung vom 18 August 1847 mit der Maaßgabe zur Anwendung, daß die im §. 17 und §. 18 festgesetzten dreimonatlichen Anmeldungsfristen ihren Anfang mit der Verkündigung des gegenwärtigen Gesetzes nehmen.

§. 4.

Durch das Recht zur ausschließlichen Benutzung eines Buchstaben- oder Wortzeichens kann Niemand verhindert werden, seinen eigenen Namen und seine Firma oder eine durch Zusammenziehung derselben gebildete Namens-Chiffre oder ihre Anfangsbuchstaben zur Bezeichnung von Eisen- und Stahlwaaren zu gebrauchen.

§. 5.

Von der Annahme als ausschließliche Fabrikzeichen für Eisen- und Stahlwaaren bleiben alle Staatswappen ausgeschlossen.

§. 6.

Bei jeder Anmeldung eines neuen Fabrikzeichens ist von der die Zeichenrolle führenden Behörde von Amtswegen zu prüfen, ob dasselbe sich nicht nur von früher eingetragenen Privatzeichen, sondern auch von den in das vorgeschriebene Verzeichniß (§. 2 der Verordnung vom 18. August 1847) eingetragenen oder inzwischen allgemein in Gebrauch genommenen Freizeichen hinlänglich unterscheidet, und wenn dies nicht der Fall, die Eintragung abzulehnen.

Urkundlich unter Unserer Höchsteigenhändigen Unterschrift und beigedrucktem Königlichen Insiegel.

Gegeben Potsdam, den 24. April 1854.

(L. S.) Friedrich Wilhelm.

v. Manteuffel. v. d. Heydt. Simons. v. Raumer.
v. Westphalen. v. Bodelschwingh. v. Bonin.

I. 2277. F. 54. Vol. 3.

20.

Gesetz, — betreffend die Verletzungen der Dienstpflichten des Gesindes und der ländlichen Arbeiter. Vom 24. April 1854.

Wir Friedrich Wilhelm, von Gottes Gnaden, König von Preußen rc. rc.

verordnen für den ganzen Umfang des Staats, mit Ausnahme der Hohenzollernschen Lande, unter Zustimmung der Kammern, was folgt:

§. 1.

Gesinde, welches hartnäckigen Ungehorsam oder Widerspenstigkeit gegen die Befehle der Herrschaft oder der zu seiner Aufsicht bestellten Personen sich zu Schulden kommen läßt, oder ohne gesetzmäßige Ursache den Dienst versagt oder verläßt, hat auf den Antrag der Herrschaft, unbeschadet deren Rechts zu seiner Entlassung oder Beibehaltung, Geldstrafe bis zu fünf Thalern oder Gefängniß bis zu drei Tagen verwirkt.

Dieser Antrag kann nur innerhalb vierzehn Tagen seit Verübung der Uebertretung, oder, falls die Herrschaft wegen der letzteren das Gesinde vor Ablauf der Dienstzeit entläßt, vor dieser Entlassung gemacht werden.

Den Antrag auf Grund des Gesetzes vom 14. Mai 1852 bei der Lokal-Polizeibehörde anzubringen ist nur dann zulässig, wenn weder die Herrschaft, noch ein von ihr bestellter Stellvertreter oder ein Beamter der Herrschaft die Lokalpolizei verwaltet. An Stelle der Lokalpolizei tritt in diesem Falle der Landrath.

Bis zum Anfang der Vollstreckung der Strafe ist die Zurücknahme des Antrags zulässig.

§. 2.

Die Bestimmungen des §. 1 finden auch Anwendung:

a) auf die bei Stromschiffern in Dienst stehenden Schiffsknechte (Gesetz vom 23. September 1835 Ges.-Sammlung S. 222);

b) auf das Verhältniß zwischen den Personen, welche von den zu Diensten verpflichteten bäuerlichen Besitzern zur Verrichtung dieser Dienste gestellt werden, und den Dienstberechtigten oder den von ihnen bestellten Aufsehern;

c) auf das Verhältniß zwischen dem Besitzer eines Landgutes oder einer andern Acker- oder Forstwirthschaft, sowie den von ihm zur Aufsicht über die Wirthschaftsarbeiten bestellten Personen und solchen Dienstleuten, welche gegen Gewährung einer Wohnung in den ihm gehörigen oder auf dem Gute befindlichen Gebäuden und gegen einen im Voraus bestimmten Lohn Behufs der Bewirthschaftung angenommen sind (Instleute, herrschaftliche Tagelöhner, Einlieger, Kathenleute und dergl.);

d) auf das Verhältniß zwischen solchen Handarbeitern, welche sich zu bestimmten land- oder forstwirthschaftlichen Arbeiten, wie z. B. Erndtearbeiten auf Acker und Wiese, Meliorationsarbeiten, Holzschlagen u. s. w. verdungen haben, und dem Arbeitsgeber oder den von ihm bestellten Aufsehern.

§. 3.

Gesinde, Schiffsknechte, Dienstleute oder Handarbeiter der §. 2 a, b, c, d bezeichneten Art, welche die Arbeitsgeber oder die Obrigkeit zu gewissen Handlungen oder Zugeständnissen dadurch zu bestimmen suchen, daß sie die Einstellung der Arbeit oder die Verhinderung derselben bei einzelnen oder mehreren Arbeitsgebern verabreden, oder zu einer solchen Verabredung Andere auffordern, haben Gefängnißstrafe bis zu Einem Jahre verwirkt.

§. 4.

Hausoffizianten (§. 177 seq. Titel 5 Theil II. des Allgem. Landrechts) sind den Strafvorschriften dieses Gesetzes nicht unterworfen.

§. 5.

Die festgesetzten Geldstrafen fließen zur Orts-Armenkasse.

Urkundlich unter Unserer Höchsteigenhändigen Unterschrift und beigedrucktem Königlichen Insiegel.

Gegeben Potsdam, den 24. April 1854.

(L. S.) Friedrich Wilhelm.

v. Manteuffel. v. d. Heydt. Simons. v. Raumer.
v. Westphalen. v. Bodelschwingh. v. Bonin.

I. 2278. G 26. Vol. 4.

21.

Allerhöchster Erlaß vom 9. Mai 1854, — betreffend die Verpflichtung der Rechtsanwalte und Notarien, sowie der Advokaten und Advokatanwalte im Bezirke des Appellationsgerichtshofes zu Cöln zum Halten der Gesetz-Sammlung.

Auf Ihren gemeinschaftlichen Bericht vom 28. April d. J. bestimme Ich, daß die Rechtsanwalte und Notarien, sowie die Advokaten und Advokat-Anwalte im Bezirke des Appellationsgerichtshofes zu Cöln zum Halten der Gesetz-Sammlung verpflichtet sein sollen.

Sie haben diesen Erlaß durch die Gesetz-Sammlung bekannt zu machen.

Charlottenburg, den 9. Mai 1854.

Friedrich Wilhelm.
v. d. Heydt. Simons.

An
die Minister für Handel, Gewerbe und öffentliche Arbeiten und der Justiz.

I. 2734. Rhein. Gener. 9.

22.

Verfügung vom 17. Mai 1854, — betreffend die Frage: inwiefern die Gebühren für die ärztliche Untersuchung und das Attest bei den auf dem Transport befindlichen Untersuchungsgefangenen auf den Kriminalfond anzuweisen sind, und inwiefern diese Gebühren von den Kreismedicinalbeamten liquidirt werden können?

Art. 2. N. 1. des Decr. v. 18. Juni 1811. Circul.-Verf. der K. Min. der geistl. 2c. Angelegenheiten und des Innern v. 31. Januar 1844. (Minist.-Blatt für die innere Verwaltung v. 1844 S. 51.)

Zur Erledigung der neuerlich in mehreren Fällen in Anregung gekommenen Frage: ob im Bezirke des Appellationsgerichtshofes zu Cöln die Gebühren für die ärztliche Untersuchung und das Attest bei auf dem Transport begriffenen Untersuchungsgefangenen auf den Kriminalfond anzuweisen seien, wird im Einverständniß mit den Herrn Ministern für geistliche, Unterrichts- und Medicinal-Angelegenheiten und des Innern Folgendes bestimmt:

Die Gebühren für ärztliche Untersuchung und Bescheinigung der Marschfähigkeit von Untersuchungsgefangenen, deren Transportirung auf Veranlassung einer inländischen Gerichtsbehörde oder Staatsanwaltschaft oder an eine solche, Behufs strafrechtlicher Verfolgung geschieht, und nach Art. 2. N. 1 des Dekrets vom 18. Juni 1811 auf Kosten des Kriminalfonds stattfindet, sind als zu den Kosten des Transports gehörig zu betrachten und auf den Kriminalfond anzuweisen.

Auch die Kreismedicinalbeamten sind berechtigt, die desfallsigen taxmäßigen Gebühren zu liquidiren, insofern nicht die Untersuchung des Gefangenen nach angetretenem Transport an einem

Zwischenort erfolgt. Ist das letztere der Fall, so findet die Circularverfügung der Königl. Ministerien für geistliche, Unterrichts- und Medicinal-Angelegenheiten und des Innern vom 31. Jan. 1844 über die Gebühren der Aerzte und Wundärzte für Untersuchung erkrankter Transportaten (Ministerialblatt für die innere Verwaltung v. 1844 S. 51) Anwendung, nach welcher die Kreismedicinalbeamten an ihrem Wohnort zu kostenfreier Untersuchung und Ausstellung des Attestes über die Marschfähigkeit verpflichtet, und wenn sie zu dem fraglichen Behufe eine Reise unternehmen müssen, nur die reglementsmäßigen Diäten und Transportkosten zu fordern berechtigt sind, ohne auch in diesem Falle für die Ausstellung des Attestes besonders liquidiren zu können.

Bei Anwendung der Cirkularverfügung vom 31. Januar 1844 findet kein Unterschied zwischen den vorher oder nachher angestellten Kreismedicinalbeamten statt.

Die Distrikts-Aerzte in der Rheinprovinz sind als solche zu einer unentgeltlichen Untersuchung oder Ausstellung des Attestes nicht verpflichtet, sondern stehen den übrigen, nicht vom Staate besoldeten Aerzten gleich.

Sie, Herr General-Prokurator, werden veranlaßt, diese Verfügung den sämmtlichen Ober-Prokuratoren mitzutheilen und dieselben zugleich anzuweisen, bei Prüfung der fraglichen Kostenliquidationen sorgfältig darauf zu achten, daß die in denselben enthaltenen Positionen sich wirklich auf Untersuchungs-Gefangene, welche zum Zwecke der strafrechtlichen Verfolgung transportirt werden, beziehen und sonst nach den obigen Grundsätzen den Kriminalfond betreffen, im entgegengesetzten Falle aber die Liquidation, als ungerechtfertigt oder zur Verfügung einer anderweitigen Behörde gehörig, zurückzuweisen.

Berlin, den 17. Mai 1854.

Der Justiz-Minister
Simons.

An
den Königl. Herrn General-Prokurator
zu Cöln.

I. 2084. Rhein. Gener. 37. Vol. 3.

23.

Verfügung vom 19. Mai 1854, — betreffend die Stempelrevision bei dem Appellationsgerichtshof zu Cöln.

Unter Mittheilung einer Abschrift des Berichts des Provinzial-Steuer-Directors in Cöln an den General-Director der

Steuern vom 4. v. M., betreffend die von dem Stempelfiscal zu Cöln bei dem Königl. Appellationsgerichtshof aufgestellte Defectentabelle für den Zeitraum v. 1. Juli 1851 bis zum 30. Juni 1853 wird Ihnen im Einverständniß mit dem Herrn Finanz-Minister Folgendes eröffnet:

1) Die Gründe, aus welchen dem Monitum 11 gegenüber ein den Kläger wegen Incompetenz des Gerichts abweisendes Urtheil in den Beschlüssen des Appellationsgerichtshofs v. 21. Februar 1852 und 29. October 1853 für ein bloßes Nebenerkenntniß erklärt wird, sind bereits mehrfach in früheren Fällen geprüft worden und haben als haltbar nicht erachtet werden können. Durch die Abweisung des Klägers wird der anhängig gemachte Prozeß vollständig erledigt, das abweisende Erkenntniß ist daher gesetzlich nach dem Werthe des eingeklagten Gegenstandes zu besteuern. Hiergegen können die Gründe, aus welchen die Abweisung erfolgt ist, sie mögen in Voreiligkeit der Klage, in Einreden der Rechtsanhängigkeit oder der bereits abgeurtheilten Sache, in Incompetenz des Gerichts oder in andern Verhältnissen gefunden worden sein, gesetzlich eben so wenig in Rücksicht kommen, als der Umstand, daß das Erkenntniß für die rechtliche Möglichkeit der Anstellung eines neuen Prozesses wegen desselben Gegenstandes Raum läßt. Auch ist die Bezugnahme auf Incompetenzdecrete in den übrigen Provinzen weder an sich zutreffend noch auf richtige Unterstellungen gebaut. Die Begründetheit des Monitum 11 ist durch eine Anzahl früherer Entscheidungen (z. B. Rhein. Sammlung Bd. VIII. S. 379) anerkannt und es kann davon nicht abgegangen werden.

2) Auch das Monitum 60 erscheint gerechtfertigt. Da nämlich in der betreffenden Subhastationssache Einspruch erhoben wurde, so wäre es mindestens nicht unbedenklich gewesen, vor Erledigung des Einspruchs und bevor es feststand, daß dieser Subhastationsprozeß in Wirklichkeit durch den Adjudicationsbescheid beendigt sei, den Kaufwerthstempel zu verwenden, und von dem Ansteigerer einzuziehen, dessen Erwerbung noch in Frage stand. Gemäß dem Berichte des Gerichtsschreibers bei dem Friedensgericht zu N. hat auch die Verwendung des Stempels zum Adjudicationsprotocolle nicht statt gefunden. Es handelt sich daher nicht um eine nochmalige Einziehung des Werthstempels. Eben so wenig ist das Monitum zum Adjudicationsprotocolle vorzubringen, indem der Zuschlag vernichtet ist, und für eine Erwerbung, welche gar nicht statt gefunden hat, ein Kaufwerthstempel nicht erhoben, am wenigsten von dem Ansteigerer, dessen Angebot für erfolglos erklärt ist, gefordert werden kann.

Der Einspruch ist vielmehr als ein Theil und als eine Fortsetzung des Prozeßverfahrens zu betrachten, in welchem der Friedensrichter als beständiger Kommissar des Landgerichts handelte, und das Urtheil, welches den Einspruch angenommen und den Zuschlag vernichtet hat, stellt das diesen Subhastationsprozeß beendigende Erkenntniß dar, wegen dessen der Prozeßwerthstempel gegen den Extrahenten und Oppositen festzusetzen ist.

Der Königl. Appellationsgerichtshof hat demnach wegen Erledigung der Monita das Weitere zu veranlassen.

Berlin, den 19. Mai 1854.

Der Justiz-Minister
Simons.

An
den Königl. Herrn Ersten Präsidenten
des Appellationsgerichtshofes
und
den Königl. Herrn General-Prokurator
in Cöln.

I. 2067. Rhein. Gener. 62. Vol. 8.

24.

Allgemeine Verfügung vom 20. Mai 1854, — betreffend die Entlassung der Auskultatoren und Referendarien aus dem Justizdienste.

Allgem. Verfügung vom 24. Dezember 1842 (Just.-Minist.-Bl. von 1843 S. 6 und 7).

Durch die allgemeine Verfügung vom 24. Dezember 1842 sind die Präsidien der Obergerichte ermächtigt worden, den Auskultatoren und Referendarien auf ihr Ansuchen die Entlassung aus dem Justizdienste auch mit dem Vorbehalte des Wiedereintritts in denselben zu bewilligen.

Da eine Entlassung mit solchem Vorbehalte nach den gemachten Erfahrungen sich als unzweckmäßig gezeigt hat, und deshalb von Seiten des Justiz-Ministers grundsätzlich nicht mehr ertheilt wird, die Wiederaufnahme entlassener Beamten in den Justizdienst vielmehr allemal von den Verhältnissen abhängig bleiben muß, welche zur Zeit des nachgesuchten Wiedereintritts obwalten, so werden die Präsidien der Obergerichte hierdurch angewiesen, nach diesen Grundsätzen auch hinsichtlich der Auskultatoren und Referendarien zu verfahren und eine Entlassung derselben aus dem Justizdienste mit dem Vorbehalte des Wiedereintritts in Zukunft nicht ferner zu ertheilen.

Berlin, den 20. Mai 1854.

Der Justiz-Minister
Simons.

An
die Präsidien der Königlichen
Appellationsgerichte.

I. 1520. O. 19.

25.

Patent, — betreffend die Publikation des Beschlusses der Deutschen Bundesversammlung vom 26. Januar 1854 wegen gegenseitiger Auslieferung von Personen, welche wegen gemeiner Verbrechen oder Vergehen zur Untersuchung gezogen worden sind. Vom 10. Juni 1854.

Wir Friedrich Wilhelm, von Gottes Gnaden, König von Preußen &c. &c.
thun kund und fügen hiemit zu wissen:

Die Deutsche Bundes-Versammlung hat in ihrer diesjährigen dritten Sitzung wegen gegenseitiger Auslieferung gemeiner Verbrecher, auf dem Deutschen Bundesgebiete, folgenden Beschluß gefaßt:

Artikel I.

Unter Vorbehalt fortdauernder Wirksamkeit der durch den Bundesbeschluß vom 18. August 1836 bezüglich der Auslieferung politischer Verbrecher getroffenen Anordnungen, für deren Ausführung die folgenden Artikel gleichfalls in Anwendung zu bringen sind, verpflichten sich die Bundesstaaten gegenseitig, Individuen, welche wegen anderer Verbrechen oder Vergehen (ausschließlich der Abgabendefraudation und der Uebertretungen von Polizei- und Finanzgesetzen) von einem Gerichte desjenigen Staates, in welchem oder gegen welchen das Verbrechen oder Vergehen begangen worden, verurtheilt oder in Anklagestand versetzt sind, oder gegen die ein gerichtlicher Verhaftsbefehl dort erlassen ist, diesem Staate auszuliefern, vorausgesetzt, daß nach den Gesetzen des requirirten Staates die veranlassende strafbare Handlung gleichfalls als Verbrechen oder Vergehen anzusehen und die Strafe noch nicht verjährt ist.

Ausnahmen treten nur ein:

1) wenn das betreffende Individuum ein Unterthan des um die Auslieferung angegangenen Staates ist;

2) wenn wegen derselben strafbaren Handlung, welche den Auslieferungs-Antrag veranlaßt hat, die Kompetenz der Gerichte des um die Auslieferung angegangenen Staates nach den Gesetzen desselben begründet ist;

3) wenn der Auszuliefernde in dem um die Auslieferung angegangenen Staate wegen anderer Handlungen einer Untersuchung oder Strafhaft oder wegen Schulden oder sonstiger civilrechtlicher Verbindlichkeiten einem Arreste unterliegt.

Artikel II.

In dem Falle des Artikels I. Ziffer 3 hat die Auslieferung erst nach erfolgter Freisprechung oder erstandener Strafe, beziehungsweise nach aufgehobenem Arreste, Platz zu greifen.

Artikel III.

Mit der Person sind alle Gegenstände, welche sich in deren Besitz befinden, wie auch andere, die zum Beweise der strafbaren Handlung dienen können, zu übergeben.

Artikel IV.

Die Auslieferung erfolgt auf Ansuchen der zuständigen Gerichtsbehörde, oder, wenn es sich um die Ergreifung eines entwichenen Strafgefangenen handelt, der Verwaltungsbehörde der betreffenden Strafanstalt, an die Justiz- oder Polizeibehörde des Bezirks, in welchem sich der Angeschuldigte befindet.

In dem Ansuchen ist das Verbrechen oder Vergehen, dessen das betreffende Individuum beschuldigt wird, oder wegen dessen dasselbe verurtheilt worden, sowie die Zeit der verübten strafbaren Handlung, im letzteren Falle unter Bezeichnung des Gerichtes, welches die Verurtheilung ausgesprochen hat, und des wesentlichen Inhalts des Erkenntnisses anzugeben.

Die um die Auslieferung angegangene Behörde hat sofort die nach den Landesgesetzen erforderlichen Einleitungen zur Erwirkung der Prüfung und Bescheidung des Antrags zu treffen, und es wird sodann die zugestandene Auslieferung an dem der Verhaftung zunächst liegenden Grenzorte, an dem sich eine zur Uebernahme geeignete Behörde befindet, vollzogen.

Artikel V.

Ist die Auslieferung von mehreren Staaten nachgesucht worden, so erfolgt dieselbe an den Staat, welcher das desfallsige Ansuchen zuerst gestellt hat.

Artikel VI.

Die Kosten der Ergreifung und die des Unterhaltes des verhafteten Individuums, wie der mit zu übergebenden Gegenstände, werden dem ausliefernden Staate von dem Tage der Verhaftung an, in den Artikel I. 3 erwähnten Fällen aber vom Tage der Freisprechung oder beendigten Straf- oder Arresthaft an, bis einschließlich dem der Auslieferung, unmittelbar nach erfolgter Uebersendung der Kostenspezifikation an das die Auslieferung nachsuchende Gericht durch letzteres erstattet.

Artikel VII.

Der Transport solcher, aus Deutschen Bundesstaaten oder auch aus andern Ländern auszuliefernder Individuen wird in jenen Bundesstaaten, welche sie als Zwischengebiet berühren, unbehindert gestattet werden; übrigens unterliegt diese Verbindlichkeit zur Durchlieferung denselben Ausnahmen und Beschränkungen, welche in Artikel I. Ziffer 1 bis 3 incl. für die Verpflichtung zur Auslieferung festgesetzt sind.

Artikel VIII.

Die Verhafteten und die mit zu übergebenden Gegenstände werden auf dem Wege nach dem Bundesstaate, an welchen die Auslieferung erfolgt, ebenso verpflegt und behandelt, und es wird in gleichem Maaße hierfür Vergütung geleistet, wie dieses für die eigenen Unterthanen in denjenigen Staaten vorgeschrieben ist, von welchen die Auslieferung vollzogen wird, oder durch welche der Transport führt.

Artikel IX.

Von der ausliefernden Behörde ist ein Transportausweis auszufertigen und mit dem Verhafteten zu übergeben. Diejenigen Staaten, durch welche der Transport führt, haben die auf ihrem Gebiete erwachsenen Kosten vorschußweise zu bezahlen, dieselben auf dem Transportausweise quittiren zu lassen, und so dem nächstfolgenden Staate in Anrechnung zu bringen, welcher letztere bei der Auslieferung an die requirirende Behörde durch diese den vollen Ersatz erhält.

Artikel X.

Durch die vorstehende Uebereinkunft werden die zwischen einzelnen Deutschen Staaten bestehenden Auslieferungsverträge in soweit außer Wirksamkeit gesetzt, als dieselben Bestimmungen enthalten, welche mit den durch diese Uebereinkunft begründeten gegenseitigen Verpflichtungen im Widerspruche stehen, oder nicht etwa besondere Verabredungen über den Vollzug von Auslieferungen und die Kosten derselben in sich fassen.

Die Erneuerung der mit auswärtigen Staaten bestehenden Auslieferungs-Verträge wird in einer mit dem Inhalte dieser Uebereinkunft übereinstimmenden Weise erstrebt werden.

Artikel XI.

Auf das Gebiet des Herzogthums Limburg findet dieser Bundesbeschluß keine Anwendung.

Wir bringen hierdurch diesen Bundesbeschluß zur allgemeinen Kenntniß Unserer Behörden und Unterthanen, und wollen, daß die in demselben enthaltenen Bestimmungen, und zwar nicht blos in Unseren zum Deutschen Bunde gehörenden, sondern auch in allen übrigen Landestheilen Unserer Monarchie in Ausführung gebracht werden sollen.

So geschehen und gegeben Berlin, den 10. Juni 1854.

(L. S.) Friedrich Wilhelm.

v. Manteuffel. v. d. Heydt. Simons. v. Raumer.
v. Westphalen. v. Bodelschwingh. Gr. v. Waldersee.

I. 3122. Auslieferungen 33. Vol. 2.

26.

Gesetz, — betreffend die Deklaration der Verfassungs-Urkunde vom 31. Januar 1850, in Bezug auf die Rechte der mittelbar gewordenen Deutschen Reichsfürsten und Grafen. Vom 10. Juni 1854.

Wir Friedrich Wilhelm, von Gottes Gnaden, König von Preußen ꝛc. ꝛc.

verordnen, unter Zustimmung der Kammern, was folgt:

Die Bestimmungen der Verfassungs-Urkunde vom 31. Jan. 1850 stehen einer Wiederherstellung derjenigen durch die Gesetzgebung seit dem 1. Januar 1848 verletzten Rechte und Vorzüge nicht entgegen, welche den mittelbar gewordenen Deutschen Reichsfürsten und Grafen, deren Besitzungen in den Jahren 1815 und 1850 der Preußischen Monarchie einverleibt oder wieder einverleibt worden, auf Grund ihrer früheren staatsrechtlichen Stellung im Reiche und der von ihnen besessenen Landeshoheit zustehen, und namentlich durch den Artikel XIV. der Deutschen Bundesakte vom 8. Juni 1815 und durch die Artikel 23 und 43 der Wiener Kongreßakte vom 9. Juni 1815, sowie durch die spätere Bundesgesetzgebung zugesichert worden sind, sofern die Betheiligten sie nicht ausdrücklich durch rechtsbeständige Verträge aufgegeben haben. Diese Wiederherstellung erfolgt durch Königliche Verordnung.

Urkundlich unter Unserer Höchsteigenhändigen Unterschrift und beigedrucktem Königlichen Insiegel.

Gegeben Berlin, den 10. Juni 1854.

(L. S.) Friedrich Wilhelm.

v. Manteuffel. v. d. Heydt. Simons. v. Raumer.
v. Westphalen. v. Bodelschwingh. Gr. v. Waldersee.

I. 3123. Standesherrn Gener. 1. Vol. 6.

27.

Allerhöchster Erlaß vom 10. Juni 1854, — betreffend die Abänderung des Regulativs für das Gewerbegericht zu Remscheidt hinsichtlich der Zahl der Stellvertreter und deren Wahl.

Regul. v. 18. Novbr. 1840 §. 3 (Rh. S. Bd. VII. S. 237).

Auf Ihren Bericht vom 30. Mai d. J. will Ich hiermit, in Abänderung der Vorschrift des §. 3 des Regulativs für das Gewerbegericht zu Remscheidt vom 18. November 1840 — Rhein. Samml. Bd. 7. S. 237 — bestimmen, daß die Zahl der Stellvertreter fortan von vier auf sieben zu erhöhen und auf die Wahl derselben die Vorschrift des §. 2 des Regulativs anzuwenden ist. Dieser Erlaß ist durch das Amtsblatt der Regierung zu Düsseldorf zur öffentlichen Kenntniß zu bringen.

Berlin, den 10. Juni 1854.

Friedrich Wilhelm.
v. d. Heydt. Simons.

An
den Minister für Handel, Gewerbe und öffentliche Arbeiten und den Justiz-Minister.

I. 2696. Rhein. Gener. 52. Vol. 5.

28.

Verfügung vom 20. Juni 1854, — betreffend die Benutzung der Dienstsiegel zur Beglaubigung von Lebens- und Aufenthalts-Attesten von Pensions-Quittungen.

Unter den an die Königliche Ober-Rechnungs-Kammer gelangenden Belägen der Pensions- und Wartegelder-Rechnungen befinden sich nicht selten Pensions-Quittungen, zu welchen die Lebens- und Aufenthalts-Atteste von Kanzlei-Vorstehern, Registratoren und anderen Bureau-Beamten Königlicher Behörden unter Beifügung eines Abdrucks des Dienstsiegels oder Stempels der Verwaltungsstelle selbst, bei welcher der Ertheiler des Attestes fungirt, ausgestellt sind. Zur Abstellung dieser Ungehörigkeit hat das Königliche Staats-Ministerium auf Anregung Seitens der Königlichen Ober-Rechnungs-Kammer Folgendes beschlossen:

1) Das Dienstsiegel einer Staatsbehörde kann zur Beglaubigung von Lebens-Attesten zu Pensions-Quittungen nur

von dem Vorsteher der Behörde, welcher auch deren Erlasse zu zeichnen und überhaupt dieselbe nach Außen hin zu vertreten hat, benutzt werden.

2) Andere Mitglieder der Staatsbehörde, wie die Räthe der Landeskollegien, können dazu dasjenige Dienstsiegel gebrauchen, welches ihnen als Kommissionssiegel übergeben wird.

3) Wenn für das Bureau einer Staatsbehörde oder für einzelne Abtheilungen desselben, wie Registratur oder Kanzlei, besondere Dienstsiegel eingeführt sind, so darf der Vorsteher des Bureaus oder der Registratur, oder der Kanzlei, oder der Subalternbeamte, welcher als Vorsteher zu fungiren hat, auch zur Beglaubigung von Lebens-Attesten dasjenige besondere Dienstsiegel gebrauchen, welches er in seinem amtlichen Geschäftsverkehr für das Bureau zu führen berechtigt und angewiesen ist.

Von diesen Bestimmungen werden Sie hierdurch zur Nachachtung und geeigneten Anweisung der Behörden und Beamten Ihres Ressorts in Kenntniß gesetzt.

Berlin, den 20. Juni 1854.

Der Justiz-Minister
Simons.

An
den Königl. Herrn Ersten Präsidenten
des Appellationsgerichtshofes und
den Königl. Herrn General-Prokurator
zu Cöln.

I. 2593. S. 42. Vol. II.

29.

Allgemeine Verfügung vom 6. Juli 1854, — betreffend die in Untersuchungen wegen unbefugter Ausübung der Jagd konfiszirten Gewehre und Jagdgeräthschaften.

Strafgesetzbuch vom 14. April 1851 §. 277.

In Folge einer mit den Herren Ministern des Innern und der Finanzen getroffenen Vereinbarung werden die Gerichtsbehörden hierdurch angewiesen,

die in Untersuchungen wegen unbefugter Ausübung der Jagd konfiszirten Gewehre und Jagdgeräthschaften,

a) falls das Vergehen auf einem Königlichen Jagdrevier stattgefunden hat, dem betreffenden Revier-Oberförster,

b) falls dasselbe auf einem Gemeinde- oder Privatrevier verübt worden ist, dem betreffenden Landrath, zu übersenden, und davon, daß dies geschehen, der Regierung des Bezirks Mittheilung zu machen.

Die Regierungen werden in Gemäßheit der ihnen ertheilten Instruktionen über die konfiszirten Gewehre und Jagdgeräthe verfügen; eine Versteigerung derselben Seitens der Gerichte findet hiernach nicht statt, und ist der Erlös für jene konfiszirten Gegenstände fernerhin bei den Salarien-Kassen nicht mehr zu vereinnahmen.

Berlin, den 6. Juli 1854.

Der Justiz-Minister
Simons.

An
sämmtliche Gerichtsbehörden.
I. 2429. F. 49. Vol. III.

30.

Statut des Verbandes der Wiesenbesitzer in der Sektion I. des Gierzhagener Bachthales, Bürgermeisterei Dattenfeld, im Kreise Waldbroel des Regierungsbezirks Cöln. Vom 17. Juli 1854.

I. 3669. Rh. Gen. 167. Vol. 2. Ges.-Samml. v. 1854 S. 422.

31.

Verfügung vom 31. Juli 1854, — betreffend die Festsetzung der Notariatskosten und der Mandatariengebühren in den Fällen, wo sie dem Fiskus zur Last fallen.

Verf. v. 1. November 1836. Rhein. Samml. Bd. V. S. 485.

Nachdem durch die Gesetze vom 11. und 12. Mai 1851 — Ges.-Samml. S. 651 u. 656 — für die rechtsrheinischen Provinzen des Staats bestimmt ist, daß eine gerichtliche Festsetzung der Notariatskosten und der Mandatariengebühren in Prozeßangelegenheiten nicht mehr stattfindet, hat auch für den Bezirk des Appellationsgerichtshofes zu Cöln die Veranlassung zu der Anordnung aufgehört, daß diese Gebühren in Fällen, wo sie dem Fiskus zur Last fallen, durch die Landgerichts-Präsidenten festgesetzt werden. Das Rescript vom 1. November 1836 — Rhein. Samml. Bd. V. S. 485 — wird daher hierdurch aufgehoben.

Sie werden veranlaßt, den Landgerichts-Präsidenten und den Ober-Prokuratoren von dieser Verfügung Mittheilung zu machen und die letzteren zu beauftragen, die Notare durch Circulare davon in Kenntniß zu setzen.

Berlin, den 31. Juli 1854.

Der Justiz-Minister
Simons.

An
den Königl. Herrn Ersten Präsidenten des Appellationsgerichtshofes und den Königl. Herrn General-Prokurator zu Cöln.

I. 3223. Rhein. Gener. 81.

32.

Allgemeine Verfügung vom 8. August 1854, — betreffend die Einziehung der Militair-Invaliden-Pensionen in Folge der Verübung strafbarer Handlungen.

Allerhöchste Ordres vom 25. April 1835 (Ges.-Samml. S. 46), vom 6. Oktober 1837 (Ges.-Samml. S. 153) und vom 24. Oktober 1838 (Ges.-Samml. von 1839 S. 1).
Gesetz vom 15. April 1852 (Ges.-Samml. S. 115).

a.

Verfügung des Justiz-Ministers.

Von dem Königlichen Kriegs-Ministerium sind die Grundsätze, nach welchen hinsichtlich der Einziehung der Militair-Invaliden-Pensionen in Folge der Verübung strafbarer Handlungen gegenwärtig zu verfahren ist, in der nachstehend abgedruckten, unterm 1. Februar v. J. an die Königlichen Regierungen erlassenen Cirkular-Verfügung zusammengestellt worden.

Indem der Justiz-Minister mit dem Inhalte dieses Erlasses sich einverstanden erklärt, macht derselbe die Gerichtsbehörden zugleich darauf aufmerksam, daß, da die darin zusammengefaßten Bestimmungen sich aus den gegenwärtig bestehenden Militair-Strafgesetzen, namentlich aus dem Gesetze vom 15. April 1852, von selbst ergeben, die Vorschriften der Allerhöchsten Ordres vom 25. April 1835, vom 6. Oktober 1837 und vom 24. Oktober 1838 nunmehr in der Beziehung als beseitigt anzusehen sind, daß es eines ausdrücklichen Ausspruchs über den Verlust oder den Fortbezug der Militair-Invaliden-Pension in den gegen Militair-Invaliden ergehenden Strafurtheilen nicht weiter bedarf.

Berlin, den 8. August 1854.

Der Justiz-Minister
Simons.

An sämmtliche Gerichtsbehörden.
I. 2924. J. 26. Vol. 4.

b.

Cirkular-Verfügung des Königlichen Kriegs-Ministeriums.

In Betreff des Verfahrens, bezüglich der Einziehung der Invaliden-Pension in Folge der Verübung strafbarer Handlungen, theilen wir der Königlichen Regierung Folgendes zur gefälligen Nachricht und Beachtung mit.

Die Bestimmungen über den Verlust, resp. die Wiedergewährung der Invaliden-Pension, lassen sich, nach dem jetzigen Stande der Gesetzgebung in nachstehende Grundsätze zusammenfassen:

1) Durch die Verurtheilung zur Zuchthausstrafe geht die Invaliden-Pension, resp. der Anspruch auf Invaliden-Wohlthaten, von Rechtswegen für immer verloren.

2) Durch die Verurtheilung zur Nichtausübung der bürgerlichen Ehrenrechte auf Zeit, geht der Anspruch auf Invaliden-Pension und die Invaliden-Pension von Rechtswegen verloren; jedoch kann den Verurtheilten, wenn sie völlig oder größtentheils erwerbsunfähig sind, und die Dauer der Strafe nicht drei Jahre übersteigt, eine Unterstützung von Einem Thaler monatlich von der Zeit an gewährt werden, wo sie die neben der erwähnten Strafe verhängte Freiheitsstrafe verbüßt haben. Auf die Militair-Charge des Verurtheilten kommt es hierbei nicht an, da die Degradation mit der gedachten Strafe von Rechtswegen verbunden ist.

3) Die Verurtheilung zur Gefängnißstrafe oder zur Einschließung hat — wenn nicht gleichzeitig auf die Strafe sub 2 erkannt ist — den Verlust der Invaliden-Pension nicht zur Folge.

Wegen der Zahlung und Verrechnung der Invaliden-Pension, während der Verbüßung der Freiheitsstrafe, behält es in diesen Fällen bei der Bestimmung in dem Erlasse vom 8. Juni 1823 sein Bewenden.

4) Die Verurtheilung eines im Beamten-Verhältniß stehenden, oder definitiv als Beamter angestellten Militair-Invaliden zur Dienstentlassung — sei es im Wege des gerichtlichen oder des Disziplinar-Verfahrens — hat zur Folge, daß dem Verurtheilten nur die Ansprüche auf Invaliden-Pension verbleiben, welche er vor seinem Eintritt in das Beamten-Verhältniß hatte. Ist neben der Dienstentlassung auf Gefängnißstrafe oder Einschließung erkannt, so kann der Verurtheilte den Anspruch auf Invaliden-Pension in

diesen Fällen erst nach Verbüßung der Freiheitsstrafe geltend machen.

Berlin, den 1. Februar 1853.

Kriegs-Ministerium — Abtheilung für das Invaliden-Wesen.
Iffland. Kroll.

An sämmtliche Königliche Regierungen.

33.

Statut des Verbandes der Wiesenbesitzer in der Gemeinde Uerzig im Kreise Wittlich des Regierungsbezirks Trier. Vom 12. August 1854.

I. 3869. Rh. Gen. 167. Vol. 2. Ges.-Samml. v. 1854. S. 481.

34.

Allerhöchster Erlaß vom 16. August 1854, — betreffend den Uebergang der Bearbeitung der Standessachen von den Ministerien der Justiz und des Innern auf das Ministerium des Königlichen Hauses.

Auf den Bericht vom 10. Juli d. J. will Ich die durch Meinen Erlaß vom 3. Oktober 1848 (Gesetz-Sammlung S. 269) den Ministerien der Justiz und des Innern übertragene Bearbeitung der Standessachen wiederum an das Ministerium Meines Hauses überweisen. Die zu Meiner Vollziehung zu bringenden Erlasse und die Anerkenntnisse eines zweifelhaft gewordenen Adels sind zuvor dem Minister des Innern mitzutheilen. Bei denjenigen Angelegenheiten, welche, wie Adoptionen und Legitimationen, zugleich Justizsachen sind, soll auch die Gegenzeichnung des Justizministers hinzutreten.

Diesen Meinen Befehl hat das Staatsministerium durch die Gesetz-Sammlung zur öffentlichen Kenntniß zu bringen.

Charlottenburg, den 16. August 1854.

Friedrich Wilhelm.

v. Manteuffel. v. d. Heydt. Simons. v. Raumer.
v. Westphalen. v. Bodelschwingh. Gr. v. Waldersee.

An das Staatsministerium.

I. 3990. M. 13. Vol. 4.

35.

Verfügung vom 16. August 1854, — betreffend die Einleitung von gerichtlichen Untersuchungen gegen Geistliche.

§. 9 des Ges. v. 29. März 1844, betreffend das gerichtl. und Disciplinarstrafverfahren gegen Beamte (Gesetz-Samml. S. 77 ff.).

Nach der Bestimmung des §. 9 des Gesetzes vom 29. März 1844, betreffend das gerichtliche und Disciplinarstrafverfahren gegen Beamte (Ges.-Samml. Seite 77 ff), ist die Einleitung einer gerichtlichen Untersuchung gegen Geistliche wegen Amtsvergehen von dem Antrage des Herrn Ministers der geistlichen Angelegenheiten abhängig. Da in der Praxis über die fortdauernde Gültigkeit dieser Vorschrift Zweifel entstanden sind, es aber jedenfalls ebenso wünschenswerth als nothwendig erscheint, daß der Chef des geistlichen Departements von den gegen Geistliche wegen derartiger strafbarer Handlungen einzuleitenden Untersuchungen Kenntniß und zur Aeußerung darüber Gelegenheit erhalte, so wird hierdurch im Einverständniß mit dem Herrn Minister der geistlichen Angelegenheiten Folgendes angeordnet:

Wenn ein Ober-Prokurator der Ansicht ist, daß gegen einen Geistlichen wegen einer in Ausübung oder in Veranlassung der Ausübung seines Amtes vorgenommenen Handlung, dieselbe sei als Amtsverbrechen oder Amtsvergehen in den gemeinen Strafgesetzen vorgesehen oder nicht, eine gerichtliche Verfolgung einzuleiten sei, so hat er, wenn nicht etwa ein hierauf gerichteter Antrag des Herrn Ministers der geistlichen Angelegenheiten vorliegt, unter Beifügung der Akten an den Justiz-Minister zu berichten nnd dessen Ermächtigung zur Verfolgung des Denunciaten abzuwarten.

Von allen diesen Sachen hat der Ober-Prokurator persönlich Kenntniß zu nehmen. Wenn der Staatsprokurator bei einem auswärtigen Untersuchungsamte mit der Sache befaßt und der Ansicht ist, daß die gerichtliche Verfolgung einzuleiten sei, so hat er die Verhandlungen mit Bericht an den Ober-Prokurator einzusenden und dieser hierauf in der oben vorgeschriebenen Weise zu verfahren.

Die vorstehenden Bestimmungen schließen solche vorläufige Ermittelungen, welche ohne gerichtliche Voruntersuchung stattfinden können, so wie die Ergreifung derjenigen Maßregeln, welche durch eine obwaltende Gefahr im Verzuge geboten werden, nicht aus.

Sie, Herr General-Prokurator, haben hiernach die Königlichen Ober-Prokuratoren mit Anweisung zu versehen.

Berlin, den 16. August 1854.

Der Justiz-Minister
Simons.

An
den Königl. Herrn General-Prokurator
zu Cöln.

I. 2415. Rhein. Crimin. 38.

36.

Instruktion vom 24. August 1854 zu dem Gesetze vom 3. April 1854 (G.-S. S. 469), betreffend die Eheschließung und Beurkundung des Personenstandes Preußischer Unterthanen in außereuropäischen Ländern.

Gesetz vom 3. April 1854 S. 18 dieses Bandes.

Nach dem Gesetze vom 3. April d. J. (Gesetz-Sammlung Seite 469) kann für den Fall, daß Preußische Unterthanen evangelischen Glaubens außer Stande sind, während ihres Aufenthalts in einem außereuropäischen Lande einen evangelischen Geistlichen anzutreten, die Befugniß zur Abschließung von Ehen, sowie zur Beurkundung der Geburts- und Sterbefälle, den betreffenden Königlichen Konsuln durch das Ministerium der auswärtigen Angelegenheiten übertragen werden.

In Gemäßheit des §. 14 dieses Gesetzes ergeht hiermit zu demselben von Seiten der unterzeichneten Minister der auswärtigen Angelegenheiten und der Justiz die nachstehende Instruktion:

I. Allgemeine Bestimmungen.

§. 1.

Jeder in einem außereuropäischen Lande bestellte Königlich Preußische General-Konsul, Konsul, Vice-Konsul oder Konsular-Agent, welchem vom Ministerium der auswärtigen Angelegenheiten die im Gesetze erwähnten Befugnisse übertragen werden, hat drei festgebundene Register von starkem Papier in Folioformat, das eine für die Heiraths-, das andere für die Geburts-, das dritte für die Sterbefälle anzuschaffen. Dieselben sind zu foliiren, auf der letzten Seite mit einem Attest über die Zahl der Folien unter Siegel und Unterschrift des Konsulats zu versehen und in dem Konsulatsgebäude an einem besonders gesicherten Orte nach Vorschrift des §. 15 des Reglements vom 18. September 1796 zu verwahren.

§. 2.

Die Eintragungen in diese Register erfolgen nach der Zeitfolge hinter einander, ohne daß ein Zwischenraum zwischen der vorhergehenden und der unmittelbar darauf folgenden Eintragung gelassen werden darf.

Der Tag der Eintragung selbst, sowie der Tag der Geburt oder des Todesfalls, um den es sich handelt, sind mit Worten, die Namen mit besonders großen, in die Augen fallenden Buchstaben zu schreiben.

§. 3.

Da es wesentlich darauf ankommt, daß die Eintragungen in den Registern besonders deutlich und leserlich geschrieben werden, so kann der Konsul die Eintragung unter seiner unmittelbaren Aufsicht durch einen Konsulats-Beamten oder Schreiber, der sich durch eine gute Handschrift auszeichnet, bewerkstelligen lassen; es muß aber jede Eintragung von dem Konsul, von den Zeugen und von allen Betheiligten eigenhändig unterschrieben werden. Sind unter den letzteren Personen, welche nicht schreiben können, so ist deren Handzeichen von dem Konsul besonders zu beglaubigen.

Als Zeugen dürfen in der Regel nur unbescholtene großjährige Personen zugelassen werden.

§. 4.

Die Eintragung in die Register ist nicht als ein bloßer Vermerk über die zu beurkundende Thatsache (Heirath, Geburts- oder Sterbefall), sondern in Form eines über den ganzen Hergang aufgenommenen vollständigen Protokolls, in der Regel in deutscher Sprache, zu bewirken.

Wenn Personen bei der Handlung sich betheiligen, welche der deutschen Sprache überhaupt nicht, oder nicht vollkommen mächtig sind, so hat der Konsul dafür zu sorgen, daß denselben der Inhalt der Verhandlung vollständig zur Kenntniß gebracht werde; es ist in dem Protokoll zu vermerken, daß und in welcher Weise dies geschehen ist.

Unter besonderen Umständen und namentlich, wenn der Konsul der deutschen Sprache selbst nicht recht mächtig ist, soll es demselben gestattet sein, sich auch einer anderen Sprache zu bedienen; es ist jedoch in einem solchen Falle dafür zu sorgen, daß diejenigen Personen, welche nicht der gewählten Sprache mächtig sind, von dem Inhalt der Verhandlung vollständige Kenntniß erhalten.

§. 5.

Auf den letzten Folien jedes Registers ist ein alphabetisches Verzeichniß anzulegen, und in diesem bei jeder Eintragung der Name der betreffenden Person, mit Angabe des Blattes, wo das bezügliche Protokoll sich befindet, zu vermerken.

§. 6.

Von den im Laufe des Jahres erfolgten Eintragungen in die drei Register sind innerhalb der ersten drei Monate des nächstfolgenden Jahres beglaubigte Abschriften durch die betreffenden General-Konsulate dem Ministerium der auswärtigen Angelegenheiten einzureichen.

§. 7.

Die Urkunde über die geschlossene Ehe, den Geburts- oder Todesfall ist durch die Ausfertigung des in das betreffende Register eingetragenen bezüglichen Protokolls unter Siegel und Unterschrift des Konsulats nach dem Formular A. zu ertheilen.

II. Besondere Bestimmungen.

1) Für Heirathen.

§. 8.

Wenn die Schließung einer Ehe vor dem Konsul beantragt wird, so hat derselbe zu prüfen, ob die zur bürgerlichen Gültigkeit einer Ehe gesetzlich vorgeschriebenen Bedingungen vorhanden sind; er hat die Identität der Interessenten festzustellen und die Beibringung der im §. 3 des Gesetzes bezeichneten Papiere zu erfordern. Von der Beibringung dieser Papiere kann nur unter den im Gesetze erwähnten Umständen abgesehen werden.

Behauptet ein Interessent den Tod seiner Eltern, so sind die Todtenscheine derselben in beglaubigter Form beizubringen; doch ist es unter besonderen Umständen gestattet, von der Beibringung dieser Papiere ebenfalls abzusehen, wenn der Konsul anderweitig genügende Ueberzeugung von der Richtigkeit der Behauptung gewonnen hat.

§. 9.

Ueber den Antrag auf Schließung der Ehe und die angestellten Erörterungen (§. 8) ist eine Verhandlung aufzunehmen. Hat der Konsul hiernach die Ueberzeugung gewonnen, daß der bürgerlichen Gültigkeit der beabsichtigten Ehe keine Hindernisse entgegenstehen, so ist unter Beachtung des §. 5 des Gesetzes das Aufgebot durch eine Bekanntmachung des Konsuls nach dem Formular B., und zwar in der deutschen und in der Landessprache zu bewirken. Dieselbe muß Vor- und Zunamen, Alter, Stand oder Gewerbe und den Wohnort der Verlobten und ihrer Eltern enthalten und acht Tage an der äußeren Thür des Konsulatsgebäudes aushängen, nach Ablauf dieser Frist aber, mit dem Affiktions- und Refiktions-Vermerk versehen, zu der oben bezeichneten Verhandlung genommen werden.

§. 10.

Wohnen die Brautleute in verschiedenen Konsulats-Bezirken, so steht es ihnen frei, darauf anzutragen, daß der Konsul, an welchen sie sich zuerst gewendet haben, nach erlassenem Aufgebot die betreffende Verhandlung mit den dazu gehörigen Urkunden urschriftlich an den Konsul, in dessen Bezirk der andere Theil seinen Wohnsitz hat, übersendet. Letzterer hat alsdann auch seinerseits zu prüfen, ob die zur bürgerlichen Gültigkeit der Ehe gesetzlich nothwendigen Erfordernisse vorhanden sind. Findet er hiergegen nichts zu erinnern, so ist das Aufgebot zu veranlassen.

Nach Ablauf der im §. 4 des Gesetzes bestimmten achttägigen Frist hat er den zuerst gedachten Konsul unter Wiederbeifügung der ihm übersandten Verhandlung mit ihren Anlagen zu benachrichtigen, daß das Aufgebot erfolgt und Einspruch nicht erhoben worden ist. Der Zurückbehaltung einer Abschrift der Verhandlung bedarf es nicht; vielmehr genügt es, wenn derselbe über den ganzen Hergang einen Vermerk zu seinen Akten bringt, aus welchem das Datum der Verhandlung und der Konsul, der sie aufgenommen hat, hervorgehen.

§. 11.

Eine Dispensation von dem Aufgebote darf nur in besonders dringenden Fällen erfolgen, namentlich bei eintretender plötzlicher Todesgefahr eines der beiden Verlobten, oder wenn dieselben den Bezirk des Konsuls zu verlassen beabsichtigen und eine Verzögerung der Abreise um die Dauer der Aufgebotsfrist sehr wesentliche Nachtheile für sie herbeiführen würde.

§. 12.

Sämmtliche bei einem Konsulat in einem Jahre vorkommende Eheanmeldungs- und Aufgebots-Verhandlungen sind, chronologisch geordnet, aktenmäßig zu sammeln und neben den drei Registern aufzubewahren.

§. 13.

Werden auf Grund des Aufgebots gegen die beabsichtigte Eheschließung keine Einwendungen erhoben, so darf der Konsul mit der Eheschließung verfahren.

Die Brautleute müssen persönlich vor dem Konsul erscheinen, welcher zu der Eheschließung ein der Würde der Handlung angemessenes Lokal im Konsulatsgebäude zu bestimmen hat.

Die Eheschließung selbst erfolgt in der im §. 7 des Gesetzes vorgeschriebenen Weise.

Sofort, nachdem der Konsul ausgesprochen hat, daß er die Brautleute kraft des Gesetzes für rechtmäßig verbundene Eheleute erkläre, hat er ihnen, ohne die Handlung zu unterbrechen, durch Handschlag das Versprechen abzunehmen, daß sie bei der ersten sich darbietenden Gelegenheit die kirchliche Einsegnung nachholen wollen.

Ueber den ganzen Hergang ist in dem Register für Heirathen ein Protokoll nach dem anliegenden Formular C. aufzunehmen.

2) Bei Geburten.

§. 14.

Die Eintragung der Geburt eines Kindes in das Register für Geburtsfälle erfolgt nach dem anliegenden Formular D. auf den Antrag des Vaters, oder bei unehelichen Kindern auf den Antrag der Mutter oder ihrer Angehörigen, unter Beachtung der im §. 11 des Gesetzes enthaltenen Bestimmungen.

§. 15.

Als Zeugen sind, wenn sonst keine Bedenken entgegenstehen, wo möglich solche Personen zuzuziehen, welche der Geburt des Kindes, um welches es sich handelt, persönlich beigewohnt haben, und wird in diesem Falle weniger auf Geschlecht und Nationalität der Zeugen, wohl aber unbedingt auf Unbescholtenheit derselben zu sehen sein.

§. 16.

Entstehen Bedenken über die Richtigkeit der Angaben des Deklaranten, oder ist die Anzeige länger als drei Tage nach der Geburt verzögert worden, so hat der Konsul durch Vernehmung des Geburtshelfers, der Hebeamme oder anderer Personen, welche Auskunft zu ertheilen vermögen, anderweiten Beweis zu erheben, und bis dies geschehen, die Eintragung in das Register auszusetzen.

Die Eintragung ist auch dann auszusetzen, wenn dem Kinde zur Zeit der Anmeldung ein Vorname noch nicht gegeben worden ist.

§. 17.

In allen Fällen, wo die Eintragung einer Geburt in das Register ausgesetzt werden muß, ist über die Anmeldung und über die sich an dieselbe knüpfenden weiteren Erörterungen eine Verhandlung aufzunehmen, und auf dieselbe bei der später wirklich erfolgenden Eintragung in das Register kurz zu verweisen. Diese Verhandlungen sind, nach Jahrgängen chronologisch geordnet, aktenmäßig zusammenzufassen und neben den drei Registern aufzubewahren.

3) Für Todesfälle.

§. 18.

Die Eintragung eines Todesfalls in das Register für Sterbefälle erfolgt in der Regel nach dem anliegenden Formular E.

§. 19.

Als Zeugen sind wo möglich solche Personen zuzuziehen, welche entweder dem Hinscheiden des Verstorbenen beigewohnt, oder von dessen Tode zuverlässige Kenntniß erhalten haben.

§. 20.

Entstehen Bedenken über die Richtigkeit der Angaben der Zeugen, oder kann nach den besonderen Umständen des Falles der Tod durch Zeugenaussagen nicht füglich festgestellt werden, so bleibt es dem pflichtmäßigen Ermessen der Konsularbeamten überlassen, noch anderweitige Erörterungen, namentlich die Vernehmung eines Arztes, welcher den angeblich Verstorbenen in der letzten Krankheit behandelt hat, zu veranlassen, oder die Vermittelung der Lokalbehörden anzurufen.

§. 21.

Ein nach den fremden Gesetzen in gehöriger Form ausgestelltes Attest der Landesbehörden über den Tod genügt, um die gesetzlich vorgeschriebenen zwei Zeugen, sobald solche überhaupt nicht, oder nur unter unverhältnißmäßigen Schwierigkeiten sistirt werden können, zu ersetzen.

§. 22.

In allen Fällen, in welchen die Eintragung des Todesfalls nicht streng nach Vorschrift des §. 12 des Gesetzes, oder sofort nach der Anmeldung des Todesfalls hat bewirkt werden können, ist eine Verhandlung aufzunehmen, aus welcher die stattgehabten Erörterungen, und namentlich die Nothwendigkeit der Abweichung von der gesetzlichen Regel zu erkennen sind. Alle derartige Verhandlungen sind, chronologisch geordnet, in ein besonderes Aktenstück für jedes Jahr zusammenzufassen und neben den drei Registern aufzubewahren.

§. 23.

Für die durch das Gesetz vom 3. April d. J. und diese Instruktion den Königlichen Konsuln aufgetragenen Verrichtungen haben diese nach §. 13 des Gesetzes Gebühren zu fordern. Dieselben sollen im Allgemeinen nicht unter 1 Thaler 10 Sgr. und nicht über 5 Thaler für Heirathen, und nicht unter 10 Sgr. und nicht über 2 Thaler für Geburts- und Sterbefälle, je nach Standes- und Vermögens-Verhältnissen, betragen.

Berlin, den 24. August 1854.

Der Minister der auswärtigen Angelegenheiten
v. Manteuffel.

Der Justiz-Minister
Simons.

I. 3437. C. 17. Vol. II.

Ausfertigung.

Formular A.

Königlich Preußisches (General-, Vice-) Konsulat zu ....

Nachstehende Verhandlung,

welche folio ..... Volumen ..... des bei dem Königlich Preußischen (General-, Vice-) Konsulat zu .... in Gemäßheit des Gesetzes vom 3. April 1854 geführten Registers über Heirathen (Geburten, Sterbefälle) eingetragen ist, und welche wörtlich lautet, wie folgt:

....

wird hiermit zu öffentlichem Glauben unter Siegel und Unterschrift des Königlich Preußischen (General-, Vice-) Konsulats zu .... ausgefertigt.

N. N. den ..ten .... 18..

(Konsulats-Siegel.)

N. N.

Königlich Preußischer (General-, Vice-) Konsul.

Ausfertigungs-Gebühren.

....

Aufgebot.

Formular B.

Königlich Preußisches (General-, Vice-) Konsulat zu ....

Es wird hiermit bekannt gemacht, daß

der rc. N. N., geboren in N., alt ..... Jahr, wohnhaft in N., Sohn des N. und der N. in N.

und

die rc. N. N., geboren in N., alt ..... Jahr, wohnhaft in N., Tochter des N. und der N. in N.

beabsichtigen, sich mit einander zu verheirathen, und diese Ehe in Gemäßheit des Gesetzes vom 3. April 1854 vor dem unterschriebenen Königlich Preußischen (General-, Vice-) Konsul abzuschließen.

N. den ..ten .... 18..

(Konsulats-Siegel.)

N. N.

Königlich Preußischer (General-, Vice-) Konsul.

Affigirt den ....

Refigirt und zu den Akten ....

Heiraths-Protokoll.

Formular C.

Verhandelt zu .... den ..ten .... 18..

Vor dem unterzeichneten Königlich Preußischen (General-, Vice-) Konsul erschienen heute im Konsulatsgebäude

1) der ꝛc. N. N., ... Jahr alt, aus .... gebürtig, wohnhaft in ...., Sohn des .... und der .... in ....,
2) die ꝛc. N. N., ... Jahr alt, aus .... gebürtig, wohnhaft in ...., Tochter des .... und der .... in ....,
3) der ꝛc. N. N. .... Jahr alt, aus .... gebürtig, wohnhaft in ...., als erster Zeuge,
4) der ꝛc. N. N. .... Jahr alt, aus .... gebürtig, wohnhaft in ...., als zweiter Zeuge,

5) }
6) } die sonst noch anwesenden Personen.
ꝛc. }

Die beiden unter Nr. 1 u. 2 angeführten Personen, nämlich der ꝛc. N. N. und die ꝛc. N. N. erklärten, daß es ihre Absicht sei, eine Ehe mit einander einzugehen und dieselbe in der durch das Gesetz vom 3. April 1854 vorgeschriebenen Form abzuschließen.

Da die in diesem Gesetze angeordneten Förmlichkeiten erfüllt sind, auch gegen die Dispositionsfähigkeit der Brautleute keine Bedenken obwalten, so richtete der unterzeichnete Königlich Preußische (General-, Vice-) Konsul in Gemäßheit des §. 7 des genannten Gesetzes sowohl an den ꝛc. N. N., als auch an die ꝛc. N. N. einzeln die feierliche Frage, ob es ihre ernstliche und gewisse Absicht sei, mit dem gegenwärtigen anderen Theile eine Ehe einzugehen, und forderte sie auf, wenn dies der Fall sei, diese ihre Absicht durch ein lautes und deutliches „Ja“ zu bekunden.

Nachdem von beiden Theilen dieser Aufforderung vollständig entsprochen worden, so erklärte der unterzeichnete Königlich Preußische (General-, Vice-) Konsul den ꝛc. N. N. und die ꝛc. N. N. kraft des Gesetzes für rechtlich verbundene Eheleute, und nahm ihnen gleichzeitig durch Handschlag das Versprechen ab, bei erster sich darbietender Gelegenheit die kirchliche Einsegnung dieser ihrer Ehe nachzuholen.

Diese Verhandlung ist hierauf den Eheleuten, den beiden Zeugen, sowie den übrigen Anwesenden vorgelesen, von denselben genehmigt und dem zur Urkund eigenhändig unterschrieben (von dem des Schreibens unkundigen N. N. aber unterkreuzt) worden.

Geschlossen wie oben.

(Unterschriften.)

Der Königlich Preußische (General-, Vice-) Konsul zu ....

(Name.)

Formular D.

Verhandelt zu .... den ..ten .... 18..

Vor dem unterzeichneten Königlich Preußischen (General-, Vice-) Konsul erschien heute im Konsulatsgebäude der (die) ... ., ... Jahre alt, wohnhaft zu ......, welcher mir erklärte, daß von der ... ., ... Jahre alt, wohnhaft zu ......, am .... Jahres, ... Uhr .... ein Kind, ... Geschlechts geboren sei, welchem Kinde d.. Vorname................. beigelegt wurde..

Diese von mir aufgenommene Erklärung ist geschehen in Anwesenheit der beiden Zeugen, als nämlich:

1) .... Jahre alt, wohnhaft zu ....
2) .... Jahre alt, wohnhaft zu ....

Gegenwärtige Urkunde ist demnach dem Deklaranten und den Zeugen vorgelesen und von denselben unterschrieben worden.

Geschlossen wie oben.

(Unterschriften.)

Der Königlich Preußische (General-, Vice-) Konsul zu ....

(Name.)

Formular E.

Verhandelt zu .... den ..ten .... 18..

Vor dem unterzeichneten Königlich Preußischen (General-, Vice-) Konsul erschienen heute im Konsulatsgebäude der ...., alt ..... Jahre, wohnhaft zu ...., welcher ein .... d.. Verstorbenen zu sein angab, und ...., alt ..... Jahre, wohnhaft zu ...., welcher ein .... d.. Verstorbenen zu sein angab; welche beide mir erklärten, daß im Jahre eintausend achthundert und .... am .... des Monats .... um ..... Uhr .... zu .... verstorben sei der (die) ...., geboren zu ...., alt .... Jahre, wohnhaft zu ...., Sohn (Tochter) von*) ...., wohnhaft zu ...., und dessen Ehefrau ...., wohnhaft zu .... Worüber gegenwärtiger Akt, nachdem sich der Unterzeichnete von dem Tode der gedachten Person überzeugt hatte, aufgesetzt und nach Vorlesung von den Anzeigenden unterschrieben wurde.

Geschlossen wie oben.

(Unterschriften.)

Der Königlich Preußische (General-, Vice-) Konsul zu ....

(Name.)

---

*) Insoweit die Eltern und deren Verhältnisse nicht bekannt sind, werden die darauf bezüglichen Worte gelöscht.

37.

Verfügung vom 26. August 1854, — betreffend die temporäre Entlassung von Strafgefangenen aus den Haftanstalten der Rheinprovinz.

Beigehend übersende ich Ihnen, Herr General-Prokurator, Abschrift der in Betreff des Verfahrens bei einstweiligen Entlassungen von Strafgefangenen aus den Gefangen-Anstalten der Rheinprovinz an die Ober-Prokuratoren heute von mir erlassenen Verfügung zur Kenntnißnahme.

Berlin, den 26. August 1854.

Der Justiz-Minister
Simons.

An
den Königl. Herrn General-Prokurator
zu Cöln.

Anlage.

Nach bestehenden Allerhöchsten Bestimmungen sind zur Anordnung temporärer Entlassungen von Gefangenen aus den Haftanstalten der Rheinprovinz nicht die Justizbehörden, sondern lediglich die mit der Verwaltung und Beaufsichtigung dieser Anstalten betrauten Regierungen der Provinz kompetent. Um zu verhindern, daß in Fällen, wo Se. Majestät der König über Gnadengesuche solcher in den Gefangenanstalten der Rheinprovinz befindlichen Gefangenen, welche nur zu einer kurzen Freiheitsstrafe verurtheilt worden, Bericht zu erfordern geruht haben, eine Allerhöchst beabsichtigte Begnadigung durch einstweilige Fortsetzung der Strafvollstreckung vereitelt werde, wird der Herr Minister des Innern die Regierungen in der Rheinprovinz ermächtigen, die betreffenden Gefangenen auf Requisition der Ober-Prokuratoren vorläufig auf freien Fuß stellen und dieserhalb in den einzelnen Fällen der Gefangenanstalts-Direktion sofort die nöthige Weisung zugehen zu lassen.

Von dieser Maßregel werden Sie, Herr Ober-Prokurator, hierdurch mit der Aufforderung in Kenntniß gesetzt, in Fällen der bezeichneten Art die Requisition wegen einstweiliger Freilassung der Gefangenen schleunigst an die kompetente Regierung zu richten.

Berlin, den 26. August 1854.

Der Justiz-Minister
Simons.

An
die sämmtlichen Ober-Prokuratoren
der Rheinprovinz.

I. 3517. Rhein. Crimin. 59. Vol. 2.

38.

Verordnung vom 4. September 1854, — betreffend die Abänderung der Verordnung zur Beförderung der Sicherheit der Dampfschiffahrt auf dem Rhein und auf der Mosel vom 24. Mai 1844.

Verordn. v. 24. Mai 1844 (Rhein. Samml. Bd. 8 S. 271).

Wir Friedrich Wilhelm, von Gottes Gnaden, König von Preußen rc. rc.

verordnen, auf den Antrag Unserer Minister der auswärtigen Angelegenheiten, für Handel, Gewerbe und öffentliche Arbeiten, der Justiz und des Innern, zur Abänderung der Verordnung zur Beförderung der Sicherheit der Dampfschiffahrt auf dem Rhein und auf der Mosel vom 24. Mai 1844 (Gesetz-Sammlung für 1844 S. 267), was folgt:

Artikel I.

Die §§. 16, 17, 18 und 23 der Verordnung vom 24. Mai 1844 treten außer Kraft und es treten an ihre Stelle nachstehende Bestimmungen:

§. 16.

Diese Untersuchung wird von Kommissionen bewirkt werden, welche aus vereidigten Sachverständigen, nach Maaßgabe der von Unserm Minister für Handel, Gewerbe und öffentliche Arbeiten zu treffenden Bestimmungen, bestehen sollen.

Die Kommissionen haben die Untersuchung nach Anleitung und mit Berücksichtigung der im §. 13 gedachten Instruktion zu bewirken.

§. 17.

Die Preußischen Rhein- und Mosel-Dampfschiffe unterliegen, bevor sie überhaupt in den Dienst genommen werden dürfen, und, wenn sie den letzteren bereits versehen haben, vor dem Beginn der Fahrten jedes neuen Jahres, einer Untersuchung.

§. 18.

Behufs dieser Untersuchung hat der Führer an die für den Hafen des Schiffs niedergesetzte Kommission, acht Tage vor der beabsichtigten Abfahrt, die Anzeige zu machen, daß das Schiff zur Fahrt in Bereitschaft gestellt sei.

Der Dienst des Schiffes darf durch die Untersuchung nicht behindert werden, es möchten denn Anzeigen eines Gefahr drohenden Mangels vorliegen.

§. 23.

Die für die Untersuchungen, einschließlich der Kosten für die Ausfertigung des Erlaubnißscheines (§. 22), zu entrichtenden

Gebühren werden von Unserem Minister für Handel, Gewerbe und öffentliche Arbeiten festgesetzt.

Dieselben sind für die ordentliche Untersuchung (§§. 17, 18) in allen Fällen, und für die außerordentliche Untersuchung (§. 19) in dem Falle, wenn sich Mängel an dem Schiffe oder an der Maschine, oder in dem Betriebe der Letzteren ergeben haben, von dem Schiffseigenthümer zu zahlen; in anderen Fällen werden die Gebühren für die außerordentliche Untersuchung von der Regierung angewiesen.

Artikel II.

Unser Minister für Handel, Gewerbe und öffentliche Arbeiten ist mit der Ausführung dieser Verordnung beauftragt.

Urkundlich unter Unserer Höchsteigenhändigen Unterschrift und beigedrucktem Königlichen Insiegel.

Gegeben Putbus, den 4. September 1854.

(L. S.) Friedrich Wilhelm.

v. Manteuffel. Simons.

Für den Minister für Handel, Gewerbe und öffentliche Arbeiten: v. Pommer Esche.

Für den Minister des Innern: v. Manteuffel.

I. 1839. Rhein. Gen. 89. Vol. 7.

39.

Verfügung vom 14. September 1854, — betreffend die telegraphische Correspondenz der Staatsanwaltschaft.

Es ist neuerlich die Frage aufgeworfen worden, ob die telegraphische Correspondenz der Beamten der Staatsanwaltschaft kostenfrei zu befördern, und welche amtliche Rubrik eventuell zu diesem Zweck zu gebrauchen sei.

Nach der Mittheilung des Herrn Ministers für Handel, Gewerbe und öffentliche Arbeiten, mit welchem der Justiz-Minister über jene Frage in Correspondenz getreten ist, unterliegt es keinem Zweifel, daß die Staatsanwaltschaften sich ebenso, wie alle übrigen Staatsbehörden zu ihrer amtlichen Correspondenz der Staats-Telegraphen unentgeltlich bedienen dürfen, wenn dabei ein reines Staats-Interesse vorwaltet und die Telegraphen-Gebühren aus der Staatskasse würden bezahlt werden müssen.

Bei der derartigen Benutzung des Telegraphen durch die Staatsanwaltschaften sind dieselben Vorschriften zu befolgen, welche auf die telegraphische Correspondenz der Polizei-Behörden Anwendung finden.

Diese Vorschriften sind in der von dem Herrn Minister des Innern an die sämmtlichen Regierungen und an das hiesige Polizei-Präsidium gerichteten Verfügung vom 10. Juli 1851 enthalten, welche Ihnen, Herr General-Prokurator, beigehend in Abschrift zu dem Zwecke mitgetheilt wird, um danach sich in vorkommenden Fällen gleichfalls zu achten und die Ober-Prokuratoren mit Anweisung zu versehen.

Berlin, den 14. September 1854.

Der Justiz-Minister
Simons.

An
den Königlichen Herrn General-Prokurator zu Cöln.

I. 3793. T. 20.

Anlage.

Nach einer Mittheilung des Herrn Handels-Ministers ist hinsichtlich der telegraphischen Depeschen der Polizei-Behörden bis dahin, daß die Verhältnisse in Bezug auf die Benutzung der Staatstelegraphen durch die Staatsbehörden definitiv regulirt sein werden, der Telegraphen-Direction vorläufig folgendes Verfahren vorgeschrieben worden.

Den Polizei-Behörden wird die unentgeltliche Benutzung der Staatstelegraphen in allen denjenigen Fällen gestattet, in welchen ein reines Staats-Interesse vorwaltet und die Telegraphen-Gebühren aus der Staats-Kasse würden bezahlt werden müssen. Die Polizei-Behörden werden aber diese Depeschen bei der Aufgabe zur Vermeidung von Weitläuftigkeiten mit dem von ihnen zu unterschreibenden Vermerk:

„reine Staats-Angelegenheiten, frei zu befördern“

zu versehen und die Richtigkeit dieses Vermerks zu vertreten haben.

Alle übrigen Depeschen der Polizei-Behörden, welche mit diesem Vermerke nicht versehen sind, werden als zahlungspflichtige Depeschen behandelt. Von den Telegraphen-Stationen ist über die Depeschen der letzteren Art ein Conto zu führen und der Betrag der Gebühren bei den Polizeibehörden quartaliter zu liquidiren.

Die Königliche Regierung (das Königl. Polizei-Präsidium) wolle hiernach die Polizei-Behörden instruiren und denselben die strenge Beachtung des Königlichen Kassen-Interesse dabei zur Pflicht machen, damit nur in den oben angegebenen Fällen die Depeschen als frei zu befördernde bezeichnet, in allen zweifelhaften Fällen aber, namentlich in denjenigen, in welchen sich noch nicht mit Bestimmtheit vorhersehen läßt, ob dabei betheiligte Privatpersonen nicht später zur Erlegung der Kosten angehalten werden können, oder in welchen ein zur Deckung der Untersuchungskosten zu verwendendes Objekt vorhanden ist, die Telegraphen-Gebühren vorläufig notirt werden.

Berlin, den 10. Juli 1851.

Der Minister des Innern
v. Westphalen.

An
das Königl. Polizei-Präsidium hierselbst und an sämmtliche Königl. Regierungen.

40.

Allgemeine Verfügung vom 27. September 1854, — betreffend das Verfahren der Gerichte bei Beförderung von Dokumenten und Vorladungen an die im Auslande, namentlich in Rußland, sich aufhaltenden Personen.

Allgem. Verfügung v. 16. Sept. 1844 (Rh. Samml. Bd. 8 S. 346).

Nach einer Mittheilung des Herrn Ministers der auswärtigen Angelegenheiten ist es neuerdings häufig vorgekommen, daß diesseitige Gerichtsbehörden und Rechtsanwalte die Vermittelung der Königlichen Gesandtschaft in St. Petersburg direkt in Anspruch genommen haben, um gerichtliche Dokumente aller Art, namentlich aber Vorladungen zu Terminen in Prozeßsachen, an die in Rußland lebenden Parteien gelangen zu lassen.

Dies entspricht nicht den Vorschriften der allgemeinen Verfügung vom 16. September 1844 I. A. 1. und folg., wonach ein unmittelbarer Schriftwechsel zwischen den inländischen Gerichten und den ausländischen, außerhalb der Deutschen Bundesstaaten befindlichen Behörden oder den im Auslande angestellten Preußischen Gesandten und diplomatischen Agenten in der Regel nicht zulässig ist, vielmehr zu allen Insinuationen, Requisitionen und sonstigen Korrespondenzen nach dem Auslande die Vermittelung des Königlichen Ministeriums der auswärtigen Angelegenheiten nachgesucht werden muß. Daß die Kommunikation mit dem gedachten Ministerium gegenwärtig auch von Seiten der kollegialisch formirten Gerichte erster Instanz erfolgen kann, ist denselben bereits durch die Verfügung vom 30. April resp. 6. Juni 1849 (Just.-Minist.-Bl. S. 287) mitgetheilt.

Der Justiz-Minister nimmt Veranlassung, den Gerichtsbehörden diese Vorschriften hiermit in Erinnerung zu bringen und dieselben zugleich darauf aufmerksam zu machen, daß bei Vorladungen einer in Rußland sich aufhaltenden Partei ein den dortigen, oft sehr bedeutenden Entfernungen und den sonstigen geschäftlichen Verhältnissen daselbst entsprechender geräumiger Termin, der nach den gemachten Erfahrungen mindestens auf sechs Monate hinauszuschieben sein wird, anzuberaumen ist.

Berlin, den 27. September 1854.

Der Justiz-Minister
Simons.

An
sämmtliche Gerichtsbehörden.

I. 3686. Requisitionen 48. Vol. III.

41.

Statut des Verbandes der Wiesenbesitzer in den Gemeinden Oberreidenbach, Mittelreidenbach und Niederreidenbach im Kreise St. Wendel des Regierungs-Bezirks Trier. Vom 4. Oktober 1854.

I. 4908. Rh. Gen. 167. Vol. 2. Ges.-Samml. v. 1854 S. 562.

42.

Allerhöchster Erlaß vom 9. Oktober 1854, — betreffend die fernere Gültigkeit der Bestimmungen des §. 36 der Instruktion vom 30. Mai 1820 über die Vertretung der vormals reichsunmittelbaren Fürsten und Grafen in Prozessen, sowie der Verordnung vom 3. Januar 1845, über die von den Häuptern der vormals reichsständischen Familien in Prozessen über ihre Domainen zu leistenden Eide.

Einverstanden mit den Anträgen im Berichte des Staatsministeriums vom 30. September d. J. will Ich auf Grund des Gesetzes vom 10. Juni d. J., die Deklaration der Verfassungs-Urkunde vom 31. Januar 1850 in Bezug auf die Rechte der mittelbar gewordenen Deutschen Reichsfürsten und Grafen betreffend (Gesetz-Sammlung S. 363), und vorbehaltlich der zur Ausführung desselben erforderlichen weiteren Anordnungen zur Beseitigung der bei den Gerichtshöfen entstandenen Zweifel hierdurch Folgendes bestimmen:

Durch die Vorschrift des Art. 4 der Verfassungs-Urkunde vom 31. Januar 1850 sind die Bestimmungen des §. 36 der Instruktion vom 30. Mai 1820 (Gesetz-Sammlung S. 81) über die Vertretung der vormals reichsunmittelbaren Fürsten und Grafen in Prozessen durch ihre Domanial-, Rent- und Verwaltungs-Behörden, respektive -Beamten, sowie die Bestimmungen der Verordnung vom 3. Januar 1845 über die von den Häuptern der vormals reichsständischen Familien in Prozessen über ihre Domainen zu leistenden Eide (Gesetz-Sammlung S. 37) nicht aufgehoben; dieselben sind vielmehr von den Gerichts-Behörden auch noch ferner als in Kraft bestehend zu beachten.

Dieser Mein Erlaß ist durch die Gesetz-Sammlung zur öffentlichen Kenntniß zu bringen.

Bellevue, den 9. Oktober 1854.

Friedrich Wilhelm.

v. Manteuffel. v. d. Heydt. Simons. v. Raumer.
v. Westphalen. v. Bodelschwingh. Gr. v. Waldersee.

An das Staatsministerium.

I. 4470. Standesherrn Gener. 1. Vol. 6.

43.

Verordnung wegen Bildung der Ersten Kammer. Vom 12. Oktober 1854.

Wir Friedrich Wilhelm, von Gottes Gnaden, König von Preußen 2c. 2c.

verordnen, im Verfolg des Gesetzes vom 7. Mai 1853 (Gesetz-Samml. Seite 181), betreffend die Bildung der Ersten Kammer, was folgt:

§. 1.

Die Erste Kammer besteht:

1) aus den Prinzen Unseres Königlichen Hauses, welche Wir, sobald sie in Gemäßheit Unserer Hausgesetze die Großjährigkeit erreicht haben, in die Erste Kammer zu berufen, Uns vorbehalten;
2) aus Mitgliedern, welche mit erblicher Berechtigung,
3) aus Mitgliedern, welche auf Lebenszeit von Uns berufen sind.

§. 2.

Mit erblicher Berechtigung gehören zur Ersten Kammer:

1) die Häupter der Fürstlichen Häuser von Hohenzollern-Hechingen und Hohenzollern-Sigmaringen;
2) die nach der Deutschen Bundes-Akte vom 8. Juni 1815 zur Standschaft berechtigten Häupter der vormaligen Deutschen reichsständischen Häuser in Unseren Landen;

3) die übrigen nach Unserer Verordnung vom 3. Februar 1847 zur Herren-Kurie des Vereinigten Landtags berufenen Fürsten, Grafen und Herren.

Außerdem gehören mit erblicher Berechtigung zur Ersten Kammer diejenigen Personen, welchen das erbliche Recht auf Sitz und Stimme in der Ersten Kammer von Uns durch besondere Verordnung verliehen wird. Das Recht hierzu wird in der durch die Verleihungs-Urkunde festgesetzten Folgeordnung vererbt.

§. 3.

Als Mitglieder auf Lebenszeit wollen Wir berufen:

1) Personen, welche Uns in Gemäßheit der folgenden Paragraphen präsentirt werden;
2) die Inhaber der vier großen Landesämter im Königreich Preußen;
3) einzelne Personen, welche Wir aus besonderem Vertrauen ausersehen. Aus denselben wollen Wir „Kron-Syndici" bestellen, welchen Wir wichtige Rechtsfragen zur Begutachtung vorlegen, imgleichen die Prüfung und Erledigung rechtlicher Angelegenheiten des Hauses anvertrauen werden.

§. 4.

Das Präsentationsrecht steht zu:

1) den nach Unserer Verordnung vom 3. Februar 1847 zur Herren-Kurie des Vereinigten Landtags berufenen Stiftern;
2) dem für jede Provinz zu bildenden Verbande der darin mit Rittergütern angesessenen Grafen, für je einen zu Präsentirenden;
3) den Verbänden der durch ausgebreiteten Familienbesitz ausgezeichneten Geschlechter, welche Wir mit diesem Recht begnadigen;
4) den Verbänden des alten und des befestigten Grundbesitzes;
5) einer jeden Landes-Universität;
6) denjenigen Städten, welchen Wir dieses Recht besonders beilegen.

§. 5.

Die von den Stiftern zu präsentirenden Vertreter werden von den Mitgliedern derselben aus ihrer Mitte, die von den Universitäten zu präsentirenden von dem akademischen Senate aus der Zahl der ordentlichen Professoren, die von den Städten zu präsentirenden von dem Magistrate, oder in Ermangelung eines kollegialischen Vorstandes von den übrigen kommunalverfassungsmäßigen Vertretern der Stadt aus der Zahl der Magistrats-Mitglieder erwählt.

§. 6.

Die näheren reglementarischen Bestimmungen wegen Bildung der Verbände des alten und des befestigten Grundbesitzes — Landschafts-Bezirke — (§. 4 Nr. 4) und wegen Ausübung des Präsentationsrechts (§. 4 Nr. 1 bis 6) werden von Uns erlassen.

§. 7.

Das Recht auf Sitz und Stimme in der Ersten Kammer kann nur von Preußischen Unterthanen ausgeübt werden, welche sich im Vollbesitze der bürgerlichen Rechte befinden, ihren Wohnsitz innerhalb Preußen haben und nicht im aktiven Dienste eines außerdeutschen Staates stehen.

Ferner ist dazu — außer bei den Prinzen Unseres Königlichen Hauses — ein Alter von dreißig Jahren erforderlich.

§. 8.

Das Recht der Mitgliedschaft der Ersten Kammer erlischt bei denjenigen Mitgliedern, welche in Gemäßheit der §§. 4 bis 6 präsentirt werden, mit dem Verluste der Eigenschaft, in welcher die Präsentation erfolgt ist.

§. 9.

Das Recht der Mitgliedschaft der Ersten Kammer geht außer den Fällen der §§. 12 und 21 des Strafgesetzbuchs verloren, wenn die Kammer durch einen von Uns bestätigten Beschluß einem Mitgliede das Anerkenntniß unverletzter Ehrenhaftigkeit oder eines der Würde der Kammer entsprechenden Lebenswandels oder Verhaltens versagt.

§. 10.

Wenn die Kammer mit Rücksicht auf eine gegen ein Mitglied eingeleitete Untersuchung oder aus sonstigen wichtigen Gründen der Ansicht ist, daß demselben die Ausübung des Rechts auf Sitz und Stimme zeitweise zu untersagen sei, so ist zu dieser Maaßregel Unsere Genehmigung erforderlich.

§ 11.

Hat ein Mitglied der Ersten Kammer das Recht der Mitgliedschaft verloren, so wird, falls dieselbe auf erblicher Berechtigung beruht, wegen der Wahl eines anderen Mitgliedes der betreffenden Familie von Uns Bestimmung getroffen werden. Wenn ein solches Mitglied in Gemäßheit der §§. 4 bis 6 präsentirt worden ist, so werden Wir eine anderweite Präsentation anordnen.

Urkundlich unter Unserer Höchsteigenhändigen Unterschrift und beigedrucktem Königlichen Insiegel.

Gegeben Sanssouci, den 12. Oktober 1854.

(L. S.) Friedrich Wilhelm.

v. Manteuffel. v. d. Heydt. Simons. v. Raumer.
v. Westphalen. v. Bodelschwingh. Gr. v. Waldersee.

K. 37.

44.

Allgemeine Verfügung vom 16. Oktober 1854, — betreffend die Auslegung des Artikels VII. des zwischen Preußen und den Niederlanden über die gegenseitige Auslieferung flüchtiger Verbrecher bestehenden Vertrages vom 17. November 1850.

(Gesetz-Sammlung S. 509. Rhein. Samml. Bd. X. S. 250.)

a. Verfügung des Justiz-Ministers.

Der Inhalt des Artikels VII. des zwischen Preußen und den Niederlanden wegen gegenseitiger Auslieferung flüchtiger Verbrecher am 17. November 1850 abgeschlossenen Vertrages, welcher lautet:

„Die beiderseitigen Regierungen verzichten darauf, die Erstattung der Unterhaltungs-, Transport- und anderer Kosten, welche aus der Auslieferung erwachsen, in Anspruch zu nehmen. Sie willigen gegenseitig darin, diese Kosten selbst zu tragen.“

hat zu einer verschiedenartigen Auslegung von Seiten der kontrahirenden Regierungen Veranlassung gegeben. In Folge dessen ist durch Auswechselung besonderer Erklärungen der gedachte Artikel VII. dahin erläutert worden,

daß nach der Absicht der kontrahirenden Regierungen alle Gegenstände ohne Ausnahme, baares Geld miteingeschlossen, welche sich im Besitze eines in Gemäßheit des obengedachten Vertrages vom 17. November 1850 verhafteten Individuums befinden, in dem Momente mit überliefert werden sollen, wo die Auslieferung dieses Individuums bewirkt wird.

Dies wird hiermit zur Kenntniß der Gerichtsbehörden gebracht, und die Preußische Erklärung vom 25. September d. J. in dem nachfolgenden Abdrucke mit dem Bemerken mitgetheilt, daß die Erklärung der Königlich Niederländischen Regierung vom 18. dess. M. u. J. datirt ist.

Berlin, den 16. Oktober 1854.

Der Justiz-Minister
Simons.

An
sämmtliche Gerichtsbehörden.

I. 4278. Conventionen 4. Vol. II.

b. Déclaration.

L'Article VII. de la Convention conclue le 17 Novembre 1850 entre la Prusse et les Pays-Bas, relativement à l'extradition réciproque des malfaiteurs, — article, dont la teneur suit:

„Les Gouvernements respectifs renoncent à réclamer la restitution des frais d'entretien, de transport et autres qui résulteront de l'extradition."

„Ils consentent réciproquement à prendre ces frais à leur charge."

ayant donné lieu à différentes interprétations de la part des Gouvernements respectifs, le Soussigné Ministre d'Etat et des Affaires étrangères de Sa Majesté le Roi de Prusse déclare par la présente, que la commune intention des Parties contractantes, en signant la Convention du 17 Novembre 1850, a été, que tous les objets sans exception, l'argent comptant y compris, dont un individu arrêté en vertu de la dite Convention est porteur, fussent livrés au moment même où s'effectuera l'extradition de cet individu.

La présente déclaration est destinée à être échangée contre une déclaration semblable de Mr. le Ministre des Affaires étrangères de Sa Majesté le Roi des Pays-Bas.

En foi de quoi le Soussigné l'a signée et y a fait apposer le sceau du Ministère des Affaires Etrangères.

Berlin, ce 25 Septembre 1854.

(L. S.) (signé) Manteuffel.

45.

Verfügung vom 20. Oktober 1854, — betreffend die Ernennung der Polizeianwälte in Holzdiebstahlssachen.

Strafprozeß-Ordn. Art. 44. Gemeindeordnung v. 11. März 1850 §. 58 u. 135 (Ges.-Samml. S. 228 u. 245).
Verf. v. 17. April 1851 (Rh. Samml. Bd. X. S. 287). Gesetz v. 2. Juni 1852 (Rh. Samml. Bd. X. S. 422).

In Folge des von Ihnen, Herr General-Prokurator, am 19. Juni d. J. erstatteten Berichts:

in Betreff der zwischen Ihnen und dem Regierungs-Präsidenten N. zu N. entstandenen Differenz bezüglich der Ernennung verwaltender Forstbeamten zu Polizeianwalten in Holzdiebstahlssachen,

ist der Justiz-Minister über diesen Gegenstand mit dem Herrn Finanz-Minister in Kommunikation getreten. Von der darauf Seitens der Letzteren zur Erledigung jener Differenz an den genannten Regierungs-Präsidenten unterm 12. d. M. erlassenen

Verfügung wird Ihnen anbei Abschrift zur Kenntnißnahme mitgetheilt.

Berlin, den 20. Oktober 1854.

Der Justiz-Minister
Simons.

An
den Königlichen Herrn General-Prokurator zu Cöln.

I. 4454. Rhein. Officianten-Sachen 26.

Anlage.

Von dem Herrn Justiz-Minister ist mir mitgetheilt worden, daß Ew. Hochwohlgeboren, dem General-Prokurator gegenüber, das Recht in Anspruch nehmen, die, mit den Verrichtungen des Polizeianwaltes in Holzdiebstahlssachen zu betrauenden, verwaltenden Forstbeamten allein zu ernennen, ohne dem General-Prokurator eine andere Mitwirkung dabei einzuräumen, als vor der Ernennung des betreffenden Beamten die Aeußerung des General-Prokurators entgegen zu nehmen.

Der Herr Justiz-Minister nimmt für die dortigen Landestheile die gemeinschaftliche Ernennung des betreffenden Beamten Seitens des Regierungs-Präsidenten und des General-Prokurators in Anspruch, und ich trage kein Bedenken, dieser Ansicht beizutreten. Nachdem der Art. 144 der Rheinischen Strafprozeßordnung, vermöge dessen die Polizeianwalte unmittelbar durch das Gesetz ernannt wurden, eine Modifikation durch die §§. 58 und 135 der Gemeindeordnung vom 11. März 1850 — Gesetz-Samml. S. 228 u. 245 — erlitten hatte, wurde festgestellt, daß die Beauftragung mit den Verrichtungen des Polizeianwaltes durch den General-Prokurator in Gemeinschaft mit dem Präsidenten der betreffenden Regierung erfolgen solle. In der, von den Königlichen Ministerien der Justiz und des Innern unterm 17. April 1851 — Rhein. Samml. Bd X. S. 287 — dieserhalb erlassenen gemeinschaftlichen Verfügung hat die Art und Weise der Ernennung verwaltender Forstbeamten zu Polizeianwalten in Holzdiebstahlssachen nicht normirt werden können, weil die formelle Qualification dieser Beamten zur Wahrnehmung der Funktionen der Polizeianwaltschaft in Holzdiebstahlssachen nur erst durch das später publicirte Gesetz vom 2. Juni 1852 — Ges.-Samml. S. 305 — ausgesprochen wurde. Bei der Ernennung dieser Beamten muß ein gleiches Verfahren Statt finden, weil einestheils eine doppelte Verfahrungsweise in Betreff des nämlichen Gegenstandes überhaupt nicht zweckmäßig erscheint, anderntheils aber auch der, im Rheinischen Gerichtsbezirke durchgeführte, Organismus der Staatsanwaltschaft die gleichberechtigte Mitwirkung des Justiz-Ressorts bedingt. Ew. Hochwohlgeboren muß ich daher in Verfolg meines Erlasses vom 31. Mai d. J. hierdurch veranlassen, die zur Wahrnehmung der Funktionen der Polizeianwaltschaft in Holzdiebstahlssachen zu bestellenden Forstbeamten in Gemeinschaft mit dem General-Prokurator zu ernennen.

Berlin, den 12. Oktober 1854.

Der Finanz-Minister.
In Vertretung
Bitter.

An
den Königlichen Herrn Regierungs-Präsidenten zu N.

46.

Bekanntmachung der Ministerial-Erklärung v. 20. Oktober 1854, — betreffend die gegenseitige Anwendung des durch das Patent vom 10. Juni 1854 veröffentlichten Beschlusses der Deutschen Bundesversammlung vom 26. Januar 1854 wegen gegenseitiger Auslieferung gemeiner Verbrecher auf die zum Deutschen Bunde nicht gehörigen Landestheile des Königreichs Preußen und Kaiserthums Oesterreich. Vom 27. Oktober 1854.

Patent vom 10. Juni 1854 S. 36 dieses Bandes.

Die Königlich Preußische und die Kaiserlich Oesterreichische Regierung sind dahin übereingekommen, die Bestimmungen des in der dritten Sitzung der Deutschen Bundesversammlung vom 26. Januar 1854 gefaßten Beschlusses wegen gegenseitiger Auslieferung gemeiner Verbrecher auf dem Deutschen Bundesgebiete (Gesetz-Sammlung für die Preußischen Staaten Jahrgang 1854 S. 359 ff.) auch auf die nicht zum Deutschen Bunde gehörigen Theile ihrer beiderseitigen Staaten auszudehnen, so daß also die Bestimmungen dieses Bundesbeschlusses auch auf diejenigen Fälle volle Anwendung finden sollen, in welchen das gemeine Verbrechen oder Vergehen, wegen dessen durch eine Kaiserlich Oesterreichische Behörde bei der Königlich Preußischen Regierung die Auslieferung eines Individuums begehrt wird, in einem nicht zum Deutschen Bunde gehörigen Kronlande des Oesterreichischen Kaiserthums oder von den Angehörigen eines solchen Kronlandes gegen den Kaiserstaat begangen wurde, sowie umgekehrt auch auf den Fall, wenn die Königlich Preußische Regierung nach Maaßgabe des erwähnten Bundesbeschlusses von der Kaiserlich Oesterreichischen Regierung die Auslieferung eines Individuums in Anspruch nimmt, welches ein gemeines Verbrechen oder Vergehen in einem nicht zum Deutschen Bunde gehörigen Landestheile des Preußischen Staates begangen hat, oder welches einem solchen Landestheile angehört.

Vorstehende Bestimmungen finden ferner auch dann Anwendung, wenn sich die Individuen, deren Auslieferung verlangt wird, in Landestheilen des requirirten Staates aufhalten, welche nicht zum Deutschen Bunde gehörig sind.

Zu Urkund dessen ist gegenwärtige Ministerial-Erklärung ausgefertigt worden, und es soll dieselbe nach erfolgter Auswechselung gegen eine übereinstimmende Kaiserlich Oesterreichische Ministerial-Erklärung öffentlich bekannt gemacht werden.

Berlin, den 20. Oktober 1854.

Der Königlich Preußische Ministerpräsident, Minister der auswärtigen Angelegenheiten

(L. S.) v. Manteuffel.

Vorstehende Ministerial-Erklärung wird, nachdem solche gegen eine übereinstimmende Erklärung des Kaiserlich Oesterreichischen Ministeriums der auswärtigen Angelegenheiten vom 11. Oktober 1854 ausgewechselt worden ist, hierdurch zur öffentlichen Kenntniß gebracht.

Berlin, den 27. Oktober 1854.

Der Ministerpräsident, Minister der auswärtigen Angelegenheiten

v. Manteuffel.

I. 4798. Auslieferungen 33. Vol. 2.

47.

Statut des Verbandes der Wiesenbesitzer auf dem Banne der Gemeinde Badem im Kreise Bitburg des Regierungsbezirks Trier. Vom 13. November 1854.

I. 5665. Rh. Gen. 167. Vol. 2. Ges.-Samml. v. 1854 S. 626.

48.

Statut des Verbandes der Wiesenbesitzer in der Sektion III. des Irserbachthales in den Bürgermeistereien Herchen, Hamm und Dattenfeld, der Kreise Sieg, Altenkirchen und Waldbroel in den Regierungsbezirken Cöln und Coblenz. Vom 13. November 1854.

I. 5666. Rh. Gen. 167. Vol. 2. Ges.-Samml. v. 1854 S. 631.

XLII.

1855.

Gesetze, Verordnungen, Rescripte.

49.

Verfügung vom 23. Januar 1855, — betreffend die Aufstellung statistischer Schwurgerichtstabellen.

Um über den Umfang der Thätigkeit und über die Wirksamkeit der Schwurgerichte eine nähere auf Thatsachen gegründete Einsicht zu erlangen, hat der Justiz-Minister bereits im vergangenen Jahre die von den Vorsitzenden über eine jede Sitzungsperiode einzureichenden tabellarischen Nachweisungen dazu benutzt, statistische Nachrichten über die Zahl der verhandelten Sachen und Verbrechen, über die Aussprüche der Geschworenen, über die Zahl der Angeklagten, der erkannten Strafen und der Freisprechungen, sowie über einige andere in dieser Beziehung interessirende Punkte einzuziehen.

Da zu diesem Zweck jedoch das in den gedachten tabellarischen Nachweisungen enthaltene Material nicht vollkommen ausreicht, die betreffenden Notizen auch zweckmäßiger und leichter für eine jede Sitzungsperiode aus den Akten der während derselben verhandelten Untersuchungssachen entnommen werden können, so sollen die erforderlichen Nachrichten künftig bei den Schwurgerichten selbst durch den Gerichtsschreiber unter Controlle und Anleitung des Vorsitzenden gesammelt und demnächst nach dem Schluß einer jeden Sitzungsperiode mit den Schwurgerichts-Berichten eingereicht werden.

Der Justiz-Minister hat zu diesem Behuf für das laufende Kalenderjahr die erforderlichen Tabellen hier anfertigen lassen, und übersendet Ihnen anliegend eine Anzahl von einhundert Exemplaren unter der Anweisung, dieselben den einzelnen Landgerichten nach Bedürfniß zugehen zu lassen und mit dem Auftrage an Sie, Herr Erster Präsident, die zu Schwurgerichts-Präsidenten bezeichneten Appellationsgerichtsräthe zu veranlassen, nach Maaßgabe der auf dem ersten Blatt einer jeden Tabelle enthaltenen Bemerkungen die Gerichtsschreiber zu instruiren, und für die genaue und sorgfältige Befolgung der darin ertheilten Anweisungen zu sorgen.

Es bedarf schließlich kaum noch der Andeutung, daß das auf diesem Wege gesammelte Material in verschiedenen Beziehungen von großem Interesse sein muß, daß dasselbe jedoch nur dann eine sichere Grundlage zu weiteren Folgerungen abgeben kann, wenn die aufgezeichneten Zahlen auch überall den Akten entsprechen. Hierfür wird aber nur dann eine genügende Bürgschaft gewährt sein, wenn die Assisen-Präsidenten selbst sich einer sorgfältigen Revision und Prüfung der erfolgten Aufzeichnungen mit warmem Interesse unterziehen.

Sie, Herr Erster Präsident, werden veranlaßt, hierauf die Assisen-Präsidenten noch besonders aufmerksam zu machen.

Berlin, den 23. Januar 1855.

Der Justiz-Minister
Simons.

An
den Königl. Herrn Ersten Präsidenten
des Appellationsgerichtshofes und
den Königl. Herrn General-Prokurator
zu Cöln.

I. 488. Rhein. Crimin. 21. Vol. 3.

50.

Verfügung vom 28. Februar 1855, — betreffend die Requisitionen von Gerichten des Auslandes um Insinuation von Vorladungen oder Strafmandaten in Untersuchungen gegen diesseitige Unterthanen.

Es ist die Frage angeregt worden, wie die Preußischen Gerichtsbehörden zu verfahren haben, wenn sie von Gerichten des Auslandes in Untersuchungen, welche bei denselben gegen diesseitige Unterthanen eingeleitet worden, um Insinuation der an die Angeschuldigten erlassenen Vorladungen oder Strafmandate requirirt werden.

Zur Beseitigung der hierüber entstandenen Zweifel wird Ihnen, Herr General-Prokurator, hierdurch eröffnet, daß in allen Fällen, wo von ausländischen Gerichtsbehörden Untersuchungen wider Preußische Unterthanen eingeleitet worden, die Requisitionen jener Behörden um förmliche Insinuation der an die Angeschuldigten gerichteten Vorladungen oder Strafmandate, sofern nicht durch Staatsverträge mit der betreffenden auswärtigen Regierung eine Abweichung begründet wird, als der bestehenden Verfassung entgegen, von den inländischen Gerichtsbehörden abzulehnen sind, Letztere vielmehr sich darauf zu beschränken haben, in ähnlicher Art, wie dies bei Steuer-Kontraventionen der Verfügung vom 17. August 1818 (Jahrbücher Band 12. S. 42) gemäß, bisher schon geschehen ist, an die diesseitigen Unterthanen eine Benachrichtigung zu erlassen, damit dieselben in den Stand gesetzt werden, bei dem auswärtigen Gerichte ihre Gerechtsame wahrzunehmen und ein etwaiges Präjudiz von sich abzuwenden.

Daß eine solche Benachrichtigung des Angeschuldigten stattgefunden, ist bei Ablehnung der Requisition der ausländischen Gerichtsbehörde unerwähnt zu lassen.

Sie werden veranlaßt, hiernach sich in vorkommenden Fällen zu achten und die Ober-Prokuratoren mit Anweisung zu versehen.

Berlin, den 28. Februar 1855.

Der Justiz-Minister
Simons.

An
den Königlichen Herrn General-
Prokurator zu Cöln.

I. 818. Rhein. Gener. 116. Vol. 2.

51.

Allgemeine Verfügung vom 24. März 1855. — betreffend die Zahlung des Diensteinkommens an suspendirte Beamte.

Gesetz vom 7. Mai 1851 §. 48 (Rh. Samml. Bd. X. S. 301).
Gesetz vom 21. Juli 1852 §. 51 (Rh. Samml. Bd. X. S. 466).
Allg. Verfügung v. 9. August 1853 (Rh. Samml. Bd. X. S. 586).

Zur Beseitigung der Bedenken, welche bei Ausführung der im §. 48 des Gesetzes vom 7. Mai 1851 und im §. 51 des Gesetzes vom 21. Juli 1852 ertheilten Vorschriften in Betreff der Zahlung des Diensteinkommens an suspendirte Beamte entstanden sind, ist in der allgemeinen Verfügung vom 9. August 1853 unter Nr. 2 angeordnet worden:

daß, wenn die Suspension eines Beamten im Laufe eines Monats eintritt, der Zeitpunkt, von welchem ab die Hälfte des Diensteinkommens des suspendirten Beamten einbehalten wird, auf den ersten Tag des nächstfolgenden Monats zu bestimmen sei.

Diese Anordnung bezieht sich, wie den Gerichtsbehörden hiermit eröffnet wird, nur auf solche Beamte, welchen ihr Diensteinkommen praenumerando gewährt wird, und hat lediglich den Zweck, eine ins Kleinliche gehende Rückforderung schon gezahlter Gehaltstheile zu vermeiden. Auf Diätarien kann daher jene Bestimmung nur insoweit angewendet werden, als ihnen die bewilligten Diäten ausnahmsweise vorausgezahlt werden. Soweit dagegen eine Vorausbezahlung der Diäten nicht stattfindet, ist im

Falle der Suspension eines diätarisch beschäftigten Beamten die Hälfte der Diäten bereits von dem Tage ab, an welchem die Suspension erfolgt ist, einzubehalten.

Berlin, den 24. März 1855.

Der Justiz-Minister
Simons.

An
sämmtliche Gerichtsbehörden.

I. 1114. O. 29. Vol. 2.

52.

Allerhöchster Erlaß vom 26. März 1855, — betreffend die Vergütigung der den Beamten bei Versetzungen erwachsenden Umzugskosten.

Da die Erfahrung gelehrt hat, daß die in der Verordnung vom 8. März 1826 und in den darauf bezüglichen späteren Erlassen enthaltenen Bestimmungen, betreffend die Vergütigung der den Beamten bei Versetzungen erwachsenden Umzugskosten, zur Festhaltung einer billigen und gleichmäßigen Behandlung nicht ausreichen, so will Ich auf den Antrag des Staatsministeriums vom 11. d. Mts. für künftige Versetzungsfälle, in welchen die Versetzungsreise nach dem 31. März des laufenden Jahres erfolgt, hierdurch Nachstehendes festsetzen.

§. 1.

Nur etatsmäßig angestellten Beamten sind Umzugskosten zu vergütigen.

§. 2.

Eine solche Vergütigung für etatsmäßig angestellte Beamte findet nicht statt:

a) wenn die Versetzung lediglich auf den Antrag des Beamten erfolgt;

b) wenn mit der Versetzung eine Einkommensverbesserung verbunden ist, durch deren halbjährigen Betrag die nachstehenden Umzugskosten-Vergütigungen gedeckt werden.

§. 3.

Die Vergütigung wird gewährt:

		a) auf allgemeine Kosten mit	b) auf Transportkosten für je fünf Meilen mit
I.	Beamten der ersten Rangklasse	600 Rthlr.	30 Rthlr.
II.	= = zweiten =	350 =	24 =
III.	= = dritten =	250 =	18 =
IV.	Ober-Regierungsräthen und den mit ihnen in gleichem Range stehenden Beamten	180 =	15 =

V.	Beamten der vierten Rangklasse	130 Rthlr.	12 Rthlr.
VI.	" " fünften "	80 "	9 "
VII.	denjenigen Beamten, welche nicht zu obigen Klassen gehören, aber über den Subalternen der Provinzial-Behörden stehen	70 "	8 "
VIII.	Subalternen erster Klasse bei den Provinzial-Behörden und den mit ihnen in gleichem Range stehenden Beamten	60 "	7 "
IX.	Subalternen zweiter Klasse bei den Provinzial-Behörden, Subalternen bei den Kreis- und Lokal-Behörden, sofern sie nicht zu einer der oben gedachten Rangklassen gehören	50 "	6 "
X.	Unterbedienten	25 "	4 "

Beamte, welche keine Familie haben, erhalten nur die Hälfte der nach Vorstehendem festzusetzenden Vergütigung.

§. 4.

Von der Vergütigungssumme geht jedoch in allen Fällen die Hälfte der mit der Versetzung verbundenen jährlichen Einkommensverbesserung ab.

§. 5.

Bei Berechnung der Vergütigung nach §. 3 ist die Entfernung zwischen den Orten, von welchen und nach welchen die Versetzung stattfindet, nach dem kürzesten Wege, bei Landwegen nach der kürzesten Extrapoststraße, zum Grunde zu legen und rücksichtlich der Meilenzahl, wenn solche nicht durch fünf theilbar ist, die überschießende oder die fünf Meilen nicht erreichende Strecke für eine Entfernung von fünf Meilen anzunehmen.

§. 6.

Von den Vergütigungssätzen ist derjenige in Anwendung zu bringen, welchen die Stellung des betreffenden Beamten, aus der — nicht in die — die Versetzung erfolgt, bedingt.

§. 7.

Die nach §. 1 zu Umzugskosten berechtigten Beamten erhalten, wenn sie sich nicht in dem §. 2 litt. a. bezeichneten Falle befinden, außer denselben bei Versetzungen für ihre Person die reglementsmäßigen Diäten und Fuhrkosten.

§. 8.

Die persönlichen Reisekosten bei Versetzungen nach Maaßgabe des Erlasses vom 10. Juni 1848 erhalten auch diejenigen Beamten, welche nicht etatsmäßig angestellt sind, falls nicht der eigene Wunsch des Beamten das alleinige Motiv für die Versetzung gewesen ist.

Auch soll künftig bei Versetzungen von verheiratheten Beamten dieser Art der §. 4 Meines Erlasses vom 10. Juni 1848 Anwendung finden.

Charlottenburg, den 26. März 1855.

Friedrich Wilhelm.

v. Manteuffel. v. d. Heydt. Simons. v. Raumer.
v. Westphalen. v. Bodelschwingh. Gr. v. Waldersee.

Für den Minister für die landwirthschaftlichen Angelegenheiten:
v. Manteuffel.

An das Staatsministerium.
I. 1532. O. 127.

53.

Gesetz, — betreffend das Verfahren bei Theilungen und bei gerichtlichen Verkäufen von Immobilien im Bezirk des Appellationsgerichtshofes zu Cöln. Vom 18. April 1855.

Wir Friedrich Wilhelm, von Gottes Gnaden, König von Preußen rc. rc.

verordnen, nach Anhörung Unserer getreuen Stände der Rheinprovinz und unter Zustimmung der Kammern, für den Bezirk des Appellationsgerichtshofes zu Cöln, was folgt:

Erster Titel.

Bestimmungen, betreffend das gerichtliche Theilungsverfahren.

Artikel 1.

In dem Urtheil, durch welches der Theilungsklage Statt gegeben wird, sind die Quoten, nach welchen getheilt werden soll, zu bestimmen. In demselben Urtheil hat das Gericht geeigneten Falles in Gemäßheit des Artikels 823. des Civilgesetzbuchs einen Richter zum Kommissar zu ernennen, und einen Notar mit den Geschäften des Theilungsverfahrens zu beauftragen.

Wenn im Lauf des Verfahrens der Kommissar oder der Notar ersetzt werden muß, so wird auf Bittschrift durch Verfügung des Vorsitzenden, welche dem Einspruch und der Berufung nicht unterworfen ist, ein anderer Richter oder Notar ernannt.

Artikel 2.

In demselben Urtheil ist ferner zu verordnen, daß die Immobilien in Natur getheilt oder im Falle der Untheilbarkeit verkauft werden sollen.

Zugleich wird die Erstattung eines Gutachtens über die Theilbarkeit, die Schätzung und die Bildung der Theile in Gemäßheit des Artikels 824. des Civilgesetzbuchs verfügt.

Das Gericht ist jedoch auch ermächtigt, wenn genügende Grundlagen dazu vorliegen, ohne vorheriges Gutachten die Untheilbarkeit festzustellen und den Verkauf zu verordnen. Es hat alsdann zugleich nach dem Kataster, nach Eigenthumsurkunden, Pachtverträgen oder sonstigen glaubhaften Dokumenten die Schätzung zu bewirken, oder wenn die zur Schätzung erforderlichen Grundlagen nicht vorhanden sind, hierüber die Erstattung eines Gutachtens zu verordnen.

In allen Fällen, in welchen das Gericht die Erstattung eines Gutachtens verfügt, hat es damit einen oder drei Sachverständige zu beauftragen.

Artikel 3.

Bei der Ernennung der Sachverständigen, deren Vereidung und dem von denselben abzugebenden Gutachten wird nach den in dem Titel der Civilprozeßordnung: „Von dem Gutachten der Sachverständigen“ vorgeschriebenen Formen verfahren.

Das Gutachten muß die Gründe, auf welchen es beruht, und die Grundlagen der Schätzung summarisch angeben. Eine ins Einzelne gehende Beschreibung der Theilungsgegenstände ist nur aufzunehmen, insoweit dieselbe zum Zweck der Begründung nothwendig ist.

Die betreibende Partei hat die Bestätigung des Gutachtens mittelst eines den Antrag enthaltenden einfachen Akts von Anwalt zu Anwalt nachzusuchen.

Artikel 4.

Findet der Verkauf Statt, so wird derselbe durch öffentliche Versteigerung vor dem, gemäß Art. 1. bezeichneten, mit den Geschäften des Theilungsverfahrens beauftragten Notar bewirkt.

Im Falle es jedoch als angemessen erscheint, kann das Gericht durch das Urtheil, in welchem der Verkauf ohne Gutachten von Sachverständigen verordnet wird, oder durch das Urtheil, in welchem das Gutachten der Sachverständigen bestätigt wird, einen anderen Notar mit dem Verkauf sämmtlicher oder einzelner Grundstücke beauftragen, und wenn die Grundstücke sämmtlich oder zum Theil in anderen Landgerichtsbezirken gelegen sind, einen Notar in jedem dieser Bezirke zum Zwecke des Verkaufs ernennen oder den Landgerichts-Präsidenten eines jeden Bezirks um die Ernennung ersuchen.

Das Heft der Verkaufbedingungen wird bei dem mit dem Verkauf beauftragten Notar hinterlegt und Abschrift desselben den Anwalten der Mitversteigerer binnen acht Tagen nach der Hinterlegung durch einfachen Anwaltsakt zugestellt. Jedem Anwalt wird nur Eine Abschrift zugestellt, wenn er auch mehrere Parteien vertritt.

Das Heft der Verkaufbedingungen muß den Vorschriften des Artikels 36. im III. Titel entsprechen und außerdem die Namem, die Wohnorte und die Gewerbe der betreibenden Partei und der Mitversteigerer, sowie die Namen ihrer Anwalte, enthalten.

Artikel 5.

Erheben sich Streitigkeiten über die Verkaufbedingungen, so werden dieselben ohne Bittschrift auf einen den Antrag enthaltenden einfachen Akt von Anwalt zu Anwalt in der Audienz erledigt. Wenn jedoch die Zustellung des Antrags nicht früher als vierzehn Tage vor dem Verkauftermin erfolgt, so ist der Einspruch gegen die Verkaufbedingungen ohne Wirkung. Der Einspruch kann aber wieder aufgenommen werden, im Falle die Versteigerung im Termine nicht stattfindet, oder bei derselben der Zuschlag nicht ertheilt wird.

Der vorstehenden Bestimmung ungeachtet ist der Einspruch in allen Fällen als rechtzeitig erfolgt zu betrachten, in welchen er innerhalb der nächsten acht Tage nach Zustellung des Hefts der Verkaufbedingungen durch Akt von Anwalt zu Anwalt erhoben ist.

Gegen das Urtheil, welches auf Streitigkeiten über die Verkaufbedingungen ergeht, ist Einspruch nicht zulässig. Die Berufung muß innerhalb vierzehn Tagen nach der Zustellung an den Anwalt, oder wenn ein Anwalt nicht bestellt ist, nach der Zustellung an die Partei eingelegt werden. Diese Frist wird nicht wegen Entfernung verlängert. Jedem Anwalt wird nur Eine Abschrift des Urtheils, sowohl in erster als in zweiter Instanz zugestellt, wenn er auch mehrere Parteien vertritt. Die Zustellung der Berufung kann im Wohnsitz des Anwalts geschehen. Der Artikel 449. die Civilprozeßordnung findet keine Anwendung.

Artikel 6.

In Betreff des Verkaufs und der Folgen desselben kommen die Artikel 36. bis 67. einschließlich, mit Ausnahme der Art. 50. und 51. im III. Titel zur Anwendung.

Wenn bei der Versteigerung nicht mindestens der Schätzungspreis geboten wird, so findet der Zuschlag nicht Statt. Es kann auf einfachen, den Antrag enthaltenden Anwaltsakt verordnet werden, daß eine neue Versteigerung sofort oder nach Ablauf einer bestimmten Frist erfolge und daß der Zuschlag zu einem bestimmten geringeren Schätzungspreise, oder daß derselbe zu jedem Preise ertheilt werde. Einer solchen Verfügung bedarf es nicht, und es wird ohne dieselbe eine neue Versteigerung angekündigt und abgehalten, wenn eine großjährige und in der freien Verfügung über ihr Vermögen nicht beschränkte Partei das Verlangen einer neuen Versteigerung bei dem Notar zu Protokoll erklärt; — in diesem Falle wird der Zuschlag bei der neuen Versteigerung zu jedem Preise ertheilt.

Bei der neuen Versteigerung wird wie bei der ersten verfahren. Wenn dieselbe jedoch innerhalb sechs Monaten nach der ersten stattfindet, so bedarf es nur einer einmaligen Anheftung und Einrückung in das öffentliche Blatt, welche der Versteigerung höchstens sechs Wochen und mindestens vierzehn Tage vorhergehen muß.

Artikel 7.

Die Aufstellung der Masse, sowie der Berechnungen und Ansprüche der Betheiligten und die Bildung der Loose und Herausgaben (Art. 976. der Civilprozeßordnung) geschieht vor dem, gemäß Artikel 1. bezeichneten Notar. Der Betreibende läßt die Mitbetheiligten durch Akt von Anwalt zu Anwalt auffordern, zu diesem Zwecke vor dem Notar zu erscheinen; eine Verweisung der Parteien vor denselben durch den Kommissar findet nicht Statt.

Artikel 8.

Erheben sich vor dem Notar Streitigkeiten (Art. 977. der Civilprozeßordnung), so müssen in das zu errichtende Protokoll, so weit es thunlich ist, alle Streitpunkte aufgenommen werden. Die Partei, welche nachträglich Streitigkeiten erhebt, kann deshalb in einen Theil der Kosten verurtheilt werden. Nachdem das Protokoll auf dem Sekretariat hinterlegt ist, bringt der Betreibende die Sache durch einfachen Akt von Anwalt zu Anwalt zur Audienz; eine Verweisung der Parteien zu derselben durch den Kommissar findet nicht Statt.

Artikel 9.

Die Ziehung der Loose (Art. 975. und 982. der Civilprozeßordnung) geschieht in allen Fällen vor dem Notar.

Artikel 10.

Für Vorladungen der Parteien, welche im Laufe eines eingeleiteten Theilungsprozesses in erster oder zweiter Instanz erfolgen und bei welchen die gesetzliche Erscheinungsfrist beobachtet werden muß, wird diese Frist auf die Dauer eines Monats herabgesetzt, wenn sie nach den Bestimmungen der Civilprozeßordnung von längerer Dauer sein würde. Dies findet keine Anwendung auf diejenige Vorladung, durch welche eine Partei zum ersten Male oder gemäß einem auf die erste Ladung erfolgten Kontumazial-Verbindungsurtheil wiederholt zu dem Theilungsprozesse geladen wird.

Für alle Vorladungen zu einem Theilungsprozeß kann die Erscheinungsfrist durch Verfügung des Präsidenten in geeigneter Weise abgekürzt werden, wenn es nach den Umständen des Falles angemessen erscheint.

Artikel 11.

Die vorstehenden Artikel 1. bis 7. treten an die Stelle der Artikel 969. bis 974. der Civilprozeßordnung; durch die Artikel 7. bis 10. werden die Artikel 975. bis 977. einschließlich und 982., sowie die Artikel 73. 456. und 1033. der Civilprozeßordnung insoweit abgeändert, als sie entgegenstehende Bestimmungen enthalten.

Im Uebrigen bleiben die Vorschriften des Titels der Civilprozeßordnung: „Von Theilungen“ in Kraft.

Zweiter Titel.

Bestimmungen, betreffend das außergerichtliche Theilungsverfahren.

Artikel 12.

Eine außergerichtliche Theilung kann auf jede Weise geschehen, wenn alle Miteigenthümer oder Miterben großjährig, zu veräußern fähig und anwesend oder gehörig vertreten sind.

Artikel 13.

Im Falle Minderjährige als Miteigenthümer oder Miterben betheiligt sind, kann eine außergerichtliche Theilung rechtsgültig und mit derselben Wirkung, als wenn alle Betheiligten großjährig und zu veräußern fähig wären, erfolgen, sofern:

1) eine notarielle Urkunde über die Theilung errichtet,
2) dieselbe von dem betreffenden Familienrath genehmigt,
3) der Beschluß des Familienraths von dem Landgericht bestätigt wird.

Bei der Theilung müssen allemal Loose gebildet werden, wenn andere Gegenstände als Geld oder vertretbare Sachen von gleicher Beschaffenheit in Natur zu theilen sind, und die Ziehung der Loose muß vor einem Notar ausgeführt und durch denselben beurkundet werden.

Jede außergerichtliche Theilung, bei welcher die in diesem Artikel vorgeschriebenen Formen nicht beobachtet sind, ist für alle Betheiligten von Rechtswegen nur als eine provisorische zu betrachten.

In der Urkunde über die Theilung kann jedoch auch vereinbart werden, daß die Theilung ohne alle Wirkung sein solle, wenn die Bestätigung des Landgerichts nicht erfolge.

Artikel 14.

Die Urkunde über die Theilung (Art. 13. Nr. 1) muß die zu theilende Masse mit Rücksicht auf das Inventar oder auf ein Verzeichniß der einzelnen Vermögensstücke aufstellen, die Vorwegnahme, das Rückbringen und die Forderungen und Schulden an die Gemeinschaft in Betreff jedes Betheiligten angeben und die vollständige Auseinandersetzung der Betheiligten enthalten.

Nur in solchen Fällen, in welchen dies aus besonderen Gründen nothwendig oder nützlich ist, dürfen einzelne Gegenstände von der Theilung ausgenommen und in Gemeinschaft belassen werden.

Wenn die Masse zunächst in Haupttheile oder nach Stämmen getheilt werden muß und diese im Einzelnen auf mehrere Personen in Gemeinschaft fallen, so ist es zulässig, die Theilung in jene Haupttheile oder nach jenen Stämmen zu bewirken und in Betreff der Letzteren die weitere Theilung und Auseinandersetzung zwischen den dabei Betheiligten vorzubehalten.

Artikel 15.

Die Theilung in Natur muß erfolgen, wenn dieselbe füglich geschehen kann. Doch ist die Zertheilung der einzelnen Grundstücke zu vermeiden, wenn die Gesammtheit der Grundstücke sich füglich theilen läßt.

Im Falle das für einen Minderjährigen gezogene Loos Grundstücke enthält, deren Besitz für denselben aus besonderen Gründen unvortheilhaft ist, darf bei der Theilung ein Tausch gegen Grundstücke von gleichem Schätzungswerth aus den Loosen von Mitbetheiligten vorgenommen werden; daß dies geschehen, muß in der Theilungsurkunde angegeben werden. Der Tausch hat die Wirkung, als wenn die Grundstücke ursprünglich in den Loosen, in welche sie eingetauscht sind, enthalten gewesen wären.

Vergleiche bei der Theilung sind statthaft. Eines Gutachtens dreier Rechtsgelehrten (Art. 467. des Civilgesetzbuchs) bedarf es dabei nicht.

Artikel 16.

Die Genehmigung des Familienraths und die Bestätigung des Landgerichts (Art. 13. Nr. 2 und 3) dürfen nur erfolgen, wenn es für die Minderjährigen nothwendig oder offenbar nützlich ist, daß die Theilung stattfinde, und wenn bei der Theilung die den Minderjährigen als Betheiligten zustehenden Rechte gewahrt sind und den Vorschriften der beiden vorhergehenden Artikel nicht zuwider gehandelt ist.

Die offenbare Nützlichkeit kann insbesondere dann angenommen werden, wenn aus den Verhältnissen dargethan wird, daß eine Klage auf gerichtliche Theilung von Seiten eines Betheiligten oder von Seiten eines Gläubigers desselben bevorsteht und die dadurch erwachsenden Kosten zu dem Gegenstande der Theilung nicht in angemessenem Verhältniß stehen würden.

Artikel 17.

Die Bestätigung (Art. 13. Nr. 3) ist bei der Rathskammer desjenigen Landgerichts, welches in den Angelegenheiten der betreffenden Vormundschaft zuständig ist, durch eine für den Vormund oder für den emanzipirten Minderjährigen und seinen Kurator eingereichte Bittschrift nachzusuchen, welche die erforderlichen thatsächlichen Darlegungen enthalten und mit den nöthigen Beweismitteln begleitet sein muß. Der Beschluß wird nach schriftlichem Antrag der Staatsanwaltschaft und auf den Vortrag eines von dem Vorsitzenden ernannten Berichterstatters gefaßt.

Artikel 18.

Bei dem Beschlusse über die Bestätigung kann das Landgericht über die in dem Theilungsakt angenommene Theilbarkeit, Schätzung und Loosebildung ohne vorheriges Gutachten von Sachverständigen befinden, wenn genügende Grundlagen dazu vorliegen. Im entgegengesetzten Falle wird die Erstattung eines Gutachtens durch einen oder drei Sachverständige verfügt.

Die Vereidung der Letzteren geschieht vor dem Friedensrichter des Bezirks, in welchem die Gegenstände liegen, oder wenn sie in verschiedenen Bezirken gelegen sind, vor einem durch den Beschluß dazu beauftragten oder ersuchten Richter. Das Gutachten wird bei dem Gerichte, bei welchem die Vereidung geschehen ist, hinterlegt.

Artikel 19.

Die Theilung erlangt volle rechtliche Wirksamkeit, sobald die Bestätigung des Landgerichts für den Minderjährigen, oder wenn mehrere Minderjährige betheiligt sind, für sämmtliche Minderjährige durch den Vormund oder durch den emanzipirten Minderjährigen und dessen Kurator bei dem Notar, bei dessen Urkunden der Theilungsakt beruht, hinterlegt ist. Die Wirksamkeit wird auf den Zeitpunkt zurückbezogen, in welchem die Theilungsurkunde errichtet ist.

Ist die Hinterlegung der Bestätigung für alle Minderjährigen nicht innerhalb einer Frist von sechs Monaten seit dem Tage der Errichtung der Theilungsurkunde erfolgt, so erlangt die Theilung die Kraft einer definitiven Theilung nicht, und ist von Rechtswegen für alle Betheiligten nur als eine provisorische zu betrachten; die Theilung ist gänzlich unwirksam, wenn die im Schlußsatze des Artikels 13. bezeichnete Vereinbarung getroffen worden ist.

Artikel 20.

Vor Hinterlegung der Bestätigung darf der Notar weder die Theilungsurkunde, noch einen Auszug aus derselben in exekutorischer Ausfertigung oder in beglaubigter Abschrift aushändigen, ohne beim Schluß den Vermerk hinzuzufügen, daß die gesetzlich erforderliche Bestätigung noch nicht hinterlegt sei, beziehungsweise daß die Hinterlegung der gesetzlich erforderlichen Bestätigung in gültiger Weise nicht erfolgt sei.

Der Notar ist verpflichtet, jedem Betheiligten auf dessen Verlangen zu jeder Zeit eine Bescheinigung darüber zu ertheilen, ob und wann die Hinterlegung der Bestätigung stattgefunden hat.

Derselbe hat bei Vermeidung des Schadenersatzes und der disziplinarischen Bestrafung die Vorschriften dieses Artikels zu beobachten.

Artikel 21.

Die zur Wahrung des Privilegiums, welches den Betheiligten nach Artikel 2103. Nr. 3 des Civilgesetzbuchs zusteht, in Artikel 2109. dieses Gesetzbuchs bestimmte Frist von 60 Tagen nach Vollziehung der Theilung, beginnt erst mit dem Ablauf der Frist von sechs Monaten nach Errichtung der Theilungsurkunde.

Wenn jedoch innerhalb dieser sechs Monate der Betheiligte, welchem Grundstücke in der Theilung zugefallen sind, denjenigen, welcher das Privilegium auf dieselben geltend zu machen hat, durch Akt eines Gerichtsvollziehers von der endgültigen Hinterlegung der Bestätigung in Kenntniß setzt, so beginnt für den Letztern die Frist zur Wahrung seines Privilegiums mit Ablauf des Tags dieser Zustellung.

Artikel 22.

Wenn in dem durch Artikel 13. bezeichneten Falle vor der Theilung der Verkauf von gemeinschaftlichen Immobilien erforderlich ist, so kann derselbe rechtsgültig und mit derselben Wirkung, als wenn alle Betheiligten großjährig und zu veräußern fähig wären, erfolgen, insofern:

1) eine Vereinbarung der Betheiligten darüber, daß der Verkauf stattfinden solle, über die Schätzung und über die Verkaufbedingungen notariell beurkundet,
2) dieselbe von dem betreffenden Familienrath genehmigt,
3) der Beschluß des Familienraths von dem Landgericht bestätigt, und
4) der Verkauf in öffentlicher Versteigerung vor Notar ausgeführt wird.

Artikel 23.

Die Vereinbarung über den Verkauf und die Genehmigung und Bestätigung derselben findet nur Statt:

1) wenn eine für den Minderjährigen vorhandene Nothwendigkeit oder offenbare Nützlichkeit der beabsichtigten Theilung, so wie die in der Vereinbarung angenommene Untheilbarkeit dargethan ist, und die dem Minderjährigen als Betheiligten zustehenden Rechte durch den Verkauf nicht beeinträchtigt werden, oder
2) wenn und insoweit das Andringen eines Gläubigers, dessen Forderung sämmtliche Betheiligten gemeinschaftlich betrifft, oder auf den gemeinschaftlichen Grundstücken hypothekarisch haftet, den Verkauf zum Zwecke der Tilgung der gemein-

schaftlichen Schuld für den Minderjährigen nothwendig oder offenbar nützlich macht.

In der Urkunde über die Vereinbarung wegen des Verkaufs müssen sämmtliche Grundstücke der Gemeinschaft angegeben werden.

In Betreff der Bestätigung kommen die Vorschriften der Artikel 17. und 18. zur Anwendung.

Artikel 24.

Die Vereinbarung über den Verkauf erlangt volle rechtliche Wirksamkeit und gilt als Auftrag für den Notar, auf Betreiben jedes Betheiligten den Verkauf im Namen Aller zu bewirken, wenn die Bestätigung für sämmtliche Minderjährige innerhalb sechs Monaten nach Errichtung der Urkunde über die Vereinbarung bei dem Notar, bei welchem diese Urkunde beruht, hinterlegt ist.

Ist die Hinterlegung nicht innerhalb der bezeichneten Frist erfolgt, so erlangt die Vereinbarung keine Wirkung.

Artikel 25.

Der Verkauf geschieht durch den in der Vereinbarung oder im Rathskammerbeschluß bezeichneten Notar; erforderlichen Falls ist der Notar auf Bittschrift durch den Präsidenten des Landgerichts, welches für die Theilungsklage zuständig sein würde, zu bezeichnen.

Wenn die Grundstücke sämmtlich oder zum Theil in anderen Landgerichtsbezirken gelegen sind, so kann ein Notar in jedem dieser Bezirke mit dem Verkauf sämmtlicher oder einzelner Grundstücke beauftragt oder der Landgerichtspräsident eines jeden Bezirks um die Ernennung eines Notars ersucht werden.

In Betreff des Verkaufs und seiner Folgen kommen die Artikel 36. bis 67. einschließlich im III. Titel zur Anwendung.

Der im Artikel 50. vorgeschriebene Beschluß der Rathskammer kann jedoch nur auf gemeinschaftliche Bittschrift aller Betheiligten erfolgen.

Artikel 26.

Sofern in den bestätigten Verkaufbedingungen nicht über den Empfang des Kaufpreises für gemeinschaftliche Rechnung ausdrückliche Bestimmung getroffen ist, darf der Käufer den Kaufpreis bei persönlicher Verantwortlichkeit dem Minderjährigen gegenüber nicht eher auszahlen, als bis derselbe kraft der schließlichen Theilung den Betheiligten zugewiesen ist.

Dasselbe gilt für den Notar oder den Bevollmächtigten, welcher zum Empfang für gemeinschaftliche Rechnung bestellt ist, sofern in den bestätigten Verkaufbedingungen nicht über die Verwendung in gemeinschaftlichem Interesse Bestimmung getroffen ist.

Die Befugniß der Betheiligten, die Hinterlegung des Kaufpreises zu verlangen, sowie die Befugniß des andern Theils, die Hinterlegung zu bewirken, wird hierdurch nicht ausgeschlossen.

Artikel 27.

Wenn es dem Vormund oder dem emanzipirten Minderjährigen und seinem Kurator und den übrigen Betheiligten als dienlich erscheint, zur Vorbereitung der Theilung oder der Vereinbarung über den Verkauf oder der Genehmigung oder Bestätigung vorab ein Gutachten über die Theilbarkeit, Schätzung oder Loosebildung zu erwirken, so werden auf den gemeinschaftlichen Antrag ein oder drei Sachverständige ernannt. Die Ernennung und Beeidung derselben geschieht von dem Friedensrichter des Bezirks, in welchem die zu begutachtenden Gegenstände liegen, oder wenn sie in verschiedenen Bezirken gelegen sind, von dem Präsidenten des Landgerichts, welches für die Theilungsklage zuständig sein würde, oder von einem durch ihn beauftragten oder ersuchten Richter. Das Gutachten wird bei dem Gerichte, bei welchem die Beeidung geschehen ist, hinterlegt.

Die Rathskammer des Landgerichts ist gleichwohl befugt, ungeachtet dieses Gutachtens jede andere Aufklärung zu fordern, und die Erstattung eines neuen Gutachtens durch einen oder drei andere Sachverständige, welche sie ernennt, zu verfügen.

Artikel 28.

Die Kosten, welche für die Genehmigung des Familienraths und die Bestätigung oder für die Vorbereitung derselben erforderlich sind, fallen dem Minderjährigen allein zur Last, wenn nicht ein Anderes vereinbart ist.

Artikel 29.

Was in den vorstehenden Artikeln für den Fall der Betheiligung eines Minderjährigen bestimmt ist, gilt in gleicher Weise für den Fall der Betheiligung eines Interdizirten.

Dieselben Bestimmungen finden auch Anwendung in Fällen, in welchen ein Abwesender, eine Fallimentsmasse, ein vakanter Nachlaß, eine unter Kuratel gestellte Vermögensmasse, oder ein Schuldner, welcher gerichtlich seine Güter abgetreten hat, als Miteigenthümer oder Miterbe betheiligt ist, imgleichen hat ein Benefiziarerbe bei außergerichtlicher Theilung nach den Vorschriften der vorhergehenden Artikel zu verfahren; es bedarf jedoch in diesen Fällen der Genehmigung eines Familienraths nicht. Bei der Mitbetheiligung einer Fallimentsmasse ist der definitive Syndik befugt, die Theilung vorzunehmen, und muß die schriftliche Genehmigung des Kommissars der Bestätigung durch das Landgericht vorhergehen.

In allen obigen Fällen greift insbesondere auch in Betreff des Verkaufs und der Folgen desselben der Artikel 25. Platz.

Artikel 30.

Die Artikel 466. 467. 838. bis 840. des Civilgesetzbuchs und der Artikel 984. der Civilprozeßordnung sind abgeändert, soweit dieses Gesetz entgegenstehende Bestimmungen enthält.

Dritter Titel.

Bestimmungen, betreffend den gerichtlichen Verkauf von Immobilien.

I. Abschnitt. Von dem Verkauf von Immobilien Minderjähriger oder denselben gleichgestellter Personen oder Vermögensmassen.

Artikel 31.

Der freiwillige Verkauf von Immobilien, welche

1) das Eigenthum eines Minderjährigen oder eines Interdizirten sind, oder
2) in einer Fallimentsmasse sich vorfinden, oder
3) zu einem vakanten Nachlaß, zu dem Vermögen eines Schuldners, welcher gerichtlich seine Güter abgetreten hat, oder zu einer unter Kuratel gestellten Vermögensmasse gehören, oder
4) aus einer unter der Rechtswohlthat des Inventars angetretenen Erbschaft mit Bewahrung jener Rechtswohlthat veräußert werden sollen, oder
5) als zum Dotalgut gehörig in den Fällen des Art. 1558. des Civilgesetzbuchs zur Veräußerung gebracht werden,

kann nur auf Verfügung des Gerichts in öffentlicher Versteigerung vor einem durch das Gericht beauftragten Notar erfolgen.

Wenn die Immobilien ungetheiltes Miteigenthum einer der obigen Personen oder Vermögensmassen sind, so kann der Verkauf nur in dem Verfahren des Ersten oder des Zweiten Titels dieses Gesetzes bewirkt werden.

Sind jedoch sämmtliche Miteigenthümer der Immobilien Minderjährige oder Interdizirte, und haben diese Alle denselben Vormund und kein entgegengesetztes Interesse, so kommen die Bestimmungen dieses Abschnittes zur Anwendung.

Artikel 32.

In dem unter Nr. 1 des vorigen Artikels erwähnten Falle muß der Verfügung des Gerichts ein Gutachten des Familienraths vorhergehen und dem Gericht zur Bestätigung vorgelegt werden. Das Gutachten muß den Vorschriften des Artikels 457. des Civilgesetzbuchs entsprechen und die Natur und die ungefähren Schätzungspreise der Immobilien angeben.

In dem unter Nr. 2 des vorigen Artikels bezeichneten Falle muß eine durch den Kommissar des Fallimemts dem definitiven Syndik ertheilte schriftliche Autorisation vorhergehen.

Artikel 33.

Die Verfügung, durch welche der Verkauf verordnet wird, erfolgt durch Beschluß der Rathskammer des zuständigen Landgerichts auf Bittschrift, nach schriftlichem Antrag der Staatsanwaltschaft und auf den Vortrag eines von dem Vorsitzenden ernannten Berichterstatters.

In dem Beschlusse sind die Immobilien nebst den Schätzungspreisen, zu welchen dieselben bei der Versteigerung ausgesetzt werden sollen, und die Bedingungen des Verkaufs anzugeben.

Die Schätzung kann von dem Gericht nach dem Kataster, nach Eigenthumsurkunden, Pachtverträgen, oder sonstigen glaubhaften Dokumenten, sowie nach der in dem Gutachten des Familienraths enthaltenen Angabe festgesetzt werden. Soweit dazu genügende Grundlagen nicht vorhanden sind, ist die vorherige Erstattung eines Gutachtens von Sachverständigen zu verordnen.

Artikel 34.

Wird die Erstattung eines Gutachtens über den Schätzungspreis verordnet, so hat das Gericht einen oder drei Sachverständige zu beauftragen.

Die Vereidung derselben geschieht durch den Friedensrichter, in dessen Bezirk die Immobilien liegen, oder wenn sie in verschiedenen Bezirken gelegen sind, durch einen in dem Beschluß beauftragten oder ersuchten Richter. Das Gutachten muß die Gründe, auf welchen es beruht, und die Grundlagen der Schätzung summarisch angeben. Eine ins Einzelne gehende Beschreibung der Immobilien ist nur aufzunehmen, insoweit dieselbe zum Zweck der Begründung nothwendig ist.

Das Gutachten wird bei dem Gerichte, bei welchem die Vereidung erfolgt ist, hinterlegt.

Artikel 35.

In dem Beschlusse, durch welchen der Verkauf verfügt wird, ist ein Notar mit der Versteigerung zu beauftragen.

Wenn die Immobilien sämmtlich oder zum Theil in anderen Landgerichtsbezirken gelegen sind, so kann ein Notar in jedem dieser Bezirke mit dem Verkauf sämmtlicher oder einzelner Immobilien beauftragt oder der Landgerichtspräsident eines jeden Bezirks um die Ertheilung des Auftrags ersucht werden.

Artikel 36.

Nachdem die Verfügung des Gerichts, durch welche der Verkauf verordnet ist, nebst dem Gutachten der Sachverständigen, im Falle ein solches erstattet worden, und das Heft der Verkaufbedingungen dem Notar übergeben sind, hat derselbe Ort, Tag und Stunde der Versteigerung zu bestimmen.

Die oben bezeichneten Schriftstücke bleiben bei dem Notar

hinterlegt, und können bis zur Versteigerung von Jedem eingesehen werden.

Das Heft der Verkaufbedingungen muß enthalten:

1) die Erwähnung der Verfügung des Gerichts, auf deren Grund die Versteigerung erfolgt,
2) die Erwähnung der Eigenthumstitel,
3) die Bezeichnung der zu verkaufenden Immobilien mit Angabe der Natur, des ungefähren Flächeninhalts und der Lage derselben nach Kreis und Gemeinde, sowie nach den Nummern in dem Grundsteuerkataster. Wenn das Grundstück in einem Hause besteht, so ist auch die Straße, in welcher es liegt, und die Nummer, mit welcher es bezeichnet ist, anzugeben. Bei einzelnen ländlichen Grundstücken müssen wenigstens zwei Gränznachbaren angegeben werden;
4) die Schätzungspreise, und
5) die Bedingungen des Verkaufs.

Artikel 37.

Die Versteigerung muß durch öffentliche Ankündigungen bekannt gemacht werden, in welchen:

1) die Verfügung des Gerichts, auf deren Grund die Versteigerung erfolgt,
2) Namen, Gewerbe und Wohnort der Personen, zu deren Vermögen die Immobilien gehören, sowie deren Vormünder, Kuratoren oder Vertreter,
3) die Bezeichnung der zur Versteigerung gestellten Immobilien, nach Inhalt des Hefts der Verkaufbedingungen, und deren Schätzungspreise,
4) Ort, Tag und Stunde der Versteigerung, sowie Name und Wohnung des mit derselben beauftragten Notars

angegeben sind.

Artikel 38.

Die Ankündigungen sind durch Anheftungen

1) an der Hauptthür des Gebäudes, welches versteigert werden soll,
2) an der äußern Thür des Gemeindehauses der Gemeinde, in welcher die Immobilien liegen,
3) an der äußern Thür des Landgerichts, in dessen Bezirk die Immobilien liegen,
4) an der Hausthür der Wohnung des Notars, und an der Hausthür des Gebäudes, in welchem die Versteigerung stattfinden soll,

und zwar an jeder dieser Stellen zu zwei verschiedenen Malen zu bewirken. Die erste Anheftung muß mindestens zwei Monate, die zweite mindestens vierzehn Tage der Versteigerung vorhergehen. Zwischen den beiden Anheftungen muß ein Zeitraum von mindestens vierzehn Tagen frei bleiben.

Die Anheftungen geschehen durch einen Gerichtsvollzieher; derselbe hat zugleich auf einem Exemplar der Ankündigung zu beurkunden, daß er die Anheftungen an den im Gesetze bezeichneten Orten bewirkt habe. Diese Nachweise sind durch den Notar dem Heft der Verkaufbedingungen beizufügen.

Artikel 39.

Die Ankündigungen müssen außerdem durch zweimalige Einrückungen in den öffentlichen Anzeiger des Regierungsbezirks, in welchem die Grundstücke liegen, bekannt gemacht werden; zwischen beiden Einrückungen sowohl als zwischen der letzten Einrückung und dem Tage der Versteigerung muß ein Zeitraum von wenigstens vierzehn Tagen frei bleiben.

Das Gericht kann auf das Gutachten des Familienraths und selbst ohne ein solches im geeigneten Falle die Ermächtigung ertheilen, daß die Einrückungen in dem Kreis-Intelligenzblatt oder in einer bestimmten, in dem Regierungsbezirk erscheinenden Zeitung statt in dem öffentlichen Anzeiger erfolgen.

Die Nachweise der Einrückungen werden durch Exemplare des Anzeigers oder der Zeitung erbracht und sind durch den Notar dem Heft der Verkaufbedingungen beizufügen.

Artikel 40.

Uebersteigt der Schätzungspreis im Ganzen nicht die Summe von fünfhundert Thalern, so ist nur eine einmalige Anheftung an den im Artikel 38. unter den Nummern 1, 2 und 4 bezeichneten Orten und nur Eine Einrückung in dem öffentlichen Anzeiger oder in dem nach Vorschrift des Artikels 39. bestimmten öffentlichen Blatte erforderlich. Die Anheftung und die Einrückung müssen höchstens sechs Wochen und wenigstens vierzehn Tage der Versteigerung vorhergehen.

Artikel 41.

Zu der Versteigerung ist der Nebenvormund des Minderjährigen oder des Interdizirten besonders zu berufen. Zu diesem Zwecke muß demselben wenigstens vierzehn Tage vorher eine Ankündigung nach Inhalt des Artikels 37. mit der Erklärung zugestellt werden, daß auch im Falle seiner Abwesenheit der Zuschlag erfolgen werde.

Artikel 42.

Die Versteigerung muß öffentlich an dem in der Ankündigung bezeichneten Orte und Tage abgehalten werden; sie darf nicht vor der bezeichneten Stunde beginnen.

Unmittelbar vor der Ausbietung sind die Verkaufbedingungen vorzulesen und dabei der ungefähre Betrag der Kosten oder das Aufgeld bekannt zu machen, welche der Ansteigerer zu zahlen hat.

Artikel 43.

Der Zuschlag erfolgt, sobald bei einem Gebot drei nach einander angezündete Kerzen, deren jede wenigstens eine Minute brennt, erloschen sind, ohne daß ein höheres Gebot erfolgt ist.

Artikel 44.

Unbekannte, nicht angesessene oder offenkundig Zahlungsunfähige müssen, um zum Mitbieten zugelassen zu werden, einen als Selbstschuldner haftenden zahlungsfähigen Bürgen, oder in sonstiger Weise hinlängliche Sicherheit bestellen, oder als Bevollmächtigte einer zahlungsfähigen Person sich ausweisen.

Artikel 45.

Jeder Bieter bleibt an sein Gebot gebunden, so lange kein Mehrgebot erfolgt. Erfolgt ein Mehrgebot, so wird der vorige Bieter frei, wenn nicht das Mehrgebot unmittelbar zurückgewiesen wird.

Artikel 46.

Im Falle der Ansteigerer zu unterschreiben weigert, oder dazu außer Stande ist, oder wenn derselbe sich vorher entfernt hat, genügt die Beurkundung des Zuschlags im Protokoll. In dem letztern ist der Grund, weshalb der Ansteigerer nicht unterschrieben hat, anzugeben.

Artikel 47.

Wer für einen Andern ansteigert, muß die ihm dazu ertheilte Vollmacht vorlegen; dieselbe ist dem Versteigerungsprotokoll beizufügen.

Artikel 48.

Wer für sich selbst als Meistbietender den Zuschlag erhalten hat, ist befugt, nachträglich einen Dritten als diejenige Person zu benennen, für welche er angesteigert hat, sofern dies innerhalb der nächstfolgenden drei Tage nach dem Tage des Zuschlags, und unter Beifügung der Vollmacht oder mit der Annahmeerklärung des Dritten, zum Protokoll geschieht.

Das Protokoll hierüber wird in der Art aufgenommen, daß es als eine Fortsetzung des über den Versteigerungstermin abgehaltenen Protokolls angesehen wird. Der Dritte ist alsdann als der unmittelbare Ankäufer zu betrachten, jedoch bleibt der Ansteigerer für die Erfüllung aller Bedingungen persönlich und mit dem Dritten solidarisch verhaftet.

Artikel 49.

Das Versteigerungsprotokoll muß enthalten:

1) Ort und Tag der Versteigerung, sowie die Stunde des Beginnes derselben;
2) Erwähnung der Verfügung des Gerichts, auf deren Grund die Versteigerung erfolgt, und des Datums der verschiedenen Bekanntmachungen der Versteigerung;

3) Namen, Gewerbe und Wohnort der Personen, zu deren Vermögen die Immobilien gehören, sowie deren Vormünder, Kuratoren oder Vertreter;
4) den Inhalt des Hefts der Verkaufbedingungen (Art. 36.) und Erwähnung, daß die letzteren bei dem Anfang der Versteigerung vorgelesen worden sind;
5) das Meistgebot, die Namen, das Gewerbe und den Wohnort des Meistbietenden, die Ertheilung des Zuschlags und die Erwähnung, daß bei demselben die in Artikel 43. vorgeschriebene Form beobachtet worden ist.

Artikel 50.

Wenn bei der Versteigerung nicht mindestens der Schätzungspreis geboten wird, so findet der Zuschlag nicht Statt.

Es kann auf Bittschrift durch Beschluß der Rathskammer verordnet werden, daß eine neue Versteigerung sofort oder nach Ablauf einer bestimmten Frist erfolge, und daß der Zuschlag zu einem bestimmten geringeren Schätzungspreise, oder daß derselbe zu jedem Preise ertheilt werde.

In dem durch Artikel 31. Nr. 1 bezeichneten Falle kann das Gericht ein vorheriges Gutachten des Familienraths erfordern.

Artikel 51.

Bei der neuen Versteigerung wird wie bei der ersten verfahren.

Wenn dieselbe jedoch innerhalb sechs Monaten nach der ersten stattfindet, so bedarf es nur einer einmaligen Anheftung und Einrückung in das öffentliche Blatt, welche der Versteigerung höchstens sechs Wochen und wenigstens vierzehn Tage vorhergehen müssen.

Artikel 52.

Das Versteigerungsprotokoll, gemäß welchem der Zuschlag ertheilt ist, vertritt die Stelle eines Adjudikationsurtheils und wird in der exekutorischen Form ausgefertigt.

Ein Uebergebot nach erfolgtem Zuschlage ist außer dem Falle des Artikels 2185. des Civilgesetzbuchs nicht zulässig.

Artikel 53.

Eine Ausfertigung des Versteigerungsprotokolls in exekutorischer Form darf dem Ansteigerer nur dann gegeben werden, wenn er dem Notar die Quittungen über die von ihm zu zahlenden Kosten und die Beweise beigebracht hat, daß er denjenigen Verpflichtungen nachgekommen ist, von deren vorheriger Erfüllung die Aushändigung der exekutorischen Ausfertigung durch die Verkaufbedingungen abhängig gemacht ist.

Die Quittungen und Beweise werden der Urschrift des Versteigerungsprotokolls beigeheftet und mit demselben ausgefertigt.

Artikel 54.

Wenn der Ansteigerer die in dem vorstehenden Artikel bezeichneten Quittungen und Beweise nach Ablauf einer Frist von drei Wochen seit dem Tage der Versteigerung dem Notar nicht eingereicht hat, so kann er dazu aufgefordert, und es kann nach fruchtlosem Ablauf einer ferneren Frist von drei Wochen seit dem Tage der Aufforderung zum Wiederverkauf der Immobilien geschritten werden. Durch diese Bestimmung ist das Recht zur Auflösungsklage und zu allen sonstigen gesetzlichen Zwangsmitteln gegen den Ansteigerer nicht ausgeschlossen.

Nach Ablauf von zwei Jahren seit dem Tage der Versteigerung findet der vorbezeichnete Wiederverkauf nicht mehr Statt, selbst wenn das Verfahren vorher eingeleitet sein sollte.

Artikel 55.

Der Wiederverkauf erfolgt durch den zum Verkauf beauftragten Notar oder durch denjenigen Notar, welchem die Urkunden desselben überwiesen worden sind.

Zu diesem Zwecke ist das Verlangen, daß der Wiederverkauf stattfinde, bei dem Notar zu Protokoll zu erklären, und der Verhandlung die dem Ansteigerer zugestellte Aufforderung beizufügen. Der Notar hat beim Schlusse des Protokolls die Bescheinigung einzurücken, daß die im Artikel 53. bezeichneten Quittungen und Beweise von dem Ansteigerer nicht eingereicht sind, und er hat zugleich Ort, Tag und Stunde des Wiederverkaufs zu bestimmen.

Zwischen dem Tag der Verhandlung und dem Termin zum Wiederverkauf muß ein Zeitraum von höchstens drei Monaten und mindestens sechs Wochen frei bleiben.

Auf Erfordern wird Ausfertigung der ganzen Verhandlung ertheilt.

Weigert der Notar die Bescheinigung oder die Bestimmung des Termins zum Wiederverkauf, oder ist Einspruch gegen die Ertheilung der Bescheinigung erhoben, so entscheidet der Präsident des Landgerichts, welches den Verkauf verordnet hat, in dem durch Artikel 806 ff. der Civilprozeßordnung vorgeschriebenen Verfahren.

Artikel 56.

Das Heft der Verkaufbedingungen des früheren Verkaufs ist auch für den Wiederverkauf maaßgebend.

Artikel 57.

Für die Ankündigungen des Wiederverkaufs gelten die Vorschriften des Artikels 37.; in denselben muß außerdem die Erwähnung der Versteigerung, auf welche der Wiederverkauf erfolgt, die Angabe der Preise, für welche die Immobilien angesteigert worden sind, und die Bezeichnung des Ansteigerers nach Namen, Gewerbe und Wohnort enthalten sein.

Artikel 58.

Die Ankündigungen sind in gleicher Weise wie beim Verkauf bekannt zu machen (Art. 38. bis 41. einschließlich). Jedoch bedarf es nur einer einmaligen Anheftung und nur einer einmaligen Einrückung. Die Anheftung und die Einrückung müssen dem Termin höchstens sechs Wochen und mindestens vierzehn Tage vorhergehen.

Artikel 59.

Zu dem Termin des Wiederverkaufs ist der frühere Ansteigerer besonders zu berufen. Zu diesem Zweck muß demselben wenigstens vierzehn Tage vor dem Termin in seinem wirklichen oder bei der Versteigerung gewählten Wohnsitz eine Ankündigung nach Vorschrift des Artikels 54. mit der Erklärung zugestellt werden, daß auch im Falle seiner Abwesenheit der Wiederverkauf auf seine Gefahr und Kosten erfolgen werde.

Wenn die Verkäufer nicht in dem Bezirk des Landgerichts, welches den Verkauf verordnet hat, wohnhaft sind, und in der hier vorgeschriebenen Zustellung einen Wohnsitz in diesem Bezirk zu wählen unterlassen, so können denselben von dem früheren Ansteigerer alle auf das Verfahren des Wiederverkaufs bezüglichen Zustellungen auf dem Sekretariat des Landgerichts, welches den Verkauf verordnet hat, gemacht werden.

Artikel 60.

In Betreff der Versteigerung beim Wiederverkauf kommen die vorstehenden Artikel 42 ff. zur Anwendung.

Bei Eröffnung des Termins werden das frühere Versteigerungsprotokoll, die in Artikel 55. erwähnte Verhandlung nebst den derselben beigefügten Schriftstücken, sowie die Nachweise über die in Artikel 57. und 58. vorgeschriebene Anheftung, Einrückung und Zustellung, zur Einsicht offen gelegt.

Hierauf und bevor zum Vorlesen der Verkaufbedingungen und zum Ausbieten geschritten wird, muß der frühere Ansteigerer persönlich oder durch einen Bevollmächtigten alle Einreden gegen die Zulässigkeit des Wiederverkaufs und gegen die Regelmäßigkeit des bis dahin stattgehabten Verfahrens bei Verlust derselben zu Protokoll erklären. Ungeachtet der Einreden wird der Wiederverkauf fortgesetzt, sofern nicht von dem anderen Theil in die vorläufige Aufhebung des Verfahrens eingewilligt wird. Der Meistbietende muß, wenn er nicht in dem Bezirk des Landgerichts, welches den Notar beauftragt hat, wohnhaft ist, sogleich nach dem Zuschlag einen Wohnort in diesem Bezirke wählen. Unterläßt er dies, so können alle auf die Zulässigkeit oder Regelmäßigkeit des Wiederverkaufs bezüglichen Zustellungen ihm auf dem Sekretariat des gedachten Landgerichts gemacht werden.

Artikel 61.

Das Protokoll über den Wiederverkauf muß außer dem im Artikel 49. vorgeschriebenen Inhalt auch die Erwähnung der Versteigerung, auf welche der Wiederverkauf erfolgt, die Bezeichnung des früheren Ansteigerers, das Datum der in Artikel 54. und 55. erwähnten Aufforderung und Verhandlung, sowie der Bekanntmachungen des Wiederverkaufs (Art. 58. und 59.), die gemäß Artikel 60. vorgebrachten Einreden, sowie die hierauf erfolgten Erklärungen und den von dem Ansteigerer gewählten Wohnort, enthalten.

Artikel 62.

Einreden gegen die Regelmäßigkeit des Verfahrens im Termin des Wiederverkaufs und beim Zuschlag muß der frühere Ansteigerer bei Verlust derselben binnen vierzehn Tagen, vom Tag des Zuschlags, erheben.

Artikel 63.

Hat der frühere Ansteigerer nach Artikel 60. Einreden im Termin zu Protokoll erklärt oder will er gemäß Artikel 62. Einreden erheben, so muß er die Personen, für welche der Wiederverkauf stattgefunden hat, sowie den Meistbietenden, welchem dabei der Zuschlag ertheilt ist, bei Verlust der Einreden binnen vierzehn Tagen, vom Tage des Zuschlags, vor das Landgericht, welches den Verkauf verordnet hat, vorladen lassen, um über die Einreden erkennen zu hören.

In der Vorladung müssen die Einreden angeführt oder wiederholt werden; die Zustellung derselben geschieht in den wirklichen oder gewählten Wohnorten.

Dem Notar ist von der geschehenen Vorladung Anzeige zu machen, und derselbe ist hierauf verpflichtet, die Verhandlungen über den Verkauf und über den Wiederverkauf in Urschrift sofort an das Sekretariat des Landgerichts einzusenden.

Artikel 64.

Das Verfahren über die Einreden ist summarisch. Es wird auf den Bericht eines Mitglieds des Gerichts und nach Anhörung der Staatsanwaltschaft entschieden. Gegen das Urtheil ist Einspruch nicht zulässig. Die Berufung muß innerhalb vierzehn Tagen nach der Zustellung an den Anwalt eingelegt werden. Diese Frist wird nicht wegen Entfernung verlängert. Die Zustellung der Berufung kann im Wohnsitz des Anwalts geschehen. Der Artikel 449. der Civilprozeßordnung findet keine Anwendung.

Artikel 65.

Wegen Verletzung oder Nichtbeobachtung einer der in den Artikeln 55. bis 59. einschließlich, sowie in den Artikeln 42. und 43. enthaltenen Vorschriften muß auf Anrufen (Art. 63.) des früheren Ansteigerers das ganze Verfahren und der Zuschlag beim Wiederverkauf vernichtet werden.

Artikel 66.

Die Bestimmungen der Artikel 52 ff. greifen auch bei dem Wiederverkauf Platz.

Das Versteigerungsprotokoll hat auch dem früheren Ansteigerer gegenüber die Wirkung eines Adjudikationsurtheils. Derselbe wird betrachtet, als wenn er niemals Eigenthümer geworden wäre. Wird beim Wiederverkauf das Gebot, für welches dem früheren Ansteigerer der Zuschlag ertheilt worden, nicht erreicht, so ist dieser zur Ergänzung desselben verpflichtet und zu deren Leistung dem Personalarrest unterworfen, unbeschadet jedes andern gesetzlichen Zwangsmittels. Auf einen etwaigen Mehrerlös hat derselbe nur bis zu dem Betrage der von ihm auf das wiederversteigerte Grundstück gemachten Verwendungen Anspruch.

Artikel 67.

Der Wiederverkauf hat nicht Statt, wenn der frühere Ansteigerer vor dem Zuschlage die Zahlung der bei der früheren Versteigerung übernommenen Kosten und die Erfüllung der in Artikel 53. bezeichneten Verpflichtungen nachweist und sämmtliche durch das Verfahren des Wiederverkaufs verursachte Kosten bezahlt.

Artikel 68.

Die Vorschriften dieses Abschnitts treten an die Stelle der Bestimmungen der Orders vom 4. Juli 1834 und vom 21. Januar 1835, das Verfahren bei Versteigerung von Mündelgütern betreffend, und der Order vom 29. September 1835, die Immobiliarversteigerung im Theilungs-, Falliments- und Güterabtretungsverfahren und in Erbschaftsfällen betreffend, sowie an die Stelle der in den Artikeln 904. 953. zweiter Absatz bis 965. 987. 988. und 1001. der Civilprozeßordnung und der in den Artikeln 564. und 565. des Handelsgesetzbuchs enthaltenen Bestimmungen, soweit dieselben das Verfahren beim Verkauf von Immobilien betreffen.

Bei dem Verfahren in den nach der Gemeinheitstheilungs-Ordnung zu behandelnden Theilungen und Ablösungen sind für den Verkauf, welcher nach dem Gesetze v. 19. Mai 1851 (§§. 16 und 53) stattfindet, und für die dabei zu machenden Bekanntmachungen anstatt der Vorschriften der Order vom 29. September 1835 die Bestimmungen des gegenwärtigen Gesetzes maaßgebend.

Im Uebrigen bleiben die Vorschriften des §. 54 des Gesetzes vom 19. Mai 1851 in Kraft, und wird der sonstige Inhalt des letztern Gesetzes durch das gegenwärtige Gesetz nicht berührt.

II. Abschnitt. Von dem Verkauf von Immobilien in Folge eines Uebergebots eines Hypothekengläubigers nach freiwilliger Veräußerung.

Artikel 69.

Die Versteigerung, welche im Falle des Artikels 2185. des Civilgesetzbuchs nach einer freiwilligen gerichtlichen oder außergerichtlichen Veräußerung von Immobilien, auf Antrag eines überbietenden Hypothekengläubigers stattfindet, wird nach den Bestimmungen der folgenden Artikel bewirkt.

Artikel 70.

Der Antrag auf Versteigerung muß außer der Beobachtung der Vorschriften, welche in dem Artikel 2185. des Civilgesetzbuchs und in dem ersten Absatze des Artikels 832. der Civilprozeßordnung enthalten sind, die Bezeichnung des Bürgen und eine Vorladung des Veräußerers und des Erwerbers an das Landgericht auf drei Tage enthalten, um die Bürgschaft für genügend erklären und die Versteigerung verordnen zu hören.

Die Zustellung geschieht dem Erwerber in dem Domizil des von ihm bestellten Anwalts.

Zugleich muß Abschrift des Aktes, durch welchen die bezeichnete Person die Bürgschaft übernommen hat, sowie des Protokolls, gemäß welchem die Nachweise über die Zahlungsfähigkeit des Bürgen auf dem Sekretariat des Landgerichts hinterlegt sind, mitgetheilt werden.

Alles unter dem Nachtheil der Nichtigkeit des Uebergebots.

Artikel 71.

In dem auf die Ladung folgenden summarischen Verfahren müssen alle Einreden gegen die Zulässigkeit des Antrags auf Versteigerung bei Verlust derselben vorgebracht werden. Wird die Bürgschaft als ungenügend oder eine Einrede gegen die Zulässigkeit oder Gültigkeit des Antrags als begründet befunden, so wird das Uebergebot für nichtig erklärt.

Wenn die Bürgschaft als genügend angenommen und die etwaigen Einreden verworfen werden, so wird die Versteigerung verordnet und der Friedensrichter des Bezirks, in welchem die Immobilien liegen, oder wenn sie in verschiedenen Bezirken gelegen sind, der Friedensrichter eines dieser Bezirke beauftragt, die Versteigerung als Kommissar des Landgerichts vorzunehmen.

Artikel 72.

Gegen das Urtheil ist Einspruch nicht zulässig. Die Berufung muß innerhalb vierzehn Tagen nach der Zustellung an den Anwalt eingelegt werden. Diese Frist wird nicht wegen Entfernung verlängert. Die Zustellung der Berufung kann im Wohnsitz des Anwalts geschehen. Der Artikel 449. der Civilprozeßordnung findet keine Anwendung.

Artikel 73.

Der Gläubiger, welcher die Versteigerung beantragt hat, oder der neue Erwerber überreicht persönlich oder durch einen Bevollmächtigten dem Friedensrichter:

1) eine exekutorische Ausfertigung des Urtheils, durch welches die Versteigerung verordnet ist, nebst der Zustellung desselben an die Anwalte,
2) die Urschrift oder beglaubigte Abschrift der jenem Urtheil zu Grunde liegenden Veräußerungsurkunde, oder falls eine solche sich nicht im Besitz des Betreibenden befindet, die von dem Hypothekenbewahrer beglaubigte Abschrift der Eintragung dieser Urkunde in den Transskriptionsregistern,
3) die Urschrift oder beglaubigte Abschrift der nach Artikel 2183. des Civilgesetzbuchs zugestellten Erklärung des Erwerbers und der nach Artikel 2185. des Civilgesetzbuchs abgegebenen Erklärung über das Mehrgebot, welches als Angebot dient,
4) eine nach Vorschrift des §. 4 der Subhastationsordnung angefertigte Bezeichnung der zu versteigernden Gegenstände,
5) einen beglaubigten Auszug aus der Steuerrolle,
6) einen beglaubigten Auszug aus dem Hypothekenbuche über die auf die Immobilien rechtzeitig eingetragenen Hypotheken, soweit dieselben nicht gegen den neuen Erwerber nach dessen Erwerbung entstanden sind.

Der Friedensrichter nimmt hierüber unter Anführung der Stunde, des Tages, Monates und Jahres eine Verhandlung auf, in welcher zugleich der Betreibende, wenn er nicht in dem Bezirk des Friedensgerichts wohnt, einen von ihm in diesem Bezirke erwählten Wohnsitz anzugeben hat, und entwirft sodann das Versteigerungspatent und verordnet dessen Bekanntmachung.

Artikel 74.

Das Versteigerungspatent muß enthalten:

1) das Datum und die Natur der Veräußerungsurkunde, auf welche das Uebergebot gefolgt ist, und den Namen des Notars, wenn dieselbe vor einem Notar errichtet ist, ferner die Erwähnung des Urtheils, durch welches die Versteigerung verordnet ist;
2) Namen, Gewerbe und Wohnort des Betreibenden, des in der Veräußerungsurkunde genannten Veräußerers, des Erwerbers und des Gläubigers, welcher das Uebergebot gemacht hat;
3) die Bezeichnung der zu versteigernden Immobilien nach Vorschrift des §. 4 der Subhastationsordnung, mit Angabe der Grundsteuer, des Preises, welcher in der Veräußerungsurkunde bestimmt oder in der Erklärung des Erwerbers angegeben ist, und des Uebergebots;

4) die Anzeige, daß der vollständige Auszug aus der Steuerrolle, sowie die Veräußerungsurkunde, die Erklärung des Erwerbers und die Erklärung des Uebergebots auf der Gerichtsschreiberei des Friedensgerichts einzusehen sind;
5) die Bestimmung des Tages und des Ortes, an welchen die Versteigerung und der Zuschlag an den Meistbietenden erfolgen sollen.

Artikel 75.

In Betreff des Termins der Versteigerung, der Bekanntmachung des Patents und der Zustellung desselben an die eingetragenen Gläubiger müssen die §§. 13 bis 16 einschließlich der Subhastationsordnung beobachtet werden.

Das Patent muß außerdem in der durch §. 16 der Subhastationsordnung vorgeschriebenen Frist und Form den in Nr. 2 des vorhergehenden Artikels bezeichneten Personen in ihren wirklichen oder gewählten Wohnorten zugestellt werden, soweit nicht eine von ihnen selbst das Verfahren betreibt. Die Nachweise über die Anheftungen und Einrückungen werden auf die in Artikel 38. und 39. bestimmte Weise erbracht.

Artikel 76.

Die Versteigerung mnß öffentlich und an ordentlicher Gerichtsstelle geschehn. Bei Eröffnung des Termins müssen die im Artikel 73. gedachte Verhandlung, die bei derselben überreichten Schriftstücke, und die Nachweise über die durch Artikel 75. vorgeschriebenen Anheftungen, Einrückungen und Zustellungen zur Einsicht der Interessenten vorgelegt werden.

Der Betreibende muß persönlich oder durch einen Bevollmächtigten auf die Versteigerung antragen. Geschieht dies nicht, und liegen die obenerwähnten Schriftstücke und Nachweise vor, so kann jeder gegen den Veräußerer oder seine Vorbesitzer rechtzeitig eingetragene Gläubiger, sowie der in der Veräußerungsurkunde bezeichnete Erwerber persönlich oder durch einen Bevollmächtigten als Betreibender eintreten und die Fortsetzung der Versteigerung in Antrag bringen.

Artikel 77.

Alle Einreden gegen die Gültigkeit des Verfahrens, welches nach dem die Versteigerung verordnenden Urtheil bis zu dem Versteigerungstermin stattgehabt hat, müssen hierauf bei Verlust derselben zu Protokoll gegeben werden. Dem Betreibenden steht es alsdann frei, der angebrachten Einreden ungeachtet auf Fortsetzung der Versteigerung zu bestehen oder in die vorläufige Aufhebung des Verfahrens zu willigen. Geschieht das Letztere, so ist jede der in dem vorhergehenden Artikel bezeichneten Personen befugt, als Betreibender einzutreten und die Fortsetzung der Versteigerung zu verlangen.

Artikel 78.

Wenn bei Eröffnung des Termins keine Einreden vorgebracht sind, oder wenn derselben ungeachtet auf Fortsetzung des Verfahrens bestanden wird, so wird zur Vorlesung der Veräußerungsurkunde, des Akts über die nach Artikel 2183. des Civilgesetzbuchs geschehene Erklärung des Erwerbers, sowie des Akts, durch welchen das Uebergebot geschehen ist, und demnächst zur Versteigerung in der Art geschritten, daß der Preis der Veräußerung und das Uebergebot zusammen als erstes Gebot gelten. Dabei ist zugleich der ungefähre Kostenbetrag, welcher dem Meistbietenden zur Last fällt, anzugeben.

Artikel 79.

Bei der Versteigerung kommen die §§. 22, 23 und 25 der Subhastationsordnung, sowie die Artikel 43. bis 48. dieses Gesetzes, zur Anwendung.

Der Gläubiger, welcher das Uebergebot gemacht hat, erhält den Zuschlag, wenn in dem Termine kein höheres Gebot erfolgt. Dies gilt auch dann, wenn ein Anderer, als der überbietende Gläubiger, der Betreibende ist.

Ein ferneres Uebergebot nach ertheiltem Zuschlag ist nicht zulässig.

Artikel 80.

Das von dem Friedensrichter über die Versteigerung aufzunehmende Protokoll muß enthalten:

1) die Namen, Gewerbe und Wohnorte der im Artikel 74. Nr. 2 bezeichneten Personen, die Erwähnung der Veräußerungsurkunde, des Urtheils, durch welches die Versteigerung verordnet worden ist, und der Zustellung desselben an die Anwalte, das Datum des Versteigerungspatents und der verschiedenen Bekanntmachungen und Zustellungen desselben und Erwähnung, daß die in Artikel 73. gedachte Verhandlung nebst den bei derselben überreichten Schriftstücken und die Nachweise über die vorgeschriebenen Bekanntmachungen und Zustellungen bei Eröffnung des Termins zur Einsicht der Interessenten vorgelegt worden sind;
2) die gegen die Gültigkeit des bis zum Versteigerungstermin stattgehabten Verfahrens vorgebrachten Einreden, sowie die hierauf erfolgten Erklärungen und Anträge;
3) die Kaufbedingungen nach Inhalt der Veräußerungsurkunde, soweit sie nicht durch die Erklärung des Erwerbers und des Akts, welcher das Uebergebot enthält, in Bezug auf die Zahlungstermine eine Aenderung erlitten haben, sowie die Erwähnung, daß diese Urkunden bei Anfang der Versteigerung vorgelesen worden sind;
4) die Bezeichnung der Immobilien, den Preis, zu welchem sie in Folge des Uebergebots ausgeboten worden sind, das

Meistgebot in der Versteigerung, Namen, Gewerbe und Wohnort des Meistbietenden, Ertheilung des Zuschlags und Erwähnung, daß bei demselben die in §. 23 der Subhastationsordnung vorgeschriebene Form beobachtet worden;

5) den vom Meistbietenden gewählten Wohnort und seine etwa sogleich gemachte Erklärung, daß er für einen Andern geboten hat.

Artikel 81.

Die Verletzung oder Nichtbeobachtung der Vorschriften der Artikel 73. bis 76. einschließlich dieses Gesetzes und des §. 23 der Subhastationsordnung, zieht die Nichtigkeit des Versteigerungspatents und des ganzen darauf gefolgten Verfahrens nach sich.

Artikel 82.

Im Uebrigen greifen die §§. 27–29 einschließlich, 31 u. 33 bis 36 einschließlich der Subhastationsordnung Platz. Die im §. 29 der Subhastationsordnung erwähnten Ladungen sind bei Vermeidung der darin bestimmten Nachtheile auch den in Artikel 74. Nr. 2 dieses Gesetzes genannten Personen zuzustellen, soweit nicht die Ladung von ihnen selbst ausgeht. Die in §. 34 der Subhastationsordnung bestimmte Verpflichtung zur Räumung der versteigerten Immobilien trifft sowohl den in der Veräußerungsurkunde genannten Veräußerer, als auch den darin genannten Erwerber.

Beim Wiederverkauf kommen die besonderen Bestimmungen des §. 37 der Subhastationsordnung und im Uebrigen die Vorschriften des gegenwärtigen Abschnitts zur Anwendung.

Artikel 83.

In dem durch die obigen Artikel bestimmten Verfahren ist, abgesehen von den Fällen der Artikel 76. und 77., jeder gegen den Veräußerer oder dessen Vorbesitzer rechtzeitig eingetragene Gläubiger, sowie der neue Erwerber, berechtigt, nachdem der Antrag auf Versteigerung nebst Vorladung unter Beobachtung der Vorschriften des Artikels 70. stattgefunden hat, sich an die Stelle des Betreibenden einsetzen zu lassen, wenn der Betreibende der Kollusion, des Betruges oder der Nachlässigkeit in Fortsetzung des Verfahrens sich schuldig macht, unbeschadet der sonstigen Schadensansprüche im Falle der Kollusion oder des Betruges.

Nachlässigkeit ist insbesondere vorhanden, wenn der Betreibende das die Versteigerung verordnende Urtheil innerhalb eines Monats nach Zustellung der Ladung, oder das Patent zur Versteigerung innerhalb eines Monats nach dem dieselbe verordnenden Urtheile zu erwirken versäumt, oder wenn er die nach Artikel 75. erforderlichen Zustellungen und Ladungen nicht in der vorgeschriebenen Frist oder die Anheftung und erste Einrückung des Patents zur Versteigerung nicht innerhalb eines Monats nach Erlaß des letztern bewirkt, oder wenn er im Termin der Versteigerung die erforderlichen Urkunden und Nachweise nicht vorlegt, oder wenn er nach vorläufiger Aufhebung der Versteigerung im Termin oder nach rechtskräftiger Vernichtung des Verfahrens nicht innerhalb eines Monats ein neues Patent zur Versteigerung auswirkt.

Artikel 84.

Die Einsetzung an die Stelle des Betreibenden wird außer den Fällen der Artikel 76. und 77. durch Intervention beim Landgericht mittelst Bittschrift beantragt, welche den Anwalten des Veräußerers, des Erwerbers und des Ueberbietenden, sowie dessen, der etwa bereits in die Stelle des Betreibenden eingesetzt ist, zugestellt wird.

Das Verfahren ist summarisch, die unterliegende Partei wird persönlich in die Kosten verurtheilt und es kommen die Bestimmungen des Artikels 72. zur Anwendung.

Wird dem Antrag auf Einsetzung in die Stelle des Betreibenden stattgegeben, so ist der Letztere gehalten, dem Eingesetzten die Aktenstücke des bisherigen Verfahrens gegen dessen Quittung auszuhändigen; die dafür nützlich verwendeten Kosten werden ihm erst nach der Versteigerung zurückerstattet. Auch ist der Eingesetzte berechtigt, erforderlichen Falls eine Ausfertigung des die Versteigerung verordnenden Urtheils zu entnehmen.

Artikel 85.

Die Versteigerung hat nicht Statt, wenn der Erwerber vor dem Zuschlag die sämmtlichen gegen den Veräußerer und dessen Vorbesitzer rechtzeitig eingetragenen Hypothekenforderungen an Kapital, Zinsen und Kosten, nebst den von dem Friedensrichter zu bestimmenden Kosten des Verfahrens, bezahlt, oder die zur vollständigen Zahlung erforderlichen Beträge für die Gläubiger deponirt.

Artikel 86.

Die Bestimmungen dieses Abschnitts treten an die Stelle der Vorschriften, welche in der Order vom 11. März 1837 und der zur Ausführung derselben ergangenen Verfügung, sowie in dem Artikel 2187. des Civilgesetzbuchs, im zweiten Satze des Artikels 832. und in den Artikeln 833. 836. 837. und 838. der Civilprozeßordnung enthalten sind.

Allgemeine Bestimmungen.

Artikel 87.

Wenn in dem Zeitpunkt, in welchem dieses Gesetz in Kraft tritt, ein gerichtlicher Verkauf durch Urtheil oder Beschluß bereits verordnet ist, so ist derselbe nach den bisher geltenden Vorschriften zu bewirken.

Artikel 88.

Die Bestimmung über die Ansetzung und Erhebung der Gebühren und Kosten, welche das Verfahren bei Theilungen und bei gerichtlichen Verkäufen von Immobilien veranlaßt, werden durch Königliche Verordnung getroffen.

Vor Ablauf von drei Jahren wird dieselbe den Kammern zur verfassungsmäßigen Genehmigung vorgelegt.

Urkundlich unter Unserer Höchsteigenhändigen Unterschrift und beigedrucktem Königlichen Insiegel.

Gegeben Potsdam, den 18. April 1855.

(L. S.) Friedrich Wilhelm.

v. Manteuffel. v. d. Heydt. Simons. v. Raumer. v. Westphalen. v. Bodelschwingh. Gr. v. Waldersee.

Für den Minister für die landwirthschaftlichen Angelegenheiten: v. Manteuffel.

I. 3438. Rh. Gen. 83.

54.

Verfügung vom 12. März 1855, — betreffend die Einholung der Gutachten der Sachverständigen-Vereine bei Prozessen wegen Nachdruck.

Allgem. Verfüg. v. 25. Februar 1842 (Rh. Samml. Bd. 8 S. 19).

Die von dem Königl. Staats-Ministerium unterm 15. Mai 1838 erlassene, in der Ges.-Samml. von 1838 S. 277 folg. abgedruckte Instruktion zur Bildung der, in den §§. 17 und 31 des Gesetzes zum Schutze des Eigenthums an Werken der Wissenschaft oder Kunst gegen Nachdruck und Nachbildung vom 11. Juni 1837 erwähnten Sachverständigen-Vereine schreibt unter Nr. 9 vor,

daß das Gericht, welches die Erstattung eines Gutachtens durch einen dieser Vereine für erforderlich hält, an das Königliche Ministerium der geistlichen, Unterrichts- und Medizinalangelegenheiten einen status causae et controversiae Behufs der Vorlegung an den betreffenden Verein einsenden solle.

Diese Anordnung ist früher in der Regel von den Gerichten in der Art befolgt worden, daß von denselben der status causae et controversiae in beglaubter Abschrift übersandt wurde; in neuerer Zeit haben jedoch nach der Mittheilung des Herrn Ministers der geistlichen, Unterrichts- und Medizinalangelegenheiten mehrere Gerichte solchen nur in der Urschrift eingesandt und dabei beantragt, daß derselbe bei der Zufertigung des eingeholten Gutachtens an sie remittirt werde. In diesen Fällen hat, da der status causae et controversiae, ohne welchen das Gutachten oft nicht verständlich ist, bei den Akten des betreffenden Vereins verbleiben muß, eine beglaubte Abschrift von demselben hier angefertigt und zurückbehalten werden müssen. Um diese Weiterung zu vermeiden, ist es nothwendig, daß den Requisitionen um Einholung von Gutachten der in Rede stehenden Art der mitzusendende status causae et controversiae jedesmal, auch wenn das Original in den miteinzureichenden Akten sich befinden sollte, in beglaubter Abschrift von der requirirenden Justizbehörde beigefügt werde.

Sie, Herr Erster Präsident und Herr General-Prokurator, werden deshalb mit Bezugnahme auf die allgemeine Verfügung vom 25. Februar 1842 — Rhein. Samml. Bd. 8 S. 19 — und insbesondere die Bestimmungen unter Buchstab C. daselbst, hierdurch veranlaßt, die Gerichte im Bezirke des dortigen Appellationsgerichtshofes, sowie die Königl. Ober-Prokuratoren demgemäß mit Anweisung zu versehen.

Berlin, den 12. März 1855.

Der Justiz-Minister
Simons.

An
den Königl. Herrn Ersten Präsidenten
des Appellationsgerichtshofes und den
Königl. Herrn General-Prokurator
zu Cöln.

I. 900. N. 3. Vol. 7.

55.

Allerhöchster Erlaß vom 21. April 1855, — betreffend die von den Königl. Postanstalten für Extrapost-, Estafetten- und Kourier-Pferde zu erhebenden Kosten.

Auf Ihren gemeinschaftlichen Antrag vom 4. April d. J. genehmige Ich, daß vom 1. Juli 1855 ab in allen Provinzen des Staates gleichmäßig für ein Extrapost-Pferd 12½ Sgr. und für ein Estafetten- und Kourier-Pferd 17½ Sgr. auf die Meile erhoben werde. Ich überlasse Ihnen, wegen Ausführung dieser Bestimmung das Erforderliche zu veranlassen.

Berlin, den 21. April 1855.

Friedrich Wilhelm.

(gegengez.) v. d. Heydt. v. Bodelschwingh.

An den Minister für Handel, Gewerbe und öffentliche Arbeiten und an den Finanz-Minister.

Vorstehender Allerhöchster Erlaß wird den Gerichtsbehörden hierdurch zur Kenntnißnahme und Beachtung mitgetheilt.

Berlin, den 15. Juni 1855.

Der Justiz-Minister
Simons.

An die Gerichtsbehörden.
I. 2416. P. 20. Vol. 5.

56.

Statut für die Meliorationsgenossenschaft des Alfbachthales, Kreis Wittlich. Vom 30. April 1855.

I. 1957. Rhein. Gen. 167. Vol. 2. Gesetz-Samml. S. 445.

57.

Allgemeine Verfügung vom 5. Mai 1855, — betreffend die Berechnung des Kaufwerthstempels bei Veräußerungen von früheren Erbpachts- oder Erbzinsgrundstücken.

Allerhöchste Order vom 14. April 1832 (Ges.-Samml. S. 137).
Allgemeine Verfügung v. 12. März 1842 (Just.-Min.Bl. S. 108).
Gesetz vom 2. März 1850 (Ges.-Samml. S. 77) §. 2.

In der gemeinschaftlichen Verfügung der Minister der Justiz und der Finanzen vom 12. März 1842 ist unter andern ausgesprochen, daß bei der Veräußerung eines Erbpachts- oder Erbzinsrechts der für den Erbverpächter, beziehungsweise Erbzinsherrn auf dem Grundstücke ruhende Kanon dem kaufstempelpflichtigen Betrage nicht zuzurechnen sei.

Nachdem jedoch durch den §. 2 des Gesetzes vom 2. März 1850, betreffend die Ablösung der Reallasten rc., das Obereigenthum des Erbzinsherrn und das Eigenthumsrecht des Erbverpächters aufgehoben worden, ist nunmehr bei Verkäufen solcher Grundstücke, welche bis dahin zu Erbzins- oder Erbpachtsrechten besessen worden waren, der vom Käufer übernommene bisherige Erbzins-, beziehungsweise Erbpachts-Kanon nach der Allerhöchsten Order vom 14. April 1832 (Ges.-Samml. S. 137) der Versteuerung mit zu unterwerfen, indem ein Grund für die Stempelfreiheit dieses Kanons in der Beschaffenheit des veräußerten Grundstücks nicht gefunden werden kann, und derselbe deshalb gleich anderen vom Käufer übernommenen Hypothekenschulden und auf speziellem Titel beruhenden Realabgaben zur Versteuerung zu ziehen ist.

Die Gerichte und die Notarien, sowie die Steuerbehörden werden angewiesen, demgemäß bei der Stempelberechnung in den bezeichneten Veräußerungsfällen zu verfahren.

Berlin, den 5. Mai 1855.

Der Justiz-Minister Simons. | Der Finanz-Minister v. Bodelschwingh.

An die Gerichte, die Notarien und die Steuerbehörden.

I. 1448. Steuersachen 58. Vol. 4.

58.

Circularverfügung vom 10. Mai 1855, — betreffend die Festsetzung der vorläufigen Entschädigung zum Zweck der Einweisung in den Besitz bei Eigenthumsentziehungen des öffentlichen Nutzens wegen.

Ges. v. 8. März 1810. Verfassungsurkunde v. 31. Januar 1850 Art. 9.*)

Während das Gesetz über die Eigenthumsentziehung des öffentlichen Nutzens wegen vom 8. März 1810 die provisorische Einweisung der Verwaltung in den Besitz nur von der Dringlichkeit der Arbeiten abhängig macht, wird, wie sich aus mehreren Urtheilen des Königlichen Appellationsgerichtshofes in Cöln ergiebt, von den Gerichten seit der Emanation der Verfassungsurkunde auf Grund des Art. 9. derselben auch selbst in dringenden Fällen eine vorläufige Feststellung der Entschädigung für erforderlich erachtet, bevor die provisorische Einweisung in den Besitz erfolgen kann.

Die Gerichte werden also, so wie sie früher bei dem Antrag auf provisorische Besitzeinweisung nur das Vorhandensein der Dringlichkeit erwogen, nunmehr zugleich die Hinlänglichkeit der vorläufig festgestellten Entschädigung zu prüfen haben, ohne daß jedoch in dieser Hinsicht ihre Befugnisse und Verpflichtungen sich weiter als bisher erstrecken. Insbesondere erscheint es dem Systeme des nur in diesem einen Punkte modifizirten gesetzlichen Verfahrens als entsprechend, daß die Akte, welche die Besitzeinweisung bedingen und sie vorbereiten sollen, also jetzt auch die Ermittelung der provisorischen Entschädigungssumme, unter Ausschluß weitläuftiger gerichtlicher Verhandlungen von den Verwaltungsbehörden geleitet werden. In dieser Weise hat bereits der

*) Vgl. das Gesetz vom 25. April 1857, betreffend die Abänderung beziehungsweise Ergänzung des in dem Bezirk des Appellationsgerichtshofes zu Cöln geltenden Expropriationsgesetzes vom 8. März 1810 (Ges.-Samml. 1857 S. 473).

Königliche Appellationsgerichtshof zu Cöln in einem Beschlusse vom 28. Mai 1851 eine Abschätzung, welche durch zwei von der betreffenden Eisenbahndirektion ernannte Sachverständige vorgenommen war, behufs der vorläufigen Feststellung der Entschädigung für genügend erklärt und ist seitdem nach dem Bericht des Königlichen General-Prokurators in Cöln in dieser Weise häufig verfahren worden.

Es ist für das Voranschreiten der Eisenbahnbauten in der Rheinprovinz von ganz besonderer Wichtigkeit, daß über die Formen, in denen die vorläufige Ermittlung der Entschädigung vorzunehmen ist, durchgehends gleichmäßige Grundsätze bei den Gerichts- und Verwaltungsbehörden befolgt, und daß dabei Verzögerungen verhütet werden. Von diesem Gesichtspunkte ausgehend hat der Herr Minister für Handel, Gewerbe und öffentliche Arbeiten, wie die in Abschrift beifolgende Verfügung an die Königliche Regierung zu Cöln vom 17. März d. J. näher ergiebt, eine Anordnung getroffen, nach welcher die dem Gericht vorzulegende vorläufige Abschätzung durch zwei distriktsweise von der betreffenden Königlichen Regierung zu ernennende und von dem betreffenden Friedensrichter ein für allemal zu vereidende Sachverständige unter Leitung eines Kommissars der Regierung und mit Zuziehung der Besitzinteressenten erfolgen soll.

Da nach den oben entwickelten Grundsätzen eine in diesem Verfahren ermittelte Taxe genügend und geeignet erscheint um in gesetzlicher Weise die provisorische Einweisung in den Besitz in Fällen der Dringlichkeit herbeizuführen, so werden Sie, Herr Ober-Prokurator angewiesen, in vorkommenden Fällen die bezüglichen Anträge der Königlichen Regierungen auf vorläufige Feststellung der Entschädigung und auf Besitzeinweisung auf Grund einer solchen Taxe zu betreiben; es läßt sich erwarten, daß die Landgerichte einer Ansicht, welche sowohl dem System des Gesetzes und dem vorhandenen Bedürfnisse entspricht, als auch die Zustimmung des Königlichen Appellationsgerichtshofs gefunden hat, beitreten werden.

Es bleibt Ihnen überlassen dem dortigen Königlichen Landgerichte eine Abschrift dieser Verfügung zur Kenntnißnahme mitzutheilen.

Berlin, den 10. Mai 1855.

Der Justiz-Minister
Simons.

An
sämmtliche Ober-Prokuratoren in der
Rheinprovinz.

Abschrift vorstehender an sämmtliche Ober-Prokuratoren erlassenen Verfügung wird Ihnen, Herr Generalprokurator, zur Kenntnißnahme und mit der Anweisung mitgetheilt, auf die Befolgung derselben zu halten und nach ihrem Inhalte in vorkommenden Fällen Ihre Anträge bei dem Königlichen Appellationsgerichtshofe zu stellen.

Berlin, den 10. Mai 1855.

Der Justiz-Minister
Simons.

An
den Königlichen Herrn Generalprokurator
zu Cöln.

I. 1708. Rhein. Gener. 140.

Anlage.

Der Königlichen Regierung lasse ich in der Anlage Abschrift eines Ihr bereits von dem dortigen Königlichen Eisenbahn-Kommissariat zur Aeußerung mitgetheilten Berichts der Königlichen Kommission für den Bau der Cöln-Crefelder Eisenbahn vom 30. Dezember v. J. mit nachstehenden Bemerkungen zugehen.

Es kommt für die das Expropriations-Verfahren vorbereitenden Verwaltungsbehörden im Bezirk des Rheinischen Appellations-Gerichtshofes nur darauf an, daß in solchen Fällen, wo auf Grund des Art. 19. des Gesetzes vom 8. März 1810 bei dem betreffenden Gericht die vorläufige Einweisung in den Besitz eines Grundstücks zu beantragen ist, dieser Antrag in Hinsicht auf die vorgängige Entschädigung der Grundbesitzer sich auf Werths-Ermittlungen stützt, welche den bei den Gerichtsbehörden geltenden Grundsätzen entsprechen. Wird auch in Gemäßheit der dortigen gerichtlichen Praxis davon ausgegangen, daß der vorgedachte Art. 19. durch den Art. 9. der Verfassungs-Urkunde dahin modifizirt worden, daß nunmehr die provisorische Besitz-Einweisung, selbst in dringenden Fällen, nur gegen, wenigstens vorläufig festzusetzende Entschädigung der Besitzer stattfinden darf, so besteht doch für die Formen, in welchen diese vorläufige Ermittlung der Entschädigung vorzunehmen ist, keine gesetzliche Vorschrift; es ist daher den Regierungen in dieser Hinsicht, wie die Königliche Regierung in ihrem Schreiben an das dortige Königliche Eisenbahn-Kommissariat vom 17. Januar d. J. richtig bemerkt, eine Art autonomischer Befugniß beizumessen, welche eben nur durch die erforderliche Rücksichtnahme auf die erkennenden Gerichte beschränkt wird. Die Regierungen, denen ohnehin die thunlichste Förderung der Eisenbahn-Unternehmungen obliegt, haben hiernach keine Veranlassung, die vorläufige, lediglich zum Zweck der provisorischen Einweisung in den Besitz vorzunehmende Entschädigungs-Ermittlung an weitläuftigere und zeitraubendere Förmlichkeiten zu knüpfen, als die Gerichte selbst verlangen und für die definitive Festsetzung der Entschädigung vorgeschrieben ist. Daß aber der höchste Gerichtshof der dortigen Provinz, dessen Ansicht sich die Landgerichte, welche bis dahin etwa abweichender Ansicht waren, konformiren dürften, die Aufnahme einer von der Königlichen Regierung bisher grundsätzlich festgehaltenen förmlichen kontradiktorischen Taxe der durch die Eisenbahn-Verwaltung zu erwerbenden Grundstücke zum Behuf der vorläufigen Besitz-Einweisung, also die Konkurrenz der betreffenden Grundbesitzer bei der Wahl der Experten resp. des Obmanns im Falle ihres Nichtverständnisses für nicht erforderlich erachtet, geht aus dem in dem Schreiben der Königlichen Regierung vom 17. Jan. d. J. angezogenen Urtel des Rheinischen Appellationsgerichtshofes vom 28. Mai 1851 hervor. Es kann nach dem Inhalt dieses Beschlusses wohl angenommen werden, daß die Rheinischen Gerichte in allen Fällen, wo die Dringlichkeit des öffentlichen Zweckes, zu welchem die Expropriation stattfinden soll, bescheinigt ist — und dies wird bei Eisenbahn-Bauten stets unschwer zu erfüllen sein — kein Bedenken tragen werden, die Verwaltung, unbeschadet der demnächstigen definitiven Festsetzung der Entschädigung auf Grund einer Taxe provisorisch in den Besitz einzuweisen, welche in möglichst summarischer Weise von zwei von der Verwaltung ernannten unparteiischen Sachverständigen ohne vorgängige sogenannte kontradiktorische Expertise aufgenommen ist.

Um daher einerseits den Eisenbahn-Unternehmungen die so höchst wünschenswerthe Beschleunigung des ohnedies schon zeitraubenden Expropriations-Verfahrens zu sichern, andererseits aber auch die betreffenden Grund-Eigenthümer gegen Bevortheilung bei der Tax-Aufnahme zu schützen, bestimme ich hiermit, unter Modifikation des Publikandums der Königlichen Regierung vom 18. November 1851 und vorbehaltlich von Abänderungen, Falls die Königliche Regierung solche auf Grund gewichtiger, mir eventuell vorzutragender Bedenken für unumgänglich halten sollte, für das Verfahren bei Aufnahme der Taxen, zum Behuf der vorläufigen Ermittlung der Entschädigung in Expropriationssachen für mein Ressort Folgendes:

Die dem Gericht zur vorläufigen Feststellung der Entschädigung und zur provisorischen Einweisung in den Besitz vorzulegende Abschätzung geschieht unter Leitung der Königlichen Regierung. Dieselbe ernennt distriktsweise zwei von den betreffenden Friedensrichtern ein für allemal zu vereidigende Sachverständige, welche Letzteren unter der Leitung eines Kommissarius der Königlichen Regierung die vorläufigen Entschädigungs-Beträge nach Maßgabe der Bestimmungen des Gesetzes vom 8. März 1810, also principaliter unter Zugrundelegung der jüngsten Kauf- und Pachtverträge, der Mutterrollen oder anderer geeigneter Dokumente — Art. 16. a. a. O. — und erst, wenn diese nicht ausreichen, auf jede andere, landesübliche Taxweise zu ermitteln haben. Die Besitz-Interessenten, so wie ein Vertreter der Eisenbahn-Verwaltung sind durch den Regierungs-Kommissarius zu dem

Abschätzungs-Termin zur Wahrnehmung ihrer Gerechtsame mit vorzuladen. Die Tax-Verhandlungen hat die Königliche Regierung demnächst mit den erforderlichen Anträgen dem Gericht vorzulegen, welches über die Einweisung in den Besitz zu erkennen hat.

Da die Grundbesitzer nach der vorstehenden Bestimmung mit ihren etwaigen Einwendungen gegen die Taxe bereits im Abschätzungs-Termine gehört sind, so erscheint eine Auslegung der Taxe in den Bureaus der Bürgermeistereien nicht weiter erforderlich. Ich veranlasse die Königliche Regierung, nach den vorstehend angedeuteten Grundzügen, bei dem Expropriations-Verfahren für die Cöln-Crefelder Eisenbahn die Abschätzungen vornehmen zu lassen und benutze zugleich diese Gelegenheit, der Königlichen Regierung die thunlichst rasche Abwickelung des gedachten Verfahrens, so viel an Ihr ist, dringend zu empfehlen, da grade bei Eisenbahn-Unternehmungen jeder Zeitverlust von den größesten Nachtheilen, sowohl für die Interessen des Verkehrs, als die finanziellen Verhältnisse der Unternehmer begleitet ist.

Berlin, den 17. März 1856.

Der Minister für Handel, Gewerbe und öffentliche Arbeiten
v. d. Heydt.

An die Königliche Regierung zu Cöln.

59.

Gesetz, — betreffend die Abänderung einiger Vorschriften über das gerichtliche Verfahren in dem Bezirk des Appellationsgerichtshofes zu Cöln. Vom 11. Mai 1855.

Wir Friedrich Wilhelm, von Gottes Gnaden, König von Preußen rc. rc.

verordnen, unter Zustimmung der Kammern, für den Bezirk des Appellationsgerichtshofes zu Cöln, was folgt:

1. Verfahren in Civilsachen.

Artikel 1.

Bei der Klage gegen eine Person, welche im Bezirk des Appellationsgerichtshofes zu Cöln keinen wirklichen Wohnsitz hat, ist ein vorheriger Sühneversuch (Art. 48. der Civilprozeßordnung) nicht erforderlich.

Artikel 2.

An die Stelle des Artikels 73. der Civilprozeßordnung tritt folgende Bestimmung:

Wenn der Vorzuladende außerhalb des Preußischen Staates wohnt, so ist die Erscheinungsfrist

1) für denjenigen, welcher in einem zum Deutschen Bunde gehörigen Gebiete, oder in einem an die Rheinprovinz angränzenden Staate, oder in England wohnt, zwei Monate;
2) für denjenigen, welcher in einem der übrigen Länder Europas wohnt, vier Monate;
3) für denjenigen, welcher nicht in Europa wohnt, sechs Monate.

Dasselbe gilt auch überall da, wo in den Gesetzen bei Bestimmung der Fristen auf den Artikel 73. der Civilprozeßordnung zurückverwiesen ist.

Artikel 3.

Die im §. 4 des Gesetzes vom 13. Oktober 1843, das Kassationsverfahren in Civilsachen betreffend, für die Zustellung und Niederlegung der Erwiederungsschrift vorgeschriebene Frist wird in der Weise geändert, daß dieselbe drei Monate beträgt, wenn der Verklagte im Inlande oder in einem zum Deutschen Bunde gehörigen Gebiete, oder in einem an die Rheinprovinz angrenzenden Staate, oder in England wohnt.

In den übrigen Fällen richtet sich die Frist nach den in den Nummern 2 und 3 des vorstehenden Artikels enthaltenen Bestimmungen.

Artikel 4.

Der Artikel 1033. der Civilprozeßordnung wird dahin abgeändert, daß bei Berechnung der wegen der Entfernung bestimmten zusätzlichen Frist, statt eines Tages für je drei Myriameter, ein Tag für je sechs Preußische Meilen Entfernung anzusetzen ist.

Imgleichen ist überall da, wo in den Gesetzen wegen der Entfernung des Wohnsitzes einer Partei eine zusätzliche Frist von einem Tage für je drei Myriameter vorgeschrieben ist, statt dessen ein Tag für je sechs Preußische Meilen zu berechnen.

Artikel 5.

Im Falle in Civilsachen die Ersetzung eines von dem Gerichte zum Kommissar ernannten Richters oder eines von dem Gericht mit einer Zustellung oder einem sonstigen Geschäft beauftragten Gerichtsvollziehers erforderlich ist, kann dieselbe auf Bittschrift (Art. 76. des Kostentarifs vom 16. Februar 1807) durch Verfügung des Vorsitzenden der Abtheilung des Gerichts, von welcher die Ernennung oder der Auftrag ausgegangen ist, erfolgen.

Die Verfügung ist dem Einspruch und der Berufung nicht unterworfen. Dieselbe bleibt bei den Urschriften des Gerichts aufbewahrt.

Im Fall der Ersetzung eines Kommissars muß die Verfügung, bevor derselben Folge gegeben werden kann, der Gegenpartei mittelst Akts von Anwalt zu Anwalt (Art. 70. des Kostentarifs vom 16. Februar 1807), oder, wenn ein Anwalt nicht bestellt ist, mittelst Zustellung in Person oder am Wohnort abschriftlich mitgetheilt werden.

Artikel 6.

Wenn bei einem Gericht eine Verhandlung in Civilsachen im Auftrag oder auf Ersuchen eines anderen Gerichts aufgenommen worden ist (Art. 1035. der Civilprozeßordnung), so muß die Urschrift derselben von der Gerichtsschreiberei jenes Gerichts an die Gerichtsschreiberei des Gerichts, von welchem der Auftrag oder das Ersuchen ausgegangen ist, übersendet werden, und bleibt bei der letzteren aufbewahrt, ohne daß es eines Hinterlegungsakts bedarf.

Die Versendung muß vermittelst der Königlichen Post oder in einer anderen, bei dem Auftrag oder dem Ersuchen zu bestimmenden sicheren Weise bewirkt werden. Dem Gerichtsschreiber wird für die Kosten ein Exekutorium auf die betreibende Partei gegeben.

Artikel 7.

Wenn zu Erledigung eines Rechtsmittels in Civilsachen die Einsicht von Zeichnungen, Karten oder Darstellungen, welche einem Gutachten von Sachverständigen, einer Ortsbesichtigung oder einem Zeugenverhör beigefügt sind, oder die Einsicht von gerichtlichen Verhandlungen, Protokollen oder Vertheilungsplänen, welche in einem Subhastations-, Kollokations- oder Distributions-Verfahren gefertigt sind, als erforderlich erscheint, so kann der Vorsitzende der mit der Sache befaßten Abtheilung des höheren Gerichts auf Bittschrift (Art. 76. des Kostentarifs vom 16. Februar 1807) verordnen, daß jene Schriftstücke in Urschrift von der Gerichtsschreiberei des Gerichts, bei welchem dieselben beruhen, an die Gerichtsschreiberei des befaßten Gerichts eingesendet werden. Die letztere hat die Schriftstücke nach erledigter Sache an die erstere zurückzusenden.

In Betreff der Versendung, sowie der Kosten, gelten die Bestimmungen des vorigen Artikels.

Artikel 8.

Bei der Mobiliar-Exekution ist außer den durch Artikel 592. der Civilprozeßordnung bezeichneten Gegenständen auch ein zum Heizen oder Kochen bestimmter eiserner Ofen von der Pfändung auszuschließen. Die Pfändung desselben hat für keinerlei Forderung Statt.

2. Verfahren in Disziplinar-Sachen.

Artikel 9.

In Disziplinarsachen gegen Advokaten und Anwalte, Notarien, Gerichtsschreiber und Gerichtsvollzieher ist der Kassationsrekurs nicht zulässig, wenn er nicht spätestens in einer Frist von zehn Tagen nach Verkündigung des Urtheils eingelegt wird.

War der Beschuldigte nicht erschienen, so läuft die Frist sowohl für den Beschuldigten, als für die Staatsanwaltschaft, von dem Tage der an den Ersteren geschehenen Zustellung des Urtheils.

Im Uebrigen kommen für die Einlegung des Rekurses und für das fernere Verfahren die Vorschriften zur Anwendung, welche für den Rekurs gegen die in Strafsachen ergangenen kontradiktorischen Urtheile zweiter Instanz gelten.

3. Verfahren in Polizei- oder Zuchtpolizei-Sachen.

Artikel 10.

Wenn eine Person, welche im Inlande keinen bekannten Wohnsitz oder Aufenthaltsort hat, sie mag im Auslande wohnen oder nicht (Artikel 69. Nr. 8 und 9 der Civilprozeßordnung), als Beschuldigter vor das Polizeigericht oder vor das Zuchtpolizeigericht gestellt werden soll, so kommen für die Vorladung derselben die folgenden Vorschriften zur Anwendung:

Die Staatsanwaltschaft oder die Civilpartei hat bei dem Polizeirichter oder bei dem Vorsitzenden des Zuchtpolizeigerichts die Bestimmung einer Sitzung zur Verhandlung der Sache nachzusuchen. Die Vorladung zu dieser Sitzung wird an dem Haupteingange des Sitzungssaales des Gerichts, welches erkennen soll, angeheftet. Ein mit der Beurkundung des Gerichtsvollziehers über die geschehene Anheftung versehenes gleichlautendes Exemplar ist dem Oberprokurator bei dem Landgericht zu übergeben. Derselbe hat einen Auszug der Vorladung in den öffentlichen Anzeiger des Amtsblatts wenigstens zweimal einrücken zu lassen; er kann außerdem die Einrückung nach seinem Ermessen auch noch in einem anderen Blatte bewirken.

Der Auszug muß enthalten:

a) die Bezeichnung desjenigen, auf dessen Anstehen die Vorladung erfolgt;
b) Vor- und Zunamen, Wohnort, Stand oder Gewerbe des Beschuldigten, soweit sie bekannt sind;
c) die Bezeichnung der strafbaren Handlung, welche den Gegenstand der Beschuldigung bildet;
d) die Angabe des Gerichts, vor welches geladen wird, und des bestimmten Sitzungstages.

Zwischen der letzten Einrückung in den öffentlichen Anzeiger und dem Sitzungstage muß mindestens ein Monat frei bleiben.

Artikel 11.

Wenn an einen in der ersten Instanz zur Sitzung gehörig vorgeladenen Beschuldigten, welcher im Inlande keinen bekannten Wohnsitz oder Aufenthaltsort hat, irgend eine fernere Zustellung in erster oder höherer Instanz zu machen ist, so geschieht dieselbe mittelst Anheftung der zuzustellenden Schrift an dem Haupteingange des Sitzungssaales des Gerichts, vor welches der Beschuldigte in erster Instanz vorgeladen worden ist.

Die Zustellung wird für gehörig geschehen erachtet, wenn nach der Anheftung vierzehn Tage verflossen sind.

Urtheile werden in einer Ausfertigung angeheftet, welche nur den verfügenden Theil enthält.

Wird die Verhandlung zu einer bestimmten anderen Sitzung vertagt, so ist der Beschluß, welcher die Vertagung verordnet, nur durch Verkündung in der öffentlichen Sitzung bekannt zu machen.

Artikel 12.

Der Nachweis der in Artikel 10. vorgeschriebenen Einrückungen ist durch Exemplare der öffentlichen Blätter zu erbringen. Geht die Ladung von einer Civilpartei aus, so hat dieselbe die Kosten der Einrückung vorzulegen und der Oberprokurator hat ihr den Nachweis der Einrückungen zu übergeben.

Die in den Artikeln 10. und 11. vorgeschriebenen Anheftungen geschehen durch Gerichtsvollzieher und werden von denselben auf gleichlautenden Exemplaren beurkundet. Die Gebühren sind dieselben, wie für Vorladungen oder Insinuationen in Strafsachen.

Artikel 13.

Die Bestimmungen der Artikel 10. bis 12. einschließlich gelten auch für das Verfahren in Strafsachen bei den Rheinzollgerichten, unbeschadet der besonderen Vorschriften, welche in der Verordnung vom 30. Juni 1834 wegen Einrichtung der Rheinzollgerichte und des gerichtlichen Verfahrens in den Rheinschiffahrts-Angelegenheiten enthalten sind.

Artikel 14.

Durch die vorstehenden Artikel 10. bis 13. ist die Zulässigkeit der Vorladungen oder Zustellungen an den Beschuldigten in Person oder an seinem Wohnsitze oder Aufenthaltsorte nicht ausgeschlossen. Die Vorladung solcher Personen, welche im Auslande wohnen oder sich aufhalten, ist auch alsdann gültig, wenn sie durch die zuständige auswärtige Behörde bewirkt wird.

Urkundlich unter Unserer Höchsteigenhändigen Unterschrift und beigedrucktem Königlichen Insiegel.

Gegeben Charlottenburg, den 11. Mai 1855.

(L. S.) Friedrich Wilhelm.

v. Manteuffel. v. d. Heydt. Simons. v. Raumer.
v. Westphalen. v. Bodelschwingh. Gr. v. Waldersee.

Für den Minister für die landwirthschaftlichen Angelegenheiten:
v. Manteuffel.

I. 3439. Rhein. Gen. 84.

60.

Gesetz, — betreffend die Beschränkung der Zahlungsleistung mittelst fremden Papiergeldes. Vom 14. Mai 1855.

Wir Friedrich Wilhelm, von Gottes Gnaden, König von Preußen rc. rc.

verordnen, unter Zustimmung der Kammern, was folgt:

§. 1.

Fremdes, auf Beträge im Vierzehnthalerfuße lautendes Papiergeld darf, insoweit die einzelnen Stücke desselben auf geringere Summen als zehn Thaler lauten, zu Zahlungen nicht gebraucht werden. Der Umtausch solchen fremden Papiergeldes gegen Preußisches oder anderes im gemeinen Verkehr zugelassenes Geld unterliegt diesem Verbote nicht.

§. 2.

Dem fremden Papiergeld werden gleichgeachtet die in einem fremden Staate ausgegebenen Banknoten und sonstigen von Korporationen, Gesellschaften oder Privaten ausgestellten, auf den Inhaber lautenden unverzinslichen Schuldverschreibungen.

§. 3.

Wer dergleichen fremdes Papiergeld (§§. 1 und 2) zur Leistung von Zahlungen dem vorstehenden Verbote zuwider ausgiebt, oder anbietet, wird mit einer polizeilichen Geldbuße bis zu funfzig Thalern bestraft.

§. 4.

Das gegenwärtige Gesetz tritt mit dem 1. Januar 1856 in Kraft.

Dasselbe kann im Wege Königlicher Verordnung für einzelne Landestheile außer Anwendung gesetzt werden.

In demselben Wege können Ausnahme-Bestimmungen zu Gunsten solchen fremden Papiergeldes getroffen werden, über dessen Umlauf gegenwärtig Verabredungen mit auswärtigen Regierungen in Kraft sind.

Urkundlich unter Unserer Höchsteigenhändigen Unterschrift und beigedrucktem Königlichen Insiegel.

Gegeben Potsdam, den 14. Mai 1855.

(L. S.) Friedrich Wilhelm.

v. Manteuffel. v. d. Heydt. Simons. v. Raumer. v. Westphalen. v. Bodelschwingh. Gr. v. Waldersee.

Für den Minister für die landwirthschaftlichen Angelegenheiten: v. Manteuffel.

I. 2276. S. 13. Vol. 7.

61.

Gesetz, — betreffend die Abänderung der Verfassungs-Urkunde vom 31. Januar 1850 in Ansehung der Benennung der Kammern und der Beschlußfähigkeit der Ersten Kammer. Vom 30. Mai 1855.

Wir Friedrich Wilhelm, von Gottes Gnaden, König von Preußen 2c. 2c.

verordnen, unter Zustimmung der Kammern, was folgt:

§. 1.

Die Erste Kammer wird fortan das Herrenhaus, die Zweite Kammer das Haus der Abgeordneten genannt.

§. 2.

Das Herrenhaus kann keinen Beschluß fassen, wenn nicht mindestens sechszig der nach Maaßgabe der Verordnung vom 12. Oktober 1854 (Gesetz-Sammlung S. 541 — 544) zu Sitz und Stimme berufenen Mitglieder anwesend sind.

Der Artikel 80 der Verfassungs-Urkunde ist aufgehoben, insoweit er diesem Gesetze zuwiderläuft.

Urkundlich unter Unserer Höchsteigenhändigen Unterschrift und beigedrucktem Königlichen Insiegel.

Gegeben Sanssouci, den 30. Mai 1855.

(L. S.) Friedrich Wilhelm.

v. Manteuffel. v. d. Heydt. Simons. v. Raumer.
v. Westphalen. v. Bodelschwingh. Gr. v. Waldersee.

Für den Minister für die landwirthschaftlichen Angelegenheiten:
v. Manteuffel.

I. 2466. S. 26. Vol. 3.

62.

Verfügung vom 4. Juni 1855, — betreffend die Requisitionen um Insinuation gerichtlicher Vorladungen in Strafsachen im Verhältniß zum Großherzogthum Luxemburg.

Der Ober-Prokurator zu Trier hat auf Grund der Bestimmungen des an Sie, Herr General-Prokurator, unterm 28. Februar d. J. ergangenen Rescripts I. 818. (siehe oben S. 74) den Großherzoglich Luxemburgischen General-Staatsanwalt in einem speciellen Falle benachrichtigt, daß er den Requisitionen der Justiz-Behörden des Großherzogthums Luxemburg um Insinuation von Vorladungen oder Strafmandaten an Preußische Unterthanen, gegen welche bei den dortigen Gerichten Untersuchungen eingeleitet worden, keine Folge geben werde, daß er jedoch bereit sei, Eingesessene seines Geschäftsbezirks wegen Verbrechen oder Vergehen, welche von denselben auf Großherzoglich Luxemburgischem Territorium begangen worden, im Wege der Untersuchung zu verfolgen.

Hieraus hat die Großherzoglich Luxemburgische Regierung Veranlassung genommen, dem diesseitigen Gouvernement im gesandtschaftlichen Wege die Mittheilung zugehen zu lassen,

daß die dortigen Justizbehörden angewiesen werden würden, den Preußischen Justizbehörden gegenüber ein gleiches Verfahren zu beobachten, zumal da nach einem im Großherzogthum Luxemburg bestehenden Gesetze vom 4. Juli 1845 die dortigen Gerichte befugt seien, gegen Luxemburgische Unterthanen wegen im Auslande von ihnen verübter Verbrechen oder Vergehen direkte Verfolgung eintreten zu lassen.

Nachdem hierüber dem Justiz-Minister durch den Herrn Minister der auswärtigen Angelegenheiten Nachricht ertheilt worden ist, werden Sie, Herr General-Prokurator, von jener Maaßregel der Großherzoglich Luxemburgischen Regierung hierdurch mit dem Auftrage in Kenntniß gesetzt, davon ihrerseits die Ober-Prokuratoren der Rhein-Provinz behufs der Beachtung zu benachrichtigen.

Berlin, den 4. Juni 1855.

Der Justiz-Minister
Simons.

An
den Königl. Herrn General-Prokurator
zu Cöln.

I. 2237. Rhein. Gener. 116. Vol. 2.

63.

Allgemeine Verfügung vom 13. Juni. 1855, — betreffend die Ressort-Verhältnisse in Standessachen.

Allgem. Verfüg. v. 14. April 1853 (Rh. Samml. Bd. X. S. 561).
Allerhöchster Erlaß v. 16. August 1854 (S. 45 dieses Bandes).

Nachdem durch den Allerhöchsten Erlaß vom 16. August 1854 die Bearbeitung der Standessachen an das Ministerium des Königlichen Hauses überwiesen worden, ist in demselben das Heroldsamt in der durch den Staatskalender für das Jahr 1855 Seite 11 nachgewiesenen Zusammensetzung errichtet worden.

Auf diese Anordnung werden die Gerichte und die Beamten der Staatsanwaltschaft hierdurch noch besonders aufmerksam gemacht, weil das Heroldsamt vermöge der ihm übertragenen Bearbeitung aller Standes-Angelegenheiten in manchen Fällen, namentlich bei Adelsanmaßungen und zweifelhaften Adelsstufen, Veranlassung haben kann, mit den Gerichten und den Beamten der Staatsanwaltschaft in Kommunikation zu treten.

Die Erkenntnisse, welche den Adelsverlust zur Folge haben, sind übrigens, nach wie vor, in Gemäßheit der allgemeinen Verfügung vom 14. April 1853 (Justiz-Ministerial-Blatt S. 160) dem Justiz-Minister einzureichen.

Berlin, den 13. Juni 1855.

Der Justiz-Minister
Simons.

An sämmtliche Gerichte und Beamte der Staatsanwaltschaft.

I. 2423. M. 13. Vol. 4.

64.

Zusatzvertrag zu dem Vertrage zwischen Preußen und Großbritannien wegen gegenseitigen Schutzes der Autorenrechte gegen Nachdruck und unbefugte Nachbildung vom 13. Mai 1846. Vom 14. Juni; ratifizirt am 13. August 1855.

Vertrag zwischen Preußen und Großbrittanien v. 13. Mai 1486 (Ges.-Samml. S. 343).

Seine Majestät der König von Preußen in Ihrem Eigenen sowohl, als im Namen Seiner Majestät des Königs von Sachsen, Seiner Königlichen Hoheit des Großherzogs von Sachsen-Weimar, Seiner Hoheit des Herzogs von Sachsen-Meiningen, Seiner Hoheit des Herzogs von Sachsen-Altenburg, Seiner Hoheit des Herzogs von Sachsen-Coburg-Gotha, Seiner Hoheit des Herzogs von Braunschweig, Seiner Hoheit des Herzogs von Anhalt-Dessau-Cöthen, Seiner Hoheit des Herzogs von Anhalt-Bernburg, Seiner Durchlaucht des Fürsten von Schwarzburg-Rudolstadt, Seiner Durchlaucht des Fürsten von Schwarzburg-Sondershausen, Seiner Durchlaucht des Fürsten von Reuß älterer Linie, Seiner Durchlaucht des Fürsten von Reuß jüngerer Linie einerseits; und Ihre Majestät die Königin des Vereinigten Königreichs von Großbritannien und Irland andererseits, von dem Wunsche geleitet, die zwischen Ihren gedachten Majestäten am 13. Mai 1846 in

Berlin zum gegenseitigen Schutze wider Nachdruck abgeschlossene Uebereinkunft zu erweitern, haben beschlossen, zu diesem Zwecke einen Zusatzvertrag abzuschließen, und deshalb zu Ihren Bevollmächtigten ernannt, nämlich:

Seine Majestät der König von Preußen den Herrn Albrecht, Grafen von Bernstorff, Allerhöchstihren Wirklichen Geheimen Rath und Kammerherrn, außerordentlichen Gesandten und bevollmächtigten Minister bei Ihrer Großbritannischen Majestät, Ritter des Rothen Adler-Ordens erster Klasse mit Eichenlaub, Großkreuz des Civil-Verdienst-Ordens der Bayerischen Krone, Ritter des Königlich Sicilianischen St. Januarius-Ordens, Ritter des Kaiserlich Russischen St. Stanislaus-Ordens, Komthur des Königlich Portugiesischen Christus-Ordens;

Und Ihre Majestät die Königin des Vereinigten Königreichs von Großbritannien und Irland den sehr ehrenwerthen Georg Wilhelm Friedrich, Grafen von Clarendon, Baron Hyde von Hinden, Pair des Vereinigten Königreichs, Mitglied Ihrer Großbritannischen Majestät Geheimen Raths, Ritter des Ordens vom Hosenbande, Großkreuz des Bath-Ordens, ersten Staats-Sekretair Ihrer Großbritannischen Majestät für die auswärtigen Angelegenheiten; und den sehr ehrenwerthen Eduard Johann, Baron Stanley von Alderley, Pair des Vereinigten Königreichs, Mitglied Ihrer Großbritannischen Majestät Geheimen Raths, und Präsident des Geheimenraths-Ausschusses für Angelegenheiten des Handels und der ausländischen Plantagen;

welche nach geschehener Auswechselung ihrer richtig befundenen Vollmachten folgende Artikel verabredet und abgeschlossen haben:

Artikel I.

Man ist übereingekommen, daß alle Bücher, Stiche und Zeichnungen, welche innerhalb des Gebietes irgend eines anderen Staates, der eine Uebereinkunft wider den Nachdruck mit Großbritannien abgeschlossen hat, oder abschließt, oder einer solchen beigetreten ist, oder beitritt, veröffentlicht sind, bei ihrer Ausfuhr aus Preußen, Sachsen, Sachsen-Weimar, Sachsen-Meiningen, Sachsen-Altenburg, Sachsen-Coburg-Gotha, Braunschweig, Anhalt-Dessau-Cöthen, Anhalt-Bernburg, Schwarzburg-Rudolstadt, Schwarzburg-Sondershausen oder Reuß, für die Zwecke der gegenwärtigen Uebereinkunft angesehen werden sollen, als ob sie aus dem Lande ihrer Veröffentlichung ausgeführt wären.

Artikel II.

Der Schutz, welcher durch die unterm 13. Mai 1846 zwischen den hohen kontrahirenden Theilen abgeschlossene Uebereinkunft den Originalwerken zugesichert wurde, wird auf Uebersetzungen ausgedehnt; worunter jedoch ausdrücklich verstanden ist, daß die Absicht des gegenwärtigen Artikels einfach dahin geht, den Uebersetzer bezüglich seiner eigenen Uebersetzung zu schützen, und daß nicht bezweckt wird, auf den ersten Uebersetzer irgend eines Werkes das ausschließliche Recht zum Uebersetzen dieses Werkes zu übertragen, ausgenommen in dem im folgenden Artikel vorgesehenen Falle und Umfange.

Artikel III.

Der Verfasser irgend eines in einem der beiden Staaten veröffentlichten Werkes, welcher sich das Recht der Uebersetzung desselben vorbehalten wissen will, soll bis zum Ablauf von fünf Jahren, vom Datum der ersten Veröffentlichung der von ihm autorisirten Uebersetzung an, zum Schutze gegen die Publikation jeder von ihm nicht also autorisirten Uebersetzung in dem anderen Staate in folgenden Fällen berechtigt sein:

§. 1. Wenn das Originalwerk in dem einen Staate, innerhalb dreier Monate nach seiner Veröffentlichung in dem anderen Staate, einregistrirt und niedergelegt worden ist.

§. 2. Wenn der Verfasser auf dem Titelblatte seines Werkes seine Absicht vermerkt hat, sich das Recht der Uebersetzung desselben vorzubehalten.

§. 3. Vorausgesetzt ist immer, daß mindestens ein Theil der autorisirten Uebersetzung innerhalb eines Jahres nach erfolgter Einregistrirung und Niederlegung des Originals erschienen sein, und daß das Ganze innerhalb dreier Jahre nach dem Datum dieser Niederlegung veröffentlicht sein wird.

§. 4. Vorausgesetzt ist ferner, daß die Veröffentlichung der Uebersetzung in einem von den beiden Staaten stattfindet, und daß dieselbe in Gemäßheit der Bestimmungen des Artikels II. der Uebereinkunft vom 13. Mai 1846 einregistrirt und niedergelegt wird.

In Bezug auf Werke, welche in Theilen veröffentlicht werden, wird es genügen, wenn die Erklärung des Verfassers, daß er sich das Recht der Uebersetzung vorbehalte, in dem ersten Theile erscheint. Jedoch soll, mit Rücksicht auf den durch diesen Artikel auf fünf Jahre beschränkten Zeitraum für die Ausübung des ausschließlichen Rechtes der Uebersetzung, jeder Theil als ein besonderes Werk behandelt, und jeder Theil in dem einen Staate, innerhalb dreier Monate nach seiner ersten Veröffentlichung in dem anderen, einregistrirt und niedergelegt werden.

Artikel IV.

Die Bestimmungen der vorstehenden Artikel sollen auch auf die Darstellung dramatischer Werke und die Aufführung musikalischer Kompositionen insoweit anwendbar sein, als die Gesetze jedes der beiden Staaten in dieser Beziehung auf die zum ersten Male in denselben öffentlich dargestellten oder aufgeführten dramatischen und musikalischen Werke Anwendung finden, oder finden sollen.

Um jedoch dem Verfasser den Anspruch auf gesetzlichen Schutz in Bezug auf die Uebersetzung eines dramatischen Werkes zu gewähren, muß eine solche Uebersetzung innerhalb dreier Monate nach der Einregistrirung und Niederlegung des Originals erscheinen.

Es versteht sich, daß der durch gegenwärtigen Artikel gewährleistete Schutz nicht beabsichtigt wird, um angemessene Nachahmungen oder Bearbeitungen dramatischer Werke, je für die Bühne in Preußen oder in England zu verhindern, sondern daß er lediglich unrechtmäßigen Uebersetzungen vorbeugen soll.

Die Frage, ob ein Werk Nachahmung oder Nachdruck ist, soll in allen Fällen von den Gerichtshöfen der bezüglichen Staaten, in Gemäßheit der in jedem derselben geltenden Gesetze, entschieden werden.

Artikel V.

Ungeachtet der Bestimmungen des Artikels I. des Vertrages vom 13. Mai 1846 und des Artikels II. des gegenwärtigen Zusatzvertrages sollen aus Zeitungen oder periodischen Schriften, welche in einem der beiden Staaten erscheinen, entlehnte Artikel in den Zeitungen oder periodischen Schriften des anderen Staates wieder abgedruckt oder übersetzt werden können, wenn nur die Quelle, aus welcher solche Artikel entnommen sind, angegeben wird.

Doch soll diese Erlaubniß nicht so gedeutet werden, als ob sie in einem der beiden Staaten den Wiederabdruck oder die Uebersetzung von Artikeln aus Zeitungen oder periodischen Schriften, welche in dem anderen Staate erscheinen, gestatte, wenn die Verfasser derselben in derjenigen Zeitung oder periodischen Schrift, in welcher solche Artikel erschienen sind, auf eine in die Augen fallende Weise bekannt gemacht haben, daß sie deren Wiederabdruck verbieten.

Diese letzte Bestimmung soll indessen auf Artikel politischen Inhalts keine Anwendung finden.

Artikel VI.

Der gegenwärtige Zusatzvertrag soll so schnell als möglich nach Auswechselung der Ratifikationen in Ausführung kommen. In jedem Staate soll zuvor von der Regierung desselben gebührender Maaßen der Tag bekannt gemacht werden, welcher für diese seine Ausführung festgesetzt werden wird, und seine Bestimmungen sollen nur auf Werke Anwendung finden, welche nach jenem Tage veröffentlicht werden.

Artikel VII.

Der gegenwärtige Zusatzvertrag soll dieselbe Dauer haben, wie der Vertrag vom 13. Mai 1846. Er soll ratifizirt und die Ratifikationen zu London so schnell als möglich, innerhalb zweier Monate vom Datum der Unterzeichnung ab, ausgewechselt werden.

Zu Urkunde dessen haben die obengenannten Bevollmächtigten die gegenwärtige Uebereinkunft unterzeichnet und mit ihren Wappen besiegelt.

So geschehen zu London den vierzehnten Juni im Jahre des Herrn Eintausend achthundert fünf und fünfzig.

(L. S.) Bernstorff.
(L. S.) Clarendon.
(L. S.) Stanley of Alderley.

Vorstehender Zusatzvertrag ist ratifizirt und die Ratifikationen sind unterm 13. August 1855 zu London ausgetauscht worden.

I. 5276. N. 3. Vol. 7.

65.

Allgemeine Verfügung vom 16. Juni 1855, — betreffend die Ermittelung und Ueberweisung der versorgungsberechtigten Militairpersonen.

Von dem Herrn Kriegs-Minister ist durch die nachstehend abgedruckte Verfügung vom 30. März d. J. den sämmtlichen Königlichen General-Kommandos und General-Inspektionen die hierunter ebenfalls abgedruckte Instruktion Behufs Ermittelung und Ueberweisung versorgungsberechtigter Militairpersonen zur Befolgung zugefertigt worden.

Den Gerichtsbehörden wird hiervon zur Beachtung Kenntniß gegeben.

Berlin, den 16. Juni 1855.

Der Justiz-Minister
Simons.

An sämmtliche Gerichtsbehörden.

I. 2293. M. 89. Vol. 8.

a. Verfügung des Herrn Kriegs-Ministers vom 30. März 1855.

Um der von den Civilbehörden wiederholt zur Sprache gebrachten Schwierigkeit in Betreff der Auffindung von Inhabern des Civilversorgungsscheins und von 12 Jahr gedient habenden Unteroffizieren zur Anstellung in den diesen Kategorien nach den Allerhöchsten Vorschriften ganz oder zum Theil vorbehaltenen Civilstellen, soweit dies durch die Art des Geschäftsbetriebes möglich ist, abzuhelfen, ist die beigedruckte Instruktion entworfen worden, nach welcher von jetzt ab bei der Eingabe und der Nachweisung der versorgungs- resp. anstellungsberechtigten, noch im Dienst befindlichen oder bereits ausgeschiedenen Militairpersonen zu verfahren ist, und sieht das Kriegsministerium zum 1. Januar 1857 den Berichten der Königlichen General-Kommandos über die bei Anwendung dieser Instruktion gemachten Erfahrungen entgegen.

Berlin, den 30. März 1855.

Kriegs-Ministerium
Graf von Waldersee.

An
sämmtliche Königl. General-Kommandos
und General-Inspektionen 2c.

b. Instruktion Behufs Ermittelung und Ueberweisung der versorgungsberechtigten Militairpersonen.

Die Truppentheile der Garde und Linie incl. Artillerie und Pioniere, sowie die Landwehrstämme reichen künftig Ab- und Zugangs-Nachweisungen der 12 Jahr (darunter 9 Jahr als Avancirte) gedient habenden Unteroffiziere, soweit dieselben ihre Wünsche in Bezug auf ihre dereinstige Anstellung ausgesprochen haben, am 1. Januar jeden Jahres auf dem Instanzenwege an die General-Kommandos ein.

Von den General-Kommandos werden die vorstehend bezeichneten Individuen eventualiter den Civil-Behörden namhaft gemacht, und zwar:

a) den Ministerien und Central-Behörden incl. Ministerial-Bau-Direktion,
b) den Regierungen,
c) den General-Kommissionen,
d) dem Polizei-Präsidium in Berlin,
e) den Provinzial-Steuer-Direktionen,
f) den Ober-Post-Direktionen,
g) den Rentenbank-Direktionen,
h) den Direktionen der Staats-Eisenbahnen,
i) den Ober-Bergämtern,
k) den Appellationsgerichten,
l) den Kuratorien der Universitäten,
m) den Konsistorien,
n) den Provinzial-Schul-Kollegien,
oder nach etwa getroffener Uebereinkunft der General-Kommandos mit den vorstehend von a. bis n. bezeichneten Behörden auch an die den letzteren untergeordneten Behörden,
o) den Intendanturen.

Wenn von den anstellenden Behörden Requisitionen an die General-Kommandos zur Ermittelung von anstellungsberechtigten

Unteroffizieren oder von Inhabern des Civilversorgungsscheins ergehen, so haben die General-Kommandos die Verpflichtung, dieselben nachzuweisen, so lange sie unversorgt sind, mögen sie noch einem der beiden Aufgebote der Landwehr angehören, oder aus jedem Militairverhältniß ausgeschieden sein. Behufs der Kontrolle durch die Ober-Rechnungs-Kammer ist es nothwendig, daß die Requisitionen durch die General-Kommandos selbst beantwortet werden.

Den Landwehr-Bataillonen liegt es ob, die etwaigen Anträge noch nicht versorgter Berechtigter zu prüfen und nach Maaßgabe der Sachlage entweder zu erledigen, oder auf dem Instanzenwege den General-Kommandos vorzulegen.

Damit das Geschäft der Nachweisung der nicht mehr in Reih und Glied stehenden Berechtigten den Landwehr-Bataillonen möglichst erleichtert werde, ist den Entlassungsscheinen der 12 Jahr (darunter 9 Jahr als Avancirte) gedient habenden Unteroffiziere ebenso wie den Civilversorgungsscheinen der Halb- und Ganz-Invaliden das hier Folgende wörtlich hinzuzufügen:

„Die Notirung ist vor dem Ausscheiden auf dienstlichem Wege herbeigeführt:

bei (der N. N. Behörde) als (N. N.) und bei (der N. N. Behörde) als (N. N.) "	von dem betreffenden Truppentheil auszufüllen.

Inhaber hat

1) die Notirung zu seiner Anstellung bei einer Civilbehörde, wenn eine solche nicht schon bei dem Truppentheil, von welchem er ausgeschieden, erfolgt ist, direkt selbst zu beantragen und das Ergebniß dem Landwehr-Bataillon seines Bezirks sofort zu melden;
2) so lange, als ihm noch keine Anstellung zu Theil geworden, und er eine solche wünscht, die Anzeige hiervon bei dem Landwehr-Bataillon, in dessen Bezirk er sich aufhält, jährlich am 1. Dezember zu erneuern;
3) dem ad 2 bezeichneten Landwehr-Bataillon jeden dauernden Wechsel seines Aufenthaltsortes, auch nach seinem Ausscheiden aus jedem Militairverhältniß, bis zu wirklich erfolgter Anstellung zu melden.

Unterläßt dies der Inhaber, so hat er es sich selbst zuzuschreiben, wenn er in Bezug auf die Versorgung im Civil als abgefunden betrachtet wird.

Endlich hat derselbe, sobald er eine Anstellung erhalten, denjenigen Behörden, bei welchen er etwa sonst noch notirt ist, sofort Anzeige zu machen."

66.

Verfügung vom 18. Juni 1855, — betreffend Erleichterung in den Förmlichkeiten bei Eheschließungen.

Staatsrathsgutachten vom 16.—23. Juli 1805. Berg. Decret vom 12. Novbr. 1809 Art. 29. 30.

Mit dem in Ihrem Bericht vom 9. Dezember v. J. enthaltenen Vorschlage zur Erleichterung der Eheschließung in dem Bezirk des Appellationsgerichtshofes erkläre ich mich einverstanden. Das Staatsrathsgutachten vom 16.—23. Juli 1805, welches im Auszug in die Art. 29. und 30. des Bergischen Decrets vom 12. November 1809 übergegangen ist, hat den Grundsatz festgestellt, daß für Fälle, in welchen es nicht möglich ist, den Tod der Ascendenten, deren Einwilligung oder Rath zur Ehe erforderlich sein würde, durch Sterbeurkunden nachzuweisen, zur Ersetzung der letztern ein bestimmtes Verfahren von dem Gesetze nicht vorgeschrieben, daher auf allgemeine Regeln und auf die Natur der Sache zurückzugehen ist, wonach die Aussagen von Zeugen vor dem Civilstands-Beamten genügen. Wenn das Gutachten des Staatsraths in diesem Zusammenhange denjenigen Umstand, welcher am gewöhnlichsten die Beibringung der Sterbeurkunde verhindert, nämlich die Unbekanntheit des letzten Wohnortes der Ascendenten, speciell hervorgehoben, und daran die Regelung der zu beobachtenden Förmlichkeit angeknüpft hat, so ist dies nach den in dem Gutachten selbst ausgesprochenen Grundsätzen nicht als eine lediglich auf den hervorgehobenen Fall und auf den Wortlaut eingeschränkte positive Ausnahme-Bestimmung zu betrachten, und insbesondere die Aufsichtsbehörde nicht behindert, für das aus andern Umständen sich ergebende Bedürfniß einer entsprechenden Abhülfe stattzugeben. Diese Auffassung ist auch, wie Sie richtig bemerkt haben, bereits mehrfach in früheren Verfügungen verschiedener Behörden zur Geltung gekommen.

Da nun unter den jetzigen Verhältnissen der Provinz in häufigen Fällen die Unmöglichkeit, die Sterbeurkunden der Ascendenten beizubringen, nicht sowohl in der Unbekanntheit des letzten Wohnorts derselben, als in andern Umständen beruht, welche sich auf bestimmte Thatsachen im Allgemeinen nicht zurückführen lassen, und da die formellen Hindernisse, welche unter diesen Umständen der Abschließung der Ehe entgegentreten, mit nachtheiligen Folgen, insbesondere auch für die Sittlichkeit, verbunden sind, so finde ich kein Bedenken, der von Ihnen vorgeschlagenen Erleichterung in den Förmlichkeiten dahin stattzugeben: daß überhaupt in den Fällen, in welchen großjährige Personen, die eine Ehe einzugehen beabsichtigen, den Tod der Ascendenten, deren Einwilligung oder Rath einzuholen sein würde, durch Sterbeurkunden nicht nachweisen können, von den Civilstands-Beamten die Schließung der Ehe vorgenommen werden darf, wenn bei dem Heirathsakte die betreffende Person, welche die Ehe eingehen will, eidesstattlich versichert, daß die Ascendenten verstorben sind, daß es ihr aber nicht möglich ist, die Sterbeurkunde derselben beizubringen, und dabei vier Zeugen eidesstattlich bekräftigen, daß ihnen der Tod der Ascendenten und die Unmöglichkeit des Beibringens der Sterbeurkunde bekannt ist.

Durch diese den Civilstandsbeamten ertheilte erweiterte Befugniß wird jedoch nicht ausgeschlossen, daß dieselben in besonderen Fällen, in welchen sie begründete Ursache haben, in die Angaben der Brautleute Zweifel zu setzen, die Anwendung dieses Verfahrens versagen können.

Es geschieht übrigens einer Anwendung der in dem Staatsrathsgutachten vom 23. Juli 1805 und in den Art. 29. und 30. des Decrets vom 12. November 1809 bestimmten Förmlichkeiten in den dazu geeigneten Fällen durch diese Verfügung kein Eintrag.

Sie, Herr General-Prokurator, werden ermächtigt, hiernach die entsprechende Anweisung an die Civilstandsbeamten zu erlassen. Sie haben außerdem den Ober-Prokuratoren zur Pflicht zu machen, bei den Revisionen der Civilstandsregister und bei sonst sich ergebenden Veranlassungen sorgfältig dahin zu wirken, daß die Civilstandsbeamten sich mit den verschiedenen die Förmlichkeiten bei Schließung der Ehe betreffenden und dieselbe erleichternden Bestimmungen vollständig vertraut machen und solche in einer alle unnöthigen Weiterungen vermeidenden Weise zur Anwendung bringen.

Berlin, den 18. Juni 1855.

Der Justiz-Minister
Simons.

An
den Königl. Herrn General-Prokurator
zu Cöln.

I. 379. Rhein. Gener. 93. Vol. 4.

67.

Verfügung vom 20. Juni 1855, — betreffend die Verpflichtung der Notariatskandidaten zum Halten der Gesetzsammlung.

Verf. v. 9. Juni 1819 §. 2 (Ges.-Samml. S. 148).

Es ist in Frage gekommen, ob die Notariatskandidaten im Bezirk des Appellationsgerichtshofes zu Cöln nach bestandener

Referendariatsprüfung zum Halten der Gesetz-Sammlung verpflichtet seien. Der Justiz-Minister hat sich für die Verneinung dieser Frage entschieden. Durch den Allerhöchsten Erlaß vom 27. Oktober 1852 — Rhein. Samml. Bd. X. S. 519 — ist zwar vorgeschrieben, daß diejenigen, welche sich zu dem Amte eines Notars befähigen wollen, zu der in Art. 6. der Notariatsordnung vorgeschriebenen practischen Vorbereitung erst nach bestandener Notariatsprüfung zugelassen werden, mithin die formelle Befähigung zum Referendariate darthun sollen; dagegen wird von den Notariatskandidaten nicht erfordert, daß sie nach Erfüllung dieser Bedingung auch in die Stellung eines Referendars bei den Collegien treten sollen, vielmehr wird davon nur die Zulassung zu der Vorbereitungsstage bei einem Notar abhängig gemacht. Die in der Vorbereitung begriffenen Notariatskandidaten gehören hiernach nicht zu den in §. 2 der Allerhöchsten Verordnung vom 9. Juni 1819 — Ges.-Samml. S. 148 — bezeichneten Beamten, und sind daher diejenigen, welche nach bestandener Referendariatsprüfung nicht als Referendarien bei dem Collegium eintreten, sondern nur zur weiteren Vorbereitung für das Notariat übergehen, in die Normalliste der zum Halten der Gesetz-Sammlung verpflichteten Beamten nicht aufzunehmen.

Sie, Herr Erster Präsident und Herr General-Prokurator, werden aufgefordert, hiervon die Präsidenten und die Ober-Prokuratoren bei den Landgerichten in Kenntniß zu setzen.

Berlin, den 20. Juni 1855.

Der Justiz-Minister
Simons.

An
den Königl. Herrn Ersten Präsidenten
des Appellationsgerichtshofes und an
den Königl. Herrn General-Prokurator
zu Cöln.

I. 2504. Rhein. Gener. 9. Vol. 2.

68.

Verfügung vom 4. Juli 1855, — betreffend die Vergütung einer Stempeltantième an die Friedensgerichtsschreiber.

Verf. v. 17. Januar 1840. Rh. Samml. Bd. VII. S. 133.

Von dem Herrn Finanz-Minister ist die Anordnung getroffen, daß bis auf Widerruf den sämmtlichen Friedensgerichtsschreibern im Bezirk des Appellationsgerichtshofes zu Cöln von allen im Lauf des Jahres bei den Friedensgerichten, bei welchen sie fungiren, verwendeten Stempelbeträgen, jedoch mit Ausschluß der von den Stempelfiskälen nachliquidirten Stempel, zwei Procent Tantième vom 1. Juli d. J. ab vergütet werden, in gleicher Weise, wie dies bisher zum Vortheil der Sekretaire des Appellationsgerichtshofs und der Landgerichte, sowie der Gerichtsschreiber bei den Handelsgerichten stattgefunden hat.

Zu dem Ende wird die in Betreff der letzteren ergangene Verfügung vom 17. Januar 1840 — Rhein. Samml. Bd. VII. S. 133. — auf die Gerichtsschreiber bei den Friedensgerichten ausgedehnt; die letzteren haben hiernach die sämmtlichen Anordnungen und Vorschriften dieser Verfügung mit der Maaßgabe zu befolgen, daß das im Januar jedes Jahrs zu fertigende Verzeichniß dem vorgesetzten Friedensrichter vorzulegen ist, welcher nach vorgängiger Prüfung und genommener Ueberzeugung, die Richtigkeit der Verwendungsart attestirt.

Sie, Herr Erster Präsident und Herr General-Prokurator, haben demgemäß durch die Landgerichts-Präsidenten und die Ober-Prokuratoren das Erforderliche zu veranlassen.

Berlin, den 4. Juli 1855.

Der Justiz-Minister
Simons.

An
den Königl. Herrn Ersten Präsidenten
des Appellationsgerichtshofes und
den Königl. Herrn General-Prokurator
zu Cöln.

I. 2734. Rhein. Officianten Sachen 72. Vol. 2.

69.

Verordnung, — betreffend die Gebühren und Kosten des Verfahrens bei Theilungen und bei gerichtlichen Verkäufen von Immobilien im Bezirk des Appellationsgerichtshofes zu Cöln. Vom 27. Juli 1855.

Wir Friedrich Wilhelm, von Gottes Gnaden, König von Preußen 2c. 2c.

verordnen in Verfolg des Gesetzes vom 18. April d. J., das Verfahren bei Theilungen und bei gerichtlichen Verkäufen von Immobilien im Bezirk des Appellationsgerichtshofes zu Cöln betreffend (Art. 88.), was folgt:

§. I. Allgemeine Bestimmung.

Artikel 1.

Die Ansetzung und Erhebung der Gebühren und Kosten soll nach Maaßgabe der in dem Bezirk des Appellationsgerichtshofes zu Cöln geltenden Bestimmungen und der nachfolgenden Abänderungen und Ergänzungen derselben stattfinden.

§. II. Bestimmungen, betreffend das gerichtliche Theilungsverfahren.

Artikel 2.

Die Anwalte erhalten:

1) für die Bittschrift an den Präsidenten um Ernennung eines Kommissars oder Notars (Art. 1. Absatz 2. Art. 4. des Gesetzes vom 18. April d. J.) die Gebühr des Artikels 76. des Tarifs vom 16. Februar 1807;

2) für den Anwaltsakt, durch welchen die Verfügung des Präsidenten zur Ernennung des Kommissars oder Notars zugestellt wird, die Gebühr des Artikels 70. des Tarifs;

3) für den Antrag, betreffend die Bestätigung des Gutachtens der Sachverständigen (Art. 3. des Gesetzes), ingleichen für den die Antwort darauf enthaltenden Akt, die Gebühr des Artikels 71. des Tarifs;

4) für die Anfertigung des Hefts der Verkaufbedingungen (Art. 4. des Gesetzes) die Gebühr des Artikels 72. Nr. 1 des Tarifs;

5) für die Hinterlegung desselben beim Notar eine Vakation nach Artikel 91. des Tarifs;

6) für die Zustellung der Abschrift des Hefts der Verkaufbedingungen an die Anwalte der Mitversteigerer die Gebühr des Artikels 70. des Tarifs;

7) für die Abschrift, welche zugestellt wird, die Gebühr des Artikels 72. Nr. 2 des Tarifs;

8) für den Antrag, betreffend die Streitigkeiten über die Verkaufbedingungen, ingleichen für den Antrag, durch welchen ein verspäteter Einspruch gegen die Verkaufbedingungen wieder aufgenommen wird (Art. 5. des Gesetzes), sowie für die Antwort darauf, die Gebühr des Artikels 71. des Tarifs;

9) für den Antrag auf Ermächtigung zum Verkauf unter dem Schätzungspreise (Art. 6. des Gesetzes), ingleichen für die Antwort darauf, die Gebühr des Artikels 71. des Tarifs;

10) für das Gesuch an den Notar um Bestimmung eines Termins, in welchem die Parteien erscheinen sollen, um zu den Theilungsverrichtungen zu schreiten (Art. 7. des Gesetzes), die Gebühr des Artikels 76. des Tarifs;

11) für den Anwaltsakt, durch welchen die Mitbetheiligten aufgefordert werden, im Termin vor dem Notar zu erscheinen, die Gebühr des Artikels 70. des Tarifs;

12) für den Antrag, um die vor dem Notar erhobenen Streitigkeiten zu erledigen (Art. 8. des Gesetzes), ingleichen für die Antwort darauf, die Gebühr des Art. 71. des Tarifs;

13) im Falle ohne vorheriges Gutachten von Sachverständigen sowohl der Verkauf verordnet, als auch die Schätzung durch das Gericht selbst bewirkt wird (Art. 2. des Gesetzes), für den vorhergegangenen mündlichen Vortrag das Doppelte der Gebühr des Tarifs;
14) im Falle dem Antrage auf Bestätigung des Gutachtens der Sachverständigen (Art. 3. des Gesetzes) oder auf Verordnung einer neuen Versteigerung (Art. 6. des Gesetzes), oder auf Bestätigung der Theilung (Art. 981. der Civilprozeßordnung) von keiner Partei widersprochen wird, für den mündlichen Vortrag nur die Hälfte der Gebühr des Tarifs;
15) um die Theilungsklage durch den Gerichtsschreiber visiren zu lassen (Art. 967. der Civilprozeßordnung), keine Gebühr.

Artikel 3.

Den Notarien werden die Protokolle und Konferenzen, welche die gerichtliche Theilung zum Gegenstande haben, sowie die Hinterlegung der Urschrift des Protokolls über die Streitigkeiten auf dem Sekretariat, nach den darauf verwendeten Arbeitsstunden bezahlt. Für eine jede Stunde werden 15 Sgr. angesetzt. Die angefangene Stunde wird für voll berechnet. Hierbei können am nämlichen Tage höchstens neun Stunden berechnet werden, es sei denn, daß das Geschäft außer dem Wohnort des Notars stattgefunden hat, in welchem Falle die Gebühren nach der ganzen zu dem Geschäft wirklich verwendeten Zeit, wenn sie auch über neun Stunden beträgt, berechnet werden.

Die allgemeinen Bemerkungen zu der Taxordnung für die Notarien unter Nr. 2, 4, 5 kommen auch hier zur Anwendung.

Die Notarien müssen die verwendeten Stunden, unter Angabe des Anfangs und des Schlusses der Arbeitszeit, sowie ihre Gebühren und Auslagen, bei Strafe von fünf Thalern, unter jedem Protokoll und jeder Ausfertigung gewissenhaft spezifiziren.

Jedes Protokoll muß nach Vorschrift des Art. 43. der Notariatsordnung und bei Vermeidung der dort bestimmten Strafe unter dem Tage seiner Aufnahme ins Repertorium eingetragen werden, auch wenn es nur den Anfang oder die Fortsetzung der Theilungsverhandlungen enthält.

Artikel 4.

Die Notarien sind ferner bei Strafe von fünf Thalern verpflichtet, unter dem schließlichen Theilungsprotokoll und unter der Ausfertigung desselben die sämmtlichen in dem Verfahren für das Theilungsgeschäft (ausschließlich der Verrichtungen in Betreff der Verkäufe) berechneten Arbeitsstunden, unter Angabe der Tage, sowie die sämmtlichen Gebühren und Auslagen speziell aufzustellen; die nicht in dieser Weise verzeichneten Gebühren und Auslagen können nicht erhoben werden.

Artikel 5.

Die von dem Notar für die Theilungsgeschäfte berechneten Gebühren und Auslagen können auf Verlangen jedes Betheiligten oder, wenn Minderjährige oder denselben gleichgestellte Personen oder Vermögensmassen (Art. 29. 31. des Gesetzes vom 18. April d. J.) betheiligt sind, auf Antrag der Staatsanwaltschaft durch den Präsidenten des Landgerichts, in dessen Bezirk der Notar angestellt ist, nach mündlicher oder schriftlicher Vernehmung des letzteren, mit Rücksicht auf die Beschaffenheit der Sache und die Mühewaltung des Notars bei derselben, nach billigem Ermessen ermäßigt werden.

Die Verfügung des Präsidenten ist einem Rechtsmittel nicht unterworfen. — Durch diese Bestimmung wird das Disziplinarverfahren im geeigneten Falle nicht ausgeschlossen.

Artikel 6.

Den Notarien wird der Akt über die Hinterlegung der Verkaufbedingungen (Art. 4. des Gesetzes vom 18. April d. J.) gleich einem Akt über eine einseitige Erklärung nach der Taxordnung vom 25. April 1822 bezahlt; im Uebrigen kommen in Betreff der Gebühren und Auslagen der Notarien für Verrichtungen, welche den Verkauf von Immobilien zum Gegenstande haben, die Bestimmungen des §. IV. dieser Verordnung zur Anwendung.

§. III. Bestimmungen, betreffend das außergerichtliche Theilungsverfahren.

Artikel 7.

Für den Akt über die außergerichtliche Theilung (Art. 12. Art. 13. Nr. 1 des Gesetzes vom 18. April d. J.) oder über die Vereinbarung zum Verkauf (Art. 22. Nr. 1), sowie für die zur Herbeiführung derselben stattgefundenen Verhandlungen und Konferenzen über Aufstellung der Masse, über Feststellung der Ansprüche und Berechnungen und über Auseinandersetzung der Betheiligten, ingleichen für die Protokolle über Loosziehung, über Tausche von Loosen, und über Vergleiche bei der Theilung (Art. 15.) erhalten die Notarien Gebühren nach den Arbeitsstunden; für jede Stunde werden 15. Sgr. angesetzt, die angefangene Stunde wird für voll berechnet.

Die sämmtlichen Bestimmungen des Artikels 3. dieser Verordnung finden auch hier Anwendung.

Artikel 8.

Was in Artikel 4. dieser Verordnung wegen Angabe der Arbeitszeit und der Gebühren und Auslagen in Beziehung auf das schließliche Theilungsprotokoll und dessen Ausfertigung bestimmt ist, gilt in gleicher Weise und unter denselben Nachtheilen der Zuwiderhandlung auch in Beziehung auf die Theilungsurkunde bei der außergerichtlichen Theilung und in Beziehung auf die Urkunde der Vereinbarung über den Verkauf, sowie in Beziehung auf die Ausfertigungen derselben.

Artikel 9.

Die Notarien erhalten:

1) für den Akt über die Hinterlegung der Bestätigung der Theilung oder der Vereinbarung über den Verkauf (Art. 19. 24. des Gesetzes) die Gebühr für eine einseitige Erklärung nach der Taxordnung vom 25. April 1822;
2) für die Bescheinigung darüber, ob und wann die Hinterlegung der Bestätigung der Theilung oder der Vereinbarung über den Verkauf stattgefunden hat, die in der gedachten Taxordnung unter dem Satze: „Notariats-Attest" bestimmte Gebühr.

Artikel 10.

Bei dem Friedensgericht dürfen für Familienrathsbeschlüsse, welche die Genehmigung der außergerichtlichen Theilung oder die Vereinbarung über den Verkauf betreffen, drei Vakationen in Ansatz kommen, wenn die entsprechende Zeit wegen besonderer Schwierigkeiten hat verwendet werden müssen. Ist dies nicht der Fall, so bleibt es bei der Bestimmung, welche die Anmerkung zu Artikel 4. des Tarifs vom 16. Februar 1807 enthält.

Artikel 11.

Die Anwalte erhalten:

1) für die Bittschrift an die Rathskammer um Bestätigung der Theilung oder der Vereinbarung über den Verkauf, oder um Bestätigung des Familienrathsbeschlusses, welcher die Genehmigung enthält (Art. 17., Art. 23. letzter Absatz, Art. 29. des Gesetzes vom 18. April d. J.), die Gebühr des Artikels 79. des Tarifs vom 16. Februar 1807.

   Wird auf die Bittschrift ein Vorbescheid erlassen, so kann für dieselbe sowie für jede folgende Bittschrift nur die Gebühr des Artikels 78. des Tarifs berechnet werden;
2) für die Bittschrift an die Rathskammer um Verordnung einer neuen Versteigerung im Falle des letzten Absatzes des Artikels 25. des Gesetzes die Gebühr des Artikels 78. des Tarifs;
3) für die Bittschrift an den Landgerichtspräsidenten um Ernennung eines Notars in dem durch Artikel 25. des Gesetzes bezeichneten Falle, oder um Ernennung von Sachverständigen im Falle des Artikels 27. des Gesetzes die Gebühr des Artikels 76. des Tarifs.

§. IV. Bestimmungen, betreffend den gerichtlichen Verkauf von Immobilien.

Artikel 12.

Die Anwalte erhalten:

1) für die Bittschrift an die Rathskammer um Verordnung des Verkaufs oder um Bestätigung des den Verkauf betreffenden Familienrathsbeschlusses (Art. 31. 32. des Gesetzes vom 18. April d. J.), ingleichen für die Bittschrift um die Ermächtigung zum Verkauf unter dem Schätzungspreise (Art. 50. des Gesetzes) die Gebühr des Artikels 78. des Tarifs vom 16. Februar 1807.

Wird auf die Bittschrift ein Vorbescheid erlassen, so kann für dieselbe, sowie für jede folgende Bittschrift nur die Gebühr des Artikels 76. des Tarifs berechnet werden;

2) um im Falle des Artikels 70. des Gesetzes auf dem Sekretariat die Aufnahme des Akts, durch welchen die Bürgschaft übernommen wird, zu bewirken und die Nachweise über die Zahlungsfähigkeit des Bürgen zu hinterlegen, eine Vakation nach Artikel 91. des Tarifs;

3) um auf dem Sekretariat die Nachweise über die Zahlungsfähigkeit des Bürgen einzusehen, eine Vakation nach Artikel 91. des Tarifs;

4) für die Amtsverrichtungen in dem Verfahren, welches gemäß Artikel 64., Artikel 71. und Artikel 84. des Gesetzes vom 18. April d. J. stattfindet, die Gebühren für summarische Sachen nach Artikel 67. des Tarifs vom 16. Februar 1807.

Artikel 13.

Die Notarien liquidiren nach der Taxordnung vom 25. April 1822 unter dem Satze: „Subhastation von Immobilien.“

Hierbei treten folgende Bestimmungen ein:

a) Neben der Gebühr für die öffentliche Bekanntmachung können die anzuheftenden Abschriften, jede zu 3 Sgr., sowie die Auslagen für den Druck berechnet werden.

b) Eines Aktes über die Hinterlegung der Kaufbedingungen bedarf es außerhalb des gerichtlichen Theilungsverfahrens nicht, für diesen Akt kommt hier nichts in Rechnung.

Für Offenlegung der Kaufbedingungen oder des Gutachtens der Sachverständigen, für Ertheilung von Auskunft, für die Beifügung von Nachweisen zu dem Heft der Bedingungen, und für sonstige, die Versteigerung vorbereitende Verrichtungen wird nichts vergütet.

c) Der Notar kann einen Ausrufer zur Versteigerung der Immobilien zuziehen, wenn er es für erforderlich erachtet. Die Wahl desselben steht dem Notar zu. Als Gebühren für den Ausrufer kommen 15 Sgr. für die erste Stunde, 5 Sgr. für jede folgende in Rechnung.

d) Bei der Ausfertigung des Versteigerungsprotokolls ist die Verfügung des Gerichts, durch welche der Verkauf verordnet worden, der bestätigte Familienrathsbeschluß und das Gutachten der Sachverständigen nicht mit auszufertigen. Die zum Zwecke des Verfahrens bei dem Notar hinterlegten Ausfertigungen dieser Schriftstücke (Art. 36. des Gesetzes vom 18. April d. J.) bleiben bis nach der Versteigerung im Gewahrsam des Notars. Insofern diese Ausfertigungen nicht in den Verkaufbedingungen dem Verkäufer vorbehalten sind, hat der Notar dieselben dem Ansteigerer mit der exekutorischen Ausfertigung des Versteigerungsprotokolls zu übergeben; wenn die Grundstücke im Einzelnen angesteigert wurden, so erhält die Ausfertigungen der Ansteigerer des Grundstücks, an dessen Erwerb nach Inhalt der Verkaufbedingungen der Anspruch auf die hinterlegten Ausfertigungen geknüpft ist, in Ermangelung einer solchen Bestimmung der Ansteigerer, welcher den höchsten Kaufpreis zu zahlen hat; die übrigen Ansteigerer können bei entstehendem Bedürfniß auf ihre Kosten neue Ausfertigungen bei der Gerichtsschreiberei entnehmen.

e) Ueber das Aufgeld muß der Notar dem Verkäufer Rechnung legen; was nach Abzug der gesetzlichen Gebühren und Auslagen davon übrig bleibt, tritt dem Kaufpreise hinzu.

Artikel 14.

Die Notarien erhalten für das Protokoll über das Verlangen des Wiederverkaufs, in welchem die Bescheinigung über Nichterfüllung der Bedingungen enthalten ist (Art. 55. des Gesetzes vom 18. April d. J.), die in der Taxordnung vom 25. April 1822 unter dem Satze: „Notariats-Attest“ bewilligte Gebühr und die Gebühren für die Zeugen.

Findet ein Verfahren vor dem Präsidenten Statt, so wird nach den Vakationen gerechnet.

Artikel 15.

Die Gebühren beim Friedensgericht in dem Verfahren der Artikel 69. bis 87. des Gesetzes vom 18. April d. J. werden nach der Gebührentaxe für das Subhastationsverfahren angesetzt.

Für die Aufnahme des Antrags auf Versteigerung (Art. 73. des Gesetzes), für die Abfassung des Versteigerungspatents (Art. 74. daselbst) und für die Abhaltung des Versteigerungstermins und die Abfassung des Protokolls darüber (Art. 76—81. daselbst) sind die Gebühren wie nach a. c. und d. der Gebührentaxe zur Subhastationsordnung vom 2. August 1822 zu beziehen.

§. V. Gemeinsame Bestimmungen, das außergerichtliche Theilungsverfahren und den gerichtlichen Verkauf von Immobilien betreffend.

Artikel 16.

Die Gebühren der Sachverständigen zur Begutachtung der Theilbarkeit, Schätzung oder Loosebildung (Art. 18. 23. 27. 33. des Gesetzes vom 18. April d. J.) werden nach Maaßgabe der Artikel 159. bis 163. des Tarifs vom 16. Februar 1807 durch den Richter, vor welchem die Vereidung erfolgt ist, festgesetzt und exekutorisch erklärt.

Artikel 17.

Für die Verrichtungen in Betreff der Ernennung und Vereidung der Sachverständigen erhalten die Friedensrichter und Gerichtsschreiber der Friedensgerichte keine Gebühr. Dasselbe gilt für die Hinterlegung des Gutachtens; die Bestimmung des Artikels 15. des Tarifs vom 16. Februar 1807 wird hierdurch nicht berührt.

Das Gutachten und die Protokolle über die Vereidung der Sachverständigen und die Hinterlegung des Gutachtens bleiben in Urschrift bei dem Gericht, bei welchem die Vereidung und die Hinterlegung erfolgt ist, und werden von dem Gerichtsschreiber dieses Gerichts ausgefertigt.

Artikel 18.

Ueber die Einreichung der Ausfertigung des bei einem anderen Gericht hinterlegten Gutachtens von Sachverständigen (Artikel 18. 23. 27. 34. des Gesetzes vom 18. April d. J.), sowie über die Einreichung des Familienrathsbeschlusses zur Bestätigung (Art. 17. 23. 32. 50. des Gesetzes) wird ein Hinterlegungsakt auf dem Sekretariat nicht aufgenommen.

Artikel 19.

In die Ausfertigung des Rathskammerbeschlusses, welcher die Bestätigung der außergerichtlichen Theilung oder der Vereinbarung über den Verkauf, oder die Bestätigung des die Genehmigung enthaltenden Familienrathsbeschlusses betrifft, ingleichen in die Ausfertigung des Rathskammerbeschlusses, welcher die Verordnung des gerichtlichen Verkaufs von Immobilien, oder die Bestätigung des desfallsigen Familienrathsbeschlusses betrifft, werden die Bittschrift des Anwalts, die Verfügungen des Präsidenten (Art. 885. der Civilprozeßordnung) und die Anträge der Staatsanwaltschaft nicht aufgenommen.

Die Verfügungen des Präsidenten und die Anträge der Staatsanwaltschaft werden unter die Bittschrift des Anwalts geschrieben, welche bei dem Gerichte zurückbleibt. In dem Rathskammerbeschluß ist der Beschluß des Familienraths, unter Angabe des Datums, genau zu bezeichnen und zu erwähnen, daß der schriftliche Antrag der Staatsanwaltschaft und der Vortrag eines Berichterstatters vorhergegangen sind.

Der Ausfertigung des Rathskammerbeschlusses, welcher die Bestätigung ertheilt, wird die von dem Anwalt eingereichte Ausfertigung des Familienrathsbeschlusses vermittelst des Gerichtssiegels beigeheftet.

§. VI. **Schlußbestimmung.**

Artikel 20.

Die bis dahin geltenden Vorschriften in Betreff des Armenrechts und in Betreff der Kosten in Vormundschaftssachen finden auch in dem durch das Gesetz vom 18. April d. J. geregelten Verfahren Anwendung.

Die baaren Auslagen können überall gefordert und eingezogen werden. Zu denselben sind die Kosten der nothwendigen Kopialien, zu einem Silbergroschen für die Rolle, zu rechnen.

Wenn die Vormundschaft einstweilen kostenfrei bearbeitet wird, so kann gleichwohl in allen Fällen, in welchen einem Bevormundeten durch die Theilung oder durch den Verkauf ein reines Vermögen im Werthe von fünfhundert Thalern oder mehr überwiesen ist, der auf denselben fallende Antheil der Gebühren und Kosten des Verfahrens sofort von ihm eingezogen werden.

In Betreff der Stempelabgabe zu den Verhandlungen in diesem Verfahren bleibt es bei den darauf bezüglichen gesetzlichen Bestimmungen.

Urkundlich unter Unserer Höchsteigenhändigen Unterschrift und beigedrucktem Königlichen Insiegel.

Gegeben Erdmannsdorf, den 27. Juli 1855.

(L. S.) Friedrich Wilhelm.

v. Manteuffel. v. d. Heydt. Simons. v. Raumer.
v. Westphalen. v. Bodelschwingh. Gr. v. Waldersee.

I. 3440. Rhein. Offic. Sachen 17.

70.

Allgemeine Verfügung vom 5. August 1855, — betreffend die Dienstprädikate der Justizbeamten bei Veränderung ihrer amtlichen Stellung.

a.

Auszug aus der Allerhöchsten Order vom 7. Juli 1855.

In Folge Ihres Berichts vom 29. Juni d. J. will Ich genehmigen, daß in Zukunft in allen Fällen, in denen ein Justizbeamter ohne Erhöhung seines Dienstranges eine andere Stellung angewiesen erhält, für welche es der Ertheilung einer von Mir zu vollziehenden Bestallung nicht bedarf, dem betreffenden Beamten bei seiner Ernennung die Vertauschung des bisherigen Prädikats mit dem seiner neuen Stellung und seinem Dienstrange entsprechenden Titel von Ihnen zur Pflicht gemacht wird.

Sanssouci, den 7. Juli 1855.

Friedrich Wilhelm.
(gegengez.) Simons.

An den Justiz-Minister.

b.

Verfügung des Justiz-Ministers.

Vorstehender Auszug aus der Allerhöchsten Order vom 7. Juli d. J., welche bei Gelegenheit der Ernennung eines als Rechtsanwalt angestellten früheren Staatsanwalts zum Justizrath an den Justiz-Minister erlassen worden ist, wird hierdurch den Gerichtsbehörden und den Beamten der Staatsanwaltschaft zur Kenntniß mitgetheilt.

Berlin, den 5. August 1855.

Der Justiz-Minister
Simons.

An
die Gerichtsbehörden und Beamten
der Staatsanwaltschaft.

I. 3317. O. 83. Vol. 4.

71.

Allgemeine Verfügung vom 6. August 1855, — betreffend die Einreichung der Straferkenntnisse gegen Personen adlichen Standes in den Fällen, wo die Verurtheilung den Verlust des Adels zur Folge hat.

Allgem. Verf. v. 14. April 1853 (Rh. Samml. Bd. X. S. 561).

Durch die allgemeine Verfügung vom 14. April 1853 sind die Herren Ober-Staatsanwalte und Ober-Prokuratoren angewiesen, in den Fällen, wo gegen eine Person adlichen Standes eine rechtskräftige Verurtheilung ergangen ist, welche nach den Bestimmungen des Strafgesetzbuchs den Verlust des Adels zur Folge hat, eine beglaubigte Abschrift des Erkenntnisses dem Justiz-Minister einzureichen.

Da inzwischen Fälle vorgekommen sind, in denen aus dem Erkenntnisse allein die Identität der Person nicht mit Sicherheit hat festgestellt werden können, so werden die Herren Ober-Staatsanwalte und Oberprokuratoren auf den Wunsch des Königlichen Heroldsamtes hierdurch veranlaßt, in Zukunft den betreffenden Berichten noch ein Nationale des Verurtheilten, in welchem dessen „Geburtsort, Wohnort, Religion, Alter und Beschäftigung“ anzugeben ist, beizufügen.

Berlin, den 6. August 1855.

Der Justiz-Minister
Simons.

An
die Königl. Herren Ober-Staatsanwalte
und Ober-Prokuratoren.

I. 3299. A. 14. Vol. 3.

72.

Verfügung vom 18. August 1855, — betreffend die Stempelrevision bei dem Landgericht zu Coblenz.

In den Anlagen erhalten Sie Abschrift des von dem Provinzial-Steuer-Direktor in Cöln an den General-Direktor der Steuern unter dem 12. April d. J. erstatteten Berichts, die Stempelrevision bei dem Königlichen Landgericht in Coblenz aus dem Jahre 1853 betreffend, indem Ihnen hierbei in Einverständniß mit dem Herrn Finanz-Minister Folgendes eröffnet wird.

1. Das Monitum 45 der Stempeldefekten-Tabelle A. ist begründet. Das Urtheil, durch welches die Auseinandersetzung der Gütergemeinschaft zwischen den vom Tisch und Bette getrennten Eheleuten über Ansprüche der Klägerin im Gesammtbetrage von 685 Thlr. entschieden ist, läßt sich nicht als nachträgliches Erkenntniß zu demjenigen Urtheil betrachten, durch welches die Trennung von Tisch und Bette ausgesprochen war. Der Prozeß, in welchem es sich um diese Trennung handelte, hat nicht auch die Auseinandersetzung der Güter zum Gegenstande, er ist vielmehr durch den Ausspruch der Trennung der Ehegatten erledigt, und wenn weiterhin die richterliche Hülfe, wegen Theilung des Vermögens, angerufen werden muß, so stellt dies eine anderweite, von jenem Prozeß verschiedene Streitsache dar. Der Umstand, daß in Folge der Trennung von Tisch und Bette von Rechtswegen die Gütergemeinschaft aufgelöst wird, und daß daher die Auseinandersetzung und die über dabei entstehende Streitigkeiten ergehende Entscheidung ihren letzten Rechtsgrund in dem früheren, die Trennung erkennenden Urtheil finden, ist nicht geeig-

net, beide Prozesse zu einer und der nämlichen Streitsache zu machen, und das Erkenntniß, welches die Auseinandersetzung der Gütergemeinschaft betrifft, in das Verhältniß eines blos nachträglichen Erkenntnisses zu setzen. Demnach kann bei dem Stempel von 7 Thlr. der bei dem Trennungsurtheil verwendete Stempel nicht in Anrechnung kommen.

2. Das Monitum 29 der Tabelle B. ist ebenfalls gerechtfertigt. Zu dem Urtheil, welches in einer Subhastationssache den Einspruch gegen den Zuschlag angenommen und den letzteren vernichtet hat, ist der defektirte Erkenntniß-Stempel zu verwenden, da die Adjudikation aufgehoben, und der betreffende Stempel dazu nicht genommen ist, unter diesen Umständen aber, wie bereits in früheren Entscheidungen — vergl. Rh. Samml. Bd. X. S. 564 — anerkannt worden, das Urtheil des Landgerichts als das in dem Subhastations-Prozeß ergangene Haupterkenntniß sich darstellt. Die Annahme des Königlichen Landgerichts, daß der Adjudikations-Bescheid ein Erkenntniß sei, zu welchem unter allen Umständen der Werthstempel genommen werden müsse, ist dem Stempelgesetz nicht entsprechend, gemäß welchem der Werthstempel zum Adjudikations-Bescheid nur dann verwendet werden soll, wenn durch diesen Bescheid der Subhastations-Prozeß beendigt ist, was in dem Falle nicht zutrifft, in welchem das vor dem Friedensrichter als Kommissar des Landgerichts geführte Subhastations-Verfahren im Verfolg beim Landgericht durch Vernichtung der Adjudikation beendigt wird; jene Annahme ist auch mit der Natur der Sache und der Billigkeit nicht vereinbar, indem für eine in solcher Weise vernichtete Adjudikation der Kaufwerthstempel nicht erhoben, am wenigsten von dem Ansteigerer gefordert werden kann, zu dessen Nachtheil der Zuschlag für erfolglos erklärt ist.

3. Bei dem Monitum 33 der Tabelle B. ist für ein Urtheil, durch welches der klagenden Wittwe zuerkannt wurde, daß ihr aus dem Nachlaß ihres Ehemannes gewisse Antheile, sowie ihr zu 2857 Thlr. berechnetes Eingebrachtes herauszugeben seien, mit Rücksicht auf die letztere Forderung ein Stempeldefekt gezogen, welcher durch den Provinzial-Steuer-Direktor auf 5 Thlr. herabgesetzt worden ist.

Wäre neben dem wegen Unschätzbarkeit des Nachlasses verwendeten Stempel von 10 Thlr. auch noch die Forderung von 2857 Thlr. in Betracht zu ziehen, so würden die von dem Königlichen Landgericht dem Monitum entgegengestellten Erwägungen nicht haltbar sein. Denn daß in Betreff des Eingebrachten unter den Parteien eine Kontestation nicht geführt worden ist, kann nicht die Stempelfreiheit des beantragten und erlassenen Erkenntnisses, sondern nur die erfolgte Reduktion des Defekts auf die Tarifposition Erkenntnisse lit. A. b. begründen, und daß die Klägerin den Anspruch wegen ihres Eingebrachten ebensowohl bei Gelegenheit der Auseinandersetzung vor dem Notar hätte anbringen können, ist unerheblich, da sie in Wirklichkeit ein anderes Verfahren eingeschlagen hat. — Allein der Erhöhung des Stempels mit Rücksicht auf die Forderung von 2857 Thlr. stehen folgende Gründe entgegen. Wenn in demselben Urtheil über einen schätzbaren und über einen unschätzbaren Gegenstand erkannt wird, so ist nicht ein zwiefacher Stempel für beide Gegenstände zu nehmen. Die Vorschrift des Stempeltarifs, wonach bei Verhandlungen, welche verschiedene stempelpflichtige Gegenstände oder Geschäfte betreffen, der Betrag des Stempels für jeden dieser Gegenstände besonders berechnet werden soll, findet auf Erkenntnisse, welche über mehrere Punkte entscheiden, keine Anwendung, da nach den die Erkenntnisse im Besonderen betreffenden Bestimmungen des Tarifs in jeder Sache nur einmal der Prozeßstempel genommen werden soll, mithin das Erkenntniß im Sinne des Gesetzes als Ein Geschäft rücksichtlich aller Punkte, über welche es sich verbreitet, aufgefaßt werden muß. So wenig wie für die einzelnen schätzbaren Klagepunkte mehrere Werthstempel genommen werden können, und so wenig zweimal der Stempel von 5 bis 20 Thlr. zu verwenden ist, wenn zwei unschätzbare Objekte zusammen Gegenstand des Prozesses sind, eben so wenig unterliegt dasselbe Urtheil wegen eines zu dem unschätzbaren Objekte hinzutretenden schätzbaren Gegenstandes zwiefachem Werthstempel zugleich nach lit. A. a. und nach lit. A. b. des Tarifs. Dies Prinzip liegt auch dem Rescript vom 13. November 1830 — Jahrbücher Bd. 36. S. 370 —, betreffend die Schwängerungs- und Alimenten-Prozesse, und der Verfügung vom 6. August 1842 — Rhein. Samml. Bd. 8. S. 90 —, betreffend die Theilungs- und Rechnungs-Prozesse, zu Grunde.

Außerdem stellt auch in dem vorliegenden Falle der das Einbringen der Klägerin im Betrage von 2857 Thlr. betreffende Punkt keinen besonderen für sich bestehenden Gegenstand dar. Gegenstand der Klage und Entscheidung war in Wirklichkeit die Auseinandersetzung zwischen der klagenden Wittwe und den Erben ihres verstorbenen Ehemannes und die Feststellung dessen, was ihr aus dessen Nachlaß gebührte. In diesem Gegenstand des Rechtsstreits war die Herausforderung des Eingebrachten einbegriffen; daß der Betrag des letzteren dabei noch speziell hervorgehoben wurde, hebt den inneren Zusammenhang nicht auf, und kann eine Absonderung behufs eines zweiten Erkenntnißstempels nicht begründen.

Endlich kommt vorliegend noch der Umstand hinzu, daß es sich nicht einmal um das Zusammentreffen von schätzbaren und unschätzbaren Objekten handelt. Bei Reduktion des Defekts durch den Provinzial-Steuer-Direktor ist in Uebereinstimmung mit dem

Landgericht angenommen, daß der Betrag von 2857 Thlr. nicht streitig war, sondern nur die rechtliche Hülfe zur Bewirkung der Leistung nachgesucht wurde; demnach gehörte gemäß lit. A. b. verb. Erkenntnisse des Stempeltarifs auch dieser Gegenstand zu denjenigen, welche einer Schätzung nach Geld nicht fähig sind. Dadurch aber, daß er zu einem andern unschätzbaren Punkte desselben Rechtsstreits hinzutritt, kann nicht, wie das Monitum voraussetzt, ein zweiter Unschätzbarkeits-Stempel von 5 bis 20 Thlr. gerechtfertigt werden, sondern das Erkenntniß welches überhaupt nur Unschätzbares zum Gegenstand hatte, war nur einmal dem Stempel, nach lit. A. b., unterworfen.

Dagegen ist es nicht zweifelhaft, daß bei Bemessung des Erkenntniß-Werthstempels in Gemäßheit der Vorschrift in der Position Erkenntnisse im Tarif zum Stempelgesetze zu A. b., wonach 5 bis 20 Thlr. zum Ansatz kommen mußten, auch die in Folge des Anerkenntnisses zugesprochene Illatenforderung der Klägerin zu berücksichtigen war. Ungeachtet der anscheinenden Höhe des Gegenstandes des Prozesses im Ganzen, ist indeß von dem Herrn Finanz-Minister mit Rücksicht darauf, daß nicht der niedrigste Satz von 5 Thlr., sondern ein Werthstempel von 10 Thlr. in Anwendung gekommen ist, angenommen worden, daß dem Gesetze Genüge geleistet sei, so daß von der Stempelnachforderung von noch 5 Thlr. Abstand genommen worden, und das Monitum als erledigt gelten kann.

4. Die bei dem Monitum 34 der Tabelle B. angeregte Frage, wie in einem Rechnungs-Prozeß ein auf Grund des Art. 534. der Civilprozeßordnung erlassenes Urtheil zu besteuern sei, ist bereits bei Gelegenheit der bei dem Landgericht zu Trier für die Jahre 1832—1834 abgehaltenen Stempelrevision — ad punctum V. monita 92—153 — zur Entscheidung gekommen und das Königliche Finanz-Ministerium hat sich durch Schreiben vom 5. Januar 1840 mit der Ausführung einverstanden erklärt, nach welcher auf ein solches Urtheil weder die Position lit. A. a., noch die Position lit. A. b. verb. Erkenntnisse des Stempeltarifs, Anwendung findet — Rhein. Samml. Bd. 7. S. 118. — Das Landgericht zu Koblenz hat dies mit Recht festgehalten. Es läßt sich nicht einwenden, daß eine Verurtheilung des Rechnungs-Verklagten zu der im Erkenntniß festgesetzten Summe vorliege. Dies ist nicht der Fall; das Erkenntniß, welches zur Rechnungslegung verurtheilte, ist früher nach lit. A. b. versteuert, das hier fragliche weitere Urtheil enthält blos die Bestimmung, daß der Beklagte zur Befolgung jenes Urtheils durch Exekution bis auf Höhe der arbitrirten Summe angehalten werden könne. Das letztere Erkenntniß ordnet mithin lediglich eine Exekutions-Maaßregel in einem Rechnungsverfahren an, zu welchem der Prozeßstempel bereits früher genommen wurde. Hierbei ist die Mög-

lichkeit, daß der Beklagte es zur Exekution bis auf Höhe der arbitrirten Summe wirklich ankommen lassen, und sich dabei beruhigen werde, an sich unerheblich, indem aus solchem Verhalten nur eine Vermuthung über den Werth des bei dem Haupterkenntniß als unschätzbar behandelten Prozeß-Gegenstandes zu entnehmen wäre; jene Möglichkeit ist auch um so weniger zu berücksichtigen, als neben ihr die eben so nahe liegenden Eventualitäten bestehen, daß der Beklagte durch Rechnungslegung dem indirekten Zwange zu derselben zuvorkomme, oder daß von ihm der nur arbitrirte, keineswegs definitiv zuerkannte Betrag als zu hoch gegriffen nachgewiesen werde. Beim Eintritt dieser Möglichkeiten würde der verlangte Stempel als zu Unrecht verwendet sich herausstellen.

Ueberhaupt läßt sich nach künftigen Eventualitäten und dabei möglicherweise eintretenden Folgen die Natur des Urtheils nicht bestimmen; entscheidend ist, daß das Urtheil, so wie es vorliegt, kein Erkenntniß über einen neuen Streitpunkt und keine definitive Feststellung oder Verurtheilung, sondern nur eine Exekutions-Verfügung, ein Neben-Erkenntniß zu dem bereits besteuerten Rechnungs-Prozesse enthält. Demnach wird das Monitum 34 der Tabelle B. für erledigt angenommen.

5. Das Monitum 39 zur Tabelle B. betrifft ein Kontumazial-Urtheil, durch welches die Löschung einer für eine Schuld von 270 Thlr. genommenen General-Hypothek verordnet ist. Der Werthstempel von 2 Thlr. 25 Sgr. ist mit Recht als defektirt bezeichnet. Wenn dem Monitum von dem Königlichen Landgericht entgegengestellt wird, daß eine Löschungs-Verfügung tarifmäßig stempelfrei sei, daß es in den älteren Provinzen eines Urtheils nicht bedurft, sondern eine Verfügung per decretum genügt haben würde, und daß der Antrag auf Löschung von dem Beklagten nicht bestritten worden sei, derselbe vielmehr, um der Form zu genügen, ein Kontumazial-Urtheil gegen sich habe ergehen lassen, so sind diese Erwägungen unhaltbar.

Es liegt keine bloße Löschungsverfügung im Sinne des Stempeltarifs, sondern ein auf Klage ergangener Richterspruch zwischen den Parteien vor; das Erkenntniß unterliegt als solches gesetzlich dem Werthstempel.

Die Bezugnahme auf das Verfahren in den übrigen Provinzen geht einestheils von einer Unterstellung aus, welche in dieser Ausdehnung keineswegs ihre Richtigkeit hat, ist aber anderntheils auch unerheblich. Von einem Zugeständniß des Beklagten kann bei dessen Nichterscheinen keine Rede sein, und die Motive, aus welchen zur Herbeiführung der Löschung ein Erkenntniß erwirkt worden sein mag, können nicht in Betracht kommen, auch wenn sie wirklich bekannt wären und in etwas Anderem als darin beständen, daß der Beklagte eine freiwillige Löschungs-Bewilligung vor Notar nicht abgeben wollte.

6. Hinsichtlich der Monita 17 und 25 der Tabelle B., betreffend die Entscheidungen über Kontestationen im Theilungs-Verfahren, sind die in der Verfügung vom 6. August 1842 — Rh. Samml. Bd. 8. S. 89 folg. — entwickelten Grundsätze maaßgebend; das Königliche Landgericht wird daher die nicht haltbare Annahme, daß es sich dabei um Neben-Erkenntnisse handele, aufzugeben und die Festsetzung der defektirten Werthstempel, jedoch mit Rücksicht auf die zu den früheren Urtheilen bereits verwendeten Stempel zu treffen haben.

7. Das Monitum 15 der Tabelle B. ist nicht begründet. Es war auf Legung einer Vormundschafts-Rechnung und sofortige Herauszahlung eines Einnahmepostens nebst Zinsen im Gesammtbetrag von 756 Thlr. geklagt, der ehemalige Vormund ist zur Rechnung verurtheilt, und die Forderung von 756 Thlr. als zu voreilig zurückgewiesen, weil es nach der Natur des Rechnungsverfahrens nicht angehe, aus einer erst zu stellenden Rechnung einzelne Posten herauszugreifen und deren Berichtigung abgesondert vorweg zu verlangen.

Diese Entscheidung stellt sich nicht als ein wirkliches Erkenntniß in Betreff der fraglichen Forderung, sondern nur als eine Regulirung des Verfahrens in dem anhängig gemachten Rechnungsprozesse dar, und kann daher nicht neben dem zu dem letztern verwendeten Prozeßstempel noch einem besonderen Stempel unterliegen. Bei dieser sachgemäßen Auffassung ist es nicht erforderlich, weiter darauf zurückzugehen, daß auch hier beim Zusammentreffen schätzbarer und unschätzbarer Gegenstände ein doppelter Prozeßstempel nicht zu verwenden wäre, und in dem vorliegenden Falle noch um so weniger gerechtfertigt sein würde, da nach den Umständen desselben die Forderung der zu verrechnenden bestimmten Geldsumme zugleich in dem allgemeinen Gegenstand des Prozesses, der Klage auf Rechnungslegung, enthalten war.

Das Königliche Landgericht hat hiernach zur Erledigung der Monita 45 der Tabelle A., und 29, 39, 17 und 25 der Tabelle B. das Erforderliche zu veranlassen.

Berlin, den 18. August 1855.

Der Justiz-Minister
Simons.

An
den Königl. Hrn. Landgerichts-Präsidenten
und den Königl. Hrn. Ober-Prokurator
zu Coblenz.

I. 3434. Rhein. Gener. 62. Vol. 8.

73.

Verfügung vom 18. August 1855, — betreffend die Eheschließungen zwischen Preußischen und Englischen Unterthanen.

Bei Rücksendung der mit Bericht vom 17. Februar d. J. eingereichten Aktenstücke wird Ihnen, Herr Ober-Prokurator, eröffnet, daß nach einer Mittheilung des Herrn Ministers der auswärtigen Angelegenheiten vom 12. d. M. die Britische Regierung ihre Konsular-Beamten in Preußen anweisen wird, bei Abschluß von Ehen zwischen Englischen und Preußischen Unterthanen sich genau nach den Vorschriften der Preußischen Gesetze zu richten. Da im Bezirk des Appellationsgerichtshofes zu Cöln für den Abschluß der Ehe das Aufgebot und die bürgerliche Trauung durch den Civilstandsbeamten vorgeschrieben ist, so kann dort eine Eheschließung durch den Englischen Konsul hinsichtlich eines Inländers den Heirathsakt vor dem Civilstandsbeamten nicht vertreten. Sie haben daher bei etwaigen künftigen Fällen, in welchen dennoch der Englische Konsul ohne vorgängigen Heirathsakt vor dem Civilstandsbeamten zwischen einem Preußischen und einem Englischen Unterthan die Ehe schließen oder auf solche Eheschließung ein Geistlicher irgend welcher Confession die kirchliche Trauung vornehmen sollte, die erforderlichen Ermittelungen zu veranlassen und wegen Einleitung eines Strafverfahrens hierher zu berichten.

Berlin, den 18. August 1855.

Der Justiz-Minister
Simons.

An
den Königl. Herrn Ober-Prokurator
zu Bonn.

Abschrift der vorstehenden Verfügung wird Ihnen, Herr Ober-Prokurator, zu gleichmäßiger Nachachtung zugefertigt.

Berlin, den 18. August 1855.

Der Justiz-Minister
Simons.

An
den Königl. Herrn Ober-Prokurator
zu Cöln.

I. 3460. Rhein. Gener. 93. Vol. 4.

74.

Allerhöchster Erlaß vom 21. August 1855, — betreffend die Glaubwürdigkeit der auf Forstversorgung dienenden Jäger nach dreijähriger Dienstzeit vor Gericht, sowie die Befugniß derselben zum Waffengebrauch im Forstschutzdienste.

Auf Ihren Bericht vom 7. August d. J. genehmige Ich, daß denjenigen auf Forstversorgung dienenden Jägern, welche nach dreijähriger Dienstzeit während der sechs Wintermonate oder zur Disposition ihres Truppentheils beurlaubt werden, das in der Order vom 21. Mai 1840 vorgeschriebene Qualifikations-Zeugniß des Kommandeurs des betreffenden Jägerbataillons Behufs der Glaubwürdigkeit vor Gericht in Forststrafsachen und der Befugniß zum Waffengebrauch im Forstschutzdienst ertheilt werden darf, vorausgesetzt, daß sie sich in jeder Beziehung gut geführt und als zuverlässig bewährt haben.

Ich überlasse Ihnen, diese Order durch die Gesetz-Sammlung bekannt zu machen.

Sanssouci, den 21. August 1855.

Friedrich Wilhelm.

Simons. Für den abwesenden Finanzminister:
v. Raumer.
v. Westphalen. Gr. v. Waldersee.

An
die Minister der Justiz, des Innern,
der Finanzen und des Krieges.

I. 3608. F. 50. Vol. 2.

75.

Verfügung vom 31. August 1855, — betreffend die Einleitung einer Disciplinaruntersuchung gegen Richter während der Ferien.

Ges. v. 7. Mai 1851 §. 20 (Rh. Samml. Bd. X. S. 296).

In Betreff des von Ihnen am Schlusse des Berichts vom 29. v. M. geäußerten Bedenkens über die Möglichkeit der Einleitung einer Disciplinaruntersuchung während der Ferien, wird bemerkt, daß die Fassung eines Beschlusses nach §. 20 des Gesetzes vom 7. Mai 1851, betreffend die Dienstvergehen der Richter (Rh. Samml. Bd. X. S. 296), durch die Ferien nicht gehindert ist, da auch während derselben die Disciplinarsachen, wie die

Strafsachen, gemäß ihrer Natur und ihrer Dringlichkeit Fortgang erhalten müssen, und eine Plenar-Versammlung, zu welcher nach der Bestimmung jenes Paragraphen die Theilnahme von 7 Mitgliedern mit Einschluß der Präsidenten genügt, mittelst Berufung der am Orte anwesenden Räthe des Appellationsgerichtshofes möglich bleibt.

Berlin, den 31. August 1855.

Der Justiz-Minister
Simons.

An
den Herrn Ersten Präsidenten des Königl. Appellationsgerichtshofes und an den Königl. Herrn General-Prokurator zu Cöln.

I. 3835. O. 34. Vol. 8.

76.

Allgemeine Verfügung vom 22. September 1855, — betreffend das Verfahren der Gerichte bei Beschlagnahme falscher Münzen.

Allg. Verf. vom 2. Januar 1826 (Rh. Samml. Bd. III. S. 4).
Allg. Verf. vom 11. September 1826 (Jahrb. Bd. 28. S. 120).
Allg. Verf. vom 21. Februar 1844 (Rh. Samml. Bd. VIII. S. 240).
Allg. Verf. vom 25. November 1846 (Rh. Samml. Bd. IX. S. 126).

Durch die allgemeinen Verfügungen vom 2. Januar 1826 (Rh. Samml. Bd. III. S. 4) und vom 11. September 1826 (Jahrb. Bd. 28. S. 120) sind die Gerichtsbehörden angewiesen worden, in allen Untersuchungen wegen Münzverbrechen, in welchen es auf ein sachverständiges Gutachten darüber ankommt, ob eine in Beschlag genommene Münze falsch sei, das Gutachten der Königlichen General-Münz-Direktion einzuholen, und die betreffenden Requisitionen offen der Königlichen Regierung zur weiteren Beförderung zu übersenden.

Zur Abkürzung des Verfahrens werden die Gerichtsbehörden im Einverständnisse mit der Königlichen Verwaltung des Staatsschatzes hierdurch veranlaßt, die vorgeschriebenen Gutachten fortan nicht mehr durch Vermittelung der betreffenden Königlichen Regierung, sondern unmittelbar von der Königlichen General-Münz-Direktion einzuholen.

Dagegen verbleibt es bei der durch die allgemeinen Verfügungen vom 21. Februar 1844 (Rh. Samml. Bd. VIII. S. 240) und vom 25. November 1846 (Rh. Samml. Bd. IX. S. 126) wiederholt in Erinnerung gebrachten Verpflichtung, nach welcher die Gerichte nach rechtskräftiger Entscheidung der Sache alle in Beschlag genommenen falschen Münzen an die betreffende Königliche Regierung zur weiteren Beförderung an die Münzverwaltung abzuliefern haben.

Berlin, den 22. September 1855.

Der Justiz-Minister
Simons.

An sämmtliche Gerichtsbehörden.

I. 3848. Criminalia 122. Vol. 3.

77.

Verfügung vom 24. September 1855, — betreffend den Ansatz des Stempels bei Theilungen und gerichtlichen Verkäufen von Immobilien im Bezirk des Appellationsgerichtshofes zu Cöln.

Ges. v. 18. April 1855 Art. 13. 15. 19. (S. 79 dieses Bandes).
Ges. v. 23. Dez. 1846 §§. 1, 4 (Rh. Samml. Bd. IX. S. 135).

Um eine gleichförmige Anwendung der stempelgesetzlichen Vorschriften auf die Verhandlungen in dem durch das Gesetz vom 18. April d. J. geregelten Verfahren bei Theilungen und gerichtlichen Verkäufen von Immobilien im Bezirk des Appellationsgerichtshofes zu Cöln herbeizuführen, werden im Einverständnisse mit dem Herrn Finanz-Minister folgende Bestimmungen getroffen:

1) Da in den Fällen der Artikel 13. und 29. des erwähnten Gesetzes wegen der Betheiligung eines Minderjährigen oder einer dem Minderjährigen gleichgestellten Person oder Vermögensmasse die Theilungsurkunde (Art. 13. Nr. 1), sowie die Vereinbarung über den Verkauf (Art. 22. Nr. 1) nach Art. 19. und 24. des Gesetzes erst dann volle rechtliche Wirkung erlangt, wenn die vorschriftsmäßige Hinterlegung der landgerichtlichen Bestätigung bei dem Notar erfolgt, so ist in den bezeichneten Fällen zu der Theilungsurkunde oder zu der Vereinbarung über den Verkauf, einschließlich der vorhergegangenen Theilungsverhandlungen, ein Stempel erst dann erforderlich, wenn und nachdem die Hinterlegung der Bestätigung für sämmtliche Betheiligte jener Kategorien bei dem Notar stattgefunden hat; sobald aber diese Hinterlegung erfolgt, ist der Notar verpflichtet, ohne Verzug und spätestens innerhalb 14 Tagen den zur Theilungsurkunde oder zur Vereinbarung über den Verkauf erforderlichen tarifmäßigen Stempel zu adhibiren. Zu den Akten über die

Hinterlegung der Bestätigung wird ein besonderer Stempel nicht erhoben.

2) Vergleiche bei der Theilung und Tausche von Loosen, welche nach Art. 15. des Gesetzes vom 18. April d. J. vor Abschließung der Theilung eingegangen werden, unterliegen einem besonderen Stempel nicht, insoweit sie nur Vorbereitungen oder integrirende Bestandtheile des Auseinandersetzungs- und Theilungsvertrages bilden.

3) In den Fällen, wo Minderjährige, emanzipirte Minderjährige oder Interdizirte bei einem außergerichtlichen Theilungsverfahren betheiligt oder die Eigenthümer von Immobilien sind, welche gerichtlich verkauft werden sollen, gehören insbesondere auch die Rathskammerbeschlüsse, welche dem Antrage des Vormundes auf Genehmigung oder Bestätigung der Theilung oder der Vereinbarung über den Verkauf, oder dem Antrage auf Anordnung des Verkaufs nicht stattgeben, oder nur Zwischenverfügungen enthalten, zu denjenigen Verhandlungen, welche in der Ausfertigung, wie in der Urschrift nach den §§. 1 und 4 des Gesetzes vom 23. Dezember 1846, betreffend den Stempel und die Gerichtskosten in Vormundschaften und Kuratelen, als frei von Stempel und von dem zu den Staatskassen fließenden Antheil der Gerichtsschreibergebühren, zu behandeln sind.

Diese Vorschriften werden den Gerichtsbehörden im Bezirk des Appellationsgerichtshofes zu Cöln zur Kenntniß und Nachachtung mit dem Bemerken mitgetheilt, daß von Seiten des Herrn Finanz-Ministers die demselben untergeordneten Behörden mit gleichmäßiger Anweisung werden versehen werden.

Berlin, den 24. September 1855.

Der Justiz-Minister
Simons.

An
die Gerichtsbehörden im Bezirk des Appellationsgerichtshofes zu Cöln.

I. 3858. Rhein. Offiz. Sachen 17.

78.

Verfügung vom 28. September 1855, — betreffend die Stempelrevision beim Landgericht zu Coblenz.

In der Anlage erhalten Sie Abschrift des von dem Provinzialsteuer-Direktor in Cöln an den General-Direktor der Steuern erstatteten Berichts vom 30. Juli d. J. betreffend die bei dem Königlichen Landgericht zu Coblenz für den Zeitraum vom 1. Juli 1848 bis dahin 1851 aufgestellte Stempeldefekten-Tabelle B. und wird Ihnen hierbei im Einverständniß mit dem Herrn Finanz-Minister Folgendes eröffnet:

Die beiden noch unerledigten Monita 34 und 76 betreffen den Stempel zu Erkenntnissen, durch welche in gerichtlichen Theilungsproceduren über Kontestationen wegen Konferenden entschieden worden ist. Das Königliche Landgericht hat den Procentwerthstempel dazu zu verwenden geweigert.

Hierbei ist die Verfügung vom 6. Aug. 1842, Rh. Samml. Band 8. Seite 89 ad XI. unbeachtet geblieben, durch welche die Grundsätze über die Berechnung des Stempels in Theilungssachen festgestellt sind. Diese nach erfordertem Bericht des General-Prokurators und nach wiederholter reiflicher Erwägung im Einverständniß mit dem Herrn Finanz-Minister ergangene Verfügung vermittelt eine richtige Anwendung des Stempelgesetzes auf die Eigenthümlichkeit des gerichtlichen Theilungsverfahrens, wendet auch eine Benachtheiligung der Parteien wirksamer ab, als solches bei Durchführung der in dem Beschluß des Landgerichts vom 2. März v. J. aufgestellten Grundsätze geschehen würde.

In dem gerichtlichen Theilungsverfahren nach Rheinischem Recht finden sich zwei verschiedene Elemente vereinigt, ein formelles und ein materielles. Das erstere äußert sich darin, daß das Gericht, auch wenn die Parteien überall einig sind, die Auseinandersetzung einleitet, vorbereitet und überwacht. Es tritt insbesondere in den Fällen zu Tage, in welchen der gerichtliche Weg nur deshalb eingeschlagen wird, weil das Gesetz wegen Betheiligung Minderjähriger oder anderer ihnen gleichgestellter Personen oder Vermögensmassen die Förmlichkeiten der gerichtlichen Theilungsprocedur vorschreibt. Bei diesem Bestandtheil des Verfahrens waltet ein eigentlich kontentiöses Verhältniß nicht ob, und ein Erkenntnißstempel ist dabei um so weniger an der Stelle, als die Auseinandersetzung selbst vor dem Notar erfolgt, zu dessen Verhandlungen besonderer Stempel verwendet wird. Das materielle Element der gerichtlichen Theilungsprocedur kommt zur Wirksamkeit, wenn die Theilungsklage, die beanspruchten Theilnehmungsrechte, Konferenden u. s. w. kontestirt werden, und richterliche Entscheidung über die streitigen Rechte der Parteien ergeht; — die Erkenntnisse, durch welche diese Rechte festgestellt werden, sind nach allgemeiner Regel dem Werthstempel unterworfen.

Es ist mithin nicht sachgemäß, wenn das Königliche Landgericht zu Coblenz das gerichtliche Theilungsverfahren überhaupt als einen eigentlichen Prozeß im Sinne des Stempelgesetzes betrachtet, und deshalb den Prozeßstempel nach Höhe des jedem Betheiligten zugesprochenen Antheils an der Masse bei dem Endurtheil verwenden, alle übrigen Urtheile als vorbereitende Erkenntnisse besteuern will.

Bei dieser Auffassung würde eine sehr große Zahl von Theilungsproceduren, in welchen eine Kontestation nicht erhoben wird, dem Sinne des Stempelgesetzes entgegen und zur Benachtheiligung der Parteien mit dem Prozeßwerthstempel besteuert werden müssen.

Dabei ist ferner außer Acht gelassen, daß ein das Resultat der verschiedenen Kontestationen und der Auseinandersetzung auf streitigem Wege festsetzendes Endurtheil im eigentlichen Sinne gar nicht vorkommt. Das vor dem Notar aufgenommene schließliche Theilungsprotokoll, der Theilungsrezeß, ist kein solches Erkenntniß. Das Homologations-Urtheil aber, welches zudem nur in seltneren Fällen erwirkt wird, enthält nur das oben erwähnte formelle Element, nicht aber die Entscheidung von Streitigkeiten. Im Systeme des Landgerichts würden auf der einen Seite zum Rezesse vor dem Notar doppelte Stempel verwendet, auf der andern Seite lediglich Nebenerkenntnisse ohne ein Haupterkenntniß vorhanden sein, es würde auch der Prozeßstempel gänzlich beseitigt werden, wenn die Parteien nach erfolgter Entscheidung über ihre Kontestationen an einer Fortsetzung des gerichtlichen Verfahrens kein Interesse mehr fänden.

Unter Würdigung des entwickelten Sachverhalts hat die Verfügung vom 6. August 1842 anerkannt, daß bei dem gerichtlichen Theilungsverfahren, insofern die Parteien nicht uneinig sind, überhaupt und selbst in Bezug auf das Homologationsurtheil, ein Prozeßwerthstempel nicht eintritt. Dagegen ist in der Verfügung vorgeschrieben, daß bei erhobenen Streitigkeiten zu den Urtheilen, durch welche darüber definitiv entschieden wird, der dem Gegenstande derselben entsprechende Erkenntnißstempel zu verwenden ist. Hierbei ist zu Gunsten der Parteien noch der Billigkeit dahin stattgegeben, daß zu sämmtlichen mit einander in Zusammenhang stehenden Urtheilen des Verfahrens nur Ein Prozeßstempel erfordert wird, wie wenn über alle Gegenstände durch dasselbe Erkenntniß gleichzeitig entschieden wäre. Eine Aussetzung des Stempels bis zu Erledigung aller Streitigkeiten ist an sich nicht hinreichend motivirt, da mit der definitiven Entscheidung über die einzeln vorgebrachten Kontestationen sofort der Prozeßstempel gesetzlich verknüpft ist; außerdem ist auch in der Verfügung näher ausgeführt, wie diese Aussetzung unpraktisch wäre und den Stempelfiskus offenbar beeinträchtigen würde.

Die Ansicht des Landgerichts aber, daß der fragliche Stempel statt nach dem Gegenstande der Kontestationen nach den Resultaten der Erbesauseinandersetzung bestimmt und dabei sogar die Schulden der zu theilenden Masse berücksichtigt werden müßten, kann nicht für haltbar erachtet werden, da bei derselben die

Auseinandersetzung mit Unrecht als ein Erkenntniß aufgefaßt ist, und es sich hier um den Prozeßstempel, nicht um einen Erbschaftsstempel handelt, bei dessen Berechnung die Schulden gesetzlich in Abzug kommen.

Hiernach hat das Königliche Landgericht die Erledigung der beiden Monita 34 und 76 durch Feststellung des Procentstempels unter Berücksichtigung der bereits verwendeten Stempel zu bewirken.

Berlin, den 28. September 1855.

Der Justiz-Minister
Simons.

An
den Königl. Herrn Landgerichtspräsidenten
und den Königl. Herrn Ober-Prokurator
zu Coblenz.

I. 3645. Rhein. Gener. 62. Vol. 8.

79.

Allgemeine Verfügung vom 30. September 1855, — betreffend die Festsetzung der Strafen gegen Zeugen, welche in Untersuchungssachen vorgeladen, aber nicht erschienen sind, durch die altländischen und Rheinischen Gerichte.

Rescripte vom 4. und 15. Aug. und vom 21. Sept. 1832 (Jahrb. Bd. 40. S. 295, Rhein. Samml. Bd. III. S. 511).

Durch die im §. 20 der Verordnung vom 3. Januar 1849 enthaltene Bestimmung über die Bestrafung der in Untersuchungssachen gehörig vorgeladenen, aber ausgebliebenen Zeugen ist der §. 312 der Kriminal-Ordnung, nach welchem der Zeuge durch dessen ordentlichen Richter zur Strafe zu ziehen war, abgeändert, und das Gericht, vor welchem das Strafverfahren in der Hauptsache stattfindet, für befugt erklärt, gegen den Zeugen die Strafe selbst auszusprechen. Ein Gleiches ist im Artikel 80. der Rheinischen Strafprozeß-Ordnung bestimmt. Die Vollstreckung einer hiernach erkannten Strafe kann nach §. 1 des Gesetzes vom 2. Mai 1853, betreffend einige Bestimmungen zur Beseitigung von Kompetenzstreitigkeiten unter verschiedenen Gerichten (Ges.-Samml. S. 169), von dem dazu requirirten Gericht gesetzlich nicht verweigert werden.

Nachdem in dieser Weise eine Uebereinstimmung im Strafverfahren aller Provinzen eingetreten ist, besteht gegenwärtig der Grund zu derjenigen Anordnung nicht mehr, welche in den Rescripten vom 4. und 15. August und vom 21. September 1832 (Jahrb. Bd. 40. S. 295, Rhein. Samml. Bd. III. S. 511) in Betreff des Verfahrens bei Bestrafung ausgebliebener Zeugen aus den älteren Provinzen bei den Rheinischen Gerichten, und umgekehrt, getroffen ist. Es entspricht vielmehr den jetzigen gesetzlichen Bestimmungen, daß sowohl die Gerichte in den Provinzen, in welchen die Verordnung vom 3. Januar 1849 gilt, die Bewohner der Rheinprovinz, als auch umgekehrt, daß die Rheinischen Gerichte die Bewohner der älteren Provinzen unmittelbar zur Strafe verurtheilen, wenn dieselben der Ladung, vor ihnen als Zeugen zu erscheinen, nicht Folge geleistet haben.

Die erwähnten Rescripte werden daher hierdurch insoweit abgeändert, als in denselben ein anderes Verfahren zur Herbeiführung der Bestrafung ausgebliebener Zeugen vorgeschrieben ist.

Im Uebrigen sind diese Rescripte, insbesondere hinsichtlich der Bestimmungen, daß die beiderseitigen Zeugen die Wahl haben, nach welcher Zeugentaxe sie entschädigt sein wollen, und daß die Requisition der Vorladung der einem anderen Rechtsgebiete angehörigen Zeugen nur im Falle dringender Nothwendigkeit erfolgen soll, auch fernerhin zu befolgen, da die Gründe, welche diese Vorschriften veranlaßt haben, noch gegenwärtig obwalten.

Berlin, den 30. September 1855.

Der Justiz-Minister
Simons.

I. 4052. Rhein. Criminalia 24.

80.

Allgemeine Verfügung vom 8. Oktober 1855, — betreffend die Berechnung der Wittwenkassen-Beiträge bei Feststellung der den suspendirten Beamten zu belassenden Hälfte ihres Diensteinkommens.

Gesetz vom 7. Mai 1851 §. 15 Nr. 3 §. 48 ff. (Rhein. Samml. Bd. X. S. 295).
Gesetz vom 21. Juli 1852 (Rhein. Samml. Bd. X. S. 452).

In mehreren Fällen, wo Beamte nach den Gesetzen vom 7. Mai 1851 (Rh. Samml. Bd. X. S. 295) und vom 21. Juli 1852 (Rh. Samml. Bd. X. S. 452) von ihrem Amte suspendirt worden, sind Zweifel darüber erhoben,

ob bei Feststellung der denselben zu belassenden Hälfte ihrer Besoldung die Wittwenkassen-Beiträge von dieser vorweg in Abzug zu bringen,

oder

ob jene Beiträge lediglich aus der zahlbar bleibenden Gehaltshälfte zu berichtigen seien.

Nachdem diese Frage durch den nachstehend abgedruckten Beschluß des Königlichen Staats-Ministeriums vom 9. August d. J. im Sinne der ersten Alternative enschieden worden ist, werden die Gerichtsbehörden angewiesen, sich danach für die Folge zu achten.

Dabei versteht es sich übrigens von selbst, daß die Beiträge zum Pensionsfond, da sie auf dem Gehalte ruhen und lediglich als ein Abzug von demselben zu betrachten sind, in gleicher Weise behandelt werden müssen.

Berlin, den 8. Oktober 1855.

Der Justiz-Minister
Simons.

I. 3995. O. 29. Vol. 3.

a.

Beschluß des Königlichen Staats-Ministeriums.

Bei Feststellung des den suspendirten Beamten gemäß §. 51 des Gesetzes vom 21. Juli 1852 (Ges.-Samml. S. 465 ff.), und gemäß §. 48 des Gesetzes vom 7. Mai 1851 (Gesetz-Samml. S. 218 ff.), sowie geeigneten Falles auf Grund des §. 15 N. 3 des zuletzt gedachten Gesetzes zu belassenden Theiles ihres Diensteinkommens sind von dem letzteren die Wittwenkassen-Beiträge des betreffenden Beamten vorweg in Abzug zu bringen.

Berlin, den 9. August 1855.

Das Königliche Staats-Ministerium.

v. Manteuffel. v. d. Heydt. Simons. v. Raumer.
v. Westphalen. v. Bodelschwingh. Gr. v. Waldersee.

Für den Minister für die landwirthschaftlichen Angelegenheiten:
v. Manteuffel.

81.

Verfügung vom 20. Oktober 1855, — betreffend die Bewahrung minderjähriger Geisteskranken in Irrenanstalten.

Da nach einer Mittheilung des Herrn Ministers der geistlichen, Unterrichts- u. Medizinal-Angelegenheiten der Landgerichts-Präsident in N. es abgelehnt hat, die Aufnahme minderjähriger Geisteskranken in eine Irren-Bewahranstalt in Gemäßheit des Rescriptes vom 13. Dezember 1827 — Rhein. Samml. Bd. III.

S. 165 — anzuordnen, es gleichwohl aber erforderlich ist, daß die allgemeine Vorschrift, nach welcher die Cognition einer Justizbehörde bei Detention von Geisteskranken in Bewahranstalten stattfinden soll, auch rücksichtlich minderjähriger Personen im dortigen Landgerichtsbezirke zur Ausführung gebracht werde, so haben Sie, Herr Ober-Prokurator, sobald die Anzeige, daß die Aufnahme eines solchen minderjährigen Irren in eine Bewahranstalt beabsichtigt wird oder stattgefunden hat, an Sie gelangt, Ihrer Seits selbst zu prüfen, ob dieselbe nach Lage der Ihnen mitzutheilenden ärztlichen Atteste oder sonstigen Verhandlungen zu Bedenken Veranlassung giebt. Ist dies nicht der Fall, so haben Sie dies der betreffenden Behörde mitzutheilen, wenn sich aber solche Bedenken ergeben möchten, dieselben durch einzuleitende Kommunikation mit der Verwaltungsbehörde zum Austrage zu bringen und nöthigen Falls an den Königlichen General-Prokurator in Cöln zu berichten.

Dies Verfahren ist auch rücksichtlich derjenigen minorennen Irren zur Anwendung zu bringen, welche sich schon gegenwärtig, ohne daß eine genehmigende Präsidial-Ordonnanz erlassen wäre, in den Bewahranstalten Ihres Amtsbezirkes befinden.

Erreichen minderjährige Geisteskranken, rücksichtlich deren nach Maaßgabe vorstehender Bestimmungen die Detention eingetreten ist, die Großjährigkeit, so fällt die Frage, ob das Interdiktionsverfahren einzuleiten sei, wie bei allen andern Geisteskranken, Ihrer pflichtmäßigen Beurtheilung anheim.

Berlin, den 20. Oktober 1855.

Der Justiz-Minister
Simons.

An
den Königl. Herrn Ober-Prokurator
zu N.

Abschrift vorstehender Verfügung wird dem Königlichen Herrn General-Prokurator in Cöln zur Kenntnißnahme zugefertigt.

Berlin, den 20. Oktober 1855.

Der Justiz-Minister
Simons.

An
den Königl. Herrn General-Prokurator
zu Cöln.

I. 4088. Rhein. Gener. 153.

82.

Verfügung vom 12. November 1855, — betreffend das Verfahren gegen die Pfarrer wegen unterlassener Anzeige von Sterbefällen.

Kab.-Ord. vom 4. Juli 1834 (Jahrb. Bd. 44. S. 160).

Die Allerhöchste Order vom 4. Juli 1834 — Jahrb. Bd. 44. S. 160 — verpflichtet auch die Ortspfarrer, den Sterbefall eines Jeden, der minderjährige Kinder hinterläßt, dem zuständigen Friedensrichter anzuzeigen. Dieser Bestimmung ist mit Rücksicht auf die Verhältnisse mancher Oertlichkeiten eine nicht unerhebliche Einwirkung auf die rechtzeitige Einleitung der Vormundschaften zuzuschreiben. Indeß steht die bisherige Anordnung, wonach gegen die hierin säumigen Pfarrer auf Requisition der Ober-Prokuratoren durch die Regierungen Ordnungsstrafen festgesetzt werden sollen, mit der Stellung der Geistlichen nicht in völliger Uebereinstimmung. Mit Rücksicht hierauf wird im Einverständniß mit den Herren Ministern der geistlichen, Unterrichts- und Medizinal-Angelegenheiten und des Innern hierdurch bestimmt, daß die Ober-Prokuratoren künftig die von den Pfarrern jener Verpflichtung zuwider begangenen Unterlassungen nicht den Regierungen mitzutheilen, sondern die besonderen Fälle, in welchen erhebliche Versäumnisse aus Verschuldung der Pfarrer zu rügen sind, zur Kenntniß der geistlichen Obern zu bringen haben, damit die letztern im geeigneten Wege die Säumigen zu einer größeren Aufmerksamkeit auf die dem Seelsorger gebührende Fürsorge für die Minderjährigen vermögen.

Sie, Herr General-Prokurator, werden aufgefordert, die Ober-Prokuratoren hiernach anzuweisen.

Berlin, den 12. November 1855.

Der Justiz-Minister
Simons.

An
den Königl. Herrn General-Prokurator
zu Cöln.

I. 3789. Rhein. Gener. 72. Vol. 5.

83.

Allgemeine Verfügung vom 15. November 1855, — betreffend die Benutzung der Staats-Telegraphen zur amtlichen Korrespondenz der Justiz-Behörden.

In Folge eines Uebereinkommens mit dem Herrn Minister für Handel, Gewerbe und öffentliche Arbeiten werden den Gerichtsbehörden und den Beamten der Staatsanwaltschaft in Betreff der Benutzung der Staats-Telegraphen nachstehende Anweisungen ertheilt:

1) Die Gerichte und die Beamten der Staatsanwaltschaft sind, gleich allen Staatsbehörden, in dringenden Fällen befugt, sich zu ihrer amtlichen Korrespondenz der Staats-Telegraphen unentgeltlich zu bedienen, wenn dabei ein reines Staats-Interesse obwaltet und die Telegraphen-Gebühren aus der Staats-Kasse berichtigt werden müßten. Die Depeschen sind in diesen Fällen bei der Aufgabe mit dem von dem Vorstande der betreffenden Gerichtsbehörde, beziehungsweise dem Beamten der Staatsanwaltschaft, welcher die Depesche aufgiebt, zu unterschreibenden Vermerke:
„reine Staatsangelegenheit, frei zu befördern"
zu versehen und mit dem Dienstsiegel zu bedrucken.

2) Die von den Gerichten oder den Beamten der Staatsanwaltschaft erlassenen Steckbriefe werden in der Regel als gebührenpflichtig behandelt. Nur dann, wenn es schon beim Erlaß des Steckbriefes ganz außer Zweifel steht, daß eine Person, welche für die Kosten aufzukommen hat, überhaupt nicht vorhanden ist, dürfen auch Depeschen dieser Art als frei zu befördernde bezeichnet werden.

3) Die freie Beförderung nach Nr. 1 und 2 findet nur auf diejenigen Depeschen Anwendung, welche lediglich auf den Preußischen Staats-Telegraphenlinien zu versenden sind. Die über das Gebiet der Preußischen Telegraphen-Verwaltung hinaus zu befördernden Depeschen werden dagegen für die ganze, also auch für die innerhalb des Preußischen Staats gelegene Strecke, als zahlungspflichtig behandelt, ohne Rücksicht darauf, ob die entstehenden Gebühren der Staats-Kasse oder einer Partei zur Last fallen.

4) Die hiernach anzusetzenden Gebühren sollen bei den betreffenden Telegraphen-Stationen einstweilen auf Konto der aufgebenden Behörde notirt und vierteljährlich zur Erstattung liquidirt werden.

5) Die Berichtigung der Gebühren, auch derjenigen, welche von den Beamten der Staatsanwaltschaft veranlaßt worden

sind, erfolgt Seitens der Gerichte sofort nach dem Eingange der Liquidationen, und zwar in Untersuchungssachen aus dem etatsmäßigen Fond zu Kriminalkosten, in anderen Angelegenheiten aus dem Fond zu baaren Auslagen &c.

Die Beamten der Staatsanwaltschaft haben zu diesem Behuf die an sie gelangenden Rechnungen ohne Verzug an die betreffenden Gerichte abzugeben.

6) Die gezahlten Gebühren werden hinsichtlich ihrer Wiedereinziehung durch Eintragung in eine besondere Liste kontrollirt. Die Wiedereinziehung und Verrechnung geschieht in derselben Art, wie die der Gerichtskosten.

Von den Beamten der Staatsanwaltschaft ist bei den von ihnen an die Gerichte abzugebenden Liquidationen zu vermerken, ob die Angelegenheit, in welcher die Depesche erlassen worden ist, noch schwebt, oder ob die gerichtliche Untersuchung bereits anhängig gemacht worden ist.

7) Muß die Niederschlagung der Kosten erfolgen, so ist dies hinsichtlich der Telegraphengebühren in der Liste zu vermerken.

8) Vierteljährlich wird ein Auszug aus der Liste hinsichtlich der von den Parteien nicht beizutreibenden Posten unter Beifügung einer Bescheinigung des Gerichts über die Uneinziehbarkeit der liquidirten Beträge der betreffenden Telegraphen-Station mit dem Ersuchen um Erstattung der liquidirten Beträge zugesendet. Auf den Grund dieses Auszuges und der Bescheinigung erfolgt demnächst die Erstattung.

Ausgeschlossen von der Aufnahme in den Auszug und von der demnächstigen Erstattung bleiben jedoch — oben zu 3 — die Gebühren für solche Depeschen und Steckbriefe, welche über das Gebiet der Preußischen Telegraphen-Verwaltung hinaus befördert sind.

9) Die zu erstattenden Beträge sind bei den Salarienkassen als Gerichtskosten zu vereinnahmen.

Nach den vorstehenden Bestimmungen ist von den Gerichtsbehörden und den Beamten der Staatsanwaltschaft in den geeigneten Fällen überall zu verfahren.

Berlin, den 15. November 1855.

Der Justiz-Minister
Simons.

An
sämmtliche Gerichtsbehörden und an die Beamten der Staatsanwaltschaft.

I. 3395. T. 20.

84.

Verfügung vom 17. November 1855, — betreffend die Anstellung der Advokaten und Advokat-Anwälte.

Die Zahl der Personen, welche sich dem Justizdienste widmen, ist gegenwärtig in dem Bezirk des Königlichen Appellationsgerichtshofs zu Cöln so unverhältnißmäßig groß, daß die zu besetzenden Stellen und Aemter eine hinreichende Gelegenheit zur Beschäftigung und zur Anstellung der vorhandenen Bewerber nicht mehr bieten, und namentlich die Erwartungen derselben auf baldige Versorgung im Amte nicht befriedigt werden können. Diejenigen, deren Vermögenslage eine mit Einnahme verbundene Anstellung nothwendig oder wünschenswerth macht, sehen die Erlangung eines auskömmlichen Unterhalts auf ferne Zeiten hinausgestellt; sie gerathen dadurch nicht selten entweder in Verhältnisse, welche ihrer amtlichen Stellung nicht entsprechen oder in Nahrungssorgen, welche für sie und ihre Familien eben so drückend sind. Es liegt hiernach die unabweisliche Veranlassung vor, von dem Zudrange zu dem Studium der Rechtswissenschaft abzumahnen und den studirenden Jünglingen, so wie ihren Eltern und Angehörigen auf das Angelegentlichste zu empfehlen, insbesondere bei geringeren eigenen Vermögens-Mitteln von der Wahl eines Berufes abzusehen, welcher unter den bestehenden Verhältnissen die Zukunft der ersteren nicht sichert, sie vielmehr einem oft sehr zweifelhaften Loose entgegenführt.

Selbst der Stand der Advokaten und der Advokat-Anwalte, welcher bisher nicht selten in der Erwartung, auf diesem Wege ein früheres oder ein reichlicheres Einkommen zu erlangen, ergriffen wurde, kann eine solche Aussicht nicht mehr gewähren. Im Gegentheil ist neben einer unverkennbaren Verminderung der bedeutenden und verwickelten Prozesse die Zahl der Advokaten und der Advokat-Anwalte so angewachsen, daß eine Vermehrung derselben mit den berechtigten Interessen, sowohl dieses Standes als der Gerichtseingesessenen unvereinbar erscheint. Der Justiz-Minister sieht sich daher genöthigt, fernere Ernennungen in diesem Zweige des Justizdienstes künftig nur mit der äußersten Beschränkung vorzunehmen. Um den Uebergang zu diesem durch die obwaltenden Verhältnisse gebotenen Verfahren nach und nach herbeizuführen, werden die von den Referendarien bei ihrer Präsentation zur dritten Prüfung abgegebenen Gesuche, in der Advokatur angestellt zu werden, in der bisherigen Weise nur dann noch berücksichtigt werden, wenn sie vor dem 1. Juli k. J. eingegangen sind. Von diesem Zeitpunkte ab werden aber Ernennungen zu Advokaten und zu Advokat-Anwalten nicht eher erfolgen, als bis mit Rücksicht auf den Umfang der Geschäfte im Bezirke der einzelnen Gerichte das Bedürfniß dazu eintritt.

Sie, Herr Erster Präsident und Herr General-Prokurator, werden veranlaßt, den Inhalt dieser Verfügung im Bezirk des Königlichen Appellationsgerichtshofs zur öffentlichen Kenntniß zu bringen.

Berlin, den 17. November 1855.

Der Justiz-Minister
Simons.

An
den Königl. Herrn Ersten Präsidenten
des Appellationsgerichtshofes und an
den Königl. Herrn General-Prokurator
zu Cöln.

I. 2587. Rhein. Offiz. Sachen 33. Vol. 5.

85.

Statut des Hammer Deichverbandes. Vom 24. Dezember 1855.

I. 538. V. 5. adhib. Vol. 2. Ges.-Samml. v. 1856 S. 43.

XLIII.

1856.

Gesetze, Verordnungen, Rescripte.

86.

Allgemeine Verfügung vom 8. Januar 1856, — betreffend die Berechnung des Diensteinkommens der im Civildienste anzustellenden Militairpersonen.

Cirkular-Verfügung v. 10. Dez. 1830 (Jahrb. Bd. 36. S. 324).

Die Cirkular-Verfügung vom 10. Dezember 1830 bestimmt, daß in Berücksichtigung der Eigenthümlichkeit des Einkommens der zu den gewöhnlichen Friedensübungen einberufenen beurlaubten Landwehr-Offiziere, wenn dieselben im Civildienste angestellt werden, bei der Berechnung und Bestimmung des zum Pensionsfond einzuziehenden zwölften Theils der Besoldung, von dem Landwehr-Dienstverhältnisse und den damit verknüpften Kompetenzen abstrahirt werden soll, indem ein Gehaltsverbesserungs-Abzug von diesem Einkommen nicht entrichtet wird.

Dasselbe gilt für den Fall der Einberufung bei einer Mobilmachung oder bei Zusammenziehung der Landwehr zu außergewöhnlichen Zwecken im Frieden, wenn das beim Diensteintritt gewährte Einkommen während der Dienstleistung unverändert bleibt, weil nach §§. 35 und 59 des Allerhöchsten Reglements über die Geldverpflegung der Armee im Kriege die Einberufung keine dauernde Anstellung ist, der Landwehr-Offizier vielmehr nach der Demobilmachung in das Beurlaubten-Verhältniß zurückkehrt.

Nach dem §. 219 des bezeichneten Reglements haben jedoch die einberufenen Offiziere der Landwehr den Gehaltsverbesserungs-Abzug in dem Falle zu entrichten, wenn sie während des Feld-Etats — sei es durch Beförderung zu einer höheren Charge, sei es durch Ernennung, Bestätigung oder Gehalts-Ascension — zu einem höheren Feldgehalte gelangen.

Unter ähnlichen Verhältnissen wird dieser Abzug bei Zusammenziehung der Landwehr zu außergewöhnlichen Zwecken im Frieden gemacht.

Da nun der Gehaltsverbesserungs-Abzug zum Pensionsfond grundsätzlich nur einmal zu entrichten ist, so hat das Königliche Staats-Ministerium am 20. Dezember v. J. beschlossen:

daß nicht allein den zur Mobilmachung, sondern auch den bei Zusammenziehung der Landwehr zu außergewöhnlichen Zwecken im Frieden einberufenen Landwehr-Offizieren bei einer später erfolgenden Anstellung im Civildienste der Betrag des im Landwehr-Dienstverhältnisse etwa schon erlittenen Gehaltsverbesserungs-Abzugs auf den grundsätzlichen Gehaltsabzug bei erster Anstellung im Staatsdienste zu gut-zu rechnen sei.

Hiernach haben sämmtliche Gerichtsbehörden in vorkommenden Fällen zu verfahren.

Berlin, den 8. Januar 1856.

Der Justiz-Minister
Simons.

An
sämmtliche Gerichtsbehörden.

I. 5467. P. 40. Vol. 3.

87.

Allgemeine Verfügung vom 21. Januar 1856, — betreffend die Verpackung der Zeichnungen, Pläne rc.

Allerhöchster Erlaß v. 3. März 1845 und allgemeine Verfügung vom 12. März 1845 (Just.-Minist.-Bl. S. 42).

Durch die allgemeine Verfügung vom 12. März 1845 sind die Gerichtsbehörden in Folge einer Allerhöchsten Order vom 3. desselben Monats angewiesen, alle an das Justiz-Ministerium einzusendende Zeichnungen, Pläne u. s. w. nicht aufzurollen, sondern jederzeit in Mappen zu verpacken.

Da diese Bestimmung in neuerer Zeit in mehreren Fällen nicht befolgt worden ist, so werden sämmtliche Gerichtsbehörden hierdurch angewiesen, dieselbe in Zukunft genau zu beachten.

Zugleich wird den Gerichten erster Instanz zur Pflicht gemacht, die Einsendung von Zeichnungen, Grundrissen und Situations-Plänen an die Appellationsgerichte in gleicher Art zu bewirken.

Nur diejenigen Umrisse oder Handzeichnungen, zu welchen in der Regel kein Zeichenpapier, sondern Schreibpapier von gewöhnlichem Aktenformat verwendet wird, bedürfen einer Verpackung in Mappen nicht, können vielmehr den übrigen Anlagen der Berichte beigefügt werden.

Berlin, den 21. Januar 1856.

Der Justiz-Minister
Simons.

An
sämmtliche Gerichtsbehörden.

I. 263. Justiz-Minist. 37. Vol. 2

88.

Allgemeine Verfügung vom 21. Februar 1856, — betreffend die Form der ärztlichen Atteste in gerichtlichen Angelegenheiten.

Allg. Verfügung v. 3. Febr. 1853 (Rh. Samml. Bd. X. S. 543).

Ueber die Form der von den Medizinal-Beamten auszustellenden Atteste in gerichtlichen Angelegenheiten hat der Herr Minister der geistlichen, Unterrichts- und Medizinal-Angelegenheiten in Verfolg des Cirkulars vom 20. Januar 1853 (Rhein. Samml. Bd. X. S. 544) die nachstehende anderweitige Verfügung vom 11. d. M. an sämmtliche Regierungen erlassen. Den Gerichtsbehörden und Beamten der Staatsanwaltschaft wird dieselbe mit Bezug auf die allgemeine Verfügung des Justiz-Ministers vom 3. Februar 1853 hierdurch zur Kenntnißnahme und Beachtung mitgetheilt.

Berlin, den 21. Februar 1856.

Der Justiz-Minister
Simons.

An
sämmtliche Gerichte und Beamte der Staatsanwaltschaft.

I. 792. M. 17. Vol. 8.

a.

Cirkular-Verfügung des Herrn Ministers der geistlichen, Unterrichts- und Medizinal-Angelegenheiten vom 11. Februar 1856.

Die auf meinen Erlaß vom 13. April v. J. eingegangenen Berichte der Königlichen Regierungen über den Erfolg und die etwanige Ergänzung der die Form der amtlichen Atteste der Medizinal-Beamten betreffenden Cirkular-Verfügung vom 20. Januar 1853 ergeben, daß letztere sich praktisch bewährt, insbesondere eine größere Genauigkeit der gedachten Atteste und eine nicht unerhebliche Verminderung der Zahl der zum Gebrauch vor Gericht bestimmten Atteste überhaupt, sowie insbesondere der von nicht beamteten Aerzten ausgestellten, zur Folge gehabt hat. Die Königlichen Regierungen haben daher in der überwiegenden Mehrzahl und in Uebereinstimmung mit den von ihnen deshalb befragten Gerichtsbehörden für das unveränderte Fortbestehen der gedachten Verfügung sich ausgesprochen, und nur von wenigen Regierungen sind Ergänzungen vorgeschlagen. Ueber diese Vorschläge bin ich mit dem Herrn Justiz-Minister in Berathung getreten und bestimme nunmehr im Einverständnisse mit demselben,

daß die gedachten Atteste in Zukunft jedesmal außer dem vollständigen Datum der Ausstellung auch den Ort und den Tag der stattgefundenen ärztlichen Untersuchungen enthalten müssen,

und

daß die Cirkular-Verfügung vom 20. Januar 1853 auch auf diejenigen Atteste der Medizinal-Beamten Anwendung findet, welche von ihnen in ihrer Eigenschaft als praktische Aerzte zum Gebrauch vor Gerichtsbehörden ausgestellt werden.

Sind solche Atteste der Medizinal-Beamten zum Gebrauch vor anderen Behörden bestimmt und nicht in der durch die Cirkular-Verfügung vom 20. Januar 1853 vorgeschriebenen Form ausgestellt, so bleibt dem Ermessen der Königlichen Regierungen überlassen, in geeigneten Fällen die Ausstellung eines der allegirten Verfügung entsprechenden Attestes zu verlangen.

Im Uebrigen verbleibt es bei der Cirkular-Verfügung vom 20. Januar 1853.

Den Königlichen Regierungen empfehle ich, der genauen und sorgfältigen Ausführung derselben fortgesetzt ihre besondere Aufmerksamkeit zuzuwenden und die angeordnete alljährliche öffentliche Bekanntmachung nicht zu versäumen.

Berlin, den 11. Februar 1856.

Der Minister der geistlichen, Unterrichts- und Medizinal-Angelegenheiten.

An sämmtliche Königliche Regierungen.

89.

Gesetz, — betreffend das Verfahren gegen ausgewanderte Militairpflichtige und gegen beurlaubte Landwehrmänner, welche ohne Erlaubniß auswandern. Vom 10. März 1856.

Wir Friedrich Wilhelm, von Gottes Gnaden, König von Preußen &c. &c.

verordnen, unter Zustimmung der beiden Häuser des Landtages Unserer Monarchie, was folgt:

§. 1.

Das Verfahren gegen Personen, welche ohne Erlaubniß die Königlichen Lande verlassen und sich dadurch dem Eintritt in den Dienst des stehenden Heeres zu entziehen suchen, ingleichen das Verfahren gegen beurlaubte Landwehrmänner, welche ohne Erlaubniß auswandern (§. 110 des Strafgesetzbuches), regelt sich nach den Vorschriften über das Verfahren in Untersuchungssachen.

Dabei kommen jedoch folgende Bestimmungen zur Anwendung:

I. Von dem Verfahren gegen ausgetretene Militairpflichtige.

§. 2.

Den mit der Kontrole der Militairpflichtigen beauftragten Verwaltungs-Behörden verbleibt die Verpflichtung, über den Aufenthaltsort derjenigen Militairpflichtigen, welche sich bei den von ihnen angeordneten Revisionen nicht gestellen oder welche als abwesend angemeldet werden, sorgfältige Erkundigungen, insbesondere bei den betreffenden Ortsbehörden, bei den Verwandten und bei den Vormündern, anzustellen.

§. 3.

Sind diese Erkundigungen fruchtlos oder ergiebt sich in Folge derselben, daß ein Militairpflichtiger die Königlichen Lande ohne Erlaubniß verlassen hat, so hat die Landespolizei-Behörde auf Grund der ihr einzureichenden und erforderlichen Falls zu ergänzenden Verhandlungen eine Erklärung dahin auszustellen:

1) daß der Militairpflichtige sich zu den von der Verwaltungsbehörde angeordneten Revisionen nicht gestellt,
2) daß der Aufenthaltsort desselben im Inlande nicht ermittelt worden, und
3) daß der angestellten Erkundigungen ungeachtet sich keine Umstände ergeben haben, welche die Annahme ausschließen, daß der Militairpflichtige die Königlichen Lande ohne Erlaubniß verlassen und sich dadurch dem Eintritt in den Dienst des stehenden Heeres zu entziehen gesucht habe.

§. 4.

Die Erklärung der Landespolizei-Behörde ist dem Staatsanwalt bei dem Gericht des letzten Wohnsitzes oder des letzten gewöhnlichen Aufenthaltsorts zu übersenden. Auf Grund derselben ist von dem Staatsanwalt sofort die Beschlagnahme des Vermögens, nach Maaßgabe des §. 110 des Strafgesetzbuches, zu beantragen und die Einleitung des Strafverfahrens mittelst öffentlicher Vorladung herbeizuführen.

§. 5.

Das Verfahren kann gleichzeitig gegen verschiedene Personen gerichtet werden und die Verhandlung gegen die zugleich vorgeladenen Personen ungetrennt erfolgen.

§. 6.

In Bezug auf die Vorladungen der Beschuldigten und die Zustellungen an dieselben kommen die Vorschriften der Artikel 46. bis 50. einschließlich des Gesetzes vom 3. Mai 1852, betreffend die Zusätze zu der Verordnung vom 3. Januar 1849, und im

Bezirke des Appellationsgerichtshofes zu Cöln die Vorschriften der Artikel 10. bis 13. einschließlich des Gesetzes vom 11. Mai 1855, die Abänderung einiger Vorschriften über das gerichtliche Verfahren betreffend, zur Anwendung. Dem Beschuldigten ist jedoch, falls sein Aufenthaltsort bekannt ist, Abschrift der Vorladung durch die Post zu übersenden. Eines Behändigungsscheines bedarf es nicht.

§. 7.

In dem Termine zur mündlichen Verhandlung und in dem weiteren Verfahren mit Einschluß der Einlegung der Rechtsmittel ist die Vertretung des nicht erschienenen Beschuldigten gestattet.

Als Vertreter sind zuzulassen:

1) diejenigen, welche als Vertheidiger aufzutreten befugt sind;
2) Vormünder, Verwandte in auf- und absteigender Linie, Ehefrauen und Geschwister der Beschuldigten, ohne daß es für dieselben einer ausdrücklichen Vollmacht bedarf.

§. 8.

Die Verurtheilung erfolgt auf Grund der von der Landespolizei-Behörde ausgestellten Erklärung, falls nicht erwiesen wird, daß der Beschuldigte die Königlichen Lande nicht ohne Erlaubniß verlassen habe, oder daß Umstände vorhanden seien, welche die Annahme ausschließen, daß er sich dadurch dem Eintritt in den Dienst des stehenden Heeres zu entziehen gesucht habe.

§. 9.

Bedarf es zur Aufnahme des hierüber zugelassenen Beweises einer Vertagung der mündlichen Verhandlung, so ist die Sache von den übrigen, gleichzeitig verhandelten zu trennen und zum besonderen Abschluß zu bringen.

Dasselbe findet Statt, wenn die Trennung sich aus anderen Gründen als zweckmäßig ergiebt.

II. Von dem Verfahren gegen beurlaubte Landwehrmänner, welche ohne Erlaubniß auswandern.

§. 10.

Die Einleitung des Verfahrens gegen beurlaubte Landwehrmänner, welche ohne Erlaubniß auswandern, geschieht auf die Erklärung der Landespolizei-Behörde:

1) daß der Aufenthalt des Landwehrmannes im Inlande nicht ermittelt,
2) daß ihm eine Erlaubniß zur Auswanderung nicht ertheilt worden,
3) daß der angestellten Erkundigungen ungeachtet sich keine Umstände ergeben haben, welche die Annahme ausschließen, daß er ausgewandert sei.

§. 11.

Die Verurtheilung erfolgt auf Grund dieser Erklärung, wenn nicht derselben entgegenstehende Umstände erwiesen werden.

Im Uebrigen finden die §§. 4, 5, 6, 7 und 9 auch hier Anwendung.

III. Schlußbestimmungen.

§. 12.

Alle diesem Gesetze entgegenstehenden Vorschriften, insbesondere die Bestimmungen des Theils I. Titel 36. der Allgemeinen Gerichts-Ordnung und der Artikel 8. und 9. des Gesetzes vom 6. Floréal XI. (26. April 1803) werden aufgehoben.

Diejenigen Sachen jedoch, welche zur Zeit, wo dies Gesetz in Kraft tritt, bei dem zuständigen Gerichte bereits eingeleitet worden sind, werden nach dem bisherigen Verfahren zu Ende geführt.

§. 13.

Unsere Minister der Justiz, des Innern, der Finanzen und des Krieges sind mit der Ausführung dieses Gesetzes beauftragt.

Urkundlich unter Unserer Höchsteigenhändigen Unterschrift und beigedrucktem Königlichen Insiegel.

Gegeben Charlottenburg, den 10. März 1856.

(L. S.) Friedrich Wilhelm.

v. Manteuffel. v. d. Heydt. Simons. v. Raumer.
v. Westphalen. v. Bodelschwingh. Gr. v. Waldersee.

Für den Minister für die landwirthschaftlichen Angelegenheiten:
v. Manteuffel.

I. 1357. Crimin. 11.

90.

Bekanntmachung der Ministerial-Erklärung vom 20. Februar 1856, — betreffend eine Uebereinkunft mit der Herzoglich Nassauischen Regierung wegen Ergreifung wirksamer Maaßregeln zur gegenseitigen Verhütung und Bestrafung von Feld-, Forst-, Jagd- und Fischerei-Freveln in den Grenzgebieten. Vom 12. März 1856.

Nachdem die Königlich Preußische Regierung mit der Herzoglich Nassauischen Regierung übereingekommen ist, wirksamere Maaßregeln zur Verhütung und Bestrafung der Feld-, Forst-, Jagd- und Fischerei-Frevel in dem Grenzgebiete gegenseitig zu treffen, sind zwischen beiden Regierungen die nachstehenden Bestimmungen verabredet worden:

Artikel I.

Es verpflichten sich beide kontrahirenden Regierungen, die Feld-, Forst-, Jagd- und Fischerei-Frevel, welche ihre Unterthanen in dem Gebiete der anderen Regierung verüben sollten, sobald sie davon Kenntniß erhalten, nach denselben Gesetzen zu untersuchen und zu bestrafen, nach welchen sie untersucht und bestraft werden würden, wenn sie im Inlande begangen worden wären.

Uebrigens steht es den beiderseitigen Behörden, wie bisher, auch fernerhin frei, die auf ihrem Gebiete betroffenen und daselbst verhafteten Frevler nach ihren Gesetzen bestrafen zu lassen.

Artikel II.

Für die Konstatirung eines der im Artikel I. bezeichneten Frevel, welcher von einem Angehörigen des einen Staates in dem Gebiete des anderen Staates begangen worden, soll den Protokollen und Abschätzungen, welche von den kompetenten Forst-, Polizei- und sonstigen zuständigen Beamten des Orts des begangenen Frevels aufgenommen sind, derselbe Glaube von der zur Aburtheilung zuständigen Behörde beigemessen werden, welchen die Gesetze den Protokollen und Abschätzungen der inländischen Beamten beilegen.

Artikel III.

Von den beiderseitigen Behörden soll zur Entdeckung der Frevler alle mögliche Hülfe geleistet werden. Namentlich sollen die beiderseitigen Forst- und Polizei-Beamten befugt sein, die Spur der Frevler in das fremde Gebiet zu verfolgen und letztere auf dem fremden Gebiete zu verhaften, jedoch mit der Verbindlichkeit, die Arretirten unverzüglich an die nächste Polizei- oder Justiz-Behörde desselben Gebietes abzuliefern, damit daselbst ihr Name und Wohnort ausgemittelt werden kann.

Im Falle hierbei im Gebiete des anderen Staates eine Haussuchung nothwendig wird, hat der verfolgende Beamte sich zu dem Ende an die Orts-Polizeibehörde der betreffenden Gemeinde zu wenden und dieselbe zur Vornahme der Visitation aufzufordern. Die bei der Haussuchung aufgefundenen, als Objekte des begangenen Frevels bezeichneten Gegenstände sind in Verwahrung zu bringen. Der Vollzug der Requisition erfolgt kostenfrei für den Requirirenden.

Artikel IV.

Ueber die Haussuchung ist sofort ein Protokoll aufzunehmen. Eine Ausfertigung desselben ist dem requirirenden Beamten einzuhändigen, eine zweite der vorgesetzten Behörde des requirirten Beamten einzusenden.

Der requirirende Forst- oder Polizei-Beamte kann verlangen, daß der Polizei-Beamte des Orts, wo die Haussuchung vorgenommen werden soll, dabei zugezogen werde.

Artikel V.

Den untersuchenden und bestrafenden Behörden beider Staaten wird zur Pflicht gemacht, die Untersuchung und Bestrafung der zu ihrer Kenntniß gebrachten Frevel so schleunig vorzunehmen, als es nach den Gesetzen des betreffenden Staates nur immer möglich ist, auch namentlich bei ausgezeichneten oder sehr bedeutenden Freveln die Untersuchung in jedem einzelnen Falle sogleich eintreten zu lassen. Die Anzeigen über verübte Frevel sollen der requirirten Behörde in zweifacher Ausfertigung zugesandt, der requirirenden Behörde aber soll das Ergebniß der Untersuchung mitgetheilt und von der Vollstreckung der erkannten Strafe jedesmal Kenntniß gegeben werden.

Artikel VI.

Die Vollziehung der Straferkenntnisse, sowie die Beitreibung der den Flur-, Wald-, Jagd- und Fischerei-Eigenthümern zuerkannten Entschädigungsgelder geschieht nach den Landesgesetzen, und soll mit der thunlichsten Beschleunigung bewirkt werden.

Die erkannte Geld- oder Arbeitsstrafe wird zum Vortheile desjenigen Staates vollzogen, dessen Behörde die Strafe erkannt hat. Wird von einem Frevler die Zahlung des Betrages der gegen ihn erkannten Geldstrafe, des Werth- oder Schaden-Ersatzes, der Kosten und Pfandgebühren nicht vollständig, sondern nur zum Theil geleistet, so werden von dem eingezogenen Gelde zuerst die Denunziantengebühren, wo solche gesetzlich bestehen, sodann die Kosten, dann der Ersatz des Schadens und Werthes und zuletzt die Strafe, soweit es zureicht, bezahlt.

Artikel VII.

Die im Herzogthum Nassau bestehende Vorschrift, wonach bei Feldfreveln der erste zahlungsfähige Frevler zum Rückersatz der aus der betreffenden Gemeindekasse wegen solcher Frevel ausgelegten Schadenersatzbeträge schuldig sein soll, bleibt bei der Aburtheilung der von Unterthanen des einen Staates im Gebiete des anderen verübten Uebertretungen dieser Art außer Anwendung.

Artikel VIII.

Die zwischen Preußen und Nassau bestehende Vereinbarung vom 10. Oktober 1821 (Gesetz-Sammlung für die Preußischen Staaten S. 163) in Betreff der Verhütung der Forstfrevel in den Grenzwaldungen tritt außer Kraft.

Artikel IX.

Gegenwärtige Ministerial-Erklärung soll, nachdem sie gegen eine übereinstimmende Erklärung des Herzoglich Nassauischen

Ministeriums ausgewechselt worden, öffentlich bekannt gemacht werden.

Berlin, den 20. Februar 1856.

Der Königlich Preußische Ministerpräsident, Minister der auswärtigen Angelegenheiten.
v. Manteuffel.

Vorstehende Ministerialerklärung wird, nachdem sie gegen eine übereinstimmende Erklärung des Herzoglich Nassauischen Staatsministeriums vom 27. v. M. ausgewechselt worden ist, hierdurch zur öffentlichen Kenntniß gebracht.

Berlin, den 12. März 1856.

Der Ministerpräsident, Minister der auswärtigen Angelegenheiten.
v. Manteuffel.

I. 1270. F. 48. Vol. 6.

91.

Gesetz, — betreffend einige Abänderungen des Gesetzes über die Dienstvergehen der Richter vom 7. Mai 1851 (Ges.-Samml. S. 218) und die Einführung eines Ehrenrathes für die Rechtsanwalte beim Ober-Tribunal. Vom 26. März 1856.

Gesetz vom 7. Mai 1851 (Rhein. Samml. Bd. X. S. 292).

Wir Friedrich Wilhelm, von Gottes Gnaden, König von Preußen rc. rc.

verordnen, mit Zustimmung beider Häuser des Landtages Unserer Monarchie, was folgt:

§. 1.

Von den im §. 15. des Gesetzes vom 7. Mai 1851 aufgeführten Disziplinarstrafen wird die „zeitweise Entfernung von den Dienstverrichtungen“ hiermit aufgehoben.

An Stelle dieser Strafe tritt Versetzung in ein anderes Richteramt von gleichem Range, jedoch mit Verminderung des Diensteinkommens und Verlust des Anspruchs auf Umzugskosten, oder mit einem von beiden Nachtheilen. In den dazu geeigneten Fällen, kann statt der Verminderung des Diensteinkommens eine Geldbuße verhängt werden, welche ein Drittel des Jahresgehaltes nicht übersteigt.

Die Bestimmungen des §. 49. des Gesetzes vom 7. Mai 1851 finden Anwendung, wenn die Disziplinaruntersuchung die Versetzung in ein anderes Amt zur Folge gehabt hat.

Ist gegen ein Mitglied des Revisionskollegiums oder des Generalauditoriats auf diese Strafe erkannt, so kann dieselbe in der Weise vollzogen werden, welche in dem ersten Satze des §. 68 und des §. 74 des angeführten Gesetzes bestimmt ist.

§. 2.

Bei dem Ober-Tribunale erfolgt die Erledigung der nach dem Gesetze vom 7. Mai 1851 zu verhandelnden Sachen in einem aus den Präsidenten und Vizepräsidenten des Gerichtshofes, beziehungsweise deren Stellvertretern, den Mitgliedern des Ersten Civilsenats und aus Mitgliedern des Senats für Strafsachen gebildeten Disziplinarsenate. Von den Letzteren treten die Rheinischen oder Nichtrheinischen Mitglieder ein, je nachdem der Angeschuldigte in dem Gebiete des Rheinischen Rechtsverfahrens oder in den übrigen Landestheilen der Monarchie angestellt ist.

Zur Abfassung gültiger Beschlüsse ist die Anwesenheit von wenigstens fünfzehn Mitgliedern, mit Einschluß des Vorsitzenden, erforderlich.

§. 3.

Ist gegen ein Disziplinarurtel erster Instanz, welches auf keine höhere Strafe, als: Warnung, Verweis mit oder ohne Geldbuße oder auf Geldbuße lautet, nur vom Angeschuldigten die Berufung eingelegt, so werden die Verrichtungen des Disziplinarsenats vom Ersten Civilsenate, oder, wenn die Untersuchung einen Beamten aus dem Bezirke des Appellationsgerichtshofes zu Cöln betrifft, von dem Rheinischen Senate wahrgenommen.

§. 4.

Die Verordnung über die Bildung eines Ehrenrathes unter den Justiz-Kommissarien und Notarien vom 30. April 1847 (Gesetz-Sammlung S. 196) mit den, dieselbe ergänzenden und abändernden Bestimmungen, kommt auch bei dem Ober-Tribunal zur Anwendung.

Die nach jenen Gesetzen den Landes-Justizkollegien zustehenden Befugnisse werden von dem Ober-Tribunal, die Verrichtungen der Staatsanwaltschaft von dem General-Staatsanwalt wahrgenommen.

Der aus den Rechtsanwalten bei dem Ober-Tribunal zu bildende Ehrenrath soll aus fünf Mitgliedern, einschließlich des Vorsitzenden, bestehen, von welchen, nach Ablauf von je zwei Jahren, zwei, beziehentlich eines, ausscheiden.

Die Zahl der zu wählenden Stellvertreter wird auf zwei bestimmt.

§. 5.

Dieses Gesetz kommt in allen, bei Eintritt der Gesetzeskraft desselben noch nicht in erster Instanz entschiedenen Sachen zur Anwendung.

Urkundlich unter Unserer Höchsteigenhändigen Unterschrift und beigedrucktem Königlichen Insiegel.

Gegeben Potsdam, den 26. März 1856.

(L. S.) Friedrich Wilhelm.

v. d. Heydt. Simons. v. Raumer. v. Westphalen.
v. Bodelschwingh. Gr. v. Waldersee.

Für den Minister für die landwirthschaftlichen Angelegenheiten:
v. Manteuffel.

I. 1732. O. 34. Vol. 9.

92.

Gesetz, — über die Bestrafung unbefugter Gewinnung oder Aneignung von Mineralien. Vom 26. März 1856.

Wir Friedrich Wilhelm, von Gottes Gnaden, König von Preußen rc. rc.

verordnen, mit Zustimmung beider Häuser des Landtages Unserer Monarchie was folgt:

§. 1.

Wer ohne Befugniß bergbauliche Anlagen zur Gewinnung von Mineralien macht, welche der Staat sich vorbehalten hat, oder zu deren Gewinnung es einer Verleihung, einer Konzession, oder einer Erlaubniß der Behörde bedarf, wird mit Geldbuße bis zu zweihundert Thalern oder Gefängniß bis zu drei Monaten bestraft.

Die Strafe ist Geldbuße bis zu fünfhundert Thalern oder Gefängniß bis zu sechs Monaten, wenn die mittelst der Anlagen gewonnenen Mineralien weggenommen sind.

§. 2.

Wer ohne Befugniß, jedoch ohne Errichtung bergbaulicher Anlagen, anstehende Mineralien, welche der Staat sich vorbehalten hat, oder zu deren Gewinnung es einer Verleihung, einer Konzession, oder einer Erlaubniß der Behörde bedarf, in der Absicht wegnimmt, dieselben sich zuzueignen, wird mit Geldbuße bis zu funfzig Thalern oder mit Gefängniß bis zu sechs Wochen bestraft.

Der Versuch, die Theilnahme, die Hehlerei und die Begünstigung wird mit gleicher Strafe bestraft.

§. 3.

Wer bei Benutzung seines Bergeigenthums fahrlässigerweise die Grenzen seines Grubenfeldes überschreitet, hat Geldbuße bis zu funfzig Thalern oder Gefängniß bis zu sechs Wochen verwirkt.

Geschieht eine solche Ueberschreitung der Grenze vorsätzlich, so finden die in dem §. 1 angedrohten Strafen Anwendung.

§. 4.

Die rechtswidrige Zueignung schon gewonnener Mineralien ist nach den Bestimmungen des Strafgesetzbuchs über Diebstahl oder Unterschlagung zu bestrafen.

Urkundlich unter Unserer Höchsteigenhändigen Unterschrift und beigedrucktem Königlichen Insiegel.

Gegeben Potsdam, den 26. März 1856.

(L. S.) Friedrich Wilhelm.

v. Manteuffel. v. d. Heydt. Simons. v. Raumer. v. Westphalen. v. Bodelschwingh. Gr. v. Waldersee.

Für den Minister für die landwirthschaftlichen Angelegenheiten: v. Manteuffel.

I. 1734. B. 32.

93.

Verfügung vom 2. April 1856, — betreffend die von den Rheinischen Kandidaten vor den Probearbeiten anzufertigenden schriftlichen Relationen.

Regulativ vom 16. Febr. 1832 §§. 14, 25 (Rh. Samml. Bd. 3. S. 431).

Nach der von Ihnen, Herr Erster Präsident, in dem Bericht vom 20. Januar d. J. dargelegten und von der Königlichen Immediat-Justiz-Examinations-Kommission in gleicher Weise bemerkten Erfahrung, daß bei den Prüfungen der Rheinischen Kandidaten die Einrichtung der von denselben angefertigten Relationen und die in den letzteren befolgte Weise der Darstellung vorwiegend den Gegenstand der Ausstellungen bildet, und daß sich als Grund hiervon meist ein Mangel an Uebung zu erkennen giebt, erscheint es zweckmäßig, der in den §§. 14 und 25 des Regulativs vom 16. Februar 1832 — Rhein. Samml. Bd. 3. S. 431 — über die praktischen Vorbereitungen und die Prüfungen zum Justizdienst in der Rheinprovinz gegebenen Vorschrift, die Auskultatoren und Referendarien mit Relationen zu beschäftigen, eine größere Wirksamkeit zu sichern.

In Genehmigung des von Ihnen, Herr Erster Präsident, gemachten Vorschlags wird daher hierdurch bestimmt, daß vom 1. Juli d. J. ab die Auskultatoren und die Referendarien bei den Rheinischen Gerichten, ehe sie sich zur zweiten und zur dritten Prüfung melden, vor der eigentlichen Probearbeit wenigstens drei schriftliche Relationen bei den Landgerichten angefertigt haben müssen und daß von dem besagten Zeitpunkte ab die Zulassung zur zweiten und zur dritten Prüfung auch durch die Zeugnisse der Korreferenten über die praktische Brauchbarkeit jener Arbeiten bedingt sein soll.

Sie, Herr Erster Präsident und Herr General-Prokurator, werden angewiesen, diese Bestimmung zur Kenntniß der Gerichte und der Beamten der Staatsanwaltschaft zu bringen und das zu deren Ausführung Erforderliche zu veranlassen.

Berlin, den 2. April 1856.

Der Justiz-Minister
Simons.

An
den Königl. Herrn Ersten Präsidenten
des Appellationsgerichtshofes und an
den Königl. Herrn General-Prokurator
zu Cöln.

I. 734. Rhein. Offiz. Sachen 7. Vol. 4.

94.

Allgemeine Verfügung vom 3. April 1856, — betreffend das Verfahren zur Vermeidung der Ueberhebungen von Gnadengehältern und Wartegeldern der Militair-Invaliden.

Staats-Ministerial-Beschluß vom 30. April 1838 (Rh. Samml. Bd. VI. S. 614).
Staats-Ministerial-Beschluß vom 30. Mai 1844 (Rh. Samml. Bd. VII. S. 327).

Nach einer dem Justiz-Minister von Seiten des Herrn Kriegs-Ministers zugegangenen Mittheilung wiederholen sich häufig die Fälle, daß von den im Civildienste angestellten Militair-Invaliden die Niederschlagung der von denselben nach ihrer Anstellung durch den Fortbezug der Militair-Pension veranlaßten Ueberhebungen nachgesucht wird.

Bei näherer Ermittelung der Ursachen solcher Ueberhebungen hat sich in der Regel herausgestellt, daß die anstellenden Behörden es verabsäumt hatten, die Vorschriften des Staats-Ministerial-Beschlusses vom 30. April 1838 zu befolgen, wonach dem Invaliden das Pensions-Quittungsbuch abgenommen und dieses der zahlenden Kasse zugefertigt, gleichzeitig auch der betreffenden Regierung von der erfolgten Anstellung oder der Beschäftigung des Invaliden, sowie von dem ihm bewilligten Civil-Diensteinkommen, Behufs Sistirung der Pensionszahlung Nachricht ertheilt werden soll.

Der Justiz-Minister nimmt hieraus Veranlassung, den Gerichtsbehörden die sorgfältige Befolgung der Vorschriften des Staats-Ministerial-Beschlusses vom 30. April 1838 und der damit in Verbindung stehenden Bestimmungen des Staats-Ministerial-Beschlusses vom 30. Mai 1844 in Erinnerung zu bringen.

Berlin, den 3. April 1856.

Der Justiz-Minister
Simons.

An
sämmtliche Gerichtsbehörden.

I. 1353. J. 26. Vol. 4.

95.

Gesetz, — betreffend die Abänderung einiger Bestimmungen des Strafgesetzbuchs. Vom 14. April 1856.

Wir Friedrich Wilhelm, von Gottes Gnaden, König von Preußen &c. &c.

verordnen, mit Zustimmung beider Häuser des Landtages Unserer Monarchie, was folgt:

Artikel I.

In dem Strafgesetzbuche für die Preußischen Staaten vom 14. April 1851 werden die §§. 113, 120, 195, 196, 217, 218, 232, 233, 237, 238, 243, 251, 254, 255, 256, 272, 347, 349 und zwar jeder einzeln in der Art abgeändert, wie derselbe nachstehend unter seiner bisherigen Nummer umgestaltet ist.

Der §. 193 des Strafgesetzbuchs aber erhält die aus den nachstehenden §§. 192a. und 193 ersichtlichen Abänderungen.

§. 113.

Wer sich vorsätzlich durch Selbstverstümmelung oder auf andere Weise zu dem Militairdienste untauglich macht, oder durch einen Andern untauglich machen läßt, wird mit Gefängniß nicht unter Einem Jahre und zeitiger Untersagung der Ausübung der bürgerlichen Ehrenrechte bestraft. Dieselbe Strafe hat derjenige verwirkt, welcher den Andern auf dessen Verlangen zum Militairdienste untauglich macht.

Wer in der Absicht, sich der Verpflichtung zum Militairdienste ganz oder zeitweise zu entziehen, auf Täuschung berechnete Mittel anwendet, wird mit Gefängniß nicht unter drei Monaten und zeitiger Untersagung der Ausübung der bürgerlichen Ehrenrechte bestraft. Dieselbe Strafe haben die Theilnehmer an diesem Vergehen verwirkt.

§. 120.

In den Fällen der §§. 117—119 kann der Verurtheilte nach ausgestandener Strafe nach dem Ermessen der Landespolizeibehörde in ein Arbeitshaus gebracht werden.

Die von der Landespolizeibehörde festzusetzende Dauer der Einsperrung in dem Arbeitshause darf einen Zeitraum von drei Jahren nicht übersteigen.

An Stelle der Einsperrung in ein Arbeitshaus kann von der Landespolizeibehörde angeordnet werden, daß die Verurtheilten durch den Landrath oder die Ortspolizeibehörde zu gemeinnützigen Arbeiten verwendet werden.

Die Befugniß der Landespolizeibehörde, Ausländer aus dem Lande zu weisen, wird hierdurch nicht berührt.

§. 192 a.

Hat eine vorsätzliche Mißhandlung oder Körperverletzung erhebliche Nachtheile für die Gesundheit oder die Gliedmaßen des Verletzten, oder eine länger andauernde Arbeitsunfähigkeit zur Folge gehabt, so tritt Gefängniß nicht unter sechs Monaten ein.

§. 193.

Ist bei einer vorsätzlichen Mißhandlung oder Körperverletzung der Verletzte verstümmelt, oder der Sprache, des Gesichts, des Gehörs oder der Zeugungsfähigkeit beraubt, oder in eine Geisteskrankheit versetzt worden, so ist die Strafe Zuchthaus bis zu funfzehn Jahren.

§. 195.

Wenn bei einer Schlägerei oder bei einem von mehreren Personen verübten Angriffe ein Mensch getödtet wird, oder eine schwere (§. 193) oder erhebliche (§. 192 a.) Mißhandlung oder Körperverletzung erleidet, so ist jeder, welcher sich an der Schlägerei oder dem Angriffe betheiligt hat, schon wegen dieser Betheiligung mit Gefängniß nicht unter drei Monaten zu bestrafen, insofern nicht festgestellt wird, daß er ohne sein Verschulden hineingezogen worden.

Sind mehreren Betheiligten solche Verletzungen zuzuschreiben, welche nicht einzeln für sich, sondern nur in ihrer Gesammtheit den Tod, oder die schwere oder die erhebliche Mißhandlung oder Körperverletzung zur Folge gehabt haben, so ist jeder dieser Betheiligten in den Fällen der §§. 194 und 193 mit Zuchthaus bis zu zehn Jahren zu bestrafen; im Falle einer erheblichen Mißhandlung oder Körperverletzung tritt die Strafe des §. 192 a. ein.

Die Anwendung der Gesetze gegen diejenigen, welche als Urheber eines Mordes oder eines Todschlags, oder einer schweren oder erheblichen Körperverletzung, oder als Theilnehmer an diesen strafbaren Handlungen schuldig sind (§. 34. 1. 2), ist hierdurch nicht ausgeschlossen.

§. 196.

War bei einer Mißhandlung oder Körperverletzung der Thäter ohne eigene Schuld durch eine ihm selbst oder seinen Angehörigen zugefügte Mißhandlung oder schwere Beleidigung von dem Verletzten zum Zorn gereizt und dadurch auf der Stelle zur That hingerissen worden, oder wird festgestellt, daß andere mildernde Umstände vorhanden sind, so ist im Falle der Tödtung (§§. 194, 195) auf Gefängniß nicht unter sechs Monaten, im Falle einer schweren Mißhandlung oder Körperverletzung (§. 193) auf Gefängniß nicht unter drei Monaten, und im Falle der erheblichen Mißhandlung oder Körperverletzung (§. 192a.) auf Gefängniß nicht unter vier Wochen zu erkennen.

Diese Ermäßigung der Strafe bleibt ausgeschlossen, wenn das Verbrechen gegen leibliche Verwandte in aufsteigender Linie begangen wird.

§. 217.

In folgenden Fällen soll die Gefängnißstrafe nicht unter drei Monaten sein:

1) wenn Ackergeräthschaften, oder Thiere, welche zum Ackerbau gebraucht werden, von dem Felde, Thiere von der Weide, Wild aus umzäunten Gehegen, Fische aus Teichen oder Behältern, Bienenstöcke von dem Stande, Tuche, Linnen, Gewebe oder Garne von dem Rahmen oder von der Bleiche gestohlen werden;
2) wenn Früchte oder andere Bodenerzeugnisse, welche bereits geerntet sind, von Feldern oder Wiesen oder aus Gärten gestohlen werden;
3) wenn geschlagenes Holz aus dem Walde oder von der Ablage, oder wenn Schwemm- oder Flößholz gestohlen wird;
4) wenn eine Person, welche für Lohn oder Kost dient, den Diebstahl gegen ihre Herrschaft oder gegen einen Dritten verübt, welcher sich in der Wohnung der Herrschaft befindet; ingleichen wenn ein Arbeiter, Geselle oder Lehrling den Diebstahl in der Wohnung, der Werkstätte oder dem Waarenlager des Meisters oder Arbeitgebers begeht, oder wenn eine Person, welche in einer Wohnung gewöhnlich arbeitet, in dieser Wohnung stiehlt;
5) wenn ein Gastwirth oder ein Dienstbote desselben Sachen eines aufgenommenen Gastes, oder wenn ein aufgenommener Gast in dem Gasthause stiehlt;
6) wenn der Diebstahl in einem bewohnten Gebäude entweder zur Nachtzeit oder von zwei oder mehreren Personen begangen wird.

Wird festgestellt, daß mildernde Umstände vorhanden sind, so kann die Strafe bis auf vierzehn Tage Gefängniß ermäßigt werden.

§. 218.

Zuchthausstrafe bis zu zehn Jahren und Stellung unter Polizeiaufsicht tritt in folgenden Fällen ein:

1) wenn aus einem zum Gottesdienste bestimmten Gebäude Gegenstände gestohlen werden, welche dem Gottesdienste gewidmet sind;
2) wenn in einem Gebäude oder in einem umschlossenen Raume vermittelst Einbruchs oder Einsteigens gestohlen wird;
3) wenn der Diebstahl dadurch bewirkt wird, daß zur Eröffnung eines Gebäudes oder der Zugänge eines umschlossenen Raumes, oder zur Eröffnung der im Innern befindlichen Thüren oder Behältnisse falsche Schlüssel angewendet werden;
4) wenn auf einem öffentlichen Wege, einer Straße, einem öffentlichen Platze, einer Wasserstraße oder Eisenbahn, oder in einem Postgebäude oder dem dazu gehörigen Hofraume, oder auf einem Eisenbahnhofe, eine zum Reisegepäck oder zu anderen Gegenständen des Transports gehörende Sache, mittelst Abschneidens oder Ablösens der Befestigungs- oder Verwahrungsmittel oder durch Anwendung falscher Schlüssel gestohlen wird;
5) wenn Sachen, welche eine blödsinnige Person oder ein Kind unter zwölf Jahren an oder bei sich führt, gestohlen werden;
6) wenn der Dieb oder einer der Diebe, oder einer der Theilnehmer am Diebstahle Waffen bei sich führt;
7) wenn zu dem Diebstahle zwei oder mehrere Personen als Urheber oder Theilnehmer mitwirken, welche sich zur fortgesetzten Verübung von Raub oder Diebstahl verbunden haben;
8) wenn der Diebstahl während einer Feuers- oder Wassersnoth an den gefährdeten oder geflüchteten Sachen begangen wird.

Wird festgestellt, daß mildernde Umstände vorhanden sind, so ist auf Gefängniß nicht unter sechs Monaten, sowie auf zeitige Untersagung der Ausübung der bürgerlichen Ehrenrechte zu erkennen.

§. 232.

Der Raub wird mit Zuchthaus von zehn bis zu zwanzig Jahren, sowie mit Stellung unter Polizeiaufsicht bestraft:

1) wenn der Räuber, oder einer der Räuber oder Theilnehmer am Raube Waffen bei sich führt;
2) wenn zu dem Raube zwei oder mehrere Personen als Urheber oder Theilnehmer mitwirken, welche sich zur fortgesetzten Verübung von Raub oder Diebstahl verbunden haben;
3) wenn der Raub auf einem öffentlichen Wege oder Platze verübt wird;

4) wenn bei einem Raube einem Menschen eine erhebliche Mißhandlung oder Körperverletzung (§. 192 a.) zugefügt wird.

§. 233.

Der Raub wird mit lebenslänglichem Zuchthaus bestraft:

1) wenn der Räuber schon einmal wegen Raubes oder gewaltsamer Erpressung durch einen Preußischen Gerichtshof rechtskräftig verurtheilt worden ist; der §. 60 findet hier keine Anwendung;

2) wenn bei dem Raube ein Mensch gemartert oder verstümmelt, der Sprache, des Gesichts, des Gehörs oder der Zeugungsfähigkeit beraubt, oder durch Mißhandlung oder Körperverletzung in eine Geisteskrankheit versetzt worden ist;

3) wenn bei dem Raube der Tod eines Menschen durch Mißhandlung oder Körperverletzung verursacht ist.

§. 237.

Wer Sachen, von denen er weiß, daß sie gestohlen, unterschlagen oder mittelst anderer Verbrechen oder Vergehen erlangt sind, verheimlicht, ankauft, zum Pfande nimmt, oder sonst an sich bringt, oder zu deren Absatze bei Anderen mitwirkt, es sei um seines eigenen Vortheils willen oder nicht, ingleichen wer Personen, die sich eines Diebstahls, einer Unterschlagung oder eines ähnlichen Verbrechens oder Vergehens schuldig gemacht haben, in Beziehung auf das ihm bekannte Verbrechen oder Vergehen um seines eigenen Vortheils willen begünstigt, ist mit Gefängniß nicht unter Einem Monate und mit zeitiger Untersagung der Ausübung der bürgerlichen Ehrenrechte zu bestrafen; auch kann derselbe zugleich unter Polizeiaufsicht gestellt werden.

Wird festgestellt, daß mildernde Umstände vorhanden sind, so kann die Strafe bis auf eine Woche Gefängniß ermäßigt werden.

§. 238.

Wer Sachen, von denen er weiß, daß sie von einem Raube oder einer dem Raube gleich zu achtenden Erpressung (§. 236) oder einem schweren Diebstahle (§. 218) herrühren, verheimlicht, ankauft, zum Pfande nimmt oder sonst an sich bringt, oder zu deren Absatz bei Anderen mitwirkt, es sei um seines eigenen Vortheils willen oder nicht, ingleichen, wer Personen, die sich eines der genannten Verbrechen schuldig gemacht haben, in Beziehung auf das verübte und ihm bekannte Verbrechen um seines eigenen Vortheils willen begünstigt, ist mit Zuchthaus bis zu zehn Jahren und Stellung unter Polizeiaufsicht zu bestrafen.

Wird festgestellt, daß mildernde Umstände vorhanden sind, so ist auf Gefängniß nicht unter sechs Monaten, sowie auf zeitige Untersagung der Ausübung der bürgerlichen Ehrenrechte zu erkennen.

§. 243.

Mit Gefängniß nicht unter drei Monaten und zugleich mit Geldbuße von funfzig bis zu Eintausend Thalern, sowie mit zeitiger Untersagung der Ausübung der bürgerlichen Ehrenrechte wird bestraft:

1) wer sich wissentlich unrichtiger, zum Messen oder Wiegen bestimmter Werkzeuge zum Nachtheile eines Andern bedient;
2) wer einen Ankäufer von Gold oder Silber über die Eigenschaften dieser Waare hintergeht, indem er ihm geringhaltigeres Gold oder Silber für vollhaltigeres verkauft;
3) wer ächte, zum Umlauf bestimmte Metallgeldstücke durch Beschneiden, Abfeilen oder auf andere Art verringert und als vollgültig ausgiebt oder auszugeben versucht;
4) wer solche verringerte Münzen gewohnheitsmäßig oder im Einverständnisse mit dem, welcher sie verringert hat, als vollgültig ausgiebt oder auszugeben versucht;
5) wer Geldpackete, die mit einem öffentlichen Siegel verschlossen und mit Angabe des Inhaltes versehen sind, zu ihrem vollen Inhalte ausgiebt oder auszugeben versucht, obgleich er weiß, daß sie eröffnet und ihr Inhalt verringert worden;
6) wer in der Absicht, eine verhängte Exekution abzuwenden oder hinauszuschieben, von einem Postscheine über eine Versendung von Geld oder anderen Werthgegenständen Gebrauch macht, obgleich er weiß, daß der versendete Brief, oder das versendete Packet dasjenige nicht enthält, was durch den Postschein als abgesendet nachgewiesen werden soll;
7) wer Grenzsteine oder andere zur Bezeichnung einer Grenze oder des Wasserstandes bestimmte Merkmale zum Nachtheile eines Andern wegnimmt, vernichtet, unkenntlich macht, verrückt oder fälschlich setzt;
8) wer Urkunden, welche ihm entweder gar nicht, oder nicht ausschließlich gehören, zum Nachtheile eines Andern vernichtet, beschädigt oder unterdrückt.

§. 251.

Die Urkundenfälschung wird mit Zuchthaus bis zu zehn Jahren und zugleich mit Geldbuße von Einhundert bis zu zweitausend Thalern bestraft, wenn das Verbrechen eine der folgenden Arten von Urkunden zum Gegenstande hat:

1) Urkunden, welche mit der Unterschrift des Königs oder mit dem Königlichen Insiegel ausgefertigt sind;
2) Urkunden, welche von Staatsbehörden, Gemeinden oder Korporationen des Inlandes oder Auslandes, von inländischen oder ausländischen Beamten, oder von solchen Personen, welche nach den Gesetzen des Inlandes oder Auslandes öffentlichen Glauben haben, aufgenommen, ausgefertigt oder beglaubigt werden;

3) Bücher, Register, Kataster oder Inventarien, welche unter amtlichem Glauben geführt werden;
4) Verfügungen von Todeswegen;
5) Wechsel.

Wird festgestellt, daß mildernde Umstände vorhanden sind, so ist auf Gefängniß nicht unter sechs Monaten und zugleich Geldbuße nicht unter zehn Thalern, sowie auf zeitige Untersagung der Ausübung der bürgerlichen Ehrenrechte zu erkennen.

§. 254.

Wer ohne die Absicht, sich oder Anderen Gewinn zu verschaffen, oder Anderen Schaden zuzufügen, jedoch zu dem Zwecke, Behörden oder Privatpersonen zu täuschen, einen Reisepaß, einen Legitimationsschein, ein Wanderbuch oder eine andere öffentliche Urkunde oder ein auf Grund bestehender Vorschriften auszustellendes sonstiges Zeugniß, oder ein Führungs- oder Fähigkeitszeugniß falsch anfertigt oder verfälscht, oder von einer solchen falschen oder verfälschten Urkunde wissentlich Gebrauch macht, ist mit Gefängniß bis zu sechs Monaten oder mit Geldbuße bis zu Einhundert Thalern zu bestrafen.

Auf dieselbe Strafe ist gegen den zu erkennen, welcher zu gleichem Zwecke von solchen für einen Andern ausgestellten ächten Urkunden, als seien sie für ihn ausgestellt worden, Gebrauch macht, oder welcher solche für ihn ausgestellte Urkunden einem Andern zu dem gedachten Zwecke überläßt.

§. 255.

Wer vorsätzlich, jedoch nicht in der Absicht, sich oder Anderen Gewinn zu verschaffen, oder Anderen Schaden zuzufügen, bewirkt, daß Verhandlungen, Erklärungen oder Thatsachen in öffentlichen Urkunden, Büchern oder Registern als abgegeben oder geschehen beurkundet werden, während sie gar nicht oder in anderer Weise oder von anderen Personen abgegeben oder geschehen sind, wird mit Gefängniß bis zu sechs Monaten oder mit Geldbuße bis zu Einhundert Thalern bestraft.

§. 256.

Wer unter dem Namen eines Arztes, Wundarztes oder einer andern Medizinalperson ein Zeugniß über seinen oder eines Andern Gesundheitszustand ausstellt, oder ein derartiges ächtes Zeugniß verfälscht und davon zur Täuschung von Behörden oder Versicherungsgesellschaften Gebrauch macht, wird mit Gefängniß von Einem Monate bis zu Einem Jahre bestraft; auch kann gegen denselben auf zeitige Untersagung der Ausübung der bürgerlichen Ehrenrechte erkannt werden.

§. 272.

Wer Sachen, welche durch die zuständigen Behörden oder Beamten gepfändet oder in Beschlag genommen worden sind, vorsätzlich bei Seite schafft, verbringt oder zerstört, oder in anderer Weise der Pfändung oder Beschlagnahme ganz oder theilweise entzieht, wird mit Gefängniß bis zu Einem Jahre bestraft.

§. 347.

Mit Geldbuße bis zu zwanzig Thalern oder mit Gefängniß bis zu vierzehn Tagen wird bestraft:

1) wer das Raupen, insofern dies durch gesetzliche oder polizeiliche Anordnungen geboten ist, unterläßt;
2) wer den polizeilichen Anordnungen über die Schließung der Weinberge entgegenhandelt;
3) wer ohne polizeiliche Erlaubniß eine neue Feuerstätte errichtet oder eine bereits vorhandene an einen andern Ort verlegt;
4) wer es unterläßt, dafür zu sorgen, daß die Feuerstätten in seinem Hause in baulichem und brandsicherem Zustande unterhalten, oder daß die Schornsteine zur rechten Zeit gereinigt werden;
5) wer Waaren, Materialien oder andere Vorräthe, welche sich leicht von selbst entzünden, oder leicht Feuer fangen, an Orten oder in Behältnissen aufbewahrt, wo ihre Entzündung gefährlich werden kann, oder wer Stoffe, die nicht ohne Gefahr einer Entzündung bei einander liegen können, ohne Absonderung aufbewahrt;
6) wer Scheunen, Ställe, Böden oder andere Räume, welche zur Aufbewahrung feuerfangender Sachen dienen, mit unverwahrtem Feuer oder Licht betritt, oder sich denselben mit unverwahrtem Feuer oder Licht nähert;
7) wer an gefährlichen Stellen, in Wäldern oder Haiden, oder in gefährlicher Nähe von Gebäuden oder feuerfangenden Sachen Feuer anzündet;
8) wer in gefährlicher Nähe von Gebäuden oder feuerfangenden Sachen mit Feuergewehr schießt oder Feuerwerke abbrennt;
9) wer die polizeilich vorgeschriebenen Feuerlöschgeräthschaften entweder gar nicht oder nicht in brauchbarem Zustande hält, oder andere feuerpolizeiliche Anordnungen nicht befolgt;
10) wer unbefugt über Gärten oder Weinberge, oder vor völlig beendeter Erndte über Wiesen oder bestellte Aecker, oder über solche Aecker, Wiesen, Weiden oder Schonungen, welche mit einer Einfriedigung versehen sind, oder deren Betreten durch Warnungszeichen untersagt ist, oder auf einem durch Warnungszeichen geschlossenen Privatwege geht, fährt, reitet oder Vieh treibt. Die besonderen Bestimmungen, welche wegen der Pfändungen bei solchen Uebertretungen, sowie über Weidefrevel in den Feldpolizei-Ordnungen enthalten sind, werden hierdurch nicht geändert;

11) wer ohne Genehmigung des Jagdberechtigten auf einem fremden Jagdreviere außer dem öffentlichen zum gemeinen Gebrauche bestimmten Wege zwar nicht jagend, aber mit Schießgewehr, Windhunden oder zum Einfangen des Wildes gebräuchlichen Werkzeugen betroffen wird;

12) wer Eier oder Junge von jagdbarem Federwild ausnimmt.

§. 349.

Mit Geldbuße bis zu funfzig Thalern oder Gefängniß bis zu sechs Wochen wird bestraft:

1) wer unbefugt ein fremdes Grundstück, oder einen öffentlichen oder Privatweg oder Grenzraine durch Abgraben oder Abpflügen verringert;

2) wer unbefugt von öffentlichen oder Privatwegen Erde, Steine oder Rasen, oder aus Grundstücken, welche einem Andern zugehören, Erde, Lehm, Sand, Grand oder Mergel gräbt, Plaggen oder Bülten haut, Rasen, Steine, Mineralien, zu deren Gewinnung es einer Verleihung, einer Konzession oder einer Erlaubniß der Behörde nicht bedarf, oder ähnliche Materialien wegnimmt;

3) wer Früchte, Eßwaaren oder Getränke von unbedeutendem Werthe oder in geringer Quantität entwendet, selbst wenn die Entwendung vermittelst Einbruchs oder Einsteigens in ein unbewohntes Gebäude oder in einen demselben gleichstehenden umschlossenen Raum erfolgt.

Geschieht die Entwendung unter einem andern der im §. 218 bezeichneten erschwerenden Umstände oder in gewinnsüchtiger Absicht, so kommen die Strafen des Diebstahls zur Anwendung;

4) wer von einem zum Dienststande gehörenden Unteroffizier oder Gemeinen, ohne die schriftliche Erlaubniß des vorgesetzten Kommandeurs, Montirungs- oder Armaturstücke kauft oder zum Pfande nimmt;

5) wer bei den Uebungen der Artillerie verschossene Eisenmunition, oder wer Bleikugeln aus den Kugelfängen der Schießstände der Truppen widerrechtlich sich zueignet;

6) ein Pfandleiher, welcher bei Ausübung seines Gewerbes den darüber gesetzlich erlassenen Anordnungen entgegen handelt.

Artikel II.

Wo in den Gesetzen und insbesondere in dem Strafgesetzbuche selbst bisher auf einen der im Eingange des Artikel I. bezeichneten Paragraphen hingewiesen ist, bezieht diese Hinweisung sich fortan auf den Paragraphen in seiner vorstehend abgeänderten Gestalt.

Statt des §. 193 des Strafgesetzbuchs aber ist, wo sich bisher eine Hinweisung auf denselben vorfindet, der vorstehende neue §. 193 allein als maaßgebend zu betrachten.

Urkundlich unter Unserer Höchsteigenhändigen Unterschrift und beigedrucktem Königlichen Insiegel.

Gegeben Charlottenburg, den 14. April 1856.

(L. S.) Friedrich Wilhelm.

v. d. Heydt. Simons. v. Raumer. v. Westphalen.
v. Bodelschwingh. Gr. v. Waldersee.

Für den Minister für die landwirthschaftlichen Angelegenheiten:
v. Manteuffel.

I. 1676. Landrecht 38. Vol. 11.

96.

Gesetz, — betreffend die Abänderung des Artikels 42. und die Aufhebung des Artikels 114. der Verfassungs-Urkunde vom 31. Januar 1850. Vom 14. April 1856.

Wir Friedrich Wilhelm, von Gottes Gnaden, König von Preußen 2c. 2c.

verordnen, mit Zustimmung beider Häuser des Landtages Unserer Monarchie, was folgt:

Artikel 1.

Die Artikel 42. und 114. der Verfassungs-Urkunde vom 31. Januar 1850 sind aufgehoben.

Artikel 2.

An Stelle des Artikels 42. treten folgende Bestimmungen:

Ohne Entschädigung bleiben aufgehoben, nach Maaßgabe der ergangenen besonderen Gesetze:

1) das mit dem Besitze gewisser Grundstücke verbundene Recht der Ausübung oder Uebertragung der richterlichen Gewalt (Titel VI. der Verfassungs-Urkunde) und die aus diesem Rechte fließenden Exemtionen und Abgaben;

2) die aus dem gerichts- und schutzherrlichen Verbande, der früheren Erbunterthänigkeit, der früheren Steuer- und Gewerbe-Verfassung herstammenden Verpflichtungen.

Mit den aufgehobenen Rechten fallen auch die Gegenleistungen und Lasten weg, welche den bisher Berechtigten dafür oblagen.

Urkundlich unter Unserer Höchsteigenhändigen Unterschrift und beigedrucktem Königlichen Insiegel.

Gegeben Charlottenburg, den 14. April 1856.

(L. S.) Friedrich Wilhelm.

v. d. Heydt. Simons. v. Raumer. v. Westphalen.
v. Bodelschwingh. Gr. v. Waldersee.

Für den Minister für die landwirthschaftlichen Angelegenheiten:
v. Manteuffel.

I. 2383. S. 26. Vol. 4.

97.

Allerhöchster Erlaß vom 21. April 1856, — betreffend die Publikation einer neuen amtlichen Ausgabe des Strafgesetzbuchs.

Auf Ihren Bericht vom 17. April d. J. will Ich genehmigen, daß in einer neuen Ausgabe des Allgemeinen Strafgesetzbuchs die abändernden Bestimmungen der Gesetze vom 9. März 1853 (Rh. Samml. Bd. X. S. 637) und vom 14. April d. J. (S. 177 dieses Bandes) an Stelle der aufgehobenen Vorschriften des Strafgesetzbuchs aufgenommen werden. Von den Gerichten und Verwaltungsbehörden ist in ihren Entscheidungen und Erlassen nur auf die Bestimmungen des Strafgesetzbuchs und nicht auf die erwähnten Spezialgesetze Bezug zu nehmen.

Es ist diese Meine Order in der Gesetz-Sammlung bekannt zu machen.

Charlottenburg, den 21. April 1856.

Friedrich Wilhelm.
Simons.

An den Justiz-Minister.

I. 1990. Landrecht 16. Vol. 3.

98.

Circular-Verfügung vom 26. April 1856, — betreffend die Auslieferung nach Amerika entwichener Verbrecher.

Die Kosten der Auslieferung vor der Justiz flüchtiger Verbrecher, welche bei den vereinigten Staaten von Nord-Amerika, in Gemäßheit des Vertrages vom 16. Juni 1852 (Rh. Samml.

Bd. X. S. 522) reklamirt worden, sind sehr erheblich. In einem kürzlich vorgekommenen Falle haben sie, obgleich die Auslieferung nur eine einzige Person betraf, über 2000 Thlr. betragen.

Sie, Herr General-Prokurator, werden deshalb angewiesen, wenn Anträge auf Auslieferung nach Nord-Amerika entwichener, eines Verbrechens halber verfolgter Preußischer Unterthanen gestellt werden, dergleichen Anträge jederzeit in dem an den Justiz-Minister zu erstattenden Berichte durch die nähere Ausführung zu substantiiren:

daß das betreffende Verbrechen von solcher Schwere oder für das Interesse des Staats von solcher Wichtigkeit sei, daß die Höhe der durch die Auslieferung erwachsenden Kosten dagegen nicht in Betracht komme.

Berlin, den 26. April 1856.

Der Justiz-Minister
Simons.

An
sämmtliche Königl. Herren Ober-Staats-Anwalte
und an den Königl. Herrn General-Prokurator
zu Cöln.

I. 1995. Conventionen 26.

99.

Gesetz, — betreffend die Aufhebung des Artikels 88. der Verfassungs-Urkunde vom 31. Januar 1850. Vom 30. April 1856.

Wir Friedrich Wilhelm, von Gottes Gnaden, König von Preußen rc. rc.

verordnen, mit Zustimmung beider Häuser des Landtages Unserer Monarchie, was folgt:

Einziger Artikel.

Der Artikel 88. der Verfassungs-Urkunde vom 31. Januar 1850 ist aufgehoben.

Urkundlich unter Unserer Höchsteigenhändigen Unterschrift und beigedrucktem Königlichen Insiegel.

Gegeben Charlottenburg, den 30. April 1856.

(L. S.) Friedrich Wilhelm.

v. Manteuffel. v. d. Heydt. Simons. v. Raumer.
v. Westphalen. v. Bodelschwingh. Gr. v. Waldersee.

Für den Minister für die landwirthschaftlichen Angelegenheiten:
v. Manteuffel.

I. 1952. O. 161.

100.

Statut des Verbandes der Wiesenbesitzer in der Gemeinde Preist im Kreise Bitburg des Regierungsbezirks Trier. Vom 30. April 1856.

I. 2835. Rhein. Gener. 167. Vol. 2. Ges.-Samml. S. 525.

101.

Gesetz, — betreffend die Erhaltung der Einheit der Rechtsgrundsätze in den richterlichen Entscheidungen des Ober-Tribunals. Vom 7. Mai 1856.

Wir Friedrich Wilhelm, von Gottes Gnaden, König von Preußen ꝛc. ꝛc.

verordnen, mit Zustimmung beider Häuser des Landtages Unserer Monarchie, was folgt:

§. 1.

Die Bestimmungen der Kabinetsorder vom 1. August 1836 (Ges.-Samml. S. 218), die Erhaltung der Einheit der Rechtsgrundsätze in den richterlichen Entscheidungen betreffend, kommen bei allen Civilsenaten des Ober-Tribunals, sowie dem Senate für Strafsachen, zur Anwendung.

§. 2.

Die Entscheidungen des Plenums des Ober-Tribunals über streitig gewordene Rechtsfragen erfolgen unter Mitwirkung der Mitglieder aller Senate.

In Strafsachen, in Sachen aus dem Gebiete des Rheinischen Rechtsverfahrens und in Ehesachen (Verordnung vom 28. Juni 1844, Gesetz-Sammlung S. 189), wird vor Erlassung der Plenarentscheidung der General-Staatsanwalt mit seinem Antrage gehört.

§. 3.

Zur Abfassung gültiger Beschlüsse einer Abtheilung des Senats für Strafsachen ist die Theilnahme von wenigstens sieben Mitgliedern erforderlich. Die Zahl der Mitglieder muß immer eine ungerade sein.

§. 4.

Die Entscheidung einer Strafsache erfolgt durch die vereinigten Abtheilungen des Senats für Strafsachen:

1) wenn es sich um eine Beschwerde oder Nichtigkeitsbeschwerde in Sachen handelt, welche in Gemäßheit des Gesetzes vom 25. April 1853 (Gesetz-Sammlung S. 162) zur Kompetenz des Kammergerichts gehören;

2) wenn eine Abtheilung beschließt, von einem durch sie selbst, oder durch die andere Abtheilung, oder durch einen Civilsenat bisher behaupteten Rechtsgrundsatze, oder einer bis dahin befolgten Auslegung und Anwendung einer gesetzlichen Vorschrift abzugehen;
3) wenn eine Abtheilung in einer Sache wegen der Wichtigkeit oder Zweifelhaftigkeit der dabei zu entscheidenden Rechtsfrage die Verweisung derselben an die vereinigten Abtheilungen für angemessen erachtet, oder wenn der General-Staatsanwalt mit Ermächtigung des Justizministers darauf anträgt.

Der Senat für Strafsachen ist beschlußfähig, wenn mit Einschluß des Vorsitzenden wenigstens eilf Mitglieder Theil nehmen.

§. 5.

Die nachstehenden Bestimmungen der Kabinets-Order vom 1. August 1836 werden hierdurch aufgehoben:

1) Die Bestimmungen unter Nr. 3, wonach die Entscheidung des Plenums auch dann eintreten soll, wenn ein Senat von einem durch ihn selbst bisher behaupteten Rechtsgrundsatze, oder einer durch ihn selbst bis dahin befolgten Auslegung und Anwendung einer gesetzlichen Vorschrift abzugehen beschließt.

   Dagegen bleibt jedem Senate unbenommen, in einem solchen Falle die betreffende Rechtsfrage an das Plenum zu bringen.
2) Die Bestimmung unter Nr. 4, wonach keiner der Referenten im Plenum aus den Mitgliedern des Senats gewählt werden soll, welcher die streitig gewordene Rechtsfrage an das Plenum gebracht hat.
3) Die Bestimmung unter Nr. 5, wonach, wenn das Plenum von einem früheren Beschlusse abweichen sollte, das Ober-Tribunal nach vorgängiger Entscheidung der vorliegenden Rechtssache, auf Einholung einer deklaratorischen Vorschrift anzutragen hat.

   Der abweichende neuere Beschluß hat die Kraft eines ersten Beschlusses.

Urkundlich unter Unserer Höchsteigenhändigen Unterschrift und beigedrucktem Königlichen Insiegel.

Gegeben Charlottenburg, den 7. Mai 1856.

(L. S.) Friedrich Wilhelm.

v. Manteuffel. v. d. Heydt. Simons. v. Raumer.
v. Westphalen. v. Bodelschwingh. Gr. v. Waldersee.

Für den Minister für die landwirthschaftlichen Angelegenheiten:
v. Manteuffel.

I. 2097. E. 49.

102.

Gesetz, — betreffend den Betrieb der Dampfkessel. Vom 7. Mai 1856.

Wir Friedrich Wilhelm, von Gottes Gnaden, König von Preußen 2c. 2c.

verordnen, mit Zustimmung beider Häuser des Landtages Unserer Monarchie, was folgt:

§. 1.

Der Besitzer eines im Betriebe befindlichen Dampfkessels, bei Bergwerks-Gewerkschaften der Repräsentant oder Grubenvorstand, ist verpflichtet, für die Erhaltung desselben und seiner Zubehörungen in demjenigen Zustande Sorge zu tragen, welcher in der für die Kesselanlage ertheilten polizeilichen Genehmigung vorgeschrieben ist.

Verletzungen dieser Verpflichtung durch Handlungen oder Unterlassungen werden, sofern nicht nach den allgemeinen Strafgesetzen eine höhere Strafe in Anwendung kommt, mit Geldbuße bis zu zweihundert Thalern oder Gefängniß bis zu drei Monaten, in dem für Polizeistrafen vorgeschriebenen Verfahren bestraft.

§. 2.

Derselben Strafe unterliegt derjenige, welcher die Bewartung eines Dampfkessels übernommen hat (Kesselwärter), wenn er die zum gefahrlosen Betriebe des Kessels erforderlichen Verrichtungen unterläßt, oder einen, in gefahrlosem Zustande nicht befindlichen Kessel in Betrieb erhält.

§. 3.

Insofern die Verletzung der dem Kesselwärter obliegenden Verpflichtungen (§. 2) mit Vorwissen des Kesselbesitzers stattgefunden hat, trifft denselben diese Strafe ebenfalls.

Der Kesselbesitzer ist in diesem Falle für die gegen den Kesselwärter festgesetzten Geldstrafen subsidiarisch verhaftet und ist es dem Ermessen des Gerichtes überlassen, die gegen den Kesselwärter nicht vollstreckbare Geldstrafe von ihm einzuziehen, oder statt dessen die im Unvermögensfalle an die Stelle der Geldbuße tretende Freiheitsstrafe sogleich an dem Kesselwärter vollstrecken zu lassen.

§. 4.

Die Kosten der nach der Vorschrift unter Nr. 4. des Erlasses vom 1. Januar 1831 (Gesetz-Sammlung S. 243) und des Erlasses vom 27. September 1837 (Gesetz-Sammlung S. 146) stattfindenden ersten Untersuchung eines Dampfkessels, ingleichen die Kosten der zur Ueberwachung der Vorschrift im §. 180 der Allgemeinen Gewerbe-Ordnung vom 17. Januar 1845 (Gesetz-

Sammlung S. 41), sowie im §. 1 dieses Gesetzes vorzunehmenden ferneren Revisionen, fallen dem Besitzer des Kessels zur Last. Sie werden durch das, von Unserem Minister für Handel, Gewerbe und öffentliche Arbeiten Behufs Ausführung des gegenwärtigen Gesetzes zu erlassende Regulativ festgestellt.

§. 5.

Auf die Besitzer und Wärter von Dampfkesseln an Lokomotiven und in Rhein- und Mosel-Dampfschiffen findet dieses Gesetz keine Anwendung.

§. 6.

Unser Minister für Handel, Gewerbe und öffentliche Arbeiten ist mit der Ausführung dieses Gesetzes beauftragt.

Urkundlich unter Unserer Höchsteigenhändigen Unterschrift und beigedrucktem Königlichen Insiegel.

Gegeben Charlottenburg, den 7. Mai 1856.

(L. S.) Friedrich Wilhelm.

v. Manteuffel. v. d. Heydt. Simons. v. Raumer.
v. Westphalen. v. Bodelschwingh. Gr. v. Waldersee.

Für den Minister für die landwirthschaftlichen Angelegenheiten:
v. Manteuffel.

I. 2194. G. 64. Vol. 5.

103.

Statut des Verbandes der Wiesenbesitzer in der Gemeinde Losheim im Kreise Merzig des Regierungsbezirks Trier. Vom 7. Mai 1856.

I 2836. Rhein. Gener. 167. Vol. 2. Ges.-Samml. S. 529.

104.

Statut des Verbandes der Wiesenbesitzer in der Gemeinde Niederlosheim im Kreise Merzig des Regierungsbezirks Trier. Vom 7. Mai 1856.

I. 2837. Rhein. Gener. 167. Vol. 2. Ges.-Samml. S. 534.

105.

Städte-Ordnung für die Rheinprovinz. Vom 15. Mai 1856.

Wir Friedrich Wilhelm, von Gottes Gnaden, König von Preußen ꝛc. ꝛc.
verordnen, mit Zustimmung beider Häuser des Landtages Unserer Monarchie, was folgt:

§. 1.

Die gegenwärtige Städte-Ordnung kommt für die, auf dem Provinzial-Landtage im Stande der Städte vertretenen Gemeinden von mehr als 10,000 Einwohnern zur Anwendung, sowie für diejenigen Städte von geringerer Einwohnerzahl, in denen zur Zeit der Verkündigung der Gemeinde-Ordnung vom 11. März 1850 die revidirte Städte-Ordnung vom 17. März 1831 galt.

Durch Königliche Verordnung kann die gegenwärtige Städte-Ordnung nach Befinden auch anderen auf dem Provinzial-Landtage im Stande der Städte vertretenen Gemeinden der Rheinprovinz auf ihren Antrag verliehen werden.

Titel I.

Von den Grundlagen der städtischen Verfassung.

§. 2.

Zu dem städtischen Gemeindebezirke (Stadtbezirke) gehören alle innerhalb dessen Grenzen gelegenen Grundstücke.

Veränderungen des Stadtbezirks können nur mit Genehmigung des Königs nach Anhörung der Gemeindevertretung vorgenommen werden. Bei Veränderungen im Stadtbezirke erfolgt die Regulirung der Verhältnisse nach Vernehmung der Betheiligten im Verwaltungswege durch die Regierung, gegen deren Entscheidung der Rekurs an den Oberpräsidenten stattfindet.

Privatrechtliche Verhältnisse dürfen durch dergleichen Veränderungen niemals gestört werden.

Eine jede solche Veränderung ist durch das Amtsblatt bekannt zu machen.

§. 3.

Alle Einwohner des Stadtbezirks, mit Ausnahme der servisberechtigten Militairpersonen des aktiven Dienststandes, gehören zur Stadtgemeinde.

Als Einwohner werden diejenigen betrachtet, welche in dem Stadtbezirke nach den Bestimmungen der Gesetze ihren Wohnsitz haben.

§. 4.

Alle Einwohner des Stadtbezirks sind zur Mitbenutzung der öffentlichen Gemeindeanstalten der Stadt berechtigt, und zur Theilnahme an den städtischen Gemeindelasten nach den Vorschriften dieses Gesetzes verpflichtet.

Die Bestimmungen besonderer Stiftungen, welche mit dergleichen städtischen Gemeindeanstalten verbunden sind, sowie die hinsichtlich solcher Anstalten auf besonderen Titeln beruhenden Privatrechte, werden hierdurch nicht berührt. Ingleichen wird die bestehende Organisation der Armenverwaltungen durch dieses Gesetz nicht aufgehoben.

Wer, ohne in dem Stadtbezirke zu wohnen, daselbst Grundbesitz hat, oder ein stehendes Gewerbe betreibt, ist dennoch verpflichtet, an denjenigen Lasten Theil zu nehmen, welche auf den Grundbesitz oder das Gewerbe, oder auf das aus jenen Quellen fließende Einkommen gelegt sind.

Dieselbe Verpflichtung haben juristische Personen, welche in dem Stadtbezirke Grundeigenthum besitzen, oder ein stehendes Gewerbe betreiben.

Wo städtische Gemeindeabgaben durch Zuschläge zur Klassen- oder klassifizirten Einkommensteuer erhoben werden, müssen alle diejenigen, welche im Stadtbezirke sich aufhalten, um dort ihren Unterhalt zu erwerben, sobald sie daselbst eine dieser Steuern zu entrichten haben, auch die gedachten Zuschläge zahlen. Wo eine Kommunalsteuer anderer Art eingeführt ist, sind dergleichen Personen bei einem Aufenthalte von mehr als drei Monaten im Stadtbezirke vom Ablaufe des dritten Monats an zu jener Steuer beizutragen verpflichtet.

Zu den auf den Grundbesitz, oder auf das stehende Gewerbe gelegten Lasten sind auch die im §. 3 erwähnten Militairpersonen verpflichtet, wenn sie im Stadtbezirke mit Grundeigenthum angesessen sind oder ein stehendes Gewerbe treiben. Von anderen direkten Gemeindeabgaben und Lasten sind dieselben, mit Ausnahme der Militairärzte rücksichtlich ihres Einkommens aus einer Civilpraxis, frei. Von Verbrauchsabgaben bleiben nur die Militair-Speise-Einrichtungen und ähnliche Anstalten in dem bisherigen Umfange befreit.

Die in dem Gesetze, betreffend die Aufhebung der Grundsteuerbefreiungen vom 24. Februar 1850 §. 2 (Gesetz-Sammlung S. 62), bezeichneten ertragsunfähigen oder zu einem öffentlichen Dienste oder Gebrauche bestimmten Grundstücke sind nach Maaßgabe der Kabinetsorder vom 8. Juni 1834 (Gesetz-Sammlung S. 87) von den Gemeindeauflagen befreit.

Denjenigen Staatswaldungen, welche seither von den nach dem Grundsteuerfuße vertheilten Gemeindelasten befreit gewesen sind, verbleibt fernerhin diese Befreiung, dagegen bleibt auch das

Regulativ wegen Heranziehung der Staatswaldungen zum Wegebau vom 17. November 1841 (Gesetz-Sammlung S. 405) fortbestehen.

Zeitweilige Befreiungen von Gemeindeabgaben und Leistungen für neu bebaute Grundstücke sind zulässig.

Alle sonstige, nicht persönliche Befreiungen können von den Stadtgemeinden abgelöst werden, und hören auf, wenn die Entschädigung festgestellt und gezahlt ist; bis dahin bestehen dieselben in ihrem bisherigen Umfange fort, erstrecken sich jedoch nur auf den gewöhnlichen Zustand, nicht auf außerordentliche Leistungen.

Die Befreiung und der Anspruch auf Entschädigung erlöschen, wenn sie in Städten, wo die Gemeinde-Ordnung vom 11. März 1850 bereits eingeführt ist, nicht binnen Jahresfrist nach deren Einführung bei dem Gemeindevorstande angemeldet sind, und in den anderen Städten nicht binnen Jahresfrist nach Einführung der gegenwärtigen Städte-Ordnung bei dem Bürgermeister angemeldet werden. Die Entschädigung wird zum zwanzigfachen Betrage des Jahreswerthes der Befreiung nach dem Durchschnitte der letzten zehn Jahre vor der Verkündigung dieser Städte-Ordnung geleistet. Steht ein anderer Entschädigungsmaaßstab durch speziellen Rechtstitel fest, so hat es hierbei sein Bewenden. Der Entschädigungsbetrag wird durch Schiedsrichter, mit Ausschluß der ordentlichen Rechtsmittel, festgestellt; von diesen wird der eine von dem Besitzer des bisher befreiten Grundstücks, der andere von der Gemeindevertretung ernannt. Der Obmann ist, wenn sich die Schiedsrichter über dessen Ernennung nicht verständigen können, von der Aufsichtsbehörde zu ernennen.

Die Geistlichen und Elementarschullehrer sind von allen direkten Gemeindeabgaben hinsichtlich ihres Diensteinkommens und ihrer Dienstgrundstücke, ingleichen von allen persönlichen Gemeindediensten, soweit dieselben nicht auf ihnen gehörigen Grundstücken lasten, befreit, Kirchendiener insoweit, als ihnen diese Befreiung zur Zeit der Verkündigung der Gemeinde-Ordnung vom 11. März 1850 zustand. Alle übrigen persönlichen Befreiungen sind ohne Entschädigung aufgehoben.

Wegen der Besteuerung des Diensteinkommens der Beamten sind die Vorschriften des Gesetzes vom 11. Juli 1822 (Gesetz-Sammlung S. 184) und der Kabinetsorder vom 14. Mai 1832 (Gesetz-Sammlung S. 145) anzuwenden.

Durch die in diesen Gesetzen bestimmten Geldbeiträge sind die Beamten zugleich von persönlichen Diensten frei. Sind sie jedoch Besitzer von Grundstücken, oder betreiben sie ein stehendes Gewerbe, so müssen sie die mit diesem Grundbesitz resp. Gewerbe verbundenen persönlichen Dienste entweder selbst oder für den Fall der Verhinderung durch Stellvertreter leisten.

§. 5.

Das Bürgerrecht besteht in dem Rechte zur Theilnahme an den Wahlen, sowie in der Befähigung zur Uebernahme unbesoldeter Aemter in der Gemeindeverwaltung und zur Gemeindevertretung. Jeder selbstständige Preuße erwirbt dasselbe, wenn er seit einem Jahre

1) Einwohner des Stadtbezirks ist und zur Stadtgemeinde gehört (§. 3),
2) keine Armenunterstützung aus öffentlichen Mitteln empfangen,
3) die ihn betreffenden Gemeindeabgaben bezahlt hat, und außerdem
4) entweder

ein Wohnhaus im Stadtbezirke besitzt,

oder

I. in den mahl- und schlachtsteuerpflichtigen Städten und in den mit denselben im Gemeindeverbande stehenden klassensteuerpflichtigen Bezirken aus seinem Gewerbe, Vermögen oder aus anderen Quellen ein reines Einkommen bezieht, dessen geringster Satz nicht unter zweihundert Thaler und nicht über sechshundert Thaler festzusetzen ist,

oder

II. in den klassensteuerpflichtigen Städten

a) von seinen im Gemeindebezirke gelegenen Grundbesitzungen einen Hauptgrundsteuerbetrag entrichtet, dessen geringster Satz nicht unter zwei und nicht über zehn Thaler festzusetzen ist,

oder

b) einkommensteuerpflichtig ist,

oder

c) einen Klassensteuerbetrag zahlt, dessen geringster Jahressatz nicht unter vier und nicht über zwölf Thaler zu bestimmen ist.

Die Festsetzung des zur Erlangung des Bürgerrechts erforderlichen Einkommens (ad I.) beziehungsweise Betrags der Grund- oder Klassensteuer (ad II.) erfolgt mittelst statutarischer Anordnung.

Das Einkommen wird vom Bürgermeister nach pflichtmäßigem Ermessen abgeschätzt.

Steuerzahlungen und Einkommen der Ehefrau werden dem Ehemanne, Steuerzahlungen und Einkommen der minderjährigen, beziehungsweise der in väterlicher Gewalt befindlichen Kinder, dem Vater angerechnet.

Als selbstständig wird nach vollendetem vierundzwanzigsten Lebensjahre ein Jeder betrachtet, der einen eigenen Hausstand hat, sofern ihm nicht das Verfügungsrecht über sein Vermögen oder dessen Verwaltung durch richterliches Erkenntniß entzogen ist.

Inwiefern über die Erlangung des Bürgerrechts von dem Bürgermeister eine Urkunde (Bürgerbrief) zu ertheilen ist, bleibt den statutarischen Anordnungen vorbehalten.

§. 6.

Verlegt ein stimmberechtigter Einwohner seinen Wohnsitz, so kann ihm das Bürgerrecht in seinem neuen Wohnorte, wenn sonst die Erfordernisse zur Erlangung desselben vorhanden sind, von dem Bürgermeister, im Einverständniß mit der Stadtverordnetenversammlung (§. 11), schon vor Ablauf eines Jahres verliehen werden.

Die Stadtverordnetenversammlung ist im Einverständnisse mit dem Bürgermeister befugt, Männern, welche sich um die Stadt verdient gemacht haben, ohne Rücksicht auf die obengedachten besonderen Erfordernisse, das Ehrenbürgerrecht zu ertheilen, wodurch keine städtischen Verpflichtungen entstehen.

§. 7.

Wer in Folge rechtskräftigen Erkenntnisses der bürgerlichen Ehre verlustig geworden (§. 12 des Strafgesetzbuches), verliert dadurch auch das Bürgerrecht und die Befähigung, dasselbe zu erwerben.

Wem durch rechtskräftiges Erkenntniß die Ausübung der bürgerlichen Ehrenrechte untersagt ist (§. 21 des Strafgesetzbuches), der ist bis zum Ablaufe der dafür in dem Erkenntnisse festgesetzten Zeit von der Ausübung des Bürgerrechts ausgeschlossen.

Ist gegen einen Bürger wegen eines Verbrechens die Versetzung in den Anklagestand oder wegen eines Vergehens, welches die Untersagung der Ausübung der bürgerlichen Ehrenrechte nach sich ziehen muß oder kann, die Verweisung an das Strafgericht ausgesprochen, oder ist derselbe zur gerichtlichen Haft gebracht, in Konkurs oder Zahlungsunfähigkeit verfallen, oder in Fallimentszustand erklärt worden, so ruht die Ausübung des ihm zustehenden Bürgerrechts so lange, bis die gerichtliche Untersuchung oder das Konkursverfahren beendigt, oder die Rehabilitirung ausgesprochen ist, beziehungsweise die Zahlungsunfähigkeit aufgehört hat.

Das Bürgerrecht geht verloren, sobald eins der zur Erlangung desselben vorgeschriebenen Erfordernisse bei dem bis dahin dazu Berechtigten nicht mehr zutrifft.

§. 8.

Stadtgemeinden sind Korporationen; denselben steht die Selbstverwaltung ihrer Angelegenheiten nach näherer Vorschrift dieses Gesetzes zu.

§. 9.

Der Bürgermeister und die Stadtverordnetenversammlung haben nach näherer Bestimmung dieses Gesetzes die Stadtgemeinde zu vertreten. Der Bürgermeister ist die Obrigkeit der Stadt und verwaltet die städtischen Gemeinde-Angelegenheiten. (Die Ausnahmen bestimmt Titel VIII.)

§. 10.

Jede Stadt ist befugt, besondere statutarische Anordnungen zu treffen:

1) über solche Angelegenheiten der Stadtgemeinde, sowie über solche Rechte und Pflichten ihrer Mitglieder, hinsichtlich deren das gegenwärtige Gesetz Verschiedenheiten gestattet oder keine ausdrücklichen Bestimmungen enthält;
2) über sonstige eigenthümliche Verhältnisse und Einrichtungen, insbesondere hinsichtlich der den gewerblichen Genossenschaften bei Eintheilung der stimmfähigen Bürger und bei Bildung der Wahlversammlungen und der städtischen Vertretung zu gewährenden angemessenen Berücksichtigung.

Solche Anordnungen dürfen den bestehenden Gesetzen nicht widersprechen. Zu denselben ist die Genehmigung des Oberpräsidenten erforderlich.

Titel II.

Von der Zusammensetzung und Wahl der Stadtverordneten-Versammlung.

§. 11.

Die Stadtverordnetenversammlung besteht aus

12	Mitgliedern in Gemeinden von nicht mehr als	2,500	Einw.
18	= = = =	2,501 bis 10,000	=
24	= = = =	10,001 bis 30,000	=
30	= = = =	mehr als ... 30,000	=

Den statutarischen Anordnungen bleiben abweichende Festsetzungen über die Zahl der Stadtverordneten vorbehalten.

§. 12.

Zum Zweck der Wahl der Stadtverordneten werden die stimmfähigen Bürger (§§. 5 bis 7):

a) in den mahl- und schlachtsteuerpflichtigen Städten und in den mit denselben im Gemeindeverbande stehenden klassensteuerpflichtigen Bezirken nach Maaßgabe ihres Einkommens,
b) in den klassensteuerpflichtigen Städten nach Maaßgabe der von ihnen zu entrichtenden direkten Staatssteuern (Grund-, Einkommen-, Klassen- und Gewerbesteuer)

in drei Abtheilungen getheilt.

Die erste Abtheilung besteht aus denjenigen, auf welche die höchsten Beträge bis zum Belaufe eines Drittels des Gesammtbetrages des Einkommens, beziehungsweise der Steuern aller stimmfähigen Bürger fallen.

Die übrigen stimmfähigen Bürger bilden die zweite und dritte Abtheilung; die zweite reicht bis zum zweiten Drittel des Einkommens oder der Gesammtsteuer aller stimmfähigen Bürger.

In die erste, beziehungsweise zweite Abtheilung, gehört auch derjenige, dessen Einkommens- oder Steuerbetrag nur theilweise in das erste, beziehungsweise zweite Drittel fällt.

Steuern, die für Grundbesitz oder Gewerbebetrieb in einer anderen Gemeinde entrichtet werden, sowie die Steuer für die im Umherziehen betriebenen Gewerbe, sind bei der Bildung der Abtheilungen nicht anzurechnen.

Die Ehrenbürger (§. 6) gehören zur ersten Abtheilung, es kommt aber deren Einkommen oder Steuer bei der Eintheilung der Abtheilungen nicht in Anrechnung.

Kein Wähler kann zweien Abtheilungen zugleich angehören.

Läßt sich weder nach dem Einkommens- oder Steuerbetrage, noch nach der alphabetischen Ordnung der Namen bestimmen, welcher unter mehreren Wählern zu einer bestimmten Abtheilung zu rechnen ist, so entscheidet das Loos.

Jede Abtheilung wählt ein Drittel der Stadtverordneten, ohne dabei an die Wähler der Abtheilung gebunden zu sein.

§. 13.

Gehören zu einer Abtheilung mehr als fünfhundert Wähler, so kann die Wahl derselben nach dazu gebildeten Wahlbezirken geschehen.

Enthält eine Stadtgemeinde mehrere Ortschaften, so kann dieselbe mit Rücksicht hierauf in Wahlbezirke eingetheilt werden.

Die Anzahl und die Grenzen der Wahlbezirke, sowie die Anzahl der von einem jeden derselben zu wählenden Stadtverordneten, werden nach Maaßgabe der Zahl der stimmfähigen Bürger von dem Bürgermeister festgesetzt.

§. 14.

Bei Stadtgemeinden, welche mehrere Ortschaften enthalten, kann die Regierung nach Verhältniß der Einwohnerzahl bestimmen, wie viel Mitglieder der Stadtverordnetenversammlung aus jeder einzelnen Ortschaft zu wählen sind.

§. 15.

Die Hälfte der von jeder Abtheilung zu wählenden Stadtverordneten muß aus Hausbesitzern (Eigenthümern, Nießbrauchern und solchen, die ein erbliches Besitzrecht haben) bestehen.

§. 16.

Stadtverordnete können nicht sein:

1) diejenigen Beamten und die Mitglieder derjenigen Behörden, durch welche die Aufsicht des Staats über die Städte ausgeübt wird (§. 81);
2) die Gemeindebeamten mit Ausnahme der Beigeordneten;
3) die Geistlichen, Kirchendiener und Elementarlehrer;

4) die richterlichen Beamten, zu denen jedoch die Mitglieder der Handels-Gerichte und der Gewerbegerichte, sowie die Ergänzungs-Friedensrichter hier nicht zu rechnen sind;
5) die Beamten der Staatsanwaltschaft;
6) die Polizeibeamten.

Vater und Sohn, sowie Brüder, dürfen nicht zugleich Mitglieder der Stadtverordnetenversammlung sein. Sind dergleichen Verwandte zugleich erwählt, so wird der ältere allein zugelassen.

§. 17.

Die Stadtverordneten werden auf sechs Jahre gewählt. Jedoch verliert jede Wahl ihre Wirkung, sobald einer der Fälle eintritt, in denen nach den Bestimmungen in §. 7 der Gewählte des Bürgerrechts verlustig geht oder von der Ausübung desselben für eine gewisse Zeit ausgeschlossen wird.

Tritt einer der Fälle ein, in denen nach jenen Bestimmungen die Ausübung des Bürgerrechts ruhen muß, so ist der Gewählte zugleich von der Theilnahme an den Geschäften der Stadtverordnetenversammlung einstweilen bis zum Austrage der Sache ausgeschlossen.

Alle zwei Jahre scheidet ein Drittheil der Mitglieder aus und wird durch neue Wahlen ersetzt. Die das erste und zweite Mal Ausscheidenden werden für jede Abtheilung durch das Loos bestimmt.

§. 18.

Eine Liste der stimmfähigen Bürger, welche die erforderlichen Eigenschaften derselben nachweist, wird von dem Bürgermeister geführt und alljährlich im Juli berichtigt.

Die Liste wird nach den Wahlabtheilungen und im Falle des §. 13. nach den Wahlbezirken eingetheilt.

§. 19.

Vom 1. bis zum 15. Juli schreitet der Bürgermeister zur Berichtigung der Liste.

Vom 15. bis zum 30. Juli wird die Liste in einem oder mehreren zur öffentlichen Kenntniß gebrachten Lokalen in der Stadtgemeinde offen gelegt.

Während dieser Zeit kann jeder Einwohner der Stadtgemeinde gegen die Richtigkeit der Liste bei dem Bürgermeister Einwendungen erheben.

Die Stadtverordnetenversammlung hat darüber bis zum 15. August zu beschließen.

Ist der Bürgermeister mit dem Beschluß nicht einverstanden, und ist in Folge dessen nach Maaßgabe des §. 53 Nr. 2 über die Einwendungen von der Regierung entschieden, so findet eine Berufung an letztere von Seiten desjenigen, welcher die Einwendungen erhoben hat, nicht weiter statt; in allen anderen Fällen steht demselben innerhalb zehn Tagen nach Mittheilung des Beschlusses der Stadtverordnetenversammlung der Rekurs an die Regierung zu, welche binnen vier Wochen ohne Zulassung einer weiteren Berufung entscheidet.

Soll der Name eines einmal in die Liste aufgenommenen Einwohners wieder ausgestrichen werden, so ist ihm dieses acht Tage vorher von dem Bürgermeister unter Angabe der Gründe mitzutheilen.

§. 20.

Die Wahlen zur regelmäßigen Ergänzung der Stadtverordnetenversammlung finden alle zwei Jahre im November statt. Die Wahlen der dritten Abtheilung erfolgen zuerst, die der ersten zuletzt.

Außergewöhnliche Wahlen zum Ersatze innerhalb der Wahlperiode ausgeschiedener Mitglieder müssen angeordnet werden, wenn die Stadtverordnetenversammlung oder der Bürgermeister oder die Regierung es für erforderlich erachten.

Der Ersatzmann bleibt nur bis zum Ende derjenigen Wahlperiode in Thätigkeit, auf welche der Ausgeschiedene gewählt war.

Alle Ergänzungs- oder Ersatzwahlen werden von denselben Abtheilungen und Wahlbezirken (§. 13) vorgenommen, von denen der Ausgeschiedene gewählt war. Ist die Zahl der zu wählenden Stadtverordneten nicht durch drei theilbar, so ist, wenn nur Einer übrig bleibt, dieser von der zweiten Abtheilung zu wählen. Bleiben zwei übrig, so wählt die erste Abtheilung den einen und die dritte Abtheilung den andern.

§. 21.

Der Bürgermeister hat jederzeit die nöthigen Bestimmungen zur Ergänzung der erforderlichen Anzahl von Hausbesitzern (§. 15) zu treffen.

Ist die Zahl der Hausbesitzer, welche zu wählen sind, nicht durch die Zahl der Wahlbezirke theilbar, so wird die Vertheilung auf die einzelnen Wahlbezirke durch das Loos bestimmt.

Mit dieser Beschränkung können die ausgeschiedenen Stadtverordneten jederzeit wieder gewählt werden.

§. 22.

Vierzehn Tage vor der Wahl werden die in der Liste (§§. 18 und 19) verzeichneten Wähler durch den Bürgermeister zu den Wahlen mittelst schriftlicher Einladung oder ortsüblicher Bekanntmachung berufen.

Die Einladung oder Bekanntmachung muß das Lokal, die Tage und die Stunden, in welchen die Stimmen bei dem Wahlvorstande abzugeben sind, genau bestimmen.

§. 23.

Der Wahlvorstand besteht in jedem Wahlbezirke aus dem Bürgermeister oder einem von diesem ernannten Stellvertreter als Vorsitzenden und aus zwei von der Stadtverordneten-Versammlung gewählten Beisitzern. Für jeden Beisitzer wird von der Stadtverordnetenversammlung ein Stellvertreter gewählt.

§. 24.

Jeder Wähler muß dem Wahlvorstande mündlich und vernehmlich zu Protokoll erklären, wem er seine Stimme geben will. Er hat so viele Personen zu bezeichnen, als zu wählen sind.

§. 25.

Gewählt sind diejenigen, welche bei der ersten Abstimmung die meisten Stimmen und zugleich die absolute Stimmenmehrheit (mehr als die Hälfte der Stimmen) erhalten haben.

Wenn sich bei der ersten Abstimmung nicht für so viele Personen, als zu wählen sind, die absolute Stimmenmehrheit ergeben hat, so wird zu einer zweiten Wahl geschritten.

Der Wahlvorstand stellt die Namen derjenigen Personen, welche nächst den Gewählten die meisten Stimmen erhalten haben, so weit zusammen, daß die doppelte Zahl der noch zu wählenden Mitglieder erreicht wird.

Diese Zusammenstellung gilt alsdann als die Liste der Wählbaren.

Zu der zweiten Wahl werden die Wähler durch eine das Ergebniß der ersten Wahl angebende Bekanntmachung des Wahlvorstandes sofort oder spätestens innerhalb acht Tagen aufgefordert. Bei der zweiten Wahl ist die absolute Stimmenmehrheit nicht erforderlich.

Unter denjenigen, die eine gleiche Anzahl von Stimmen erhalten haben, giebt das Loos den Ausschlag. Wer in mehreren Abtheilungen oder Bezirken gewählt ist, hat zu erklären, welche Wahl er annehmen will.

§. 26.

Die Wahlprotokolle sind von dem Wahlvorstande zu unterzeichnen und vom Bürgermeister aufzubewahren. Der Bürgermeister hat das Ergebniß der vollendeten Wahlen sofort bekannt zu machen.

Gegen das stattgehabte Wahlverfahren kann von jedem stimmfähigen Bürger, innerhalb zehn Tagen nach der Bekanntmachung, bei der Aufsichtsbehörde Beschwerde erhoben werden.

Bei erheblichen Unregelmäßigkeiten hat die Aufsichtsbehörde die Wahlen auf erfolgte Beschwerde oder von Amtswegen innerhalb zwanzig Tagen nach der Bekanntmachung durch eine motivirte Entscheidung für ungültig zu erklären.

§. 27.

Die bei der regelmäßigen Ergänzung neu gewählten Stadtverordneten treten mit dem Anfang des nächstfolgenden Jahres ihre Verrichtungen an; die Ausscheidenden bleiben bis zur Einführung der neu gewählten Mitglieder in Thätigkeit.

Der Bürgermeister hat die Einführung der Gewählten und deren Verpflichtung durch Handschlag an Eidesstatt zu bewirken.

Titel III.

Von der Wahl des Bürgermeisters und der Beigeordneten (Magistratspersonen).

§. 28.

Neben dem Bürgermeister sind zwei, oder wo es das Bedürfniß erfordert, mehrere Beigeordnete zu wählen. Die Beigeordneten sind bestimmt, einzelne Amtsgeschäfte, welche der Bürgermeister ihnen aufträgt, zu besorgen, und diesen in Verhinderungsfällen und während der Erledigung des Amts nach der mit Genehmigung der Regierung von der Stadtverordnetenversammlung festzusetzenden Reihenfolge zu vertreten.

§. 29.

Magistratspersonen (Bürgermeister und Beigeordnete) können nicht sein:

1) diejenigen Beamten und die Mitglieder derjenigen Behörden, durch welche die Aufsicht des Staats über die Städte ausgeübt wird (§. 81);
2) die Gemeinde-Unterbeamten;
3) Geistliche, Kirchendiener und Lehrer an öffentlichen Schulen;
4) die richterlichen Beamten, zu denen jedoch die Mitglieder der Handels-Gerichte und der Gewerbegerichte, sowie die Ergänzungs-Friedensrichter hier nicht zu rechnen sind;
5) die Beamten der Staatsanwaltschaft;
6) die Polizeibeamten.

Vater und Sohn, Schwiegervater und Schwiegersohn, Brüder und Schwäger, dürfen nicht zugleich Magistratspersonen sein.

Entsteht die Schwägerschaft im Laufe der Wahlperiode, so scheidet dasjenige Mitglied aus, durch welches das Hinderniß herbeigeführt worden ist.

Vater und Sohn, Schwiegervater und Schwiegersohn, sowie Brüder, dürfen nicht zugleich Magistratspersonen und Mitglieder der Stadtverordnetenversammlung sein.

Personen, welche die in dem Gesetze vom 7. Februar 1835 (Gesetz-Sammlung S. 18) bezeichneten Gewerbe betreiben, können nicht Bürgermeister sein.

§. 30.

Der Bürgermeister wird auf zwölf Jahre, die Beigeordneten dagegen werden auf sechs Jahre von der Stadtverordnetenversammlung gewählt. Auch können Beigeordnete durch Beschluß der Stadtverordnetenversammlung mit Besoldung angestellt werden. Ihre Wahl erfolgt in diesem Falle auf zwölf Jahre.

Die Wahl des Bürgermeisters und der besoldeten Beigeordneten kann auch auf Lebenszeit erfolgen.

§. 31.

Für jede zu wählende Magistratsperson wird besonders abgestimmt; die Wahl erfolgt durch Stimmzettel. Wird die absolute Stimmenmehrheit bei der ersten Abstimmung nicht erreicht, so werden diejenigen vier Personen, auf welche die meisten Stimmen gefallen sind, auf eine engere Wahl gebracht. Wird auch hierdurch die absolute Stimmenmehrheit nicht erreicht, so findet unter denjenigen zwei Personen, welche bei der zweiten Abstimmung die meisten Stimmen erhalten haben, eine engere Wahl statt. Bei Stimmengleichheit entscheidet das Loos.

§. 32.

Die gewählten Bürgermeister und Beigeordneten bedürfen der Bestätigung. Die Bestätigung steht zu:

1) dem Könige in Städten von mehr als 10,000 Einwohnern;
2) der Regierung in Städten, welche nicht über 10,000 Einwohner haben.

Wird die Bestätigung versagt, so schreitet die Stadtverordnetenversammlung zu einer neuen Wahl. Wird auch diese Wahl nicht bestätigt, so steht dem Könige, beziehungsweise der Regierung die Ernennung auf höchstens zwölf Jahre zu.

Dasselbe findet statt, wenn die Stadtverordneten die Wahl verweigern oder den nach der ersten Wahl nicht Bestätigten wieder erwählen sollten.

§. 33.

Die Beigeordneten werden vor ihrem Amtsantritte durch den Bürgermeister in öffentlicher Sitzung der Stadtverordnetenversammlung in Eid und Pflicht genommen; der Bürgermeister wird vom Regierungspräsidenten oder einem von diesem zu ernennenden Kommissar in öffentlicher Sitzung der Stadtverordnetenversammlung vereidet.

Titel IV.

Von den Geschäften der Stadtverordnetenversammlung.

§. 34.

Die Stadtverordnetenversammlung hat über alle Gemeindeangelegenheiten zu beschließen, soweit dieselben nicht ausschließlich dem Bürgermeister überwiesen sind. Sie giebt ihr Gutachten über alle Gegenstände ab, welche ihr zu diesem Zwecke durch die Aufsichtsbehörden vorgelegt werden. Ueber andere als Gemeindeangelegenheiten darf die Stadtverordnetenversammlung nur dann berathen, wenn solche durch besondere gesetzliche Vorschriften, oder in einzelnen Fällen durch Aufträge der Aufsichtsbehörde, an sie gewiesen sind.

Die Stadtverordneten sind an keinerlei Instruktion oder Aufträge der Wähler oder der Wahlbezirke gebunden.

§. 35.

Die Stadtverordnetenversammlung darf ihre Beschlüsse in keinem Falle selbst ausführen. Sie kontrolirt die Verwaltung und ist daher berechtigt, sich von der Ausführung ihrer Beschlüsse und der Verwendung aller Gemeinde-Einnahmen Ueberzeugung zu verschaffen. Sie kann zu diesem Zwecke die Akten einsehen und Ausschüsse aus ihrer Mitte ernennen, zu denen der Bürgermeister, wenn er nicht selbst hinzutreten will, einen Beigeordneten abzuordnen befugt ist.

§. 36.

Die Beschlüsse der Stadtverordnetenversammlung werden nach Stimmenmehrheit gefaßt.

Den Vorsitz in der Stadtverordnetenversammlung führt der Bürgermeister und bei dessen Verhinderung der stellvertretende Beigeordnete mit vollem Stimmrechte und bei Stimmengleichheit mit entscheidender Stimme.

Wer in der Stadtverordnetenversammlung nicht mitstimmt, wird zwar als anwesend betrachtet, die Stimmenmehrheit wird aber lediglich nach der Zahl der Stimmenden festgestellt.

§. 37.

Die Stadtverordneten versammeln sich, so oft es die Geschäfte erfordern. Die Zusammenberufung derselben geschieht durch den Vorsitzenden; sie muß erfolgen, sobald es von einem Viertel der Mitglieder verlangt wird.

§. 38.

Die Art und Weise der Zusammenberufung wird ein- für allemal von der Stadtverordnetenversammlung festgestellt.

Die Zusammenberufung erfolgt unter Angabe der Gegenstände der Verhandlung; mit Ausnahme dringender Fälle muß dieselbe wenigstens zwei freie Tage vorher statthaben.

§. 39.

Durch Beschluß der Stadtverordnetenversammlung können auch regelmäßige Sitzungstage festgesetzt, es müssen jedoch auch dann die Gegenstände der Verhandlung, mit Ausnahme dringender Fälle, mindestens zwei freie Tage vorher den Stadtverordneten angezeigt werden.

§. 40.

Die Stadtverordnetenversammlung kann nur beschließen, wenn mehr als die Hälfte der Mitglieder zugegen ist. Eine Ausnahme hiervon findet statt, wenn die Stadtverordneten, zum zweiten Male zur Verhandlung über denselben Gegenstand zusammenberufen, dennoch nicht in genügender Anzahl erschienen sind. Bei der zweiten Zusammenberufung muß auf diese Bestimmung ausdrücklich hingewiesen werden.

§. 41.

An Verhandlungen über Rechte und Verpflichtungen der Stadtgemeinde darf derjenige nicht Theil nehmen, dessen Interesse mit dem der Gemeinde in Widerspruch steht. Kann wegen dieser Ausschließung eine beschlußfähige Versammlung nicht gehalten werden, so hat der Bürgermeister, oder, wenn auch dieser aus dem vorgedachten Grunde an dem Beschluß Theil zu nehmen nicht befugt ist, die Regierung für die Wahrung des Gemeinde-Interesses zu sorgen und nöthigenfalls einen besonderen Vertreter für die Stadtgemeinde zu bestellen.

Sollte ein Prozeß der Stadtgemeinde gegen Magistratspersonen aus Veranlassung ihrer Amtsführung nothwendig werden, so hat die Regierung auf Antrag der Stadtverordnetenversammlung einen Vertreter der Gemeinde zur Führung des Prozesses zu bezeichnen; jeder Vertreter hat den von der Stadtverordnetenversammlung vorgeschlagenen Anwalt zu bestellen.

§. 42.

Die Sitzungen der Stadtverordneten sind öffentlich. Für einzelne Gegenstände kann durch besonderen Beschluß, welcher in geheimer Sitzung gefaßt wird, die Oeffentlichkeit ausgeschlossen werden. Die Sitzungen dürfen nicht in Wirthshäusern oder Schenken gehalten werden.

§. 43.

Der Vorsitzende leitet die Verhandlungen, eröffnet und schließt die Sitzungen und handhabt die Ordnung in der Versammlung. Er kann jeden Zuhörer aus dem Sitzungszimmer entfernen lassen, welcher öffentliche Zeichen des Beifalls oder des Mißfallens giebt, oder Unruhe irgend einer Art verursacht.

§. 44.

Die Beschlüsse der Stadtverordnetenversammlung sind mit Anführung der dabei gegenwärtig gewesenen Mitglieder in ein besonderes Buch einzutragen, und sowohl von dem Vorsitzenden als von wenigstens drei Mitgliedern zu unterschreiben.

Der Stadtverordnetenversammlung bleibt überlassen, eine Geschäftsordnung abzufassen, und darin Zuwiderhandlungen der Mitglieder gegen die zur Aufrechthaltung der Ordnung gegebenen Vorschriften mit Strafen zu belegen; die Strafen können nur in Geldbußen bis zu fünf Thalern und bei mehrmals wiederholten Zuwiderhandlungen in der auf eine gewisse Zeit oder für die Dauer der Wahlperiode zu verhängenden Ausschließung aus der Versammlung bestehen.

Ist der Bürgermeister mit den Beschlüssen über diesen Gegenstand nicht einverstanden, so tritt das in §. 53 Nr. 2 vorgeschriebene Verfahren ein.

§. 45.

Die Stadtverordnetenversammlung beschließt über die Benutzung des Gemeindevermögens; die Deklaration vom 26. Juli 1847 (Gesetz-Sammlung S. 327) bleibt für die betreffenden Landestheile maaßgebend.

Streitigkeiten über die Theilnahme an den Gemeindenutzungen werden, soweit sie nicht auf einen speziellen Rechtstitel sich gründen, im Verwaltungswege durch die Aufsichtsbehörde entschieden.

Ueber das Vermögen, welches nicht der Gemeindekorporation in ihrer Gesammtheit gehört, kann die Stadtverordnetenversammlung nur insofern beschließen, als sie dazu durch den Willen der Betheiligten oder durch sonstige Rechtstitel berufen ist.

Auf das Vermögen der Korporationen und Stiftungen, sowie auf dasjenige, welches einzelnen Klassen von Einwohnern angehört, haben die Mitglieder der Gemeinde als solche keinen Anspruch.

In Ansehung der Verwaltung und Verwendung des Vermögens der Stiftungen bewendet es bei den stiftungsmäßigen Bestimmungen.

§. 46.

Die Genehmigung der Regierung ist erforderlich:

1) zur Veräußerung von Grundstücken und Immobiliarrechten;
2) zur Veräußerung oder wesentlichen Veränderung von Sachen, welche einen besonderen wissenschaftlichen, historischen oder Kunstwerth haben, namentlich von Archiven;
3) zu Anleihen, durch welche die Gemeinde mit einem Schuldenbestande belastet, oder der bereits vorhandene vergrößert wird;
4) zu Veränderungen in dem Genusse von Gemeindenutzungen (Wald, Weide, Haide, Torfstich und dergleichen);
5) zur Anstellung von Prozessen über Berechtigungen der Stadtgemeinde, oder über die Substanz des Gemeindevermögens, oder zu Vergleichen über Gegenstände dieser Art;
6) zu einseitigen Verzichtleistungen und zu Schenkungen Seitens der Stadtgemeinde.

Zu Prozessen gegen den Fiskus und zu Regreßklagen gegen Mitglieder der Staatsbehörden ist eine Genehmigung der Regierung nicht erforderlich.

§. 47.

Die freiwillige Veräußerung von Grundstücken rc. (§. 46 Nr. 1) darf nur im Wege der Lizitation auf Grund einer Taxe stattfinden.

Zur Gültigkeit der Lizitation gehört:

1) eine öffentlich auszuhängende Ankündigung und ortsübliche Bekanntmachung;
2) einmalige Bekanntmachung durch das Amtsblatt der Regierung oder durch ein im Kreise erscheinendes Blatt;

3) eine Frist von sechs Wochen von der Bekanntmachung bis zum Lizitationstermine, und

4) Abhaltung dieses Termins durch eine Justiz- oder Magistratsperson.

Bei Veräußerung von Grundstücken, welche nicht mit Gebäuden besetzt sind, kann ein beglaubigter Auszug aus dem Grundsteuerkataster die Stelle der Taxe vertreten, und wenn der Katastral-Reinertrag solcher Grundstücke zwei Thaler nicht übersteigt, die unter 2. erwähnte Bekanntmachung unterbleiben.

Das Ergebniß der Lizitation ist der Stadtverordnetenversammlung mitzutheilen und kann nur mit deren Genehmigung der Zuschlag ertheilt werden.

In besonderen Fällen kann die Regierung auch den Verkauf aus freier Hand, sowie einen Tausch gestatten, sobald sie sich überzeugt, daß der Vortheil der Gemeinde dadurch gefördert wird.

Zum Nachweise, daß die Vorschrift dieses Paragraphen erfüllt worden, genügt die Bestätigung des Vertrages durch die Regierung.

Verpachtungen von Grundstücken und Gerechtsamen der Stadtgemeinden müssen öffentlich an den Meistbietenden geschehen; Ausnahmen hiervon sind nur mit Genehmigung der Aufsichtsbehörde gestattet.

§. 48.

Durch Beschluß der Stadtverordnetenversammlung kann die Erhebung eines Einzugsgeldes angeordnet und von dessen Entrichtung die Niederlassung in der Gemeinde (§. 4 des Gesetzes vom 31. Dezember 1842 Nr. 2317) abhängig gemacht werden.

Außerdem kann von Allen, sowohl von den Neuanziehenden als von denen, welche der Gemeinde bereits angehörig sind, bei der Begründung eines selbstständigen Hausstandes eine Abgabe (Eintritts- oder Hausstandsgeld) gefordert, und von deren Entrichtung die Theilnahme an dem Bürgerrecht (§. 5) abhängig gemacht werden.

Die Theilnahme an den Gemeindenutzungen (§. 46 Nr. 4) kann außerdem von der Entrichtung einer jährlichen Abgabe und anstatt oder neben derselben von Entrichtung eines Einkaufsgeldes abhängig gemacht werden, durch deren Entrichtung aber die Ausübung des Bürgerrechts niemals bedingt wird.

Alle derartigen Beschlüsse bedürfen der Genehmigung der Regierung.

Beamte und Geistliche, welchen in Folge dienstlicher Verpflichtung ihr Aufenthalt im Stadtbezirke angewiesen ist, sind zur Entrichtung des Einzugsgeldes und des Hausstandsgeldes nicht verbunden.

Die mit dem Besitze einzelner Grundstücke verbundenen oder auf sonstigen besonderen Rechtstiteln beruhenden Nutzungsrechte sind den Bestimmungen dieses Paragraphen nicht unterworfen.

§. 49.

Soweit die Einnahmen aus dem städtischen Vermögen nicht hinreichen, um die durch das Bedürfniß oder die Verpflichtungen der Gemeinde erforderlichen Geldmittel zu beschaffen, können die Stadtverordneten die Aufbringung von Gemeindesteuern beschließen. Diese können bestehen:

I. in Zuschlägen zu den Staatssteuern, wobei folgende Bestimmungen gelten:

1) die Steuer für den Gewerbebetrieb im Umherziehen darf nicht belastet werden;

2) bei Zuschlägen zur Klassen- und klassifizirten Einkommensteuer muß derjenige Theil des besteuerten Gesammteinkommens, welcher aus außerhalb der Gemeinde belegenem Grundeigenthum oder aus außerhalb belegenen gewerblichen Anlagen fließt und in der Gemeinde, wo das Grundeigenthum oder die gewerblichen Anlagen liegen, einer besonderen Gemeindebesteuerung nach dem Einkommen unterworfen ist, bis auf Höhe dieses Steuerbetrags von den Zuschlägen in der Gemeinde des Wohnorts freigelassen werden.

Erreicht der hiernach freizulassende Steuerbetrag eine Höhe, welche den in der Gemeinde des Wohnorts zu erhebenden Steuerzuschlägen gleichkommt oder dieselben übersteigt, so dürfen in dem letzteren Zuschläge nur von demjenigen Theile der Hauptsteuer erhoben werden, welcher auf das von der anderweitigen Gemeindebesteuerung befreite Einkommen fällt;

3) die Genehmigung der Regierung ist erforderlich:

a) für Zuschläge zu den direkten Steuern, wenn der Zuschlag entweder funfzig Procent der Staatssteuern übersteigen, oder nicht nach gleichen Sätzen auf diese Steuern vertheilt werden soll. Zur Freilassung oder geringeren Belastung der Gewerbesteuer, sowie der letzten Klassensteuerstufe, bedarf es dieser Genehmigung nicht;

b) für Zuschläge zu den indirekten Steuern;

II. in besonderen direkten oder indirekten Gemeindesteuern, welche der Genehmigung der Regierung bedürfen, wenn sie neu eingeführt, erhöht, oder in ihren Grundsätzen verändert werden sollen.

Bei besonderen Kommunal-Einkommensteuern ist jedenfalls die sub I. 2. erwähnte Beschränkung maaßgebend. Die bestehenden direkten Kommunal-Einkommensteuern werden einer erneuten Prüfung und Genehmigung der Regierung unterworfen.

Gegen Uebertretungen der über die Erhebung von Kommunalsteuern zu erlassenden, von der Regierung zu genehmigenden Regulative können durch besondere Verordnung Strafen bis auf Höhe von zehn Thalern vorgesehen werden.

§. 50.

Die Gemeinde kann durch Beschluß der Stadtverordneten zur Leistung von Diensten (Hand- und Spanndiensten) Behufs Ausführung von Gemeindearbeiten verpflichtet werden; die Dienste werden in Geld abgeschätzt, die Vertheilung geschieht nach dem Maaßstabe der Gemeindeabgaben oder in deren Ermangelung nach dem Maaßstabe der direkten Steuern. Abweichungen von dieser Vertheilungsart bedürfen der Genehmigung der Regierung. Die Dienste können, mit Ausnahme von Nothfällen, durch taugliche Stellvertreter abgeleistet oder nach der Abschätzung an die Gemeindekasse bezahlt werden.

§. 51.

Bei Verwaltung der Gemeindewaldungen sind die Verordnung vom 24. Dezember 1816 und die in Gemäßheit derselben erlassenen Reglements zu beachten.

§. 52.

Der Gemeindeeinnehmer wird von der Stadtverordnetenversammlung gewählt, welche auch die von demselben, sowie von anderen Gemeindebeamten zu leistenden Kautionen zu bestimmen hat.

Die Wahl, sowie die Bestimmung der Kaution des Gemeindeeinnehmers, bedarf der Genehmigung der Aufsichtsbehörde.

Titel V.

Von den Geschäften des Bürgermeisters.

§. 53.

Der Bürgermeister hat als Ortsobrigkeit und Gemeindeverwaltungsbehörde insbesondere folgende Geschäfte:

1) die Gesetze und Verordnungen, sowie die Verfügungen der ihm vorgesetzten Behörden auszuführen und den ganzen Geschäftsgang bei der städtischen Verwaltung zu leiten und zu beaufsichtigen;

2) die Beschlüsse der Stadtverordnetenversammlung vorzubereiten und, sofern er dieselben nicht förmlich beanstandet, zur Ausführung zu bringen.

Wenn von der Stadtverordnetenversammlung ein Beschluß gefaßt ist, welcher deren Befugnisse überschreitet, gesetz- oder rechtswidrig ist, das Staatswohl oder das Gemeinde-Interesse verletzt, so ist der Bürgermeister verpflichtet, die Ausführung des Beschlusses der Stadtverordnetenversammlung zu beanstanden, und wenn diese bei nochmaliger Berathung bei ihrem Beschlusse beharrt, die Entscheidung der Aufsichtsbehörde einzuholen. Dasselbe gilt für den Fall, wenn der Bürgermeister die Ernennung des gewählten Einnehmers (§. 52) beanstanden zu müssen glaubt;

3) die städtischen Gemeindeanstalten zu verwalten und diejenigen, für welche besondere Verwaltungen eingesetzt sind, zu beaufsichtigen;
4) die Einkünfte der Stadtgemeinde zu verwalten, die auf dem Etat oder besonderen Beschlüssen der Stadtverordnetenversammlung beruhenden Einnahmen und Ausgaben anzuweisen und das Rechnungs- und Kassenwesen zu überwachen. Von jeder regelmäßigen Kassenrevision ist den Stadtverordneten Kenntniß zu geben, damit sie ein Mitglied oder mehrere abordnen können, um diesem Geschäfte beizuwohnen. Bei außerordentlichen Kassenrevisionen kann ein Mitglied der Stadtverordnetenversammlung zugezogen werden;
5) das Eigenthum der Stadtgemeinde zu verwalten, die Gemeinde in Prozessen zu vertreten und ihre Rechte zu wahren;
6) die Gemeindebeamten, nachdem die Stadtverordneten darüber vernommen und hinsichtlich der Polizeibeamten die nach §. 4 des Gesetzes über die Polizeiverwaltung vom 11. März 1850 erforderliche Bestätigung der Aufsichtsbehörde eingeholt worden ist, anzustellen und dieselben, einschließlich des Gemeindeeinnehmers (§.52), zu beaufsichtigen. Die Anstellung kann, soweit es sich nicht um vorübergehende Dienstleistungen handelt, auf Lebenszeit erfolgen;
7) die Urkunden und Akten der Stadtgemeinde aufzubewahren;
8) die Stadtgemeinde nach Außen zu vertreten und Namens derselben mit Behörden und Privatpersonen zu verhandeln, den Schriftwechsel zu führen und die Gemeindeurkunden in der Urschrift zu vollziehen. Die Ausfertigungen der Urkunden werden Namens der Stadtgemeinde von dem Bürgermeister oder seinem Stellvertreter gültig unterzeichnet; in Fällen, wo die Genehmigung der Aufsichtsbehörde erforderlich ist, muß dieselbe in beglaubigter Form der gedachten Ausfertigung beigefügt werden;
9) die städtischen Gemeindeabgaben und Dienste nach den Gesetzen und Beschlüssen auf die Verpflichteten zu vertheilen, die Hebelisten (Rollen) aufzustellen, vollstreckbar zu erklären und die Betreibung zu verfügen. Die Hebelisten müssen, bevor dieselben vollstreckbar erklärt werden, vierzehn Tage offen gelegt sein.

§. 54.

Zur dauernden Verwaltung oder Beaufsichtigung einzelner Geschäftszweige, sowie zur Erledigung vorübergehender Aufträge, können besondere Deputationen entweder blos aus Stadtverordneten, oder aus letzteren und aus stimmfähigen Bürgern gewählt werden.

Zu diesen Deputationen und Kommissionen, welche übrigens in allen Beziehungen dem Bürgermeister untergeordnet sind, werden die Stadtverordneten und stimmfähigen Bürger von der Stadtverordnetenversammlung gewählt. Den Vorsitz führt der Bürgermeister oder der von ihm hierzu beauftragte Beigeordnete.

Durch statutarische Anordnungen können nach den eigenthümlichen örtlichen Verhältnissen besondere Festsetzungen über die Zusammensetzung der bleibenden Verwaltungsdeputationen getroffen werden.

§. 55.

Alle Stadtgemeinden von großem Umfange oder von zahlreicher Bevölkerung werden von dem Bürgermeister, nachdem die Stadtverordneten darüber vernommen worden sind, in Ortsbezirke eingetheilt.

Jedem Bezirke wird ein Bezirksvorsteher vorgesetzt, welcher von der Stadtverordnetenversammlung aus den stimmfähigen Bürgern des Bezirks auf sechs Jahre erwählt und vom Bürgermeister bestätigt wird. In gleicher Weise wird für den Fall der Verhinderung des Bezirksvorstehers ein Stellvertreter desselben angestellt.

Die Bezirksvorsteher sind Organe des Bürgermeisters und verpflichtet, seinen Anordnungen Folge zu leisten, ihn namentlich in den örtlichen Geschäften des Bezirks zu unterstützen.

§. 56.

Jedes Jahr, bevor sich die Stadtverordnetenversammlung mit dem Haushaltsetat beschäftigt, hat der Bürgermeister in öffentlicher Sitzung derselben über die Verwaltung und den Stand der Gemeindeangelegenheiten einen vollständigen Bericht zu erstatten. Tag und Stunde werden wenigstens zwei freie Tage vorher in der Gemeinde bekannt gemacht.

§. 57.

Der Bürgermeister hat nach näherer Bestimmung der Gesetze auch noch folgende Geschäfte zu besorgen:

I. wenn die Handhabung der Ortspolizei nicht Königlichen Behörden übertragen ist:
   1) die Handhabung der Ortspolizei;
   2) die Verrichtung eines Hülfsbeamten der gerichtlichen Polizei;
   3) die Verrichtungen eines Polizeianwalts, vorbehaltlich der Befugniß der Behörde, in den Fällen 2. und 3. andere Beamte mit diesen Geschäften zu beauftragen.

   Dem Bürgermeister am Sitze eines Gerichts kann die Vertretung der Polizeianwaltschaft bei dem Gerichte auch für die übrigen Gemeinden des Gerichtsbezirks übertragen werden.

   Bürgermeister, wie auch andere Beamte, denen die Wahrnehmung der Polizeianwaltschaft bei den Gerichten obliegt, erhalten von den Gemeinden des Polizeigerichts-

Bezirks, welche im Uebrigen nicht zu ihrem Amtsbereich gehören, eine durch die Regierung festzusetzende verhältnißmäßige Entschädigung;

II. alle örtlichen Geschäfte der Kreis-, Bezirks-, Provinzial- und allgemeinen Staatsverwaltung, namentlich auch das Führen der Personenstands-Register, sofern nicht andere Behörden dazu bestimmt sind.

Mit Führung der Personenstands-Register können durch die Behörde auch andere Gemeindebeamte beauftragt werden.

Titel VI.

Von den Gehältern und Pensionen.

§. 58.

Der Normaletat aller Besoldungen wird von dem Bürgermeister entworfen und von der Stadtverordnetenversammlung festgesetzt.

Ist ein Normal-Besoldungsetat überhaupt nicht, oder nur für einzelne Theile der Verwaltung festgestellt, so werden die in solcher Weise nicht vorgesehenen Besoldungen vor der Wahl festgesetzt.

Hinsichtlich der Bürgermeister und der besoldeten Beigeordneten unterliegt die Festsetzung der Besoldungen in allen Fällen der Genehmigung der Regierung. Die Regierung ist ebenso befugt als verpflichtet, zu verlangen, daß ihnen die zu einer zweckmäßigen Verwaltung angemessenen Besoldungs-Beträge bewilligt werden.

Den Beigeordneten, sofern ihnen nicht eine Besoldung besonders beigelegt ist (§. 30), können mit Genehmigung der Regierung feste Entschädigungs-Beträge bewilligt werden.

Stadtverordnete erhalten weder Gehalt noch Remuneration, und ist nur die Vergütung der baaren Auslagen zulässig, welche für sie aus der Ausrichtung von Aufträgen entstehen.

§. 59.

Den nicht auf Lebenszeit angestellten Bürgermeistern und besoldeten Beigeordneten sind, sofern nicht mit Genehmigung der Regierung eine Vereinbarung wegen der Pension getroffen ist, bei eintretender Dienstunfähigkeit, oder wenn sie nach abgelaufener Dienstperiode nicht wieder bestellt werden, folgende Pensionen zu gewähren:

ein Viertel des Gehalts nach sechsjähriger Dienstzeit,
die Hälfte des Gehalts nach zwölfjähriger Dienstzeit,
zwei Drittel des Gehalts nach vierundzwanzigjähriger Dienstzeit.

Die besoldeten Gemeindebeamten, welche auf Lebenszeit angestellt sind, erhalten, insofern nicht mit den Beamten ein Anderes verabredet worden ist, bei eintretender Dienstunfähigkeit

Pension nach denselben Grundsätzen, welche bei den unmittelbaren Staatsbeamten zur Anwendung kommen.

Ueber die Pensionsansprüche der Bürgermeister, der besoldeten Beigeordneten und der übrigen besoldeten Gemeindebeamten entscheidet in streitigen Fällen die Regierung. Gegen den Beschluß der Regierung, soweit derselbe sich nicht auf die Thatsache der Dienstunfähigkeit oder darauf bezieht, welcher Theil des Diensteinkommens als Gehalt anzusehen sei, findet die Berufung auf richterliche Entscheidung statt. Ungeachtet der Berufung sind die festgesetzten Beträge vorläufig zu zahlen.

Die Pension fällt fort, oder ruht insoweit, als der Pensionirte durch anderweitige Anstellung im Staats- oder Gemeindedienste ein Einkommen oder eine neue Pension erwirbt, welche, mit Zurechnung der ersten Pension, sein früheres Einkommen übersteigen.

Titel VII.

Von dem Gemeindehaushalte.

§. 60.

Ueber alle Ausgaben, Einnahmen und Dienste, welche sich im Voraus bestimmen lassen, entwirft der Bürgermeister jährlich spätestens im November einen Haushaltsetat.

Der Entwurf wird acht Tage lang, nach vorheriger Verkündigung, in einem oder mehreren von dem Bürgermeister zu bestimmenden Lokalen zur Einsicht aller Einwohner der Stadt offen gelegt, und alsdann von der Stadtverordnetenversammlung festgestellt. Eine Abschrift des Etats wird sofort der Aufsichtsbehörde eingereicht.

§. 61.

Der Bürgermeister hat dafür zu sorgen, daß der Haushalt nach dem Etat geführt werde. Ausgaben, welche außer dem Etat geleistet werden sollen, bedürfen der Genehmigung der Stadtverordnetenversammlung.

§. 62.

Die Gemeindeabgaben und die Geldbeträge der Dienste (§. 50), sowie die Einzugs-, Eintritts- und Einkaufsgelder (§. 48) und die sonstigen Gemeindegefälle werden von den Säumigen im Steuer-Exekutionswege beigetrieben.

§. 63.

Die Jahresrechnung ist von dem Einnehmer vor dem 1. Juni des folgenden Jahres zu legen und dem Bürgermeister einzureichen. Dieser hat die Rechnung zu revidiren und solche mit seinen Erinnerungen und Bemerkungen der Stadtverordnetenversammlung zur Prüfung, Feststellung und Entlastung vorzulegen.

Nach erfolgter Festsetzung der Rechnung wird dieselbe während vierzehn Tage zur Einsicht der Gemeindeglieder offen gelegt.

§. 64.

Die Feststellung der Rechnung muß vor dem 1. September bewirkt sein.

Der Bürgermeister hat der Aufsichtsbehörde sofort eine Abschrift des Feststellungsbeschlusses vorzulegen.

Durch statutarische Anordnungen können auch andere Fristen, als vorstehend für die Legung und Feststellung der Rechnung bestimmt sind, festgesetzt werden.

§. 65.

Ueber alle Theile des Vermögens der Stadtgemeinde hat der Bürgermeister ein Lagerbuch zu führen. Die darin vorkommenden Veränderungen werden der Stadtverordnetenversammlung bei der Rechnungsabnahme zur Erklärung vorgelegt.

Titel VIII.

Von der Einrichtung der städtischen Verfassung mit kollegialischem Magistrat.

§. 66.

In Städten, wo die Gemeindevertretung durch einen, nach zweimal, mit einem Zwischenraum von mindestens acht Tagen, vorgenommener Berathung zu fassenden Beschluß darauf anträgt, kann unter Genehmigung der Regierung die städtische Verfassung mit kollegialischem Magistrat, welcher die Obrigkeit der Stadt ist, die städtischen Gemeindeangelegenheiten verwaltet und an der Vertretung der Stadtgemeinde Theil nimmt, eingerichtet werden.

§. 67.

Wird eine Einrichtung dieser Art getroffen, so finden die Vorschriften der Titel I. bis VII. mit folgenden Modifikationen Anwendung:

§. 68.

Der Magistrat besteht aus dem Bürgermeister, einem Beigeordneten oder zweiten Bürgermeister als dessen Stellvertreter, einer Anzahl von Schöffen (Stadträthe, Rathsherren, Rathsmänner) und, wo das Bedürfniß es erfordert, noch aus einem oder mehreren besoldeten Mitgliedern (Syndikus, Kämmerer, Schulrath, Baurath u. s. w.).

Es gehören zum Magistrat:

in Stadtgemeinden von weniger als	10,000 Einw.	2	Schöffen,
" " "	10,000 bis 20,000 "	4	"
und " " "	20,000 und mehr "	6	"

Durch statutarische Anordnungen können abweichende Festsetzungen über die Zahl der Magistratsmitglieder getroffen werden.

§. 69.

Zu den Personen, welche nicht Magistratspersonen sein können (§. 29), gehören auch die Stadtverordneten.

§. 70.

Außer dem Bürgermeister werden die übrigen besoldeten Magistrats-Mitglieder ebenfalls auf zwölf Jahre, dagegen die unbesoldeten Beigeordneten und die Schöffen auf sechs Jahre von der Stadtverordnetenversammlung gewählt. Auch kann die Wahl des Bürgermeisters und der besoldeten Magistrats-Personen auf Lebenszeit erfolgen.

Alle drei Jahre scheidet die Hälfte der Schöffen aus und wird durch neue Wahlen ersetzt. Die das erste Mal Ausscheidenden werden durch das Loos bestimmt. Die Ausscheidenden können wieder gewählt werden. Wegen der außergewöhnlichen Ersatzwahlen findet die Bestimmung im §. 20 Anwendung.

§. 71.

Die Wahlen aller Magistratsmitglieder bedürfen der Bestätigung, wobei die im §. 32 hinsichtlich der Bürgermeister und Beigeordneten enthaltenen Vorschriften auch hier Anwendung finden, jedoch in Bezug auf die übrigen besoldeten Magistratsmitglieder und die Schöffen mit der Maaßgabe, daß deren Bestätigung, beziehungsweise Ernennung in allen Städten ohne Unterschied der Größe der Regierung zusteht.

§. 72.

Die Stadtverordnetenversammlung wählt jährlich einen Vorsitzenden, sowie einen Stellvertreter desselben, aus ihrer Mitte. Doch kann auch die Stelle des Schriftführers ein von der Stadtverordnetenversammlung nicht aus ihrer Mitte gewählter, in öffentlicher Sitzung hierzu von dem Bürgermeister vereideter Protokollführer vertreten.

Diese Wahl erfolgt in dem §. 31 vorgeschriebenen Verfahren.

Der Magistrat wird zu allen Versammlungen unter Anzeige des Gegenstandes der Berathung eingeladen und kann sich durch Abgeordnete vertreten lassen. Die Stadtverordneten können verlangen, daß Abgeordnete des Magistrats dabei anwesend sind.

Der Magistrat muß gehört werden, so oft er es verlangt.

§. 73.

Dem Magistrat müssen alle Beschlüsse der Stadtverordnetenversammlung mitgetheilt werden.

§. 74.

Die in §§. 5, 6, 13, 18, 19, 20, 21, 26, 41, 53, 55, 56, 60, 61, 63, 64 und 80 bezeichneten Rechte und Pflichten des Bürgermeisters gehen unter der Geschäftsleitung Seitens des letzteren auf den Magistrat über, mit der Maaßgabe, daß Alinea 2. Nr. 2 §. 53 in Wegfall kommt, daß auch hier die Ausfertigungen der Urkunden (Nr. 8 §. 53) Namens der Stadtgemeinde von dem Bürgermeister oder seinem Stellvertreter gültig unterschrieben werden, ferner daß die Beschlüsse der Stadtverordnetenversammlung in allen Angelegenheiten, bei denen nach dem Gesetz dem Magistrat die Ausführung zukommt, der Zustimmung des letzteren bedürfen. Dieser Zustimmung bedürfen auch die von der Stadtverordneten-versammlung nach §§. 19 und 44 gefaßten Beschlüsse wegen Feststellung der Liste der stimmfähigen Bürger und wegen Abfassung der Geschäftsordnung.

Versagt der Magistrat die Zustimmung, so hat er die Gründe der Versagung der Stadtverordnetenversammlung mitzutheilen. — Erfolgt hierauf keine Verständigung, zu deren Herbeiführung sowohl von dem Magistrate als der Stadtverordnetenversammlung die Einsetzung einer gemeinschaftlichen Kommission verlangt werden kann, so ist die Entscheidung der Regierung einzuholen. — Der Magistrat ist verpflichtet, die Zustimmung und Ausführung zu versagen, wenn von der Stadtverordnetenversammlung ein Beschluß gefaßt ist, welcher deren Befugniß überschreitet, gesetz- oder rechtswidrig ist, das Staatswohl oder das Gemeinde-Interesse verletzt.

Einzelne der in §. 57 unter I. und II. erwähnten Geschäfte des Bürgermeisters können mit Genehmigung der Regierung einem anderen Magistrats-Mitgliede übertragen werden.

§. 75.

Der Magistrat kann nur beschließen, wenn mehr als die Hälfte seiner Mitglieder zugegen ist.

Die Beschlüsse werden nach Stimmenmehrheit gefaßt. Bei Stimmengleichheit ist die Stimme des Vorsitzenden entscheidend. Den Vorsitz führt der Bürgermeister oder sein Stellvertreter. — Der Vorsitzende ist verpflichtet, wenn ein Beschluß des Magistrats dessen Befugnisse überschreitet, gesetz- oder rechtswidrig ist, das Staatswohl oder das Gemeinde-Interesse verletzt, die Ausführung eines solchen Beschlusses zu beanstanden und die Entscheidung der Regierung einzuholen.

Der Beigeordnete nimmt auch außer dem Falle der Stellvertretung an den Verhandlungen und Beschlüssen Theil. Bei Berathung über solche Gegenstände, welche das Privat-Interesse eines Mitgliedes des Magistrats oder seiner Angehörigen berühren, muß dasselbe sich der Theilnahme an der Berathung und Abstimmung enthalten, auch sich während der Berathung aus dem Sitzungszimmer entfernen.

§. 76.

In allen Fällen, wo die vorherige Beschlußnahme durch den Magistrat einen nachtheiligen Zeitverlust verursachen würde, muß der Bürgermeister die dem Magistrate obliegenden Geschäfte vorläufig allein besorgen, jedoch dem letzteren in der nächsten Sitzung, Behufs der Bestätigung oder anderweiten Beschlußnahme, Bericht erstatten.

§. 77.

Zur dauernden Verwaltung oder Beaufsichtigung einzelner

Geschäftszweige, sowie zur Erledigung vorübergehender Aufträge, können besondere Deputationen entweder blos aus Mitgliedern des Magistrats, oder aus Mitgliedern beider Stadtbehörden, oder aus letzteren und aus stimmfähigen Bürgern gewählt werden. Zur Bildung gemischter Deputationen aus beiden Stadtbehörden ist ein übereinstimmender Beschluß beider erforderlich.

Zu diesen Deputationen und Kommissionen, welche übrigens in allen Beziehungen dem Magistrate untergeordnet sind, werden die Stadtverordneten und stimmfähigen Bürger von der Stadtverordnetenversammlung gewählt, die Magistratsmitglieder dagegen von dem Bürgermeister ernannt, welcher auch unter den letzteren den Vorsitzenden zu bezeichnen hat.

§. 78.

Schöffen erhalten weder Gehalt noch Remuneration, und ist nur die Vergütung der baaren Auslagen zulässig, welche für sie aus der Ausrichtung von Aufträgen entstehen.

Die Bestimmungen in §§. 58 und 59 und hinsichtlich der Gehälter und Pensionen der Bürgermeister und besoldeten Beigeordneten finden auch auf die übrigen besoldeten Mitglieder des Magistrats Anwendung.

Titel IX.

Von der Verpflichtung zur Annahme von Stellen und von dem Ausscheiden aus denselben wegen Verlustes des Bürgerrechts.

§. 79.

Ein jeder stimmfähiger Bürger ist verpflichtet, eine unbesoldete Stelle in der Gemeinde-Verwaltung oder Vertretung anzunehmen, sowie eine angenommene Stelle mindestens drei Jahre lang zu versehen.

Zur Ablehnung oder zur früheren Niederlegung einer solchen Stelle berechtigen nur folgende Entschuldigungsgründe:

1) anhaltende Krankheit;
2) Geschäfte, die eine häufige oder lange dauernde Abwesenheit mit sich bringen;
3) ein Alter über sechszig Jahre;
4) die früher stattgehabte Verwaltung einer unbesoldeten Stelle für die nächsten drei Jahre;
5) die Verwaltung eines andern öffentlichen Amts;
6) ärztliche oder wundärztliche Praxis;
7) sonstige besondere Verhältnisse, welche nach dem Ermessen der Stadtverordnetenversammlung eine gültige Entschuldigung begründen.

Wer sich ohne einen dieser Entschuldigungsgründe weigert, eine unbesoldete Stelle in der Gemeinde-Verwaltung oder Vertretung anzunehmen, oder die noch nicht drei Jahre lang versehene Stelle ferner zu versehen, sowie derjenige, welcher sich der Verwaltung solcher Stellen thatsächlich entzieht, kann durch Beschluß der Stadtverordnetenversammlung auf drei bis sechs Jahre der Ausübung des Bürgerrechts verlustig erklärt und um ein Achtel bis ein Viertel stärker zu den direkten Gemeindeabgaben herangezogen werden.

Dieser Beschluß bedarf der Bestätigung der Aufsichtsbehörde (§. 81).

§. 80.

Wer eine das Bürgerrecht voraussetzende Stelle in der Verwaltung oder Vertretung der Stadtgemeinde bekleidet, scheidet aus derselben aus, wenn er des Bürgerrechts verlustig geht; im Falle des ruhenden Bürgerrechts tritt die Suspension ein (§. 7).

Die zu den bleibenden Verwaltungsdeputationen gewählten stimmfähigen Bürger und andern von der Stadtverordnetenversammlung auf eine bestimmte Zeit gewählten unbesoldeten Gemeindebeamten können von dem Bürgermeister in Uebereinstimmung mit der Stadtverordnetenversammlung auch vor Ablauf ihrer Wahlperiode von ihrem Amte entbunden werden.

Titel X.

Von der Oberaufsicht über die Stadtverwaltung.

§. 81.

Die Aufsicht des Staats über die städtischen Gemeindeangelegenheiten wird, soweit nicht durch die Vorschriften dieses Gesetzes ein Anderes ausdrücklich bestimmt ist, bei Städten von mehr als 10,000 Einwohnern von der Regierung, bei den übrigen Städten in erster Instanz von dem Landrathe, in zweiter Instanz von der Regierung ausgeübt.

§. 82.

Gegen die Entscheidung der Stadtbehörden findet, wo die Aufsicht dem Landrathe zusteht, der Rekurs an den Landrath, sonst aber an die Regierung statt; gegen die Entscheidung des Landraths ist der Rekurs an die Regierung und gegen die Entscheidung der Regierung der Rekurs an den Oberpräsidenten zulässig.

Der Rekurs muß in allen Instanzen innerhalb einer Präklusivfrist von vier Wochen nach der Zustellung oder Bekanntmachung der Entscheidung eingelegt werden, insofern nicht die Einlegung des Rekurses durch Bestimmungen dieses Gesetzes an andere Fristen geknüpft ist.

§. 83.

Wenn die Stadtverordnetenversammlung einen Beschluß gefaßt hat, welcher deren Befugnisse überschreitet, gesetz- oder rechtswidrig ist, oder das Staatswohl verletzt, so ist die Aufsichtsbehörde ebenso befugt als verpflichtet, den Vorstand der Stadt zur vorläufigen Beanstandung der Ausführung zu veranlassen. Dieser hat hiervon die Stadtverordnetenversammlung zu benachrichtigen und über den Gegenstand des Beschlusses sofort an die Regierung zu berichten. Die Regierung hat sodann ihre Entscheidung unter Anführung der Gründe zu geben.

§. 84.

Wenn die Stadtverordnetenversammlung es unterläßt oder verweigert, die der Gemeinde gesetzlich obliegenden Leistungen auf den Haushaltsetat zu bringen oder außerordentlich zu genehmigen, so läßt die Regierung unter Anführung der Gründe die Eintragung in den Etat von Amtswegen bewirken, oder stellt beziehungsweise die außerordentliche Ausgabe fest.

§. 85.

In den Fällen der §§. 83 und 84 steht der Stadtverordnetenversammlung gegen die Entscheidung der Regierung der Rekurs an den Oberpräsidenten innerhalb zehn Tagen zu.

§. 86.

Durch Königliche Verordnung kann auf den Antrag des Staatsministeriums eine Stadtverordnetenversammlung aufgelöst werden. Es ist sodann eine Neuwahl derselben anzuordnen, und muß diese binnen sechs Monaten vom Tage der Auflösungsverordnung an erfolgen. Bis zur Einführung der neu gewählten Stadtverordneten sind deren Verrichtungen durch besondere, von dem Minister des Innern zu bestellende Kommissarien zu besorgen.

§. 87.

In Betreff der Dienstvergehen der Bürgermeister und der sonstigen Gemeindebeamten kommen die darauf bezüglichen Gesetze zur Anwendung.

Titel XI.

Ausführungs- und Uebergangsbestimmungen.

§. 88.

Die zur Ausführung dieses Gesetzes erforderlichen Bestimmungen werden von dem Minister des Innern getroffen.

§. 89.

Der durch Einführung der Gemeinde-Ordnung vom 11. März 1850 beseitigte Census, welcher für die Meistbeerbten in den einzelnen Gemeinden bestand, ist für die Erwerbung des Bürgerrechts, vorbehaltlich anderweiter Festsetzung, gemäß §. 5 der gegenwärtigen Städte-Ordnung, wieder hergestellt.

§. 90.

In den nicht im Bürgermeistereiverbande mit anderen Gemeinden befindlichen Städten, wo die Gemeinde-Ordnung vom 11. März 1850 bereits eingeführt ist, tritt die gegenwärtige Städte-Ordnung sogleich nach ihrer Verkündigung in Kraft und an die Stelle jener Gemeinde-Ordnung; die auf Grund der letzteren gewählten Bürgermeister und Beigeordneten, sowie die Mitglieder des Gemeinderaths, diese als Stadtverordnete, verbleiben jedoch in ihren Stellen bis zum Ablauf der Periode, für welche sie gewählt worden sind, und behalten, soweit sie eine besoldete Stelle bekleiden, ihre bisherigen Besoldungen und Pensionsansprüche.

§. 91.

Für die mit anderen Gemeinden im Bürgermeistereiverbande befindlichen Städte kommen die Vorschriften des §. 90 ebenfalls zur Anwendung, nachdem sie aus diesem Bürgermeistereiverbande ausgeschieden sein werden, vorbehaltlich der hierbei als nothwendig sich ergebenden, von dem Minister des Innern zu treffenden näheren Anordnungen.

§. 92.

Alle Gemeindebeamten sind in ihren Aemtern und Einkünften zu belassen, und behalten ihre bisherigen Pensionsansprüche.

§. 93.

Wo die Einführung der Gemeinde-Ordnung vom 11. März 1850 noch nicht beendigt ist und die Gemeinde-Ordnung vom 23. Juli 1845 noch in Wirksamkeit sich befindet, tritt an Stelle der letzteren die gegenwärtige Städte-Ordnung ebenfalls nach ihrer Verkündigung in Kraft. Es bleiben hierbei die bisherigen Gemeindebeamten und Mitglieder der Gemeindevertretungen, ihrer Anstellung gemäß, bis zum Ablauf der Periode, für welche sie bestellt worden, in ihren Stellen.

Ist jedoch bei Einführung der Gemeinde-Ordnung vom 11. März 1850 von dem im §. 29 verliehenen Wahlrecht schon Gebrauch gemacht, so bedürfen die Wahlen der Bürgermeister und der Beigeordneten der Bestätigung, insoweit diese seither noch nicht ertheilt ist.

Wird ein Bürgermeister in Folge dessen nicht beibehalten, so hat er den in der Gemeinde-Ordnung vom 11. März 1850 §. 157 bezeichneten Pensionsanspruch.

§. 94.

Die Verhältnisse der vormals unmittelbaren Deutschen Reichsstände und derjenigen Besitzer von Standesherrlichkeiten, welchen gleichartige Befugnisse besonders verliehen sind in Beziehung auf das Gemeindewesen, bleiben gemäß der Verordnung vom 12. November v. J. (Gesetz-Sammlung S. 688) besonderer Regulirung vorbehalten.

Urkundlich unter Unserer Höchsteigenhändigen Unterschrift und beigedrucktem Königlichen Insiegel.

Gegeben Charlottenburg, den 15. Mai 1856.

(L. S.) Friedrich Wilhelm.

v. Manteuffel. v. d. Heydt. Simons. v. Raumer.
v. Westphalen. v. Bodelschwingh. Gr. v. Waldersee.

Für den Minister für die landwirthschaftlichen Angelegenheiten:
v. Manteuffel.

I. 2653. Rhein. Gen. 145. Vol. 2.

106.

Gesetz, — betreffend die Gemeinde-Verfassung in der Rheinprovinz. Vom 15. Mai 1856.

Wir Friedrich Wilhelm, von Gottes Gnaden, König von Preußen rc. rc.

verordnen, mit Zustimmung beider Häuser des Landtages Unserer Monarchie, was folgt:

Artikel 1.

Die Gemeinde-Ordnung für die Rheinprovinz vom 23. Juli 1845 (Gesetz-Samml. S. 523)*) kommt für alle diejenigen Gemeinden dieser Provinz, in welchen die Städte-Ordnung vom heutigen Tage nicht eingeführt wird, mit nachfolgenden Abänderungen zur Anwendung.

Zum Eingange der Gemeinde-Ordnung.

Artikel 2.

Die Vorschriften über Anwendung der revidirten Städte-Ordnung vom 17. März 1831 sind aufgehoben.

Anstatt §§. 5 und 118 der Gemeinde-Ordnung.

Artikel 3.

Die Verhältnisse der vormals unmittelbaren Deutschen Reichsstände in Beziehung auf das Gemeindewesen bleiben besonderer Regulirung nach Maaßgabe der Verordnung vom 12. November 1855 (Gesetz-Sammlung S. 688) vorbehalten.

Anstatt des zweiten Satzes im §. 11 der Gemeinde-Ordnung.

Artikel 4.

Solche Statuten und Dorf-Ordnungen dürfen den Bestimmungen der Gesetze nicht widersprechen. Sie unterliegen der Bestätigung des Ober-Präsidenten.

---

*) s. Nr. 1 des Anhangs zu diesem Bande.

Anstatt der Nr. 1 des §. 12 der Gemeinde-Ordnung.

Artikel 5.

1) Sämmtliche selbstständige Einwohner derselben mit Ausnahme der servisberechtigten Militairpersonen des aktiven Dienststandes.

Zu §§. 13 und 14 der Gemeinde-Ordnung.

Artikel 6.

Durch Beschluß des Gemeinderathes kann von der Entrichtung des Einzugsgeldes (Eintrittsgeldes) die Niederlassung in der Gemeinde (§. 4 des Gesetzes vom 31. Dez. 1842, Gesetz-Sammlung Nr. 2317) abhängig gemacht werden. Beamte und Geistliche, welchen in Folge dienstlicher Verpflichtung ihr Aufenthalt im Gemeindebezirke angewiesen ist, sind zur Entrichtung des Einzugsgeldes (Eintrittsgeldes) nicht verbunden.

Anstatt des ersten Absatzes im §. 23 und des §. 98 der Gemeinde-Ordnung.

Artikel 7.

Die Geldbeiträge können bestehen:

I. in Zuschlägen zu den Staatssteuern, wobei folgende Bestimmungen gelten:

1) die Steuer für den Gewerbebetrieb im Umherziehen darf nicht belastet werden;

2) bei den Zuschlägen zur Klassen- und klassifizirten Einkommensteuer muß derjenige Theil des gesammten Einkommens, welcher aus außerhalb der Gemeinde gelegenem Grundeigenthum oder aus außerhalb gelegenen gewerblichen Anlagen fließt und in der Gemeinde, wo das Grundeigenthum oder die gewerblichen Anlagen liegen, einer besonderen Gemeindebesteuerung nach dem Einkommen unterworfen ist, bis auf die Höhe dieses Steuerbetrages von den Zuschlägen in der Gemeinde des Wohnorts freigelassen werden.

Erreicht der hiernach freizulassende Steuerbetrag eine Höhe, welche den in der Gemeinde des Wohnorts zu erhebenden Steuerzuschlägen gleichkommt oder dieselben übersteigt, so dürfen in der letzteren Zuschläge nur von demjenigen Theile der Hauptsteuer erhoben werden, welcher auf das von der anderweiten Gemeindebesteuerung befreite Einkommen fällt;

3) die Genehmigung der Regierung ist erforderlich:

a) für Zuschläge zu den direkten Steuern, wenn der Zuschlag entweder funfzig Procent der Staatssteuern übersteigt oder nicht nach gleichen Sätzen auf diese Steuern vertheilt werden soll. Zur Freilassung oder geringeren Belastung der Gewerbesteuer, sowie der letzten Klassensteuerstufe, bedarf es jedoch dieser Genehmigung nicht;

b) für Zuschläge zu den indirekten Steuern;

II. in besonderen direkten oder indirekten Gemeindesteuern, welche der Genehmigung der Regierung bedürfen, wenn sie neu eingeführt, erhöht, oder in ihren Grundsätzen verändert werden sollen.

Bei besonderen Kommunal-Einkommensteuern ist jedenfalls die unter I. 2. erwähnte Beschränkung maaßgebend.

Gegen Uebertretung der über die Erhebung von Kommunalsteuern zu erlassenden, von der Regierung zu genehmigenden Regulative können durch besondere Verordnung Strafen bis auf Höhe von zehn Thalern vorgesehen werden.

Anstatt §. 24 der Gemeinde-Ordnung.

Artikel 8.

Wer, ohne in dem Gemeindebezirke zu wohnen, daselbst Grundbesitz hat oder ein stehendes Gewerbe betreibt, ist verpflichtet, an denjenigen Lasten Theil zu nehmen, welche auf den Grundbesitz oder das Gewerbe, oder auf das aus jenen Quellen fließende Einkommen gelegt sind.

Dieselbe Verpflichtung haben juristische Personen, welche in dem Gemeindebezirke Grundeigenthum besitzen oder ein stehendes Gewerbe betreiben.

Anstatt des letzten Satzes des §. 25 der Gemeinde-Ordnung.

Artikel 9.

Die Rollen werden vom Bürgermeister für vollstreckbar erklärt.

Zu §. 29 Alinea 2 und §. 31 der Gemeinde-Ordnung.

Artikel 10.

Die Geistlichen und Elementarschullehrer sind von allen direkten Gemeindeabgaben hinsichtlich ihres Diensteinkommens und ihrer Dienstgrundstücke, ingleichen von allen persönlichen Gemeindediensten, soweit dieselben nicht auf ihnen gehörigen Grundstücken lasten, befreit, Kirchendiener insoweit, als ihnen diese Befreiung zur Zeit der Verkündigung der Gemeinde-Ordnung vom 11. März 1850 zustand.

An Stelle der Vorschriften des Gesetzes vom 21. Januar 1839 §. 8 Nr. 1 und 2 und §. 9 treten die betreffenden Bestimmungen des Gesetzes vom 24. Februar 1850 (Gesetz-Sammlung S. 62).

Anstatt der §§. 33, 34, 38, 39 und 40 der Gemeinde-Ordnung.

Artikel 11.

Zur Theilnahme an den öffentlichen Geschäften der Gemeinde (Gemeinderecht) sind nur diejenigen Mitglieder der Gemeinde berechtigt (Meistbeerbte), welche

I. Preußische Unterthanen und selbstständig sind,

und

II. seit einem Jahre

1) keine Armenunterstützung aus öffentlichen Mitteln empfangen,

2) die sie betreffenden Gemeindeabgaben bezahlt haben

und

3) a) in dem Gemeindebezirke mit einem Wohnhause angesessen sind und von ihren daselbst gelegenen Grundbesitzungen einen Hauptgrundsteuerbetrag von mindestens zwei Thalern entrichten; doch kann dieser Satz, wo besondere Ortsverhältnisse es nöthig machen, ausnahmsweise mit Genehmigung des Oberpräsidenten geringer festgesetzt werden;

oder

b) ihren Wohnsitz im Gemeindebezirke haben und außerdem entweder zur Einkommensteuer oder mit einem Jahresbetrage von mindestens drei Thalern zur Klassensteuer veranlagt sind. Wo eigenthümliche Verhältnisse solches besonders wünschenswerth machen, kann durch das Gemeindestatut an Stelle des vorgedachten Klassensteuerbetrages ein geringerer Betrag als Bedingung der Theilnahme am Gemeinderechte festgestellt werden, jedoch darf derselbe keinenfalls weniger als zwei Thaler betragen. Steuerzahlungen und Grundbesitz der Ehefrau werden dem Ehemanne, Steuerzahlungen und Grundbesitz der Minderjährigen, beziehungsweise der unter väterlicher Gewalt befindlichen Kinder, dem Vater angerechnet.

Artikel 12.

Wer in Folge rechtskräftigen Erkenntnisses der bürgerlichen Ehre verlustig geworden (§. 12 des Strafgesetzbuches), verliert dadurch auch das Gemeinderecht (Artikel 11.) und die Befähigung, dasselbe zu erwerben.

Wem durch rechtskräftiges Erkenntniß die Ausübung der bürgerlichen Ehrenrechte untersagt ist (§. 21 des Strafgesetzbuches), der ist während der dafür in dem Erkenntnisse festgesetzten Zeit von der Ausübung des Gemeinderechtes ausgeschlossen.

Ist gegen ein stimmberechtigtes Gemeindemitglied wegen eines Verbrechens die Versetzung in den Anklagestand, oder wegen eines

Vergehens, welches die Untersagung der Ausübung der bürgerlichen Ehrenrechte nach sich ziehen muß oder kann, die Verweisung an das Strafgericht ausgesprochen, oder ist dasselbe zur gerichtlichen Haft gebracht, in Konkurs oder Zahlungsunfähigkeit gerathen, oder in Fallimentszustand erklärt worden, so ruht die Ausübung des ihm zustehenden Gemeinderechtes so lange, bis die gerichtliche Untersuchung oder das Konkursverfahren beendigt, beziehungsweise die Rehabilitirung ausgesprochen ist, oder der Zustand der Zahlungsunfähigkeit aufhört.

Das Gemeinderecht geht verloren, sobald eines der zur Erlangung desselben vorgeschriebenen Erfordernisse nicht mehr zutrifft.

Anstatt des §. 43 der Gemeinde-Ordnung.

Artikel 13.

Die vom Staate besoldeten Beamten, sowie die Beamten der vormals unmittelbaren Deutschen Reichsstände, soweit dieselben den Staatsbeamten gleich zu achten sind, die Geistlichen und Schullehrer bedürfen, wenn sie eine Stelle oder einen Auftrag von längerer Dauer bei der Gemeindeverwaltung übernehmen sollen, dazu der Erlaubniß ihrer vorgesetzten Dienstbehörde und der Regierung. Diese Erlaubniß kann auch, wenn sich aus der Verbindung beider Dienstverhältnisse für den Staatsdienst oder für die Gemeindeverwaltung in der Folge ein Nachtheil ergiebt, von der Dienstbehörde sowohl als von der Regierung zurückgenommen werden.

Zu §§. 48 bis 56 der Gemeinde-Ordnung.

Artikel 14.

Die Wirksamkeit von Stellvertretern findet in der Gemeindevertretung nicht ferner statt.

Jeder Wähler muß dem Wahlvorsteher mündlich und laut zu Protokoll erklären, wem er seine Stimme geben will. Er hat so viele Personen zu bezeichnen, als zu wählen sind.

Bei Gemeinden, welche mehrere Ortschaften enthalten, kann die Regierung nach Verhältniß der Einwohnerzahl bestimmen, wie viel Mitglieder des Gemeinderathes aus jeder einzelnen Ortschaft zu wählen sind.

Gemeindeverordnete können nicht sein:

1) diejenigen Beamten und die Mitglieder derjenigen Behörden, durch welche die Aufsicht des Staats über die Gemeinden ausgeübt wird;
2) die Gemeindebeamten mit Ausnahme der Beigeordneten;
3) die Geistlichen, Kirchendiener und Elementarlehrer;
4) die richterlichen Beamten, zu denen jedoch die Mitglieder der Handelsgerichte und der Gewerbegerichte, sowie die Ergänzungs-Friedensrichter hier nicht zu rechnen sind;

5) die Beamten der Staatsanwaltschaft;
6) die Polizeibeamten.

Vater und Sohn, sowie Brüder, dürfen nicht zugleich Mitglieder der Gemeindeverordneten-Versammlung sein. Sind dergleichen Verwandte zugleich erwählt, so wird der ältere allein zugelassen.

Anstatt §. 60 der Gemeinde-Ordnung.

Artikel 15.

Angelegenheiten, bei welchen mehr als eine, aber nicht alle Gemeinden einer Bürgermeisterei betheiligt sind, gehören zum Geschäftskreise des Bürgermeisters und der Bürgermeistereiversammlung, jedoch haben die Vertreter der nicht betheiligten Gemeinden nicht mit zu beschließen.

Wenn Gemeinden aus verschiedenen Bürgermeistereien bei einer Angelegenheit betheiligt sind, so erfolgt deren Berathung durch eine aus den Bürgermeistereivertretern der betreffenden Gemeinden gebildete Versammlung.

Der Vorsitz dieser Versammlung und die Verwaltung solcher Angelegenheiten steht demjenigen Bürgermeister zu, in dessen Bezirke der Gegenstand des gemeinsamen Interesses liegt, und wo dies nicht ausreicht, dem älteren an Dienstjahren.

Zu §. 64 Alinea 1 und §. 112 der Gemeinde-Ordnung.

Artikel 16.

Die Beschlußfähigkeit des Gemeinderathes und der Bürgermeistereiversammlung tritt ein, wenn mehr als die Hälfte der Mitglieder gegenwärtig ist.

Anstatt des ersten Satzes des §. 66 der Gemeinde-Ordnung.

Artikel 17.

Die Beschlüsse des Gemeinderathes und die Namen der dabei anwesend gewesenen Mitglieder sind in ein besonderes Buch einzutragen. Sie werden von dem Vorsitzenden und wenigstens von drei Mitgliedern unterzeichnet.

Anstatt des §. 70 der Gemeinde-Ordnung.

Artikel 18.

Der Versammlung des Gemeinderathes müssen alle Mitglieder regelmäßig beiwohnen. Ein Mitglied, welches die Versammlung dreimal hintereinander ohne genügende Entschuldigung versäumt oder wiederholt durch ungebührliches Benehmen Ruhe und Ordnung gestört und den Zuruf des Vorsitzenden zur Ordnung nicht beachtet hat, kann durch einen Beschluß des Gemeinderathes, welcher der Genehmigung der Aufsichtsbehörde unterliegt, aus dem Gemeinderathe ausgeschlossen werden.

Zu §. 71 der Gemeinde-Ordnung.

Artikel 19.

Die Bestimmung des §. 71 der Gemeinde-Ordnung bleibt außer Anwendung.

Anstatt des §. 72 der Gemeinde-Ordnung.

Artikel 20.

Der Gemeindevorsteher wird nach Vernehmung der gutachtlichen Vorschläge des Bürgermeisters von dem Landrathe aus den Mitgliedern des Gemeinderathes ernannt. Derselbe muß im Gemeindebezirke wohnen und die zu seinen Geschäften nöthigen Kenntnisse besitzen. Bei seiner Ernennung soll auf Personen, welche das Vertrauen der Gemeinde vorzugsweise genießen, sofern sie sonst für das Amt geeignet sind, besonders Rücksicht genommen werden.

Das Amt der Vorsteher dauert sechs Jahre, kann aber nach drei Jahren niedergelegt werden.

Für Verhinderungsfälle wird in gleicher Art ein Stellvertreter (Beistand) ernannt, welcher dieselben Eigenschaften besitzen muß.

Zu §. 75 der Gemeinde-Ordnung.

Artikel 21.

Die Entschädigung des Vorstehers kann mit Genehmigung der Regierung vom Gemeinderathe auch höher als zu Einem Silbergroschen vom Kopfe der Bevölkerung festgesetzt werden.

Zu §§. 82, 83, 84, 104 und 105 der Gemeinde-Ordnung.

Artikel 22.

In Ansehung der Disziplinarstrafen gegen die Gemeindebeamten kommen die darauf bezüglichen Vorschriften zur Anwendung.

Zu §. 88 der Gemeinde-Ordnung.

Artikel 23.

Die Gemeinden können, wo ein dringendes Bedürfniß der Landeskultur dazu vorliegt und ihre Kräfte es gestatten, nach Anhörung der betreffenden Gemeindevertretung und des Kreistages angehalten werden, unkultivirte Gemeinde-Grundstücke, namentlich durch Anlage von Holzungen und Wiesen, in Kultur zu setzen. Nähere Bestimmungen hierüber bleiben Königlicher Verordnung vorbehalten.

Zu §. 107 der Gemeinde-Ordnung.

Artikel 24.

Die Regierung ist bei Prüfung und Genehmigung des für jede Bürgermeisterei von der Bürgermeistereiversammlung aufzustellenden Normal-Besoldungs-Etats ebenso befugt als verpflichtet, zu verlangen, daß dem Bürgermeister die zu einer zweckmäßigen Verwaltung angemessenen Besoldungsbeträge, sowie Entschädigungen für Dienstunkosten bewilligt werden. Es kann zu diesem Zweck, wenn ein dringendes Bedürfniß durch Plenarbeschluß der Regierung anerkannt ist, die Besoldung des Bürgermeisters und dessen Entschädigung für Dienst-Unkosten zusammen den bisherigen Maximalbetrag von drei Silbergroschen auf den Kopf der Bevölkerung übersteigen.

Artikel 25.

Den Bürgermeistern sind, sofern nicht mit Genehmigung der Regierung eine Vereinbarung wegen der Pension getroffen ist, bei eintretender Dienstunfähigkeit folgende Pensionen zu gewähren:

ein Viertel der Besoldung nach zwölfjähriger Dienstzeit,
drei Achtel " " " achtzehnjähriger Dienstzeit,
die Hälfte " " " vierundzwanzigjähriger Dienstzeit.

Bei der Berechnung der Höhe der Pension werden lediglich die Besoldungs-Beträge und nicht die Entschädigungen für Dienstunkosten und die Nebeneinkünfte zum Grunde gelegt.

Ueber die Pensionsansprüche der Bürgermeister entscheidet in streitigen Fällen die Regierung. Gegen den Beschluß der Regierung, soweit derselbe sich nicht auf die Frage der Dienstunfähigkeit oder darauf bezieht, welcher Theil des Diensteinkommens als Besoldung anzusehen sei, findet die Berufung auf richterliche Entscheidung statt. Ungeachtet der Berufung sind die festgesetzten Beträge vorläufig zu bezahlen.

Die Bildung einer Provinzial-Pensionskasse und die Höhe der von den Bürgermeistern zu zahlenden Beiträge bleibt den Beschlüssen des Provinzial-Landtages unter Genehmigung des Königs vorbehalten.

So lange demgemäß nicht anderweitige Bestimmungen getroffen werden, sind die Pensionen lediglich von den betreffenden Bürgermeistereien zu gewähren, jedoch immer nur nach Maaßgabe der Dienstzeit in denselben.

Zu §. 108 Alinea 3 der Gemeinde-Ordnung.

Artikel 26.

Hinsichtlich der Funktionen der Bürgermeister und Beigeordneten als Hülfsbeamte der gerichtlichen Polizei und als Vertreter der Staatsanwaltschaft bei den Polizeigerichten tritt die Verfassung, welche zur Zeit der Verkündigung der Gemeinde-Ordnung vom 11. März 1850 in den verschiedenen Theilen der Provinz bestand, wieder ein. Bürgermeister, wie auch andere Beamte, denen die Wahrnehmung der Staatsanwaltschaft bei den Polizeigerichten obliegt, erhalten von den Gemeinden des Polizeigerichtsbezirks, die im Uebrigen nicht zu ihrem Amtsbereich gehören, eine durch die Regierung festzusetzende verhältnißmäßige Entschädigung.

Hinsichtlich der Führung der Civilstandsregister behält es bei den bestehenden Einrichtungen sein Bewenden.

Von der Verpflichtung zur Uebernahme von unbesoldeten Stellen in der Gemeinde-Verwaltung und Vertretung und von dem Ausscheiden aus denselben.

Artikel 27.

Ein jedes stimmfähige Gemeindemitglied ist verpflichtet, eine unbesoldete Stelle in der Gemeinde-Verwaltung oder Vertretung anzunehmen und mindestens drei Jahre lang zu versehen.

Zur Ablehnung oder zur früheren Niederlegung einer solchen Stelle berechtigen folgende Entschuldigungsgründe:

1) anhaltende Krankheit;
2) Geschäfte, die eine häufige oder lange dauernde Abwesenheit mit sich bringen;
3) ein Alter über sechszig Jahre;
4) die früher stattgehabte Verwaltung einer unbesoldeten Stelle für die nächsten drei Jahre;
5) sonstige besondere Verhältnisse, welche nach dem Ermessen des Gemeinderathes eine Berücksichtigung rechtfertigen.

Wer sich ohne einen dieser Entschuldigungsgründe weigert, eine unbesoldete Stelle in der Gemeinde-Verwaltung oder Vertretung anzunehmen oder zu behalten, sowie derjenige, welcher sich der Verwaltung solcher Stellen thatsächlich entzieht, kann durch Beschluß des Gemeinderathes der Ausübung des Gemeinderechtes auf drei bis sechs Jahre verlustig erklärt und um ein Achtel bis ein Viertel stärker zu den direkten Gemeindeabgaben herangezogen werden.

Ein solcher Beschluß bedarf der Bestätigung der Aufsichtsbehörde.

Von der Auflösung einer Gemeinde- oder Bürgermeisterei-Vertretung.

Artikel 28.

Durch Königliche Verordnung kann auf den Antrag des Staatsministeriums ein Gemeinderath, sofern derselbe nicht aus sämmtlichen stimmberechtigten Gemeindegliedern besteht, sowie eine Bürgermeistereiversammlung aufgelöst werden. Es ist sodann eine Neuwahl anzuordnen, welche binnen sechs Monaten, vom Tage der Auflösungsverordnung an, erfolgen muß. Derselben unterliegen nur die gewählten Mitglieder. Bis zur Einführung der neugewählten Mitglieder sind die Verrichtungen des Gemeinderathes oder der Bürgermeistereiversammlung durch besondere, von dem Minister des Innern zu bestellende Kommissarien zu besorgen.

Ausführungs- und Uebergangsbestimmungen.

Artikel 29.

Das gegenwärtige Gesetz tritt für die im Artikel 1. bezeichneten Gemeinden sogleich nach seiner Verkündigung in Kraft, und gleichzeitig an die Stelle der Gemeinde-Ordnung vom 11. März 1850, wo diese bereits eingeführt worden.

Artikel 30.

Die auf Grund der letzteren gewählten und ernannten Bürgermeister, Beigeordneten, Gemeindevorsteher und Beistände, sowie alle anderen besoldeten und unbesoldeten Gemeindebeamten, bleiben bis zum Ablauf der Periode, für welche sie berufen worden sind, in ihren Stellen, sofern diese überhaupt nach der Gemeinde-Ordnung vom 23. Juli 1845 bestehen bleiben, und behalten, soweit sie eine besoldete Stelle bekleiden, ihre bisherigen Besoldungen und Pensionsansprüche auch dann, wenn sie nach Ablauf ihrer Wahlperiode nicht wieder bestellt werden.

Auch die gegenwärtigen und die durch Ersatzwahlen eintretenden Mitglieder der Gemeindevertretungen bleiben, als Gemeinderäthe beziehungsweise Bürgermeistereiversammlungen, einstweilen in Funktion. Wenn später nach der Gemeinde-Ordnung vom 23. Juli 1845 eine Erneuerungswahl eintreten würde, so erfolgt die Erneuerung in der Art, daß von den bisherigen Mitgliedern die Hälfte der Normalzahl zurückbleibt.

Die Ausscheidenden bestimmt bei dieser ersten Erneuerung ohne Rücksicht auf die Wahlzeit das Loos.

Bei Gemeinden, in welchen nach §. 45 der Gemeinde-Ordnung vom 23. Juli 1845 sämmtliche zur Ausübung des Gemeinderechtes befugte Gemeinde-Mitglieder den Gemeinderath bilden, tritt diese Selbstvertretung mit dem daselbst gedachten Zeitpunkte wieder ein.

In die Gemeinderäthe beziehungsweise Bürgermeistereiversammlungen treten die zur Mitgliedschaft gesetzlich selbstständig Berechtigten sofort ein.

Artikel 31.

Die zur Ausführung des gegenwärtigen Gesetzes erforderlichen Anordnungen sind von dem Minister des Innern zu treffen.

Urkundlich unter Unserer Höchsteigenhändigen Unterschrift und beigedrucktem Königlichen Insiegel.

Gegeben Charlottenburg, den 15. Mai 1856.

(L. S.) Friedrich Wilhelm.

v. Manteuffel. v. d. Heydt. Simons. v. Raumer.
v. Westphalen. v. Bodelschwingh. Gr. v. Waldersee.

Für den Minister für die landwirthschaftlichen Angelegenheiten:
v. Manteuffel.

I. 2654. Rhein. Gen. 145. Vol. 2.

107.

Gesetz, — betreffend die Einführung eines allgemeinen Landesgewichts. Vom 17. Mai 1856.

Wir Friedrich Wilhelm, von Gottes Gnaden, König von Preußen 2c. 2c.

verordnen, mit Zustimmung beider Häuser des Landtages Unserer Monarchie, was folgt:

§. 1.

Das durch die Verordnung vom 31. Oktober 1839 (Gesetz-Sammlung 1839 S. 325) zunächst für den Zollverkehr eingeführte Pfund soll fortan die Einheit des Preußischen Gewichtes sein. Das Preußische Pfund ist hiernach gleich Einem Pfunde und 2,209158143 Loth des bisherigen Preußischen Gewichtes.

Es wird ein diesem Verhältniß entsprechendes Gewichtsstück angefertigt werden, welches als Urgewicht des Preußischen Staates gelten und alsdann für das Gewicht des Preußischen Pfundes allein maaßgebend sein soll. Auch soll das Verhältniß des letzteren zu dem durch das Gesetz vom 10. März 1839 (Gesetz-Sammlung 1839 S. 94) festgesetzten Urmaaße des Preußischen Staates ermittelt und öffentlich bekannt gemacht werden.

§. 2.

Hundert Pfund (§. 1) machen Einen Zentner und vierzig Zentner oder viertausend Pfund eine Schiffslast aus.

§. 3.

Das Pfund wird in dreißig Loth, das Loth in zehn Quentchen, das Quentchen in zehn Zent, der Zent in zehn Korn getheilt. Noch kleinere Theile werden ohne besondere Benennung durch Dezimal-Bruchtheile des Korns angegeben.

§. 4.

Ein von dem Handelsgewichte abweichendes Medizinalgewicht findet ferner nicht statt. Der §. 25 der Anweisung zur Verfertigung der Probe-Maaße und Gewichte vom 16. Mai 1816 (Gesetz-Sammlung 1816 S. 149) wird aufgehoben.

§. 5.

Ebenso findet ein von dem Handelsgewichte abweichendes Juwelengewicht ferner nicht statt.

§. 6.

Das in den §§. 19 und 20 der Anweisung zur Verfertigung der Probe-Maaße und Gewichte vom 16. Mai 1816 vorgeschriebene Münzgewicht kommt auch ferner zur Anwendung.

§. 7.

Andere, als diesem Gesetze entsprechende Gewichte dürfen

weder im Verkehr angewendet, noch von den Eichungsbehörden gestempelt werden.

Die in den Gesetzen gegen die Benutzung unrichtiger, zum Wiegen bestimmter Werkzeuge und gegen den Besitz ungestempelter Gewichte angedrohten Strafen treten auch in dem Falle der Benutzung und des Besitzes solcher, dem gegenwärtigen Gesetze nicht entsprechenden Gewichte ein, welche vor dem, im §. 12 bestimmten Zeitpunkte mit dem Stempel eines inländischen Eichungs-Amtes versehen waren.

§. 8.

Bei der Erhebung der öffentlichen Abgaben, welche in Gemäßheit der bestehenden Vorschriften nach dem bisherigen Gewichte entrichtet werden, kommt, soweit nicht durch Verabredung mit anderen Staaten etwas Anderes bestimmt ist, das durch das gegenwärtige Gesetz vorgeschriebene Gewicht dergestalt in Anwendung, daß derjenige Betrag, welcher von dem bisherigen Preußischen Zentner oder der bisherigen Preußischen Schiffslast erhoben worden, fortan von dem durch dieses Gesetz bestimmten Zentner, beziehungsweise der darin bestimmten Schiffslast (§. 2) zur Erhebung gelangt. Der dadurch aufkommende Mehrbetrag an Mahl- und Schlachtsteuer wird den pflichtigen Städten aus der Staatskasse erstattet.

§. 9.

Auch bei dem Verkauf des Salzes kommt das durch das gegenwärtige Gesetz vorgeschriebene Gewicht zur Anwendung.

Die Tonne Salz (Verordnung vom 22. November 1842, Gesetz-Sammlung 1842 S. 310) ist zu 378 Pfund 24 Loth zu rechnen und hiernach das Gewicht der kleineren Gebinde und Verkaufsmengen, beziehungsweise der Debitspreis für dieselben, unter angemessener Abrundung, vom Finanz-Minister zu bestimmen.

§. 10.

Bei Ausführung der in der Verordnung vom 17. März 1839 und der Order vom 12. April 1840 wegen des Verkehrs auf den Kunststraßen (Gesetz-Sammlung 1839 S. 80. — 1840 S. 108), in dem Chausseegeld-Tarife vom 29. Februar 1840 (Gesetz-Sammlung 1840 S. 94), sowie in den veröffentlichten Spezial-Tarifen zur Erhebung von Kommunikationsabgaben enthaltenen Bestimmungen in Betreff der Belastung der Fuhrwerke und des Tarifsatzes für beladene Fuhrwerke, kommt für die Ermittelung des Gewichts der Ladung, beziehungsweise des Fuhrwerks, das durch das gegenwärtige Gesetz vorgeschriebene Gewicht dergestalt in Anwendung, daß an die Stelle des bisherigen ohne Weiteres der durch dieses Gesetz vorgeschriebene Zentner tritt, die Gewichtssätze selbst aber unverändert bleiben.

§. 11.

Die §§. 18, 21 bis 24 und 26 der Anweisung zur Verfertigung der Probe-Maaße und Gewichte vom 16. Mai 1816, sowie die Verordnung vom 31. Oktober 1839, betreffend die Einführung des Zollgewichts, werden hierdurch aufgehoben.

§. 12.

Die Bestimmungen in den §§. 1 bis 3 und 5 bis 11 treten für den ganzen Umfang der Monarchie, mit Ausnahme der Hohenzollernschen Lande, mit dem 1. Juli 1858 in Kraft. Der Zeitpunkt, mit welchem die Vorschrift im §. 4 in Kraft treten soll, wird durch Königliche Verordnung festgesetzt werden.

Die Einführung des Gesetzes in den Hohenzollernschen Landen, unter Aufhebung der entgegenstehenden, zur Zeit daselbst geltenden gesetzlichen Bestimmungen, bleibt Königlicher Verordnung vorbehalten.

§. 13.

Die Eichungsbehörden sind verpflichtet, die nach dem gegenwärtigen Gesetze zur Stempelung geeigneten Gewichtsstücke (§. 7), wenn dieselben bis zum 1. August 1858 zur Eichung gestellt und gleichzeitig entsprechende gestempelte alte Gewichtsstücke von vorschriftsmäßiger Beschaffenheit vorgelegt werden, gebührenfrei zu eichen und zu stempeln; sind die vorgelegten alten Gewichte von anderer Art, als die zu stempelnden neuen Gewichte, so sind die tarifmäßigen Gebühren für die Eichung der ersteren auf die Gebühren für die Stempelung der neuen Gewichtsstücke anzurechnen. Der auf den vorgelegten alten Gewichtsstücken befindliche Eichungsstempel ist zu kassiren.

§. 14.

Der Minister für Handel, Gewerbe und öffentliche Arbeiten, beziehungsweise der Finanz-Minister, wird mit der Ausführung dieses Gesetzes beauftragt.

Urkundlich unter Unserer Höchsteigenhändigen Unterschrift und beigedrucktem Königlichen Insiegel.

Gegeben Charlottenburg, den 17. Mai 1856.

(L. S.) Friedrich Wilhelm.

v. Manteuffel. v. d. Heydt. Simons. v. Raumer.
v. Westphalen. v. Bodelschwingh. Gr. v. Waldersee.

Für den Minister für die landwirthschaftlichen Angelegenheiten:
v. Manteuffel.

I. 2840. M. 29.

108.

Allgemeine Verfügung vom 22. Mai 1856, — betreffend die Vollstreckung der von den Civilgerichten erkannten Strafen an Militairpersonen.

Es ist zur Kenntniß des Justiz-Ministers gekommen, daß in mehreren Fällen die Requisitionen der Civilgerichte an die betreffenden Truppentheile um Vollstreckung von Strafen an Personen, gegen welche diese Strafen vor deren Einstellung in das Heer erkannt worden waren, namentlich in Untersuchungen wegen Holzdiebstahls, sehr verzögert worden und dadurch Weiterungen entstanden sind.

Die Civilgerichte werden im Allgemeinen nur selten in die Lage kommen, die Umwandlung und Vollstreckung von Strafen, welche von ihnen erkannt worden sind, in Gemäßheit der §§. 11, 12 Tit. 1 Th. II. des Strafgesetzbuchs für das Heer bei den Militairgerichten in Anspruch zu nehmen, wenn sie für die unverzügliche Vollstreckung der von ihnen abgefaßten Erkenntnisse sorgen, indem alsdann der Fall, daß der Verurtheilte vor der Vollstreckung in den Militairdienst eingetreten ist, nicht oft vorkommen wird.

Der Justiz-Minister nimmt daher Veranlassung, die Gerichtsbehörden anzuweisen, auf die schnelle Vollstreckung der Straferkenntnisse, zu welcher sie ohnehin verpflichtet sind, auch in dieser Beziehung Bedacht zu nehmen.

Wenn aber die Nothwendigkeit eintritt, in den geeigneten Fällen die Umwandlung und Vollstreckung der Strafe bei den Militairgerichten zu beantragen, so sind die hierauf gerichteten Requisitionen stets möglichst zu beschleunigen.

Ebenso haben die Civilgerichte in den Fällen, wenn strafbare Handlungen, welche Personen des Soldatenstandes vor ihrem Eintritt in den Militairdienst verübt haben, erst nach dem Eintritt zur Sprache kommen, oder wenn, weil die Untersuchung vor dem Eintritt eingeleitet, aber das Erkenntniß noch nicht ergangen ist (§§. 9, 10 Tit. 1 Th. II. des Strafgesetzbuchs für das Heer), die Militairgerichte benachrichtigt werden müssen, die erforderlichen Anzeigen und Anträge unverzüglich an die betreffende Militairbehörde gelangen zu lassen.

Berlin, den 22. Mai 1856.

Der Justiz-Minister
Simons.

An
sämmtliche Gerichtsbehörden.

I. 2044. Crimin. 89. Vol. 2.

109.

Verfügung vom 28. Mai 1856, — betreffend die Requisitionen der Untersuchungsrichter nach Frankreich, Belgien und den Niederlanden.

Allg. Verfügung v. 8. Juli 1852 (Rh. Samml. Bd. X. S. 454).

Extrakt.

Zugleich werden Sie aufgefordert, durch die Präsidenten und die Ober-Prokuratoren bei den sämmtlichen Landgerichten zu veranlassen, daß sowohl die jetzt fungirenden, als auch bei dem jedesmaligen Wechsel die künftig eintretenden Untersuchungsrichter auf die allgemeine Verfügung vom 8. Juli 1852 — Rh. Samml. Bd. X. S. 454 — aufmerksam gemacht und namentlich angewiesen werden, bei Requisitionen nach Frankreich, Belgien und den Niederlanden sich des direkten Schriftwechsels mit den auswärtigen Behörden zu enthalten und stets der Vermittlung der Königlichen Gesandtschaft sich zu bedienen.

Berlin, den 28. Mai 1856.

Der Justiz-Minister
Simons.

An
den Königl Herrn General-Prokurator
zu Cöln.

I. 2780. Requisitionen 48. Vol. 3.

110.

Allgemeine Verfügung vom 31. Mai 1856, — betreffend das Verfahren bei Requisitionen nach Frankreich, Belgien und den Niederlanden.

Allgem. Verfüg. v. 16. September 1844 (Rh. Samml. Bd. VIII. S. 346).
Allgem. Verfüg. v. 8. Juli 1852 (Rh. Samml. Bd. X. S. 454).

Es sind neuerdings wieder mehrere Fälle zur Kenntniß des Justiz-Ministers gekommen, in welchen die durch die allgemeine Verfügung vom 8. Juli 1852 in Erinnerung gebrachte Vorschrift, wonach die Requisitionen der diesseitigen Gerichte und Beamten der Staatsanwaltschaft nach Frankreich, Belgien und den Niederlanden stets durch Vermittelung der Preußischen Gesandtschaft in Paris, Brüssel und Haag, resp. durch Vermittelung des Ministeriums der auswärtigen Angelegenheiten, nicht aber unmittelbar an die ausländischen Justizbehörden zu befördern sind, außer Acht gelassen worden ist.

Der Justiz-Minister sieht sich dadurch veranlaßt, sämmtlichen Gerichten und Beamten der Staatsanwaltschaft die sorgfältige Beobachtung der in der allgemeinen Verfügung vom 16. September 1844 zusammengestellten Bestimmungen, insbesondere derjenigen, welche die Requisitionen nach Frankreich, Belgien und den Niederlanden betreffen, hierdurch von Neuem zur Pflicht zu machen.

Berlin, den 31. Mai 1856.

Der Justiz-Minister
Simons.

I. 2441. Requisitionen 48. Vol. 3.

111.

Cirkular-Verfügung vom 10. Juni. 1856, — betreffend die in der geschäftlichen Korrespondenz der Gerichte anzuwendenden Kurialien.

Durch die Allerhöchste Verordnung vom 27. Oktober 1810 — Ges.-Samml. S. 3 — ist der frühere veraltete Kurialstyl abgeschafft und zugleich angeordnet worden, daß von sämmtlichen Behörden fortan im Styl des gemeinen Lebens geschrieben und verfügt werden solle.

Der Justiz-Minister hat wahrgenommen, daß diese Vorschrift von den Gerichtsbehörden nicht immer beachtet, und daß namentlich in den Erlassen an solche Personen, welchen im gemeinen Leben das Prädikat Herr gegeben zu werden pflegt, dies Prädikat nicht ertheilt, auch die nach den Standesverhältnissen üblichen Prädikate:

Hochgeboren, Hoch- und Wohlgeboren, Hochwohlgeboren,

nicht angewendet worden sind.

Mehrfache deshalb erhobene Beschwerden veranlassen den Justiz-Minister, Ihre Aufmerksamkeit auf diesen Gegenstand zu lenken.

Wenngleich nicht zu verkennen ist, daß der Korrespondenzstyl des gemeinen Lebens sich an bestimmte, allgemein feststehende Normen nicht binden läßt, indem er theils im Wechsel der Zeit der Veränderung unterliegt, theils von besonderen Verhältnissen und Beziehungen in konkreten Fällen abhängig bleibt, so darf doch von der Umsicht und dem Takte der Gerichtsbehörden und ihrer Vorstände erwartet werden, daß sie, mit den im gemeinen Leben üblichen Formen der Korrespondenz bekannt, darauf bedacht sein werden, solche Verstöße zu vermeiden, welche gegründete Beschwerden hervorzurufen geeignet wären.

Indem Ihnen daher empfohlen wird, darauf zu achten, daß in Ihrem Wirkungskreise demgemäß verfahren werde und daß namentlich denjenigen dienstlich nicht untergeordneten Personen, welchen nach ihrem Stande und Range im gesellschaftlichen Leben das Prädikat „Herr“ und die Prädikate „Hochgeboren, Hoch- und Wohlgeboren oder Hochwohlgeboren“ beigelegt zu werden pflegen, in den an sie ergehenden Schreiben und amtlichen Verfügungen diese Prädikate nicht versagt werden, veranlasse ich Sie zugleich, die Präsidenten der Landgerichte und die Ober-Prokuratoren mit entsprechender Anweisung zu versehen.

Berlin, den 10. Juni 1856.

Der Justiz-Minister
Simons.

An
den Königl. Herrn Ersten Präsidenten des Appellationsgerichtshofes und an den Königl. Herrn General-Prokurator zu Cöln.

I. 2511. S. 3. Vol. 5.

112.

Statut der Genossenschaft für die Melioration der Niers-Niederung von Neuwerk bis Caen, in den Kreisen Gladbach, Kempen und Geldern, sowie der Niederung am Nord-Kanale im Kreise Gladbach des Regierungs-Bezirks Düsseldorf. Vom 16. Juni 1856.

I. 3141. Rhein Gener. 167. Vol. 2. Ges.-Samml. S. 597.

113.

Verfügung vom 16. Juli 1856, — betreffend die Erstattung von Reisekosten der Partheien in handelsgerichtlichen Prozessen.

Kostendekret vom 16. Februar 1807 Art. 146.

Auf den Bericht vom 2. v. M., die Reisekosten der Partheien in handelsgerichtlichen Proceduren betreffend, wird Ihnen bei Rücksendung der Anlagen eröffnet, daß der Justiz-Minister mit der bereits seit sehr langer Zeit bestehenden Praxis der Mehrzahl der Handelsgerichte sich einverstanden erklärt, wonach bei denselben unter analoger Anwendung des Art. 146. des Kostentarifs vom 16. Februar 1807 Reise-Akte aufgenommen und den Partheien Reisekosten zugebilligt werden.

Schon die Prozeßordonnanz von 1667 setzte, nachdem sie im 16ten Titel das Verfahren vor den Handelsgerichten vorgeschrieben, im Art. 14. des über die Kosten allgemein verfügenden Titels 31 fest, daß die Partheien Reisekosten verlangen können, wenn sie wirklich an den Amtssitz des Gerichts gereist sind und auch dem Sekretariate die Betheuerung zu Protokoll abgeben, daß sie die Reise blos zum Zweck des Prozesses gemacht haben. In einem Edikt vom März 1710 — Jousse commentaire sur l'ordonn. de 1673 Tit. 12. art. 11 Nr. 3 —, welches die Gerichtsschreibereien der Handelsgerichte neu organisirte, wurden sie unter Andern auch als dazu mitbestimmt bezeichnet: pour recevoir les présentations et délivrer les actes d'affirmation de voyage aux parties. Diese Akte hatten aber eben nur in der Verpflichtung der unterliegenden Parthei, die Reisekosten zu erstatten, ihre Bedeutung und so lag in dem Edikt die specielle Bestätigung dieser Verpflichtung auch für die handelsgerichtlichen Prozesse. Der Art. 14. des Tit. 31 der Ordonnanz von 1667 wurde durch das Reglement vom 6. Floréal VI. in der Rheinprovinz verkündet und in dem Gesetze vom 21. Ventôse Jahres VII. über die Gerichtsschreibereien bei den Civil- und Handelsgerichten sind in art. 5 wiederum allgemein die Reiseakte aufgeführt.

Die in dieser Weise gesetzlich begründete Erstattung der Reisekosten bei den Handelsgerichten ist durch das Kostendekret vom 16. Februar 1807 nicht abgeschafft worden, vielmehr bietet der Art. 146. dieses Dekrets den Anhalt für das Fortbestehen derselben. Zwar ist dieser Artikel in den Abschnitt für die ordinairen Sachen aufgenommen; allein diese Stellung des Artikels, welche mit Rücksicht auf die Ueberschrift des 2. Titels und den Gegensatz der beiden ersten Kapitel desselben für die Gebühren der Anwälte entscheidend ist, hat in Betreff des darin beibehaltenen Rechts der Partheien keine Bedeutung. Es ist vielmehr anerkannt, daß der Art. 146. hinsichtlich der Reisekosten der Partheien auch in summarischen Sachen Anwendung findet; konsequent ist er in gleicher Weise auch auf die Prozesse bei den Handelsgerichten zu erstrecken; seine Anwendung bei diesen erscheint umsomehr gerechtfertigt, als die ähnliche Bestimmung der Ordonnanz von 1667, aus welcher der Art. 146 entnommen ist, nachgewiesenermaaßen auch auf die Handelssachen anwendbar war, und die Absicht einer Aenderung hierin nirgend ausgesprochen ist.

Daß die Unzulässigkeit von Reise-Entschädigungen der Partheien bei den Friedensgerichten allgemein anerkannt wird, läßt sich als Gegengrund nicht anführen, weil für die Friedensgerichte die aus dem Verfolg der Gesetzgebung entwickelten Gründe nicht zutreffen, und für dieselben das erste Buch des Dekrets vom

16. Februar 1807 ein in sich abgeschlossenes Kostensystem enthält, bei welchem ohne Zweifel die Rücksicht, daß in der Regel der Werth des Klagegegenstandes, sowie die Entfernung der Partheien gering sind, zur Ausschließung des Ersatzes von Reisekosten bestimmt hat.

Die obige Auffassung steht auch mit der ausgesprochenen Absicht der Gesetzgebung in Einklang, welche mit Rücksicht auf die Art der Bildung und auf die Bedeutung der Handelsgerichte dahin gerichtet ist, vornehmlich bei ihnen das persönliche Erscheinen der Partheien zu befördern, worin zugleich einer der Gründe liegt, aus welchem die Erstattung von Mandatarien-Gebühren bei den Handelsgerichten nicht statthaft und eine Aenderung hierin in Uebereinstimmung mit der überwiegenden Mehrzahl der Gutachten aus dem Handelsstande nicht für zweckmäßig befunden worden ist.

Da ein gleichmäßiges Verfahren bei sämmtlichen Handelsgerichten gewünscht werden muß, so wird Ihnen, Herr General-Prokurator überlassen, den Inhalt des Gegenwärtigen zur Kenntniß der Handelsgerichte einschließlich der als solche fungirenden Landgerichte zu bringen.

Ruhla, den 16. Juli 1856.

Der Justiz-Minister
Simons.

An
den Königl. Herrn General-Prokurator
zu Cöln.

I. 2484. Rhein. Offiz. Sachen 33. Adhib.

114.

Verfügung vom 5. August 1856, — betreffend die Gebühren der Sekretariate für Anfertigung der tabellarischen Uebersichten der Assisenverhandlungen.

Auf Ihren Bericht vom 8. Mai d. J., die tabellarischen Uebersichten der Assisen-Verhandlungen betreffend, wird in Berücksichtigung, daß bei sämmtlichen Landgerichten, mit Ausnahme des Landgerichts zu Cöln, seit vielen Jahren als Entschädigung der Sekretariate für die Anfertigung und die Abschriften jener Uebersichten der Gebührensatz des Artikels 50. des Dekrets vom 18. Juni 1811 eingeführt ist, daß auch die Anwendung des bezeichneten Artikels dem Geschäfte und der damit verbundenen Mühwaltung als entsprechend erscheint, während der Artikel 49. eine einfachere Arbeit voraussetzt, hiermit die Ermächtigung ertheilt, daß auch von dem Sekretariat des Landgerichts zu Cöln in der nämlichen, in Ihrem Bericht näher angegebenen Weise liquidirt werde. Sie haben den dortigen Ober-Sekretair hiernach durch den Landgerichts-Präsidenten und den Ober-Prokurator bescheiden zu lassen.

Berlin, den 5. August 1856.

Der Justiz-Minister
Simons.

An
den Königl. Herrn General-Prokurator
zu Cöln.

I. 2098. Rhein. Criminalia 21. Vol. 3.

115.

Allgemeine Verfügung vom 9. August 1856, — betreffend den unmittelbaren Geschäftsverkehr zwischen den Kaiserlich Oesterreichischen und den Königlich Preußischen Gerichtsbehörden.

Allg. Verfüg. v. 16. Sept. 1844 (Rh. Samml. Bd. VIII. S. 346).

Nachdem den Kaiserlich Oesterreichischen Gerichtsbehörden ein unmittelbarer Schriftwechsel mit den ausländischen Gerichten gleichen oder verschiedenen Ranges in dienstlichen Angelegenheiten durch die Oesterreichische Gesetzgebung gestattet worden, ist von der Kaiserlich Oesterreichischen Regierung der Wunsch zu erkennen gegeben, daß auch den diesseitigen Gerichtsbehörden die Ermächtigung ertheilt werden möge, in gleicher Weise mit den Oesterreichischen Gerichten in einen unmittelbaren Schriftwechsel zu treten.

Da ein solcher Geschäftsverkehr zwischen den Preußischen und Oesterreichischen Gerichten dem beiderseitigen Interesse entspricht und namentlich zu einer beschleunigten Erledigung der betreffenden gerichtlichen Angelegenheiten beizutragen geeignet ist, überdies auch zwischen den diesseitigen Gerichten und denen der übrigen Deutschen Staaten bisher schon ein unmittelbarer Schriftwechsel der Regel nach stattgefunden hat, so nimmt der Justiz-Minister im Einverständnisse mit dem Königlichen Ministerium der auswärtigen Angelegenheiten keinen Anstand, sämmtliche Gerichte und Beamte der Staatsanwaltschaft hierdurch anzuweisen, in allen Fällen, wenn nicht etwa besondere Verhältnisse eine Vermittelung auf diplomatischem Wege unvermeidlich oder wünschenswerth machen, sich künftig bei dem Schriftwechsel mit den Oesterreichischen Gerichten unmittelbar an die betreffenden Tribunale erster Instanz, und wenn diese nicht bekannt sein sollten, an das betreffende Obergericht in Oesterreich zu wenden.

Im Uebrigen sind die einzelnen Vorschriften der Verfügung vom 16. Sept. 1844 (Rh. Samml. Bd. VIII. S. 346) auch ferner bei dem Schriftwechsel mit den Oesterreichischen Behörden zu beobachten. Dabei werden die Gerichte auf den in einem Spezialfalle ausgesprochenen Wunsch des Kaiserlich Oesterreichischen Justiz-Ministeriums gleichzeitig veranlaßt, in Prozessen gegen Oesterreichische Unterthanen, welche nicht in Preußen wohnhaft sind, bei den auf Behändigung der Klagen gerichteten Requisitionen, sich über die Begründung ihrer Kompetenz auszusprechen, sofern sich letztere aus dem, die Requisition offen (vergl. §. 6 Th. I. Tit. 7 der Allg. Ger. Ordn.) beigefügten Erlasse nicht ohne Weiteres ergiebt.

Zur Erleichterung des Geschäftsverkehrs mit den Kaiserlich Oesterreichischen Behörden wird den diesseitigen Gerichten hierbei eine dem Justiz-Minister zugesandte Uebersicht sämmtlicher Oesterreichischer Obergerichte und der denselben untergeordneten Gerichte erster Instanz zur Kenntnißnahme mitgetheilt.

Berlin, den 9. August 1856.

Der Justiz-Minister
Simons.

I. 2310. Requisitionen 48. Vol. III.

Uebersicht.

der

Gerichtsbehörden des Oesterreichischen Kaiserstaates,

welche dem K. K. obersten Gerichtshofe in Wien unterstehen.

Vorerinnerung.

1) Der oberste Gerichtshof in Wien hat in allen Civilsachen in und außer Streit in dritter und letzter Instanz zu erkennen, in welchen die Oberlandesgerichte in zweiter Instanz erkannt haben, insofern nach den bestehenden Gesetzen ein Rechtszug gegen diese Erkenntnisse der Oberlandesgerichte zulässig ist; ebenso steht ihm die Strafgerichtsbarkeit in dritter Instanz über Verbrechen, Vergehen und jene Uebertretungen zu, welche in dem Allg. Strafgesetzbuch als solche bezeichnet, oder durch besondere Vorschriften zur Untersuchung und Bestrafung den Gerichten zugewiesen sind. Er entscheidet ferner über Delegations-Anträge und Gesuche, so oft es sich um die Delegation aus einem Oberlandesgerichts-Sprengel in einen anderen handelt; über Jurisdiktions-Streitigkeiten, wenn die betreffenden Gerichte sich in verschiedenen Oberlandesgerichts-Sprengeln befinden und auch die Oberlandesgerichte dieser Sprengel sich nicht einigen können; über die Ablehnung von ganzen Oberlandesgerichten, oder von Oberlandesgerichts-Präsidenten; über

gewisse, im Gesetze besonders bezeichnete Syndikats-Beschwerden und dergleichen. Endlich ist der oberste Gerichtshof zugleich das oberste Gefällsgericht, welches über die im weiteren Zuge gegen die Entscheidungen der Gefälls-Obergerichte an dasselbe gelangenden Angelegenheiten zu erkennen hat, insofern, als dieses Gericht unter dem Präsidio des Präsidenten des obersten Gerichtshofes aus Räthen desselben und aus Beisitzern der obersten Finanzbehörde gebildet wird.

2) Die Oberlandesgerichte (Tribunali d'appello, Banaltafel) erkennen in bürgerlichen Rechtssachen, und zwar sowohl in Streitsachen als in Geschäften des Richteramtes außer Streitsachen in zweiter Instanz, und üben die Strafgerichtsbarkeit in zweiter Instanz über Verbrechen, Vergehen und diejenigen Uebertretungen, welche in dem Allg. Strafgesetzbuch als solche bezeichnet, oder durch besondere Vorschriften zur Untersuchung und Bestrafung den Gerichten zugewiesen sind. Bei jedem Oberlandesgericht besteht ein Ober-Staatsanwalt mit dem nöthigen Hülfspersonale, welchem die im §. 32 der Strafprozeß-Ordnung vom 29. Juli 1853 aufgeführten Befugnisse zukommen. — Die Gefälls-Obergerichte bilden je einen Senat des betreffenden Oberlandesgerichts, zu welchen als Beisitzer von dem Vorstande der leitenden Finanz-Landesbehörde zwei Beamte aus dem Status derselben abgeordnet werden. Die Gefälls-Obergerichte sind zur Entscheidung aller, dem Erkenntnisse der Finanz-Bezirksbehörden und Finanz-Bezirksgerichte nicht zugewiesenen Straffälle und der im weiteren Zuge gegen das Verfahren oder Erkenntnisse der Bezirksgerichte an das Obergericht gelangenden Verhandlungen berufen.

3) Die Landesgerichte (Tribunali provinciali) haben einen engeren und einen weiteren Bezirk. In dem ersteren ist ihr Wirkungskreis mit jenem der Bezirksgerichte übereinstimmend; für ihren weiteren Sprengel aber sind ihnen gewisse wichtigere und verwickeltere Rechtsangelegenheiten vorbehalten, als: die Angelegenheiten, in denen es sich um die Ungültigerklärung oder Auflösung einer Ehe, oder um die nicht einverständliche Scheidung von Tisch und Bett handelt; Klagen, welche gegen den Fiskus, gegen weltliche und geistliche Gemeinden, Kirchen, Pfründen, Stiftungen und alle Anstalten zu öffentlichen Zwecken gerichtet sind; Klagen gegen Besitzer landtäflicher oder vom Gemeindeverbande ausgeschiedener Realitäten, Lehnsstreitigkeiten, Klagen in Fideikommiß-Angelegenheiten und die Amortisirung gewisser Urkunden; ferner die Führung der öffentlichen Bücher über gewisse unbewegliche Güter, der Vollzug der Erkennt-

nisse auswärtiger Gerichtsbehörden, die Konkurs-Verhandlung wider die Besitzer landtäflicher oder vom Gemeindeverbande ausgeschiedener unbeweglicher Güter und wider die Bewohner derjenigen Ortschaften, in denen der Gerichtshof seinen Sitz hat; die Verlassenschafts-Abhandlung, wenn sich im Nachlasse landtäfliche oder solche Güter befinden, worüber die öffentlichen Bücher bei dem Landesgericht geführt werden; die Vormundschafts- und Kuratels-Angelegenheiten über die minderjährigen Kinder solcher Erblasser, in deren Nachlaß sich landtäfliche oder andere Güter befinden, welche einem Gerichtshofe erster Instanz unterworfen sind, und über Mündel und Pflegebefohlene, welche selbst derlei Güter besitzen oder erwarben u. s. w. — Bei den Landesgerichten sind zur Besorgung des staatsanwaltschaftlichen Dienstes Staatsanwalte bestellt, denen nach Bedarf die erforderlichen Staatsanwalts-Substituten beigegeben sind.

4) Untersuchungsgerichte zur Führung des Untersuchungsverfahrens über Verbrechen und Vergehen sind nach §. 10 der Strafprozeß-Ordnung vom 29. Juli 1853 hinsichtlich der in den §§. 58—66 des Strafgesetzbuchs bezeichneten Verbrechen in jedem Kronlande das Landgericht desjenigen Ortes, wo die politische Landesbehörde (Statthalterei-Abtheilung) ihren Sitz hat; hinsichtlich aller übrigen Verbrechen und Vergehen jedes Landes- und Kreis- (Komitats-) Gericht für den eigens bestimmten Umkreis, außer diesem Umkreise aber diejenigen Bezirksgerichte (Bezirksämter, Stuhlrichterämter und Präturen), welche für einen, regelmäßig die Bezirke mehrerer Bezirks-Gerichte umfassenden Umkreis eigens bestellt sind.

5) Die städtisch delegirten Bezirksgerichte (Stadtpräturen, Praeture urbane) haben zu entscheiden in allen Streitsachen über bestimmte Geldsummen, welche ohne Zinsen und andere Nebengebühren 500 Fl. C. M. nicht übersteigen, und in allen Streitigkeiten über andere Gegenstände, wenn der Kläger anstatt derselben eine Geldsumme von nicht mehr als 500 Fl. anzunehmen sich ausdrücklich erbietet; ferner über Klagen auf Anerkennung des Rechts auf einen Fruchtgenuß oder zum Bezuge wiederkehrender Leistungen, wenn eine einzelne Jahresrente, oder der Geldbetrag, welchen der Gläubiger dafür annehmen zu wollen sich erklärt, bei Erträgnissen oder Leistungen auf immerwährende Zeiten 25 Fl. C. M., bei solchen aber, welche auf die Lebenszeit einer Person eingeschränkt, oder sonst in ihrer Dauer ungewiß sind, 50 Fl. C. M. nicht übersteigt; dann ohne Rücksicht auf den Betrag über gewisse Streitigkeiten zwischen

dem Bestandnehmer und Bestandgeber, aus Dienst- und Lohnverträgen, zwischen Wirthen, Schiffern und Fuhrleuten einerseits und ihren Gästen, Reisenden und Aufgebern andererseits; weiter über alle Erbschafts- und Erbtheilungsklagen, wenn die Erbschafts-Verhandlung bei dem fraglichen Bezirksgerichte anhängig ist, über Gesuche um mittlerweilige Vorkehrungen, über Besitzstreitigkeiten, wenn es sich blos um die Erörterung des letzten faktischen Besitzstandes handelt und darüber summarisch zu verhandeln ist u. s. w. Ebenso steht ihnen die Vornahme der Mobilar-Exekution, die Verlassenschafts-Abhandlung und die Führung der Vormundschaft und Kuratel, wenn kein Ausnahmsfall eintritt, und die Legalisirung von Unterschriften, Vidimirung von Abschriften und Aufnahme letztwilliger Anordnungen zu. Die Geschäfte dieser Bezirksgerichte werden durch Beamte des betreffenden Landesgerichts, welche der Präsident desselben dazu bestimmt, versehen.

6) Das oberste Hofmarschallamt übt die Gerichtsbarkeit über die Mitglieder des Allerh. Kaiserhauses, dann über jene Personen, welchen die Exterritorialität zusteht, über die Freiin von Brandhof und den Grafen von Meran, über den Prinzen Gustav Wasa und dessen Familie, über den in Oesterreich ansässigen und domizilirenden souverainen Fürsten von Lichtenstein, seine Gemahlin und seine im elterlichen Hause sich aufhaltenden minderjährigen und unvermählten Kinder, sowie über die in Oesterreich domizilirenden Glieder des Hauses Bourbon älterer Linie.

7) Die Handelsgerichte sind theils selbstständige Gerichte, theils wird die Handelsgerichtsbarkeit von den Gerichtshöfen erster Instanz unter Beiziehung von Beisitzern aus dem Handelsstande ausgeübt.

8) Die Bezirksämter (Stuhlrichterämter) sind zugleich Verwaltungs- und Justizbehörden erster Instanz. In Civilsachen erstreckt sich ihr Wirkungskreis auf alle Angelegenheiten in und außer Streit, welche nicht durch die Jurisdiktions-Vorschriften den Gerichtshöfen erster Instanz insbesondere vorbehalten sind. In Strafsachen steht ihnen das gesammte Verfahren hinsichtlich derjenigen Uebertretungen zu, welche in dem Allg. Strafgesetzbuch als solche bezeichnet, oder durch besondere Vorschriften zur Untersuchung und Bestrafung den Gerichten zugewiesen sind.

9) Die Kreisgerichte (Komitatsgerichte) haben im Allgemeinen denselben Wirkungskreis, wie die Landesgerichte, mit Ausnahme jener Angelegenheiten, welche nach den Bestimmungen der Strafprozeß-Ordnung den Landesgerichten insbesondere vorbehalten sind.

I. K. K. Oberlandesgericht für Nieder-Oesterreich, Ober-Oesterreich und Salzburg in Wien.

A. In Nieder-Oesterreich.

a. Landesgericht zu Wien für die Haupt- und Residenzstadt Wien und die Bezirke Bruck a. d. Leitha, Hernals, Hietzing, Haimburg, Klosterneuburg, Mödling, Purkersdorf, Schwechat und Sechshaus, zugleich Untersuchungsgericht für seinen Sprengel.

8 städtisch delegirte Bezirksgerichte: 1) für die innere Stadt, 2) für die Vorstädte Leopoldstadt, Jägerzeile, Brigittenau, den Prater, Kriegau, Freudenau und Zwischenbrücken; 3) Landstraße, Weißgärber und Erdberg; 4) Wieden, Schaumburgergrund, Hungelbrunn, Laurenzergrund, Nikolsdorf, Matzleinsdorf, Magarethen, Reinprechtsdorf, Hundsthurm, und die Wasserstation der Brucker Eisenbahn; 5) Mariahilf, Laimgrube, Windmühl, Gumpendorf und Magdalenengrund; 6) Spitelberg, St. Ulrich, Laimgrube, Neubau, Schottenfeld und Alt-Lerchenfeld; 7) Josefstadt, Strozzengrund, St. Ulrich, Breitenfeld, Alt-Lerchenfeld und Alsergrund; 8) Alsergrund, Rossau, Althan, Lichtenthal, Thury, Himmelpfortgrund und Michelbeuergrund.

b. Hofmarschallamt zu Wien.

c. Handelsgericht zu Wien für den Sprengel des Landesgerichts in Wien.

9 Bezirksämter: Bruck a. d. Leitha, Hernals, Hietzing, Haimburg, Klosterneuburg, Mödling, Purkersdorf, Schwechat und Sechshaus.

d. Kreisgericht zu Wiener-Neustadt für die Bezirke Aspang, Baden, Ebreichsdorf, Gloggnitz, Guttenstein, Kirchschlag, Neunkirchen, Wiener-Neustadt und Pottenstein; zugleich Handelsgericht und Untersuchungs-Gericht für seinen Sprengel.

8 Bezirksämter: Aspang, Baden, Ebreichsdorf, Gloggnitz, Guttenstein, Kirchschlag, Neunkirchen und Pottenstein.

e. Kreisgericht zu St. Pölten für den Kreis Ober-Wienerwald, zugl. Handels-Ger. für seinen Sprengel, Berggericht für den ganzen Umfang des Erzherzogthums Oesterreich unter der Enns u. Unters. Ger. f. d. Bez. St. Pölten, Kirchberg, Mautern, Lilienfeld, Hainfeld, Atzenbruck, Mölk, Neu-Lengbach, Tulln und Herzogenburg.

17 Bezirksämter: Amstetten (zugl. Unters. Ger. f. d. Bez. Amstetten, Ybbs und Haag), Atzenbrugg, Gaming, Haag, Hainfeld, Herzogenburg, Kirchberg an der Pielach, Neu-Lengbach, Lilienfeld, Mank, Mauttern, Mölk, Scheibbs (zugl. Unters. Ger. f. d. Bez. Scheibbs, Gaming und Mank), Seitenstetten, Tulln, Waidhofen a. d. Ybbs (zugl.

Unters. Ger. f. d. Bez. Waidhofen und Seitenstetten) und Ybbs.

f. Kreisgericht zu Korneuburg für den Kreis Unter=Manhartsberg, zugl. Handels=Ger. i. s. Sprengel u. Unters. Ger. f. d. Bez. Korneuburg, Kirchberg, Ravelsbach und Stockerau.

14 Bezirksämter: Groß=Enzersdorf (zugl. Unters. Ger. f. d. Bez. Enzersdorf, Marchegg, Matzen und Wolkersdorf), Feldsberg, Haugsdorf, Ober=Hollabrunn (zugl. Unters. Ger. f. d. Bez. Hollabrunn, Haugsdorf und Rötz), Kirchberg am Wagram, Laa, Marchegg, Matzen, Mistelbach (zugl. Unters. Ger. f. d. Bez. Mistelbach, Feldsberg, Laa und Zistersdorf), Ravelsbach, Rötz, Stockerau, Wolkersdorf und Zistersdorf.

g. Kreisgericht zu Krems für den Kreis Ober=Manhartsberg, zugl. Handels=Ger. i. s. Sprengel u. Unters. Ger. f. d. Bez. Krems, Gföhl, Langenlois, Persenbeug, Pöggstall und Spitz.

18 Bezirksämter: Allentsteig, Dobersberg, Eggenburg, Geras, Gföhl, Groß=Gerungs, Horn (zugl. Unters. Ger. f. d. Bez. Horn, Eggenburg und Geras), Langenlois, Litschau, Ottenschlag, Persenbeug, Pöggstall, Raabs, Schrems, Spitz, Waidhofen a. d. Thaya (zugl. Unters. Ger. f. d. Bez. Waidhofen, Dobersberg, Litschau, Raabs und Schrems), Weitra und Zwettl (zugl. Unters. Ger. f. d. Bez. Zwettl, Allentsteig, Groß=Gerungs, Ottenschlag und Weitra).

B. In Ober=Oesterreich.

a. Landesgericht zu Linz für den Mühlkreis und die Landeshauptstadt Linz, zugl. Handels=Ger. f. s. Sprengel u. Unters. Ger. f. d. Stadt Linz und die Bezirke Umgebung Linz, Mauthausen, Ottensheim und Urfahr.

Städt. deleg. Bezirksgericht zu Linz für die Stadt Linz und deren Umgebung.

15 Bezirksämter: Aigen (zugl. Unters. Ger. f. d. Bez. Aigen und Haslach), Freistadt (zugl. Unters. Ger. f. d. Bez. Freistadt, Pregarten und Weißenbach), Grein (zugl. Unters. Ger. f. d. Bez. Grein und Perg), Haslach, Lembach, Leonfelden (zugl. Unters. Ger. f s. Bez.), Umgebung Linz, Mauthausen, Neufelden, Ottensheim, Perg, Pregarten, Rohrbach (zugl. Unters. Ger. f. d. Bez. Rohrbach, Lembach und Neufelden), Urfahr und Weißenbach.

b. Kreisgericht zu Ried für den Innkreis, zugleich Handelsgericht in seinem Sprengel und Unters. Ger. für die Bezirke Ried und Obernberg.

Städt. deleg. Bezirksgericht zu Ried für die Stadt und Umgebung.

8 Bezirksämter: Braunau (zugl. Unters. Ger. f. s. Bez.)

Engelszell (zugl. Unters. Ger. f. s. Bez.), Mattinghofen (zugl. Unters. Ger. f. s. Bez.), Mauerkirchen (zugl. Unters. Ger. f. s. Bez.), Obernberg, Raab, Schärding, (zugl. Unters. Ger. f. d. Bez. Schärding und Raab) und Wildshut (zugl. Unters. Ger. f. s. Bez.).

c. Kreisgericht zu Steyer für den Traunkreis, zugl. Handels-Ger f. s. Sprengel, Berggericht für das ganze Erzherzogthum Oesterreich ob der Enns u. Unters. Ger. f. d. Bez. Steyer, Kremsmünster und Neuhofen.

Städt. deleg. Bez. Ger. zu Steyer für die Stadt und Umgebung.

8 Bezirksämter: Enns, Florian (zugl. Unters. Ger. f. d. Bez. Florian und Enns), Kirchdorf (zugl. Unters. Ger. f. d. Bez. Florian und Grünburg), Kremsmünster, Neuhofen, Grünburg, Weyer (zugl. Unters. Ger. f. s. Bez.) und Windischgarsten (zugl. Unters. Ger. f. s. Bez.).

d. Kreisgericht in Wels für den Hausruckkreis, zugl. Handels-Ger. f. s. Sprengel u. Unters. Ger. f. d. Bez. Wels, Grieskirchen und Waizenkirchen.

Städt. deleg. Bezirksgericht zu Wels für die Stadt und Umgebung.

12 Bezirksämter: Efferding (zugl. Unters. Ger. f. s. Bez.), Frankenmarkt (zugl. Unters. Ger. f. d. Bez. Frankenmarkt und Mondsee), Gmunden (zugl. Unters Gericht f. d. Bez. Gmunden und Ischl), Grieskirchen, Haag, Ischl, Lambach, (zugl. Unters. Gericht f. s. Bez), Mondsee, Peuerbach (zugl. Unters. Ger. f. s. Bez.), Schwanenstadt (zugl. Unters. Ger. f. d. Bez. Schwanenstadt und Haag), Vöklabruk (zugl. Unters. Ger. f. s. Bez.) und Waizenkirchen.

C. In Salzburg.

Landesgericht zu Salzburg für das Herzogthum Salzburg, zugleich Handelsgericht und Berggericht für seinen Sprengel, und Untersuchungsgericht für die Stadt Salzburg und den Bezirk ihrer Umgebung, sowie für die Bezirke Hallein, Golling, Abtenau, Weitwörth, Mattsee, Thalgau, St. Gilgen und Neumarkt.

Städt. deleg. Bezirksgericht zu Salzburg für die Stadt Salzburg und deren Umgebung.

19 Bezirksämter: Abtenau, Gastein, St. Gilgen, Golling, Hallein, St. Johann (zugl. Unters. Gericht f. d. Bez. St. Johann, Werfen und Gastein), Lofer, Mattsee, St. Michael, Mittersill (zugl. Unters. f. s. Bez.), Neumarkt, Radstadt (zugl. Unters. Ger. f. s. Bez.), Saalfelden, Tamsweg (zugl. Unters. Ger. f. d. Bez. Tamsweg und St. Michael), Taxenbach, Thalgau, Weitwörth, Werfen und

Zell am See (zugl. Unters. Ger. f. d. Bez. Zell, Saalfelden, Taxenbach und Lofer).

II. K. K. Oberlandesgericht für Steiermark, Kärnten und Krain zu Gratz.

A. Steiermark.

a. Landesgericht zu Gratz für den Gratzer Kreis und die Stadt Gratz, zugleich Handelsgericht und Berggericht für seinen Bez. u. Unters. Ger. für die Stadt Gratz u. d. Bez. Gratz (Umgebung) u. Fronleiten.

3 städtisch delegirte Bezirksgerichte für den am rechten Murufer, den am linken Murufer gelegenen Theil der Stadt Gratz und den politischen Bezirk der Umgebung Gratz.

21 Bezirksämter: Fronleiten, Weitz (zugl. Unters. Ger. f. d. Bez. Weitz, Gleisdorf und Birkfeld), Gleisdorf, Birkfeld, Hartberg (zugl. Unters. Ger. f. d. Bez. Hartberg, Vorau, Friedberg und Pöllau), Vorau, Friedberg, Pöllau, Feldbach (zugl. Unters. Ger. f. d. Bez. Feldbach, Fehring, Fürstenfeld und Kirchbach), Fehring, Fürstenfeld, Kirchbach, Radkersburg (zugl. Unters. Ger. f. d. Bez. Radkersburg und Mureck), Mureck, Leibnitz (zugl. Unters. Ger. f. d. Bez. Leibnitz, Wildon, Eibiswald, Arnfels, Stainz (zugl. Unters. Ger. f. d. Bez. Stainz, Voitsberg und Deutsch-Landsberg), Voitsberg und Deutsch-Landsberg.

b. Kreisgericht zu Cilli für den Marburger Kreis, zugleich Handelsgericht und Berggericht für seinen Sprengel u. Unters. Ger. f. die Bezirke Cilli, Franz, Tüffer, Erlachstein und Oberburg.

Städt. deleg. Bezirksgericht zu Cilli.

17 Bezirksämter: St. Leonhard, Windisch-Feistritz (zugl. Unters. Gericht f. d. Bez. Windisch-Feistritz, Gonobitz und Rohisch), Gonobitz, Rohisch, Luttenberg (zugl. Unters. Ger. f. d. Bez. Luttenberg, Friedau und Ober-Radkersburg), Friedau, Ober-Radkersburg, Windischgratz (zugl. Unters. Ger. f. d. Bez. Windischgratz, Schönstein und Mohrenberg), Schönstein, Mohrenberg, Franz, Tüffer, Erlachstein, Oberburg, Rann (zugl. Unters. Ger. f. d. Bez. Rann, Lichtenwald und Drachenburg), Lichtenwald und Drachenburg.

2 Bezirksgerichte: Marburg (zugl. Unters. Ger. f. d. Bez. Marburg und St. Leonhard) und Pettau (zugl. Unters. Ger. f. s. Bez.).

c. Kreisgericht in Leoben für den Kreis Bruck an der Mur, zugl. Handels- und Berggericht für seinen Sprengel und Untersuchungsgericht für die Bezirke Leoben, Eisenerz, Mautern und St. Gallen.

21 Bezirksämter: Bruck (zugl. Unters. Ger. f. d. Bez. Bruck, Kindberg, Märzzuschlag, Aflenz und Mariazell), Kindberg, Märzzuschlag, Aflenz, Mariazell, Mautern, Eisenerz, St. Gallen, Lietzen (zugl. Unters. Ger. f. d. Bez. Lietzen, Rottenmann, Irdning, Gröbming, Schladming und Aussee), Rottenmann, Irdning, Gröbming, Schladming, Aussee, Judenburg (zugl. Unters. Ger. f. d. Bez. Judenburg, Murau, Knittenfeld, Oberzeiring, Oberwölz, Neumarkt und Obdach), Knittelfeld, Oberzeiring, Oberwölz, Murau, Neumarkt und Obdach.

B. Kärnten.

Landesgericht in Klagenfurt, zugleich Handelsgericht und Berggericht für das Herzogthum Kärnten und Untersuchungsgericht für die Stadt Klagenfurt und ihre Umgebung, sowie für die Bezirke Ferlach und Feldkirchen

Städt. deleg. Bezirksgericht für die Stadt Klagenfurt und ihre Umgebung.

27 Bezirksämter: Ferlach, Kappel, Eberndorf, Völkermarkt, Bleiburg, St. Paul, Wolfsberg (zugl. Unters. Ger. f. d. Bez. Wolfsberg, St. Paul und St. Leonhardt), Eberstein, St. Leonhardt, Alt-Ofen, Friesach (zugl. Unters. Ger. f. f. Bez.), Gurk, St. Veit (zugl. Unters. Ger. f. d. Bez. St. Veit, Eberstein, Althofen und Gurk), Feldkirchen, Millstatt, Spittal (zugl. Unters. Ger. f. d. Bez. Spittal, Gmünd, Millstatt, Ober-Vellach und Greifenburg), Gmünd, Ober-Vellach, Winklern (zugl. Unters. Ger. f. f. Bez.), Greifenburg, Kötschach (zugl. Unters. Ger. f. f. Bez), Hermagor (zugl. Unters. Ger. f. f. Bez), Tarvis, Arnoldstein, Paternion, Villach (zugl. Unters. Ger. f. d. Bez. Villach, Tarvis, Arnoldstein, Paternion und Rosek) und Rosek.

C. Krain.

a. Landesgericht zu Laibach für die Stadt Laibach und die Bezirke Laibach (Umgebung), Adelsberg, Egg ob Podpetsch, Feistritz, Idria, Krainburg, Kronau, Laas, Littai, Neumarktl, Ober-Laibach, Planina, Radmannsdorf, Senosetsch, Stein und Wippach, zugleich Handelsgericht für seinen Sprengel, Berggericht für das ganze Herzogthum Krain und Untersuchungsgericht für die Stadt Laibach und die Bezirke Laibach (Umgebung), Littai, Egg ob Podpetsch, Ober Laibach und Stein.

Städt. deleg. Bezirksgericht für die Stadt Laibach und den Bezirk ihrer Umgebung.

16 Bezirksämter zu Adelsberg (zugl. Unters. Ger. f. d. Bez. Adelsberg, Feistritz, Laas, Planina und Senosetsch), Egg ob Podpetsch, Feistritz, Idria, Krainburg (zugl. Unters.

Ger. f. d. Bez. Krainburg, Lack und Neumarktl), Kronau, Laas, Lack, Littai, Neumarktl, Ober-Laibach, Planina, Radmannsdorf (zugl. Unters. Ger. f. d. Bez. Radmannsdorf und Kronau), Senosetsch, Stein und Wippach (zugl. Unters. Ger. f. d. Bez. Wippach und Idria).

b. Kreisgericht zu Neustadtl für die Bezirke Neustadtl, Gottschee, Großlaschitz, Gurkfeld, Landstraß, Möttling, Nassenfuß, Ratschach, Reifnitz, Seisenberg, Treffen, Tschernembl und Weixenburg, zugleich Handelsgericht f. s. Sprengel und Untersuchungsgericht für die Bezirke Neustadtl, Gurkfeld und Landstraß.

Städt. deleg. Bezirksgericht zu Neustadtl für die Stadt Neustadtl und ihre Umgebung.

12 Bezirksämter zu Gottschee (zugl. Unters. Ger. f. d. Bez. Gottschee, Groß-Laschitz und Reifnitz), Groß-Laschitz, Gurkfeld, Landstraß, Möttling, Nassenfuß, Ratschach, Reifnitz, Seisenberg, Treffen (zugl. Unters. Ger. f. d. Bez. Treffen, Nassenfuß, Ratschach, Seisenberg und Weixelburg), Tschernembl (zugl. Unters. Ger. f. d. Bez. Tschernembl und Möttling) und Weixelburg.

III. K. K. Oberlandesgericht für Görz, Gradisca und Istrien mit Triest zu Triest.

a. Landesgericht zu Triest für die Stadt Triest mit ihrem Gebiete und die Bezirke Sessana, Comen, Capo d'Istria, Pirano, Castelnuovo und Volosca.

2 städtisch delegirte Bezirksgerichte zu Triest, wovon eines ausschließend die zuständige Civilgerichtsbarkeit in und außer Streitsachen, das andere die Strafgerichtsbarkeit auszuüben hat.

b. Handelsgericht zu Triest, mit dem gleichen Sprengel wie das Landesgericht, zugleich Seegericht für das ganze Kronland.

6 Bezirksämter zu Sessana, Comen, Capo d'Istria, Pirano, Castelnuovo und Volosca.

c. Kreisgericht zu Görz für die Bezirke der Stadt Görz und Umgebung, Flitsch, Tolmein, Kirchheim, Canale, Haidenschaft, Cormons, Gradisca, Cervignano und Monfalcone, zugleich Handelsgericht für seinen Sprengel.

Städtisch delegirtes Bezirksgericht zu Görz für die Stadt und Umgebung.

9 Bezirksämter zu Flitsch, Tolmein, Kirchheim, Canale, Haidenschaft, Cormons, Gradisca, Cervignano und Monfalcone.

d. Kreisgericht zu Rovigno für die Bezirke Rovigno, Pinguente, Montona, Buje, Parenzo, Dignano, Pola, Albona, Pisino, Cherso, Veglia und Lussin, zugleich Handelsgericht für seinen Sprengel.

Städtisch delegirtes Bezirksgericht zu Rovigno für die Stadt und Umgebung.

11 Bezirksämter: Pinguente, Montona, Buje, Parenzo, Dignano, Pola, Albona, Pisino, Cherso, Veglia und Lussin.

Zur einstweiligen Ausübung der Berggerichtsbarkeit im Küstenlande ist das Landesgericht zu Laibach als Berggericht bestimmt.

Jeder Gerichtshof hat für den Umfang seiner städtisch delegirten Bezirksgerichte, und jedes Bezirksamt als Bezirksgericht für seinen Bezirk die Untersuchung über Verbrechen und Vergehen zu führen, so daß in diesem Kronlande keine eigenen Untersuchungsgerichte bestellt sind.

In Civilgerichts-Angelegenheiten die Oesterreichischen Konsulargerichte in: Smirne, Beirut, Alexandrien, Tunis, Konstantinopel, Salonichi, Trapezunt, Jerusalem, Cairo, Chartum, Tripolis, Monastir, (Bitoglia), Scutari, Durazzo, Janina, Canea, Sophia, Aleppo, Damaskus, Bagdad.

In Seerechts-Angelegenheiten die in Seestädten des Osmanischen Reichs befindlichen Oesterreichischen Konsulargerichte.

IV. K. K. Oberlandesgericht für Tirol und Vorarlberg zu Innsbruck.

a. Landesgericht zu Innsbruck für die Stadt Innsbruck und den Innsbrucker Kreis, zugleich Handelsgericht für seinen Sprengel, Berggericht für seinen Sprengel und jenen der Kreisgerichte Botzen und Feldkirch und Untersuchungsgericht für die Stadt Innsbruck und die Bezirke Innsbruck, Mieders, Telfs, Steinach, Hall und Schwaz.

Städt. deleg. Bezirksgericht zu Innsbruck für die Stadt und Umgebung.

17 Bezirksämter: Mieders, Steinach, Telfs, Hall, Schwaz, Zell, Fügen, Rattenberg (zugl. Unters. Ger. f. s. Bez. u. d. Bez. Fügen, Zell, Kufstein, Kitzbichl und Hopfgarten), Kufstein, Hopfgarten, Kitzbichl, Silz, Imst (zugl. Unters. Ger. f. d. Bez. Imst, Silz, Landeck, Ried und Nauders), Ried, Landeck, Nauders, Reutte (zugl. Unters. Ger. f. s. Bez.).

b. Kreisgericht zu Botzen für den Brixner Kreis, zugleich Handelsgericht für seinen Sprengel und Untersuchungsgericht für die Stadt Botzen und die Bezirke Botzen, Sarnthal, Kaltern, Neumarkt, Kastelruth und Klausen.

Städt. deleg. Bezirksgericht in Botzen für die Stadt und Umgebung.

21 Bezirksämter: Brixen (zugl. Unters. Ger. f. s. Bez. u. d. Bez. Sterzing), Sterzing, Bruneck (zugl. Unters. Ger. f. s. Bez. u. d. Bez. Taufers, Enneberg, Buchenstein, Welsberg, Sillian u. Ampezzo), Taufers, Welsberg, Sillian, Lienz (zugl. Unters. Ger. f. d. Bez. Lienz und Windischmatrei), Windischmatrei, Ampezzo, Buchenstein, Enneberg, Klausen, Sarnthal, Kastelruth, Neumarkt, Kaltern, Meran (zugl. Unters. Ger. f. s. Bez. u. d. Bez. Schlanders, Glurns, Lana und Passeir), Passeir, Lana, Schlanders und Glurns.

c. Kreisgericht zu Trient für die Stadt Trient und die Bezirke Trient, Fassa, Cavalese, Mezzolombardo, Cles, Malé, Fondo, Lavis, Vezzano, Civezzano, Pergine, Levico, Borgo, Strigno, Cembra und Primiero, zugleich Handelsgericht für seinen Sprengel, Berggericht für seinen Sprengel und jenen des Kreisgerichts Roveredo und Untersuchungs-Gericht für die Stadt Trient und die Bezirke Trient, Lavis, Cembra, Civezzano, Vezzano, Pergine und Mezzolombardo.

Städt. deleg. Bezirksgericht zu Trient für die Stadt und Umgebung.

15 Bezirksämter: Fassa, Cavalese (zugl. Unters. Ger. f. s. Bez. u. d. Bez. Fassa), Mezzolombardo, Cles, (zugl. Unters. Ger. f. d. Bez. Cles, Fondo und Malé), Malé, Fondo, Lavis, Vezzano, Civezzano, Pergine, Levico, Borgo (zugl. Unters. Ger. f. d. Bez. Borgo, Levico und Strigno), Strigno, Cembra, Primiero (zugl. Unters. Ger. f. s. Bez.).

d. Kreisgericht zu Roveredo für den Bezirk Roveredo, Nogaredo, Ala, Arco, Mori, Riva, Tione, Stenico und Condino, zugleich Handelsgericht für seinen Sprengel und Untersuchungsgericht für die Stadt Roveredo und die Bezirke Roveredo, Nogaredo, Ala und Mori.

Städt. deleg. Bezirksgericht zu Roveredo für die Stadt und Umgebung.

8 Bezirksämter: Nogaredo, Ala, Arco, Mori, Riva (zugl. Unters. Ger. f. d. Bez. Riva und Arco), Tione (zugl. Unters. Gericht f. d. Bez. Tione, Stenico und Condino), Stenico und Condino.

e. Kreisgericht zu Feldkirch für den Bregenzer Kreis, zugleich Handelsgericht für seinen Sprengel und Untersuchungsgericht für die Bezirke Feldkirch und Dornbirn.

Städt. deleg. Bezirksgericht zu Feldkirch für die Stadt und Umgebung.

5 Bezirksämter: Bregenz (zugl. Unters. Ger. f. d. Bez. Bregenz und Bregenzerwald), Bregenzerwald, Dornbirn, Bludenz (zugl. Unters. Ger. f. d. Bez. Bludenz und Montafon) und Montafon.

V. K. K. Oberlandesgericht (Tribunale d'appello) für Dalmatien zu Zara.

a. Gerichtshof erster Instanz (Tribunale di 1ma Instanza) zu Zara, f. d. Kreis Zara, zugl. Handels- u. See-Ger. f. s. Sprengel u. Unters. Ger. f. d. Bez. Zara, Obbrovazzo und Benkovac.

Stadt-Prätur (Praetura Urbana) in Zara für den Bezirk Zara.

9 Bezirksämter (Praeture miste) zu Arbe, Pago (zugl. Unters. Ger. f. d. Bez. Pago und Arbe), Scardona, Kistanje, Obbrovazzo, Bencovac, Dernis, Knin (zugl. Unters. Ger. f. d. Bez. Knin und Kistanje) und Sebenico (zugl. Unters. Ger. f. d. Bez. Sebenico, Scardona und Dernis).

b. Gerichtshof erster Instanz zu Spalato für den Kreis Spalato, zugl. Handels- u. See-Ger. f. s. Sprengel u. Unters. Ger. f. d. Bez. Spalato, Almissa, St. Pietro in Brazza und Trau.

Stadt-Prätur in Spalato für den Bezirk Spalato.

11 Bezirksämter: Vergoraz, Lissa, Metković, Vérlica, Almissa, Makarska (zugl. Unters. Ger. f. d. Bez. Makarska, Vergoraz, Metković und Imoski), Lesina (zugl. Unters. Ger. f. d. Bez. Lesina und Lissa), St. Pietro in Brazza, Trau, Imoski und Sinj (zugl. Unters. Ger. f. d. Bez. Sinj und Verlika).

c. Gerichtshof erster Instanz zu Ragusa für den Kreis Ragusa, zugl. Handels- u. See-Ger. f. s. Sprengel u. Unters. Ger. f. d. Bez. Ragusa, Ragusa vecchia und Stagno.

Stadt-Prätur in Ragusa für den Bezirk Ragusa.

4 Bezirksämter: Stagno, Orebić, Ragusa vecchia und Curzola (zugl. Unters. Ger. f. d. Bez. Curzola und Orebić).

d. Gerichtshof erster Instanz zu Cattaro für den Kreis Cattaro, zugl. Handels- und See-Ger. und Unters. Ger. f. s. Sprengel.

Stadt-Prätur zu Cattaro für den Bezirk Cattaro.

3 Bezirksämter: Budva, Risano und Castelnuovo.

In Civilrechts-Angelegenheiten das Oesterreichische Konsulargericht in Mostar in der Herzegowina.

VI. K. K. Oberlandesgericht (Tribunale d'appello)

A. Für die Lombardie in Mailand.

a. Landesgericht zu Mailand.

2 Stadt-Präturen zu Mailand, die eine für die Strafgerichtspflege, die andere für die bürgerlichen Rechtsangelegenheiten.

b. Handelsgericht zu Mailand.

7 Land-Präturen: Cassano, Melegnano, Monza, Desio, Busto-Arsizio, Gallarate und Saronno.

c. Landesgericht, zugleich Handelsgericht zu Bergamo.
2 Stadt-Präturen für die obere und untere Stadt.
14 Land-Präturen: Zogno, Piazza, Gandino, Trescore, Almenno, S. Salvatore, Caprino, Romano, Treviglio, Sarnico, Lovere, Breno, Edolo und Clusone.

d. Landesgericht zugleich Handelsgericht zu Brescia.
Stadt-Prätur zu Brescia.
14 Land-Präturen: Montechiari, Leno, Gardone, Salo, Lonato, Vestone, Gargnano, Chiari, Verolanuova, Iseo und Orzinovi.

e. Landesgericht zugleich Handelsgericht zu Mantua.
Stadt-Prätur zu Mantua.
12 Land-Präturen: Bozzolo, Viadana, Sabbionetta, Castiglione delle Stiviere, Asola, Canneto, Volta, Revere, Gonzaga, Sermide, Ostiglia und S. Benedetto.

f. Landesgericht zugleich Handelsgericht zu Cremona.
Stadt-Prätur zu Cremona.
5 Land-Präturen: Casalmaggiore, Casalbuttano, Piadena, Soresina und Pizzighettone.

g. Landesgericht zugl. Handelsgericht zu Como.
Stadt-Prätur zu Como.
10 Land-Präturen: Gravedona, Menaggio, Castiglione in Valle Intelvi, Lecco, Brivio, Asso, Bellano, Varese, Gavirate und Luino.

h. Landesgericht zugleich Handelsgericht zu Lodi.
Stadt-Prätur zu Lodi.
4 Land-Präturen zu S. Angelo, Crema, Codogno und Casalpusterlengo.

i. Landesgericht zugleich Handelsgericht zu Pavia.
Stadt-Prätur zu Pavia.
3 Land-Präturen: Corte, Olona, Abbiategrasso und Binasco.

k. Landesgericht zugleich Handelsgericht zu Sondrio.
Stadt-Prätur zu Sondrio.
4 Land-Präturen: Tirano, Morbegno, Chiavenna u. Bormio.

Die Hypothekenämter zu Mailand, Brescia, Mantua, Cremona, Bergamo, Crema, Como, Pavia und Sondrio.

B. Für die Venetianischen Provinzen in Venedig.

a. Landesgericht zu Venedig.
2 Stadt-Präturen für die Strafrechtspflege und die Gerichtsbarkeit in bürgerlichen Rechtsangelegenheiten.

b. Handelsgericht zu Venedig, zugleich Seegericht für das ganze Lombardisch-Venetianische Königreich.

7 Land=Präturen: Mestre, Mirano, Dolo, Chioggia, Cavarzere, Portogruaro, S. Dona.

c. Landesgericht zugleich Handelsgericht zu Padua.
Stadt=Prätur zu Padua.
8 Land=Präturen: Campo Sampiero, Teolo, Piove, Este, Montagnana, Monselice, Conselve, Cittadella.

d. Landesgericht zugleich Handelsgericht zu Vicenza.
Stadt=Prätur zu Vicenza.
9 Land=Präturen: Arzignano, Barbarano, Lonigo, Bassano, Marostica, Asiago, Schio, Thiene und Valdagno.

e. Landesgericht zugleich Handelsgericht zu Verona.
Stadt=Prätur zu Verona.
9 Land=Präturen: Villafranca, Caprino, Bardolino, Soave, Tregnago, St. Pietro, Incariano, Isola della Scala, Legnagi und Cologna.

f. Landesgericht zugleich Handelsgericht zu Treviso.
Stadt=Prätur zu Treviso.
9 Land=Präturen: Viadene, Castelfranco, Asolo, Conegliano, Oderzo, Motta, Ceneda, Serravalle, Valdobbiadene.

g. Landesgericht zugleich Handelsgericht zu Udine.
Stadt=Prätur zu Udine.
15 Land=Präturen: Codroipo, St. Daniele, Palma, Latisana, Pordenone, Sacile, Aviano, St. Vito, Spilimbergo, Maniago, Tolmezzo, Moggio, Gemona, Cividale und Tarcento.

h. Landesgericht zugleich Handelsgericht zu Rovigo.
Stadt=Prätur zu Rovigo.
8 Land=Präturen zu Lendinara, Badia, Massa, Occhiobello, Adria, Crespino, Loreo, Arriano.

i. Landesgericht zugleich Handelsgericht zu Belluno.
Stadt=Prätur zu Belluno.
4 Land=Präturen zu Agordo, Feltre, Pieve di Cadore, Auronzo.

Die Hypothekenämter zu Venedig, Verona, Udine, Padua, Vicenza und Treviso.

VII. K. K. Oberlandesgericht für Mähren und Schlesien zu Brünn.

A. In Mähren.

a. Landesgericht in Brünn, zugl. Handels=Ger. f. d. Brünner Kreis und die Stadt Brünn und Unters. Ger. f. d. Stadt Brünn u. d. Bez. Umgebung Brünn, Austerlitz, Eibenschitz und Tischnowitz.
2 städt. deleg. Bezirksgerichte für die Stadt Brünn und den Bezirk ihrer Umgebung.

16 Bezirksämter: Auspitz (zugl. Unters. Ger. f. d. Bezirke Auspitz, Klobauk, Lundenburg und Seelowitz), Austerlitz, Blansko, Boskowitz (zugl. Unters. Ger. f. d. Bez. Boskowitz, Blansko u. Kunstadt), Butschowitz, Eibenschitz, Gewitsch, Klobauk, Kunstadt, Lundenburg, Seelowitz, Steinitz, Tischnowitz, Tribau (zugl. Unters. Ger. f. d. Bez. Tribau, Gewitsch und Zwittau), Wischau (zugl. Unters. Ger. f. d. Bez. Wischau, Butschowitz und Steinitz) und Zwittau.

b. Kreisgericht in Olmütz, zugl. Handels-Ger. f. d. Olmützer Kreis, Berg-Ger. f. d. Markgrafschaft Mähren und das Herzogthum Schlesien und Unters. Ger. f. d. Stadt und Umgebung Olmütz u. f. d. Bez. Kojetein und Prerau.

Städt. deleg. Bezirksgericht in Olmütz.

16 Bezirksämter: Altstadt, Hof, Hohenstadt, Kojetein, Konitz, Littau (zugl. Unters. Ger. f. d. Bez. Littau, Konitz und Neustadt), Müglitz (zugl. Unters. Ger. f. d. Bez. Müglitz und Hohenstadt), Mährisch-Neustadt, Plumenau, Prerau, Proßnitz (zugl. Unters. Ger. f. d. Bez. Proßnitz und Plumenau), Römerstadt, Schildberg, Schönberg (zugl. Unters. Ger. f. d. Bez. Schönberg, Altstadt, Schildberg und Wiesenberg), Sternberg (zugl. Unters. Ger. für die Bezirke Sternberg, Hof und Römerstadt) und Wiesenberg.

c. Kreisgericht in Neutitschein, zugl. Handels-Ger. f. d. Kreis Neutitschein und Unters. Ger. f. d. Bez. Neutitschein, Frankstadt, Freiberg und Fulnek.

Städt. deleg. Bezirksgericht in Neutitschein.

13 Bezirksämter: Bystritz, Frankstadt, Freiberg, Fulnek, Leipnik, Libau, Walachisch-Meseritsch (zugl. Unters. Ger. f. d. Bez. Walachisch-Meseritsch, Roznau und Wsetin), Mistek (zugl. Unters. Ger. f. d. Bez. Mistek und Mährisch-Ostrau), Mährisch-Ostrau, Roznau, Weißkirchen (zugl. Unters. Ger. f. d. Bez. Weißkirchen, Bystritz, Leipnik und Liebau) und Wsetin.

d. Kreisgericht in Hradisch, zugl. Handels-Ger. f. d. Hradischer Kreis u. Unters. Ger. f. d. Bez. Hradisch, Napajedl, Ungarisch-Ostra und Straznitz.

Städt. deleg. Bezirksgericht in Hradisch.

11 Bezirksämter: Ungarisch-Brod (zugl. Unters. Ger. f. d. Bez. Ungarisch-Brod, Klobauk und Wisowitz), Gaya (zugl. Unters. Ger. f. d. Bez. Gaya und Göding), Göding, Holleschau, Klobauk, Kremsier (zugl. Unters. Ger. f. d. Bezirke Kremsier, Holleschau und Zdaunek), Napajedl, Ungar.-Ostra, Straznitz, Wisowitz und Zdaunek.

e. Kreisgericht in Znaim, zugl. Handels-Ger. f. d. Znaimer Kreis u. Unters. Ger. f. d. Bez. Znaim, Frain, Jamnitz u. Budwitz.

Städt. deleg. Bezirksgericht in Znaim.

9 Bezirksämter: Mährisch-Budwitz, Frain, Hrottowitz, Jamnitz, Jóslowitz, Kromau (zugl. Unters. Ger. f. d. Bez. Kromau, Namiescht und Hrottowitz), Namiescht, Nikolsburg (zugl. Unters. Ger. für die Bezirke Nikolsburg und Jóslowitz).

f. Kreisgericht in Iglau, zugl. Handels-Ger. f. d. Iglauer Kreis und Unters. Ger. f. d. Bezirke Iglau, Groß-Meseritsch und Trebitsch.

Städt. deleg. Bezirksgericht in Iglau.

7 Bezirksämter: Bystritz, Datschitz (zugl. Unters. Ger. f. d. Bez. Datschitz und Teltsch), Groß-Meseritsch, Neustadtl (zugl. Unters. Ger. f. d. Bez. Neustadtl, Saar und Bystritz), Saar, Teltsch und Trebitsch.

B. In Schlesien.

a. Landesgericht in Troppau für die Stadt Troppau und die Bez. Troppau (Umgebung), Jauernik, Weidenau, Freiwaldau, Zuckmantel, Hotzenplotz, Olbersdorf, Jägerndorf, Freudenthal, Benisch, Wigstadtl, Odrau, Wagstadt, Königsberg, zugleich Handels-Ger. f. s. Sprengel u. Unters. Ger. für die Stadt Troppau u. d. Bez. Troppau (Umgebung), Wigstadtl, Odrau, Wagstadt und Königsberg.

Städt. deleg. Bezirksgericht in Troppau.

13 Bezirksämter: Jauernig (zugl. Unters. Ger. f. d. Bez. Jauernik, Weidenau, Freiwaldau und Zuckmantel), Weidenau, Freiwaldau, Zuckmantel, Hotzenplotz, Olbersdorf, Jägerndorf (zugl. Unters. Ger. f. d. Bezirke Jägerndorf, Hotzenplotz, Olbersdorf, Benisch und Freudenthal), Freudenthal, Benisch, Wigstadtl, Odrau, Wagstadt, Königsberg.

b. Kreisgericht in Teschen, zugl. Handels-Ger. f. d. Bez. Teschen, Oderberg, Friedek, Bielitz, Freistadt, Jablunkau, Skotschau und Schwarzwasser, und Unters. Ger. f. d. Bez. Teschen, Oderberg, Friedek, Freistadt und Jablunkau.

Städt. deleg. Bezirksgericht in Teschen.

7 Bezirksämter: Oderberg, Friedek, Bielitz (zugl. Unters. Ger. f. d. Bez. Bielitz, Schwarzwasser, Skotschau), Freistadt, Jablunkau, Skotschau und Schwarzwasser.

Die Berggerichtsbarkeit für das Herzogthum Schlesien wird von dem Kreisgericht zu Olmütz ausgeübt.

VIII. K. K. Oberlandesgericht für Böhmen zu Prag.

a. Landesgericht zu Prag für die Hauptstadt Prag und den Prager Kreis, Handels-Ger. f. s. Sprengel u. Unters. Ger. f. d. Stadt Prag, Wischehrad, u. d. Bez. Beraun, Bömischbrod, Eule, Karolinenthal, Königssaal, Rican, Schwarzkostelec und Smichow.

3 städt. deleg. Bezirksgerichte: 1) für die mindere Strafgerichtsbarkeit; 2) für die Altstadt, Josefstadt, Neustadt, Wischehrad; 3) für die Kleinseite und Hradschin.

Bezirksgericht Karolinenthal.

19 Bezirksämter: Beraun, Bömischbrod, Brandeis, Dobrisch, Eule, Horowic, Königsaal, Melnik (Unters. Ger. f. d. Bez. Brandeis, Melnik, Welwarn), Neustraschic, Pribram (Unters. Ger. f. d. Bez. Dobrisch, Horowic, Pribram, Zbirow), Pürglytz, Rakonitz (Unters. Ger. f. d. Bez. Neustraschic, Pürglitz, Rakonitz, Schlan, Unhoscht), Rican, Schlan, Schwarzkostelec, Smichow, Unhoscht, Welwarn, Zbirow.

b. Kreisgericht Brüx für den Saazer Kreis, Handels-Ger. f. s. Sprengel, Bergger. f. d. Sprengel der Kreisger. Brüx, Eger, Leitmeritz und Böhmisch-Leippa, Unters. Ger. f. d. Bez. Bilin, Brüx, Dux, Görkau, Katharinaberg.

Städt. deleg. Bezirksgericht für die Stadt und Umgebung Brüx.

14 Bezirksämter: Bilin, Duppau, Osseg, Görkau, Jechnitz, Kaaden (Unters. Ger. f. d. Bez. Duppau, Kaaden, Kommotau, Preßnitz, Sebastiansberg), Katharinaberg, Kommotau, Laun, Podersam, Postelberg, Preßnitz, Saaz (Unters. Ger. f. d. Bez. Jechnitz, Laun, Podersam, Postelberg, Saaz), Sebastiansberg.

c. Kreisgericht Budweis, Handels-Ger. f. s. Sprengel, Unters. Ger. f. d. Bez. Budweis, Frauenberg, Lischau, Moldauthein, Schweinitz.

Bezirksgericht Neuhaus, Unters. Ger. f. d. Bez. Lomnic, Neubistritz, Neuhaus, Wittingau,

13 Bezirksämter: Frauenberg, Gratzen, Hohenfurth, Kalsching, Kaplic, Krumau (Unters. Ger. f. d. Bez. Gratzen, Hohenfurth, Kalsching, Kaplic, Krumau, Oberplan), Lischau, Lomnic, Moldauthein, Neubistritz, Oberplan, Schweinitz, Wittingau.

d. Kreisgericht Chrudim, Handels-Ger. f. s. Sprengel, Unters. Ger. f. d. Bez. Chrudim, Hlinsko, Nassaberg, Pardubic, Prelauc, Skuc.

Städt. deleg. Bezirksgericht für die Stadt und Umgebung Chrudim.

2 Bezirksgerichte: Hohenmauth (Unters. Ger. f. d. Bezirke Hohenmauth, Holic, Landskron, Wildenschwert), Leitomischl (Unters. Ger. f. d. Bez. Leitomischl und Policka).

9 Bezirksämter: Hlinsko, Holic, Landskron, Nassaberg, Pardubic, Policka, Prelauc, Skuc, Wildenschwert.

e. Kreisgericht Eger, Handels-Ger. f. s. Sprengel, Unters. Ger. f. d. Bez. Asch, Eger, Falkenau, Graslitz, Königswart, Wildstein.

Städt. deleg. Bezirksgericht für die Stadt und Umgebung Eger.

18 Bezirksämter: Asch, Buchau, Elbogen (Unters. Ger. f. d. Bez. Buchau, Elbogen, Joachimsthal, Karlsbad, Luditz, Neudeck, Petschau, Platten), Falkenau, Graslitz, Joachimsthal, Karlsbad, Königswart, Luditz, Neudeck, Petschau, Pfrauenberg, Plan, Platten, Tachau (Unters. Ger. f. d. Bezirke Pfrauenberg, Plan, Tachau, Tepl, Weseritz), Tepl, Weseritz, Wildstein.

f. Kreisgericht Jicin, Handels-Ger. f. s. Sprengel, Unters. Ger. f. d. Bez. Jicin, Liban, Lomnic, Neupaka, Semil.

Städt. deleg. Bezirksgericht für die Stadt und Umgebung Jicin.

15 Bezirksämter: Arnau, Chlumec, Hohenelbe (Unters. Ger. f. d. Bez. Hohenelbe, Rochlitz, Starkenbach), Horic, Königsstadtl, Liban, Lomnic, Marschendorf, Neubidzow (Unters. Ger. f. d. Bez. Clumec, Horic, Königstadtl, Neubidzow), Neupaka, Rochlitz, Schatzlar, Semil, Starkenbach, Trautenau (Unters. Ger. f. d. Bez. Arnau, Marschendorf, Schatzlar, Trautenau).

g. Kreisgericht Jungbunzlau f. d. nachstehenden Bez. des Bunzlauer Kreises; Handels-Ger. f. s. Sprengel, Unters. Ger. f. d. Bez. Benatek, Dauba, Jungbunzlau, Münchengrätz, Niemes, Nimburg, Sobotka, Weißwasser.

Städt. deleg. Bezirksgericht für die Stadt und Umgebung Jungbunzlau.

10 Bezirksämter: Böhmisch-Aicha, Benatek, Dauba, Eisenbrod, Münchengrätz, Niemes, Nimburg, Sobotka, Turnau (Unters. Ger. f. d. Bez. Böhmisch-Aicha, Eisenbrod, Turnau), Weißwasser.

h. Kreisgericht Reichenberg, Handels-Ger. und Unters. Ger. für die nachstehenden Bezirke des Bunzlauer Kreises.

Städt. deleg. Bezirksgericht für die Stadt und Umgebung Reichenberg.

5 Bezirksämter: Friedland, Gabel, Gablonz, Kratzau, Tannwald.

i. Kreisgericht Königgrätz, Handels-Ger. f. s. Sprengel, Unters. Ger. f. d. Bez. Jaromer, Königgrätz, Königinhof, Nechanic.

Bezirksgericht Reichenau (Unters. Ger. f. d. Bez. Adlerkostelec, Grulich, Reichenau, Senftenberg).

11 Bezirksämter: Adlerkostelec, Braunau (Unters. Ger. f. d. Bez. Braunau, Polic), Dobruschka, Grulich, Jaromer, Königinhof, Nachod, Nechanic, Neustadt (Unters. Ger. f. d. Bez. Dobruschka, Nachod, Neustadt), Polic, Senftenberg.

k. Kreisgericht Kuttenberg f. d. Czaslauer Kreis, Handels-Ger. f. s. Sprengel, Berg-Ger. f. d. Sprengel des Kreisgerichts

Budweis, Chrudim, Jicin, Jungbunzlau, Königgrätz, Kuttenberg, Reichenberg, Tabor; Unters. Ger. f. d. Bez. Czaslau, Kohljanowic, Kuttenberg, Ledec, Unterkralowic.

Städt. deleg. Bezirksgericht für die Stadt und Umgebung Kuttenberg.

13 Bezirksämter: Chotebor, Czaslau, Deutschbrod (Unters. Ger. f. d. Bez. Chotebor, Deutschbrod, Habern, Humpolec, Polna, Prybislau), Habern, Humpolec, Kaurim, Kohljanowic, Kolin (Unters. Ger. d. Bez. Kaurim, Kolin, Podebrad), Ledec, Podebrad, Polna, Prybislau, Unterkralowic.

l. Kreisgericht Leitmeritz f. d. nachstehenden Bezirke des Leitmeritzer Kreises; Handels-Ger. f. s. Sprengel, Unters. Ger. f. d. Bez. Auscha, Leitmeritz, Libochowitz, Lobositz, Raudnic, Teplitz, Wegstädtl.

Städt. deleg. Bezirksgericht für die Stadt und Umgebung Leitmeritz.

10 Bezirksämter: Auscha, Aussig, Bensen, Karbitz, Libochowitz, Lobositz, Raudnic, Teplitz, Tetschen (Unters. Ger. f. d. Bez. Aussig, Bensen, Karbitz, Tetschen), Wegstädtl.

m. Kreisgericht Böhmisch-Leippa f. d. nachstehenden Bezirke des Leitmeritzer Kreises; Handels-Ger. f. s. Sprengel, Unters. Ger. f. d. Bez. Böhmisch-Leippa, Haida, Böhmisch-Kamnitz, Zwickau.

Städt. deleg. Bezirksgericht für die Stadt und Umgebung Böhmisch-Leippa.

8 Bezirksämter: Haida, Hainspach, Böhmisch-Kamnitz, Rumburg (Unters. Ger. f. d. Bezirke Hainspach, Rumburg, Schluckenau, Warnsdorf), Schluckenau, Warnsdorf, Zwickau.

n. Kreisgericht Pilsen, Handels-Ger. f. s. Sprengel, Berg-Ger. f. d. Kreise Pilsen, Pisek und Prag; Unters. Ger. f. d. Bez. Blowitz, Kralowic, Mannetin, Mies, Pilsen, Rokican, Staab, Tuschkau.

Städt. deleg. Bezirksgericht für die Stadt und Umgebung Pilsen.

Bezirksgericht Klattau (Unters. Ger. f. d. Bez. Klattau, Nepomuk, Neuern, Planic, Prestic.

16 Bezirksämter: Bischofteinitz, Blowitz, Hostau, Kralowic, Mannetin, Mies, Nepomuk, Neuern, Neugedein, Planic, Prestic, Rokican, Ronsperg, Staab, Taus (Unters. Ger. f. d. Bez. Bischofteinitz, Hostau, Neugedein, Ronsperg, Taus), Tuschkau.

o. Kreisgericht Pisek, Handels-Ger. f. s. Sprengel, Unters. Ger. f. d. Bezirke Blattna, Breznic, Mirowic, Pisek, Straconic, Wodnan.

Städt. deleg. Bezirksgericht für die Stadt und Umgebung Pisek.

12 Bezirksämter: Bergreichenstein, Blattna, Breznic, Horazdiowic, Mirowic, Nettolic, Prachetic (Unters. Ger. f. d. Bez. Nettolic, Prachetic, Winterberg, Wolin), Schüttenhofen (Unters. Ger. f. d. Bez. Bergreichenstein, Horazdiovic, Schüttenhofen), Strakonic, Winterberg, Wodnan, Wolin.

p. Kreisgericht Tabor, Handels=Ger. f. s. Sprengel, Unters. Ger. f. d. Bez. Bechin, Jungwozic, Mühlhausen, Sedlec, Sobeslau, Tabor, Wessely.

Städt. deleg. Bezirksgericht für die Stadt und Umgebung Tabor.

15 Bezirksämter: Bechin, Beneschau (Unters. Ger. f. d. Bez. Beneschau, Neweklau, Selcan, Wlaschin, Wlotic), Jungwozic, Kamenic, Mühlhausen, Neweklau, Patzau, Pilgram (Unters. Ger. f. d. Bez. Kamenic, Patzau, Pilgram, Pocatek), Pocatek, Sedlec, Selcan, Sobeslau, Wessely, Wlaschin, Wlotic.

IX. K. K. Oberlandesgericht für das Lemberger Verwaltungsgebiet und die Bukowina zu Lemberg.

A. Im Lemberger Verwaltungsgebiete.

a. Landesgericht zu Lemberg für die Kreise Lemberg und Zolkiew und die Stadt Lemberg, zugl. Handels=Ger. f. s. Sprengel u. Unters. Ger. für die Stadt Lemberg und Umgebung und die Bez. Winniki und Janow.

3 städt. deleg. Bezirksgerichte in Lemberg für die Stadt und Umgebung.

14 Bezirksämter: Grodek (zugl. Unters. Ger. f. s. Bez. u. d. Bez. Szczerzec), Szczerzec, Winniki, Janow, Kulikow, Groß=Mosty, Uhnow, Niemirow, Belz, Cieszanow, Sokal (zugl. Unters. Ger. f. s. Bez. u. d. Bez. Groß=Mosty und Belz), Zolkiew (zugl. Unters. Ger. f. s. Bez. u. d. Bez. Kulikow und Niemirow), Rawa (zugl. Unters. Ger. f. s. Bez. u. d. Bez. Uhnow), Lubaczow (zugl. Unters. Ger. f. s. Bez. u. d. Bez. Cieszanow).

b. Kreisgericht zu Przemysl für die Kreise Przemysl und Sanok, zugl. Handels=Ger. f. s. Sprengel u. Unters. Ger. f. d. Bez. Przemysl, Nizankowice und Mosciska.

Städt. deleg. Bezirksgericht in Przemysl für die Stadt und Umgebung.

19 Bezirksämter: Sadowa=Wisznia, Nizankowice, Sieniawa, Radymno, Krakowiec, Jaroslau (zugl. Unters. Ger. f. d. Bez. Jaroslau, Sieniawa und Radymno), Mosciska, Ja-

worow (zugl. Unters. Ger. f. d. Bez. Jaworow, Sadowa-Wisznia und Krakowiec), Lutowiska, Bukowska, Ustrzyki dolne, Baligrod, Lisko (zugl. Unters. Ger. f. s. Bez. u. d. Bez. Baligrod, Dobromil, Lutowiska und Ustrzyki dolne), Sanok (zugl. Unters. Ger. f. d. Bez. Sanok, Rymanow und Bukowska), Rymanow, Bircza, Dubiecko (zugl. Unters. Ger. f. s. Bez. u. d. Bez. Birczo u. Brzozow) und Brzozow.

c. Kreisgericht zu Zloczow f. d. Kreise Zloczow und Brzezan, zugl. Handels-Ger. f. s. Sprengel u. Unters. Ger. f. d. Bez. Zloczow, Olesko, Gliniany und Zborow.

Städt. deleg. Bezirksgericht in Zloczow für die Stadt und Umgebung.

16 Bezirksämter: Kamionka-Strumilowa, Lopatyn, Radziechow, Busk (zugl. Unters. Ger f. d. Bez. Busk, Radziechow und Kamionka-Strumilowa), Olesko, Gliniany, Zalosce (zugl. Unters. Ger. f. s. Bez.), Zborow, Rohatyn, (zugl. Unters. Ger. f. d. Bez. Rohatyn, Przemyslany u. Bursztyn), Przemyslany, Bursztyn, Chodorow, Bobrka (zugl. Unters. Ger. f. d. Bez. Dobrka und Chodorow), Podhajce, Kozowa, Brzezan (zugl. Unters. Ger. f. d. Bez. Brzezan, Kozowa, Podhajce).

Bezirksgericht Brody, zugl. Unters. Ger. f. d. Bezirke Brody u. Lopatyn.

d. Kreisgericht zu Sambor für die Kreise Sambor und Stryj, zugl. Handels-Ger. f. s. Sprengel, Berg-Ger. f. d. Kreise Sanok, Przemysl, Sambor, Stryj, Lemberg, Zolkiew und Unters. Ger. f. d. Bez. Sambor, Laka, Starasol, Staremiasto.

Städt. deleg. Bezirksgericht in Sambor für die Stadt und Umgebung.

18 Bezirksämter: Rozniatow, Wójnilow, Bolechow (zugl. Unters. Ger. f. d. Bez. Bolechow, Dolina u. Rozniatow), Dolina, Mikolajow, Zurawno, Skole, Stryj (zugl. Unters. Ger. f. d. Bez. Stryj, Mikolajow und Skole), Kalusz (zugl. Unters. Ger. f. d. Bez. Kalusz, Wojnilów u. Zurawno), Laka, Borynia, Rudki, Starasol, Medenice, Podbusz, Staremiasto, Turka (zugl. Unters. Ger. f. d. Bez. Turka und Borynia), Komarno (zugl. Unters. Ger. f. d. Bez. Komarno und Rudki), Drohobycz (zugl. Unters. Ger. f. d. Bez. Drohobycz, Medenice und Podbusz.

e. Kreisgericht zu Tarnopol für die Kreise Tarnopol u. Czortkow, zugl. Handels-Ger. f. s. Sprengel u. Unters. Ger. f. d. Bez. Tarnopol, Ihrowice und Mikulince.

Städt. deleg. Bezirksgericht zu Tarnopol für die Stadt und Umgebung.

17 Bezirksämter: Ihrowice, Medyn, Mikulince, Zlotniki, Trembowla (zugl. Unters. Ger. f. d. Bez. Trembowla u.

Zlotniki), Grzymalow, Skalat (zugl. Unters. f. s. Bez. und den Bez. Grzymalow), Zbaraz (zugl. Unters. Ger. f. s. Bez. u. d. Bez. Medyn), Budzanow, Tluste, Hussiatyn, Jaslowiec, Zaleszczyk (zugl. Unters. Ger. f. s. Bez. und den Bez. Tluste), Czortkow (zugl. Unters. Ger. f. s. Bez. u. d. Bez. Budzanow, Jaslowiec und Kopeczynce), Mielnica, Borszezow (zugl. Unters. Ger. f. d. Bez. Borszezow, Mielnica und Hussiatyn) und Kopeczynce.

f. Kreisgericht zu Stanislau für die Kreise Stanislaus und Kolomea, zugl. Handels-Ger. f. s. Sprengel, Berg-Ger. für die Kreise Stanislau, Kolomea, Czortkow, Tarnopol, Zloczow und Brzezan und Unters. Ger. f. d. Bez. Stanislau, Halicz und Bohorodczany.

Städt. deleg. Bezirksgericht zu Stanislau für die Stadt und Umgebung.

18 Bezirksämter: Gwozdziec, Zablotow, Kuty (zugl. Unters. Ger. f. s. Bez. u. den Bez. Kossow), Obertyn, Sniatyn (zugl. Unters. Ger. f. s. Bez. u. d. Bez. Zablotow), Kolomea (zugl. Unters. Ger. f. d. Bez. Kolomea, Gwocdziec und Peczenizyn), Peczenizyn, Horodenka (zugl. Unters. Ger. f. s. Bez. u. d. Bez. Obertyn), Kossow, Nadworna (zugl. Unters. Ger. f. s. Bez. u. die Bez. Delatyn u. Solotwina), Bohorodczany, Delatin, Solotwina, Buczacz (zugl. Unters. Ger. f. s. Bez. und den Bez. Monasterzyska), Tysmienic (zugl. Unters. Ger. f. d. Bez. Tysmienic und Tlumacz), Monasterzyska, Halicz und Tlumacz.

In Civilrechts-Angelegenheiten die Oesterreichischen Konsulargerichte in Jassy, Galatz, Ibraila und Tultscha.

B. In der Bukowina.

Landesgericht zu Czernowitz für das gange Herzogthum Bukowina, zugleich Handels- und Berg-Ger. f. s. Sprengel nnd Unters. Ger. f. d. Stadt Czernowitz und Umgebung u. d. Bez. Sadagura, Kotzmann, Waskoutz und Zastawna.

Städt. deleg. Bezirksgericht f. d. Stadt Czernowitz und Umgebung.

14 Bezirksämter: Dornà, Putilla, Wysznitz, Kimpolung, Solka, Gurahumora, Sereth, Waskoutz am Czerenovz, Sadagura, Storozinetz (zugl. Unters. Ger. f. d. Bez. Storozinetz, Putilla u. Wysznitz), Kotzmann, Zastawna, Suczawa (zugl. Unters. Ger. f. d. Bez. Suczawa, Dorna, Kimpolung und Gurahumora), Radautz (zugl. Unters. Ger. f. d. Bez. Radautz, Solka und Sereth).

X. K. K. Oberlandesgericht für das Krakauer Verwaltungsgebiet zu Krakau.

a. Landesgericht zu Krakau für die Stadt Krakau und die Kreise Krakau und Wadowice, zugl. Handels=Ger f. s. Sprengel, Berggericht für das Krakauer Verwaltungsgebiet und Unters. Ger. für die Stadt Krakau u. d. Bez. Mogila, Liszki und Krzeszowice.

2 städt. deleg. Bez. Ger. zu Krakau, eines für die Ausübung der Strafgerichtsbarkeit und eines für die Ausübung der Civilgerichtsbarkeit.

18 Bezirksämter: Jaworzno, Mogila, Chrzanow (zugl. Unters. Ger. f. s. Bez. u. d. Bez. Jaworzno), Krzeszowice, Liszki, Skawina, Oswiecim, Makow, Milowka, Slemien, Myslenice (zugl. Unters. Ger. f. s. Bez. u. d. Bez. Skawina, Jordanow und Kalwarya), Andrichau, Jordanow, Wadowice (zugl. Unters. Ger. f. s. Bez. u. d. Bez. Makow und Andrichau), Kalwarya, Kenty (zugl. Unters. Ger. f. d. Bez. Kenty, Oswiecim und Biala), Seypusch, (zugl. Unters. Ger. f. s. Bez. u. d. Bez. Milowka u. Slemien) und Biala.

b. Kreisgericht zu Neu-Sandec für die Kreise Sandec und Jaslo, zugl. Handels=Ger. f. s. Sprengel und Unters. Ger. f. d. Bez. Neu=Sandec, Grybow und Cieszkowice.

Städt. deleg. Bezirksgericht in Neu-Sandec für die Stadt und Umgebung.

18 Bezirksämter: Grybow, Cieszkowice, Czarny=Dunajec, Kroscienko, Alt=Sandec (zugl. Unters. Ger. f. s. Bez. u. d. Bez. Kroscienko und Muszyna), Neumarkt (zugl. Unters. Ger. f. d. Bez. Neumarkt und Czarny=Dunajec), Limanowa (zugl. Unters. Ger. f. s. Bez. u. d. Bez. Tymbark), Muszyna, Tymbark, Duklo, Zmigrod, Frysztak, Brzostek, Strzyzow, Jaslo (zugl. Unters. Ger. f. s. Bez. u. d. Bez. Zmigrod, Brzostek und Frysztag), Krosno (zugl. Unters. Ger. f. s. Bez. u. die Bez. Dukla u. Strzyzow), Biecz u. Gorlice (zugl. Unters. Ger. f. s. Bez. u. den Bez. Biecz).

c. Kreisgericht zu Rzeszow für den gleichnamigen Kreis, zugl. Handels=Ger. f. s. Sprengel u. Unters. Ger. für die Bez. Rzeszow, Sokolow, Tyczyn, Lanczut und Glogow.

Städt. deleg. Bezirksgericht in Rzeszow für die Stadt und Umgebung.

10 Bezirksämter: Ulanow, Tarnobrzeg, Glogow, Rozwadow (zugl. Unters. Ger. f. s. Bez. u. d. Bez. Nisko, Ulanow u. Tarnobrzeg), Sokolow, Tyczyn, Nisko, Lancut, Przeworsk (zugl. Unters. Ger. f. s. Bez. u. d. Bez. Lezaysk) und Lezaysk.

d. Kreisgericht zu Tarnow für die Kreise Tarnow und Bochnia, zugl. Handels-Ger. f. s. Sprengel und Unters. Ger. f. d. Bez. Tarnow und Tuchow.

Städt. deleg. Bezirksgericht in Tarnow für die Stadt und Umgebung.

18 Bezirksämter: Dembica, Tachow, Zabno, Kolbuszow (zugl. Unters. Ger. f. s. Bez. u. d. Bez. Mielec), Dombrowa (zugl. Unters. Ger. f. s. Bez. u. d. Bez. Zasow u. Zabno), Ropczyce, Pilsno (zugl. Unters. Ger. f. d. Bez. Pilsno, Dembica und Ropczyce), Mielec, Zasow, Podgorze, Woynicz (zugl. Unters. Ger. f. s. Bez. u. d. Bez. Radlow und Brzesko), Niepolomice, Dobczyze, Wieliczka (zugl. Unters. Ger f. s. Bez. u. d. Bez. Podgorze u. Niepolomice), Radlow, Brzesko, Wisnicz u. Bochnia (zugl. Unters. Ger. f. s. Bez. u. d. Bez. Wisnicz u. Dobczyce).

XI. K. K. Oberlandesgericht für das Pesth-Ofener Verwaltungsgebiet zu Pesth.

a. Landesgericht zu Ofen für die Stadt Ofen und die am rechten Donauufer gelegenen Theile des Pesth-Piliser Komitats und für das Graner Komitat, zugleich Berggericht für das Pesth-Ofener Verwalt. Gebiet u. Unters. Ger. f. d. Stadt und den Landbezirk Ofen.

2 städt. deleg. Bezirksgerichte für den Ofener Stadt- und Landbezirk.

b. Landesgericht zu Pesth für die Stadt Pesth und die am linken Donauufer gelegenen Theile des Pesth-Piliser Komitats, zugl. Unters. Ger. f. d. Stadt Pesth u. d. Stuhlbez. Ráczkevi, Waitzen, Nagy-Káta, Monor, Ocsa und Gödöllö.

2 städt. deleg. Bezirksgerichte für die innere Stadt und Leopoldstadt, dann für die Theresienstadt und für die Josefs- und Franzensstadt.

c. Handelsgericht zu Pesth für die Landesgerichtssprengel Ofen und Pesth.

Bezirksgericht zu Gran f. d. Stadt- und Landbez. Gran, zugl. Unters. Ger. f. s. Sprengel u. d. Stuhlbez. Kócs und Dotis.

8 Stuhlrichterämter: Ráczkevi, Waitzen, Nagy-Káta, Monor, Ocsa, Gödöllö, Kócs u. Dotis.

d. Komit. Ger. zu Kecskemét für das Pesth-Solter Komit., zugl. Handels-Ger. f. s. Sprengel u. Unters. Ger. f. d. Stuhlbez. Kecskemét, Kis-Körös, Nagy-Körös u. Czegléd.

5 Stuhlrichterämter: Kis-Körös, Nagy-Körös, Duna-Becse, Czegléd, Kalocsa (zugl Unters. Ger. f. s. Bez. und den Stuhlbez. Duna-Becse).

e. Komit. Ger. zu Stuhlweißenburg für das gleichnamige Komitat, zugl. Handels-Ger. und Unters. Ger. f. s. Sprengel.
3 Stuhlrichterämter: Sár-Bogárd, Móór und Bicske.

f. Komit. Ger. zu Miskolcz für das Borsoder Komit., zugl. Handels-Ger. und Unters. Ger. für seinen Sprengel.
4 Stuhlrichterämter: Csáth, Edelény, Szent-Péter u. Mezö-Kövesd.

g. Komit. Ger. zu Erlau f. d. Heveser Komit., zugl. Handels- u. Unters. Ger. f. s. Sprengel.
3 Stuhlrichterämter: Pétervásár, Heves und Gyöngyös.

h. Komit. Ger. zu Szolnok für das Szolnoker Komit., zugl. Handels-Ger. und Unters. Ger. für seinen Sprengel.
2 Stuhlrichterämter: Tisza-Füred und Mezö-Túr.

i. Komit. Ger. zu Szegedin für das Czongráder Komit., zugl. Handels-Ger. f. s. Sprengel u. Unters. Ger. f. d. Stuhlbez. Szegedin u. Czongrád und die Stadt Szegedin.
3 Stuhlrichterämter: Czongrád, Szentes (zugl. Unters. Ger. f. s. Bez. und den Stuhlbezirk Vásárhely) und Vásárhely.

k. Komit. Ger. zu Jászberény f. d. Distrikte Jazygien u. Cumanien, zugl. Handels-Ger. f. s. Sprengel u. Unters. Ger. f. d. Stuhlbez. Jászberény u. Jász-Apáthi.
5 Stuhlrichterämter: Kún-Szent-Miklós, Halas, Jász-Apáthi, Félegyháza (zugl. Unters. Ger. für s. Bez. und die Stuhlbez. Kún-Szent-Miklós und Halas) und Kardszag (zugl. Unters. Ger. f. s. Bez.).

XII. K. K. Oberlandesgericht für das Oedenburger Verwaltungsgebiet zu Oedenburg.

a. Landesgericht zu Oedenburg für das Oedenburger und Wieselburger Komitat, zugl. Handels-Ger. f. s. Sprengel, Berg-Ger. f. d. Oedenburger Verwaltungsgebiet und Unters. Ger. f. d. Städte Oedenburg, Eisenstadt, Rusth u. d. Stuhlbez. Oedenburg, Mattersdorf, Pullendorf und Eisenstadt.
Städt. deleg. Bezirksgericht zu Oedenburg für die Stadt Oedenburg und Umgebung und die Stadt Rusth.
9 Stuhlrichterämter: Csapring, Esterház (zugl. Unters. Ger. f. s. Bez. u. d. Bez. Csapring), Mattersdorf, Kapuvár (zugl. Unters. Ger. f. s. Bez. u. d. Bez. Csorna), Pullendorf, Eisenstadt, Ragendorf, Neusiedl, Altenburg (zugl. Unters. Ger. f. s. Bez. u. d. Bez. Ragendorf u. Neusiedl).

b. Komit. Ger. zu Steinamanger f. d. Eisenburger Komitat, zugl. Handels-Ger. f. s. Sprengel und Unters. Ger. f. d. Stadt Steinamanger u. d. Bez. Steinamanger, Vasvár, Sárvár, Kleinzell u. Körmend.

Städt. deleg. Bez. Ger. zu Steinamanger für die Stadt und Umgebung.

9 Stuhlrichter: Vasvár, Sárvár, Kleinzell, Körmend, Olsnitz, Güßing, St. Gotthard (zugl. Unters. Ger. f. d. Bez. St. Gotthard, Olsnitz und Güßing), Oberwarth, Güns (zugl. Unters. Ger. f. d. Stadt Güns u. d. Bez. Güns u. Oberwarth).

c. Komit. Ger. zu Zala-Egerszegh für das Zalaer Komit., zugl. Handels-Ger. f. s. Sprengel u. Unters. Ger. f. d. Bez. Zala-Egerszegh, Pácsa und Lendva.

Städt. deleg. Bez. Ger. zu Zala-Egerszegh f. d. Stadt u. Umgebung.

7 Stuhlrichter: Bánok-Sz.-György, Pácsa, Kesthely, Tapolcza, Sümegh (zugl. Unters. Ger. f. d. Bez. Sümegh, Kesthely u. Tapolcza), Kanizsa (zugl. Unters. Ger. f. s. Bez. u. d. Bez. Bánok-Sz.-György) und Lendva.

d. Komit. Ger. zu Kaposvár f. d. Somogyer Komit., zugl. Handels-Ger. f. s. Sprengel u. Unters. Ger. f. d. Bez. Kaposvár, Nagy-Atád, Igal u. Szigetvar.

Städt. deleg. Bezirksgericht zu Koposvár für die Stadt und Umgebung.

6 Stuhlrichter: Marczali (zugl. Unters. Ger. f. s. Bez. u. d. Bez. Iharos-Berény u. Karád), Nagy-Atád, Iharos-Berény, Igal, Karád, Szigetvár.

e. Komit. Ger. zu Fünfkirchen f. d. Baranyaer Komit., zugl. Handels-Ger. f. s. Sprengel u. Unters. Ger. f. d. Stadt u. Umgebung Fünfkirchen u. d. Bez. Pécsvarád, Szt. Lörincz, Sásd u. Mohács.

Städt. deleg. Bez. Ger. zu Fünfkirchen für die Stadt und Umgebung.

6 Stuhlrichter: Pécsvarád, Szt. Lörincz, Siklós (zugl. Unters. Ger. f. s. Bez. u. d. Bez. Dárda), Dárda, Sásd und Mohács.

f. Komit. Ger. zu Szegszárd für das Tolnaer Komit., zugl. Handels-Ger. f. s. Sprengel u. Unters. Ger. f. d. Bez. Szegszárd u. Bonyhád.

Städt. deleg. Bez. Ger. zu Szegszárd für die Stadt Szegszárd.

4 Stuhlrichter: Högyész (zugl. Unters. Ger. f. s. Bez. u. d. Bez. Tamási), Földvár (zugl. Unters. Ger. f. den eigenen Bez.), Bonyhád und Tamási.

g. Komit. Ger. zu Veszprim f. d. Veszprimer Komit., zugl. Handels-Ger. f. s. Sprengel u. Unters. Ger. f. d. Bez. Veszprim, Enying und Zircz.

Städt. deleg. Bez. Ger. zu Veszprim für die Stadt Veszprim.

4 Stuhlrichter: Enying, Devecser, Zircz, Pápa (zugl. Unters. Ger. f. s. Bez. u. d. Bez. Devecser).

b. Komit. Ger. zu Raab f. das Raaber Komit., zugl. Handels- u. Unters. Ger. f. s. Sprengel.

Städt. deleg. Bez. Ger. zu Raab für die Stadt Raab und Umgebung.

2 Stuhlrichter: Teth und Martinsberg.

XIII. K. K. Oberlandesgericht für das Preßburger Verwaltungsgebiet zu Preßburg.

a. Landesgericht zu Preßburg für das Preßburger und Comorner Komitat, zugl. Handels-Ger. f. s. Sprengel u. Unters. Ger. f. d. Stadt Preßburg und die Bez. Preßburg, Sommerein, Szerdahely, Sellye u. die Stadtbez. St. Georgen, Bösing und Modern.

2 städt. deleg. Bez. Ger. in Preßburg für den Stadtbez. Preßburg u. f. d. Landbez. Preßburg mit Inbegriff der Städte St. Georgen, Bösing und Modern.

6 Stuhlrichter: Sommerein, Szerdahely, Malatzka (zugl. Unters. Ger. f. s. Bezirk), Sellye, Muzsla und Perbete.

Bezirksgericht Comorn für den Stadt- und Landbez. Comorn, zugl. Unters. Ger. f. s. Sprengel u. d. Bez. Muzsla u. Perbete.

b. Komit. Ger. zu Tyrnau für das Ober-Neutraer Komit., zugl. Handels-Ger. f. s. Sprengel u. Unters. Ger. für die Stadt Tyrnau und die Bez. Tyrnau und Pöstyén.

Städt. deleg. Bez. Ger. in Tyrnau für die Stadt und Umgebung Tyrnau.

5 Stuhlrichter: Miava, Pöstyén, Szenitz (zugl. Unters. Ger. f. s. Bez. u. d. Bez. Miava u. Skalitz), Wag-Neustadtl (zugl. Unters. Ger. f. d. eigenen Bez.), Skalitz.

c. Komit. Ger. zu Neutra für das Unter-Neutraer Komit., zugl. Handels-Ger. f. s. Sprengel u. Unters. Ger. für die Stadt Neutra u. d. Bez. Neutra, Tapolcsán und Neuhäusel.

Städt deleg. Bez. Ger. zu Neutra für die Stadt und Umgebung Neutra.

6 Stuhlrichter: Oszlán, Baan, Freistadtl, Topolcsán, Privicz (zugl. Unters. Ger. f. f. Bez. u. d. Bez. Oszlán und Baan), Neuhäusel.

d. Komit. Ger. zu Trencsin für das Trencsiner Komit. zugl. Handels-Ger. f. s. Sprengel und Unters. Ger. f. d. Stadt Trencsin u. d. Bez. Trenchin, Illava und Puchó.

Städt. deleg. Bez. Ger. zu Trencsin f. d. Stadt und Umgebung Trenchin.

7 Stuhlrichter: Kis-Utza-Neustadtl, Predmir (zugl. Unters. Ger. f. s. Bez. u. d. Bez. Bicse), Illava, Púchá, Bicse,

Czácza, Sillein (zugl. Unters. Ger. für seinen Bez. und die Bez. Kis-Utza-Neustadtl und Czácza).

e. Komit. Ger. zu Szent-Márton (provis. zu Alsó-Kubin) f. d. Arva-Thuróczer u. Liptauer Komit., zugl. Handels-Ger. f. s. Sprengel u. Unters. Ger. f. d. Bez. Kubin, Námesto und Thurdossin.

Städt. deleg. Bez. Ger. zu Alsó-Kubin für die Stadt u. Umgebung.

7 Stuhlrichter: Hradek, Rosenberg, Szent-Miklós (zugl. Unters. Ger. f. s. Bez. u. die Bez. Hradek u. Rosenberg), Mosócz, Námesto, Szent-Márton (zugl. Unters. Ger. f. s. Bez. und den Bez. Mosócz), Thurdossin.

f. Komit. Ger. zu Neusohl für das Zohler und Bacser Komit., zugl. Unters. Ger. f. s. Sprengel, Berggericht für das Preßburger Verwaltungsgebiet und Unters. Ger. für die Stadt und den Bezirk Neusohl und Bries.

Städt. deleg. Bez. Ger. in Neusohl für die Stadt und Umgebung.

7 Stuhlrichter: Kremnitz (zugl. Unters. Ger. f. s. Bez. u. d. Bez. Zsarnowicz), Verbély, Aranyos-Maróth (zugl. Unters. Ger. f. s. Bez. u. d. Bez. Verebely), Zsarnovicz. Levencz (zugl. Unters. Ger. f. s. Bez.), Bries, Altsohl (zugl. Unters. Ger. f. s. Bez.).

g. Komit. Ger. zu Balassa-Gyarmath für das Neograder und Honther Komit., zugl. Handels-Ger. f. s. Sprengel u. Unters. Ger. f. d. Bez. Balassa-Gyarmath, Széczén, Szirak, Rétságh.

Städt. deleg. Bez. Ger. zu Balassa-Gyarmath für die Stadt und Umgebung.

10 Stuhlrichter: Bozok, Báth, Vámos-Mikola, Ipolyságh (zugl. Unters. Ger. f. s. Bez. u. d. Bez. Bozok u. Vámos-Mikola), Gács, Fülek, Széczén, Lossoncz (zugl. Unters. Ger. f. s. Bez. u. d. Bez. Gács u. Fülek), Szirák, Rétságh.

Bez. Ger. Schemnitz für den Stadt- und Landbez., mit Inbegriff der Stadt Dillen (zugl. Unters. Ger. f. s. Sprengel).

XIV. K. K. Oberlandesgericht für das Kaschauer Verwaltungsgebiet zu Eperies.

a. Landesgericht zu Kaschau für das Abauj-Tornaer Komit., zugl. Handels-Ger. f. s. Sprengel u. Unters. Ger. f. d. Stadt Kaschau u. d. Bez. Kaschau u. Mislye.

Städt. deleg. Bez. Ger. zu Kaschau f. d. Stadt und Umgebung.

5 Stuhlrichter: Torna (zugl. Unters. Ger. f. s. Bez. u. d. Bez. Szepsie), Mislye, Szikszó, Zepsi, Szánto (zugl. Unters. Ger. f. s. Bez. u. d. Bez. Szikszó).

b. Komit. Ger. zu Rima-Szombath f. d. Gömörer Komit., zugl. Handels-Ger. f. s. Sprengel u. Unters. Ger. f. d. Bez. Rima-Szombath und Rima-Brezó.

Städt. deleg. Bez. Ger. in Rima-Szombath für die Stadt und Umgebung.

4 Stuhlrichter: Rima-Brezó, Nagy-Röcze (zugl. Unters. Ger. f. s. Bez.), Tornallya, Rosenau (zugl. Unters. Ger. f. s. Bez. u. d. Bez. Tornallya).

c. Komit. Ger. zu Leutschau f. d. Zipser Komit., zugl. Handels-Ger. f. s. Sprengel u. Unters. Ger. f. d. Stadt Leutschau u. d. Bez. Leutschau u. Poprad.

Städt. deleg. Bez. Ger. in Leutschau für die Stadt und Umgebung.

6 Stuhlrichter: Altendorf, Poprad, Waltendorf, Hublan, Göllnitz (zugl. Unters. Ger. f. s. Bez. u. d. Bez. Waltendorf), Käsmark (zugl. Unters. Ger. f. d. Stadt Käsmark u. d. Bez. Käsmark, Altendorf u. Hublan).

d. Komit. Ger. zu Eperies für das Sároser Komit., zugl. Handels-Ger. f. s. Sprengel, Berg-Gericht für das Kaschauer Verwalt. Gebiet u. Unters. Ger. f. d. Stadt Eperies und d. Bez. Eperies, Siroka und Giralth.

Städt. deleg. Bez. Ger. zu Eperies für die Stadt und Umgebung.

5 Stuhlrichter: Siroka, Svidnik, Giralth, Bartfeld (zugl. Unters. Ger. f. d. Stadt Bartfeld u. d. Bez. Bartfeld u. Svidnik), Zeben (zugl. Unters. Ger. f. die Stadt u. d. Landbez. Zeben).

e. Komit. Ger. zu Ujhely f. d. Zempliner Komit., zugl. Handels-Ger. f. s. Sprengel u. Unters. Ger. f. d. Bez. Ujhely u. Király-Helmetz.

Städt. deleg. Bez. Ger. zu Ujhely.

9 Stuhlrichter: Stropkó, Csebinye, Szerencs, Gálszécs, Tokaj (zugl. Unters. Ger. f. s. Bez. u. d. Bez. Szerencs), Varonnó (zugl. Unters. Ger. f. s. Bez. u. d. Bez. Stropkó), Nagy-Mihály (zugl. Unters. Ger. f. s. Bez. u. d. Bez. Gálszécs), Király-Helmetz, Homonna (zugl. Unters. Ger. f. s. Bez. u. den Bez. Csebinye).

f. Komit. Ger. zu Unghvár für das Unghváer Komit., zugl. Handels-Ger. f. s. Sprengel und Unters. Ger. f. d. Bez. Unghvár, Szobráncz, Kapos u. Nagy-Berezna.

Städt. deleg. Bez. Ger. zu Unghvár für die Stadt und Umgebung.

4 Stuhlrichter: Szobráncz, Kapos, Nagy-Berezna.

g. Komit. Ger. zu Bereghszasz f. d. Beregh-Ugoczer Komitat, zugl. Handels-Ger. f. s. Sprengel u. Unters. Ger. f. d. Bez. Bereghszász u. Kaszony.

Städt. deleg. Bez. Ger. in Bereghszász für die Stadt und Umgebung.

6 Stuhlrichter: Bereczke (zugl. Unters. Ger. f. s. Bez.), Kaszony Halmi, Nagy-Szöllös (zugl. Unters. Ger. f. s. Bez. u. d. Bez. Halmi), Kis-Almás, Munkács (zugl. Unters. Ger. f. s. Bez. und den Bez. Kis Almás).

h. Komit. Ger. zu Szigeth f. d. Marmaroser Komit., zugl. Handels-Ger. f. s. Sprengel und Unters. Ger. f. d. Bez. Szigeth und Sugatag.

Städt. deleg. Bez. Ger. zu Szigeth für die Stadt und Umgebung.

6 Stuhlrichter: Rahó, (zugl. Unters. Ger. f. s. Bez.), Okörmezö (zugl. Unters. Ger. f. s. Bez.), Sugatag, Vissó (zugl. Unters. Ger. f. s. Bez.), Tecsö (zugl. Unters. Ger. f. s. Bez.) und Huszth (zugl. Unters. Ger. f. s. Bez.).

XV. K. K. Oberlandesgericht für das Großwardeiner Verwaltungsgebiet zu Großwardein.

a. Landesger. zu Großwardein f. d. Süd-Biharer Komit., zugl. Handels-Ger. f. s. Sprengel und Unters. Ger., f. d. Stadt Großwardein u. d. Bez. Großwardein, Artánd, Elesd.

Städt. deleg. Bez. Ger. in Großwardein für den Stadt- und Landbezirk.

6 Stuhlrichter: Artánd, Élesd, Margita (zugl. Unters. Ger. f. s. Bez.), Szalonta (zugl. Unters. Ger. f. s. Bez. u. d. Bez. Tenke), Belényes (zugl. Unters. Ger. f. s. Bez.), Tenke.

b. Komit. Ger. zu Debreczin für das Nord-Biharer u. Szabolcser Komit., zugl. Handels-Ger. f. s. Sprengel u. Unters. Ger. f. d. Stadt Debreczin u. d. Bez. Debreczin, Dorog u. Diószegh.

Städt. deleg. Bez. Ger. in Debreczin für den Stadt- und Landbezirk.

8 Stuhlrichter: Dorogh, Diószegh, Derecske (zugl. Unters. Ger. f. s. Bez. u. d. Bez. Püspök-Ladány), Püspök-Ladány, Nagy-Kálló (zugl. Unters. Ger. f. s. Bez. u. d. Bez. Nyirbátor u. Nyiregyháza), Nyirbátor, Kis-Várda (zugl. Unters. Ger. f. s. Bez.) und Nyiregyháza.

c. Komit. Ger. zu Arad f. d. Arader Komit., zugl. Handels-Ger. f. s. Sprengel u. Unters. Ger. f. d. Stadt Arad u. d. Bez. Arad und Radna.

Städt. deleg. Bez. Ger. zu Arad für den Stadt- und Landbezirk.

5 Stuhlrichter: Boros-Jenö, Butthyin (zugl. Unters. Ger. f. s. Bez.), Kis-Jenö, Radna, Pankota (zugl. Unters. Ger. f. s. Bez. u. d. Bez. Boros-Jenö und Kis-Jenö).

d. Komit. Ger. zu Gyula f. d. Békes-Csanader Komit., zugl.

Handels-Ger. f. s. Sprengel und Unters. Ger. f. d. Stadt Gyula u. d. Bez. Gyula u. Csaba.

Städt. deleg. Bez. Ger. zu Gyula für den Stadt- und Landbezirk.

6 Stuhlrichter: Szeghalom, Békes, Bátonya, Csaba, Szarvas (zugl. Unters. Ger. f. s. Bez. u. d. Bez. Szeghalom u. Békes), Makó (zugl. Unters. Ger. f. s. Bez. u. d. Bez. Bátonya).

e. Komit. Ger. zu Szathmár für das Szathmárer Komit., zugl. Handels-Ger. f. s. Sprengel, Berggericht für das Großwardeiner Verwaltungsgebiet und Unters. Ger. für die Stadt Szathmár-Németi und die Bez. Szathmár-Németi und Fejér-Gyarmath.

Städt. deleg. Bez. Ger. zu Szethmár-Németi für den Stadt- und Landbezirk.

6 Stuhlrichter: Fejér-Gyarmath, Szinnyér-Varállya, Máte-Szálka, Erdöd, Nagy-Károly (zugl. Unters. Ger. f. s. Bez. u. d. Bez. Máte-Szálka und Erdöd), Nagy-Banya (zugl. Unters. Ger. f. s. Bez. u. d. Bez. Nagy-Bánya u. Szinnyér-Varallya).

XVI. K. K. Oberlandesgericht für Serbien und das Temeser Banat zu Temeswar.

a. Landesgericht zu Temeswar f. d. Landeshauptstadt und den Kreis Temeswar, zugl. Handels-Ger. f. s. Sprengel u. Unters. Ger. f. d. Stadt u. d. Bez. Temesvar u. d. Bez. Buziasch.

Städt. deleg. Bez. Ger. zu Temeswar für die Stadt und Umgebung.

5 Bezirksämter: Neu-Arad (zugl. Unters. Ger. f. d. Bez. Neu-Arad und Lippa), Lippa, Czakova, Werschetz (zugl. Unters. Ger. f. d. Bez. Werschetz u. Czakova) u. Buziasch.

b. Kreisgericht in Lugos f. d. gleichnamigen Kreis, zugl. Handels-Ger. f. s. Sprengel, Berg-Ger. f. d. gesammte Kronland u. Unters. Ger. f. d. Bez. Lugos, Facset und Bogsan.

Städt. deleg. Bez. Ger. zu Lugos für die Stadt und Umgebung.

3 Bezirksämter: Facset, Oraviza (zugl. Unters. Ger. f. s. Sprengel) und Bogsan.

c. Kreisgericht in Groß-Becskerek für den gleichnamigen Kreis, zugl. Handels-Ger. f. s. Sprengel und Unters. Ger. f. d. Bez. Becskerek und Türkisch-Becse.

Städt. deleg. Bez. Ger. zu Groß-Becskerek für die Stadt und Umgebung.

7 Bezirksämter: Türkisch-Becse, Modos (zugl. Unters. Ger. f. s. Sprengel), Groß-Kikinda (zugl. Unters. Ger. f. d. Bez. Groß-Kikinda, Hatzfeld und Billet, Türkisch-Kanischa,

Groß-St.-Miklos (zugl. Unters. Ger. f. d. Bez. Groß-St.-Miklos u. Türkisch-Kanischa), Hatzfeld und Billet.

d. Kreisgericht in Zombor f. d. gleichnamigen Kreis, zugl. Handels-Ger. f. s. Sprengel u. Unters. Ger. f. d. Bez. Zombor und Apathin.

Städt. deleg. Bez. Ger. in Zombor für die Stadt und Umgebung.

4 Bezirksämter: Apathin, Kula (zugl. Unters. Ger. f. s. Bez.), Baja (zugl. Unters. Ger. f. s. Bezirk) und Zenta.

Bezirksgericht zu Maria-Theresiopel (zugl. Unters. Ger. f. d. Bez. Theresiopel u. Zenta).

e. Kreisgericht in Neusatz für den gleichnamigen Kreis, zugl. Handels-Ger. f. s. Sprengel u. Unters. Ger. f. d. Bez. Neusatz, Alt-Becse und Palanka.

Städt. deleg. Bez. Ger. zu Neusatz für die Stadt und Umgebung.

4 Bezirksämter: Alt-Becse, Palanka, Ruma (zugl. Unters. Ger. f. d. Bez. Ruma und Illok), und Illok.

In Civilrechts-Angelegenheiten die Oesterreichischen Konsulargerichte in Belgrad, Rustschuk und Widdin.

XVII. **Banaltafel für Croatien und Slavonien zu Agram.**

a. Landesgericht zu Agram für die Stadt Agram und das Agramer Komitat, zugl. Handels-Ger. f. s. Sprengel, Berg-Ger. f. Croatien und Unters. Ger. f. d. Stadt Agram u. d. Bez. Agram, Vèrbovec, Stubica, Dugoselo, Samobor, Gorica-Velica und St. Ivan.

Städt. deleg. Bez. Ger. für die Stadt Agram und deren Umgebung.

13 Bezirksämter: Bosiljevo, Modruspotok, Karlsstadt (zugl. Unters. Ger. für die Stadt Karlsstadt und Umgebung und die Bez. Bosiljevo, Pisarovina, Modruspotok und Jaska), Jaska, Pisarovina, Sissek (zugl. Unters. Ger. f. s. Bez. u. d. Bez. Moslavina), Moslavina, Gorica-velika, Samobor, Stubica, Dugoselo, St. Ivan, Vèrbovec.

b. Komit. Ger. zu Varasdin für das Varasdiner Komitat, zugl. Handels-Ger. f. s. Sprengel und Unters. Ger. f. d. Stadt u. d. Bez. Varasdin, Stadt- und Landbez. Kopreinitz u. d. Bez. Toplice, Ludbreg, Stadt- u. Landbez. Kreutz u. Ivanec.

Städt. deleg. Bez. Ger. für die Stadt und Umgebung Varasdin.

12 Bezirksämter: Kreutz (Landbez.), Kopreinitz (Landbez.) Ludbreg, Toplice, Ivanec, Krapina (zugl. Unters. Ger. f. d. Bez. Krapina, Zlatar, Pregrada und Klanjec), Zlatar, Pregrada, Klanjec, Csakathurn (zugl. Unters. Ger. f. s. Bez. u. d. Bez. Strigovo und Prelog), Prelog und Strigovo.

c. Kom. Ger. zu Fiume für das Fiumaner Komitat, zugl. Handels-Ger. f. s. Sprengel, Seegericht f. d. Kroatische Küstenland u. Unters. Ger. für Stadt u. Bez. Fiume u. d. Bez. Cubar, Vèrbovsko, Delnice, Cirkvenica u. Buccari (Stadt und Umgebung).

Städt. deleg. Bez. Ger. für die Stadt und Umgebung Fiume.

5 Bezirksämter: Buccari, Cirkvenica, Delnice, Vèrbovsko und Cubar.

d. Komit. Ger. zu Essegg für das Essegger und Pozeganer Komitat, zugl. Handels-Ger. f. s. Sprengel, Berggericht f. Slavonien u. Unters. Ger. f. Stadt u. Bez. Essegg u. d. Bez. Nasice, Miholjah, Valpo und Diakovar.

Städt. deleg. Bez. Ger. zu Essegg für die Stadt und Umgebung.

12 Bezirksämter: Verovitic (zugl. Unters. Ger. f. d. Bez. Verovitic, Bucin, Slatina), Slatina, Bucin, Daruvar, Pakrac, Pozega (zugl. Unters. Ger. f. d. Stadt- und Landbezirk Pozega u. d. Bez. Pakrac, Daruvar und Kutjevo), Kutjevo, Valpo, Miholjac dolnji, Nasice, Djakovar und Vukovar (zugl. Unters. Ger. f. s. Bez.).

In Civilrechts-Angelegenheiten die Oesterreichischen Konsulargerichte in Sarajevo, Banyaluka, Livno und Tusla in Bosnien.

XVIII. K. K. Oberlandesgericht für Siebenbürgen zu Hermannstadt.

a. Landesgericht zu Hermannstadt für den gleichnamigen Kreis und die Landeshauptstadt, zugl. Handels-Ger. f. s. Sprengel u. Unters. Ger. für die Stadt u. d. Bez. Hermannstadt u. d. Bez. Orlath, Leschkirch und Freck.

Städt. deleg. Bez. Ger. für die Stadt und Umgebung Hermannstadt.

11 Bezirksämter: Mühlbach (zugl. Unters. Ger. f. s. Bez. u. d. Bez. Reußmarkt), Reußmarkt, Orlath, Leschkirch, Freck, Marktschelken, Mediasch (zugl. Unters. Ger. f. s. Bez. u. d. Bez. Marktschelken), Elisabethstadt, Schäßburg (zugl. Unters. Ger. f. d. Städte u. Bez. Schäßburg und Elisabethstadt), Groß-Schenk (zugl. Unters. Ger. f. s. Bez. u. d. Bez. Agnethlen) und Agnethlen.

b. Kreisgericht zu Kronstadt, zugl. Handels-Ger. f. s. Sprengel und Unters. Ger. f. d. Stadt und den Bez. Kronstadt und die Bez. Törzburg, Marienburg und Hoszufalu.

Städt. deleg. Bez. Ger. f. d. Stadt und Umgebung Kronstadt.

10 Bezirksämter: Reps (zugl. Unters. Ger. f. s. Bez.), Fo-

garasch (zugl. Unters. Ger. f. s. Bez. und d. Bez. Sárkány), Törzburg, Marienburg, Hoszufalu, Szepsi-Szent-György (zugl. Unters. Ger. f. s. Bez. u. d. Bez. Barátos und Kézdi-Vásárhely), Barátos und Kézdi-Vásárhely.

c. Kreisgericht zu Udvarhely, zugl. Handels-Ger. f. s. Sprengel u. Unters. Ger. f. d. Bez. Udvarhely u. Szitás-Kereztúr.

Städt. deleg. Bez. Ger. für die Stadt und Umgebung Udvarhely.

5 Bezirksämter: Baroth (zugl. Unters. Ger. f. s. Bez.), Kozmás, Csik-Szereda (zugl. Unters. Ger. f. s. Bez. u. die Bez. Kozmás u. Gyergyó-Szent-Miklós), Gyergyó-Szent-Miklós, Szitás-Keresztúr.

d. Kreisgericht zu Maros-Vásárhely, zugl. Handels-Ger. f. s. Sprengel und Unters. Ger. f. d. Stadt und den Bez. Maros-Vásárhely u. d. Bez. Makfalva und Mezö-Madaras.

Städt. deleg. Bez. Ger. für die Stadt und Umgebung Maros-Vásárhely.

5 Bezirksämter: Makfalva, Mezö-Madaras, Záh, Radnóth und Ditsö-Szent-Márton (zugl. Unters. Ger. f. s. Bez. u. d. Bez. Záh und Radnóth).

e. Kreisgericht zu Bistritz, zugl. Handels-Ger. für seinen Sprengel und Unters. Ger f. d. Stadt u. d. Bez. Bistritz u. d. Bez. Groß-Schogen, Borgó-Prund, Bethlen und Lechnitz.

Städt. deleg. Bez. Ger. für die Stadt und Umgebung Bistritz.

9 Bezirksämter: Görgény-Szent-Imre, Sächsisch-Reen (zugl. Unters. Ger. f. s. Bez. u. d. Bez. Görgény-Szent-Imre und Teckendorf), Groß-Schogen, Borgó-Prund, Bethlen, Lechnitz, Rodna und Naszód (zugl. Unters. Ger. für die Bez. Naszód und Rodna).

f. Kreisgericht zu Déés, zugl. Handels-Ger. für s. Sprengel, Berg-Ger. f. d. Kreise Déés, Klausenburg, Szilágy-Somlyó und Bistritz und Unters. Ger. f. d. Bez. Déés, Retteg und Semesnye.

Städt. deleg. Bez. Ger. für die Stadt und Umgebung Déés.

7 Bezirksämter: Magyar-Lápos, Kápolnak-Monostor, Nagy-Somkút (zugl. Unters. Ger. f. s. Bez. u. d. Bez. Magyar-Lápos und Kápolnak-Monoster), Retteg, Semesnye, Szamos-Ujvár (zugl. Unters. Ger. f. s. Bez. u. d. Bez. Mócs), Mócs.

g. Kreisgericht zu Zilah f. d. Scilágy-Somlyóer Kreis, zugl. Handels-Ger. f. s. Sprengel u. Unters. Ger. f. d. Bez. Zilach, Szilágy-Cseh und Hidalmás.

Städt. deleg. Bez. Ger. für die Stadt und Umgebung Zilah.

5 Bezirksämter: Tasnád, Zovány, Szilágy-Somlyó (zugl. Unters. Ger. f. s. Bez. u. d. Bez. Tasnád und Zovány), Szilágy-Csely und Hidalmáß.

h. Kreisgericht zu Klausenburg, zugl. Handels-Ger. f. s. Sprengel u. Unters. Ger. f. d. Stadt u. d. Bez. Klausenburg und d. Bez. Valaszut, Bánffy-Hunyad und Gyalu.

Städt. deleg. Bez. Ger. für die Stadt und Umgebung Klausenburg.

5 Bezirksämter: Válaszut, Bánffy-Hunyad, Gyalu, Thorda (zugl. Unters. Ger. f. d. Bez. Thorda u. Bágyon), Bágyon.

i. Kreisgericht zu Karlsburg, zugl. Handels-Ger. f. s. Sprengel, Berggericht für die Kreise Karlsburg, Broos, Hermannstadt, Kronstadt, Udvarhely und Maros-Vásárhely, u. Unters. Ger. f. d. Bez. Karlsburg, Blasendorf und Algyógy.

Städt. deleg. Bez. Ger. für die Stadt und Umgebung Karlsburg.

5 Bezirksämter: Tövis, Nady-Enyed (zugl. Unters. Ger. f. d. Bez. Nady-Enyed und Tövis), Blasendorf, Algyógy, Abrudbanya (zugl. Unters. Ger. f. s. Bez.).

k. Kreisgericht zu Broos, zugl. Handels-Ger. f. s. Sprengel u. Unters. Ger. f. d. Flecken Broos, Hátzeg und Puj.

Städt. deleg. Bezirksgericht für den Marktflecken und Umgebung Broos.

8 Bezirksämter: Halmágy, Körösbánya (zugl. Unters. Ger. f. s. Bez. und d. Bez. Halmágy), Illye, Solymos, Déva (zugl. Unters. Ger. f. d. Bez. Déva, Illye und Solymos), Vayda-Hunyad (zugl. Unters. Ger. für s. Bez.), Hátzeg und Puj.

In Civil-Angelegenheiten das Konsulargericht in Bukarest.

116.

Verfügung vom 9. August 1856, — betreffend die Heirathsverkündigungen bei Eheschließungen der im Auslande in Garnison stehenden preußischen Truppen durch die Militair-Geistlichen.

Nach einer Mittheilung des Herrn Kriegs-Ministers wurde im Anfange dieses Jahres dem zur Garnison der Bundesfestung Luxemburg gehörigen Musketier N. ein bestimmter Urlaub zu dem Zwecke ertheilt, um an einem Orte in der Rheinprovinz ein Mädchen zu heirathen. Die Aufnahme des Heirathsaktes wurde aber von dem Civilstandsbeamten dieses Orts von der Bedingung abhängig gemacht, daß außer der Bescheinigung über die von dem betreffenden Militair-Geistlichen zu Luxemburg vorgenommene Proklamation, auch noch der Nachweis einer von dem Civilstandsbeamten der Stadt Luxemburg ohne Einspruch erfolgten Heirathsverkündigung geführt werde. Der Civilstandsbeamte berief sich darauf, daß die Garnison-Prediger der Königlichen Truppen-Abtheilungen zu Mainz und Luxemburg angewiesen seien, zu verlangen, daß allen von ihnen vorzunehmenden Trauungen ohne Ausnahme der in den Rheinprovinzen vorgeschriebene Civilakt vorausgehe. Das Verlangen des erwähnten Civilstandsbeamten kann nicht für begründet erachtet werden; denn wenn es auch bei Trauungen preußischer Militair-Personen, die außerhalb Landes, namentlich in Luxemburg, Mainz und Frankfurt a. M., in Garnison liegen, noch in neuerer Zeit wegen der Zweifel über die Wirkung der jenen Militair-Personen zustehenden Exterritorialität für zweckmäßig erachtet ist, es hinsichtlich der Trauungen bei der früheren Vorschrift insbesondere dann zu belassen, wenn eine Heirath zwischen einem Mitgliede der betreffenden Militairgemeinde und einer nicht zu derselben gehörenden Person geschlossen werden soll, so kann es doch hinsichtlich der Heirathsverkündigungen keinem Bedenken unterliegen, daß solche in Betreff der erwähnten Militair-Personen nicht von dem Beamten des Garnisonortes, zu welchem sie in gar keiner amtlichen Beziehung stehen, verlangt, vielmehr nur von der dazu bestimmten preußischen Behörde bewirkt werden kann. Als solche ist aber nach der Militair-Kirchenordnung vom 12. Februar 1832 (Ges.-Samml. S. 69) an den fraglichen Orten nur der Militair-Geistliche anzusehen. Der spezielle Fall, welcher zu der Eingangs erwähnten Mittheilung Veranlassung gegeben hat, ist zwar erledigt, es ist aber angemessen, ähnlichen Weiterungen für künftige Fälle vorzubeugen. Ich veranlasse Sie daher, die Civilstandsbeamten Ihres Bezirks in geeigneter Weise darüber zu belehren, daß die von dem betreffenden Militair-Geistlichen hinsichtlich einer außerhalb des Preußischen Staates, namentlich in Luxemburg, Mainz und Frankfurt a. M. in Garnison stehenden Militair-Person vorgenommenen Heiraths-Verkündigung, als von der dazu allein competenten Behörde ausgegangen angesehen werden muß und insbesondere nicht eine solche Verkündigung Seitens der ausländischen Civilbehörde des Garnisonortes gefordert werden kann.

Berlin, den 9. August 1856.

Der Justiz-Minister
Simons.

An
den Königl. Herrn General-Prokurator
zu Cöln.

I. 3297. Rhein. Generalia 61.

117.

Allgemeine Verfügung vom 23. August 1856, — betreffend die Erledigung unmittelbarer Requisitionen zwischen den Königlich Hannöverschen und den Königlich Preußischen Gerichtsbehörden.

Allg. Verfügung vom 16. Sept. 1844 (Rh. Samml. Bd. VIII. S. 346).

Nach einer Mittheilung des Herrn Ministers der auswärtigen Angelegenheiten hat die Königlich Hannoversche Regierung in Veranlassung eines Spezialfalles die Königlich Hannoverschen Gerichte angewiesen, mit den diesseitigen Gerichtsbehörden hinsichtlich der Insinuation gerichtlicher Verfügungen in direkte Kommunikation zu treten, und in allen Fällen, wo die Zustellung gerichtlicher Dokumente an eine in Preußen wohnende Person in Frage steht, der zu behändigenden Urkunde ein mit einem demnächst nur auszufüllenden Formular der Behändigungsbescheinigung versehenes Duplikat derselben beizufügen.

Indem die sämmtlichen Gerichtsbehörden und die Beamten der Staatsanwaltschaft hiervon in Kenntniß gesetzt werden, erhalten dieselben die Anweisung, auch ihrerseits das nämliche Verfahren zu beobachten.

Berlin, den 23. August 1856.

Der Justiz-Minister
Simons.

I. 3350. Conventionen 3.

118.

Verfügung vom 31. August 1856, — betreffend die Dispensation der englischen Unterthanen und der Bürger der vereinigten Staaten von Nordamerika von der Beibringung des Attestes ihrer Heimathsbehörde behufs ihrer Verehelichung in Preußen.

Ges. v. 13. März 1854 §. 2. (S. 13 dieses Bandes).

Nach §. 2 des Gesetzes vom 13. März 1854 (Ges.-Samml. S. 123) sind die Minister der Justiz, der geistlichen Angelegenheiten und des Innern ermächtigt, von der Beibringung des Attestes durch welches Ausländer, die sich in den Königlichen Staaten mit einer Inländerin oder Ausländerin verheirathen wollen, ihre Befugniß zur Eingehung einer Ehe nachzuweisen haben, sowohl in einzelnen Fällen, als mit Rücksicht auf die Gesetzgebung einzelner Staaten, für deren Angehörige überhaupt zu entbinden.

Da britische Unterthanen nach den britischen Landesgesetzen zur Eingehung einer Ehe einer besonderen obrigkeitlichen Genehmigung nicht bedürfen, da ihnen die Beibringung des im §. 1 l. c. vorgeschriebenen Attestes nach dortiger Landesverfassung in der Regel nicht möglich ist, und da der Aufnahme der Ehefrau und Kinder eines britischen Unterthans in England kein Hinderniß entgegensteht; so wollen wir den britischen Unterthanen, welche in Preußen eine Ehe einzugehen beabsichtigen, die Beibringung des mehrgedachten Attestes hiermit allgemein erlassen.

Eine gleiche Dispensation wollen wir auch für die Bürger der vereinigten Staaten von Nord-Amerika, welche im Inlande eine Ehe zu schließen beabsichtigen, hiermit aussprechen, da in Beziehung auf dieselben gleiche Gründe der Dispensation obwalten.

Die Legitimation eines britischen Unterthans in seiner Eigenschaft als solcher kann durch einen Paß des britischen Ministeriums oder eines diplomatischen Agenten der englischen Regierung im Auslande dann geführt werden, wenn in diesem Passe seine Eigenschaft als britischer Unterthan ausdrücklich bezeugt ist.

In gleicher Weise wird die Eigenschaft als Bürger der vereinigten Staaten von Nordamerika durch Pässe der Unions-Regierung oder ihrer diplomatischen Agenten, welche eine gleiche Bescheinigung enthalten, nachgewiesen.

Britische und nordamerikanische Pässe, welche diese Bescheinigung nicht enthalten, beweisen nicht die Eigenschaft eines Briten resp. eines amerikanischen Bürgers.

Bei obwaltenden Zweifeln haben die Königlichen Regierungen über die Frage, ob der Nachweis der Nationalität geführt sei, zu entscheiden.

Die Königliche Regierung wird hiervon zur Nachachtung in Kenntniß gesetzt.

Berlin, den 31. August 1856.

Der Justiz-Minister Simons.	Der Minister der geistlichen, Unterrichts- und Medizinal-angelegenheiten von Raumer.	Der Minister des Innern. Im Auftrage: Sulzer.

Circulare an sämmtliche Königliche Regierungen.

I. 3519. E. 32. Vol. 2.

119.

Cirkular-Verfügung vom 8. September 1856, — betreffend die Bestimmung des Begriffs der Früchte und Eßwaaren in §. 349 Nr. 3 des Strafgesetzbuchs.

Ges. v. 14. April 1856 (S. 177 dieses Bandes).

Es ist zur Kenntniß des Justiz-Ministers gekommen, daß die nach dem Gesetze vom 14. April 1856 (Ges.-Samml. S. 210) eingetretene Abänderung der Bestimmung in Nr. 3 §. 349 des Strafgesetzbuchs bei einzelnen Gerichten eine sehr weit gehende Ausdehnung erhalten hat, indem unter Eßwaaren Lebensmittel aller Art, wie beispielsweise Mehl und Graupe, unter Früchten aber Getreide und rohe Feldfrüchte, die, um von Menschen genossen werden zu können, erst einer vorgängigen Zubereitung bedürfen, verstanden worden sind.

Der Justiz-Minister kann diese Auslegung nicht für richtig erachten, da im Sinne des Gesetzes die Strafe der einfachen Uebertretung nur für die Entwendung solcher Eßwaaren und Früchte zur Anwendung kommen soll, welche ohne vorherige Zubereitung für Menschen genießbar sind.

Die frühere Fassung der Nr. 3 §. 349, welche den Zusatz enthält: „und auf der Stelle verzehrt" stellte diese Beschränkung des Begriffs außer allem Zweifel. Aus den Motiven zum Entwurfe des Gesetzes vom 14. April 1856 und den Kommissions-Berichten der Häuser des Landtags, in welchen unter Bezugnahme auf die frühere Fassung stets und überall nur von Entwendungen „dieser Art" gesprochen wird, geht aber hervor, daß bei Weglassung dieses Zusatzes nicht im Entferntesten beabsichtigt worden ist, eine Aenderung der Objekte der in Nr. 3 behandelten Entwendungen eintreten zu lassen, und es muß daher der früher für die Bestimmung des Begriffs der Früchte und Eßwaaren maaßgebend gewesene Zusatz auch jetzt noch für die Interpretation entscheidend bleiben.

Bei der Wichtigkeit der Sache und den Nachtheilen, welche bei einer so weit greifenden Interpretation der vorgedachten Bestimmung für die Strafrechtspflege entstehen müßten, werden Sie veranlaßt, gegen gerichtliche Entscheidungen, welche von entgegengesetzten Grundsätzen ausgehen, die zulässigen Rechtsmittel einzulegen und die Frage eventuell zur Entscheidung des Königlichen Ober-Tribunals zu bringen.

Berlin, den 8. September 1856.

Der Justiz-Minister
Simons.

An
sämmtliche Ober-Staatsanwälte und an sämmtliche Ober-Prokuratoren in der Rheinprovinz.

Abschrift der vorstehenden Verfügung erhalten Sie, Herr General-Prokurator, zur Nachricht und Nachachtung.

Berlin, den 8. September 1856.

Der Justiz-Minister
Simons.

An
den Königl Herrn General-Prokurator
zu Cöln.

I. 3058. Criminalia 54.

120.

Verfügung vom 11. September 1856, — betreffend die Fortdauer der Polizeiaufsicht und des Verlustes der bürgerlichen Ehrenrechte im Falle der Umwandlung einer erkannten Strafe im Wege der Gnade.

Aus Veranlassung von Anfragen der dortigen Königlichen Regierung wegen Aufhebung der durch gerichtliche Urtheile erkannten Polizeiaufsicht oder des Verlustes der bürgerlichen Ehre haben Sie in mehreren, zur Kenntniß des Justiz-Ministers gelangten Fällen die Ansicht aufgestellt, daß durch eine im Wege der Allerhöchsten Gnade erfolgte Umwandlung einer erkannten Strafe in eine andere Strafgattung die als Folge der erkannten Strafe ausgesprochene Stellung unter Polizeiaufsicht oder der Verlust der bürgerlichen Ehrenrechte von selbst weggefallen sei. Diese Ansicht kann nicht als richtig anerkannt werden, da eine Begnadigung die in einem Urtheile ausgesprochene Strafe nur insoweit beseitigt, als dieselbe in der Allerhöchsten Begnadigungs-Ordre ausdrücklich aufgehoben ist. Es kann dabei nicht darauf ankommen, ob jene Folgen der Strafe nicht hätten ausgesprochen werden können, wenn der Richter diejenige Strafgattung zu verhängen gehabt hätte, in welche die erkannte Strafe auf dem Gnadenwege umgewandelt worden.

Zur Vermeidung von Zweifeln haben Sie in vorkommenden Fällen hiernach zu verfahren.

Berlin, den 11. September 1856.

Der Justiz-Minister
Simons.

An
den Königl. Herrn Ober-Prokurator
zu N.

I. 4235. Criminalia 99. Vol. 8.

121.

Verfügung vom 3. Oktober 1856, — betreffend die bei Verurtheilungen auf Grund der §§. 117—119 des Strafgesetzbuchs den Verwaltungsbehörden zu machenden Mittheilungen.

Strafgesetzbuch §. 120.
Ges. v. 14. April 1856 (S. 177 dieses Bandes).

Nachdem der §. 120 des Strafgesetzbuchs durch das Gesetz vom 14. April 1856 (G.=S. S. 210) dahin abgeändert worden ist, daß in den Fällen der §§. 117—119 des Strafgesetzbuchs nicht mehr das Gericht auf Einsperrung des Verurtheilten in ein Arbeitshaus zu erkennen hat, sondern es dem Ermessen der Landespolizei=Behörde überlassen bleibt, ob der Verurtheilte in ein Arbeitshaus gebracht werden soll, ist es von Wichtigkeit daß die Landespolizei=Behörde in einem jeden Falle, in welchem eine Verurtheilung auf Grund der §§. 117—119 erfolgt ist, von dem rechtskräftigen Erkenntnisse so schnell als möglich Kenntniß erhalte, um ihrerseits frühzeitig über die nach Verbüßung der Gefängnißstrafe geeignet erscheinende Maaßregel beschließen und die Ausführung derselben verfügen zu können.

Zu diesem Zweck wird im Einverständnisse mit dem Herrn Minister des Innern Folgendes angeordnet.

Sobald ein auf Grund der §§. 117—119 des Strafgesetz-Buchs ergangenes verurtheilendes Erkenntniß die Rechtskraft beschritten hat und die betreffenden Auszüge wegen Strafe und Kosten gefertigt sind, hat der Ober=Prokurator sofort die Untersuchungs=Akten nebst einer Abschrift der in der Sache ergangenen Erkenntnisse und den für das Ermessen der Landespolizei=Behörde erheblich erscheinenden Adhibenden dem Landrath beziehungsweise dem Polizei=Direktor am Sitze des Landgerichts unter der Benachrichtigung, ob und wann die Strafe angetreten ist, zu übersenden, um in Bezug auf §. 120 des Strafgesetzbuchs bei der Regierung die geeigneten Anträge zu stellen. Die Verwaltungsbehörden sind von dem Herrn Minister des Innern angewiesen worden, diese Sachen unverzüglich zu erledigen. Der Verurtheilte wird nach verbüßter Gefängnißstrafe in den Gefangenenregistern gelöscht, und der Polizeibehörde des Orts zur Disposition gestellt, welche demnächst das Weitere zu veranlassen hat.

Berlin, den 3. Oktober 1856.

Der Justiz=Minister
Simons.

An
sämmtliche Ober=Prokuratoren
in der Rheinprovinz.

Abschrift der obigen an sämmtliche Ober-Prokuratoren erlassenen Verfügung wird Ihnen, Herr General-Prokurator, hierdurch zur Kenntnißnahme mitgetheilt.

Berlin, den 3. Oktober 1856.

Der Justiz-Minister
Simons.

An
den Königl. Herrn General-Prokurator
zu Cöln.

I. 2866. Rhein. Criminalia 17. Vol. 2.

122.

Beschluß des Königlichen Staats-Ministeriums vom 30. September und allgemeine Verfügung des Justiz-Ministers vom 13. Oktober 1856, — betreffend die Kosten der Stellvertretung für suspendirte nichtrichterliche Beamte.

Allerh. Order v. 15. April 1837 (Rh. Samml. Bd. VI. S. 167).
Ges. v. 21. Juli 1852 §. 51. (Rh. Samml. Bd. X. S. 455).

Ueber die Auslegung der im §. 51 des Gesetzes vom 21. Juli 1852 enthaltenen Bestimmung, wonach die Kosten der Stellvertretung eines suspendirten Beamten aus dem zurückbehaltenen Theile seines Diensteinkommens zu decken sind, einen weiteren Beitrag zu jenen Kosten aber der Beamte zu leisten nicht verpflichtet sein soll, ist von dem Königlichen Staats-Ministerium mit Beziehung auf die Verhaftung der von den Beamten bestellten Dienstkautionen unterm 30. September d. J. der nachstehend abgedruckte Beschluß gefaßt worden, welcher den Gerichtsbehörden hierdurch zur Kenntnißnahme und Beachtung für vorkommende Fälle mitgetheilt wird.

Berlin, den 13. Oktober 1856.

Der Justiz-Minister
Simons.

An
sämmtliche Gerichtsbehörden.

I. 4293. C. 18. Vol. 5.

Anlage.

Beschluß des Königlichen Staats-Ministeriums vom 30. September 1856.

Der im Absatz 3 des §. 51 des Disziplinargesetzes vom 21. Juli 1852 (Ges.-Samml. S. 476) allgemein ausgesprochene

Grundsatz, nach welchem die Kosten der Stellvertretung eines suspendirten Beamten aus dem zurückbehaltenen Theile seines Diensteinkommens zu decken sind, einen weiteren Beitrag zu jenen Kosten aber der Beamte zu leisten nicht verpflichtet sein soll, ist auf alle nichtrichterliche Beamte ohne Unterscheidung, ob von ihnen nach Maaßgabe der Allerhöchsten Order vom 15. April 1837 (Ges.-S. S. 73) eine Kaution bestellt worden ist oder nicht, zu beziehen, so daß mithin die in letzterer Allerhöchster Order ausgesprochene Verhaftung der von einem Beamten bestellten Kaution für die aus dem zurückbehaltenen Theile seines Diensteinkommens nicht gedeckten Stellvertretungskosten als beseitigt zu erachten, und folgeweise auch nicht ferner gegenüber denjenigen Beamten noch in Anspruch zu nehmen ist, deren Kautions-Empfangsscheine unter Hinweis auf jene Allerhöchste Order ausgefertigt worden sind.

Berlin, den 30. September 1856.

Königliches Staats-Ministerium.

123.

Verfügung vom 13. Oktober 1856, — betreffend die Vereinigung der Sammtgemeinde Menden mit dem Friedensgerichtsbezirke Siegburg.

Auf Ihren Bericht vom 21. v. Mts. genehmigt der Justiz-Minister, daß die Sammtgemeinde Menden von dem Friedensgerichtsbezirke Königswinter abgetrennt und mit dem Friedensgerichtsbezirke Siegburg vereinigt werde. Sie haben die zur Ausführung dieser Jurisdictions-Veränderung erforderlichen Verfügungen zu treffen und dieselbe durch das Amtsblatt bekannt zu machen.

Berlin, den 13. Oktober 1856.

Der Justiz-Minister
Simons.

An
den Königl. Herrn Ersten Präsidenten des Appellationsgerichtshofes und den Königl. Herrn General-Prokurator zu Cöln.

V. 2206. Friedensgerichte Bonn Nr. 15.

124.

Allgemeine Verfügung vom 14. Oktober 1856, — betreffend den Transport von Gefangenen an Sonn- und Festtagen.

Allg. Verfügung v. 25. Juni 1846 (Rhein. Samml. Bd. VIII. S. 346).

Da es mit der Heilighaltung der Sonn- und Festtage nicht verträglich ist, an diesen Tagen Transporte von Gefangenen auszuführen, andrerseits aber Lokalverhältnisse es ohne Vermeidung größerer Uebelstände oft unthunlich machen, die Transporte so einzurichten, daß dieselben an Sonn- und Festtagen nicht unterwegs sind, so bestimmen wir hierdurch unter Bezugnahme auf die allgemeine Verfügung vom 25. Juni 1846 Folgendes:

1) Die Einleitung jedes Transports unterbleibt an den Sonn- und Festtagen.
2) Jeder eingeleitete Transport wird an den Sonn- und ersten Festtagen durch einen oder mehrere Ruhetage an dem betreffenden Stationsorte unterbrochen.

Von diesen Bestimmungen kann nur in solchen besonderen Ausnahmefällen abgegangen werden, die sich durch die Unsicherheit des Verwahrsams in dem Stationsorte des Ruhetages, oder durch die Dringlichkeit der betreffenden Untersuchung, oder durch die Nothwendigkeit, den Transportaten zu einem bestimmten Termin am Ausgangsorte des Transports zu gestellen, und dergleichen mehr, rechtfertigen lassen.

Berlin, den 14. Oktober 1856.

Der Justiz-Minister	Der Minister der geistlichen rc. Angelegenheiten.	Der Minister des Innern.
Simons.	v. Raumer.	v. Westphalen.

An sämmtliche Gerichts- und Polizeibehörden.

I. 4062. Kriminalkosten 16. Vol. 4.

125.

Allgemeine Verfügung vom 20. Oktober 1856, — betreffend die Portofreiheit der Armen-Prozeßsachen in der Rheinprovinz.

Die nachstehend abgedruckte General-Verfügung des Herrn Ministers für Handel, Gewerbe und öffentliche Arbeiten vom 8. d. M. wird den Gerichtsbehörden und Justiz-Beamten im

Bezirk des Appellationsgerichtshofes zu Cöln hierdurch zur Kenntnißnahme und Beachtung mitgetheilt.

Berlin, den 20. Oktober 1856.

Der Justiz-Minister
Simons.

An
die Gerichtsbehörden und Justizbeamten
im Bezirk des Appellationsgerichtshofes
zu Cöln.

I. 4359. Rh. Gener. 10. Vol. 3.

Anlage.

General-Verfügung des Herrn Ministers für Handel, Gewerbe und öffentliche Arbeiten.

Die Königlichen Postbehörden weise ich hiermit an, von jetzt ab nachstehende Bestimmungen zu befolgen:

§. 1.

Die Portofreiheit in Armen-Prozeßsachen erstreckt sich im Bezirk des Appellationsgerichtshofes zu Cöln:

I. auf Korrespondenz- und Aktensendungen, welche in Angelegenheiten einer armen Partei von den Gerichten, und zwar von den Friedensrichtern, den Präsidenten oder den Sekretariaten (Gerichtsschreibereien) bei den übrigen Gerichten, von den Untersuchungsrichtern oder von den Beamten der Staatsanwaltschaft abgesandt werden, und

II. auf die Korrespondenz- und Aktensendungen, welche in Armen-Prozeßsachen

a) zwischen den armen Parteien und den denselben im Armenrecht bestellten Advokat-Anwalten und Gerichtsvollziehern,

b) zwischen diesen Advokat-Anwalten und Gerichtsvollziehern untereinander,

c) zwischen den den armen Parteien im Armenrecht bestellten Advokat-Anwalten in verschiedenen Instanzen, und

d) zwischen den unter a. bis c. genannten Personen und den Gerichten (I.) oder den Beamten der Staatsanwaltschaft

verschickt werden.

Rücksichtlich der hiernach portofrei zu befördernden Aktensendungen gilt durchweg als Bedingung, daß dieselben einzeln das postzwangspflichtige Packetgewicht von 20 Pfund Preußisch nicht übersteigen dürfen.

§. 2.

Die Portofreiheit in Armen-Prozeßsachen tritt ein, wenn eine Partei wirklich zum Armenrecht verstattet worden ist, und beschränkt sich auf die bezeichneten Sendungen, welche in Angelegenheiten der zum Armenrecht verstatteten Partei nöthig werden. Die Korrespondenz- und Aktensendungen der Behörden in Betreff der Zulassung zum Armenrecht gehören zu den Justizdienstsachen.

§. 3.

Die Portofreiheit in Armen-Prozeßsachen kann nur dann berücksichtigt werden, wenn die Sendung auf der Adreßseite mit dem handschriftlichen Vermerke:

„Armen-Prozeßsache“

versehen ist.

Den Sendungen, welche von den Gerichten oder den Beamten der Staatsanwaltschaft (§. 1 Nr. I.) abgesandt werden, tritt der Verschluß mit dem Amtssiegel hinzu.

Bei allen Sendungen, welche nicht von den Gerichten oder den Beamten der Staatsanwaltschaft ausgehen, müssen die Briefe offen oder unter Kreuz- oder Streifband verschlossen aufgegeben werden und die Aktensendungen in der Art eingerichtet sein, daß sich der Gegenstand der Sendung als ein in der Armen-Prozeßsache verhandeltes Aktenstück erkennen läßt. Unter dem Vermerke der Portofreiheit müssen der Name und der Wohnort des Absenders angegeben sein.

Es soll jedoch auch bei diesen Sendungen der Verschluß der Briefe und Packete unter der Bedingung gestattet sein, daß der Friedensrichter oder der Ober-Prokurator nach vorgängiger Prüfung der Portofreiheit die von der armen Partei, deren Advokat-Anwalt oder Gerichtsvollzieher abzusendenden Briefe oder Akten auf der Adresse mit dem handschriftlichen Vermerke:

„Armen-Prozeßsache“

versehen und mit dem Amtssiegel verschlossen hat.

Berlin, den 8. Oktober 1856.

Der Minister für Handel, Gewerbe und öffentliche Arbeiten.

126.

Verfügung vom 17. November 1856, — betreffend die Benutzung der Staats-Telegraphen.

In Folge des von dem Herrn General-Prokurator über die Kosten der Benutzung der Staats-Telegraphen in Untersuchungssachen unterm 24. Mai d. J. erstatteten Berichts erhalten Sie hierbei Abschrift der von dem Herrn Minister für Handel, Gewerbe und öffentliche Arbeiten an die Telegraphen-Direktion erlassenen Verfügung vom 24. v. M. zur Nachachtung und mit der Aufforderung, den Regierungen von dem Inhalte derselben Kenntniß zu geben, und die Gerichtsbehörden so wie die Beamten der Staatsanwaltschaft mit der erforderlichen Anweisung zu versehen.

Insbesondere ist den Ober-Prokuratoren aufzugeben, eine Kontrolle darüber zu führen, daß die Liquidation der nicht zu stundenden Telegraphen-Gebühren sofort auf den Kriminalfond angewiesen, und hinsichtlich der zu stundenden die Ueberweisung an die Regierung zur Wiedereinziehung erfolge, resp. die Telegraphen-Station Nachricht erhalte, daß der Fall einer Wiedereinziehung nicht stattgefunden habe. Um diese Kontrolle zu ermöglichen, sind die sonstigen Behörden und Beamten anzuweisen, von einer etwanigen Benutzung des Telegraphen und der darüber erhaltenen Liquidation den betreffenden Ober-Prokurator in Kenntniß zu setzen.

Berlin, den 17. November 1856.

Der Justiz-Minister
Simons.

An
den Königl. Herrn Ersten Präsidenten des Appellationsgerichtshofes und den Königl. Herrn General-Prokurator zu Cöln.

I. 4647. T. 20.

Anlage.

Die Königliche Telegraphen-Direktion wird mit Bezug auf den Bericht vom 4. August c. benachrichtigt, daß nach getroffener Verständigung mit dem Herrn Justiz-Minister, das Verfahren wegen Stundung und nachträglicher Einziehung der Gebühren für telegraphische Depeschen der Gerichtsbehörden und Beamten der Staatsanwaltschaft, für den Bezirk des Königlichen Appellationsgerichtshofes zu Cöln versuchsweise in nachstehender Art abgeändert werden soll.

Bei Einlieferung jeder Depesche hat die Telegraphen-Station dem aufgebenden Beamten eine Liquidation der Gebühren zu ertheilen, letztere selbst aber, unter näherer Bezeichnung des Inhalts der Depesche a Conto des Absenders zu notiren. Bestehen die Gebühren aus solchen, welche der Kasse des Telegraphen-Vereins zufließen oder dem Auslande vergütet werden müssen, und deren Niederschlagung daher auch in dem Falle nicht zulässig ist, daß sie nachträglich von den Parteien nicht eingezogen werden können, so ist auf der Gebühren-Liquidation ein desfallsiger besonderer Vermerk zu machen. Der betreffende Ober-Prokurator, resp. der General-Prokurator, wird alsdann diese Gebühren sofort auf den Kriminalfond anweisen lassen und deren Berichtigung an die Station verfügen. Alle übrigen Gebühren bleiben bei der Station notirt, bis entweder ihre Einziehung von den Parteien, oder ihre

Niederschlagung erfolgt. Die mit der Beitreibung der urtheilsmäßigen Geldstrafen und Kosten befaßte Königliche Regierung wird die wirklich eingehenden Gebühren baar an die Station abliefern und in dem Falle, daß die Gebühren sich als unbeibringlich erweisen, die Station hiervon benachrichtigen. Diese Benachrichtigung gilt alsdann als Niederschlagungsorder. Tritt aber eine Verurtheilung von Parteien zur Erstattung der Kosten überhaupt nicht ein, so wird der Station hiervon durch den Ober-Prokurator Nachricht gegeben werden, auf dessen Mittheilung alsdann der Betrag im Conto ebenfalls zu löschen ist.

Die Königliche Telegraphen-Direktion wolle die betheiligten Stationen hiernach mit Anweisung versehen.

In der Bestimmung, wonach die Gerichte und die Beamten der Staatsanwaltschaft, gleich anderen Staatsbehörden, den Telegraphen in reinen Staatsdienstangelegenheiten unentgeltlich zu benutzen befugt sind, wird durch die obigen Festsetzungen selbstverständlich nichts geändert.

Berlin, den 24. Oktober 1856.

Der Minister für Handel, Gewerbe und öffentliche Arbeiten.
von der Heydt.

An
die Königliche Telegraphen-Direktion hier.

127.

Allgemeine Verfügung vom 2. Dezember 1856, — betreffend die Beförderung von Briefen aus Preußen nach anderen Staaten des Deutsch-Oesterreichischen Postvereins.

Revidirter Postvereins-Vertrag vom 5. Dezember 1851 Art. 28 (Ges.-Samml. von 1852 S. 408).

Auf Veranlassung des Herrn Ministers für Handel, Gewerbe und öffentliche Arbeiten wird den Gerichtsbehörden über die Beförderung der dienstlichen Korrespondenz aus Preußen nach anderen Staaten des Deutsch-Oesterreichischen Postvereins Folgendes zur Nachachtung bekannt gemacht:

Nach Art. 28 des revidirten Deutsch-Oesterreichischen Postvereinsvertrages vom 5. Dezember 1851 werden in dem Postvereinsgebiete gegenseitig die Korrespondenzen in reinen Staatsdienst-Angelegenheiten (Offizialsachen) von Staats- und anderen öffentlichen Behörden des einen Postgebiets mit solchen Behörden eines anderen bis zum Gewicht von 1 Pfund portofrei mit der Briefpost befördert.

Die im Preußischen Postbezirk aufgegebenen Sendungen mit der Rubrik: „Portofreie Justizsache“ sind in Gemäßheit der Instruktionen vom 10. September 1851 und 1. Juni 1854 nicht als portofreie (amtliche) Dienstkorrespondenzen zu betrachten, und würden daher bei der Versendung nach anderen Staaten des Deutsch-Oesterreichischen Postvereins mit dem tarifmäßigen Porto zu belegen sein. Da aber diesen Sendungen innerhalb des Preußischen Postbezirks die Portofreiheit zusteht, so bleibt das Porto dafür, soweit solches zur Preußischen Postkasse fließen würde, außer Ansatz. Preußen bezieht das Porto für alle im Preußischen Postbezirk aufgegebenen, mit der Briefpost nach anderen Vereinsstaaten abgehenden Sendungen, vom Abgangs- bis zum Bestimmungsorte; dagegen für die Fahrpostsendungen aus resp. nach Preußen nur bis zu resp. von der Grenze.

Mit der Briefpost werden befördert die Briefschaften ohne Werthsangabe bis zum Gewicht von 4 Loth durchweg, schwerere aber bis zum Gewicht von 16 Loth nur dann, wenn es vom Absender durch einen Beisatz auf der Adresse verlangt wird.

Hieraus folgt, daß die Versendung von Briefen unter der Rubrik: „Portofreie Justizsache“ im Gewicht über 16 Loth mit der Briefpost nach anderen Vereinsländern unzulässig ist, und daß dieselben im Gewicht über 4 bis 16 Loth nur dann bis zum Bestimmungsorte portofrei befördert werden können, wenn die Beförderung mit der Briefpost durch einen Beisatz auf der Adresse ausdrücklich verlangt worden ist.

Berlin, den 2. Dezember 1856.

Der Justiz-Minister
Simons.

An sämmtliche Gerichtsbehörden.

I. 5199. P. 2. Vol. 10.

128.

Allerhöchster Erlaß vom 4. Dezember 1856, — betreffend das Verfahren, wenn gegen Personen des Soldatenstandes auf zeitige Untersagung der Ausübung der bürgerlichen Ehrenrechte erkannt ist.

Gesetz vom 15. April 1852 (Rh. Samml. Bd. X. S. 113).
Allerhöchste Verordnung vom 18. Mai 1852 Nr. 7 (Rh. Samml. Bd. X. S. 417).

Auf Ihren Vortrag finde Ich Mich bewogen, die Vorschrift Nr. 7 Alinea 1 Meiner Verordnung vom 18. Mai 1852, betreffend die Ausführung des Gesetzes vom 15. April 1852, aufzuheben und an deren Stelle Folgendes anzuordnen:

„Verbleibt der mit zeitiger Untersagung der Ausübung der bürgerlichen Ehrenrechte Bestrafte in der Armee, so tritt derselbe mit dem Tage, an welchem die in dem Erkenntnisse bestimmte Zeit abläuft, ohne weitere besondere Bestimmung in die erste Klasse des Soldatenstandes zurück, insofern er an diesem Tage dem Beurlaubtenstande angehört. Wenn dagegen der Bestrafte an dem genannten Tage bei der Linie oder der Landwehr im aktiven Dienste sich befindet, so erfolgt der Rücktritt in die erste Klasse des Soldatenstandes ohne weitere besondere Bestimmung erst bei seinem Ausscheiden aus dem aktiven Dienste. Wird aber der Bestrafte nach Eintritt des gedachten Tages noch vor seinem Ausscheiden aus dem aktiven Dienste von seinem vorgesetzten Befehlshaber der Wiederaufnahme in die erste Klasse des Soldatenstandes für würdig erachtet, so bleibt dieselbe in jedem einzelnen Falle von meiner Genehmigung abhängig, welche auf dem in der Order vom 18. März 1839 vorgeschriebenen Dienstwege einzuholen ist.“

Ich beauftrage Sie, diesen Befehl zur Kenntniß der Armee zu bringen.

Potsdam, den 4. Dezember 1856.

Friedrich Wilhelm.

(gegengez.) Graf von Waldersee.

An den Kriegs-Minister.

Vorstehende Allerhöchste Order wird mit Bezug auf die in dem Justiz-Ministerial-Blatt von 1852 S. 218—219 abgedruckte Königliche Verordnung vom 18. Mai 1852 sämmtlichen Gerichtsbehörden hierdurch bekannt gemacht.

Berlin, den 27. Dezember 1856.

Der Justiz-Minister
Simons.

An sämmtliche Gerichtsbehörden.

I. 5576. Criminalia 40.

129.

Allgemeine Verfügung vom 12. Dezember 1856, — betreffend den Verlust des Adels.

Allerh. Order vom 28. Juli und Reskript vom 1. August 1812 (Jahrbücher Bd. I. S. 203).
Reskript vom 22. März 1837 (Rhein. Samml. Bd. VI. S. 124).
Allgem. Verfügung vom 2. Dezember 1850 B. (Just.-Min.-Bl. S. 414).
Allgem. Verfügung vom 14. April 1853 (Rhein. Samml. Bd. X. S. 561).
Allgem. Verfügung vom 6. August 1855 (S. 138 dieses Bandes).

Durch die Allerhöchste Order vom 28. Juli 1812 ist die Anordnung getroffen, daß in den Fällen, wo auf Verlust des Adels erkannt worden ist, die Erkenntnisse Seiner Majestät dem Könige zur Allerhöchsten Bestimmung wegen des etwa auszuübenden Begnadigungsrechts vorgelegt werden sollen. Die Gerichte sind hiervon durch die allgemeine Verfügung des Justiz-Ministers vom 1. August 1812 (Jahrbücher Band I. S. 203) mit der Anweisung in Kenntniß gesetzt worden, in solchen Fällen, wenn rechtskräftig erkannt ist, vor der Vollstreckung der Strafe die Akten nebst dem Erkenntnisse und einem Akten-Auszuge dem Justiz-Minister einzureichen.

Seitdem nach §§. 11, 12 und 22 des Strafgesetzbuchs auf den Verlust des Adels nicht mehr ausdrücklich erkannt wird, sind diese Bestimmungen außer Beachtung gekommen; es wird deshalb im Anschluß an die allgemeine Verfügung vom 2. Dezember 1850 hierdurch angeordnet, daß auch in Zukunft, wenn gegen eine Person adlichen Standes aus dem Inlande rechtskräftig auf eine Strafe erkannt worden ist, welche den Verlust des Adels zur Folge hat, vor der Vollstreckung der Strafe, insbesondere auch vor der nach §. 30 des Strafgesetzbuchs etwa zu bewirkenden öffentlichen Bekanntmachung des Urtheils, die Akten nebst den Erkenntnissen und einem Akten-Auszuge, welcher ein vollständiges Nationale, insbesondere den Geburtsort, Wohnort, Religion, Alter und Beschäftigung des Verurtheilten enthalten muß, an den Justiz-Minister einzusenden sind.

Befindet sich der Verurtheilte in gefänglicher Haft, so ist die Zeit, während welcher durch das vorstehend angeordnete Verfahren die Vollstreckung der Strafe ausgesetzt bleiben muß, demnächst auf die Strafzeit mit in Anrechnung zu bringen.

Die Einreichung der Erkenntnisse an den Justiz-Minister erfolgt nach Maaßgabe der allgemeinen Verfügung vom 12. August 1850 (Just.-Minist.-Blatt S. 279); einer besonderen Einreichung der Urtheile Seitens der Ober-Staatsanwalte bedarf es künftig in diesen Fällen nicht. Im Bezirk des Appellationsgerichtshofes in Cöln dagegen sind die Erkenntnisse auch ferner durch die Ober-Prokuratoren an den Justiz-Minister einzusenden (Reskr. vom 22. März 1837, Rhein. Samml. Bd. VI. S. 123).

Berlin, den 12. Dezember 1856.

Der Justiz-Minister
Simons.

An sämmtliche Gerichtsbehörden.
I. 5606. A. 14. Vol. 3.

130.

Ministerial-Erklärung vom 27. Dezember 1856, — betreffend die Uebereinkunft zwischen der Königlich Preußischen und Kaiserlich Russischen Regierung über die Mitwirkung der Konsularbeamten beider Staaten bei Sicherstellung und Regulirung der Verlassenschaft ihrer Nationalen.

Die Preußische Regierung und die Kaiserlich Russische Regierung sind, um die Mitwirkung ihrer betreffenden Konsulate bei Nachlaß-Regulirungen zu ordnen, zu welchen die Todesfälle Preußischer Unterthanen im Kaiserthum Rußland und Großfürstenthum Finnland, oder Russischer Unterthanen in der Preußischen Monarchie Anlaß geben können, über folgende Punkte übereingekommen:

Im Falle des Todes ihrer Nationalen sollen die betreffenden Konsuln, Vize-Konsuln und Handels-Agenten das Recht haben, sowohl auf Antrag der betheiligten Parteien, als auch von Amtswegen das Konsulats-Siegel den von der kompetenten Ortsbehörde auf die zum Nachlasse gehörigen Effekten, Möbel und Papiere gelegten Siegeln hinzuzufügen. Diese doppelten Siegel sollen nur auf Anordnung der Ortsbehörde und in Gegenwart des betheiligten Konsuls gelöst werden können.

Gleich nach Abnahme der Siegel soll zur Inventarisirung des Nachlasses geschritten werden. Derselben soll der Konsul beiwohnen und ihm Abschrift des Inventariums, sowie der etwa vorhandenen letztwilligen Verordnung ertheilt werden.

Wenn die Konsuln, Vize-Konsuln und Handels-Agenten von Seiten der gehörig legitimirten Erben mit Vollmacht in gesetzlicher Form versehen sind, so soll ihnen der Nachlaß sofort ausgehändigt werden, den Fall der Einsprache eines einheimischen oder fremden Gläubigers ausgenommen.

Bis zu seiner Einweisung in den Besitz soll der Konsul Sorge tragen, gemeinschaftlich mit der kompetenten Ortsbehörde alle zur Bewahrung des Nachlasses erforderlichen Maaßregeln zu treffen.

Sobald der Konsul, Vize=Konsul und Handels=Agent einmal nach Maaßgabe der vorstehenden Bestimmungen in den Besitz des Nachlasses gesetzt ist, soll derselbe, indem er davon die Ortsbehörde in Kenntniß zu setzen hat, berechtigt sein, alle im Interesse der Erben erforderlichen Förmlichkeiten zu erfüllen, den Nachlaß flüssig zu machen und ihn entweder persönlich oder durch die unter seiner Verantwortlichkeit damit Beauftragten zu verwalten.

Die gegenwärtige Verabredung soll sechs Jahre und auch darüber hinaus in Kraft bleiben, wenn keine der beiden Regierungen der anderen amtlich die Absicht, ihre Wirksamkeit aufhören zu lassen, anzeigt; im letzteren Falle aber bis zum Ablaufe eines Jahres nach erfolgter Anzeige.

Zu Urkund dessen hat der unterzeichnete Minister=Präsident und Minister der auswärtigen Angelegenheiten Sr. Majestät des Königs von Preußen die gegenwärtige Erklärung vollzogen und mit seinem Wappen untersiegelt, welche gegen eine übereinstimmende Erklärung des Herrn Ministers der auswärtigen Angelegenheiten Sr. Majestät des Kaisers von Rußland ausgewechselt werden soll.

Geschehen zu Berlin, den 27. Dezember 1856.

(L. S.) Freiherr von Manteuffel.

Vorstehende Uebereinkunft wird den Gerichtsbehörden zur Nachricht und Beachtung mitgetheilt.

Berlin den 26. Februar 1857.

Der Justiz=Minister
Simons.

An sämmtliche Gerichtsbehörden.

I. 822. Conventionen 33.

XLIV.

1857.

Gesetze, Verordnungen, Rescripte.

131.

Allgemeine Verfügung vom 5. Januar 1857, — betreffend die über die Schwurgerichts-Verhandlungen einzureichenden Berichte und tabellarischen Nachweisungen.

Verfügung v. 3. Dezember 1816 (Rh. Samml. Bd. I. S. 428).
Verfügung v. 23. Januar 1855 (S. 73 dieses Bandes).

Nachdem sich bei den Gerichten in der Behandlung der Schwurgerichtssachen und insbesondere hinsichtlich der Stellung der Fragen bei den am häufigsten vorkommenden Verbrechen eine feststehende Praxis gebildet hat, erachtet der Justiz-Minister es für angemessen, in Betreff der Berichte und tabellarischen Nachweisungen, welche über die Schwurgerichts-Verhandlungen nach Maaßgabe der ergangenen Verfügungen einzureichen sind, eine Vereinfachung eintreten zu lassen.

Demgemäß werden die Vorsitzenden der Schwurgerichte hierdurch angewiesen, zwar auch künftig über jede Sitzungsperiode in der bisherigen Weise unter Beifügung der vorgeschriebenen statistischen Tabelle an den Justiz-Minister Bericht zu erstatten und sich darin über diejenigen Untersuchungssachen näher zu äußern, deren Verhandlung oder Aburtheilung dazu besondere Veranlassung geboten hat, namentlich weil Mängel oder Zweifel bei Anwendung der Gesetze, erhebliche Meinungsverschiedenheiten zwischen den Ansichten des Schwurgerichtshofes und der Staatsanwaltschaft hervorgetreten sind, oder weil sich in Betreff der Art und Weise, in welcher die Geschworenen ihre Aufgabe gelöst haben, oder in Ansehung der Angemessenheit der Strafe, unter Berücksichtigung vorhandener Milderungs- oder Begnadigungsgründe etwas zu bemerken findet. Eine solche Aeußerung muß namentlich in Beziehung auf alle diejenigen Untersuchungssachen erfolgen, in denen die Anklage ein Verbrechen zum Gegenstande hatte, welches die Todesstrafe oder lebenslängliche Zuchthausstrafe hätte nach sich ziehen können, ohne daß es darauf ankommt, ob nach dem Ausspruche der Geschworenen demnächst auf eine dieser Strafen oder auf eine andere Strafe erkannt oder die Freisprechung erfolgt ist.

Dagegen sollen die bisher vorgeschriebenen tabellarischen Nachweisungen künftig wegfallen und den Berichtserstattern überlassen bleiben, eine wörtliche Abschrift der gestellten Fragen und ertheilten Antworten nur dann besonders beifügen zu lassen, wenn solches zum besseren Verständnisse des Berichtes angemessen erscheint, oder wenn es bei Abweichungen von dem Anklagebeschlusse und bei Meinungsverschiedenheiten zwischen dem Gerichtshofe und der Staatsanwaltschaft auf die wörtliche Fassung der Fragen ankommt.

Berlin, den 5. Januar 1857.

Der Justiz-Minister
Simons.

An sämmtliche Gerichtsbehörden.
I. 5501. Crim. 4. Vol. 22.

132.

Verordnung zur Ausführung der Order vom 30. August 1820, — betreffend die Abtragung der Bergwerkssteuern in der Rheinprovinz. Vom 21. Januar 1857.

Wir Friedrich Wilhelm, von Gottes Gnaden, König von Preußen &c. &c.

verordnen zur Ausführung der Order vom 30. August 1820. (Ges.-Samml. S. 167), die Abtragung der Bergwerkssteuern in der Rheinprovinz betreffend, was folgt:

§. 1.

Die von den Bergwerksbesitzern zur Ermittelung der verhältnißmäßigen Bergwerkssteuer der Bergbehörde vorzulegenden Rechnungen müssen vollständige Angaben der Förderung des Absatzes, der Produktionskosten und der Verkaufspreise der Bergwerksprodukte nach einem von der Bergbehörde vorgeschriebenen Schema enthalten und alljährlich innerhalb der von der Bergbehörde zu bestimmenden Frist dem Berggeschwornen des Reviers eingereicht werden.

§. 2.

Auf jedem Bergwerke und auf jeder Aufbereitungsanstalt sind nach Vorschrift des Bergamts eingerichtete Bücher zu führen, in welche die geförderten, aufbereiteten und abgesetzten Produkte nach Zahl, Maaß oder Gewicht, die Verkaufspreise derselben, die gezahlten Arbeitslöhne, die angeschafften und die verbrauchten Materialien täglich in fortlaufender Ordnung eingetragen werden.

§. 3.

Die Bergwerksbesitzer und deren Repräsentanten sind verpflichtet, diejenigen Personen, welche sie mit dem Vermessen, Verwiegen oder Abzählen der Produkte und mit der Führung der im §. 2. vorgeschriebenen Bücher beauftragen, dem Bergamte namhaft zu machen und vor der Uebernahme ihrer Funktionen durch den Friedensrichter ihres Wohnortes auf eigene Kosten dahin vereidigen zu lassen:

„daß sie die Produkte des Bergwerks (der Aufbereitungsanstalt) gewissenhaft vermessen (verwiegen, abzählen) und die Förderung, den Absatz und die Verkaufspreise der Produkte, sowie (beziehungsweise) die gezahlten Arbeitslöhne und die angeschafften und verbrauchten Materialien vollständig und richtig in die dazu bestimmten Bücher eintragen wollen."

Eine Ausfertigung des Vereidigungsprotokolls ist dem Bergamte einzureichen.

§. 4.

Die nach Vorschrift des §. 2. zu führenden Bücher sind von dem Berggeschwornen des Reviers mit fortlaufenden Seitenzahlen zu versehen und müssen demselben jederzeit auf Erfordern zur Einsicht vorgelegt werden.

Diejenigen Positionen der nach §. 1. zu legenden Jahresrechnung, welche Auszüge aus diesen Büchern enthalten, sind von den mit der Führung derselben beauftragten Personen als richtig und mit den Büchern übereinstimmend zu beglaubigen.

§. 5.

Das Vermessen, Verwiegen und Abzählen der Produkte der Bergwerke und Aufbereitungsanstalten, mögen dieselben zum Verkaufe oder zum eigenen Gebrauche der Werke oder der Werksbesitzer bestimmt sein, darf nur durch die zu diesen Geschäften nach §. 3. angestellten und vereidigten Personen geschehen.

Es ist untersagt, Produkte von den Bergwerken und Aufbereitungsanstalten abzufahren, bevor dieselben von den vorbezeichneten Personen vermessen, verwogen oder abgezählt sind.

§. 6.

Bergwerksbesitzer, deren Repräsentanten und die im §. 3. benannten Personen, welche die Vorlegung der im §. 2. bezeichneten Bücher auf Erfordern des Berggeschwornen verweigern (§. 4.), oder welche Produkte von den Bergwerken oder Aufbereitungsanstalten abfahren lassen, ohne daß dieselben von den im §. 3. genannten vereidigten Personen vermessen, verwogen oder abgezählt und in die im §. 2. erwähnten Bücher eingetragen sind (§. 5.);

ferner Bergwerksbesitzer oder deren Repräsentanten, welche die im §. 2. vorgeschriebenen Bücher entweder gar nicht führen, oder durch andere, als die dazu bestellten und vereidigten Personen führen lassen, oder welche die jährliche Rechnung (§. 1.) innerhalb der bestimmten Frist entweder gar nicht, oder nicht vollständig einreichen;

ferner die im §. 3. genannten Personen, welche das ihnen obliegende Vermessen, Verwiegen oder Abzählen der Produkte, oder die im §. 2. vorgeschriebenen Aufzeichnungen in die Bücher unterlassen, oder unrichtig vornehmen, sollen mit den im Artikel 96. des Bergwerksgesetzes vom 21. April 1810 angedrohten Strafen belegt werden.

§. 7.

Die nach Vorschrift der §§. 1. und 4. von den Bergwerksbesitzern in gehöriger Form gelegten Rechnungen sollen bei der Ausmittelung des steuerbaren Ertrages als beweisend in Bezug auf die darin enthaltenen Angaben angenommen werden, so lange nicht eine Verurtheilung des Besitzers, des Repräsentanten oder einer der im §. 3. benannten vereidigten Personen wegen einer Kontravention gegen die Bestimmungen dieser Verordnung erfolgt. Wird die Rechnung innerhalb der bestimmten Frist überhaupt nicht oder nicht vollständig gelegt, oder ist der Besitzer, der Repräsentant oder eine der nach Vorschrift des §. 3. auf dem Bergwerke oder der Aufbereitungsanstalt angestellten Personen wegen einer im Laufe des Rechnungsjahres begangenen Kontravention gegen die Bestimmungen dieser Verordnung verurtheilt, so erfolgt die Abschätzung des Werthes der Produkte und der Produktionskosten zur Ermittelung des steuerbaren Ertrages von Amtswegen.

§. 8.

Die gegenwärtige Verordnung tritt mit dem 1. Januar 1858 in Kraft.

Der Minister für Handel, Gewerbe und öffentliche Arbeiten ist mit der Ausführung derselben beauftragt.

Urkundlich unter Unserer Höchsteigenhändigen Unterschrift und beigedrucktem Königlichen Insiegel.

Gegeben Berlin, den 21. Januar 1857.

(L. S.) Friedrich Wilhelm.

v. d. Heydt. Simons.

I. 884. Rhein=Prov. Gener. 24.

133.

Verfügung vom 22. Januar 1857, — betreffend die statistischen Tabellen der Schwurgerichts-Verhandlungen und die Berichte der Assisen-Präsidenten.

Verfügung der Immed.-Justiz-Kommission v. 3. Decbr. 1816 (Rh. Samml. Bd. I. S. 428).
Verfügung vom 23. Jan. 1855 (S. 73 dieses Bandes).
Verfügung vom 5. Jan. 1857 (S. 299 dieses Bandes).

In Verfolg der Verfügung vom 23. Januar 1855 erhalten Sie hierbei 100 Exemplare der für den Bezirk des Appellationsgerichtshofes zu Cöln mit Rücksicht auf die Abweichungen von den für die übrigen Provinzen bestehenden gesetzlichen Vorschriften, besonders angefertigten Druckformulare zu den von den Assisen-Präsidenten mit ihren Berichten über die Schwurgerichts-Sitzungen einzureichenden statistischen Tabellen, mit der Anweisung, solche den einzelnen Landgerichten nach Bedürfniß zur Benutzung, statt der bisherigen Formulare, zugehen zu lassen. Die außerdem nach der Verfügung der Immediat-Justiz-Kommission vom 3. December 1816 (Rheinische Sammlung Bd. I. S. 428) einzureichenden tabellarischen Nachweisungen sollen nach der allgemeinen Verfügung vom 5ten d. M. auch für den dortigen Bezirk wegfallen; es sind daher von Ihnen, Herr Erster Präsident, die Assisen-Präsidenten darauf aufmerksam zu machen, daß sie in ihren Assisenberichten sich auf solche Nachweisungen nicht mehr beziehen können, und die Richtigkeit der statistischen Tabellen um so genauer zu prüfen haben.

In Betreff des Inhalts der zu erstattenden Berichte bleibt es im Allgemeinen bei der bisherigen Praxis, und wird auf die Vorschriften der bezogenen allgemeinen Verfügung vom 5ten d. M. verwiesen. Die Assisen-Präsidenten des dortigen Bezirks haben sich insbesondere auch über die Fälle zu äußern, in welchen die Schuldigen von den Geschworenen der Gnade Sr. Majestät des Königs empfohlen worden sind.

Inwiefern Sie, Herr General-Prokurator, es angemessen finden, von dem Inhalte der von den Ober-Prokuratoren zu erstattenden Assisenberichte in den geeigneten Fällen Mittheilung zu machen, bleibt Ihnen, wie bisher, lediglich anheimgestellt.

Berlin, den 22. Januar 1857.

Der Justiz-Minister
Simons.

An
den Herrn Ersten Präsidenten bei dem Königl. Appellationsgerichtshofe und den Königl. Herrn General-Prokurator
zu Cöln.

I. 286. Rhein. Crim. 21. Vol. 3.

134.

Publikationspatent über den Beschluß der Deutschen Bundesversammlung vom 6. November 1856 zur Erweiterung der Bestimmungen der Bundes-Beschlüsse vom 9. November 1837 und 19. Juni 1845 wegen gleichförmiger Grundsätze zum Schutze des schriftstellerischen und künstlerischen Eigenthums gegen Nachdruck und unbefugte Nachbildung. Vom 26. Januar 1857.

Wir Friedrich Wilhelm, von Gottes Gnaden, König von Preußen 2c. 2c.

thun kund und fügen hiemit zu wissen:

Da die zum Deutschen Bunde vereinigten Regierungen zur Erweiterung der Bestimmungen der Bundesbeschlüsse vom 9. November 1837 und 19. Juni 1845 wegen gleichförmiger Grundsätze zum Schutze des schriftstellerischen und künstlerischen Eigenthums gegen Nachdruck und unbefugte Nachbildung (Ges.-Samml. von 1837 S. 161 und von 1846 S. 149) in der acht und zwanzigsten Sitzung der Bundesversammlung vom 6. November 1856 über folgenden Beschluß übereingekommen sind:

„Der durch den Artikel 2. des Bundesbeschlusses vom 9. November 1837 und den Bundesbeschluß vom 19. Juni 1845 für Werke der Literatur und der Kunst gegen Nachdruck und mechanische Vervielfältigung gewährte Schutz, sowie derjenige Schutz, welcher durch besondere Bundesbeschlüsse im Wege des Privilegiums für die Werke einzelner bestimmter Autoren gewährt worden ist, wird dahin erweitert, daß dieser Schutz zu Gunsten der Werke derjenigen Autoren, welche vor dem Bundesbeschlusse vom 9. November 1837 verstorben sind, noch bis zum 9. November 1867 in Kraft bleibt.“

„Jedoch findet der gegenwärtige Bundesbeschluß nur auf solche Werke Anwendung, welche zur Zeit noch im Umfange des ganzen Bundesgebietes durch Gesetze oder Privilegien gegen Nachdruck oder Nachbildung geschützt sind.“

so bringen wir diese, unter sämmtlichen Deutschen Bundesregierungen getroffene Vereinbarung hierdurch zur allgemeinen Kenntniß, und verordnen zugleich, daß Unsere Behörden und Unterthanen, nicht bloß in Unseren zum Deutschen Bunde gehörenden

Landen, sondern auch in den übrigen Provinzen Unserer Monarchie, sich darnach zu achten haben.

So geschehen und gegeben zu Berlin, den 26. Januar 1857.

(L. S.) Friedrich Wilhelm.

v. Manteuffel. Simons. v. Raumer. v. Westphalen.

I. 914. N. 3. Vol. 8.

135.

Allgemeine Verfügung vom 6. Februar 1857, — betreffend die in Untersuchungen wider Beamte zu machenden Mittheilungen an die vorgesetzte Dienstbehörde.

Allgemeine Verfügung vom 29. Juni 1851 (Just.-Minist.-Bl. S. 230).

Gesetz vom 21. Juli 1852 §§. 48—50 (Ges.-Samml. S. 475).

Durch die allgemeine Verfügung vom 29. Juni 1851 ist unter Nr. 5 angeordnet, daß, wenn ein im unmittelbaren oder mittelbaren Staatsdienste stehender Beamter wegen eines Verbrechens oder Vergehens zur Untersuchung gezogen wird, von den Beamten der Staatsanwaltschaft sofort nach erfolgter Einleitung der Untersuchung der vorgesetzten Dienstbehörde des Angeschuldigten Nachricht gegeben und ihr demnächst auch der Tenor der ergangenen Entscheidungen mitgetheilt werden soll.

Es ist Klage darüber geführt worden, daß die Mittheilung der Erkenntnisse nicht immer frühzeitig genug erfolge, und die Behörden in einzelnen Fällen von den ergangenen Urtheilen erst, nachdem dieselben rechtskräftig geworden, Kenntniß erhalten haben.

Da es im dienstlichen Interesse nicht nur wünschenswerth, sondern auch mit Rücksicht auf die Vorschriften der §§. 48. 49. und 50. des Gesetzes vom 21. Juli 1852 nothwendig ist, daß die vorgesetzte Dienstbehörde der Beamten von allen Erkenntnissen in den gegen die letzteren wegen Verbrechen oder Vergehen eingeleiteten Untersuchungen unmittelbar nach Publikation derselben Kenntniß erlange, so werden die Beamten der Staatsanwaltschaft hierdurch angewiesen, dafür Sorge zu tragen, daß die betreffenden Mittheilungen den vorgesetzten Behörden rechtzeitig zugehen.

In gleicher Weise müssen mit Rücksicht auf die allegirten Vorschriften des Gesetzes vom 21. Juli 1852 die Beschlüsse, wodurch die Verhaftung eines Beamten oder seine Entlassung aus der Haft bestimmt wird, der vorgesetzten Dienstbehörde sofort mitgetheilt werden.

Berlin, den 6. Februar 1857.

Der Justiz-Minister
Simons.

An
sämmtliche Beamte der Staatsanwaltschaft.

I. 312. S. 24. Vol. 8.

136.

Allerhöchster Erlaß vom 9. Februar 1857, — betreffend die Erhöhung der Zahl der für das Gewerbegericht zu Crefeld aus dem Kreise Crefeld zu wählenden Mitglieder und Stellvertreter.

§§. 4, 6, 25, 29 des Regulativs für das Gewerbegericht zu Crefeld (Rh. Sammlg. Bd. VII. S. 365).

Auf Ihren Bericht vom 26. Januar d. J. will Ich hiermit in Abänderung der Vorschriften der §§. 4, 6, 25 und 29 des Regulativs für das Gewerbegericht zu Crefeld vom 29. November 1841 (Rhein. Sammlg. Bd. VII. S. 365) bestimmen, daß die Zahl der aus dem Kreise Crefeld zu wählenden Mitglieder und Stellvertreter von je neun auf je dreizehn zu erhöhen, auf deren Wahl die Vorschriften der §§. 4 und 6 des Regulativs anzuwenden sind. Von den aus dem Kreise Crefeld gewählten Mitgliedern und Stellvertretern treten in den beiden ersten Jahren je zwei Fabrikanten und zwei Werkmeister, Fabrikarbeiter oder Handwerker, im dritten Jahre aber drei Fabrikanten und zwei Werkmeister, Fabrikarbeiter oder Handwerker aus. Die Reihenfolge des Ausscheidens unter den in Folge der obigen Bestimmung neu hinzutretenden Mitgliedern und Stellvertretern ist, bis dieselbe durch das Dienstalter feststehen wird, durch das Loos zu entscheiden. Dieser Erlaß ist durch das Amtsblatt der Regierung zu Düsseldorf zur öffentlichen Kenntniß zu bringen.

Berlin, den 9. Februar 1857.

Friedrich Wilhelm.
von der Heydt. Simons.

An
den Minister für Handel, Gewerbe und öffentliche Arbeiten und den Justiz-Minister.

I. 843. Rhein. Gener. 52. Vol. 5.

137.

Verfügung vom 17. Februar 1857, — betreffend die Zustellung des von dem Zuchtpolizeigericht auf die Opposition gegen ein Kontumacialurtheil beim Nichterscheinen des Opponenten erlassenen Urtheils.

Art. 187. 188. der Strafprozeßordnung.

Nach Ausweis der Akten eines vorgekommenen speziellen Falles scheint der Oberprokurator zu N. von der Ansicht auszugehen, daß es einer Zustellung des nach Art. 187. 188. der Strafprozeß-Ordnung auf die Opposition gegen ein Kontumacialurtheil beim Nichterscheinen des Opponenten zu erlassenden Urtheils nicht bedarf, vielmehr jenes Kontumacialurtheil ohne Weiteres rechtskräftig wird und vollstreckt werden kann.

Diese Ansicht ist mindestens für so zweifelhaft anzusehen, daß es jedenfalls zweckmäßig erscheint, das zweite Urtheil ebenfalls zuzustellen, und nicht vor Ablauf der von dieser Zustellung zu berechnenden Frist zur Einlegung von Rechtsmitteln, die Vollstreckung zu veranlassen.

Sie, Herr General-Prokurator, werden deshalb veranlaßt, die Ober-Prokuratoren anzuweisen, in den betreffenden Fällen auch das zweite Urtheil insinuiren zu lassen.

Berlin, den 17. Februar 1857.

Der Justiz-Minister
Simons.

An
den Königl. Herrn General-Prokurator
zu Cöln.

I. 708. Rhein. Crim. 35. Vol. 3.

138.

Gesetz über das unerlaubte Kreditgeben an Minderjährige. Vom 2. März 1857.

Wir Friedrich Wilhelm, von Gottes Gnaden, König von Preußen rc. rc.

verordnen, mit Zustimmung beider Häuser des Landtages Unserer Monarchie, was folgt:

§. 1.

Wer in gewinnsüchtiger Absicht und unter Benutzung des Leichtsinns oder der Unerfahrenheit eines Minderjährigen sich von demselben Schuldscheine, Wechsel, Empfangsbekenntnisse, Bürgschaftsinstrumente oder andere eine Verpflichtung enthaltende Urkunden ausstellen, oder auch nur mündlich ein Zahlungsversprechen ertheilen läßt, soll mit Gefängniß von drei Monaten bis zu Einem Jahre und mit Geldbuße von funfzig bis Eintausend Thalern, sowie mit zeitiger Untersagung der Ausübung der bürgerlichen Ehrenrechte bestraft werden.

Wird festgestellt, daß mildernde Umstände vorhanden sind, so kann die Strafe bis auf Eine Woche Gefängniß oder auf bloße Geldbuße von mindestens fünf Thalern ermäßigt werden.

§. 2.

Wer sich von einem Minderjährigen unter Verpfändung der Ehre, auf Ehrenwort, eidlich oder unter ähnlichen Versicherungen oder Betheuerungen die Zahlung einer Geldsumme oder die Erfüllung einer anderen auf Gewährung geldwerther Sachen gerichteten Verpflichtung aus einem Rechtsgeschäfte versprechen läßt, oder wer eine Forderung, von welcher er weiß, daß deren Berichtigung ein Minderjähriger in der vorbezeichneten Weise versprochen hat, sich cediren läßt, hat Gefängnißstrafe bis zu Einem Jahre oder Geldbuße bis Eintausend Thaler verwirkt. Auch kann auf zeitige Untersagung der Ehrenrechte erkannt werden.

§. 3.

Von der nach §§. 1 und 2 eintretenden Strafe befreit nicht der Einwand, daß die Minderjährigkeit unbekannt gewesen sei, oder der Minderjährige sich für volljährig ausgegeben habe, wohl aber der Nachweis solcher Umstände, unter welchen der Minderjährige als Großjähriger betrachtet werden konnte.

§. 4.

Auf Geschäfte mit solchen Minderjährigen, welche nicht mehr unter väterlicher Gewalt oder unter Vormundschaft stehen, findet das Gesetz keine Anwendung.

Urkundlich unter Unserer Höchsteigenhändigen Unterschrift und beigedrucktem Königlichen Insiegel.

Gegeben Berlin, den 2. März 1857.

(L. S.) Friedrich Wilhelm.

v. Manteuffel. v. d. Heydt. Simons. v. Raumer. v. Westphalen.
v. Bodelschwingh. v. Massow. Gr. v. Waldersee.
v. Manteuffel II.

I. 1025. M. 36.

139.

Statut des Verbandes der Wiesenbesitzer in der Gemeinde Alflen, im Kreise Cochem des Regierungsbezirks Coblenz. Vom 2. März 1857.

I. 961. Rhein. Gen. 167. Vol. 2.

140.

Allgemeine Verfügung vom 5. März 1857, — betreffend die Insinuation gerichtlicher Verfügungen an Personen, welche im Oesterreichischen Militairdienste stehen.

Allg. Verfügung vom 9. August 1856 (S. 241 dieses Bandes).

Nachdem durch die allgemeine Verfügung vom 9. August v. J. ein unmittelbarer Geschäftsverkehr zwischen den diesseitigen und den Kaiserlich Oesterreichischen Gerichtsbehörden eingeführt worden, ist es in Frage gekommen, wie die diesseitigen Gerichte zu verfahren haben, wenn gerichtliche Insinuationen an Personen erfolgen sollen, welche in Oesterreichischen Militairdiensten stehen.

In Folge dessen hat eine Kommunikation mit dem Kaiserlich Oesterreichischen Armee-Ober-Kommando stattgefunden, und hat sich das letztere dahin geäußert, daß die diesseitigen Gerichtsbehörden, wenn ihnen die Provinz, in welcher die betreffende Oesterreichische Militairperson ihren Standort hat, bekannt ist, sich an das Landes-General-Kommando dieser Provinz, sonst aber an das Kaiserliche Armee-Ober-Kommando selbst zu wenden haben, wogegen in beiden Fällen die Erledigung der bezüglichen Requisitionsschreiben von den betreffenden Landes-General-Kommando's resp. von den Landes-Militärgerichten erfolgen wird.

Die Gerichtsbehörden werden hiervon in Kenntniß gesetzt, um sich in vorkommenden Fällen danach zu achten; zugleich wird denselben eine Uebersicht der Standorte und der geographischen Begrenzung der Landes-General-Kommando's des Kaiserthums Oesterreich nachrichtlich mitgetheilt.

Berlin, den 5. März 1857.

Der Justiz-Minister
Simons.

An
sämmtliche Gerichtsbehörden.

I. 888. Requisitionen 48. Vol. III.

Uebersicht
des Standorts und der geographischen Begrenzung der Landes-General-Kommando's des Kaiserthums Oesterreich.

Standort des Landes-General-Kommando's zu	Provinzen.
Wien	Nieder- und Ober-Oesterreich, Salzburg, Steiermark und Tyrol.
Prag	Böhmen.
Brünn.....	Mähren.
Verona	Lombardie und das Venezianische, Kärnthen, Krain und Küstenland.
Ofen	Ungarn.
Herrmannstadt.	Siebenbürgen.
Lemberg	Galizien und die Bukowina.
Agram.....	Croatien, Slavonien und die Croatisch-Slavonische Militairgrenze.
Temesvar ...	Banat, die Serbische Woiwodschaft und die Serbisch-Banater Militairgrenze.
Zara......	Dalmatien.

141.

Gesetz, — betreffend die Abänderung der im Allgemeinen Landrecht Theil II. Titel 5. §§. 198 ff. enthaltenen Bestimmungen über Sklaven. Vom 9. März 1857.

Wir Friedrich Wilhelm, von Gottes Gnaden, König von Preußen ꝛc. ꝛc.

verordnen, mit Zustimmung beider Häuser des Landtages Unserer Monarchie, was folgt:

§. 1.

Sklaven werden von dem Augenblicke an, wo sie Preußisches Gebiet betreten, frei.

Das Eigenthumsrecht des Herrn ist von diesem Zeitpunkte ab erloschen.

§. 2.

Alle diesen Vorschriften entgegenstehenden Bestimmungen, insbesondere die §§. 198 bis 208 Theil II. Titel 5. des Allgemeinen Landrechts, werden hiermit aufgehoben.

Urkundlich unter Unserer Höchsteigenhändigen Unterschrift und beigedrucktem Königlichen Insiegel.

Gegeben Charlottenburg, den 9. März 1857.

(L. S.) Friedrich Wilhelm.

v. Manteuffel. v. d. Heydt. Simons. v. Raumer v. Westphalen. v. Bodelschwingh. v. Massow. Gr. v. Waldersee. v. Manteuffel II.

I. 1157. S. 80.

142.

Gesetz, — betreffend die Mandatarien-Gebühren bei Subhastationen im Bezirk des Appellations-Gerichtshofes zu Cöln. Vom 8. April 1857.

Wir Friedrich Wilhelm, von Gottes Gnaden, König von Preußen rc. rc.

verordnen, mit Zustimmung beider Häuser des Landtages Unserer Monarchie, was folgt:

§. 1.

Im Subhastations-Verfahren sind auf Antrag der betreibenden Partei, welche sich durch einen Bevollmächtigten hat vertreten lassen, nachstehende Beträge (§. 2) als Ersatz für die Kosten der Vertretung bei den dem Meistbietenden zur Last fallenden Kosten in Ansatz zu bringen (§§. 21, 33, 37 der Subhastations-Ordnung vom 1. Aug. 1822, Art. 78. des Gesetzes v. 18. April 1855 über das Verfahren bei Theilungen und gerichtlichen Verkäufen).

§. 2.

An Mandatarien-Gebühren (§. 1) sind zu bewilligen:

1) wenn die jährliche Grundsteuer der subhastirten Immobilien zusammen 4 Rthlr. oder weniger beträgt, 3 bis 8 Rthlr;
2) wenn die Grundsteuer mehr als 4 Rthlr. bis zu 20 Rthlrn. beträgt, 5 bis 12 Rthlr.;
3) wenn die Grundsteuer mehr als 20 Rthlr. beträgt, 10 bis 18 Rthlr.

Für Kosten der Vollmacht und für Auslagen des Bevollmächtigten kann nicht besonders liquidirt werden.

Hatte die Vertretung nicht bei dem ganzen Verfahren, mit Inbegriff der Versteigerung, statt, so ist nur ein angemessener Theil der Mandatarien-Gebühren zu bewilligen.

§. 3.

Die zu bewilligenden Beträge werden durch den die Subhastation leitenden Richter zugleich mit den übrigen Kosten, welche dem Meistbietenden zur Last fallen, festgesetzt und auf verschiedene Ansteigerer nach Verhältniß der Meistgebote vertheilt.

Urkundlich unter Unserer Höchsteigenhändigen Unterschrift und beigedrucktem Königlichen Insiegel.

Gegeben Potsdam, den 8. April 1857.

(L. S.) Friedrich Wilhelm.

v. Manteuffel. v. d. Heydt. Simons. v. Raumer. v. Westphalen.
v. Bodelschwingh. v. Massow. Gr. v. Waldersee.
v. Manteuffel II.

I 1892. Rhein. Gener. 35. Vol. 2.

143.

Gesetz, — betreffend die Ergänzung und Abänderung des Ablösungsgesetzes vom 2. März 1850 bezüglich der Ablösung der den geistlichen und Schul-Instituten, sowie den frommen und milden Stiftungen 2c. zustehenden Reallasten. Vom 15. April 1857.

Wir Friedrich Wilhelm, von Gottes Gnaden, König von Preußen 2c. 2c.

verordnen, mit Zustimmung beider Häuser des Landtages Unserer Monarchie, was folgt:

§. 1.

Das Gesetz vom 2. März 1850, betreffend die Ablösung der Reallasten und die Regulirung der gutsherrlichen und bäuerlichen Verhältnisse, wird in Ansehung derjenigen Berechtigungen, welche Kirchen, Pfarren, Küstereien, sonstigen geistlichen Instituten, kirchlichen Beamten, öffentlichen Schulen und deren Lehrern, höheren Unterrichts- und Erziehungs-Anstalten, frommen und milden Stiftungen oder Wohlthätigkeitsanstalten, sowie den zur Unterhaltung aller vorgedachten Anstalten bestimmten Fonds zustehen, durch nachfolgende Vorschriften ergänzt und abgeändert.

§. 2.

Feste Abgaben in Körnern (§. 18 des Ges. vom 2. März 1850), sowie feste Leistungen an Holz und Brennmaterial, werden in der bisherigen Weise fort entrichtet.

§. 3.

Der Jahreswerth der übrigen zur Ablösung kommenden Reallasten wird nach den Grundsätzen des Gesetzes vom 2. März

1850, betreffend die Ablösung der Reallasten und die Regulirung der gutsherrlichen und bäuerlichen Verhältnisse, festgestellt. Bei der Anwendung des §. 32 I. c. bleibt aber der im §. 26 angeordnete Abzug von fünf Prozent wegen der geringeren Beschaffenheit der Getreideabgabe im Verhältniß zum marktgängigen Getreide ausgeschlossen. Der in dieser Weise ermittelte Jahreswerth wird für die im §. 1 bezeichneten Berechtigten unter Anwendung der in den §§. 19 bis einschließlich 25 des Ablösungsgesetzes vom 2. März 1850 bestimmten Preise in eine Roggenrente verwandelt. Diese Roggenrente ist jedoch nicht in natura, sondern in Gelde nach dem jährlichen nach Maaßgabe der §§. 20, 21 und 23 bis einschließlich 25 ermittelten Marktpreise abzuführen.

§. 4.

Eine Kapitalablösung der nach §. 3 festgestellten Roggenrenten und eine Kapitalablösung oder Umwandlung der zufolge §. 2 fort zu entrichtenden Abgaben in Renten ist nur im Wege der freien Vereinigung der Betheiligten unter Zustimmung der Vorsteher und der Ober-Aufsichtsbehörde der berechtigten Institute zulässig.

§. 5.

Feste, jährlich oder nach Ablauf einer bestimmten Zahl von Jahren wiederkehrende Geldabgaben, sofern sie den §. 1 bezeichneten Berechtigten bereits vor dem Gesetz vom 2. März 1850 zustanden, unterliegen der Bestimmung der §§. 3 und 4 des gegenwärtigen Gesetzes nicht. Sie können auf den Antrag des Verpflichteten durch Baarzahlung des fünf und zwanzigfachen Betrages nach vorhergegangener sechsmonatlicher Kündigung abgelöst werden. Der Verpflichtete ist befugt, das Kapital in vier auf einander folgenden einjährigen Terminen, von dem Ablaufe der Kündigungsfrist an gerechnet, zu gleichen Theilen abzutragen. Doch ist der Berechtigte nur solche Theilzahlungen anzunehmen verbunden, die mindestens Einhundert Thaler betragen. Der jedesmalige Rückstand ist mit vier Prozent jährlich zu verzinsen.

Das Nämliche findet auf diejenigen Renten Anwendung, welche für die im §. 1 genannten Berechtigten nach Maaßgabe der vor Erlaß des Gesetzes vom 2. März 1850 gültig gewesenen Gesetze über Ablösung der Reallasten und Regulirung der gutsherrlichen und bäuerlichen Verhältnisse festgestellt worden sind.

Wenn Rezesse oder Verträge von vorstehenden Vorschriften abweichende Festsetzungen enthalten, so sind diese bei der Ablösung maaßgebend.

§. 6.

In Ansehung derjenigen Geldrenten, welche für die Ablösung von Reallasten oder Regulirung gutsherrlicher und bäuerlicher Verhältnisse nach den Bestimmungen des Gesetzes vom 2. März 1850 für die im §. 1 des gegenwärtigen Gesetzes genannten Berechtigten bereits vor Verkündigung gegenwärtigen Gesetzes auf rechtsbeständige Weise festgesetzt worden sind, ist sowohl der Verpflichtete als der Berechtigte befugt, deren Kapitalablösung durch eine im Ausführungstermin zu leistende Baarzahlung des drei und dreißig ein drittelfachen Betrages der Rente zu verlangen, sofern nicht durch Vertrag ein anderer Multiplikator festgesetzt ist. Der Verpflichtete kann sich von dieser Kapitalzahlung dadurch befreien, daß er sich der Verwandlung der Geldrente in Roggenrente in Gemäßheit der Vorschriften des §. 3 des gegenwärtigen Gesetzes unterwirft. Bei dieser Verwandlung in Roggenrente kommt der Durchschnitts-Marktpreis der letzten vier und zwanzig Jahre vor Anbringung der Provokation auf Feststellung der Geldrente (§. 65 l. c.) in Anwendung.

Die vorstehende Bestimmung gilt jedoch nicht von demjenigen Theile der Ablösungs- oder Regulirungsrente, welcher an die Stelle bereits vor dem Gesetz vom 2. März 1850 bestandener fester Geldabgaben getreten ist. Der dieser früheren festen Geldabgabe gleichstehende Betrag der Renten ist vielmehr nach Vorschrift des §. 5 des gegenwärtigen Gesetzes zu behandeln.

§. 7.

Bei einer Zerstückelung von Grundstücken sind die im §. 1 bezeichneten Berechtigten zu fordern befugt, daß diejenigen Geldrenten oder Geldabgaben, welche nach der Vertheilung unter vier Thaler jährlich betragen, durch Erlegung des fünf und zwanzigfachen Betrages abgelöst werden.

Das Nämliche ist ihnen wegen derjenigen Prästationen und Roggenrenten (§. 2, 3 und 6) gestattet, welche nach der Vertheilung jährlich weniger als zwei Scheffel betragen. Zu diesem Behufe wird der Jahreswerth der Rente nach Vorschrift des zweiten Absatzes des §. 28 des Ablösungsgesetzes vom 2. März 1850 berechnet.

Nach demselben Maaßstabe darf der Verpflichtete die Ablösung einer Roggenrente oder der im §. 2 erwähnten Abgaben verlangen, wenn der Berechtigte für dieselbe die Wiederherstellung der geschmälerten Sicherheit in Ansehung einer Abfindung durch Kapital- oder Rentenbriefe beansprucht, welche dem Rentepflichtigen im Wege einer Gemeinheitstheilung, Ablösung von Reallasten oder Regulirung gutsherrlicher und bäuerlicher Verhältnisse zugefallen ist.

§. 8.

Reallasten, welche den Bestimmungen der Allerhöchsten Kabinetsorder vom 16. Juni 1831 wegen Wiederherstellung der Schlesischen Zehntverfassung unterliegen, und den im §. 1 benannten Berechtigten zustehen, dürfen nur im Wege der freien Vereinigung der Betheiligten unter Zustimmung der Vorsteher und der Ober-Aufsichtsbehörde der berechtigten Institute in Rente verwandelt oder durch Kapital abgelöst werden.

Bestehen dergleichen Reallasten jedoch in anderen Naturalleistungen, als festen Abgaben an Körnern oder festen Leistungen an Holz und Brennmaterial, so ist zwar ihre Umwandlung in eine Roggenrente nach Vorschrift des §. 3 zulässig; bei der Feststellung der Rente findet aber kein Abzug wegen des zeitweisen Ruhens der Reallast statt, wogegen die Rente auch nur während der Dauer der Gangbarkeit der Reallast zu entrichten ist.

§. 9.

Ist mit den im §. 1 genannten Berechtigten eine Ablösung der Reallasten oder Regulirung der gutsherrlichen und bäuerlichen Verhältnisse gegen eine Kapital- oder Land-Abfindung vor Verkündigung des gegenwärtigen Gesetzes bereits auf rechtsverbindliche Weise zu Stande gekommen, so behält es dabei sein Bewenden.

§. 10.

Die in den §§. 95 und 101 des Ablösungsgesetzes vom 2. März 1850 in Betreff der Provokationen aufgestellten Regeln bleiben außer Anwendung, soweit es sich bei einer Ablösung oder Regulirung um Betheiligung der im §. 1 des gegenwärtigen Gesetzes bezeichneten Berechtigten handelt.

§. 11.

Die in vorstehenden Paragraphen enthaltenen Vorschriften finden auf die Reallasten, welche nach Verkündigung der seit dem 14. September 1811 in den verschiedenen Landestheilen ergangenen Ablösungsgesetze durch die im §. 1 gedachten Berechtigten von Personen, welche nicht unter §. 1 fallen, erworben sind, keine Anwendung; vielmehr bewendet es Hinsichts dieser Reallasten bei den Bestimmungen des Ablösungsgesetzes vom 2. März 1850.

§. 12.

In allen Auseinandersetzungs-Angelegenheiten (Gemeinheitstheilungen, Ablösungen, Regulirungen der gutsherrlichen und bäuerlichen Verhältnisse), geht die Vertretung und Wahrnehmung der Rechte der §. 1 gedachten Berechtigten, soweit sie bisher den Auseinandersetzungs-Behörden zustand, auf die betreffenden ordentlichen Behörden über.

§. 13.

Alle dem gegenwärtigen Gesetze entgegenstehende Bestimmungen werden aufgehoben. Durch dasselbe wird der im §. 65 des Gesetzes vom 2. März 1850, betreffend die Ablösung der Reallasten ꝛc., gemachte Vorbehalt erledigt.

Die Verordnung wegen Sistirung der Verwandlungen der den Kirchen, Pfarren, Küstereien und Schulen zustehenden Reallasten in Geldrente vom 13. Juni 1853 tritt außer Kraft.

Urkundlich unter Unserer Höchsteigenhändigen Unterschrift und beigedrucktem Königlichen Insiegel.

Gegeben Charlottenburg, den 15. April 1857.

(L. S.) Friedrich Wilhelm.

v. Manteuffel. v. d. Heydt. Simons. v. Raumer. v. Westphalen.
v. Bodelschwingh. v. Massow. Gr. v. Waldersee.
v. Manteuffel II.

I. 2502. Gutsherrliche Verhältnisse 34. Vol. 2.

144.

Verfügung vom 18. April 1857, — betreffend die Ermäßigung der nach der Forstordnung von 1669 wegen Weidefrevel in Waldungen erkannten Strafen im Wege der Gnade.

Bei der häufig eintretenden Nothwendigkeit, die auf Grund der Französischen Forstordnung von 1669 wegen Weidefrevel in Waldungen erkannten unverhältnißmäßig hohen Strafen im Wege der Allerhöchsten Gnade zu ermäßigen, sind der Herr Finanz-Minister, Falls jene Frevel in Domanial-Waldungen, und das Königl. Ministerium für die landwirthschaftlichen Angelegenheiten, Falls solche in Gemeinde- oder Privat-Waldungen verübt worden, ermächtigt, eine Ermäßigung der erkannten Strafen eintreten zu lassen, ohne in jedem einzelnen Falle die Allerhöchste Genehmigung nachzusuchen.

Es bedarf daher in solchen Fällen einer Berichtserstattung an den Justiz-Minister nicht; Sie werden vielmehr angewiesen, die betreffenden Immediat-Begnadigungs-Gesuche, Falls sie aus dem Geheimen Kabinet Sr. Majestät des Königs ohne Berichtserforderung remittirt werden, und es sich nur um eine Ermäßigung der Strafe handelt, mit Ihrer gutachtlichen Aeußerung und unter Beifügung der Akten an die betreffende Königl. Regierung gelangen zu lassen.

Berlin, den 18. April 1857.

Der Justiz-Minister
Simons.

An
die Königl. Herren Ober-Prokuratoren zu
Aachen, Bonn, Cleve, Coblenz, Cöln,
Düsseldorf, Saarbrücken, Trier.

Abschrift der vorstehenden Verfügung wird Ihnen, Herr General-Prokurator, zur Kenntnißnahme mitgetheilt.

Berlin, den 18. April 1857.

Der Justiz-Minister
Simons.

An
den Königl. Herrn General-Prokurator
zu Cöln.

I. 1571. Rhein. Crim. 7. Vol. 6.

145.

Allerhöchster Erlaß vom 20. April 1857, — betreffend die Verlegung des Termins zum Zusammentritt der Prüfungskommission für Rheinschiffer vom ersten Montag im Monat September auf den dritten Montag im Monat August.

Auf Ihren Bericht vom 29. März d. J. genehmige Ich, daß der durch §. 7 des Regulativs wegen Ausübung der Rheinschiffahrt von diesseitigen Unterthanen und wegen des Lootsendienstes auf dem Rheine vom 5. August 1834 (Gesetz-Sammlung S. 149) auf den ersten Montag im Monat September festgesetzte Termin zum Zusammentritt der Prüfungskommission für Rheinschiffer auf den dritten Montag im Monat August verlegt werde.

Dieser Erlaß ist durch die Gesetz-Sammlung zur öffentlichen Kenntniß zu bringen.

Charlottenburg, den 20. April 1857.

Friedrich Wilhelm.

v. Manteuffel. v. d. Heydt. Simons. v. Westphalen.

An den Ministerpräsidenten und Minister der auswärtigen Angelegenheiten, den Minister für Handel, Gewerbe und öffentliche Arbeiten, den Justizminister und den Minister des Innern.

I 1930. Rhein. Gener. 89. Vol 8.

146.

Publikationspatent über den Beschluß der Deutschen Bundesversammlung vom 12. März 1857 zur Erweiterung der Bestimmungen des Bundesbeschlusses vom 22. April 1841 zum Schutze der inländischen Verfasser dramatischer und musikalischer Werke gegen unbefugte Aufführung und Darstellung derselben. Vom 4. Mai 1857.

Wir Friedrich Wilhelm, von Gottes Gnaden, König von Preußen ꝛc. ꝛc.

thun kund und fügen hiermit zu wissen:

Da die zum Deutschen Bunde vereinigten Regierungen zur Erweiterung der Bestimmungen des Bundesbeschlusses v. 22. April 1841 zum Schutze der inländischen Verfasser dramatischer und musikalischer Werke gegen unbefugte Aufführung und Darstellung derselben (Gesetz-Sammlung für 1841 S. 385) in der zehnten Sitzung der Bundesversammlung vom 12. März d. J. über folgenden Beschluß übereingekommen sind:

Die durch den Bundesbeschluß vom 22. April 1841 zum Schutze der inländischen Verfasser dramatischer und musikalischer Werke gegen unbefugte Aufführung und Darstellung derselben im Umfange des Bundesgebietes vereinbarten Bestimmungen werden wie folgt erweitert:

1) Die öffentliche Aufführung eines dramatischen oder musikalischen Werkes im Ganzen oder mit Abkürzungen darf nur mit Erlaubniß des Autors, seiner Erben oder sonstigen Rechtsnachfolger stattfinden, so lange das Werk nicht durch den Druck veröffentlicht worden ist. Das ausschließende Recht, diese Erlaubniß zu ertheilen, steht dem Autor lebenslänglich und seinen Erben oder sonstigen Rechtsnachfolgern noch zehn Jahre nach seinem Tode zu.

2) Auch in dem Falle, daß der Autor eines dramatischen oder musikalischen Werkes sein Werk durch den Druck veröffentlicht, kann er sich und seinen Erben oder sonstigen Rechtsnachfolgern das ausschließende Recht, die Erlaubniß zur öffentlichen Aufführung zu ertheilen, durch eine mit seinem darunter gedruckten Namen versehene Erklärung vorbehalten, die jedem einzelnen Exemplare seines Werkes auf dem Titelblatte vorgedruckt sein muß. Ein solcher Vorbehalt bleibt wirksam auf Lebenszeit des Autors selbst und zu Gunsten seiner Erben oder sonstigen Rechtsnachfolger noch zehn Jahre nach seinem Tode.

3) Dem Autor oder dessen Rechtsnachfolgern steht gegen Jeden, welcher dessen ausschließendes Recht durch öffentliche Aufführung eines noch nicht durch den Druck veröffentlichten, oder mit der unter Ziffer 2. erwähnten Erklärung durch den Druck veröffentlichten dramatischen oder musikalischen Werkes beeinträchtigt, Anspruch auf Entschädigung zu.

4) Diese erweiterten Bestimmungen werden vom 1. Juli 1857 an in Wirksamkeit gesetzt werden.

5) Ziffer 1. 2. und 3. des Bundesbeschlusses vom 22. April 1841 sind hiernach aufgehoben, wogegen es bei Ziffer 4. hinsichtlich der Entschädigungen ꝛc. sein Bewenden behält.

so bringen Wir diese, unter sämmtlichen Deutschen Regierungen getroffene Vereinbarung hierdurch zur öffentlichen Kenntniß, und verordnen zugleich, daß Unsere Behörden und Unterthanen, nicht blos in Unseren zum Deutschen Bunde gehörenden Landen, sondern auch in den übrigen Provinzen Unserer Monarchie, sich danach zu achten haben.

So geschehen und gegeben Potsdam, den 4. Mai 1857.

(L. S.) Friedrich Wilhelm.

v. Manteuffel. Simons. v. Raumer.

I. 2704. N. 3. Vol. 8.

147.

Gesetz über das Münzwesen. Vom 4. Mai 1857.

Wir Friedrich Wilhelm, von Gottes Gnaden, König von Preußen ꝛc. ꝛc.

verordnen in Folge des, zwischen den Regierungen der bei der allgemeinen Münzkonvention vom 30. Juli 1838 betheiligten Staaten einerseits und der Kaiserlich Oesterreichischen und der Fürstlich Liechtensteinschen Regierung andererseits am 24. Januar d. J. abgeschlossenen, hier beigefügten Münzvertrages, mit Zustimmung beider Häuser des Landtages Unserer Monarchie, was folgt:

§. 1.

Das Preußische Pfund, in der Schwere von 500 Grammen, wie solches durch den §. 1 des Gesetzes vom 17. Mai v. J. (Ges.-Samml. S. 545) als Einheit des Preußischen Gewichts festgestellt ist, soll, an Stelle der seitherigen Münzmark von 233,855... Grammen, der Ausmünzung ausschließlich zu Grunde gelegt werden. Dasselbe wird zu diesem Zwecke in „Tausendtheile“ mit weiterer dezimaler Abstufung getheilt.

§. 2.

Der Thaler bleibt die eigentliche Silbermünze des Landes. Außer dem Thaler werden, wie bisher, Einsechstel-Thalerstücke und können Doppel-Thaler ausgeprägt werden.

§. 3.

In Anschluß an das Theilverhältniß des Thalers zur seitherigen Münzmark feinen Silbers soll das Pfund (§. 1) feinen Silbers zu 30 Thalern, 15 Doppelthalern und 180 Einsechstel-Thalerstücken ausgebracht werden, und demgemäß an die Stelle des bisherigen Vierzehn-Thalerfußes als gesetzlicher Münzfuß der

„Dreißig-Thalerfuß“

treten.

Der Dreißig-Thalerfuß auf der Grundlage des Pfundes (§. 1) wird dem auf die bisherige Mark gegründeten Vierzehn-Thalerfuße dergestalt gleichgestellt, daß bei allen Zahlungen und Verbindlichkeiten zwischen beiderlei Münzfüßen, beziehungsweise zwischen den gleichnamigen Münzstücken des bisherigen Vierzehn-Thalerfußes und des künftigen Dreißig-Thalerfußes, ein Unterschied nicht gemacht werden darf. Die Bezeichnung „Thalerwährung,“ welche an Stelle jeder anderen Bezeichnung des Landesmünzfußes tritt, findet demgemäß auf die in beiderlei Münzfüßen ausgebrachten Münzen Anwendung.

§. 4.

Der Thaler soll, unbeschadet seiner Eigenschaft und Geltung als eigenthümliche Silbermünze des Landes, in der Form und mit dem Attribute einer Vereinsmünze, als „Vereinsthaler“ ausgeprägt werden.

Die nämliche Bestimmung findet auf die Prägungen von Doppelthalern Anwendung.

Es bleibt vorbehalten, Thaler oder Doppelthaler für besondere Zwecke auch ausschließlich in der Eigenschaft als Landesmünze auszuprägen.

§. 5.

Das Mischungsverhältniß der Thaler und Doppelthaler wird auf neunhundert Tausendtheile Silber und Einhundert Tausendtheile Kupfer, der Einsechstel-Thalerstücke auf fünfhundertundzwanzig Tausendtheile Silber und vierhundertundachtzig Tausendtheile Kupfer festgestellt.

Es werden demnach $13\frac{1}{2}$ Doppelthaler und 27 Thaler, ingleichen $93\frac{6}{10}$ Einsechstel-Thalerstücke je Ein Pfund (§. 1) wiegen.

§. 6.

Bei der Ausprägung dieser Münzen soll auch in Zukunft unter dem Vorwande eines sogenannten Remediums an ihrem Gehalte und Gewichte nichts gekürzt, vielmehr alle Sorgfalt darauf verwendet werden, daß sie Beides, Gehalt und Gewicht, vollständig haben. Soweit eine absolute Genauigkeit bei dem einzelnen Stücke nicht innegehalten werden kann, soll die Abweichung im Mehr oder Weniger

bei dem einzelnen Doppelthaler im Gewicht nicht mehr als drei Tausendtheile seines Gewichts, im Feingehalt nicht mehr als drei Tausendtheile,

bei dem einzelnen Thaler im Gewicht nicht mehr als vier Tausendtheile seines Gewichts, im Feingehalt nicht mehr als drei Tausendtheile,

bei dem einzelnen Einsechstel-Thalerstück im Gewicht nicht mehr als zehn Tausendtheile seines Gewichts, im Feingehalt nicht mehr als fünf Tausendtheile

betragen.

§. 7.

Der Thaler soll auch ferner in dreißig Silbergroschen und der Silbergroschen in zwölf Pfennige getheilt und es sollen, wie bisher:

1) als Silberscheidemünzen:
Zwei-und-ein-halb-Silbergroschenstücke, Silbergroschenstücke und Einhalb-Silbergroschenstücke,

2) als Kupferscheidemünzen:
Vier-, Drei-, Zwei- und Ein-Pfennigstücke

ausgeprägt werden. Diese zu Zahlungen im kleinen Verkehr und zur Ausgleichung bestimmten Scheidemünzen sollen in größeren Mengen, als zur Erreichung dieses Zweckes erforderlich ist, nicht in Umlauf gesetzt werden.

Zahlungen, welche mit Einsechstel-Thalerstücken geleistet werden können, ist Niemand verpflichtet in Scheidemünze anzunehmen; dagegen darf die Annahme der letzteren von den öffentlichen Kassen und Anstalten ebensowenig als im Privatverkehr verweigert werden, wenn die zu leistende Zahlung weniger als ein Sechstheil Thaler beträgt, oder weniger als ein Einsechstel-Thalerstück zur Ausgleichung der Summe erforderlich ist.

§. 8.

In der Silberscheidemünze soll, der eingetretenen Veränderung des Münzgewichts entsprechend, das Pfund (§. 1) feinen Silbers durchgehends zu 34½ Thalern ausgebracht werden und es sollen demnach

414 Zwei-und-ein-halb-Silbergroschenstücke,
1035 Silbergroschenstücke,
2070 Ein-halb-Silbergroschenstücke

je Ein Pfund feinen Silbers enthalten.

Der Feingehalt der Zwei-und-ein-halb-Silbergroschenstücke wird auf

Dreihundertfünfundsiebenzig Tausendtheile feinen Silbers zu sechshundertfünfundzwanzig Tausendtheilen Kupfer,

der Silbergroschenstücke und der Ein-halb-Silbergroschenstücke auf
zweihundertundzwanzig Tausendtheile feinen Silbers zu
siebenhundertundachtzig Tausendtheilen Kupfer
bestimmt.

Es werden demnach:
155,25 Zwei-und-ein-halb-Silbergroschenstücke,
227,70 Silbergroschenstücke,
455,40 Ein-halb-Silbergroschenstücke
je Ein Pfund wiegen.

§. 9.

In der Kupferscheidemünze sollen 100 Pfund (§. 1) Kupfer höchstens zu 112 Thalern ausgebracht werden.

Die näheren Bestimmungen über die Ausbringung der Kupferscheidemünze, sowie über das Gewichtsverhältniß der einzelnen Stücke derselben werden durch Königliche Verordnung getroffen werden. Bis dahin sind, mit Rücksicht auf die eingetretene Veränderung des Münzgewichts, 100 Pfund (§. 1) Kupfer zu 92,5926 Thaler auszubringen, und es sollen so viel Stücke, als zusammengenommen Einen Silbergroschen ausmachen, 36 Tausendtheile des Pfundes (§. 1) wiegen.

§. 10.

Gleich den Landesmünzen sollen sowohl bei allen öffentlichen Kassen, als auch im allgemeinen und Handels-Verkehr, nach ihrem vollen Werthe angenommen und ausgegeben werden:

1) die gemäß der allgemeinen Münzkonvention vom 30. Juli 1838 (Gesetz-Sammlung 1839 S. 18), sowie die vor dem Jahre 1839 von den Staaten des Zoll- und Handelsvereins im Vierzehn-Thalerfuße ausgeprägten Thaler,
2) die von den Staaten des Zoll- und Handelsvereins gemäß den Artikeln 7. und 8. der erwähnten Münzkonvention als Vereinsmünzen bisher ausgeprägten Doppelthaler (Einsiebentheilmarkstücke oder Drei-und-ein-halb-Guldenstücke),
3) die in Gemäßheit des Münzvertrages v. 24. Januar d. J. und in der Eigenschaft als Vereinsmünzen ausgeprägten Thaler und Doppelthaler derjenigen Staaten, welche an diesem Vertrage Theil genommen haben, oder demselben in Zukunft beitreten werden.

Die Annahme der vorstehend unter Nr. 2. und 3. bezeichneten Münzen zu deren vollem Werthe soll auch in dem Falle von Niemandem versagt werden dürfen, wenn die Zusage der Zahlungsleistung auf eine bestimmte andere Münzsorte der Thalerwährung lautet.

§. 11.

Es sollen Handelsmünzen in Gold unter der Benennung

»Krone« und »Halbe Krone« in der Form und mit dem Attribute von Vereinsmünzen, und zwar:

1) die Krone zu $1/_{50}$ des Pfundes (§. 1) feinen Goldes,

2) die Halbe Krone zu $1/_{100}$ des Pfundes feinen Goldes,

ausgeprägt werden.

Diese Münzen sollen die eigenthümlichen Goldmünzen des Landes sein und es sollen andere Goldmünzen fortan nicht gemünzt werden.

§. 12.

Das Mischungsverhältniß der Krone und der Halben Krone wird auf neunhundert Tausendtheile Gold und Einhundert Tausendtheile Kupfer festgesetzt. Es werden demnach fünfundvierzig Kronen und neunzig Halbe Kronen Ein Pfund (§. 1) wiegen.

Die Abweichung im Mehr oder Weniger darf unter Festhaltung des im §.6 dieses Gesetzes ausgesprochenen Grundsatzes bei dem einzelnen Stücke, sowohl der Krone als auch der Halben Krone, im Gewicht nicht mehr als zwei und ein halb Tausendtheile seines Gewichtes, im Feingehalte nicht mehr als zwei Tausendtheile betragen.

§. 13.

Zur Erleichterung der Rechnung nach Kronenwerth wird die Krone in zehn Theile unter der Benennung »Kronzehntel« eingetheilt. Noch kleinere Theile werden ohne besondere Benennung durch Dezimal-Bruchtheile des Kronzehntels, beziehungsweise der Krone angegeben.

§. 14.

Der Silberwerth der Goldmünzen (§. 11) wird lediglich durch das Verhältniß des Angebots zur Nachfrage bestimmt und es ist zu deren Annahme an Stelle der landesgesetzlichen Silberwährung Niemand verpflichtet.

Auch ist es den unter Autorität des Staats bestehenden öffentlichen Anstalten, insbesondere den Geld- und Kredit-Anstalten und Banken nicht gestattet, wegen der von ihnen zu leistenden Zahlungen einen (alternativen) Vorbehalt der Wahl des Zahlungsmittels in Silber oder Gold in der Art sich zu bedingen, daß dabei für letzteres ein im Voraus bestimmtes Werthverhältniß in Silbergeld ausgedrückt wird.

§. 15.

Goldmünzen, welche das Normalgewicht von $1/_{45}$ beziehungsweise $1/_{90}$ des Pfundes (§. 1) mit der in §. 12 gestatteten Gewichtsabweichung von zwei und ein halb Tausendtheilen haben (Passirgewicht) und nicht durch gewaltsame oder gesetzwidrige Beschädigung am Gewicht verringert sind, sollen bei allen Zahlungen als vollwichtig gelten.

Goldmünzen, welche das vorgedachte Passirgewicht nicht erreichen und an Zahlungsstatt von den Staatskassen oder von den unter Autorität des Staats bestehenden öffentlichen Anstalten, namentlich den Geld- und Kredit-Anstalten und Banken angenommen worden sind, dürfen von den Staatskassen und den letztgedachten Anstalten nicht wieder ausgegeben werden.

§. 16.

Unser Finanzminister ist ermächtigt, unter Berücksichtigung des Handels-Kurswerthes den Preis zu bestimmen, zu welchem die Krone und die Halbe Krone statt der Silbermünzen bei Unseren Kassen entweder allgemein oder mit Beschränkung auf gewisse Kassen und Zahlungen angenommen werden soll.

Zugleich mit diesem Kassenkurse hat der Finanzminister den Werthsabzug zu bestimmen, welcher bei Unseren Kassen für solche Goldmünzen, welche das Passirgewicht (§. 15) nicht erreichen, mit Rücksicht auf das Mindergewicht und die Kosten der Ummünzung einzutreten hat.

Es kann jederzeit sowohl der bestimmte Kassenkurs abgeändert, als auch die Gestattung der Annahme der Kronen und Halben Kronen statt der Silbermünzen bei Unseren Kassen durch eine von Unserem Finanzminister zu erlassende Bekanntmachung zurückgenommen oder beschränkt werden.

§. 17.

Die in Gemäßheit des Münzvertrages vom 24. Januar d. J. und in der Eigenschaft als Vereinsmünzen ausgeprägten Kronen und Halben Kronen derjenigen Staaten, welche an diesem Vertrage Theil genommen haben, oder demselben in Zukunft beitreten werden, sollen den Kronen und Halben Kronen inländischen Gepräges sowohl bei Unseren Kassen, als auch im allgemeinen und Handels-Verkehr gleichgestellt sein, dergestalt, daß auch in letzterem, sofern nicht ein Anderes besonders verabredet worden, insbesondere aber hinsichtlich der Annahme bei Unseren Kassen, sowie hinsichtlich des Werthsabzuges, welcher bei Zahlungen an dieselben mit Rücksicht auf das Mindergewicht und die Umprägungskosten einzutreten hat (§. 16), und hinsichtlich des Verbots der Wieder-Ausgabe solcher Goldmünzen, welche das Passirgewicht nicht erreichen (§. 15), ein Unterschied zwischen den Goldmünzen jener Staaten und den Goldmünzen inländischen Gepräges nicht gemacht werden darf.

§. 18.

Zahlungsverbindlichkeiten, welche auf eine gewisse Anzahl von Stücken Preußischer Friedrichsd'or nach dem durch die bisherige Münzverfassung, beziehungsweise durch das Gesetz vom 30. Sept. 1821 (Ges.-Sammlung S. 159) bestimmten Ausmünzungsfuße, oder auf eine gewisse Summe in Preußischen Friedrichsd'or oder endlich auf Thaler Gold dergestalt lauten, daß die Erfüllung in Preußischen Friedrichsd'or gesetzlich verlangt werden kann, müssen, sofern sie nach dem 31. Dezember 1831 entstanden sind, entweder auch ferner in Preußischen Friedrichsd'or oder in Silberkurant, den Friedrichsd'or zu fünf Thalern zwanzig Silbergroschen gerechnet, erfüllt werden.

§. 19.

Unser Staatsministerium bleibt auch ferner befugt, den Werth zu bestimmen, über welchen hinaus fremde Gold- und Silbermünzen, mit Ausnahme der in den §§. 10 und 17 erwähnten, im Verkehr nicht in Zahlung angeboten und gegeben werden dürfen.

Auch soll dasselbe ermächtigt sein, den Umlauf solcher fremden Münzsorten, welche in ihrem Gehalte unsicher sind, oder welche einen geringeren, als den durch die aufgeprägte Werthsbezeichnung angegebenen Gehalt haben, oder welche in dem Lande, in dem sie geprägt oder zum Umlauf verstattet sind, im äußeren Werthe herabgesetzt, oder welche in einem benachbarten Staate verboten werden möchten, nach einer den Umständen angemessenen Frist, gänzlich zu untersagen.

§. 20.

Die Bestimmungen der §§. 2, 3, 4, 5, 6, 7, 8 und 9 dieses Gesetzes finden in den Hohenzollernschen Landen keine Anwendung.

Es verbleibt daselbst bei der bestehenden Guldenwährung mit der Maaßgabe, daß fortan das Pfund (§. 1) feinen Silbers zu zwei und funfzig und einem halben Gulden ausgebracht wird und demgemäß an die Stelle des Vier-und-zwanzig-und-ein-halb-Guldenfußes als gesetzlicher Münzfuß der Zwei-und-funfzig-und-ein-halb-Guldenfuß tritt, zwischen beiden Münzfüßen, beziehungsweise zwischen den gleichnamigen Münzstücken derselben jedoch ebenso, wie solches im §. 3 dieses Gesetzes hinsichtlich der Thalerwährung bestimmt ist, ein Unterschied nicht gemacht werden darf und die Bezeichnung „Süddeutsche Währung" auf die in beiderlei Münzfüßen ausgebrachten Münzen Anwendung findet.

Ueber die Ausmünzung des Guldens, der Theilstücke des Guldens und der Scheidemünzen wird, im Anschluß an die zwischen den Staaten der süddeutschen Währung zu treffende besondere Vereinbarung, durch Königliche Verordnung Bestimmung ergehen. Bei der Ausmünzung des Guldens und der Theilstücke desselben soll der im §. 6 ausgesprochene Grundsatz maaßgebend sein.

§. 21.

Dieses Gesetz tritt gleichzeitig mit dem Münzvertrage vom 24. Januar d. J. in Wirksamkeit.

Mit demselben Tage treten das Gesetz über die Münzverfassung in den Preußischen Staaten vom 30. September 1821 (Ges.-Samml. S. 159), die Kabinetsorder vom 5. März 1839, die Ausprägung von Doppelthalern oder Drei-und-ein-halb-Guldenstücken als Vereinsmünze betreffend (Ges.-Samml. S. 92), und die Verordnung, betreffend die Ausgabe von Zwei-und-ein-halb-Silbergroschen-Stücken Scheidemünze vom 28. Juni 1843 (Ges.-Samml. S. 255), außer Kraft.

§. 22.

Unser Ministerpräsident und Unser Finanzminister werden mit der Ausführung dieses Gesetzes beauftragt.

Urkundlich unter Unserer Höchsteigenhändigen Unterschrift und beigedrucktem Königlichen Insiegel.

Gegeben Potsdam, den 4. Mai 1857.

(L. S.) Friedrich Wilhelm.

v. Manteuffel. v. d. Heydt. Simons. v. Raumer. v. Westphalen. v. Bodelschwingh. Gr. v. Waldersee. v. Manteuffel II.

I. 2343. M. 70. Vol. 3.

Münzvertrag.

Nachdem das Kaiserthum Oesterreich und das Fürstenthum Liechtenstein einerseits und die durch die allgemeine Münzkonvention vom 30. Juli 1838 unter sich verbundenen Deutschen Zollvereinsstaaten andererseits übereingekommen sind, zum Zwecke der Herbeiführung einer gemeinsamen Verständigung über das Münzwesen die im Artikel 19. des Handels- und Zollvertrags vom 19. Februar 1853 vorbehaltenen besonderen Verhandlungen hierüber zu eröffnen, so haben zu solchem Ende zu Bevollmächtigten ernannt:

Seine Majestät der Kaiser von Oesterreich:
Allerhöchstihren Ministerialrath im Finanzministerium Johann Anton Brentano, Ritter des Oesterreichisch Kaiserlichen Leopoldordens;

Seine Majestät der König von Preußen:
Allerhöchstihren Geheimen Ober-Finanzrath Karl Theodor Seydel, Ritter des rothen Adlerordens IV. Klasse;

Seine Majestät der König von Bayern:
Allerhöchstihren Ober-Münzmeister Franz Xaver v. Haindl, Ritter der Königlich Bayerischen Verdienstorden der Bayerischen Krone und vom heiligen Michael u. s. w.;

Seine Majestät der König von Sachsen:
Allerhöchstihren Director der Ober-Rechnungskammer und Finanzministerial-Director, Geheimen Rath Adolph Frei-

herrn von Weißenbach, Komthur II. Klasse des Königlich Sächsischen Verdienstordens u. s. w.;

Seine Majestät der König von Hannover:
Allerhöchstihren Finanzrath, Münzmeister Wilhelm Brüel, Mitglied der IV. Klasse des Königlichen Guelphenordens;

Seine Majestät der König von Württemberg:
Allerhöchstihren Regierungsrath im Ministerium des Innern, Adolph Müller;

Seine Königliche Hoheit der Großherzog von Baden:
Allerhöchstihren Geheimen Referendär Dr. Vollrath Vogelmann, Kommandeur des Großherzoglichen Ordens vom Zähringer Löwen u. s. w.;

Seine Königliche Hoheit der Kurfürst von Hessen:
Allerhöchstihren Ober-Bergrath Johann Rudolph Siegmund Fulda;

Seine Königliche Hoheit der Großherzog von Hessen:
Allerhöchstihren Ober-Baurath Hektor Rößler, Ritter des Ordens Philipps des Großmüthigen u. s. w.;

Seine Königliche Hoheit der Großherzog zu Sachsen:
Allerhöchstihren Staatsrath Gottfried Theodor Stichling, Komthur II. Klasse des Großherzoglich Sächsischen Hausordens vom weißen Falken u. s. w.;

Seine Königliche Hoheit der Großherzog von Oldenburg:
den Königlich Hannoverschen Finanzrath u. s. w. Wilhelm Brüel;

Seine Hoheit der Herzog von Sachsen-Meiningen:
den Königlich Bayerischen Ober-Münzmeister Franz Xaver von Haindl;

Seine Hoheit der Herzog von Sachsen-Coburg und Gotha:
den Königlich Sächsischen Geheimen Rath u. s. w. Adolph Freiherrn von Weißenbach;

Seine Hoheit der Herzog von Sachsen-Altenburg:
den Großherzoglich Sächsischen Staatsrath Gottfried Theodor Stichling;

Seine Hoheit der Herzog von Braunschweig:
den Königlich Preußischen Geheimen Ober-Finanzrath Karl Theodor Seydel;

Seine Hoheit der Herzog von Nassau:
den Königlich Bayerischen Ober-Münzmeister Franz Xaver von Haindl;

Seine Hoheit der Herzog von Anhalt-Dessau-Köthen,
Ihre Hoheiten der Herzog und die Herzogin-Mitregentin von Anhalt-Bernburg und
Seine Durchlaucht der Fürst von Schwarzburg-Sondershausen:
den Königlich Preußischen Geheimen Ober-Finanzrath Karl Theodor Seydel;

Seine Durchlaucht der Fürst von Schwarzburg-Rudolstadt:
den Königlich Bayerischen Ober-Münzmeister Franz Xaver von Haindl;

Seine Durchlaucht der souveraine Fürst von Liechtenstein:
den Kaiserlich Oesterreichischen Ministerialrath im Ministerium des Innern, j. u. Dr. Cajetan Edlen von Mayer, Ritter der Oesterreichisch Kaiserlichen Leopolds- und Franz-Josephs-Orden u. s. w.;

Seine Durchlaucht der Fürst von Waldeck und Pyrmont:
den Königlich Preußischen Geheimen Ober-Finanzrath Karl Theodor Seydel;

Seine Durchlaucht der Fürst Reuß älterer Linie:
den Großherzoglich Sächsischen Staatsrath Gottfried Theodor Stichling;

Seine Durchlaucht der Fürst Reuß jüngerer Linie:
den Königlich Sächsischen Geheimen Rath u. s. w. Adolph Freiherrn von Weißenbach;

Seine Durchlaucht der Fürst von Schaumburg-Lippe:
den Königlich Hannoverschen Finanzrath u. s. w. Wilhelm Brüel;

Seine Durchlaucht der Fürst zur Lippe:
den Königlich Preußischen Geheimen Ober-Finanzrath Karl Theodor Seydel;

Seine Durchl. der souveraine Landgraf von Hessen:
den Großherzogl. Hessischen Ober-Baurath Hektor Rößler:

Der Senat der freien Stadt Frankfurt:
den Senator Franz Alfred Jakob Bernus u. s. w.;

von welchen Bevollmächtigten nachstehender Münzvertrag verhandelt und geschlossen worden ist:

Artikel 1.

Das Pfund, in der Schwere von 500 Grammen, wie solches bereits bei der Erhebung der Zölle zur Anwendung kommt, soll in den vertragenden Staaten der Ausmünzung zur Grundlage dienen und auf deren Münzstätten als ausschließliches Münzgewicht eingeführt werden, auch zu diesem Zwecke eine selbstständige Eintheilung in Tausendtheile mit weiterer dezimaler Abstufung erhalten.

Artikel 2.

Mit Festhaltung der reinen Silberwährung und auf der Grundlage des neuen Pfundes soll die Münzverfassung der vertragenden Staaten in der Art geordnet werden, daß, je nachdem in denselben die Thaler- und Groschen- oder die Gulden-Rechnung mit Hunderttheilung oder die Gulden- und Kreuzer-Rechnung den Verhältnissen entsprechend ist oder eingeführt wird,

entweder der Dreißig-Thalerfuß (an Stelle des bisherigen Vierzehn-Thalerfußes) zu 30 Thalern aus dem Pfunde feinen Silbers,

oder der Fünfundvierzig-Guldenfuß zu 45 Gulden aus dem Pfunde feinen Silbers,

oder der Zweiundfunfzig-und-einhalb-Guldenfuß (an Stelle des bisherigen 24½ Fl.-Fußes) zu 52½ Gulden aus dem Pfunde feinen Silbers,

als Landesmünzfuß zu gelten hat.

Artikel 3.

Insbesondere soll

a) im Königreiche Preußen mit Ausschluß der Hohenzollernschen Lande, in den Königreichen Sachsen und Hannover, im Kurfürstenthume Hessen, im Großherzogthume Sachsen, in den Herzogthümern Sachsen-Altenburg, Sachsen-Gotha, Braunschweig, Oldenburg mit Birkenfeld, Anhalt-Dessau-Köthen und Anhalt-Bernburg, in dem Fürstenthume Schwarzburg-Sondershausen und der Unterherrschaft des Fürstenthums Schwarzburg-Rudolstadt, in den Fürstenthümern Waldeck und Pyrmont, Reuß älterer Linie und Reuß jüngerer Linie, Schaumburg-Lippe und Lippe:

der Dreißig-Thalerfuß,

b) im Kaiserthume Oesterreich, sowie im Fürstenthume Liechtenstein:

der Fünfundvierzig-Guldenfuß,

c) in den Königreichen Bayern und Württemberg, in den Großherzogthümern Baden und Hessen, im Herzogthume Sachsen-Meiningen, im Fürstenthume Sachsen-Coburg, in den Hohenzollernschen Landen Preußens, im Herzogthume Nassau, in der Oberherrschaft des Fürstenthums Schwarzburg-Rudolstadt, in der Landgrafschaft Hessen-Homburg und in der freien Stadt Frankfurt:

der Zweiundfunfzig-und-einhalb-Guldenfuß

als Landesmünzfuß und Grundlage der gesetzlichen Landeswährung daselbst angesehen und bez. eingeführt werden.

Demgemäß sollen unter Münzen:
der „Thalerwährung“: die des 30 Thalerfußes bez. des 14 Thalerfußes,
„Oesterreichischer Währung“: die des 45 Fl.-Fußes,
„Süddeutscher Währung“: die des 52½ Fl.-Fußes bez. des 24½ Fl.-Fußes
verstanden werden.

Artikel 4.

Die Münzstücke des 30 Thaler- und 52½ Fl.-Fußes sollen völlig gleiche Geltung mit den im bisherigen bez. 14 Thaler- und 24½ Fl.-Fuße ausgeprägten gleichnamigen Münzen haben, dergestalt, daß bei allen Zahlungen und Verbindlichkeiten, sofern nicht die am Schlusse des Artikels 8. vorgesehene besondere Verabredung getroffen ist, ein Unterschied zwischen den alten Münzen des 14 Thaler- und 24½ Fl.-Fußes und den neuen Münzen des 30 Thaler- und 52½ Fl.-Fußes nicht gemacht werden darf.

Artikel 5.

Ein jeder der vertragenden Staaten wird seine Ausmünzungen auf solche Stücke beschränken, welche der dem vereinbarten Münzfuße (Artikel 2. und 3.) entsprechenden Rechnungsweise gemäß sind.

Ausnahmsweise bleibt es Oesterreich vorbehalten, noch ferner sogenannte „Levantiner Thaler“ mit dem Bildnisse der Kaiserin Maria Theresia und mit der Jahrzahl 1780 im damaligen Schrot und Korn als Handelsmünze auszuprägen.

Als zulässige kleinste in dem Landesmünzfuße auszuprägende Theilstücke der Hauptmünzen werden anerkannt:

das ⅙ Thalerstück im 30 Thalerfuße,
das ¼ Fl.-Stück im 45 Fl.-Fuße,
das ¼ Fl.-Stück im 52½ Fl.-Fuße.

Die vertragenden Regierungen verpflichten sich, die Ausmünzung in Theilstücken auf das nothwendige Bedürfniß zu beschränken.

Artikel 6.

Sämmtliche vertragende Regierungen verpflichten sich, bei der Ausmünzung von grober Silbermünze, folglich von Hauptmünzen sowohl als deren Theilstücken — Kurantmünzen — ihren Landesmünzfuß (Artikel 3.) genau innehalten und die möglichste Sorgfalt darauf verwenden zu lassen, daß auch die einzelnen Stücke durchaus vollhaltig und vollwichtig ausgemünzt werden. Sie vereinigen sich insbesondere gegenseitig zu dem Grundsatze, daß unter dem Vorwande eines sogenannten Remediums an dem Gehalte oder dem Gewichte der Münzen nichts gekürzt, vielmehr eine Abweichung von dem den letzteren zukommenden Gehalte oder Gewichte nur insoweit nachgesehen werden dürfe, als eine absolute Genauigkeit nicht eingehalten werden kann.

Artikel 7.

Der Feingehalt wird in Tausendtheilen ausgedrückt.

Bei der Bestimmung des Feingehalts der Silbermünzen soll überall die Probe auf nassem Wege angewendet werden.

Artikel 8.

Zur Vermittelung und Erleichterung des gegenseitigen Verkehrs unter den vertragenden Staaten sollen zwei, den im Artikel 2. gedachten Münzfüßen entsprechende Hauptsilbermünzen unter der Benennung Vereinsthaler ausgeprägt werden, nämlich:

1) das Ein-Vereinsthalerstück zu $^1/_{30}$ des Pfundes feinen Silbers mit dem Werthe von bez. 1 Thaler in Thalerwährung, $1^1/_2$ Fl. Oesterreichischer Währung und $1^3/_4$ Fl. Süddeutscher Währung;

2) das Zwei-Vereinsthalerstück zu $^1/_{15}$ des Pfundes feinen Silbers mit dem Werthe von bez. 2 Thalern in Thalerwährung, 3 Fl. Oesterreichischer Währung und $3^1/_2$ Fl. Süddeutscher Währung.

Diesen Vereinsmünzen wird zu dem angegebenen Werthe im ganzen Umfange der vertragenden Staaten, bei allen Staats-, Gemeinde-, Stiftungs- und anderen öffentlichen Kassen, sowie im Privatverkehre, namentlich auch bei Wechselzahlungen, unbeschränkte Gültigkeit, gleich den eigenen Landesmünzen, beigelegt. Außerdem soll auch in dem Falle Niemand deren Annahme zu dem vollen Werthe in Zahlung verweigern können, wenn die Zusage der Zahlungsleistung auf eine bestimmte Münzsorte der eigenen Landeswährung lautet. Nicht minder soll es in den vertragenden Staaten Jedermann gestattet sein, Vereinsmünzen ausdrücklich und mit der Wirkung in Zahlung zu versprechen oder sich zu bedingen, daß in diesem Falle letztere lediglich in Vereinsmünzen zu leisten ist.

Artikel 9.

Die von den durch die allgemeine Münzkonvention vom 30. Juli 1838 verbundenen Staaten bisher in der Eigenschaft einer Vereinsmünze ausgeprägten Zweithaler- (bez. $3^1/_2$ Fl.-) Stücke werden den Vereinsmünzstücken (Artikel 8.) in jeder Beziehung gleichgestellt.

Den der allgemeinen Münzkonvention vom 30. Juli 1838 gemäß, sowie den vor dem Jahre 1839 im bisherigen Vierzehn-Thalerfuße ausgeprägten Thalerstücken wird in allen vertragenden Staaten die unbeschränkte Gültigkeit gleich den eigenen Landesmünzen zugestanden.

Artikel 10.

Das Mischungsverhältniß der Vereinsmünzen wird auf neunhundert Tausendtheile Silber und Einhundert Tausendtheile Kupfer festgesetzt. Es werden demnach $13^1/_2$ doppelte oder 27 einfache Vereinsthaler Ein Pfund wiegen. Die Abweichung im Mehr oder Weniger darf, unter Festhaltung des im Artikel 6. anerkannten Grundsatzes, im Feingehalt nicht mehr als drei Tausendtheile, im Gewicht aber bei dem einzelnen Ein-Vereinsthalerstück nicht mehr als vier Tausendtheile seines Gewichtes und bei dem einzelnen Zwei-Vereinsthalerstück nicht mehr als drei Tausendtheile seines Gewichtes betragen.

Der Durchmesser wird für das Ein-Vereinsthalerstück auf 33 Millimeter, für das Zwei-Vereinsthalerstück auf 41 Millimeter festgesetzt; beide werden im Ringe und mit einem glatten, mit vertiefter Schrift oder Verzierung versehenen Rande geprägt werden.

In den Avers derselben ist das Bildniß des Landesherrn und bei der freien Stadt Frankfurt das Symbol derselben aufzunehmen.

Der Revers muß in der Umschrift um das Landeswappen die Angabe des Theilverhältnisses zum Pfunde feinen Silbers und die ausdrückliche Bezeichnung als Ein-Vereinsthaler bez. als Zwei-Vereinsthaler, ingleichen die Jahrzahl enthalten. Durch letztere ist stets das Jahr der wirklichen Ausmünzung zu bezeichnen.

Artikel 11.

Die Höhe der in Zwei-Vereinsthalerstücken auszuführenden Ausmünzungen bleibt dem Ermessen jedes einzelnen Staates überlassen.

Dagegen sollen an Ein-Vereinsthalerstücken:

1) in der Zeit von 1857 bis zum 31. Dezember 1862 von jedem der vertragenden Staaten mindestens vierundzwanzig Stücke auf je Einhundert Seelen seiner Bevölkerung,
2) in den folgenden Jahren vom 1. Januar 1863 an, innerhalb jedesmaliger vier Jahre, von jedem der vertragenden Staaten mindestens sechszehn Stücke auf je Einhundert Seelen seiner Bevölkerung ausgeprägt werden.

Artikel 12.

Die vertragenden Regierungen werden die neu ausgegebenen Vereinsmünzen gegenseitig von Zeit zu Zeit in Bezug auf ihren Feingehalt und auf ihr Gewicht prüfen lassen, und von den Ausstellungen, die sich dabei etwa ergeben, einander Mittheilung machen.

Für den unerwarteten Fall, daß die Ausmünzung der einen oder der andern der betheiligten Regierungen im Feingehalte oder im Gewichte den vertragsmäßigen Bestimmungen nicht entsprechend befunden würde, übernimmt dieselbe die Verbindlichkeit, entweder sofort oder nach vorangegangener schiedsrichterlicher Entscheidung sämmtliche von ihr geprägte Vereinsmünzen desjenigen

Jahrganges, welchem die fehlerhafte Ausmünzung angehört, wieder einzuziehen.

Artikel 13.

Sämmtliche vertragende Staaten verpflichten sich, ihre eigenen groben Silbermünzen niemals gegen den ihnen beigelegten Werth herabzusetzen, auch eine Außerkurssetzung derselben anders nicht eintreten zu lassen, als nachdem eine Einlösungsfrist von mindestens vier Wochen festgesetzt und wenigstens drei Monate vor ihrem Ablaufe öffentlich bekannt gemacht worden ist.

Nicht minder macht jeder Staat sich verbindlich, die gedachten Münzen, einschließlich der von ihm ausgeprägten Vereinsmünzen, wenn dieselben in Folge längerer Cirkulation und Abnutzung eine erhebliche Verminderung des ihnen ursprünglich zukommenden Metallwerthes erlitten haben, allmälig zum Einschmelzen einzuziehen und dergleichen abgenutzte Stücke auch dann, wenn das Gepräge undeutlich geworden, stets für voll zu demjenigen Werthe, zu welchem sie nach der von ihm getroffenen Bestimmung in Umlauf gesetzt sind, bei allen seinen Kassen anzunehmen.

Artikel 14.

Es bleibt vorbehalten, zu Zahlungen im kleinen Verkehre und zur Ausgleichung kleinere Münze nach einem leichtern Münzfuß als dem Landesmünzfuß (Artikel 2. und 3.) in einem dem letzteren entsprechenden Nennwerth als Scheidemünze sowohl in Silber als in Kupfer auszuprägen.

Dieselbe hat auf dem Gepräge stets die ausdrückliche Bezeichnung als „Scheidemünze“ zu enthalten und darf sich beim Silber nicht über Stücke von der Hälfte des kleinsten Kurant-Theilstückes, beim Kupfer hingegen nicht über bez. Sechs- und Fünf-Pfenning- (Pfennig-), sowie über bez. Vier-Hunderttheil- und Zwei-Kreuzer-Stücke erheben; es ist auch auf der Kupfermünze der Nennwerth nicht nach dem Theilverhältnisse zu einer höheren Münzstufe, sondern nach der Ein- oder Mehrheit oder dem Theilbetrage der für die kleinsten Münzgrößen bestehenden Werthbenennungen als Pfenninge (Pfennige), Kreuzer u. s. w. auszudrücken.

Es darf die Silberscheidemünze künftig in keinem der vertragenden Staaten nach einem leichtern Münzfuße als zu 34½ Thalern in Thalerwährung, 51¾ Fl. Oesterreichischer Währung oder 60⅜ Fl. Süddeutscher Währung geprägt werden.

Bei Ausprägung der Kupferscheidemünze ist das Nennwerthverhältniß von 112 Thalern in Thalerwährung, 168 Fl. Oesterreichischer Währung und 196 Fl. Süddeutscher Währung für 1 Zollzentner Kupfer niemals zu überschreiten.

Sämmtliche vertragende Staaten verpflichten sich zugleich, nicht mehr Silber- und Kupfer-Scheidemünze in Umlauf zu setzen, als für das Bedürfniß des eigenen Landes zu Zahlungen im kleinen Verkehre und zur Ausgleichung erforderlich ist. Auch werden sie die gegenwärtig in Umlauf befindliche Scheidemünze, soweit dieselbe dieses Bedürfniß etwa bereits übersteigt, auf jenes Maaß zurückführen.

Niemand darf in den Landen der vertragenden Staaten genöthigt werden, eine Zahlung, welche den Werth der kleinsten groben Münze erreicht (Art. 5.), in Scheidemünze anzunehmen.

Artikel 15.

Jeder vertragende Staat macht sich verbindlich:

a) seine eigene Silber- und Kupfer-Scheidemünze niemals gegen den ihr beigelegten Werth herunterzusetzen, auch eine Außerkurssetzung derselben nur dann eintreten zu lassen, wenn eine Einlösungsfrist von mindestens vier Wochen festgesetzt und wenigstens drei Monate vor ihrem Ablaufe öffentlich bekannt gemacht worden ist;

b) dieselbe, wenn in Folge längerer Cirkulation und Abnutzung das Gepräge undeutlich geworden ist, nach demjenigen Werthe, zu welchem sie, nach der von ihm getroffenen Bestimmung in Umlauf gesetzt ist, allmälig zum Einschmelzen einzuziehen;

c) auch nach dem nämlichen Werthe seine Scheidemünze aller Art in näher zu bezeichnenden Kassen auf Verlangen gegen grobe, in seinen Landen kursfähige Münze umzuwechseln.

Die zum Umtausch bestimmte Summe darf jedoch bei der Silberscheidemünze nicht unter bez. 20 Thaler oder 40 Gulden, bei der Kupferscheidemünze nicht unter bez. 5 Thaler oder 10 Gulden betragen.

Artikel 16.

Die Feststellung des Werthverhältnisses, nach welchem in dem Gebiete des 45 Fl.-Fußes zum Behufe des Ueberganges zu dem neuen Landesmünzfuße die Münzen des bisherigen Landesmünzfußes und die Scheidemünzen eingelöst oder im Umlaufe gelassen werden sollen, bleibt im Sinne des Artikels 19. des Handels- und Zollvertrags vom 19. Februar 1853 der betreffenden Regierung vorbehalten.

Artikel 17.

Die in den Artikeln 13. und 15. übernommene Verbindlichkeit zur Annahme der groben Silbermünzen und der Scheidemünzen bei den Staatskassen nach ihrem vollen Werthe findet auf durchlöcherte oder sonst anders als durch den gewöhnlichen Umlauf am Gewicht verringerte, ingleichen auf verfälschte Münzstücke keine Anwendung.

Artikel 18.

Zur weitern Erleichterung des gegenseitigen Verkehrs und

zur Förderung des Handels mit dem Auslande werden die vertragenden Staaten auch Vereins-Handelsmünzen in Gold unter der Benennung Krone und Halbe Krone ausprägen lassen, und zwar:

1) die Krone zu $1/_{50}$ des Pfundes feinen Goldes;
2) die Halbe Krone zu $1/_{100}$ des Pfundes feinen Goldes.

Andere Goldmünzen werden die vertragenden Staaten nicht ausprägen lassen. Ausnahmsweise behält sich Oesterreich vor, Dukaten in bisheriger Weise bis zum Schlusse des Jahres 1865 auszuprägen.

Der Silberwerth der Vereinsgoldmünzen im gemeinen Verkehr wird lediglich durch das Verhältniß des Angebots zur Nachfrage bestimmt, es darf ihnen daher die Eigenschaft eines die landesgesetzliche Silberwährung vertretenden Zahlmittels nicht beigelegt und zu ihrer Annahme in dieser Eigenschaft Niemand gesetzlich verpflichtet werden.

Artikel 19.

Das Mischungsverhältniß der Vereinsgoldmünze wird auf neunhundert Tausendtheile Gold und Einhundert Tausendtheile Kupfer festgesetzt. Es werden demnach 45 Kronen und 90 Halbe Kronen Ein Pfund wiegen. Die Abweichung im Mehr oder Weniger darf, unter Festhaltung des im Artikel 6. anerkannten Grundsatzes, im Feingehalt nicht mehr als zwei Tausendtheile, im Gewicht bei dem einzelnen Stücke, der Krone sowohl als auch der Halben Krone, nicht mehr als zwei und ein halb Tausendtheile seines Gewichtes betragen. Bei der Bestimmung des Feingehalts der Goldmünzen soll überall das vereinbarte Probirverfahren angewendet werden.

Der Durchmesser der Vereinsgoldmünze wird für die Krone auf 24 Millimeter, für die Halbe Krone auf 20 Millimeter festgesetzt; beide werden im Ringe und mit einem glatten, mit vertiefter Schrift oder Verzierung versehenen Rande geprägt werden.

In den Avers ist das Bildniß des Landesherrn und bei der freien Stadt Frankfurt das Wappen der Stadt aufzunehmen.

Der Revers muß die Angabe des Theilverhältnisses zum Pfunde feinen Goldes und die ausdrückliche Bezeichnung als Vereinsmünze, sowie den Namen der Münze in einem oben offenen Kranze von Eichenlaub (corona) und die Jahrzahl enthalten. Durch letztere ist stets das Jahr der wirklichen Ausmünzung zu bezeichnen.

Vereinsgoldmünzen, welche das Normalgewicht von $1/_{45}$ bez. $1/_{90}$ des Pfundes mit der gestatteten Gewichtsabweichung von zwei und ein halb Tausendtheilen haben (Passirgewicht) und nicht durch gewaltsame oder gesetzwidrige Beschädigung am Gewichte verringert sind, sollen bei allen Zahlungen als vollwichtig gelten.

Artikel 20.

Die Bestimmungen der Artikel 6. und 12. finden ebenmäßig auf die Vereinsgoldmünze Anwendung. Im Uebrigen werden die vertragenden Staaten keine Verpflichtung übernehmen, diejenigen Vereinsgoldmünzen, welche in Folge der Cirkulation, Abnutzung u. s. w. eine Verminderung des ihnen ursprünglich zukommenden Metallwerthes erlitten haben, auf öffentliche Kosten einzuziehen oder nach ihrem ursprünglichen Metallwerthe bei ihren Kassen anzunehmen.

Die Anordnungen, welche ein Staat hinsichtlich des Umlaufs dieser Goldmünze innerhalb seines Gebietes, insbesondere hinsichtlich der Annahme bei den Staatskassen, des Werthabzuges, welcher bei Zahlungen an die Staatskassen mit Rücksicht auf das Mindergewicht und auf die Umprägungskosten einzutreten hat, der Einziehung, Umprägung u. s. w. trifft, ebenso wie die in Bezug auf diese Goldmünzen ergehenden münzpolizeilichen Bestimmungen finden daselbst ohne Weiteres auch auf die gleichnamigen Goldmünzen der mitvertragenden Staaten Anwendung.

Vereinsgoldmünzen, welche das Passirgewicht (Artikel 19.) nicht erreichen und an Zahlungsstatt von den Staatskassen und von den unter Autorität des Staates bestehenden öffentlichen Anstalten, namentlich den Geld- und Kredit-Anstalten, Banken u. s. w. angenommen worden sind, dürfen von den Staatskassen und den letztgedachten Anstalten nicht wieder ausgegeben werden; bei Annahme solcher Goldstücke kann ein dem Mindergewicht entsprechender Werthabzug stattfinden, welcher bei Zahlungen an die Staatskassen für jedes an dem Normalgewicht von $\frac{1}{45}$ bez. $\frac{1}{90}$ Pfund fehlende $\frac{1}{10}$ Tausendtheil des Pfundes (50 Milligrammen) unter Zuschlag eines Betrages von $\frac{1}{2}$ Prozent des Kassenkurses für die Kosten der Umprägung zu bestimmen ist.

Artikel 21.

Die vertragenden Staaten werden darüber wachen, daß die im Landesmünzfuße festzuhaltende Grundlage der reinen Silberwährung in keiner Weise erschüttert oder beeinträchtigt werde. In dieser Beziehung bleibt es

a) zwar jedem Staate unbenommen, die Vereinsgoldmünzen (Artikel 18.) bei seinen Kassen nach einem im Voraus bestimmten Kurs an Zahlungsstatt für Silber zuzulassen und diese Zulassung entweder auf alle Leistungen und Kassen oder nur auf einzelne derselben zu erstrecken; eine solche Vorausbestimmung hat jedoch stets nur auf die Dauer von höchstens sechs Monaten sich zu beschränken und ist bei Ablauf des letzten Monats für die nächste Kassenkursperiode jedesmal von Neuem vorzunehmen. Der Kassenkurs darf nicht über denjenigen Werth bestimmt werden, der sich aus dem Durchschnitte der amtlichen Börsenkurse jener Münzsorte in den vorhergegangenen sechs Monaten ergiebt. Auch wird jede Regierung sich das Recht vorbehalten, diesen Kurs innerhalb der betreffenden Periode jederzeit abzuändern und nach Befinden zurückzuziehen.

b) Die Bestimmung eines Kassenkurses darf fernerhin nur für die Vereinsgoldmünzen und nicht für andere Gattungen gemünzten Goldes erfolgen.

c) Den Bekanntmachungen, durch welche der Kassenkurs bestimmt wird, ist die möglichste Verbreitung zu geben. Dieselben müssen, auch wenn eine Aenderung des Kassenkurses für die betreffende nächste Periode nicht beabsichtigt wird, stets vor Eintritt der letztern erlassen werden und haben zu enthalten:

aa) die Angabe des durchschnittlichen Handelskurses auf den maaßgebenden Börsenplätzen während der unmittelbar vorangegangenen sechs Monate;

bb) den hiernach bestimmten Kassenkurs;

cc) die Zeitdauer der Geltung desselben;

dd) den Vorbehalt, diesen Kassenkurs nöthigenfalls auch vor Ablauf der bestimmten Zeit (cc) zu ändern, bez. herabzusetzen;

ee) die Erklärung, daß dieser Kassenkurs nur für die an die Staatskassen zu leistenden Zahlungen gilt.

d) In den Landen der vertragenden Regierungen soll es den Staatskassen sowie den unter Autorität des Staates bestehenden öffentlichen Anstalten, namentlich den Geld- und Kredit-Anstalten, Banken u. s. w fernerhin nicht gestattet sein, wegen der von ihnen zu leistenden vertragsmäßigen Zahlungen einen alternativen Vorbehalt der Wahl des Zahlungsmittels in Silber oder Gold in der Art sich zu bedingen, daß dabei für letzteres ein im Voraus bestimmtes Werthverhältniß in Silbergeld ausgedrückt wird.

Artikel 22.

Keiner der vertragenden Staaten ist berechtigt, Papiergeld mit Zwangskurs auszugeben oder ausgeben zu lassen, falls nicht Einrichtung getroffen ist, das solches jederzeit gegen vollwerthige Silbermünzen auf Verlangen der Inhaber umgewechselt werden könne. Die in dieser Beziehung zur Zeit etwa bestehenden Ausnahmen sind längstens bis zum 1. Januar 1859 zur Abstellung zu bringen.

Papiergeld oder sonstige zum Umlauf als Geld bestimmte Werthzeichen, deren Ausgabe entweder vom Staate selbst oder von anderen unter Autorität desselben bestehenden Anstalten erfolgt, dürfen künftig nur in Silber und in der gesetzlich bestehenden Landeswährung ausgestellt werden.

Artikel 23.

Diejenigen vertragenden Staaten, welche durch die allgemeine Münz-Konvention vom 30. Juli 1838 verbunden sind, anerkennen unter sich, daß von der Zeit an, wo die Wirksamkeit des gegenwärtigen Vertrags beginnt, die Bestimmungen desselben zugleich an die Stelle der in der gedachten Münz-Konvention vereinbarten Bestimmungen zu treten haben, und daß letztere durch die für erstern festgesetzte Dauer (Artikel 27.) zugleich mit als verlängert zu betrachten ist.

Ingleichen sollen die theils zwischen den Staaten des bisherigen 14 Thalerfußes, theils zwischen denen des bisherigen 24½ Fl.-Fußes über das Münzwesen getroffenen besonderen Vereinbarungen, namentlich die Münzkonvention und die besondere Uebereinkunft wegen der Scheidemünze de dato München den 25. August 1837, die besondere protokollarische Uebereinkunft de dato Dresden den 30. Juli 1838, und die Konvention de dato München den 27. März 1845, soweit nicht einzelne Bestimmungen darin durch die Vereinbarung des gegenwärtigen Vertrags als abgeändert zu betrachten sind oder von den betreffenden Staaten unter sich abgeändert werden, noch ferner als in Kraft bestehend angesehen werden.

Artikel 24.

Die vertragenden Staaten werden alle Gesetze und Verordnungen, welche zur Regelung des Münzwesens im Sinne des gegenwärtigen Vertrags ergehen werden, ingleichen die zu deren Ausführung unter einzelnen von ihnen etwa zu Stande kommenden Vereinbarungen sich einander mittheilen.

Nicht minder verpflichten sich dieselben, nach Ablauf jedes Jahres einen amtlichen Nachweis über die im Laufe des letztern stattgefundenen Ausmünzungen aller Art mit Bezeichnung der verschiedenen Münzsorten einander mitzutheilen, sowie zu veröffentlichen, und in beiden Fällen die Gesammtwerthsumme aller seit Annahme des bestehenden Landesmünzfußes ausgeprägten Münzen jeder Sorte mit angeben zu lassen.

Artikel 25.

Das mit dem Handels- und Zollvertrage vom 19. Februar 1853 zugleich abgeschlossene, diesem als Beilage IV. angereihte Münzkartel bleibt dergestalt ferner aufrecht erhalten, daß es an Stelle des Münzkartels der zum Deutschen Zoll- und Handelsverein verbundenen Staaten de dato Karlsruhe den 21. Oktober 1845 auch zwischen den letztern unter sich Geltung haben soll, und es wird demselben gleiche Dauer wie dem gegenwärtigen Vertrage beigelegt.

Artikel 26.

Für den Fall, daß andere Deutsche Staaten oder solche Außerdeutsche Staaten, welche einem der beiden Zollsysteme sich anschließen, dem gegenwärtigen Münzvertrage beizutreten wünschen, erklären die vertragenden Regierungen sich bereit, diesem Wunsche durch deshalb einzuleitende Verhandlungen Folge zu geben.

Artikel 27.

Die Dauer des Vertrags wird zunächst bis zum Schlusse des Jahres 1878 festgesetzt; es soll auch alsdann derselbe, insofern der Rücktritt von der einen oder der andern Seite nicht erklärt oder eine anderweite Vereinbarung darüber nicht getroffen worden ist, stillschweigend von fünf zu fünf Jahren als verlängert angesehen werden.

Es ist aber ein solcher Rücktritt nur dann zulässig, wenn die betreffende Regierung ihren Entschluß mindestens zwei Jahre vor Ablauf der ausdrücklich festgesetzten oder stillschweigend verlängerten Vertragsdauer den mitvertragenden Regierungen bekannt gemacht hat, worauf sodann unter sämmtlichen Vereinsstaaten unverweilt weitere Verhandlung einzutreten hat, um die Veranlassung der erfolgten Rücktrittserklärung und somit diese Erklärung selbst im Wege gemeinsamer Verständigung zur Erledigung bringen zu können.

Artikel 28.

Der gegenwärtige Vertrag soll baldmöglichst ratifizirt werden und am 1. Mai 1857 in Kraft treten.

So geschehen Wien, am 24. Januar 1857.

(L. S.) Johann Anton Brentano.
(L. S.) Karl Theodor Seydel.
(L. S.) Franz Xaver v. Haindl.
(L. S.) Adolph Freiherr v. Weißenbach.
(L. S.) Wilhelm Brüel.
(L. S.) Adolph Müller.
(L. S.) Dr. Vollrath Vogelmann.
(L. S.) Johannn Rudolph Siegmund Fulda.
(L. S.) Hektor Rößler.
(L. S.) Gottfried Theodor Stichling.
(L. S.) Dr. Cajetan Edler v. Mayer.
(L. S.) Franz Alfred Jakob Bernus.

148.

Gesetz über das Münzgewicht.
Vom 5. Mai 1857.

Wir Friedrich Wilhelm, von Gottes Gnaden, König von Preußen ꝛc. ꝛc.

verordnen, mit Zustimmung beider Häuser des Landtages Unserer Monarchie, was folgt:

§. 1.

Das Preußische Pfund, wie solches durch den §. 1 des Gesetzes vom 17. Mai 1856 (Gesetz-Sammlung für 1856 S. 545) als Einheit des Preußischen Gewichts festgestellt ist, soll beim Wiegen der Münzen und Münzmetalle, sowohl in Unseren Münzstätten als auch im öffentlichen Verkehr, ausschließlich zur Anwendung kommen.

§. 2.

Das Pfund wird zu diesem Zwecke in Tausendtheile getheilt.

Die Theilung des Tausendtheils erfolgt in dezimaler Abstufung.

Der zehnte Theil desselben erhält den Namen „Aß."

§. 3.

Die Bestimmungen dieses Gesetzes treten für den ganzen Umfang der Monarchie gleichzeitig mit dem Gesetze über das Münzwesen vom 4. Mai d. J. in Kraft. Von diesem Tage an sind die §§. 19 und 20 der Anweisung zur Verfertigung der Probemaaße und Gewichte vom 16. Mai 1816 (Gesetz-Samml. für 1816 S. 149) und der §. 6 des Gesetzes wegen Einführung eines allgemeinen Landesgewichts vom 17. Mai 1856 aufgehoben.

§. 4.

Der Minister für Handel, Gewerbe und öffentliche Arbeiten ist mit der Ausführung dieses Gesetzes beauftragt.

Urkundlich unter Unserer Höchsteigenhändigen Unterschrift und beigedrucktem Königlichen Insiegel.

Gegeben Potsdam, den 5. Mai 1857.

(L. S.) Friedrich Wilhelm.

v. Manteuffel. v. d. Heydt. Simons. v. Raumer. v. Westphalen. v. Bodelschwingh. Gr. v. Waldersee. v. Manteuffel II.

I. 2401. M. 70. Vol. 3.

149.

Verfügung vom 15. Mai 1857, — betreffend die Zulassung von Auskultatoren zur Wiederholung der schriftlichen Probearbeit behufs der Referendariats-prüfung.

Extract.

Mit der in Ihrem Berichte vom 7ten d. M. entwickelten Ansicht, daß Auskultatoren, deren schriftliche Probearbeiten von dem Justiz-Minister nicht für genügend erklärt worden, ohne daß eine Frist für die Wiederholung der schriftlichen Prüfung bestimmt wird, sofort zur Anfertigung einer neuen Proberelation zugelassen werden können und es nicht in den Befugnissen des Landgerichts-Präsidenten und des Ober-Prokurators liegt, hierfür eine Frist vorzuschreiben, erklärt sich der Justiz-Minister einverstanden.

Berlin, den 15. Mai 1857.

Der Justiz-Minister
Simons.

An
den Herrn Ersten Präsidenten des Königl. Appellationsgerichtshofes und
den Königl. Herrn General-Prokurator
zu Cöln.

I. 2439. Rhein. Offizianten-Sachen 7. Vol. 4.

150.

Gesetz, — betreffend die Abänderung des Art. 76. der Verfassungs-Urkunde vom 31. Januar 1850. Vom 18. Mai 1857.

Wir Friedrich Wilhelm, von Gottes Gnaden, König von Preußen ꝛc. ꝛc.

verordnen, mit Zustimmung beider Häuser des Landtages Unserer Monarchie, was folgt:

Einziger Artikel.

Der Artikel 76. der Verfassungs-Urkunde vom 31. Januar 1850 wird aufgehoben. An seine Stelle tritt folgende Bestimmung:

Die beiden Häuser des Landtages der Monarchie werden durch den König regelmäßig in dem Zeitraum von dem Anfange des Monats November jeden Jahres bis zur Mitte des folgenden Januar und außerdem, so oft es die Umstände erheischen, einberufen.

Urkundlich unter Unserer Höchsteigenhändigen Unterschrift und beigedrucktem Königlichen Insiegel.

Gegeben Sanssouci, den 18. Mai 1857.

(L. S.) Friedrich Wilhelm.

v. Manteuffel. v. d. Heydt. Simons. v. Raumer. v. Westphalen.
v. Bodelschwingh. v. Massow. v. Manteuffel II.
Für den Kriegsminister:
v. Hann.

I. 2571. S. 26. Vol. 4.

151.

Verfügung vom 22. Mai 1857, — betreffend den Ansatz von Kosten für Abschriften und Auszüge in Strafsachen.

Art. 305, 601 der Straf-Prozeß-Ordnung.
Art. 54, 162 des Decrets vom 18. Juni 1811.
Verfügungen v. 29. Juni, 8. August und 20. November 1851, 24. August 1852 und 8. October 1853. (Rh. Samml. Bd. X. S. 378, 390, 391, 480, 600.)

Zur Herbeiführung eines bei allen Landgerichten gleichmäßigen Verfahrens in dem Ansatze einiger Kosten in Strafsachen sind nachstehende Vorschriften zu befolgen:

1. Die Kosten der nach Art. 305 der Criminal-Prozeß-Ordnung dem Angeklagten gratis (gratuitement) zu ertheilenden Abschriften der den Thatbestand der strafbaren Handlung feststellenden Protokolle und der Zeugen-Aussagen sind im Fall einer Verurtheilung nach Vorschrift des Art. 163 des Decrets vom 18. Juni 1811 in das Liquidationsverzeichniß gegen den Verurtheilten aufzunehmen. Der Art. 162. erwähnt unter den von der Liquidation gegen den Verurtheilten ausgenommenen Kosten nicht die dem Staate erwachsenen Kosten der fraglichen Abschriften, obgleich der Art. 54 desselben Decrets der Vorschrift der Criminal-Prozeß-Ordnung gedenkt, nach welcher dem Angeklagten diese Abschriften gratuitement ertheilt werden sollen. Dieser Ausdruck muß daher in Uebereinstimmung mit der Praxis der meisten Landgerichte dahin ausgelegt werden, daß darnach dem Angeklagten die fraglichen Abschriften, im Gegensatz zu den übrigen, ohne Antrag und ohne Zahlung von Gebühren verabfolgt werden sollen. Es folgt daraus aber noch keine Aus-

nahme von der allgemeinen, durch den Art. 163 des Decrets vom 18. Juni 1811 mit specieller Aufführung der Ausnahmen bestätigten Regel, nach welcher der Verurtheilte alle durch Verfolgung und Bestrafung seines Verbrechens verursachten Kosten zu erstatten hat.

2. Die Gebühren für die nach Art. 601. der Criminal-Prozeß-Ordnung vorgeschriebenen Register-Auszüge sind gegen den Verurtheilten zu liquidiren, da diese Register-Auszüge vom Gesetz in Folge der Verurtheilung für nothwendig erachtet sind und daher die dadurch entstehenden Kosten zu denjenigen gehören, zu welchen die Verfolgung und Bestrafung der gesetzwidrigen Handlung Veranlassung gegeben hat, ohne daß von deren Erstattung der Verurtheilte entbunden wäre.

3. Die durch das Reskript vom 31. März 1843 (Rhein. Samml. Bd. VIII. S. 155) vorgeschriebenen, nach dem Reskript vom 8. August 1851 (ibid. Bd. X. S. 378) beibehaltenen Bekanntmachungen in tabellarischer Form über erkannte Untersagung der Ausübung der Ehrenrechte sind schon um deswillen nicht als Urtheilsauszüge anzusehen, die das Sekretariat zu ertheilen hätte, weil sie, namentlich was den Endpunkt der Untersagung betrifft, Angaben enthalten müssen, welche aus den Urtheilen nicht hervorgehen und den Sekretariaten unbekannt sind. Jene Bekanntmachungen sollen nach dem Reskript vom 31. März 1843 die sonst üblichen Cirkulare an die bei der Kenntniß solcher Verurtheilungen interessirten Beamten und Behörden vertreten. Sie sind daher von den Ober-Prokuratoren anzufertigen und können dafür keine Kosten berechnet oder den Verurtheilten zur Last gelegt werden.

4. Zu der im Wege der Strafvollstreckung nach Vorschrift der allgemeinen Verfügung v. 20. November 1851 (Rh. Samml. Bd. X. S. 390) zu bewirkenden Wegnahme von Orden, Ehrenzeichen und Denkmünzen, nebst den darüber sprechenden Patenten und Besitzzeugnissen, bedarf es keines besonderen Urtheilsauszuges; es muß dazu, wenn es erforderlich ist, derjenige Urtheilsauszug benutzt werden, welcher überhaupt zur Vollstreckung der erkannten Strafe gegeben wird. Eben so wenig bedarf es eines förmlichen Urtheilsauszuges für die Königl. General-Ordens-Kommission, da durch die Verfügung vom 29. Juni 1851 (Rhein. Samml. Bd. X. S. 391) der Staatsanwaltschaft nur eine einfache Benachrichtigung über den Inhalt des Tenors der Entscheidung aufgegeben ist.

5. Von Strafurtheilen, welche in Gemäßheit der §§. 12, 22, 23 oder des Titels 28. des Strafgesetzbuchs den Verlust von Aemtern und Würden, oder die zeitige Unfähigkeit zu Aemtern oder den Verlust der Pensionen, Gnadengehalte oder sonstigen aus frühern Aemtern herrührenden Rechte zur Folge haben, ist

nach Vorschrift der Verfügung vom 8. Oktober 1853 (Rhein. Samml. Bd. X. S. 600 den betreffenden Behörden ein besonderer Urtheilsauszug zu ertheilen, dessen Kosten dem Verurtheilten in Ansatz zu bringen sind. Dagegen bedarf es hinsichtlich der übrigen Urtheile gegen Beamte zu der durch die Verfügung vom 29. Juni 1851 (Rhein. Samml. Bd. X. S. 600 Note) der Staatsanwaltschaft vorgeschriebenen Mittheilung des Tenors der ergangenen Entscheidungen keines förmlichen Urtheilsauszuges.

6. Bei Strafurtheilen gegen Personen des Beurlaubtenstandes ist nach Vorschrift der Verfügung vom 24. August 1852 Nr. 1 (Rhein. Samml. Bd. X. S. 480) der betreffenden Militairbehörde eine beglaubigte Abschrift des Urtheilstenors mitzutheilen, wenn auf Zuchthausstrafe, auf Verlust der bürgerlichen Ehre oder auf zeitige Untersagung der Ausübung der Ehrenrechte rechtskräftig erkannt ist. Die Kosten des hierzu vom Sekretariate zu ertheilenden Urtheilsauszuges fallen dem Verurtheilten zur Last.

Von Urtheilen dagegen, welche keine der vorerwähnten Strafen aussprechen, bedarf es keiner Mittheilung von förmlichen Urtheilsauszügen an die Militairbehörde, sondern es genügt, in Gemäßheit der Verfügung vom 29. Juni 1851 eine einfache Benachrichtigung durch den Ober-Prokurator.

7. In Betreff der zu Einschließung Verurtheilten bedarf es nur eines förmlichen Auszuges zur Vollstreckung desselben, dessen Kosten dem Verurtheilten zur Last fallen.

Berlin, den 22. Mai 1857.

Der Justiz-Minister
Simons.

An
den Königl. Herrn General-Prokurator
zu Cöln.

I. 1160. Rhein. Offizianten-Sachen 8. Vol. 2.

152.

Gesetz, — betreffend das Verbot der Zahlungsleistung mittelst ausländischer Banknoten und ähnlicher Werthzeichen. Vom 25. Mai 1857.

Wir Friedrich Wilhelm, von Gottes Gnaden, König von Preußen &c. &c.

verordnen, mit Zustimmung beider Häuser des Landtages Unserer Monarchie, was folgt:

§. 1.

Ausländische Banknoten oder sonstige, auf den Inhaber lautende, unverzinsliche Schuldverschreibungen ausländischer Korporationen, Gesellschaften oder Privaten dürfen, ohne Unterschied des Münzfußes, auf welchen sie lauten, oder des Betrages, zu dem die einzelnen Stücke ausgefertigt sind, zu Zahlungen nicht gebraucht werden. Der Umtausch solcher ausländischen Werthzeichen gegen Preußisches oder anderes im gemeinen Verkehr zugelassenes Geld unterliegt diesem Verbote nicht.

§. 2.

Wer dergleichen ausländische Werthzeichen (§. 1) zur Leistung von Zahlungen, dem vorstehenden Verbote zuwider, ausgiebt oder anbietet, wird mit einer polizeilichen Geldbuße bis zu funfzig Thalern bestraft.

§. 3.

Das gegenwärtige Gesetz tritt mit dem 1. Januar 1858 in Kraft.

Dasselbe kann im Wege Königlicher Verordnung für einzelne Landestheile außer Anwendung gesetzt werden.

Urkundlich unter Unserer Höchsteigenhändigen Unterschrift und beigedrucktem Königlichen Insiegel.

Gegeben Berlin, den 25. Mai 1857.

(L. S.) Friedrich Wilhelm.

v. Manteuffel. v. d. Heydt. Simons. v. Raumer. v. Westphalen. v. Bodelschwingh. v. Manteuffel II.

Für den Kriegsminister:
v. Hann.

I. 2711. S. 13. Vol. 8.

153.

Gesetz, — betreffend die Abänderung, beziehungsweise Ergänzung des in dem Bezirk des Appellationsgerichtshofes zu Cöln geltenden Expropriationsgesetzes vom 8. März 1810. Vom 25. Mai 1857.

Wir Friedrich Wilhelm, von Gottes Gnaden, König von Preußen rc. rc.

verordnen, mit Zustimmung beider Häuser des Landtages Unserer Monarchie, was folgt:

§. 1.

Die bei zwangsweisen Eigenthumsentziehungen aus Gründen des öffentlichen Wohles nach Artikel 9. der Verfassungs-Urkunde vom 31. Januar 1850 nothwendige vorläufige Feststellung der Entschädigung erfolgt im Bezirk des Appellationsgerichtshofes zu

Cöln durch die Bezirksregierung nach Vernehmung der Anträge eines von ihr zur örtlichen Untersuchung und Werthermittelung zu ernennenden Kommissars. Dieser hat die Abschätzungstermine in den Gemeinden in ortsüblicher Weise bekannt zu machen und die in der Grundsteuer-Mutterrolle genannten Grundbesitzer besonders einzuladen. Den Betheiligten steht frei, in diesen Terminen zu erscheinen und ihr Interesse zu vertreten.

Bei Ermittelung der vorläufig festzustellenden Entschädigung hat der Kommissar nach den Vorschriften des Artikels 16. des Gesetzes vom 8. März 1810 zu verfahren. Es sind dabei jederzeit Ein oder drei Sachverständige zuzuziehen, welche von der Bezirksregierung für den ganzen Umfang der Bau-Unternehmung oder für einzelne Abschnitte derselben ernannt und ein- für allemal vom Friedensrichter ihres Wohnorts vereidigt werden.

§. 2.

Wenn die Bezirksregierung erklärt, daß der Fall der Dringlichkeit vorliege, so hat das Gericht in dem nach Artikel 13. des Gesetzes vom 8. März 1810 zu erlassenden Expropriationserkenntniß die Einweisung des zur Expropriation Berechtigten in den Besitz, gegen Zahlung des vorläufig (§. 1) festgestellten Entschädigungsbetrages oder dessen Hinterlegung bei der Preußischen Bank (Art. 25 des Gesetzes vom 8. März 1810), zu verordnen.

§. 3.

Das Expropriationserkenntniß wird im Auszuge auf Anstehen der Betheiligten durch Gerichtsvollzieher zugestellt.

Die Zustellung erfolgt an den auszuweisenden Grundbesitzer in dem von demselben zum Protokoll des Kommissars (§. 1) gewählten Domizile, oder, in Ermangelung einer solchen Wahl, an die Person oder in deren Wohnung, oder auch, falls die Wohnung sich nicht in der Bürgermeisterei befindet, in welcher die Grundstücke liegen, an den Bürgermeister und an den Pächter oder Inhaber der betreffenden Liegenschaft.

In gleicher Art ist der Nachweis der nach dem Expropriationsurtheil zu leistenden Zahlung oder Hinterlegung (Art. 25. des Gesetzes vom 8. März 1810) zuzustellen.

§. 4.

Wenn bei Gebäuden oder künstlichen Anlagen der Auszuweisende eine nähere Feststellung des Zustandes derselben vor der Besitzergreifung verlangt, so hat er solches binnen acht Tagen den Eingewiesenen durch Gerichtsvollzieher-Akt oder durch protokollarische Erklärung vor dem Ortsbürgermeister zu erkennen zu geben.

Dem betreibenden Theile bleibt in diesem Falle überlassen, bei dem Friedensrichter eine Besichtigung und Beschreibung der Lokalitäten zu beantragen.

Der Friedensrichter hat mit der Erledigung des Geschäfts binnen acht Tagen zu beginnen. Der sofort anzusetzende Termin ist der Gegenpartei drei Tage vor Abhaltung desselben bekannt zu machen.

Der Friedensrichter kann zu der Besichtigung und Beschreibung Einen oder drei auf den Vorschlag der Parteien oder von Amtswegen zu ernennende Sachverständige zuziehen.

Die Mitwirkung der Sachverständigen bei diesem Verfahren ist kein Grund, sie bei einer späteren gerichtlichen Feststellung der Entschädigung als Zeugen oder Sachverständige zu rekusiren.

§. 5.

Die Betheiligten können dies Verfahren (§. 4), wenn sie erscheinen und darüber einig sind, auch schon während des vor dem Kommissar (§. 1) anhängigen Verfahrens veranlassen.

§. 6.

Die Vollstreckung des Expropriationsurtheils kann nicht vor acht Tagen nach den erwähnten Zustellungen, beziehungsweise vor Erledigung des nach §. 4 zulässigen Verfahrens, über welche der Friedensrichter eine Bescheinigung auszustellen hat, stattfinden.

Opposition oder ein sonstiges Rechtsmittel gegen die Vollstreckung findet nicht statt.

§. 7.

Beiden Theilen bleibt vorbehalten, die definitive Feststellung der Entschädigung im Wege des gerichtlichen Verfahrens herbeizuführen. In dieser Hinsicht, sowie in allen sonstigen Beziehungen, wird durch dieses Gesetz an den Vorschriften des Gesetzes vom 8. März 1810 nichts geändert.

§. 8.

Die Kosten, welche aus dem in den §§. 1 bis 6 erwähnten Verfahren entstehen, fallen dem Expropriationsberechtigten zur Last.

In dem definitiven gerichtlichen Entschädigungsverfahren können dem Expropriirten die Kosten ganz oder theilweise zur Last gelegt werden.

Für die Verrichtungen der Friedensgerichte werden Gebühren nach der in der Kabinetsorder vom 28. April 1832 Nr. 1. 2. 3. vorgeschriebenen Taxe und für Ausfertigungen nach Vorschrift des Dekrets vom 16. Februar 1807 Art. 9. berechnet, bei Reisen über eine Viertelmeile vom Sitze des Friedensgerichts außerdem an Reisekosten funfzehn Silbergroschen per Meile.

§. 9.

Unser Minister für Handel, Gewerbe und öffentliche Arbeiten und Unser Justiz-Minister haben zur Ausführung dieses Gesetzes die weiteren Anweisungen zu erlassen.

Urkundlich unter Unserer Höchsteigenhändigen Unterschrift und beigedrucktem Königlichen Insiegel.

Gegeben Berlin, den 25. Mai 1857.

(L. S.) Friedrich Wilhelm.

v. Manteuffel. v. d. Heydt. Simons. v. Raumer. v. Westphalen. v. Bodelschwingh. v. Manteuffel II.

Für den Kriegsminister: v. Hann.

I. 2776. Rhein. Gener. 140.

154.

Gesetz, — betreffend die Revision der Aktiengesellschaften im Stempelinteresse. Vom 25. Mai 1857.

Wir Friedrich Wilhelm, von Gottes Gnaden, König von Preußen 2c. 2c.

verordnen, mit Zustimmung beider Häuser des Landtages Unserer Monarchie, was folgt:

§. 1.

Die Vorschrift im §. 34 des Stempelgesetzes vom 7. März 1822 (Gesetz-Sammlung S. 57 für 1822), nach welcher Behörden und Beamte gehalten sind, den Stempelfiskälen die Einsicht ihrer Verhandlungen bei den vorzunehmenden Stempelrevisionen zu gestatten, findet fortan Anwendung auf alle Aktiengesellschaften, welche ganz oder theilweise auf einen Handels- oder Gewerbe-Betrieb irgend welcher Art gerichtet sind.

§. 2.

Vorstände und Beauftragte der im §. 1 genannten Gesellschaften, welche bei den Namens derselben gepflogenen Verhandlungen oder mit Privatpersonen abgeschlossenen Verträgen den tarifmäßigen Stempel nicht verwenden, sind mit einer dem einfachen Betrage des nicht verwendeten Stempels gleichkommenden Geldbuße, welche jedoch die Summe von funfzig Thalern nicht übersteigen soll, zu belegen. Dagegen bleibt die bei dem Vertrage betheiligte Privatperson, desgleichen jeder andere Besitzer oder Produzent der darüber aufgenommenen Verhandlung, mit Strafe verschont.

Soweit jedoch nachgewiesen wird, daß die Verwendung des gesetzlich erforderlichen Stempels gegen besseres Wissen unterblieben ist, tritt in allen vorbezeichneten Fällen die ordentliche Stempelstrafe nach den Bestimmungen des Stempelgesetzes vom 7. März 1822 und den dasselbe erläuternden, ergänzenden und abändernden Bestimmungen ein.

§. 3.

Die Strafe gegen die im §. 2 gedachten Vorstände und Beauftragten ist von der Regierung, unter deren Aufsicht die Aktiengesellschaft steht, festzusetzen. Die Entscheidung in zweiter Instanz steht dem Minister für Handel, Gewerbe und öffentliche Arbeiten zu, welcher auch zur Ermäßigung oder Niederschlagung der Strafe ermächtigt ist.

Der Rechtsweg findet gegen diese Stempelstrafen wie gegen andere Stempelstrafen statt.

Urkundlich unter Unserer Höchsteigenhändigen Unterschrift und beigedrucktem Königlichen Insiegel.

Gegeben Sanssouci, den 25. Mai 1857.

(L. S.) Friedrich Wilhelm.

v. Manteuffel. v. d. Heydt. Simons. v. Raumer. v Westphalen.
v. Bodelschwingh. v. Massow. v. Manteuffel II.
Für den Kriegsminister:
v. Hann.

I. 2883. Steuersachen 4. Vol. 3.

155.

Verfügung vom 28. Mai 1857, — betreffend die Genehmigung zur Uebernahme der einem Justizbeamten zugedachten Function eines Regierungskommissars bei einer nach der Gemeinheitstheilungs-Ordnung für die Rheinprovinz zu behandelnden Theilung oder Ablösung.

Ges. v. 19. Mai 1851 (Rhein. Samml. Bd. X. S. 321, 332).

Der von Ihnen in Ihrem Berichte vom 12. d. M. ausgeführten Ansicht, daß zur Uebernahme der Stelle eines Regierungskommissars bei Ablösung von Waldberechtigungen in Gemäßheit des Gesetzes v. 19. Mai 1851 (Rhein. Samml. Bd. X. S. 321) Seitens eines Justizbeamten die Genehmigung des Justiz-Ministers erforderlich ist, kann der Justiz-Minister nur beitreten. Eine Vorschrift, wie sie der §. 108 des Gesetzes, betreffend die Ablösung der Reallasten und die Regulirung der gutsherrlichen und bäuerlichen Verhältnisse vom 2. März 1850 (Rhein. Samml. Bd. X. S. 158) für die darin bezeichneten Landestheile enthält, und wonach jeder Staatsbeamte verpflichtet ist, sich den dort näher angegebenen Aufträgen der General-Kommissionen und landwirthschaftlichen Regierungs-Abtheilungen zu unterziehen, findet sich in dem vorliegend zur Anwendung kommenden Gesetze vom 19. Mai 1851 betreffend das Verfahren in den nach der Gemeinheitstheilungs-Ordnung zu behandelnden Theilungen und Ablösungen in den Landestheilen des linken Rheinufers nicht vor. Das in diesem letzteren Gesetze vorgeschriebene Verfahren bietet auch hinreichenden Anlaß, jene Vorschrift hinsichtlich der Justizbeamten nicht aufzunehmen. Da sonach eine gesetzliche Verpflichtung der Justizbeamten zur Uebernahme solcher Aufträge nicht besteht, so kann eine Anweisung oder Einwilligung der nächsten Dienstvorgesetzten nicht genügen, vielmehr muß, den allgemeinen Verwaltungs-Grundsätzen entsprechend, die Genehmigung des Departements-Chefs eingeholt werden, wenn seinem Justizbeamten ein Kommissorium in Verwaltungs-Angelegenheiten übertragen werden soll, das vermöge der damit verbundenen Obliegenheiten ihn auch der Disciplinar-Aufsicht der Verwaltungsbehörden unterwirft.

Berlin, den 28. Mai 1857.

Der Justiz-Minister
Simons.

An
den Königl. Herrn Landgerichts-Präsidenten
und den Königl. Herrn Ober-Prokurator
zu N.

Abschrift vorstehender Verfügung wird Ihnen zur Kenntnißnahme mitgetheilt.

Berlin, den 28. Mai 1857.

Der Justiz-Minister
Simons.

An
den Herrn Ersten Präsidenten des Königl.
Appellationsgerichtshofes und
den Königl. Herrn General-Prokurator
zu Cöln.

I. 2765. Rhein. Gener. 15. Vol. 2.

156.

Allgemeine Verfügung vom 2. Juni 1857, — betreffend die Uebersicht der Gerichtsbehörden im Königreich Sachsen.

Nachdem im Königreich Sachsen neuerdings durch landesherrliche Verordnung die Grenzen der dortigen Gerichtsämter und Bezirksgerichte festgestellt worden sind, und die Vertheilung derselben unter die dort bestehenden Appellationsgerichte erfolgt ist, wird den diesseitigen Gerichten und Justizbeamten die nachstehende Uebersicht der gedachten Behörden zur Kenntniß mitgetheilt.

Berlin, den 2. Juni 1857.

Der Justiz-Minister
Simons.

I. 2169. S. 46. Vol. 3.

Uebersicht
der Gerichtsbehörden im Königreich Sachsen.

Im Königreich Sachsen giebt es vier Appellationsgerichte (zu Budissin, Dresden, Leipzig und Zwickau), welche in Bezirksgerichte und diese wieder in Gerichtsämter eingetheilt sind.

I. Das Appellationsgericht in **Budissin** umfaßt:

1) das Bezirksgericht Zittau mit den Gerichtsämtern Zittau, Ostritz, Reichenau und Groß-Schönau;
2) das Bezirksgericht Löbau mit den Gerichtsämtern Löbau, Weißenberg, Bernstadt, Herrnhut, Ebersbach und Neusalza;
3) das Bezirksgericht Budissin mit den Gerichtsämtern Budissin, Schirgiswalde, Königswarthe und Bischofswerda;
4) das Bezirksgericht Kamenz mit den Gerichtsämtern Kamenz, Königsbrück und Pulßnitz.

II. Das Appellationsgericht in **Dresden** umfaßt:

1) das Bezirksgericht Dresden mit den Gerichtsämtern Dresden, Radeburg, Radeberg, Moritzburg, Schönfeld, Dippoldiswalde, Tharandt, Döhlen und Wilsdruf;
2) das Bezirksgericht Pirna mit den Gerichtsämtern Pirna, Stolpen, Neustadt, Hohnstein, Sebnitz, Schandau, Königstein, Gottleuba, Lauenstein und Altenberg;
3) das Bezirksgericht Freiberg mit den Gerichtsämtern Freiberg, Brand, Frauenstein und Sayda;
4) das Bezirksgericht Meißen mit den Gerichtsämtern Meißen, Großenhain, Nossen, Lommatzsch und Riesa.

III. Das Appellationsgericht in **Leipzig** umfaßt:

1) das Bezirksgericht Oschatz mit den Gerichtsämtern Oschatz, Strehla, Mügeln, Wermsdorf und Döbeln;
2) das Bezirksgericht Leipzig mit den Gerichtsämtern Leipzig I. und Leipzig II., Brandis, Wurzen, Taucha und Markranstädt;

3) das Bezirksgericht Borna mit den Gerichtsämtern Borna, Zwenka, Rötha, Grimma, Lausigk, Frohburg und Pegau;
4) das Bezirksgericht Rochlitz mit den Gerichtsämtern Rochlitz, Colditz, Leisnig, Hartha, Geringswalda, Geithain und Penig;
5) das Bezirksgericht Mittweida mit den Gerichtsämtern Mittweida, Haynichen, Roßwein, Waldheim und Burgstädt.

IV. Das Appellationsgericht in Zwickau umfaßt:

1) das Bezirksgericht Chemnitz mit den Gerichtsämtern Chemnitz, Frankenberg, Limbach und Stollberg;
2) das Bezirksgericht Augustusburg mit den Gerichtsämtern Augustusburg, Oederan, Zschoppau, Lengefeld und Zöblitz;
3) das Bezirksgericht Annaberg mit den Gerichtsämtern Annaberg, Marienberg, Wolkenstein, Ehrenfriedersdorf, Geyer, Grünhain, Scheibenberg, Oberwiesenthal und Jöhstadt;
4) das Bezirksgericht Eibenstock mit den Gerichtsämtern Eibenstock, Schneeberg, Schwarzenberg, Johanngeorgenstadt, Auerbach und Klingenthal;
5) das Bezirksgericht Zwickau mit den Gerichtsämtern Zwickau, Wildenfels, Kirchberg, Werdau, Crimmitschau, Remse, Reichenbach und Lengenfeld;
6) das Bezirksgericht Plauen mit den Gerichtsämtern Plauen, Pausa, Elsterberg, Treuen, Falkenstein, Schöneck, Markneukirchen, Adorf und Oelsnitz.

157.

Verfügung vom 23. Juni 1857, — betreffend die Stempelrevision bei dem Friedensgericht zu Castellaun.

In den Anlagen erhalten Sie

a) die von Ihnen, Herr Ober-Prokurator, mittelst Berichts vom 28. Januar d. J. eingereichte Stempeldefekten-Tabelle über die beim Friedensgerichte zu Castellaun am 20. Oktober 1856 abgehaltene Registratur-Revision pro 1. Januar 1855 bis 1. Januar 1856 nebst ferneren Verhandlungen,

b) Abschrift des von dem Provinzial-Steuer-Direktor zu Cöln in dieser Angelegenheit an den Herrn Finanz-Minister erstatteten Berichts vom 25. Februar d. J.

und wird Ihnen hierbei, im Einverständniß mit dem Herrn Finanz-Minister, Folgendes eröffnet:

1. Bei Subhastations-Prozessen, welche im Bezirk des Appellationsgerichtshofes zu Cöln nach Vorschrift der Subhastations-Ordnung vom 1. August 1822 eingeleitet, aber nicht zu Ende geführt werden, ist der vorbehaltene Stempel zu den einzelnen Verfügungen und Verhandlungen bis zum Betrage des halben Werthstempels in dem Falle, wenn nur die Beschlagnahme-Verfügung, aber noch kein Subhastations-Patent erlassen ist, gleich nach Ablauf eines Jahres seit dem letzten Procedur-Akte, in dem Falle aber, wenn das Subhastations-Patent erlassen ist, im Licitationstermine jedoch das Verfahren nicht fortgesetzt wird, sofort nach dem Licitationstermine vom Friedensrichter festzusetzen.

2. Die Ermittelung des Werthes der zur Subhastation gezogenen Grundstücke kann in den vorgedachten Fällen, in Ermangelung anderer zuverlässiger Grundlagen, zur Vermeidung unverhältnißmäßiger Weiterungen, nach dem Kataster-Reinertrage der Grundstücke erfolgen.

3. Wenn von einem Gläubiger verschiedene einzelne, nicht zusammenhängende Parzellen, unter denen keine einen Werth von 50 Thlr. oder mehr hat, zu seiner Befriedigung zugleich im Wege der nothwendigen Subhastation in Anspruch genommen werden, so ist zu den einzelnen Verhandlungen kein Stempel zu verwenden, wenn die Sache ihre Erledigung findet, ohne daß es zu einem Zuschlage kommt, indem auch, wenn es zum Verkauf in Parzellen gekommen wäre, ein Werthstempel nur in sofern zum Ansatz hätte gelangen dürfen, als der Kaufpreis der einzelnen Parzellen den Betrag von 50 Thlrn. erreicht haben würde.

Hiernach sind die in dem vorliegenden Falle gemachten Erinnerungen insofern begründet, als der Werth der einzelnen zur Subhastation gezogenen Grundstücke 50 Thlr. oder mehr beträgt.

Das Königl. Landgericht hat danach die Erledigung der betreffenden Monita zu bewirken.

Berlin, den 23. Juni 1857.

Der Justiz-Minister
Simons.

An
den Königl. Herrn Landgerichts-Präsidenten
und den Königl. Herrn Ober-Prokurator
zu Coblenz.

I. 2644. Rhein. Gener. 62. Vol. 8.

158.

Cirkular-Verfügung vom 2. Juli 1857, — betreffend die Mittheilungen an die Verwaltungsbehörden bei Verurtheilungen auf Grund der §§. 117—119 des Strafgesetzbuchs.

Verf. v. 3. Okt. 1856 (S. 283 dieses Bandes).

Nach der Cirkular-Verfügung vom 3. Oktober v. J. sollen in den Fällen der §§. 117—119 des Strafgesetzbuches von den Ober-Prokuratoren die Untersuchungs-Akten, sobald ein verurtheilendes Erkenntniß die Rechtskraft beschritten hat, nebst einer Abschrift des letzteren und den für das Ermessen der Landespolizeibehörde erheblich erscheinenden Adhibenden, dem Landrath, beziehungsweise dem Polizei-Direktor am Sitze des Landgerichts mitgetheilt werden. Im Einverständniß mit dem Herrn Minister des Innern wird diese Verfügung in so fern abgeändert, als die vorgeschriebene Mittheilung direkt an die am Sitze des Landgerichts befindliche Regierung geschehen muß, wenn diese solches ein für allemal für zweckmäßig erachtet. Auch wenn die Landgerichte sich nicht am Sitze der Regierung befinden, bleibt es der Vereinbarung mit letzterer überlassen, ob jene Mittheilung direkt an die Regierung oder ferner dem Landrath geschehen soll. Die Mittheilung an den Landrath der jedesmaligen Heimathsbehörde des Verurtheilten, wie sie hin und wieder beantragt worden, kann aber weder für nothwendig, noch für zweckmäßig erachtet werden.

Statt der vollständigen Abschriften der Urtheile genügen, im Falle des Einverständnisses, einfache Urtheils-Auszüge, aber es ist fortwährend darauf zu sehen, daß die Akten möglichst vollständig das Material für die der Regierung obliegende Entscheidung über die Unterbringung der Verurtheilten in ein Arbeitshaus enthalten.

Berlin, den 2. Juli 1857.

An die sämmtlichen Ober-Prokuratoren der Rheinprovinz.

Der Justiz-Minister
Simons.

Abschrift der obigen an sämmtliche Ober-Prokuratoren erlassenen Verfügung wird Ihnen, Herr General-Prokurator, zur Kenntnißnahme mitgetheilt.

Berlin, den 2. Juli 1857.

An den Königl. Herrn General-Prokurator zu Cöln.

Der Justiz-Minister
Simons.

I. 2735. Rhein. Crim. 17. Vol. 2.

159.

Allgemeine Verfügung vom 10. Juli 1857, — betreffend die Zulassung jüdischer Rechtskandidaten zur Auskultator-Prüfung.

Den Juden, welche sich dem Studium der Rechtswissenschaft gewidmet haben, ist bisher zwar der Eintritt in den Justizdienst gestattet und ihrer Zulassung zu der Stellung eines Rechtsanwalts ein Bedenken an und für sich nicht entgegengesetzt worden; sie können jedoch, wie ihnen solches im Laufe der Vorbereitungsstadien ausdrücklich bekannt gemacht wird, zu Rechtsanwalten erst dann ernannt werden, wenn sie nach Maaßgabe ihres Dienstalters und ihrer Qualifikation dazu als geeignet befunden werden, ohne in der Reihe der übrigen Bewerber auf eine Bevorzugung Anspruch machen zu können. Bei den vor Kurzem vorgenommenen und durch den übermäßigen Andrang zum Justizdienste veranlaßten Ermittelungen hat sich inzwischen eine so bedeutende Anzahl von Juden, welche gegenwärtig schon zum Zwecke ihrer Ausbildung bei den Gerichten beschäftigt werden, ergeben, daß die Möglichkeit ihrer künftigen definitiven Anstellung als Rechtsanwalte einem begründeten Zweifel unterliegt. Es erscheint daher als eine unabweisbare Nothwendigkeit, dem ferneren Andrange jüdischer Aspiranten vorläufig ein Ziel zu setzen.

Sämmtliche Obergerichte werden demzufolge angewiesen, nur noch diejenigen Rechtskandidaten jüdischer Religion zur Prüfung für die Auskultatur und zur demnächstigen Beschäftigung bei den Gerichten zuzulassen, welche mit dem Ablaufe des Winter-Semesters 1857 — 1858 das Triennium academicum vollständig zurückgelegt haben werden, sodann aber alle Gesuche der Art bis auf Weiteres abzulehnen.

Berlin, den 10. Juli 1857.

Der Justiz-Minister
Simons.

An sämmtliche Obergerichte.

I. 2367. J. 19. Vol. 2.

160.

Verfügung vom 17. Juli 1857, — betreffend die den gerichtlichen Aerzten, insbesondere den Kreisphysikern und Wundärzten bei auswärtigen gerichtlichen Geschäften zuzubilligenden Diäten.

Mit Bezug auf die von Ihnen, Herr General-Prokurator, in Betreff der Liquidation des Kreiswundarztes N. zu N. unterm 9. Dezember v. J. an den Ober-Prokurator zu N. erlassene Verfügung erhalten Sie hierbei zur Kenntnißnahme Abschrift eines Reskripts des Justiz-Ministers und des Herrn Ministers der geistlichen, Unterrichts- und Medizinal-Angelegenheiten an die Königl. Regierung zu N. vom heutigen Tage.

Berlin, den 17. Juli 1857.

Der Justiz-Minister
Simons.

An
den Königl. Herrn General-Prokurator
zu Cöln.

I. 2983. Rhein. Gener. 37. Vol. 3.

Anlage.

Auf den Bericht vom 30. Januar d. J. die über die Liquidation des Kreiswundarztes N. zu N. zwischen der Königl. Regierung und den Gerichtsbehörden obwaltende Meinungsverschiedenheit betreffend, wird der Königl. Regierung in Uebereinstimmung mit der Ansicht der Königl. Oberrechnungskammer, hiermit eröffnet, daß sowohl den Wundärzten, als den Kreis-Physikern und allen sonstigen gerichtlichen Aerzten bei auswärtigen gerichtlichen Geschäften, für deren Verrichtung am Wohnorte des Beamten besondere Gebühren passiren, für alle Tage der Abwesenheit vom Wohnorte Diäten zuzubilligen sind, falls diese mehr als jene Gebühren betragen.

Hiernach ist die Angelegenheit wegen der Liquidation des Kreiswundarztes N. zu erledigen und in ähnlichen künftigen Fällen zu verfahren.

Berlin, den 17. Juli 1857.

Der Justiz-Minister
Simons.

Der Minister der geistlichen, Unterrichts- und Medicinal-Angelegenheiten
Im Auftrage:
Lehnert.

An
die Königliche Regierung
zu N.

161.

Verfügung vom 21. Juli 1857, — betreffend die Vereidigung der Forstschutzbeamten und die Stempel und Gebühren für die darüber aufgenommenen Protokolle und die Ausfertigungen derselben.

Mit Bezugnahme auf Ihren Bericht vom 13. März d. J., die Stempel- und Gebührenpflichtigkeit der von den Friedensrichtern aufzunehmenden Protokolle Behufs Vereidigung von Forstschutzbeamten betreffend, erhalten Sie, Herr General-Prokurator, hierbei Abschrift der in dieser Angelegenheit, von den dabei ressortirenden Ministerien an die Rheinischen Regierungen erlassenen allgemeinen Verfügung vom heutigen Tage, zur Kenntnißnahme und Mittheilung an die Ober-Prokuratoren und Friedensgerichte.

Berlin, den 21. Juli 1857.

Der Justiz-Minister.
Simons.

An
den Königl. Herrn General-Prokurator
zu Cöln.

I. 2645. Rhein. Crimin. 7. Vol. 6.

Anlage.

Zur Herbeiführung eines gleichmäßigen Verfahrens und zur Erledigung der Bedenken über die Stempel- und Gebührenpflichtigkeit der über die Vereidigung der Forstschutzbeamten aufgenommenen Verhandlungen und der davon zu ertheilenden Ausfertigungen wird für den Bezirk des Appellationsgerichtshofes zu Cöln vorgeschrieben:

1. Der von den Forstschutzbeamten bei ihrer ersten Anstellung abzuleistende allgemeine Diensteid, sowie der nach §. 33 des Holzdiebstahlsgesetzes vom 2. Juni 1852 (Rhein. Samml. Bd. X. S. 429) abzulegende besondere Eid, werden beim Friedensgericht abgenommen. Beide Eide können mit einander verbunden werden.
2. Die Vereidigungs-Verhandlung unterliegt dem Stempel von 15 Sgr., wenn sie den allgemeinen Diensteid enthält, ist aber stempelfrei, wenn sie nur die besondere Vereidigung auf Grund des Holzdiebstahlsgesetzes betrifft.
3. Die Ausfertigung der Vereidigungs-Verhandlung, auch wenn sie beide Eide enthält, wird stempelfrei ertheilt, sofern sie von dem betreffenden Forstschutzbeamten oder dessen Vorgesetzten zu dem Ende extrahirt wird, um nach Vorschrift des §. 33 i. f. des Holzdiebstahlsgesetzes vom 2. Juni 1852

die Vereidigung der Beamten bei anderen Gerichten nachzuweisen.

4. Für die im Königl. Forstschutzdienste fungirenden Personen sind diese Ausfertigungen von den Friedensgerichtsschreibern gebührenfrei zu ertheilen.

Berlin, den 21. Juli 1857.

Die Ministerien

der Justiz Simons. des Innern v. Westphalen. der Finanzen v. Bodelschwingh.

der landwirthschaftlichen Angelegenheiten v. Manteuffel.

An die Königl. Regierung zu Trier und Abschrift an die Königl. Regierungen zu Cöln, Düsseldorf, Aachen und Coblenz.

162.

Verfügung vom 23. Juli 1857, — betreffend die Stempelrevision bei dem Handelsgerichte zu Cöln.

Unter Mittheilung einer Abschrift des von dem Provinzial-Steuer-Direktor in Cöln an den General-Direktor der Steuern unterm 6. Juni c. erstatteten Berichts, betreffend die bei dem Königl. Handelsgericht für den Zeitraum vom 1. Januar 1854 bis 31. Dezember 1855 von dem Stempelfiskal zu Cöln aufgestellte Defektentabelle wird dem Königl. Handelsgericht, im Einverständniß mit dem Herrn Finanz-Minister eröffnet:

Ad monit. 8. Die gleichzeitig gegen A. auf Lieferung von 250 Malter Weizen im Werthe von 1450 Thlr. und gegen B. u. M. auf Zurückgabe von Beweisschriften gerichtete Klage enthielt zwei verschiedene Forderungen gegen verschiedene Verklagte, die in keiner prozessualischen Verbindung standen. Es mußte daher, außer dem zu dem Urtheil gegen A. kassirten, ein besonderer Werthstempel von 5—20 Thlr. zu dem Urtheil gegen B. u. M. kassirt werden.

Dagegen sind die Monita 12. 18. u. 29. nicht begründet. In dem ersten Falle klagte die Eisenbahngesellschaft auf Zahlung ein und derselben Summe für Fracht 2c. principaliter gegen Z. und subsidiarisch für den Fall, daß er den erhaltenen Auftrag nicht nachweisen könne, gegen W., der sich als Bevollmächtigter des Z. gerirt hatte. In dem zweiten Falle wurde gegen Hauptschuldner und Bürgen; in dem dritten Falle gegen Wechselaussteller und Indossanten gleichzeitig auf Zahlung derselben Summe geklagt. In allen drei Fällen betraf der Prozeß nur einen Gegenstand, dessen Zahlung alternativ oder solidarisch von verschiedenen Personen gefordert wurde und in demselben Prozesse gefordert werden konnte. Der nach dem Gegenstande des Prozesses zu bemessende Stempel wurde daher mit Recht nur einmal kassirt und es konnte dabei keinen Unterschied machen, ob gegen beide Angeklagte gleichzeitig ein Definitiv-Urtheil oder gegen den einen vorläufig ein Interlokut erlassen wurde.

Ebenso sind die Monita 25. 28. und 30. nicht begründet. In diesen drei Fällen war auf Auflösung von Lieferungsverträgen und Zahlung eines bestimmten Schadens wegen Nichterfüllung, beziehungsweise auf Zurückerstattung des vorausbezahlten Kaufpreises geklagt. Zu den die ganze Klage gleichzeitig erledigenden Urtheilen wurde der Werthstempel mit Recht nur nach dem Betrage der geforderten Entschädigung beziehungsweise Erstattung, berechnet. Die gleichzeitig beantragte Auflösung des Vertrages war nicht Gegenstand, sondern nur Fundament der Klage, da nach Art. 1142. des bürgerlichen Gesetzbuchs jede Verbindlichkeit, etwas zu thun, sich im Falle der Nichterfüllung von Seiten des Schuldners in die Verbindlichkeit zum Schadensersatz auflöst. Das Interesse der Kläger war daher nicht ein nach dem Gegenstande des aufgelösten Vertrages zu berechnendes oder unschätzbares, sondern bestand lediglich in dem verlangten Schadensersatze.

Das Königl. Handelsgericht hat hiernach das Weitere zu veranlassen und insbesondere das Monitum 8. zu erledigen.

Berlin, den 23. Juli 1857.

Der Justiz-Minister
Simons.

An
das Königl. Handelsgericht
zu Cöln.

I. 3156. Rhein. Gener. 62. Vol. 8.

163.

Bekanntmachung, — betreffend den Debit der Arzneiwaaren. Vom 29. Juli 1857.

Auf Grund des §. 5 des Reglements vom 16. September 1836 (Gesetz-Sammlung für 1837 S. 41—43) sind die demselben angehängten Verzeichnisse A. B. C. einer Revision unterworfen und, den veränderten Bedürfnissen entsprechend, ergänzt und abgeändert worden.

An Stelle jener Verzeichnisse, welche hierdurch aufgehoben werden, sollen fortan bis auf Weiteres die anliegenden Verzeichnisse A. B. C. zur Anwendung kommen.

Die Bestimmung im §. 2 des Reglements vom 16. September 1836, wonach der Debit der in den Verzeichnissen B. und C. angegebenen Zusammensetzungen und Stoffe im pulverisirten Zustande den Apothekern ausschließlich vorbehalten war, wird dahin abgeändert, daß der Debit der in den anliegenden Verzeichnissen B. und C. aufgeführten, mit dem Zusatze „pulveratum" versehenen Stoffe hinfort auch den Nicht-Apothekern gestattet sein soll.

Mit der Publikation des Strafgesetzbuches sind die Vorschriften der §§. 7 und 8 des Reglements vom 16. September 1836 außer Kraft getreten; statt der im §. 7 des gedachten Reglements enthaltenen Bestimmungen kommen die Vorschriften des §. 345 Nr. 2. und 3. des Strafgesetzbuches und statt des §. 8 des Reglements die Vorschriften der Artikel XIII. und XIV. des Gesetzes über die Einführung des Strafgesetzbuches zur Anwendung.

Im Uebrigen verweisen wir auf den Inhalt des Reglements vom 16. September 1836.

Berlin, den 29. Juli 1857.

Der Justiz-Minister.	Der Minister der geistlichen, Unterrichts- und Medizinal-Angelegenheiten.	Der Minister für Handel, Gewerbe und öffentliche Arbeiten.
		In Vertretung:
Simons.	v. Raumer.	v. Pommer Esche.

A.

Verzeichniß

derjenigen chemischen und pharmazeutischen Präparate und Arzneiformen, mit welchen nur die Apotheker handeln dürfen.

Aceta medicinalia	Arzneiessige,
Acidum aceticum aromatico-camphoratum	Gewürzhafte kampferhaltige Essigsäure,
- hydrocyanatum	Blausäure,
- phosphoricum purum	Reine Phosphorsäure,
- tannicum purum	Reine Gerbsäure,
Aether phosphoratus	Phosphorhaltiger Aether,
Ammoniacum depuratum	Gereinigtes Ammoniakgummiharz
- carbonicum pyro-oleosum. Pharmacopoea Borussica.	Brenzlich-öliges kohlensaures Ammoniak,
- hydrochloratum ferratum	Eisen-Salmiak,

Aquae medicinales, exceptis Aquis Cerasorum, Florum Aurantii, Rosarum Rubi Idaei, mineralibus et naturalibus et facticiis	Arzneiwässer, mit Ausnahme von Kirsch-, Orangenblüthen-, Rosen- und Himbeerwasser, sowie von natürlichen und künstlichen Mineralwässern,
Asa foetida depurata	Gereinigter Stinkasant,
Balsama medicinalia mixta	Gemischte Arzneibalsame,
Calcium sulphuratum	Kalkschwefelleber,
Capsulae gelatinosae medicamentis repletae	Mit Arzneien gefüllte Gallertkapseln,
Carbo Spongiae	Schwammkohle,
Cataplasmata	Breiumschläge,
Cerata	Cerate (Wachssalben)
Collodium cantharidatum	Cantharidenhaltiges Collodium,
Colocynthis praeparata	Präparirte Coloquinthen,
Cuprum aluminatum	Kupferalaun,
Decoctum Zittmanni	Zittmannsches Dekokt,
Electuaria	Latwergen,
Elixiria	Elixire,
Emplastra	Pflaster,
Extracta medicinalia, exceptis Extracto Monesiae et Extracto Ratanhae venali	Medicinische Extrakte, mit Ausnahme des Monesiaextrakts und des käuflichen Ratanhaextrakts,
Fel Tauri inspissatum	Eingedickte Ochsengalle,
Ferro Kali tartaricum	Eisenweinstein (Stahlkugeln),
- - - purum	Reiner Eisenweinstein,
Ferrum carbonicum saccharatum	Zuckerhaltiges kohlensaures Eisenoxydul,
- chloratum	Eisenchlorür (salzsaures Eisenoxydul),
- hydricum (Ferrum carbonicum)	Eisenoxydhydrat (kohlensaures Eisenoxydul),
- hydricum in aqua	Eisenoxydhydrat in Wasser,
- iodatum saccharatum	Zuckerhaltiges Eisenjodür,
- phosphoricum	Phosphorsaures Eisenoxyduloxyd,
Galbanum depuratum	Gereinigtes Galbangummiharz,
Hydrargyrum aceticum	Essigsaures Quecksilber,
- biiodatum rubrum	Rothes Quecksilberjodid,
- cyanatum	Blaustoff-Quecksilber (blausaures Quecksilberoxyd),
- iodatum flavum	Gelbes Quecksilberjodür,
- nitricum	Salpetersaures Quecksilber,
- oxydulatum nigrum	Schwarzes Quecksilberoxydul,
- oxydulatum nigrum purum	Reines schwarzes Quecksilberoxydul,

Hydrargyrum et Stibium sulphurata	Geschwefeltes Spießglanz-Quecksilber,
- sulphuratum nigrum	Schwarzes Schwefelquecksilber,
Infusum Sennae compositum	Zusammengesetzter Senna-Aufguß (Wiener Trank),
Kali nitricum tabulatum	Salpeterkuchen,
- stibicum	Antimonsaures Kali,
Kalium sulphuratum	Schwefelleber,
Linimenta	Linimenta,
Liquor Ammoniaci acetici	Essigsaure Ammoniak-Lösung,
- - anisatus	Anishaltige = =
- - carbonici	Kohlensaure = =
- Ammoniaci carbonici pyrooleosi. Pharm. Boruss.	Brenzlich-ölige kohlensaure Ammoniak-Lösung,
- Ammoniaci succinici	BernsteinsaureAmmoniak-Lösung,
- - vinosus	Weinige Ammoniak-Lösung,
- Ferri acetici purus	Reine essigsaure Eisen-Lösung,
- Hydrargyri bichlorati corrosivi	Aetzende Quecksilberchlorid-Flüssigkeit,
- Hydrargyri nitrici	Salpetersaure Quecksilber-Lösung,
- Kali acetici	Essigsaure Kali-Lösung,
- - carbonici puri	Reine kohlensaure Kali-Lösung,
- Myrrhae	Myrrhen-Lösung,
- Plumbi hydrico-acetici	Bleiessig,
- Saponis stibiati	Spießglanzseife-Lösung,
Massae pilularum	Pillenmassen,
Mel rosatum	Rosenhonig,
Mixturae	Mixturen (flüssige Arznei-Mischungen),
Olea cocta	Gekochte Oele,
Oleum Balsami copaivae	Kopaiv-Balsamöl,
- camphoratum	Kampferhaltiges Oel,
- Chamomillae citratum, Pharm. Boruss.	Citronenhaltiges Chamillenöl,
- Chamomillae purum, Pharm. Boruss.	Reines Chamillenöl,
- Chamomillae therebintinatum	Terpenthinölhaltiges Chamillenöl,
- contra taeniam Chaberti	Chabert's Oel gegen den Bandwurm,
- Galbani	Galbanöl,
- Menthae crispae therebintinatum	Terpenthinölhaltiges Krausemünzöl,
- Ovorum	Eieröl,

Oleum phosphoratum	Phosphorhaltiges Oel,
- Sabinae, Pharm. Boruss.	Sadebaumöl,
- Therebintinae sulphuratum	Schwefelhaltiges Terpenthinöl,
- Valerianae, Ph. Boruss.	Baldrianöl,
Opodeldoc	Opodeldok,
Oxymellia	Sauerhonige,
Pastae medicinales, excepta Pasta gummosa	Arzneipasten, mit Ausnahme der weißen Reglisse,
Pilulae	Pillen,
Pulpa Cassiae	Cassiamus,
- Tamarindorum	Tamarindenmus,
Pulveres medicinales, excepto Pulvere dentifricio	Mengungen gepulv. Arzneistoffe, mit Ausnahme des Zahnpulvers,
Resina Jalapae	Jalapenharz,
- - praeparata	Präparirtes desgl.,
- Ligni Guajaci	Franzosenholzharz,
Sagapoenum depuratum	Gereinigtes Sagapöngummiharz,
Sapones medicinales mixti	Gemischte Arzneiseifen,
Sinapismus	Senfteig,
Solutio arsenicalis	Arseniklösung,
Species medicinales	Spezies (Mengungen gröblich zerkleinerter Arzneistoffe),
Spiritus Ammoniaci caustici Dzondii	Dzondi's Ammoniakspiritus,
- Angelicae compositus	Zusammengesetzter Angelikaspiritus,
- camphorato-crocatus	Safranhaltiger Kampferspiritus,
- camphoratus	Kampferspiritus,
- Cochleariae	Löffelkrautspiritus,
- coeruleus	Blauer Spiritus,
- Ferri chlorati aethereus	Eisenhaltiger Schwefel-Aether-Weingeist,
- Formicarum	Ameisenspiritus,
- Juniperi	Wachholderspiritus,
- Mastiches compositus	Zusammengesetzter Mastixspiritus,
- Mindereri	Minderer's Geist,
- Rosmarini	Rosmarinspiritus,
- saponatus	Seifenspiritus,
- Serpylli	Feldkümmelspiritus,
- Sinapis	Senfspiritus,
Stibio-Calcium sulphuratum	Spießglanzhaltige geschwefelte Kalkerde,
Stibium sulphuratum nigrum purum laevigatum	Lävigirtes reines schwarzes Schwefelspießglanz,

Sulphur depuratum lotum	Gewaschene Schwefelblumen,
Syrupi medicinales, exceptis Syrupis Berberidum, Cerasorum, Ribium et Rubi Idaei	Arzneisyrupe, mit Ausnahme der Berberitzen-, Kirsch-, Johannisbeeren- und Himbeersyrup's,
Tartarus ammoniacatus	Ammoniakweinstein,
Tincturae	Tinkturen (Geistige Auszüge aus Arzneisubstanzen),
Trochisci medicinales	Arzneizeltchen,
Unguenta	Salben,
Vinum stibiatum	Brechwein,
Vina medicinalia	Arzneiweine (Weinige Auszüge aus Arzneisubstanzen),
Zinco-Ferrum cyanatum	Blausaures Zink mit Eisen,
Zincum cyanatum	Blausaures Zink.

B.

Verzeichniß

derjenigen einfachen Stoffe und chemischen Präparate, welche Nicht-Apotheker nicht unter einem bürgerlichen Pfunde verkaufen dürfen.

Aceton	Aceton (Essiggeist),
Acetum concentratum	Konzentrirter Essig,
Acidum aceticum	Essigsäure,
- benzoicum	Benzoesäure,
- succinicum	Bernsteinsäure,
- tartaricum	Weinsteinsäure,
- - pulveratum	gepulverte Weinsteinsäure
- valerianicum	Baldriansäure,
Aether	Aether (Schwefeläther),
- aceticus	Essigäther,
Aloë	Aloë,
Alumen ustum	Gebrannter Alaun,
Ammoniacum	Ammoniak-Gummiharz,
- carbonicum pyro-oleosum	Kohlensaurer Ammoniak,
- hydrochloratum depuratum	Gereinigter Salmiak,
Amygdalinum	Amygdalin,
Arsenicum album	Weißer Arsenik,
- - pulveratum	gepulverter weißer Arsenik,
Asa foetida	Stinkasant,

Baççae Juniperi	Wachholderbeeren,
- Lauri	Lorbeeren,
Balsamum Copaivae	Kopaivabalsam,
Bismuthum valerianicum	Baldriansaures Wismuthoxyd,
Boletus cervinus	Hirschbrunst,
- Laricis	Lärchenschwamm,
Brucium et hujus praeparata	Brucin und dessen Präparate,
Camphora	Kampfer,
Cantharides	Spanische Fliegen,
Capita Papaveris immatura	Unreife Mohnköpfe,
Caragaheen	Carrhagaheen (Irländisches Perlmoos),
Castoreum Canadense	Kanadisches Bibergeil,
- Sibiricum	Sibirisches Bibergeil,
Chinioideum	Chinioidin,
Chinium et hujus praeparata	Chinin und dessen Präparate,
Chloroformium	Chloroform,
Cinchonium et hujus praeparata	Cinchonin und dessen Präparate,
Colocynthis	Coloquinthen,
Conchae praeparatae	Präparirte Austerschalen,
Cortex adstringens Brasiliensis	Brasilianische adstringirende Rinde,
- Angusturae	Angusturarinde,
- Cascarillae	Kaskarillrinde,
- Chinae	Chinarinde,
- Frangulae	Faulbaumrinde,
- Geoffreae	Geoffrearinde,
- Hippocastani	Roßkastanienrinde,
- Ligni Guajaci	Franzosenholzrinde,
- - Sassafras	Sassafrasrinde,
- Mezerei	Seidelbastrinde,
- Nucum Juglandis	Wallnußschalen,
- Pruni Padi	Traubenkirschenrinde,
- Quassiae	Quassienrinde,
- Quercus	Eichenrinde,
- - concisus	Zerschnittene Eichenrinde,
- Radicis Granati	Granatwurzelrinde
- Salicis	Weidenrinde,
- Simarubae	Ruhrrinde,
- Ulmi interior	Rüsterrinde,
- Winteranus	Wintersrinde,
Cubebae	Cubeben,
Extractum Monesiae	Monesiaextrakt,
- Rantanhae venale	Käuflicher Ratanhaextrakt,
Euphorbium	Euphorbium,

Fabae Pichurim majores	Große Pichurimbohnen,
- - minores	Kleine = =
- St. Ignatii	Ignatiusbohnen,
Ferrum oxydulatum nigrum	Schwarzes Eisenoxydul,
- pulveratum	Gepulvertes Eisen,
- lacticum	Milchsaures Eisenoxydul,
Flores Acaciae	Schlehenblüthen,
- Althaeae	Eibischblumen,
- Arnicae	Wohlverleihblumen,
- Aurantii sicci	Getrocknete Orangenblüthen,
- Bellidis	Tausendschönblumen,
- Chamomillae Romanae	Römische Chamillen,
- - vulgaris	Chamillen,
- Convallariae majalis	Maiblumen,
- Lamii albi	Taubenesselblumen,
- Lavandulae	Lavendelblumen,
- Malvae arboreae	Stockrosen,
Flores Malvae vulgaris	Malvenblumen,
- Millefolii	Schafgarbenblumen,
- Rhoeados	Klatschrosen,
- Sambuci	Fliederblumen,
- Spartii scoparii	Pfriemkrautblumen,
- Stoechados	Winterblumen,
- Tanaceti	Rainfarrnblumen,
- Tiliae	Lindenblüthen,
- Verbasci	Wollkrautblumen,
Folia Althaeae	Eibischblätter,
- Aurantii	Pomeranzenblätter,
- Belladonnae	Tollkirschenblätter,
- Bucco	Buccoblätter,
- Cardui benedicti	Cardobenediktenblätter,
- Digitalis	Fingerhutblätter,
- Farfarae	Huflattigblätter,
- Hyoscyami	Bilsenkrautblätter,
- Juglandis	Wallnußblätter,
- Lauro-Cerasi	Kirschlorbeerblätter,
- Malvae	Pappelkraut,
- Matico	Maticoblätter,
- Melissae	Melisse,
- Menthae crispae	Krausemünze,
- - piperitae	Pfeffermünze,
- Millefolii	Schafgarbe,
- Rhododendri	Schneerosenblätter,
- Rosmarini	Rosmarin,
- Rutae	Raute,
- Salviae	Salbei,

Folia	Sennae	Sennesblätter,
-	Stramonii	Stechapfelblätter,
-	Toxicodendri	Giftsumachblätter,
-	Trifolii	Dreiblatt,
-	Uvae Ursi	Bärentraubenblätter,
Galbanum		Mutterharz,
Glicerinum		Oelsüß,
Helmintochortos		Wurmmoos,
Hepar	Antimonii	Spießglanzleber,
Herba	Abrotani	Eberraute,
-	Absinthii	Wermuth,
-	Aconiti	Eisenhutkraut,
-	Alchemillae	Alchemistenkraut, (Sinau),
-	Adianthi aurei	Schwarzes Frauenhaar,
-	Agrimoniae	Odermennig,
-	Arnicae	Wohlverleihkraut,
-	Ballotae lanatae	Wolliges Wolfstrappkraut,
-	Betonicae	Betonienkraut,
-	Borraginis	Boretschkraut,
-	Buglossi	Ochsenzungenkraut,
-	Bursae pastoris	Hirtentaschenkraut,
-	Calendulae	Ringelblumenkraut,
-	Cannabis Indicae	Indischer Hanf,
-	Capillorum Veneris	Frauenhaar,
-	Centaurii minoris	Tausendgüldenkraut,
-	Chelidonii	Schöllkraut,
-	Chenopodii ambrosioidis	Mexikanisches Traubenkraut,
-	Cicutae virosae	Wasserschierling,
-	Clematidis erectae	Waldrebe (Brennkraut),
-	Cochleariae	Löffelkraut,
-	Conii	Erdschierling,
-	Conyzae	Berufskraut,
-	Foeniculi	Fenchelkraut,
-	Fumariae	Erdrauch,
-	Galeopsidis grandiflorae	Hanfnesselkraut (Liebersche Kräuter),
-	Genistae	Ginster,
-	Gratiolae	Gottesgnadenkraut,
-	Hederae terrestris	Gundermann,
-	Hepaticae nobilis	Edelleberkraut,
-	Hyperici	Johanniskraut,
-	Hyssoppi	Isopkraut,
-	Lactucae virosae	Giftlattigkraut,
-	Ledi palustris	Wilder Rosmarin (Porsch),
-	Levistici	Liebstöckelkraut,
-	Linariae	Leinkraut,

Herba Lobeliae	Lobelienkraut,
- Lycopodii	Bärlappkraut,
- Mari veri	Katzenkraut,
- Marrubii	Weißer Andorn,
- Matricariae	Mutterkraut,
- Matrisylvae	Waldmeister,
- Mercurialis	Bingelkraut,
- Ononidis	Hauhechelkraut,
- Oreoselini	Bergpetersilie,
- Origani Cretici	Spanischer Hopfen,
- - vulgaris	Gemeiner Dost,
- Polygalae amarae	Bitteres Kreuzblumenkraut,
- Pulegii	Polei,
- Pulmonariae arboraea	Lungenmoos,
- - maculosae	Lungenkraut,
- Pulsatillae	Schwarze Küchenschelle,
- Rorellae	Sonnenthau,
- Sabinae	Sadebaum,
- Saniculae	Sanikel,
- Scabiosae	Scabiosenkraut,
- Scordii	Lachenknoblauchkraut,
- Serpylli	Feldkümmel (Quendel),
- Sideritidis	Berufkraut,
- Tanaceti	Rainfarrnkraut,
- Taraxaci	Löwenzahn,
- Taxi baccatae	Eibenbaumblätter,
- Thujae	Lebensbaumblätter,
- Verbasci	Wollkraut,
- Verbenae	Eisenkraut,
- Veronicae	Ehrenpreis,
- Violae tricoloris	Stiefmütterchenkraut,
- Virgae aureae	Goldruthe,
Hydrargyrum amidato-bichloratum	Weißes Quecksilberpräzipitat,
- bichloratum corrosivum	Aetzendes Quecksilbersublimat,
- chloratum mite	Quecksilberchlorür (Calomel),
- oxydatum rubrum	Rothes Quecksilberoxyd,
Kali aceticum	Essigsaures Kali,
- carbonicum acidulum	Säuerliches kohlensaures Kali,
- - depuratum	Gereinigtes kohlensaures Kali (Gereinigte Pottasche),
- - purum	Reines kohlensaures Kali,
- hydricum fusum	Geschmolzenes ätzendes Kali (Aetzstein),
- - siccum	Trockenes ätzendes Kali,

Kali sulphuricum	Schwefelsaures Kali,
- tartaricum	Weinsteinsaures Kali,
Kalium bromatum	Bromkalium,
- iodatum	Jodkalium,
Kino	Kino=Gummi,
Kousso	Kusso,
Kreosotum	Kreosot,
Lactuarium Anglicum	Englisches Laktuarium,
- Gallicum	Französisches Laktuarium,
Lapides Cancrorum	Krebssteine,
Lichen Islandicus	Isländisches Moos,
Lignum Guajaci	Franzosenholz,
- - raspatum	Geraspeltes Franzosenholz,
- Juniperi	Wachholderholz,
- - raspatum	Geraspeltes Wachholderholz,
- Quassiae	Quassienholz,
- - raspatum	Geraspeltes Quassienholz,
- Sassafras	Sassafrasholz,
- - raspatum	Geraspeltes Sassafrasholz,
Liquor Ammoniaci caustici purus	Reiner Salmiakspiritus,
- Ferri chlorati purus	Reine salzsaure Eisenoxydul=Lösung,
- - sesquichlorati purus	= = Eisenoxyd=Lösung,
- pyro-tartaricus	Brenzlich=weinsteinsaure Flüssigkeit,
- Stibii chlorati	Spießglanzbutter,
Lycopodium	Bärlappsaamen,
Magnesia hydrico-carbonica	Kohlensaure Magnesia,
- sulphurica	Bittersalz,
- usta	Gebrannte Magnesia,
Manna	Manna,
Morphium et hujus praeparata	Morphium und seine Präparate,
Myrrha	Myrrhe,
Natro-Kali tartaricum	Weinsteinsaures Natron=Kali (Seignettesalz),
Natrum aceticum	Essigsaures Natron,
- carbonicum acidulum	Säuerliches kohlensaures Natron,
- - acidulum pulveratum	Gepulvertes = =
- - depuratum	Gereinigtes kohlensaures Natron,
- nitricum	Gereinigtes salpetersaures Natron,
- phosphoricum	Phosphorsaures Natron,
- sulphuricum	Glaubersalz,
- tartaricum	Weinsteinsaures Natron,

Nuces vomicae	Krähenaugen,
- - raspatae	Geraspelte Krähenaugen,
Oleum animale foetidum	Stinkendes Thieröl,
- Crotonis	Crotonöl,
- Jecoris Aselli	Leberthran,
- laurinum	Lorbeeröl,
- Lini sulphuratum	Schwefelhaltiges Leinöl (Schwefelbalsam),
- Nucistae	Muskatöl (Muskatbalsam),
- Ricini	Rizinusöl,
- Sabinae	Sadebaumöl,
- Succini crudum	Rohes Bernsteinöl,
- Valerianae	Baldrianöl,
Opium	Opium,
Petroleum rectificatum	Rektifizirtes Steinöl,
Plumbum aceticum	Bleizucker,
Radix Althaeae	Eibischwurzel,
- - concisa	Geschnittene Eibischwurzel,
- Angelicae	Angelikawurzel,
- Ari	Aronswurzel,
- Aristolochiae	Osterluzeiwurzel,
- Arnicae	Wohlverleihwurzel,
- Artemisiae	Beifußwurzel,
- Asari	Haselwurzel,
- Bardanae	Klettenwurzel,
- Belladonnae	Belladonnawurzel (Tollkirschenwurzel),
- Bistortae	Natterwurzel,
- Bryoniae	Zaunrübe, Gichtrübe,
- Caincae	Caincawurzel,
- Calami	Kalmuswurzel,
- Caricis arenariae	Riedgraswurzel,
- Carlinae	Eberwurzel,
- Caryophyllatae	Nelkenwurzel,
- Chinae	Chinawurzel,
- Cichorii	Cichorienwurzel,
- Colchici	Herbstzeitlosenwurzel,
- Colombo	Colombowurzel,
- Consolidae majoris	Beinwellwurzel,
- Cinoglossi	Hundszungenwurzel,
- Dictamni	Diptamwurzel,
- Filicis	Farrnkrautwurzel,
- Foeniculi	Fenchelwurzel,
- Galangae	Galgantwurzel,
- Gentianae	Entianwurzel,
- Glycyrrhizae	Süßholzwurzel,

Radix Glycyrrhicae concisa	Geschnittene Süßholzwurzel,
- Graminis	Queckenwurzel,
- - concisa	Geschnittene Queckenwurzel.
- Helenii	Alantswurzel,
- Hellebori albi	Weiße Niesewurzel,
- - nigri	Schwarze Niesewurzel,
- Jalapae	Jalapenwurzel,
- Imperatoriae	Meisterwurzel,
- Ipecacuanhae	Brechwurzel,
- Iridis Florentinae	Veilchenwurzel,
- Lapathi acuti	Grindwurzel,
- Levistici	Liebstöckelwurzel,
- Meu	Bärenwurzel,
- Morsus diaboli	Teufelsabbiß,
- Ononidis	Hauhechelwurzel,
- Paeoniae	Päonienwurzel,
- Pimpinellae	Pimpinellwurzel,
- Polypodii	Engelsüß,
- Pyrethri	Bertramswurzel,
- Ratanhae	Ratanhawurzel,
- Rhapontici	Rhapontikwurzel,
- Rhei	Rhabarberwurzel,
- Salep	Salepwurzel,
- - pulverata	Gepulverte Salepwurzel,
- Saponariae rubrae	Rothe Seifenwurzel,
- Sassaparillae	Sassaparillenwurzel,
- Scillae	Meerzwiebel,
- Scorzonerae	Haberwurzel,
- Senegae	Senegawurzel,
- Serpentariae Virginianae	Virginische Schlangenwurzel,
- Taraxaci	Löwenzahnwurzel,
- Tormentillae	Tormentillwurzel,
- Valerianae	Baldrianwurzel,
- Victorialis	Allermannsharnisch,
- Vincetoxici	Schwalbenwurzel,
- Zedoariae	Zittwerwurzel,
Resina Guajaci nativa	Guajakharz,
Saccharum lactis	Milchzucker,
Sagapenum	Sagapan-Gummiharz,
Salicinum	Salicin,
Salthermarum Carolinensium	Carlsbader Salz,
Santoninum	Santonin,
Scammonium	Scammonium,
Secale cornutum	Mutterkorn,
Semen Anisi stellati	Sternanis,
- Cardui Mariae	Stichkörner,

Semen Cinae	Zittwersaamen,
- Cocculi	Kockelskörner,
- Colchici	Zeitlosensaamen,
- Cydoniae	Quittenkörner,
- Foeniculi	Fenchelsaamen,
- Foeni graeci	Bockshornsaamen,
- - - pulveratum	Gepulverter Bockshornsaamen,
- Hyoscyami	Bilsenkrautsaamen,
- Nigellae	Schwarzer Kümmel,
- Petroselini	Petersiliensaamen,
- Phellandrii	Wasserfenchel,
- Sabadillae	Sabadillsaamen,
- Staphidis agriae	Stephanskörner,
- Stramonii	Stechapfelsaamen,
- Tanaceti	Rainfarrnsaamen,
Spiritus aethereus	Schwefelätherweingeist,
- Aetheris acetici	Essigätherweingeist,
- - chlorati	Salzätherweingeist,
- - nitrosi	Salpeterätherweingeist,
Stibio Kali tartaricum	Brechweinstein,
Stibium sulphuratum aurantiacum	Goldschwefel,
- - nigrum purum pulveratum	Gepulvertes reines schwarzes Schwefelspießglanz,
- - rubrum	Rother Spießglanzschwefel (Mineralischer Kermes),
Stipites Dulcamarae	Bittersüßstengel,
- - concisae	Geschnittene Bittersüßstengel,
Strychnium et hujus praeparata	Strychnin und dessen Präparate,
Succus Glycyrrhizae crudus	Roher Lakritzensaft,
- - depuratus	Gereinigter Lakritzensaft,
- Juniperi inspissatus purus	Gereinigter eingedickter Wachholdersaft,
Sulphur griseum	Grauer Schwefel,
- praecipitatum	Präcipitirter Schwefel (Schwefelmilch),
Tacamahaca	Takamahak,
Tamarindi	Tamarinden,
Tartarus boraxatus	Boraxweinstein,
- depuratus pulveratus	Gereinigter Weinstein (Gepulverte Weinsteinkrystalle),
Turiones Pini	Fichtensprossen,
Viscum album	Mistel,
Zincum aceticum purum	Reines essigsaures Zinkoxyd,
- chloratum purum	Reines Chlorzink (Salzsaures Zinkoxyd),
- valerianicum	Baldriansaures Zinkoxyd.

C.

Verzeichniß

derjenigen einfachen Stoffe und chemischen Präparate, welche Nicht-Apotheker nicht unter zwei Loth verkaufen dürfen.

Acidum phosphoricum ex ossibus	Phosphorsäure aus Knochen,
Aconitinum	Akonitin,
Ammoniacum cuprico-sulphuricum	Schwefelsaures Ammoniak-Kupfer,
Argentum nitricum	Höllenstein,
Atropinum	Atropin,
Auro-Natrium chloratum	Salzsaures Goldnatron,
Bismuthum hydrico-nitricum pulveratum	Gepulvertes salpetersaures Wismuthoxyd (Wismuthweiß),
Borax	Borax,
Cadmium sulphuricum	Schwefelsaures Cadmiumoxyd,
Cantharidinum	Cantharіden,
Carboneum trichloratum	Chlorkohlenstoff,
- sulphuratum (Alcohol sulphuris)	Schwefelkohlenstoff (Schwefel-Alkohol),
Codeinum, Coffeinum, Coniinum et horum praeparata	Codein, Coffein, Coniin und deren Präparate,
Digitalinum	Digitalin,
Jodum	Jod, Jodine,
Lupulinum	Lupulin,
Narcotinum	Narkotin,
Oleum Absinthii	Aetherisches (destillirtes) Wermuthöl,
- Amygdalarum amararum aethereum	Aetherisches Bittermandelöl,
- Anethi	Dillöl,
- animale aethereum	Aetherisches thierisches Oel (Dippelsöl),
- Baccarum Juniperi	Wachholderbeerenöl,
- Cacao	Cacaobutter,
- Cajeputi	Cajeputöl,
- - rectificatum	Rektifizirtes Cajeputöl,
- Calami	Kalmusöl,
- Cascarillae	Cascarillenöl,
- Cubebarum aethereum	Aetherisches Cubebenöl,
- Cumini	Mutterkümmelöl,
- Florum Arnicae	Wohlverleih-Blumenöl,

Oleum Macidis	Muskatblüthenöl,
- Majoranae	Majoranöl,
- Menthae crispae	Krausemünzöl,
- Myrrhae	Myrrhenöl,
- Origani cretici	Spanisches Hopfenöl,
- Petroselini	Petersiliensaamenöl,
- Rutae	Rautenöl,
- Salviae	Salbeiöl,
- Sinapis	Senföl,
- Succini rectificatum	Rektifizirtes Bernsteinöl,
- Tanaceti	Rainfarrnöl,
- Thymi	Thymianöl,
Phosphorus	Phosphor,
Piperinum	Piperin,
Solaninum	Solanin,
Veratrium	Veratrin,
Zincum sulphuricum	Zinkvitriol.

164.

Verfügung vom 4. August 1857, — betreffend die Frage: ob im Theilungsverfahren der gerichtlichen Verhandlung über die vor dem Notar erhobenen Streitigkeiten eine Berichterstattung des Richterkommissars vorauszugehen habe?

Art. 8. des Ges. v. 18. April 1855 (S. 81 dieses Bandes).

Auf Ihren Bericht vom 21. Juli d. J., betreffend die bei dem Landgerichte zu N. darüber entstandenen Zweifel:

ob im Falle des Artikel 8. des Gesetzes vom 18. April 1855 der Verhandlung zwischen den Parteien eine Berichterstattung des Richterkommissars vorauszugehen habe,

erklärt sich der Justiz-Minister mit der von Ihnen, in Uebereinstimmung mit der zweiten Kammer des Landgerichts zu N., entwickelten Ansicht, nach welcher obige Frage bejaht werden muß, überall einverstanden. Der Art. 8. des Gesetzes vom 18. April 1855 hebt nur die Verweisung der Parteien zur Sitzung durch den Richterkommissar auf, ohne des von diesem zu erstattenden Berichtes zu erwähnen, und der Art. 11. des Gesetzes erklärt ausdrücklich, daß durch die Artikel 7.—10. die betreffenden Vorschriften der Civilprozeßordnung nur in so weit abgeändert werden, als sie entgegenstehende Bestimmungen enthalten. Dies ist weder nach den Worten, noch nach dem Geiste dieser Bestimmungen hinsichtlich der streitigen Frage anzunehmen und auch aus den Materialien zu dem Gesetze von 1855 ergeben sich dafür keine Anhaltspunkte. Jedenfalls ist der ernannte Richterkommissar nicht befugt, eine solche Berichtserstattung abzulehnen, wenn in concreto das mit der Sache befaßte Richterkollegium solche für nothwendig erklärt.

Es wird Ihnen überlassen, hiervon die sämmtlichen Landgerichte in Kenntniß zu setzen.

Berlin, den 4. August 1857.

Der Justiz-Minister
Simons.

An
den Herrn Ersten Präsidenten des
Königl. Appellationsgerichtshofes
zu Cöln.

I. 3320. Rhein. Gener. 83.

165.

Verfügung vom 21. August 1857, — betreffend die Mittheilung der Zeugenaussagen an den Angeklagten.

Art. 305. der Straf-Prozeß-Ordnung.

Auf Ihren über die Auslegung des Art. 305. der Kriminal-Prozeßordnung unterm 11. d. M. erstatteten Bericht, wird Ihnen, Herr General-Prokurator, hierdurch eröffnet, daß der Justiz-Minister sich mit der darin näher ausgeführten Ansicht dahin einverstanden erklärt, daß zu den schriftlichen Aussagen der Zeugen, deren Abschrift nach Art. 305. l. c. den Angeklagten umsonst mitgetheilt werden soll, die sowohl von dem Instruktionsrichter, als in der polizeilichen Vorverhandlung aufgenommenen Aussagen aller in Bezug auf die Anklage vernommenen Zeugen, und nicht blos die Aussagen derjenigen Zeugen zu rechnen sind, welche von der Staatsanwaltschaft zur Sitzung geladen worden.

Hiernach haben Sie den Ober-Prokurator in N. und die übrigen Ober-Prokuratoren mit der erforderlichen Anweisung zu versehen.

Berlin, den 21. August 1857.

Der Justiz-Minister.
In dessen Vertretung:
Müller.

An
den Königl. Herrn General-Prokurator
zu Cöln.

I. 3622. Rhein. Crim. 24.

166.

Allgemeine Verfügung vom 10. September 1857, — betreffend die Sistirung gerichtlich erkannter Zoll- und Steuerstrafen.

Steuer-Ordnung v. 8. Febr. 1819 §. 95 (Ges.-Samml. S. 117).
Mahl- und Schlachtsteuer-Gesetz vom 30. Mai 1820 §. 17 c. (Ges.-Samml. S. 143).
Klassensteuer-Gesetz v. 30. Mai 1820 §. 7 d. (Ges.-Samml. S. 140).
Gewerbesteuer-Gesetz v. 30. Mai 1820 §. 42 a. (Ges.-S. S. 147).
Gesetz wegen Untersuchung und Bestrafung der Zollvergehen vom 23. Januar 1838 §. 50 (Ges.-Samml. S. 78).
Verfügung v. 19. August 1837 (Rh. Samml. Bd. VI. S. 278).
Allg. Verfügung v. 7. Februar 1845 (Rh. Samml. Bd. IX. S. 10).

Nach den bestehenden Vorschriften über das Verfahren gegen Zoll- und Steuer-Kontravenienten sind die Regierungen und Provinzial-Steuer-Direktionen befugt, der Vollstreckung der gerichtlichen Straferkenntnisse nach Umständen Anstand zu geben, und die Gerichte sind verpflichtet, den deshalb an sie ergehenden Requisitionen der Verwaltungsbehörden zu entsprechen.

Da diese Bestimmungen nach einer Mittheilung des Herrn Finanz-Ministers in neuerer Zeit nicht immer beachtet worden sind, so werden dieselben hierdurch den Gerichten mit der Anweisung in Erinnerung gebracht, Gesuche, welche die Aussetzung oder Unterbrechung rechtskräftig erkannter Zoll- und Steuerstrafen, insbesondere also die Bewilligung von Terminalzahlungen oder die Abbüßung der Freiheitsstrafen mit Zwischenräumen betreffen, falls solche bei ihnen eingehen, an die zuständigen Zoll- und Steuerbehörden zur ressortmäßigen Prüfung und weiteren Veranlassung abzugeben.

An der allgemeinen Befugniß der Gerichtsbehörden, in den vorgeschriebenen Grenzen Gesuche um Aussetzung oder Unterbrechung solcher Strafen, welche durch eine in der Person des Verurtheilten eingetretene Veränderung, als Krankheit, Schwangerschaft u. s. w. nothwendig wird, zu bewilligen oder deshalb an den Justiz-Minister zu berichten (§. 4 der Instruktion vom 30. Juni 1834 — Jahrb. Bd. 43. S. 642 — Allerh. Order vom 14. August 1846 — Just.-Minist.-Bl. S. 151), sowie auch in anderen Fällen die durch die Dringlichkeit der Sache etwa gebotene Verfügung zu treffen, wird jedoch hierdurch nichts geändert.

Berlin, den 10. September 1857.

Der Justiz-Minister
Simons.

An sämmtliche Gerichtsbehörden.

I. 3514. Steuersachen 30. Vol. 2.

167.

Verfügung vom 11. September 1857, — betreffend die Verminderung der beschlußfähigen Zahl der Richter bei dem Gewerbegericht zu Cöln.

Auf den Bericht vom 21. Juli d. J. und mit Rücksicht auf den Inhalt des §. 2 der Verordnung vom 7. August 1846 wollen wir die beschlußfähige Zahl der Richter des dortigen Gewerbegerichts auf sieben vermindern.

Berlin, den 11. September 1857.

Der Minister für Handel, Gewerbe und öffentliche Arbeiten
von der Heydt.

Der Justiz-Minister
Simons.

An die Königl. Regierung zu Cöln.
I 3838. Rhein. Gener. 52. Vol. 5.

168.

Verfügung vom 12. September 1857, — betreffend die Mittheilungen von den gegen aktive Offiziere angestellten Klagen an die betreffenden Militairvorgesetzten.

Es ist im dienstlichen Interesse erforderlich, daß von jeder gegen einen aktiven Offizier angestellten Klage dem betreffenden Militair-Vorgesetzten des Offiziers unter Bezeichnung des Gegenstandes der Klage Nachricht ertheilt werde.

Die Friedensrichter haben daher künftig von jeder Klage, die bei ihnen gegen einen aktiven Offizier anhängig gemacht wird, dem Königlichen Ober-Prokurator, unter Angabe des Gegenstandes der Klage, Anzeige zu machen, und der Ober-Prokurator hat diese Anzeige dem Militair-Vorgesetzten des Offiziers mitzutheilen.

Ebenso haben die Ober-Prokuratoren von den Klagen, welche gegen einen aktiven Offizier beim Landgerichte zuerst anhängig gemacht und zur Rolle gebracht werden, den Militair-Vorgesetzten des Offiziers in Kenntniß zu setzen.

Diese Mittheilungen sind hinsichtlich der regimentirten Offiziere an den Regiments-Kommandeur, hinsichtlich der nicht regimentirten an den nächsten unmittelbaren Vorgesetzten zu richten.

Sie, Herr Ober-Prokurator, werden hierdurch angewiesen, demgemäß das Erforderliche zu veranlassen.

Berlin, den 12. September 1857.

Der Justiz-Minister
Simons.

An
die sämmtlichen Ober-Prokuratoren
der Rheinprovinz.

Abschrift vorstehender Verfügung wird Ihnen zu Kenntnißnahme mitgetheilt.

Berlin, den 12. September 1857.

Der Justiz-Minister
Simons.

An
den Herrn Ersten Präsidenten des Königl.
Appellationsgerichtshofes und den
Königl. Herrn General-Prokurator
zu Cöln.

I. 3606. M. 66. Vol. 2.

169.

Allgemeine Verfügung vom 14. September 1857, — betreffend die Anstellung versorgungsberechtigter Militairpersonen im Civildienste.

Allgemeine Verfügung v. 19. September 1845 (Just.-Min.-Bl. S. 186).
Allgemeine Verfügung v. 30. Juni 1849 (Just.-Min.-Bl. S. 307).
Allgemeine Verfügung v. 16. Juni 1855 (S. 123 dieses Bandes).

Auf den Wunsch des Herrn Kriegs-Ministers soll die nach der allgemeinen Verfügung vom 19. September 1845 aufzustellende summarische Uebersicht der in dem abgelaufenen Jahre in Justizbeamten-Stellen versorgten Militairpersonen nicht ferner, wie in der allgemeinen Verfügung vom 30. Juni 1849 B. IV. Nr. 5 und in der Cirkular-Verfügung vom 7. März 1855 vorgeschrieben ist, an den Justiz-Minister eingereicht, vielmehr dem General-Kommando, in dessen Bezirk sich der Sitz des betreffenden Obergerichts befindet, bis zum 15. Februar jeden Jahres mitgetheilt werden.

Die Obergerichte werden demnach veranlaßt, hiernach zu verfahren und die gedachte Uebersicht nach wie vor mit den in der Cirkular-Verfügung vom 7. März 1855 bezeichneten Abtheilungen:

1) Offiziere,
2) Invaliden mit dem Civilversorgungsschein,
3) 12 Jahr gediente Unteroffiziere,
4) Freiwillige aus den Jahren 18$\frac{13}{15}$

zu versehen.

Gleichzeitig werden die Obergerichte mit Bezug auf die allgemeine Verfügung vom 16. Juni 1855, betreffend die Ermittelung und Ueberweisung versorgungsberechtigter Militairpersonen, hierdurch angewiesen, in denjenigen Fällen, in welchen die Nachweisung einzelner Militairpersonen zur Besetzung offener Stellen Seitens des General-Kommando's auf spezielle Requisition der anstellenden Behörde erfolgt ist, dem gedachten Kommando demnächst mitzutheilen, ob auf einen und auf welchen Beamten bei der Besetzung gerücksichtigt werden wird.

Berlin, den 14. September 1857.

Der Justiz-Minister
Simons.

An sämmtliche Obergerichte.
I. 3388. M. 89. Vol. 19.

170.

Verfügung vom 15. September 1857, — betreffend die Auszüge aus den Civilstandsregistern für ausgetretene Militairpflichtige und Deserteurs.

Verfügung v. 21. Juni 1833 (Rhein. Samml. Bd. III. S. 652).

Die Verfügung des Justiz-Ministers vom 21. Juni 1833 (Rhein. Samml. Bd. III. S. 652).
betreffend die Auszüge aus den Civilstands-Registern für ausgetretene Militairpflichtige und Deserteurs
wird im Einverständniß mit den Herren Ministern des Innern und des Krieges hiermit aufgehoben.

Sie werden veranlaßt, hiervon die Landgerichts-Präsidenten und Ober-Prokuratoren, sowie durch letztere die Civilstandsbeamten in Kenntniß zu setzen.

Berlin, den 15. September 1857.

Der Justiz-Minister
Simons.

An
den Königl. Herrn General-Prokurator
zu Cöln.
I.. 3775. Rhein. Crim. 3. Vol. 3.

171.

Allerhöchster Erlaß vom 19. September 1857, — betreffend die Vollstreckung geringer Gefängnißstrafen gegen die in Detentionsanstalten befindlichen jugendlichen Verbrecher.

Auf Ihren gemeinschaftlichen Bericht vom 14ten d. M. genehmige Ich hierdurch, daß die gegen Zöglinge der Detentionsanstalt zu Steinfeld gerichtlich erkannten Gefängnißstrafen von der Dauer bis zu einer Woche, anstatt in einem gerichtlichen Gefängnisse in der Anstalt selbst vollstreckt werden dürfen; und ermächtige Sie zugleich, gleiche Bestimmungen rücksichtlich aller derjenigen Detentionsanstalten für jugendliche Verbrecher zu treffen, deren Einrichtungen die angemessene Vollstreckung gerichtlicher Gefängnißstrafen möglich machen.

Sanssouci, den 19. September 1857.

Friedrich Wilhelm.

gegengez. Simons. von Westphalen.

An die Minister der Justiz und des Innern.

I. 4089. Criminalia 90. Vol. 3.

172.

Verfügung vom 29. September 1857, — betreffend Erleichterung in den Förmlichkeiten bei Eheschließungen.

Verfügung v. 18. Juni 1855 (S. 126 dieses Bandes).

Die von der neunten rheinischen Provinzial-Synode gegen das Reskript vom 18. Juni 1855, den Beweis des Todes der Ascendenten bei Eheschließungen betreffend, neuerdings erhobenen Bedenken, erledigen sich, wie Sie in Ihrem Berichte vom 15. September c. mit Recht hervorheben, im Wesentlichen durch die Betrachtung, daß es bei dem fraglichen Beweise nur darauf ankomme, Gewißheit darüber zu erlangen, daß die Ascendenten verstorben seien, und daß die in jenem Reskripte zur Führung des Beweises für genügend erachtete eidesstattliche Erklärung der Eheschließenden und Zeugen keine förmliche sacramentelle Eidesnorm vorschreibe. Was insbesondere die Versicherung betrifft, daß die

Ascendenten verstorben seien, so ergiebt schon die Bezugnahme des Staatsrathsgutachtens vom 27. Messidor—4. Thermidor XIII. auf die Notorietätsacte des Art. 71. des bürgerlichen Gesetzbuchs, daß nicht nothwendig eine unmittelbare Wahrnehmung jenes Absterbens bekundet werden soll. Wenn Descendenten und die mit ihren Verhältnissen vertrauten Zeugen, welchen nicht leicht unbekannt sein könnte, daß die Ascendenten noch vorhanden seien, wenn dies der Fall wäre, von deren Leben nichts wissen, vielmehr deren Absterben selbst, ebenso wie solches in ihrem Kreise geschieht, als eine bekannte Thatsache annehmen, so kann dies Absterben als auch ihnen bekannt versichert werden. Als Form für diese Versicherung genügt es, wenn die Eheschließenden eidesstattlich erklären, daß, ihres Wissens, die Ascendenten verstorben sind, und die vier Zeugen in gleicher Weise versichern, daß ihnen, obgleich sie die Eheschließenden kennen, vom Gegentheil nichts bekannt sei. Hinsichtlich der ferner vorgeschriebenen Versicherung, daß es nicht möglich sei, die Sterbeurkunden der Ascendenten beizubringen, kann das erhobene Bedenken, als ob hierin nicht eine Thatsache, sondern ein lediglich in das Ermessen des Versichernden gestelltes Urtheil enthalten sei, in den geeigneten Fällen dadurch gehoben werden, daß von dem betreffenden Eheschließenden, in Uebereinstimmung mit der im Art. 71. des Bürgerlichen Gesetzbuchs für Notorietätsakte gegebenen Vorschrift, der Grund der Unmöglichkeit kurz angegeben wird. Dem Ermessen des Civilstandsbeamten bleibt es dann überlassen, ob der angeführte Grund unter den obwaltenden Umständen für hinreichend zu erachten sei. Auch hierbei ist die schon am Schluß des Reskripts vom 18. Juni 1855 ertheilte Weisung zu berücksichtigen, daß unnöthige Weiterungen zu vermeiden sind. Von Seiten der Zeugen genügt auch bei diesem Punkte die Erklärung, daß ihnen das Gegentheil der Versicherung der Eheschließenden nicht bekannt sei.

Hiernach haben Sie an die Ober-Prokuratoren und Civilstandsbeamten die erforderliche nähere Anweisung zu erlassen.

Berlin, den 29. September 1857.

Der Justiz-Minister
Simons.

An
den Königl. Herrn General-Prokurator
zu Cöln.

I. 4060. Rhein. Gener. 93. Vol. 4.

173.

Verfügung vom 30. September 1857, — betreffend die Reisediäten der kommissarischen Verwalter von Friedensrichterstellen.

Erlaß v. 10. Juni 1848 (Rhein. Samml. Bd. IX. S. 301).

E x t r a k t.

Zugleich wird genehmigt, daß bei künftiger Festsetzung von Reisediäten für kommissarische Verwalter von Friedensrichterstellen in Gemäßheit der Verfügung der Königl. Oberrechnungskammer, die nach dem Allerhöchsten Erlaß vom 10. Juni 1848 zulässigen Tagegelder in Anwendung gebracht werden.

Berlin, den 30. September 1857.

Der Justiz-Minister
Simons.

An
den Königl. Herrn General-Prokurator
zu Cöln.

I. 4477. Rhein. Officianten-Sachen 6. Vol. 2.

174.

Verfügung vom 26. Oktober 1857, — betreffend die Gestattung des Ausspielens von Eßwaaren und anderen unbedeutenden Gegenständen mittelst Drehbretts oder Würfelspiels auf Märkten, bei Kirchweihen und anderen Volksfesten.

§§. 266, 267, 340 des Straf-Gesetz-Buchs.

Aus Veranlassung einer Vorstellung der Lebkuchenbäcker der Bürgermeisterei K. um Gestattung des Ausspielens von Lebkuchen auf Drehbrettern, haben die Herren Minister des Innern und der Finanzen diejenige Verfügung an die Regierung zu C. erlassen und den übrigen Regierungen der Rheinprovinz zur Kenntnißnahme und Nachachtung zugefertigt, welche Ihnen, Herr General-Prokurator, hierbei in Abschrift mitgetheilt wird.

Berlin, den 26. Oktober 1857.

Der Justiz-Minister
Simons.

An
den Königl. Herrn General-Prokurator
zu Cöln.

I. 4745. Rhein. Crim. 78.

Anlage.

Der Königl. Regierung eröffnen wir auf den Bericht vom 26sten v. M., betreffend das Gesuch der Lebkuchenbäcker zu K. um Gestattung des Ausspielens von Lebkuchen auf Märkten, bei Kirchweih- und anderen Volksfesten, daß die bei dergleichen Gelegenheiten erfolgenden Ausspielungen von Eßwaaren und andern unbedeutenden Gegenständen mittelst Drehbrettes oder Würfelspiels, nicht unter den Begriff des unbedingt verbotenen Hazardspiels, (§§. 266, 267 und 340 zu 11. des Strafgesetzbuchs), sondern denjenigen der, unter der Voraussetzuug polizeilicher Erlaubniß zuläsigen Ausspielung fallen, und daß, wenn auch gerade kein Bedürfniß vorliegen mag, derartige, mehr dem Gebiete der Volksbelustigungen angehörige Ausspielungen einzuführen, doch andererseits noch weniger ein Grund vorliegt, sie da zu beseitigen, wo sie seit langer Zeit bestanden haben und noch bestehen, ohne daß davon irgend eine nachtheilige Folge bemerkbar geworden ist.

Die Prüfung der Statthaftigkeit und resp. die Genehmigung beabsichtigter Ausspielungen der fraglichen Art wird den Orts-polizei-Behörden zu überlassen sein.

Berlin, den 31. Juli 1857.

Der Minister des Innern
Im Auftrage:
Sulzer.

Der Finanz-Minister
Im Auftrage:
Horn.

An die Königl. Regierung zu C.

175.

Cirkular-Verfügung des Herrn Ministers der geistlichen, Unterrichts- und Medizinal-Angelegenheiten vom 28. October 1857, — betreffend die Gebühr der Gerichtsärzte und der Chemiker für die bei Vergiftungen erforderliche chemische Untersuchung.

Medizinal-Taxe vom 21. Juni 1815 pos. 13. Abschn. V. (Ges.-Sammlg. 1815. S. 122.)

Von dem Herrn Justiz-Minister sind mir drei Schreiben der Königlichen Regierung an die Kreisgerichte zu D., J. und S. resp. vom 6. November v. J., 16. Juni und 10. Juli d. J. mitgetheilt, in welchen dieselbe bei Festsetzung von Gebühren-Liquidationen der betreffenden Gerichtsärzte und Chemiker die Ansicht ausgesprochen hat, daß die pos. 13. Abschn. V. der Taxe vom 21. Juni 1815 für die bei Vergiftungen erforderliche chemische Untersuchung festgesetzte Gebühr von 2 — 3 Thlr. dem Physikus und dem Chemiker für die Untersuchung jedes einzelnen, bei der Obduktion ihnen übergebenen Leichentheils zu zahlen sei. Demgemäß hat die Königliche Regierung es für erforderlich erachtet, daß die betreffenden Sachverständigen bei einer Vergiftung nicht für die stattgefundene chemische Untersuchung überhaupt, sondern für die Untersuchung des Magens, der Speiseröhre, des Darmkanals ꝛc. abgesondert den vollen Gebührensatz, sonach anstatt 2—3 Thlr., 6—9 Thlr. ꝛc. liquidirt hatten und hiernach die Liquidationen festgesetzt.

Das hiergegen Seitens der Königl. Oberrechnungskammer gezogene Monitum muß für begründet erachtet werden.

Nach dem Wortlaut der allegirten Taxbestimmung erhalten der Physikus und der Chemiker die Gebühr von 2—3 Thlrn. für die bei Vergiftungen erforderliche chemische Untersuchung. Daß diese Gebühr verdoppelt, resp. verdreifacht werden solle, wenn nach dem Ermessen des Chemikers oder Physikus einzelne Leichentheile besonders untersucht oder mehrere Analysen auf verschiedene giftige Substanzen vorgenommen worden sind, ist nicht vorgeschrieben. Es kann daher jene Gebühr in der Regel nur einfach für die zur Feststellung des Thatbestandes erforderliche chemische Untersuchung überhaupt bewilligt werden. Hiervon findet eine Ausnahme nur dann statt, wenn das requirirende Gericht ausdrücklich die besondere chemische Untersuchung jedes einzelnen Leichentheils oder mehrere Analysen auf verschiedene giftige Substanzen verlangt hat. In diesem Falle ist für die Untersuchung jedes einzelnen Leichentheils resp. für jede Analyse der taxmäßige Gebührensatz zu entrichten.

Die Königl. Regierung hat sich hiernach bei der Festsetzung gerichtsärztlicher Liquidationen zu achten.

Berlin, den 28. Oktober 1857.

Der Minister der geistlichen, Unterrichts- und Medizinal-Angelegenheiten.
von Raumer.

An die Königl. Regierung zu N.

Zugleich an sämmtliche übrige Königl. Regierungen excl. Sigmaringen und an das Königl. Polizei-Präsidium hierselbst.

I. 4613. M. 17. Vol. 8.

176.

Verfügung vom 29. Oktober 1857, — betreffend die Nachweisung der Königl. Dienstgebäude.

Verfügung vom 14. August 1838 (Rhein. Samml. Bd. VI. S. 569).

Mit Bezug auf die Verfügung vom 25. März 1854, wodurch Ihnen, Herr General-Prokurator, aufgegeben worden ist, eine Nachweisung der zum Verwaltungsressort des Justiz-Ministers gehörigen Königlichen Dienstgebäude und Grundstücke im Departement des Appellationsgerichtshofes zu Cöln, nach Regierungs-Bezirken gesondert, aufstellen zu lassen und der betreffenden Königlichen Regierung zur weiteren Veranlassung zu übersenden, werden Sie auf den Wunsch des Herrn Ministers für Handel, Gewerbe und öffentliche Arbeiten angewiesen, in gleicher Weise die im Laufe jedes Jahres durch den Hinzutritt oder den Abgang von Dienstgebäuden und Grundstücken eintretenden Veränderungen durch Nachtrags-Nachweisungen zur Kenntniß der betreffenden Königl. Regierung zu bringen, und sich dabei des durch die obengedachte Verfügung mitgetheilten Schema's zu bedienen. Die durch die Verfügung vom 14. August 1838 angeordnete Benachrichtigung des Königl. Ober-Präsidenten, insoweit dieselbe die bei den Gebäuden eingetretenen Veränderungen betrifft, wird dadurch entbehrlich. Dagegen ist dem Königl. Ober-Präsidenten auch ferner von jeder beabsichtigten Veräußerung oder Anschaffung von Gebäuden Nachricht zu geben.

Berlin, den 29. Oktober 1857.

Der Justiz-Minister
Simons.

I. 3176. 4330. O. 2. Vol. 3.

Anhang a.

Mit Bezugnahme auf die Verfügung vom 14. August 1838 werden Sie, Herr General-Prokurator, hierdurch aufgefordert, eine Nachweisung der zum Verwaltungs-Ressort des Justiz-Ministers gehörigen Königl. Dienstgebäude und Grundstücke im Departement des Appellationsgerichtshofes zu Cöln nach dem in Abschrift beigehenden Formular insoweit aufstellen zu lassen, als dies ohne technische Ermittelungen von den einzelnen Gerichtsbehörden selbst geschehen kann, und demnächst diese Nachweisung der betreffenden Königl. Regierung zur weiteren Veranlassung zu übersenden.

Die Königl. Regierungen werden in dieser Beziehung von dem Herrn Minister für Handel, Gewerbe und öffentliche Arbeiten mit Anweisung versehen werden.

Berlin, den 25. März 1854.

Der Justiz-Minister
Simons.

An
den Königl. Herrn General-Prokurator
zu Cöln.

I. 507.

Na

der zum Verwaltungs-Ressort des Justiz-Ministeriums gehörigen Könic

1. Bei solchen Gebäuden, deren Besitz-Verhältniß gemischt
2. Die Gebäude, welche bloß miethsweise benutzt werden, a
aufgenommen.

1. Laufende Nr.	2. Kreis und Ort.	3. Bezeichnung und Zweck des Gebäudes.	4. Kurze Beschreibung des Gebäudes und der Zubehörungen.	5. Jetzige Benutzungs-Art u. Angabe, ob etwas disponibel.	6. Annähernde Angab des Areals	
					des ganzen Dienst-Etablissements. □Ruthen.	der mit Bauwerk besetzten Fläche. □Ruthen.

Anhang b.

Auf Veranlassung des Herrn Ministers für Handel, Gewerbe und öffentliche Arbeiten bedarf die an Sie, Herr General-Prokurator, erlassene Verfügung vom 25. März dieses Jahres einer Modifikation. Sie werden demnach hierdurch aufgefordert, die Ober-Prokuratoren bei den Landgerichten anzuweisen, daß sie die nach Regierungsbezirken gesonderten Nachweisungen der zum Verwaltungsressort des Justiz-Ministers gehörigen Königlichen Dienstgebäude und Grundstücke in den Bezirken der betreffenden Landgerichte nach dem in Abschrift beigehenden Formular insoweit aufstellen, als dies ohne technische Ermittelungen geschehen kann, und demnächst diese Nachweisungen den betreffenden Königlichen Regierungen zur weitern Veranlassung übersenden. Die Lokalien des Appellationsgerichtshofs sind von dem Ober-Prokurator zu Cöln in dessen Nachweisung mit aufzunehmen.

Berlin, den 10. Juni 1854.

Der Justiz-Minister
Simons.

An
den Königl. Herrn General-Prokurator
zu Cöln.

I. 2488.

eisung

ienstgebäude und Grundstücke im Departement des . . . .

das Nähere darüber in der Spalte „Bemerkungen“ anzugeben.
ht Eigenthum des Staates sind, werden in diese Nachweisung nicht mit

7.	8.	9.	10.	11.
ngabe des Werths in gerundeten Summen.	Unterhaltungs-Bedarf nach dreijährigem Durchschnitt.	Betrag der Einnahme an Miethe, Pacht u. Wohnungs-Entschädigung.	Betrag der Realabgaben.	Bemerkungen über das Alter, den baulichen Zustand des Gebäudes ꝛc.
Thlr.	Thlr.	Thlr.	Thlr.	

177.

Statut für die Meliorations-Genossenschaft der Gemeinde Honzrath, Kreis Merzig. Vom 2. November 1857.

I. 5003. Rh. Gen. 167. Vol. 2.

178.

Statut für den Verband der Wiesenbesitzer in der Gemeinde Bachem, Kreis Merzig. Vom 2. November 1857.

I. 5004. Rh. Gen. 167. Vol. 2.

179.

Verfügung vom 2. November 1857, — betreffend die Anwendung der Prädikate: „Durchlaucht" und „Fürstliche Gnaden."

Es sind wiederholentlich Fälle vorgekommen, in denen von einzelnen Behörden das Prädikat „Durchlaucht" unrichtigerweise solchen Personen ertheilt worden ist, welche nach den bestehenden Bestimmungen keinen Anspruch darauf haben.

Der Justiz-Minister nimmt daraus Veranlassung, den Königlichen Appellationsgerichtshof und Sie, Herr General-Prokurator, auf die Allerhöchste Order vom 21. Februar 1832 und auf die Bekanntmachung des Königlichen Staats-Ministeriums vom 28. April desselben Jahres (Ges.-Samml. v. 1832 S. 129—135), so wie auf die Allerhöchste Order vom 3. März 1833 (Ges.-Samml. S. 29) aufmerksam zu machen, aus denen hervorgeht, welchen Fürstlichen Familien das Prädikat „Durchlaucht" gebührt.

Zugleich wird dem Kollegium und Ihnen, Herr General-Prokurator, bekannt gemacht, daß außerdem noch den in der Preußischen Monarchie angesessenen Fürsten Radziwill und Sulkowski das Prädikat „Durchlaucht" von des hochseligen Königs Majestät verliehen worden ist, und daß den nachbenannten Fürsten:

dem Fürsten zu Carolath-Beuthen,
dem Fürsten Lichnowski,
dem Fürsten von Hatzfeld und Trachenberg,
dem Fürsten von Pückler-Muskau,
dem Fürsten zu Lynar,

dem Fürsten zu Rheina-Wolbeck und
dem Fürsten von Pleß
das Prädikat „Fürstliche Gnaden“ gebührt.

Hiernach sind die untergeordneten Behörden und Beamten mit Anweisung zu versehen.

Berlin, den 2. November 1857.

Der Justiz-Minister
Simons.

An
den Königl. Appellationsgerichtshof und
den Königl. Herrn General-Prokurator
zu Cöln.

I. 3916. S. 3. Vol. 5.

180.

Allgemeine Verfügung vom 9. November 1857, — betreffend die portofreie Beförderung der Packetsendungen.

Auf Veranlassung des Herrn Ministers für Handel, Gewerbe und öffentliche Arbeiten werden die Gerichtsbehörden und die Beamten der Staatsanwaltschaft hierdurch angewiesen:

die in Staatsdienst-Angelegenheiten portofrei zu befördernden Packetsendungen soviel als möglich nur in solchen Packeten zur Post zu geben, welche das Gewicht von 20 Pfund nicht übersteigen.

Berlin, den 9. November 1857.

Der Justiz-Minister
Simons.

An
sämmtliche Gerichte und Beamte der
Staatsanwaltschaft.

I. 4453. P. 2. Vol. XI.

181.

Verfügung vom 10. November 1857, — betreffend die Vollstreckung geringer Gefängnißstrafen gegen jugendliche Verbrecher in der Detentionsanstalt zu Brauweiler.

Allerh. Erl. v. 19. Sept. 1857 (S. 380 dieses Bandes).

Behufs der Mittheilung an die Ober-Prokuratoren werden Sie, Herr General-Prokurator, davon in Kenntniß gesetzt, daß von dem Herrn Minister des Innern die Provinzial-Arbeitsanstalt zu Brauweiler als eine Detentionsanstalt bezeichnet worden ist, für welche die Allerhöchste Ordre vom 19. September d. J. zur Anwendung kommen kann.

Berlin, den 10. November 1857.

Der Justiz-Minister
Simons.

An
den Königl. Herrn General-Prokurator
zu Cöln.

I. 4708. Crimin. 90. Vol. 3.

182.

Schreiben vom 23. November 1857, — betreffend die Berechnung der Verjährungsfrist bei Forstfreveln, deren Verfolgung durch einen Civilprozeß unterbrochen worden.

Euer Excellenz beehre ich mich auf das gefällige Schreiben vom 11. d. M. ganz ergebenst zu erwidern, daß ich mich in Betreff der Frage, ob im Bezirke des Appellationsgerichtshofes zu Cöln die Verjährungsfrist bei Forstfreveln, deren Verfolgung durch einen Civilprozeß auf Grund des Gesetzes vom 31. Januar 1845 (Ges.-Samml. S. 95) unterbrochen worden, von dem Tage des Erlasses oder erst von dem Tage der Signifikation des diesen Civilprozeß definitiv erledigenden Kassationsurtheils wieder zu laufen beginne, den die erstere Meinung vertretenden Ansichten des Ober-Prokurators zu N. und des General-Prokurators zu Cöln anschließen muß. Diese Ansicht, welche in dem bereits von dem letzteren angeführten kassirenden Urtheile des Pariser Kassationshofes vom 10. April 1835 adoptirt ist, beruht auf den allgemeinen Grundsätzen von der Verjährung strafbarer Handlungen und wird durch die Bestimmungen im §. 5 des Gesetzes vom 31. Januar 1845 bestätigt. Nach allgemeinen Grundsätzen läuft die Verjährung vom Tage des Vergehens, sofern sie nicht durch Strafverfolgung unterbrochen oder so lange sie nicht durch vorher nothwendige Entscheidung von Präjudicialeinreden in ihrem Laufe gehemmt wird. Sie beginnt von neuem zu laufen, sobald dieses Hemmniß beseitigt ist. Das hierzu erforderliche Civilurtheil bewirkt nicht den Lauf der Verjährung, sondern beseitigt nur das Hinderniß, welches diesen Lauf hemmte; es paßt daher der von der Regierung zu N. angeführte Ausspruch von Berriot St. Prix, daß jedes Urtheil significirt werden müsse, wenn dasselbe den Lauf einer Frist bewirken solle, auf den vorliegenden

Fall nicht. Ganz unzweifelhaft ergiebt sich diese Ansicht aber auch aus den Worten des Gesetzes vom 31. Januar 1845, wenn es dort im §. 5 heißt, daß die Verjährung „während der Dauer des Civilprozesses“ ruhen solle. Der Civilprozeß wird unbedenklich durch den Erlaß des kontradiktorischen Kassationsurtheils definitiv beendet. Mit diesem Erlaß steht der strafrechtlichen Verfolgung kein Hinderniß mehr entgegen und von diesem Augenblicke beginnt daher eine neue Verjährung.

Hiernach muß ich Anstand nehmen, dem betreffenden Beamten der Staatsanwaltschaft die strafrechtliche Verfolgung der fraglichen Forstfrevel aufzugeben.

Berlin, den 23. November 1857.

An Simons.

den Königl. Staats- und Finanz-Minister
Herrn von Bodelschwingh
Excellenz.

I. 4862. Rhein. Crim. 7. Vol. 6.

183.

Verordnung, — betreffend die Suspension der Beschränkungen des vertragsmäßigen Zinssatzes. Vom 27. November 1857.

Wir Friedrich Wilhelm, von Gottes Gnaden, König von Preußen rc. rc.

verordnen, unter Vorbehalt der Genehmigung beider Häuser des Landtages Unserer Monarchie, auf den Antrag Unseres Staatsministeriums, was folgt:

§. 1.

Für die Dauer von drei Monaten, vom Tage dieser Verordnung ab, treten die bestehenden Beschränkungen des vertragsmäßigen Zinssatzes außer Kraft.

Die höheren als die bisher zulässigen Zinsen können für einen längeren als zwölfmonatlichen Zeitraum nicht bedungen werden.

§. 2.

Die Bestimmungen des Gesetzes vom 2. März d. J über das unerlaubte Kreditgeben an Minderjährige (Gesetz-Sammlung S. 111), sowie die in den Pfandleihe-Reglements enthaltenen Beschränkungen werden durch diese Verordnung nicht abgeändert.

Urkundlich unter Unserer Höchsteigenhändigen Unterschrift und beigedrucktem Königlichen Insiegel.

Gegeben Berlin, den 27. November 1857.

Im Allerhöchsten Auftrage Sr. Majestät des Königs:

(L. S.) Prinz von Preußen.

v. Manteuffel. v. d. Heydt. Simons. v. Raumer v. Westphalen.
v. Bodelschwingh. v. Massow. Gr. v. Waldersee.
v. Manteuffel II.

I. 5143. W. 24. Vol. 1.

184.

Verordnung, — betreffend die Großherzoglich Sächsischen und die Herzoglich Sachsen-Coburg-Gothaschen Kassenanweisungen. Vom 21. Dezember 1857.

Gesetz v. 14. Mai 1855 §. 4. (S. 116 dieses Bandes).

Wir Friedrich Wilhelm, von Gottes Gnaden, König von Preußen ꝛc. ꝛc.

verordnen, in Gemäßheit des im dritten Absatz des §. 4 des Gesetzes vom 14. Mai 1855 (Gesetz-Sammlung für 1855 S. 307) enthaltenen Vorbehalts, auf den Antrag des Staatsministeriums, in Verfolg Unserer Orders vom 24. Dezember 1855 (Gesetz-Sammlung für 1855 S. 741) und vom 22. Dezember 1856 (Gesetz-Sammlung für 1856 S. 1040), was folgt:

Das Gesetz vom 14. Mai 1855, betreffend die Beschränkung der Zahlungsleistung mittelst fremden Papiergeldes, bleibt bei solchen Zahlungen, welche mit den

von der Großherzoglich Sächsischen Regierung und von der Herzoglich Sachsen-Coburg- und Gothaschen Regierung für das Herzogthum Sachsen-Gotha

ausgegebenen Kassenanweisungen geleistet werden, bis zum 1. Januar 1859 außer Anwendung.

Diese Verordnung ist durch die Gesetz-Sammlung zur öffentlichen Kenntniß zu bringen.

Urkundlich unter Unserer Höchsteigenhändigen Unterschrift und beigedrucktem Königlichen Insiegel.

Gegeben Berlin, den 21. Dezember 1857.

Im Allerhöchsten Auftrage Sr. Majestät des Königs:

(L. S.) Prinz von Preußen.

v. Manteuffel. v. d. Heydt. Simons. v. Raumer. v. Westphalen.
v. Bodelschwingh. v. Massow. Gr. v. Waldersee.
v. Manteuffel II.

I. 5684. S. 13. Vol. 8.

185.

Regulativ über die Errichtung und Verwaltung des Gewerbegerichts zu Mülheim am Rhein vom 21. Dezember 1857.

Wir Friedrich Wilhelm, von Gottes Gnaden, König von Preußen 2c. 2c.

Da sich das Bedürfniß gezeigt hat, für die Bürgermeistereien Mülheim, Merheim und Gladbach, des Kreises Mülheim, ein Gewerbegericht zu errichten, so verordnen Wir auf den Antrag Unserer Minister für Handel, Gewerbe und öffentliche Arbeiten und der Justiz was folgt:

§. 1.

Auf Grund des für das Herzogthum Berg geltenden Dekrets vom 17. Dezember 1811 wird in der Stadt Mülheim am Rhein ein Gewerbegericht errichtet, welches die Benennung: „Königliches Gewerbegericht zu Mülheim am Rhein“ führt.

§. 2.

Die Zuständigkeit desselben erstreckt sich auf sämmtliche Fabrikationszweige und Handwerke, welche im Bezirke der Bürgermeistereien Mülheim, Merheim und Gladbach, des Kreises Mülheim, betrieben werden, und auf alle innerhalb dieses Sprengels ansäßigen Fabrik-Kaufleute, Handwerksmeister, und die von ihnen beschäftigten Werkmeister, Gesellen, Fabrikarbeiter und Lehrlinge, wenn solche auch außerhalb des Sprengels ihren Wohnsitz haben.

§. 3.

Das Gericht besteht aus einem Haupt-Büreau mit dem Sitze in Mülheim, einer Vergleichskammer für die Bürgermeistereien Mülheim und Merheim mit dem Sitze in Mülheim, und einer Vergleichskammer für die Bürgermeisterei Gladbach mit dem Sitze in Gladbach.

Die Zuständigkeit der Vergleichskammern erstreckt sich auf alle innerhalb ihrer Bezirke ansäßigen Fabrik-Kaufleute, Handwerksmeister und die von ihnen beschäftigten Werkmeister, Gesellen, Fabrikarbeiter und Lehrlinge, wenn solche auch außerhalb des betreffenden Bezirks ihren Wohnsitz haben.

§. 4.

Das Gewerbegericht besteht aus 9 Mitgliedern und zwar aus 5 Fabrik-Kaufleuten und 4 Mitgliedern aus der Klasse der Werkmeister, Fabrikarbeiter und Handwerker, welche mindestens 3 Thaler Klassensteuer bezahlen und die durch das Dekret vom 17. Dezember 1811 vorgeschriebenen Eigenschaften haben. Sie werden nach den bestehenden gesetzlichen Vorschriften, so wie diese im Dekret vom 17. Dezember 1811 enthalten sind, gewählt und von der Regierung zu Köln bestätigt mit der Maaßgabe, daß

a) aus dem Bezirke der Vergleichskammer zu Mülheim 6 Mitglieder, nämlich 3 Fabrik-Kaufleute und 3 Werkmeister, Fabrikarbeiter oder Handwerker, und

b) aus dem Bezirke der Vergleichskammer zu Gladbach 3 Mitglieder, nämlich 2 Fabrik-Kaufleute und 1 Werkmeister, Fabrikarbeiter oder Handwerker,

zu wählen sind.

§. 5.

Außer den ordentlichen Mitgliedern werden 9 Stellvertreter in gleicher Weise wie die Mitglieder gewählt und bestätigt und zwar:

a. im Bezirke der Vergleichskammer zu Mülheim 3 Fabrik-Kaufleute und 3 Werkmeister, Fabrikarbeiter oder Handwerker;

b. im Bezirke der Vergleichskammer zu Gladbach 2 Fabrik-Kaufleute und 1 Werkmeister, Fabrikarbeiter oder Handwerker.

Für die Wählbarkeit der Stellvertreter gelten die für die Mitglieder vorgeschriebenen Bedingungen.

§. 6.

Die Wahl der Mitglieder und Stellvertreter geschieht in jedem der 2 Bezirke (§. 4) besonders dergestalt, daß die daraus zu erwählende Anzahl von den in jedem einzelnen Bezirke vorhandenen Stimmberechtigten gewählt wird.

§. 7.

Alle diejenigen, welche nach §. 4 des gegenwärtigen Regulativs wählbar sind, sind zugleich stimmberechtigt.

§. 8.

Die Liste der Stimmberechtigten bei den vorzunehmenden Wahlen der Mitglieder und der Stellvertreter des Gewerbegerichts wird von dem Landrathe auf Grund der, von den Ortsbehörden einzufordernden Nachweisungen angefertigt. Nur die in die Liste eingetragenen Personen werden zur Wahlversammlung zugelassen.

§. 9.

Die Stimmberechtigten können nur in Person und nicht durch Bevollmächtigte bei der Wahl mitwirken.

§. 10.

Den Vorsitz bei den Wahlen führt der Landrath.

§. 11.

Damit die verschiedenen Fabrikationszweige und Handwerke in dem Gewerbegerichte angemessen vertreten werden, wird Unser

Minister für Handel, Gewerbe und öffentliche Arbeiten die Gewerbeklassen, aus welchen die Mitglieder desselben und die Stellvertreter zu wählen sind, so wie die Zahl der aus jeder Klasse zu wählenden Mitglieder, bei der ersten Wahl auf den Vorschlag der Regierung zu Cöln und später auf den Vorschlag des Gewerbegerichts von 3 zu 3 Jahren bestimmen.

§. 12.

Jeder Stimmberechtigte hat die Befugniß, einen Kandidaten in Vorschlag zu bringen. Der von dem Vorsitzenden der Wahlversammlung zu bestellende Protokollführer trägt diese Vorschläge in ein Verzeichniß zusammen, welches den Anwesenden zur Einsicht vor der Wahl auf den Tisch des Wahlvorstandes niedergelegt wird.

§. 13.

Die Wahl wird sodann von den anwesenden Stimmberechtigten durch geheime Abstimmung auf Stimmzetteln nach absoluter Stimmenmehrheit vollzogen.

§. 14.

Ergiebt die Wahl nicht für alle zu besetzende Stellen eine absolute Stimmenmehrheit, so werden für jede noch zu besetzende Stelle die beiden Kandidaten, welche die meisten Stimmen erhalten haben, zur neuen Wahl gebracht, so lange bis sämmtliche Mitglieder und Stellvertreter mit absoluter Stimmenmehrheit gewählt sind. Erhalten mehr als 2 Kandidaten zwar nicht eine absolute Stimmenmehrheit, aber die meisten und gleich viele Stimmen, oder erhalten außer einem Kandidaten, auf welchen die meisten Stimmen gefallen sind, zunächst nach ihm mehrere Kandidaten gleich viele Stimmen, so werden alle diese Kandidaten in der vorbezeichneten Weise zur neuen Wahl gebracht.

§. 15.

Stimmberechtigte, welche in mehreren Bezirken gewerbliche Anlagen besitzen, können nur in demjenigen Wahlbezirke stimmen, in welchem sie ihren Wohnsitz haben. Haben sie in keinem Bezirke einen Wohnsitz, so ist dem Landrathe ein Bezirk zu bezeichnen, in welchem das Wahlrecht ausgeübt werden soll.

§. 16.

Nach erfolgter Bestätigung werden die Gewählten durch einen von der Regierung zu Cöln damit beauftragten Beamten vorschriftsmäßig vereidigt und in ihre Verrichtungen eingewiesen.

§. 17.

Ueber die Einsetzung des Gewerbegerichts wird eine Verhandlung aufgenommen. Eine Ausfertigung dieser Verhandlung wird in die Kreis-Registratur hinterlegt, eine zweite an die Regierung, eine dritte an das Handelsgericht und eine vierte an den

General-Prokurator des Appellationsgerichtshofes zu Cöln eingesandt.

§. 18.

Der Sekretair des Gewerbegerichts wird nach Vorschrift des Dekrets vom 17. Dezember 1811 vom Gewerbegericht nach absoluter Stimmenmehrheit gewählt und auf Kündigung angestellt. Er muß zum Civil-Staatsdienst berechtigt sein, die nöthigen Geschäftskenntnisse besitzen und ist vorzugsweise aus der Zahl der Gerichtsschreiber-Kandidaten zu wählen. Derselbe darf nicht selbst Mitglied des Gerichts oder Stellvertreter sein. Die Wahl bedarf der Bestätigung der Regierung zu Cöln, nach deren Ertheilung er vorschriftsmäßig vereidigt wird.

§. 19.

Nach Ablauf eines jeden Jahres wird der dritte Theil der Mitglieder des Gewerbegerichts durch neu eintretende ersetzt, so daß nach Ablauf von drei Jahren alle Mitglieder ersetzt sind.

Nach Ablauf des ersten Jahres treten aus:

im Bezirke der Vergleichs-Kammer zu Mülheim:

ein Fabrik-Kaufmann und ein Mitglied aus der Klasse der Werkmeister, Fabrikarbeiter und Handwerker;

im Bezirke der Vergleichs-Kammer zu Gladbach:

ein Fabrik-Kaufmann;

die Ausscheidenden werden in beiden Bezirken durch das Loos bestimmt.

Nach dem zweiten Jahre treten aus:

im Bezirke der Vergleichs-Kammer zu Mülheim:

ein Fabrik-Kaufmann und ein Mitglied aus der Klasse der Werkmeister, Fabrikarbeiter und Handwerker;

im Bezirke der Vergleichs-Kammer zu Gladbach:

das Mitglied aus der Klasse der Werkmeister, Fabrikarbeiter und Handwerker;

die Ausscheidenden im Bezirke von Mülheim werden durch das Loos bezeichnet, die am Ende des ersten Jahres neu erwählten Mitglieder nehmen jedoch an der Loosung zu Ende des zweiten Jahres nicht Theil.

Nach dem dritten Jahre treten aus:

im Bezirke der Vergleichs-Kammer zu Mülheim:

ein Fabrik-Kaufmann und ein Mitglied aus der Klasse der Werkmeister, Fabrikarbeiter und Handwerker;

im Bezirke der Vergleichs-Kammer zu Gladbach:

ein Fabrik-Kaufmann,

und zwar in beiden Bezirken diejenigen, welche in Folge der früheren Loosungen nicht ausgeschieden und daher alsdann 3 Jahre im Amte gewesen sind.

Später bestimmt sich die Reihenfolge des Ausscheidens lediglich nach dem Dienstalter.

§. 20.

Diejenigen Stellen, welche durch den ordentlichen Dienstaustritt oder durch sonstigen Abgang zur Erledigung kommen, werden vor dem Jahresschlusse durch neue Wahl nach den obigen Bestimmungen wieder besetzt. Für die außerordentlicher Weise erledigten Stellen geschieht die Wiedererwählung nur für die Zeit, während welcher die Abgehenden noch im Amte zu bleiben verpflichtet gewesen wären.

Die austretenden Mitglieder des Gewerbegerichts sind jederzeit wieder wählbar.

§. 21.

Geräth ein Mitglied oder ein Stellvertreter in den Fallitzustand, so hört vom Tage des Falliments-Urtheils sein diesfälliges Amt von selbst auf.

§. 22.

Rücksichtlich der Suspension und Amtsentsetzung der Mitglieder und Stellvertreter finden die allgemeinen, wegen der richterlichen Beamten bestehenden Gesetze Anwendung.

§. 23.

Das Lokal für die Sitzung und Geschäftsführung des Gewerbegerichts und die Kosten der ersten Einrichtung, sowie der Heizung sind für das Haupt-Büreau und für die Vergleichskammer zu Mülheim von der Gemeinde Mülheim, für die Vergleichskammer zu Gladbach von der Gemeinde Gladbach zu beschaffen.

§. 24.

Die Kosten für Erleuchtung und Bedienung des Gewerbegerichts sowohl in dem Haupt-Büreau als in den Vergleichs-Büreaus, sowie die dem Sekretair außer den Gebühren etwa zu bewilligende Remuneration, sind von den betheiligten Gewerbetreibenden selbst aufzubringen. Ueber die Art der Vertheilung des aufzubringenden Bedarfs auf die einzelnen Interessenten bleibt die nähere Bestimmung Unserem Minister für Handel, Gewerbe und öffentliche Arbeiten vorbehalten.

§. 25.

Die Ordnung der Sitzungen und der Geschäftsführung im Haupt-Büreau und in den einzelnen Vergleichs-Kammern, ist durch ein Regulativ näher zu bestimmen, welches von dem Gewerbegerichte nach seiner Einsetzung zu entwerfen und der Regierung zu Cöln zur Bestätigung einzureichen ist.

§. 26.

Die Stempel sind zu den betreffenden Verhandlungen nach den Bestimmungen des Stempel-Gesetzes vom 7. März 1822 und den dasselbe erläuternden und ergänzenden Verordnungen zu verwenden.

Urkundlich unter Unserer Höchsteigenhändigen Unterschrift und beigedrucktem Königlichen Insiegel.

Gegeben Berlin, den 21. Dezember 1857.

Im Allerhöchsten Auftrage Sr. Majestät des Königs.

(L. S.) Prinz von Preußen.

von der Heydt. Simons.

I. 84. Rhein. Gener. 52. Vol. 5.

186.

Verfügung vom 21. Dezember 1857, — betreffend die Fertigung der Abschriften der den Parteien zuzustellenden Definitivurtheile.

Den von Ihnen gegen eine Verfügung des Königlichen General-Prokurators beim Appellationsgerichtshofe zu Cöln vom 20. Juli d. J. eingelegten Rekurs, betreffend die Auslegung der Allerhöchsten Kabinetsorder vom 19. April 1844 (Ges.-Samml. S. 111), kann der Justiz-Minister als begründet nicht anerkennen. Wenn Sie von der Voraussetzung ausgehen, daß bis zum Erlaß der Gebührentaxe für die Gerichtsvollzieher vom 10. Juni 1833 es nicht zu bezweifeln gewesen, daß den Anwalten die Befugniß zustehe, die Kopieen der den Parteien zuzustellenden Urtheile ohne Unterschied selbst anzufertigen, zu beglaubigen und die Gebühren des Tarifs von 1807 zu berechnen, so daß die Allerhöchste Kabinetsorder vom 19. April 1844 als ein jene allgemein anerkannte Regel beschränkendes Ausnahmegesetz möglichst einschränkend und strenge nach seinem Wortlaut zu interpretiren sei, so ist jene Voraussetzung nicht richtig, wenigstens wurde sie in den Motiven zu der gedachten Kabinetsorder nicht angenommen. Ein Urtheil des Appellationsgerichtshofes zu Cöln vom 13. Februar 1834 hatte, in Uebereinstimmung mit mehreren Urtheilen des Pariser Kassationshofes, die Ansicht ausgesprochen, daß auf Grund des Dekrets von 1807 nur dem Gerichtsvollzieher die Abschriftsgebühren zur Zustellung des *definitiven Urtheils* an die *Partei* zustehen, und eine Verfügung des damaligen General-Prokurators vom 13. März 1834 hatte dies auf die Kopialien *aller Akte*, welche der *Partei* zugestellt werden, ausgedehnt. Diese Verfügung wurde durch Reskript vom 9. Mai 1834 aufgehoben und das Recht der Anwalte auf die Abschriftsgebühren auch der den Parteien zuzustellenden Definitivurtheile anerkannt. Gegen die Richtigkeit dieser Ansicht wurden später neue Bedenken erhoben und die bis dahin ganz allgemein bestrittene Frage, ob auf Grund der Art. 28. und 72. des Tarifs vom 16. Februar 1807 den Anwalten die Befugniß zustehe, nicht nur die Abschriften der im Laufe der Instanz (dans les causes) zuzustellenden Urkunden, sondern auch der an die Parteien zuzustellenden Definitivurtheile zufertigen, der Allerhöchsten Entscheidung unterbreitet und durch die Kabinetsorder vom 19. April 1844 die letztere Befugniß verneint. Hiernach kann dem in dieser Order gebrauchten Ausdruck „die Instanz beendigende Urtheile" eine abweichende Bedeutung von der gewöhnlichen Bezeichnung „Definitivurtheile" nur in so fern beigelegt werden, als die einen Incidentpunkt definitiv entscheidenden Urtheile ausgeschlossen sein sollten.

Daß nun ein Urtheil, welches, wie in dem vorliegenden Falle, den Kläger, ganz seinem Antrage gemäß, für den Eigenthümer eines Grundstücks erklärt, dem Verklagten die Störung im Besitz und Genuß dieses Grundstücks untersagt, ihn verurtheilt, wegen der bisherigen Störungen einen Schadensersatz nach status zu leisten und ihm die Kosten zur Last legt, ein die Instanz beendigendes Definitivurtheil sei, kann nicht bezweifelt werden. Die Nothwendigkeit, der Zwangsvollstreckung hinsichtlich des einen Theils der Verurtheilung, nämlich des nach status zu leistenden Schadensersatzes, eine nähere richterliche Regulirung (exécution par suite d'instance) vorhergehen zu lassen, kann nicht den Schluß rechtfertigen, daß die Instanz noch anhängig sei.

Berlin, den 21. Dezember 1857.

Der Justiz-Minister
Simons.

An den Advokat-Anwalt N. zu N.

Abschrift vorstehenden Reskripts dem Königl. Herrn General-Prokurator zur Kenntnißnahme.

Berlin, den 21. Dezember 1857.

Der Justiz-Minister
Simons.

An
den Königl. Herrn General-Prokurator
in Cöln.

I. 5212. Rhein. Offizianten-Sachen 27. Vol. 6.

187.

Verfügung vom 29. Dezember 1857, — betreffend das Expropriationsverfahren im Bezirk des Appellationsgerichtshofes zu Cöln.

Gesetz vom 8. März 1810.
Gesetz vom 25. Mai 1857 (S. 345 dieses Bandes).

Auf Ihren Bericht vom 23. September d. J. wird Ihnen zur Ausführung des Gesetzes vom 25. Mai 1857, betreffend die Abänderung, beziehungsweise Ergänzung des im Bezirk des Appellationsgerichtshofes zu Cöln geltenden Expropriationsgesetzes vom 8. März 1810, im Einverständnisse mit dem Herrn Minister für Handel, Gewerbe und öffentliche Arbeiten, Folgendes eröffnet:

1) Es unterliegt keinem Bedenken, daß die im Art. 13. des Gesetzes vom 8. März 1810 vorgeschriebene Veröffentlichung des Expropriations-Erkenntnisses durch das Gesetz vom 25. Mai 1857 nicht aufgehoben und auch nicht wegen der im §. 3 des letzteren Gesetzes vorgeschriebenen besonderen Zustellung für überflüssig zu erachten ist. Damit diese Veröffentlichung wo möglich vor der besonderen Zustellung erfolge, haben die Ober-Prokuratoren die Anheftung an dem Thore des Gerichts zu beschleunigen und das Urtheil, behufs der im Art. 6. des Gesetzes vom 8. März 1810 vorgeschriebenen Bekanntmachung durch den Bürgermeister, zur Vereinfachung des Geschäftsganges direkt dem betreffenden Bürgermeister zugehen zu lassen.

2) Im Expropriations-Urtheil muß bei jedem einzelnen Grundstücke der Entschädigungsbetrag besonders angegeben werden, und die Gerichte sind für wohl befugt zu erachten, dieserhalb das Geeignete vorläufig anzuordnen, wenn die Vorverhandlungen in dieser Hinsicht keine genügenden Anhaltspunkte enthalten.

3) Das Gesetz vom 25. Mai 1857 verordnet im §. 2 die Einweisung des zur Expropriation Berechtigten in den Besitz gegen Zahlung oder Hinterlegung (Art. 25 des Gesetzes vom 8. März 1810) des vorläufig festgestellten Entschädigungsbetrages. Diese Vorschrift der Novelle muß in den allgemeinen gesetzlichen Bestimmungen ihre Erklärung finden. Schon das Allegat — Art. 25. des Gesetzes vom 8. März 1810 — macht es unzweifelhaft, daß es nicht in der Willkür des zur Expropriation Berechtigten liegen

könne, in allen Fällen entweder zu zahlen oder zu hinterlegen. Ein ausnahmsweises Recht und zugleich eine Verpflichtung, zu hinterlegen, statt zu zahlen, tritt nur in den Fällen des Art. 25. a. a. O. ein; in allen übrigen Fällen ist die nach allgemeinen Vorschriften statt der Zahlung zulässige Hinterlegung allen Erfordernissen und Formen jener allgemeinen Vorschriften unterworfen, also namentlich auch dem vorherigen Real-Anerbieten.

Ob die Hinterlegung statt der Zahlung zulässig oder geboten sei, haben die Expropriationsberechtigten in jedem einzelnen Falle nachzuweisen. In den meisten Fällen sind sie in der Lage, diesen Nachweis schon vor Erlaß des Expropriations-Urtheils zu führen, und es erscheint zweckmäßig, daß in einem solchen Falle die Einweisung in den Besitz unbedingt gegen Hinterlegung der vorläufigen Entschädigungssumme beantragt und vom Gericht verordnet wird. Die wenigen Fälle, in welchen die Nothwendigkeit einer Hinterlegung erst nachträglich, z. B. durch spätere Arreste, eintritt, können bei der Exekution leicht nachgewiesen werden.

4) Hinsichtlich der Art und Weise der Hinterlegung, namentlich der Aufbewahrung der darüber sprechenden Dokumente, wird eine nähere Regulirung vorbehalten. Bis dahin sind die darüber bestehenden Vorschriften zu befolgen.

5) Der bei dieser Veranlassung erhobene Zweifel,

ob über die vorläufig festgestellte Entschädigung ein Kollokationsverfahren stattfinden könne, obgleich der Kaufpreis noch nicht definitiv festgestellt und deshalb auch nicht zur Vertheilung geeignet sei,

ist nicht als begründet anzuerkennen. Die für die Unzulässigkeit des Kollokationsverfahrens angeführten Art. 749 und 775. der bürgerlichen Prozeß-Ordnung passen auf den Fall einer Zwangsveräußerung nicht. In einem Verfahren der Art steht der Verkauf unter den Parteien unwiderruflich fest, die Hypothekargläubiger haben keinen direkten Einfluß auf die Bestimmung des Kaufpreises und somit auf den Verkauf selbst durch Purgationsverfahren und Uebergebot; nur die Höhe des Kaufpreises kann einer Aenderung in einem besonders vorgeschriebenen Verfahren unterliegen, jedoch auch dies nur dann, wenn die Interessenten sich veranlaßt sehen, ein solches Verfahren einzuleiten. Wenn und so lange dies nicht geschieht, ist der vorläufig festgestellte Kaufpreis dem definitiven gleich zu achten. Ein analoges Verhältniß könnte eher in den Fällen der Artikel 1617. bis 1622. des bürgerlichen Gesetzbuchs bei Ansprüchen auf Vermehrung oder Verminderung des Kaufpreises gefunden werden. Im Expropriationsverfahren kann die mögliche Erhöhung oder Verminderung des Kaufpreises auch keine besonderen Schwierigkeiten für die Kollokation erzeugen, da es einer Löschung der nicht utiliter locirten Gläubiger, die ohnehin kein Recht an dem Immobile behalten, nicht bedarf und die Interessenten hinreichende Zeit haben, um während des Kollokationsverfahrens die Klage auf definitive Feststellung der Entschädigung anzustellen und dadurch nicht eine Wiederholung, sondern eine Ergänzung des Kollokationsverfahrens zu bewirken. Es wird auch kein Bedenken haben, während eines solchen Prozesses der gänzlichen Erledigung des Kollokationsverfahrens, soweit als nöthig, Anstand zu geben.

6) Die Gerichtsvollzieher sind darauf aufmerksam zu machen, daß eine einfache Hinterlegung, ohne vorheriges Zahlungsanerbieten, nur in den Fällen des Art. 25. des Gesetzes vom 8. März 1810 genügt, in allen übrigen Fällen aber die Erfordernisse der gewöhnlichen, die Stelle der Zahlung vertretenden Hinterlegung beobachtet sein müssen. Dieselben haben sich, vor Vollstreckung des Expropriations-Urtheils, nachweisen zu lassen, ob der eine oder der andere Fall einer Hinterlegung vorliegt.

Wird von dem Auszuweisenden durch Vorlegung des darüber aufgenommenen Gerichtsvollzieher-Akts oder einer Bescheinigung des Ortsbürgermeisters dargethan, daß das im §. 4 des Gesetzes vom 25. Mai 1857 vorgeschriebene Verfahren beantragt ist, so muß der Gerichtsvollzieher die Vollstreckung des Urtheils so lange aussetzen, bis ihm durch eine Bescheinigung des Friedensrichters die Erledigung jenes Verfahrens nachgewiesen wird.

Andererseits ist darauf zu halten, daß die Gerichtsvollzieher nicht durch unbegründete Bedenken die Vollstreckung der Urtheile verzögern.

Sie werden veranlaßt, darauf zu achten, daß diese Verfügung gleichförmig befolgt werde.

Berlin, den 29. Dezember 1857.

Der Justiz-Minister
Simons.

An
den Königlichen Herrn General-Prokurator
zu Cöln.

Vorstehende Verfügung wird hierdurch zur Kenntniß sämmtlicher Gerichts-Behörden und Beamten im Bezirk des Appellationsgerichtshofes zu Cöln gebracht.

Berlin, den 29. Dezember 1857.

Der Justiz-Minister
Simons.

An
sämmtliche Gerichts-Behörden und Beamte
im Bezirk des Appellationsgerichtshofes
zu Cöln.

I. 5552. Rh. Gener. 140.

188.

Verfügung vom 30. Dezember 1857, — betreffend die Ausdehnung der Art. 548.—550. der Civilprozeßordnung auf friedensrichterliche Urtheile über Arrestklagen.

Mit Ihrem Berichte vom 15ten d. M. über den Vorschlag des Friedensrichters N. wegen Ausdehnung der Art. 548. bis 550. der Civil-Prozeß-Ordnung auf friedensrichterliche Urtheile über Arrestklagen, bin ich dahin einverstanden, daß zu einem Einschreiten im Wege der Gesetzgebung keine hinreichende Veranlassung vorhanden ist. Wenn auch die Anwendbarkeit der Art. 548. bis 550. der Civil-Prozeß-Ordnung auf friedensrichterliche Urtheile in der französischen Jurisprudenz streitig ist (Gilbert zu Artikel 548. Note 13) und die Motive zu diesen Vorschriften auch für friedensrichterliche Urtheile gelten könnten, so verdient doch die Ansicht der Nichtanwendbarkeit schon um deswillen den Vorzug, weil der Gesetzgeber es nicht für nöthig erachtet hat, die zur Ausführung derselben bei den Friedensrichtern erforderlichen Anordnungen zu treffen und der Art. 1240. des Civil-Gesetzbuchs, wie Sie näher ausgeführt haben, dem in gutem Glauben zahlenden Dritten hinreichenden Schutz gewährt. Da nun die Rheinischen Gerichte auch seit der Verordnung vom 11. Mai 1843, (Ges.-Samml. S. 181), nach welcher derartige Fälle häufiger vorkommen müssen, wie früher, allgemein nicht angenommen haben, daß die Vollstreckung friedensrichterlicher Urtheile gegen unbetheiligte Dritte von der Beobachtung einer den Art. 548. ff. des Civilgesetzbuchs nachgebildeten Maßregel abhängig zu machen sei, so ist zu erwarten, daß der Friedensrichter zu N. seine alleinstehende entgegengesetzte Ansicht bei näherer Prüfung mit der allgemein herrschenden und mit keinen erheblichen Uebelständen begleiteten Praxis in Einklang setzen werde. Sollte das nicht der Fall sein, so muß es den Parteien überlassen bleiben, seine Entscheidungen im geordneten Rechtswege anzufechten.

Berlin, den 30. Dezember 1857.

Der Justiz-Minister
Simons.

An
den Königl. Herrn General-Prokurator
zu Cöln.

I. 5448. Rhein. Gener. 47. Vol. 3.

Anhang.

1.

Gemeindeordnung für die Rheinprovinz.
Vom 23. Juli 1845.

Wir Friedrich Wilhelm, von Gottes Gnaden, König von Preußen rc. rc.

verordnen über die Verfassung und Verwaltung der Gemeinden in der Rheinprovinz mit Ausnahme der Stadt Wetzlar, in welcher es bei der bereits erfolgten Verleihung der revidirten Städteordnung verbleibt, und mit dem Vorbehalt, nach Befinden auch anderen auf dem Provinziallandtage im Stande der Städte vertretenen Gemeinden auf ihren Antrag die revidirte Städteordnung vom 17. März 1831 zu verleihen und dabei diejenigen statutarischen Anordnungen zu bewilligen, welche nach den eigenthümlichen Verhältnissen der die Verleihung nachsuchenden Städte wünschenswerth erscheinen, nach Vernehmung Unserer getreuen Stände, auf den Antrag Unseres Staatsministeriums, was folgt:

Erster Titel.

Von den Gemeinden und Bürgermeistereien überhaupt und der Grundlage ihrer Verfassung.

§. 1.

Alle diejenigen Orte (Städte, Dörfer, Weiler, Bauerschaften, Honnschaften, Kirchspiele u. s. w.), welche für ihre Kommunalbedürfnisse gegenwärtig einen eigenen Haushalt haben, es sei auf den Grund eines besonderen Etats oder einer Abtheilung des Bürgermeistereietats, sollen fortan eine Gemeinde unter einem Gemeindevorsteher bilden.

§. 2.

Orte, welche früherhin besondere Gemeinden bildeten, gegenwärtig aber mit anderen zu einem Haushalte verbunden sind, können als eigene Gemeinden wieder hergestellt werden, wenn sie noch erhebliche besondere Interessen haben und zwei Drittel der zur Ausübung des Gemeinderechts befähigten Gemeindeglieder des Ortes (§§. 33, 36) in einer zu diesem Zweck unter dem

Vorsitze des Bürgermeisters abzuhaltenden Gemeindeversammlung sich dafür erklären. Der Ober-Präsident hat hierüber auf den Bericht der Regierung zu entscheiden; es müssen aber, bevor für die Wiederherstellung entschieden wird, die zur Ausübung des Gemeinderechts befähigten Gemeindeglieder der übrigen betheiligten Ortschaften in einer unter dem Vorsitze des Bürgermeisters abzuhaltenden Versammlung ebenfalls mit ihrer Erklärung gehört werden.

§. 3.

Zur Gemeinde gehören alle Einwohner des Gemeindebezirks, und zu letzterem alle innerhalb dessen Gränzen gelegene Grundstücke.

§. 4.

Einzeln gelegene Besitzungen, welche noch keiner Gemeinde angehören, müssen mit einer angränzenden Gemeinde vereinigt werden; der Ober-Präsident hat hierüber nach Anhörung der Betheiligten und des Gemeinderaths der betreffenden Gemeinde zu beschließen.

§. 5.

Den vormals unmittelbaren Deutschen Reichsständen, auf welche die Verordnung vom 21. Juni 1815 Anwendung findet, und denjenigen Besitzern von Standesherrlichkeiten, welchen gleichartige Befugnisse besonders verliehen sind, verbleiben sowohl in persönlicher Beziehung, als für ihre in dem Gemeindebezirke belegenen Grundstücke und für deren Bewohner, die ihnen zustehenden Rechte, wie sie in der Instruktion vom 30. Mai 1820 in Verbindung mit der den §. 32 derselben erläuternden Order vom 14. Juli 1829, oder vermöge besonderer Rezesse festgestellt sind.

§. 6.

Außer den Fällen der §§. 2 und 4 können Veränderungen in den Gemeindeverbänden nur mit Unserer unmittelbaren Genehmigung vorgenommen werden. Die zur Ausübung des Gemeinderechts befähigten Gemeindeglieder der betheiligten Gemeinden sind hierüber zuvor in einer unter dem Vorsitze des Bürgermeisters abzuhaltenden Versammlung mit ihrer Erklärung zu hören.

§. 7.

Mehrere Gemeinden bilden einen Verwaltungsbezirk (Bürgermeisterei) unter einem Bürgermeister; die Bürgermeisterei kann auch aus einer Gemeinde bestehen, wenn diese von dem Umfange ist, um den Zwecken einer Bürgermeisterei für sich allein zu genügen.

§. 8.

Die Bürgermeisterei bildet zugleich in Ansehung solcher Angelegenheiten, welche für alle zu der Bürgermeisterei gehörige Gemeinden ein gemeinschaftliches Interesse haben, einen Kommunalverband mit den Rechten einer Gemeinde. Welche Angelegenheiten Gegenstand des Bürgermeisterei-Kommunalverbandes sein sollen, wird, so weit sie nicht durch gesetzliche Vorschrift besonders bestimmt sind, durch Beschluß der Bürgermeisterei-Versammlung (§. 109) unter Genehmigung der Regierung festgestellt.

§. 9.

Die Bürgermeistereien sollen in ihrer bisherigen Begränzung beibehalten werden; es bleibt jedoch vorbehalten, soweit die gegenwärtigen Bezirke nicht zweckmäßig befunden werden, die erforderlichen Abänderungen zu treffen. Diese können nur mit Genehmigung des Ministers des Innern auf den mit dem Gutachten des Ober-Präsidenten begleiteten Bericht der Regierung erfolgen; die betheiligten Bürgermeisterei-Versammlungen und die Kreisstände müssen darüber zuvor mit ihrer Erklärung gehört werden.

§. 10.

Bei Veränderungen, welche jetzt oder künftig in den Gemeinde- oder Bürgermeisterei-Bezirken vorgenommen werden, ist die Regulirung der Verhältnisse, nach Vernehmung der Betheiligten, im Verwaltungswege durch die Regierung zu bewirken, gegen deren Entscheidung der Rekurs an den Ober-Präsidenten Statt findet. Ob und wie weit gegen diese Entscheidung die Berufung auf den Rechtsweg Statt finden kann, ist nach den bestehenden Gesetzen zu beurtheilen.

Eine jede solche Veränderung der Gemeinde- oder Bürgermeisterei-Bezirke ist durch das Amtsblatt bekannt zu machen.

§. 11.

Wo eigenthümliche Verhältnisse einzelner Gemeinden oder Landestheile es nöthig machen, können zur Ergänzung und näheren Bestimmung der Vorschriften des gegenwärtigen Gesetzes besondere Statuten und Dorfordnungen erlassen werden, worüber, je nachdem diese Verhältnisse nur in einzelnen Gemeinden oder in sämmtlichen Gemeinden einer oder mehrerer Bürgermeistereien vorkommen, die betheiligten Gemeinderäthe oder Bürgermeisterei-Versammlungen (§§. 44 und 109) zu beschließen haben.

Insofern die Statuten und Dorfordnungen keine Abweichungen vom Gesetze enthalten, oder ein bis dahin in Wirksamkeit gebliebenes Herkommen bestätigen, ist zur Gültigkeit derselben die Genehmigung des Ministers des Innern hinreichend, außerdem aber Unsere Landesherrliche Bestätigung erforderlich.

An der althergebrachten Wirksamkeit der im ostrheinischen Theile des Regierungsbezirks Koblenz noch bestehenden Schöffen- und Feldgerichte wird durch gegenwärtige Ordnung nichts geändert.

Zweiter Titel.

Von den Gemeinden.

Erster Abschnitt.

Von den Gemeindegliedern, deren Rechten und Pflichten.

§. 12.

Mitglieder der Gemeinden sind:

1) sämmtliche selbstständige Einwohner derselben,
2) alle, welche mit einem Wohnhause in der Gemeinde angesessen sind, und
3) diejenigen, welche das Gemeinderecht besonders erlangt haben (§. 36).

Als mit einem Wohnhause angesessen, wird derjenige angesehen, auf dessen Namen das Haus in der Grundsteuer-Mutterrolle eingetragen ist (Grundsteuer-Gesetz für die westlichen Provinzen vom 21. Januar 1839 §. 14).

§. 13.

Inwiefern die Gemeinden neu anziehenden Personen die Niederlassung zu gestatten haben, ist nach den hierüber bestehenden besonderen Vorschriften zu beurtheilen.

§. 14.

Von denjenigen, welche in der Gemeinde als selbstständige Einwohner sich niederlassen, kann ein Eintrittsgeld zur Gemeindekasse erhoben werden, wenn

1) ein solches bis jetzt herkömmlich zur Gemeindekasse erhoben worden ist, oder
2) die Einkünfte des Gemeindevermögens, nach Abzug der etwa zur Verzinsung und zur planmäßigen Abbürdung der Schulden erforderlichen Beiträge im Durchschnitte einen Ueberschuß gewähren, aus welchem ein erheblicher Theil der Kommunalbedürfnisse bestritten werden kann, oder
3) Gemeindeanstalten bestehen, welche aus eigenem Vermögen hülfsbedürftigen Einwohnern Unterstützungen gewähren.

Das Eintrittsgeld wird in dem Falle unter 1. nach dem herkömmlichen Betrage forterhoben, kann aber anderweitig regulirt werden. Die Entscheidung darüber, ob die Observanz für begründet anzuerkennen, und in welcher Art das Eintrittsgeld anderweitig zu reguliren ist, imgleichen über die Zulässigkeit und die Höhe des Eintrittsgeldes in den Fällen unter 2. und 3. erfolgt nach Vernehmung des Gemeinderaths durch die Regierungen, welche der Minister des Innern mit einer Instruktion hierüber versehen wird.

§. 15.

Die Mitglieder der Gemeinde nehmen an den gemeinsamen Rechten und Pflichten der Gemeinde Theil, unter folgendeu näheren Bestimmungen:

§. 16.

Die Theilnahme an den Wahlen und an den öffentlichen Geschäften der Gemeinde (das Gemeinderecht) steht nach näherer Vorschrift des zweiten Abschnitts nur

1) den Meistbeerbten (Meistbesteuerten) (§§. 33, 35) und
2) denjenigen zu, welchen dasselbe besonders verliehen worden ist (§. 36).

§. 17.

In Ansehung der Theilnahme der einzelnen Gemeindeglieder an den Nutzungen des Gemeindevermögens wird in den bestehenden Rechtsverhältnissen durch gegenwärtige Gemeindeordnung, vorbehaltlich der im §. 18 getroffenen Bestimmungen nichts geändert.

§. 18.

Für die Theilnahme an den Gemeindenutzungen (§. 17) kann auf den Antrag des Gemeinderaths zum Vortheile der Gemeindekasse eine jährliche Abgabe, welche nach den einzelnen Arten jener Nutzungen, und nur von denjenigen, welche daran wirklich Theil nehmen, zu entrichten ist, angeordnet werden; zur Einführung oder Erhöhung derselben ist die Genehmigung der Regierung erforderlich. Anstatt der jährlichen Abgabe oder auch neben derselben kann ein Einkaufsgeld eingeführt werden. Dasselbe wird nach Vernehmung des Gemeinderaths durch die Regierung festgesetzt; die im §. 14 erwähnte Instruktion soll auch hierüber nähere Anweisung ertheilen.

§. 19.

Streitigkeiten über die Theilnahme an den Gemeindenutzungen werden, soweit sie nicht auf einen speziellen Rechtstitel sich gründen, im Verwaltungswege durch den Landrath entschieden.

§. 20.

Auf das Vermögen der Korporationen und Stiftungen, sowie auf dasjenige, welches einzelnen Klassen von Einwohnern angehört, haben die Mitglieder der Gemeinde als solche keinen Anspruch.

§. 21.

Die Gemeinde ist zu allen Leistungen verpflichtet, welche das Gemeinde-Bedürfniß erfordert.

§. 22.

Insofern zu diesen Leistungen die Einkünfte aus dem Gemeindevermögen und die sonst den Gemeinden nach den Gesetzen zustehenden Einnahmen nicht hinreichen, sind alle einzelne Gemeindeangehörige (§§. 3 und 12) zu Geldbeiträgen und Diensten, wozu jedoch kunst- und handwerksmäßige Arbeiten nicht gehören, verpflichtet.

§. 23.

Die Geldbeiträge sollen in der Regel in Zuschlägen zu den Staats-Steuern bestehen. In welchem Verhältniß die Zuschläge auf die verschiedenen Steuern zu vertheilen sind, hat der Gemeinderath zu beschließen. Zu diesem Beschluß ist die Genehmigung der Regierung erforderlich und sind hierbei die im §. 98 erwähnten Instruktionen zu beachten. In Betreff der Erhebung solcher Geldbeiträge, welche nicht durch Zuschläge zu den Staatssteuern aufgebracht werden, verbleibt es bei den Bestimmungen des §. 13 des Gesetzes über die Einrichtung des Abgabenwesens vom 30. Mai 1820 und der Order vom 4. Dezember 1826.

Die Dienste sollen gleichfalls in der Regel nach dem Maaßstabe der Staatssteuern vertheilt werden. Mit Genehmigung des Landraths kann jedoch der Gemeinderath auch einen anderen Vertheilungsmaaßstab beschließen. Welche Einwohner Handdienste und welche Spanndienste zu leisten haben, bestimmt der Gemeindevorsteher, vorbehaltlich des Rekurses an den Bürgermeister und den Landrath.

Jeder ist berechtigt, die Dienste durch taugliche Stellvertreter abzuleisten, oder nach bestimmten vom Gemeinderathe vorzuschlagenden und vom Bürgermeister festzusetzenden Sätzen in jedem einzelnen Falle durch Zahlung an die Gemeindekasse abzukaufen, ausgenommen in Nothständen.

Wer die ihm obliegenden Dienste nicht rechtzeitig leistet, wird zur Zahlung des Geldwerths derselben nach Vorschrift des §. 25 angehalten.

§. 24.

Auswärts wohnende Grundeigenthümer sind, selbst dann, wenn sie als Hausbesitzer zu den Gemeindegliedern gehören (§. 12 Nr. 2) oder das Gemeinderecht durch besondere Verleihung erlangt haben (§. 36), nur zu den dem Grundeigenthum aufgelegten Leistungen verpflichtet.

§. 25.

Alle Gemeindeabgaben, insonderheit auch die nach §. 14 zu erhebenden Eintrittsgelder und die nach §. 18 zu erhebenden Gemeindetaxen und Einkaufsgelder sind, beim Mangel freiwilliger Leistung, im Steuerexekutionswege beizutreiben. Die Rollen werden vom Landrath für vollstreckbar erklärt.

§. 26.

Die Beitragspflicht der einzelnen Gemeindeangehörigen (§. 22) erstreckt sich auch auf die Verzinsung und Abtragung bereits vorhandener Schulden der Gemeinde, und es bedarf dieserhalb keiner besonderen Bekanntmachung an die neu eintretenden Mitglieder; die Bestimmungen, welche in Ansehung der Besitzer der von der

Französischen Regierung verkauften Domainen durch das Gesetz wegen des Schuldenwesens der Gemeinden in den Landestheilen des linken Rheinufers und in der Stadt Wesel vom 7. März 1822 §. 33 getroffen worden sind, verbleiben jedoch in Kraft. Bei Veränderungen des Gemeindebezirks durch Zuschlagung einzeln gelegener Besitzungen, oder durch Einverleibung einer andern Gemeinde oder eines Theils derselben, wird in den bestehenden Schuldverhältnissen und in der Verbindlichkeit, zur Verzinsung und Abtragung der schon vorhandenen Schulden beizutragen, nichts geändert.

§. 27.

Die Verpflichtung der Einzelnen zu den in den §§. 22, 24 und 26 bezeichneten Leistungen beginnt ohne besondere Erklärung mit dem ersten Verfalltage seit ihrem Eintritt in die Gemeinde. Wenn sie ihr Verhältniß zur Gemeinde aufgeben, so dauert ihre Verpflichtung noch für den letzten vorher eintretenden Verfalltag fort und hört mit demselben auf.

§. 28.

Servisberechtigte aktive Militairpersonen, imgleichen auf Inaktivitätsgehalt gesetzte Offiziere und Militairbeamte sind von allen Geldbeiträgen und Diensten (§§. 22 und 26) frei, insofern sie in der Gemeinde weder mit Grundeigenthum angesessen sind, noch Gewerbe treiben, in welchen Fällen sie zu den dem Grundeigenthum und dem Gewerbe aufgelegten Leistungen verpflichtet sind. Doch bezieht sich diese Befreiung nicht auf Zuschläge zu indirekten Verbrauchssteuern, wenn nicht durch besondere landesherrliche Verfügungen darüber Ausnahmen festgesetzt sind.

§. 29.

Wegen der Besteuerung des Diensteinkommens der Beamten sollen die Vorschriften des Gesetzes vom 11. Juli 1822 und der Order vom 14. Mai 1832 angewandt werden.

In Ansehung der Geistlichen und Schullehrer verbleibt es bei den bestehenden Verordnungen.

§. 30.

Wo bisher nach gesetzlicher Vorschrift einzelne Klassen der Gemeindeglieder oder einzelne Abtheilungen des Gemeindebezirks zur Befriedigung solcher Bedürfnisse, welche nur diese Klassen oder Abtheilungen betreffen, besondere Geldbeiträge oder Dienste geleistet haben, behält es dabei sein Bewenden.

§. 31.

Von den Gemeindeauflagen sind befreit:

1) alle zu einem öffentlichen Dienste oder Gebrauche bestimmte unbebaute Grundstücke, welche nach den Vorschriften des Grundsteuergesetzes für die westlichen Provinzen vom 21. Januar 1839 §. 8 No. 1. und §. 9 von der Besteuerung ausgenommen sind;

2) die zu einem solchen Zwecke bestimmten, nach der Vorschrift des §. 8 No. 2 jenes Gesetzes von der Besteuerung ausgenommenen Gebäude, insofern als sie seither nach gesetzlicher Bestimmung, oder vermöge eines speziellen Rechtstitels auf Befreiung von den Gemeindelasten Anspruch hatten, oder künftig neu erbaut oder gegen Ueberlassung von Gebäuden, welche bisher von Gemeindelasten frei waren, erworben werden.

Die zu einem öffentlichen Dienste oder Gebrauche bestimmten Gebäude, welche seither Gemeindelasten getragen haben, so wie diejenigen Gebäude, welche künftig zu einem solchen Zwecke ohne gleichzeitige Abtretung eines von Gemeindelasten befreiten Gebäudes erworben werden, bleiben den Gemeindelasten unterworfen, jedoch nur in dem bisherigen Umfange und mit Ausnahme der persönlichen Dienstleistungen. An die Stelle sonstiger Naturallasten, wozu auch die Einquartirung zu rechnen ist, tritt eine feste Geldrente, welche in Ermangelung eines gütlichen Abkommens durch Schiedsrichter festzusetzen ist.

Die Festsetzung geschieht nach dem Durchschnitte der letzten zehn Jahre, jedoch mit Rücksicht auf die bei außerordentlichen Verhältnissen etwa eintretende Erhöhung.

Die Gemeinde ernennt einen, und die Behörde, zu deren Verwaltung das Gebäude gehört, den anderen Schiedsrichter; die beiden Schiedsrichter haben, wenn diese Behörde und die Gemeinde sich darüber nicht vereinigen können, den Obmann zu wählen. Kommt auch unter den Schiedsrichtern eine Einigung über die Wahl des Obmanns nicht zu Stande, so wird dieser von der Regierung ernannt.

Verlieren die unter 1. und 2. angeführten Grundstücke die Eigenschaft, durch welche ihre Befreiung von der Grundsteuer bedingt ist (§. 11 des Grundsteuergesetzes), so fällt auch die Befreiung von den Gemeindelasten fort, sofern dieselbe nicht auf einem speziellen Rechtstitel beruht.

Denjenigen Staatswaldungen, welche seither von den nach dem Grundsteuerfuße vertheilten Gemeindelasten befreit gewesen sind, verbleibt fernerhin diese Befreiung; dagegen bleibt auch das Regulativ vom 17. November 1841 wegen Heranziehung der Staatswaldungen zum Wegebau fortbestehen. In Betreff der Befreiung der Dienstgrundstücke der Geistlichen und Schullehrer von den Gemeindelasten behält es bei den bestehenden Vorschriften sein Bewenden.

§. 32.

Dingliche Befreiungen, welche außer den im §. 31 erwähnten jetzt noch bestehen, werden nach ihrem bisherigen Umfange so lange anerkannt, bis sie von der Gemeinde abgelöst sind, erstrecken sich jedoch nur auf den gewöhnlichen Zustand, nicht auf außerordentliche Leistungen. Der Ablösungsbetrag wird durch Schiedsrichter festgesetzt; von diesen erwählt einen der Besitzer des bisher befreiten Grundstücks und den andern der Gemeinderath; der Obmann wird nach Vorschrift des §. 31 bestellt.

Durch den Ausspruch der Schiedsrichter wird unabänderlich festgestellt, welchen Geldwerth die Befreiung im gewöhnlichen Laufe der Dinge, nach einem Durchschnitte von zehn Jahren, jährlich gehabt hat.

Sobald die Gemeinde den zwanzigfachen Betrag des ermittelten Jahres-Quantums an den Betheiligten baar gezahlt hat, hört die Befreiung auf.

Neue dingliche Befreiungen können von der Gemeinde ebenso wenig ertheilt werden, als dauernde persönliche Befreiungen.

Zweiter Abschnitt.

Von dem Gemeinderechte (Bürgerrechte) und den Meistbeerbten.

§. 33.

Zu den Meistbeerbten gehören:

I. in den auf dem Provinziallandtage im Stande der Städte vertretenen Gemeinden, und zwar

1. in den mahl- und schlachtsteuerpflichtigen Gemeinden und in den mit denselben im Gemeindeverbande stehenden klassensteuerpflichtigen Bezirken diejenigen Einwohner, welche aus ihrem Gewerbe, Vermögen oder aus anderen Quellen ein reines Einkommen beziehen, dessen geringster Betrag nicht unter 200 und nicht über 600 Thaler festzusetzen ist;
2. in den klassensteuerpflichtigen Gemeinden diejenigen Einwohner, welche
   a) entweder von ihren im Gemeindebezirke gelegenen Grundbesitzungen einen Haupt-Grundsteuerbetrag entrichten, dessen geringster Satz nicht unter zwei und nicht über zehn Thaler festzusetzen ist; oder
   b) einen Klassensteuerbetrag zahlen, dessen geringster Jahressatz gleichmäßig sowohl für den einzelnen als für die Haushaltung nicht unter vier und nicht über zwölf Thaler zu bestimmen ist;

II. in allen andern Gemeinden diejenigen Gemeindeglieder, welche im Gemeinde-Bezirke mit einem Wohnhause angesessen sind und von ihren daselbst gelegenen Grundbesitzungen einen Haupt-Grundsteuerbetrag entrichten, dessen geringster Satz nicht unter zwei und nicht über fünf Thaler zu bestimmen ist.

Für Gemeinden, deren Mitglieder in so überwiegender Zahl aus Pächtern ohne eigenen zum Meistbeerbten qualifizirenden Grundbesitz bestehen, daß hiernach eine angemessene Zahl von Meistbeerbten nicht vorhanden sein würde, soll ausnahmsweise neben der Grundsteuer auch die Klassensteuer nach Maaßgabe der Bestimmung I. 2. zur Aufnahme unter die Meistbeerbten befähigen; die Entscheidung hierüber steht dem Ober-Präsidenten zu.

Sollte in einzelnen Gemeinden auch hierdurch eine angemessene Zahl von Meistbeerbten nicht erlangt werden, so kann der Minister des Innern auf den Antrag des Oberpräsidenten einen geringern Haupt-Grundsteuersatz als zwei Thaler zur Befähigung zum Meistbeerbten festsetzen. Von dieser Befugniß soll jedoch nur dann Gebrauch gemacht werden, wenn die Zahl der Meistbeerbten bei einem Haupt-Grundsteuersatz von zwei Thalern weniger als zwölf betragen würde.

§. 34.

Die Festsetzung des zur Eigenschaft eines Meistbeerbten erforderlichen Betrags der Grund- oder Klassensteuer und des Einkommens (§. 33) erfolgt durch den Oberpräsidenten mit Rücksicht auf die Ortsverhältnisse nach Vernehmung des Gemeinderaths.

Das Einkommen wird vom Gemeinderathe nach pflichtmäßigem Ermessen abgeschätzt, welchem zu dem Ende die Steuerrollen und sonstige Hülfsmittel mitgetheilt werden müssen. Gegen die Abschätzung, welche jedem Betheiligten bekannt zu machen ist, steht diesem sowohl die Führung des Nachweises eines höheren Einkommens vor dem Gemeinderathe, als auch der Rekurs an die Regierung zu. Bei der ersten Einrichtung erfolgt die Abschätzung durch die seitherigen Gemeindevertreter.

§. 35.

Das Gemeinderecht kann nur von den Meistbeerbten männlichen Geschlechts ausgeübt werden, welche das 24ste Lebensjahr zurückgelegt haben, Preußische Unterthanen und unbescholten sind. (§§. 38—40).

Von mehreren Personen, welche im ungetheilten Besitze eines zum Gemeinderechte befähigenden Grundstücks sich befinden, kann nur Einer das Gemeinderecht ausüben. Beim Mangel einer gütlichen Einigung ist dazu zunächst der auf dem Grundstücke selbst wohnende Mitbesitzer berufen, hierauf der im Gemeindebezirke wohnende und dann erst die übrigen; unter mehreren Gleichberechtigten entscheidet das höhere Alter, und bei gleichem Alter das Loos.

§. 36.

Alle übrige Gemeindeglieder, so wie die auswärts wohnenden Grundeigenthümer, welche im Gemeindebezirke nicht mit einem Hause angesessen sind (Forensen), nehmen an dem Gemeinderechte keinen Theil; dasselbe kann aber Letzteren, wenn sie die dazu nach

§. 35 erforderlichen persönlichen Eigenschaften besitzen, aus besonderem Vertrauen durch Beschluß des Gemeinderaths verliehen werden. Das einem Forensen solchergestalt verliehene Gemeinderecht erlöscht durch Veräußerung von mehr als der Hälfte seines Grundbesitzes in dem Gemeindebezirke. Die Bestimmungen des gegenwärtigen Gesetzes über die Rechte und Verpflichtungen der Meistbeerbten sind in allen Fällen auch auf diejenigen zu beziehen, welchen das Gemeinderecht besonders verliehen worden ist.

§. 37.

Das Gemeinderecht wird verloren, wenn ein Meistbeerbter die nach §§. 33. 34 festzusetzenden Steuerbeträge nicht mehr entrichtet, oder das bestimmte Einkommen nicht mehr bezieht. Entsteht die Verminderung der Grundsteuerquote unter den festgesetzten Betrag bloß dadurch, daß in Folge einer Vermehrung des Gesammtkatastralertrages der westlichen Provinzen der allgemeine Steuerprozentsatz sich ermäßigt, so verbleibt den seitherigen Meistbeerbten das Gemeinderecht.

§. 38.

Von dem Gemeinderechte sind diejenigen ausgeschlossen, welche zum Verluste der Ehrenrechte verurtheilt worden sind.

§. 39.

Das Gemeinderecht kann durch Beschluß des Gemeinderaths auch demjenigen entzogen werden, welcher

1) zu irgend einer Kriminalstrafe verurtheilt oder in irgend einer Kriminal-Untersuchung nur vorläufig freigesprochen worden ist, oder
2) sich durch seine Lebensweise oder durch einzelne Handlungen die öffentliche Verachtung zugezogen hat.

Der Bürgermeister hat in diesen Fällen die zum Grunde liegenden Thatsachen zu untersuchen und festzustellen, den Angeschuldigten mit seiner Vertheidigung zu hören und die Verhandlungen dem Gemeinderathe zur Beschlußnahme vorzulegen, wobei er selbst den Vorsitz zu übernehmen hat.

Dem Angeschuldigten steht gegen den Beschluß der Rekurs an die vorgesetzte Regierung zu.

Soll das Verfahren gegen ein Mitglied des Gemeinderaths oder gegen einen Gemeindebeamten eingeleitet werden, so ist dazu die vorherige Genehmigung der Regierung erforderlich.

§. 40.

Das Gemeinderecht ruht, wenn der dazu Berechtigte in Kriminal-Untersuchung, in Konkurs oder, wo das Rheinische Civilgesetzbuch gilt, in Zahlungs-Unfähigkeit verfällt, bis die Untersuchung aufgehoben oder die Rehabilitirung ausgesprochen ist.

§. 41.

In jeder Gemeinde hat der Vorsteher ein vollständiges Verzeichniß der zur Ausübung des Gemeinderechts befähigten Meistbeerbten (Gemeinderolle) zu führen. Wer einmal in diese Rolle aufgenommen ist, kann aus derselben ohne gesetzliche Gründe, welche ihm bekannt gemacht werden müssen, nicht weggelassen werden.

§. 42.

Der Verlust des Gemeinderechts hat den Verlust derjenigen Stellen zur Folge, zu deren Erlangung der Besitz desselben erforderlich ist. Im Falle des ruhenden Gemeinderechts ist nach Umständen von der Regierung über die Suspension zu verfügen.

§. 43.

Die vom Staate besoldeten Beamten, sowie die Beamten der vormals unmittelbaren deutschen Reichsstände und der im §. 5 bezeichneten Standesherren, so weit dieselben den Staatsbeamten gleich zu achten sind, die Geistlichen und Schullehrer bedürfen, wenn sie eine Stelle oder einen Auftrag von längerer Dauer bei der Gemeindeverwaltung übernehmen sollen, dazu der Erlaubniß ihrer vorgesetzten Dienstbehörde und der Regierung. Diese Erlaubniß kann auch, wenn sich aus der Verbindung beider Dienstverhältnisse für den Staatsdienst oder für die Gemeindeverwaltung in der Folge ein Nachtheil ergiebt, von der Dienstbehörde sowohl als von der Regierung zurückgenommen werden.

Dritter Abschnitt.

Von der Vertretung der Gemeinden.

§. 44.

Die Gemeinde wird in ihren Angelegenheiten nach den darüber in gegenwärtiger Ordnung ertheilten Vorschriften durch den Gemeinderath (Schöffenrath) oder durch den Bürgermeister vertreten.

Ob die Benennung Gemeinderath oder Schöffenrath zu gebrauchen sei, darüber entscheidet das landesübliche Herkommen.

§. 45.

In denjenigen (auf dem Provinziallandtag im Stande der Städte nicht vertretenen) Gemeinden, welche nur achtzehn oder weniger zur Ausübung des Gemeinderechts befähigte Gemeindeglieder zählen, bilden diese sämmtlich den Gemeinderath. In allen übrigen Gemeinden besteht der Gemeinderath aus gewählten Gemeindeverordneten.

Bei einer Verminderung der Zahl der Meistbeerbten bis auf achtzehn oder darunter tritt die Versammlung sämmtlicher Meistbeerbten erst von dem Zeitpunkt ab in die Stelle des aus gewählten Gemeindeverordneten bestehenden Gemeinderaths, wo eine neue Wahl von Gemeindeverordneten vorzunehmen gewesen wäre. Bei einer Vermehrung der Zahl der Meistbeerbten über achtzehn ist die Wahl von Gemeindeverordneten binnen einer Frist von drei Jahren vorzunehmen.

Von diesen Bestimmungen soll in Ansehung derjenigen Gemeinden des ostrheinischen Theils des Regierungsbezirks Coblenz, in denen mehr als achtzehn Meistbeerbte vorhanden sind, seither aber eine Vertretung durch sämmtliche zur Ausübung des Gemeinderechts befähigte Gemeindeglieder Statt gefunden hat, eine Ausnahme dahin eintreten, daß der Gemeinderath aus sämmtlichen Meistbeerbten gebildet werden muß, wenn diese durch einen nach Stimmenmehrheit abzufassenden Beschluß darauf antragen.

§. 46.

In denjenigen zum Stande der Städte nicht gehörigen Gemeinden, welche durch gewählte Verordnete vertreten werden, gehören zum Gemeinderath außer diesen Verordneten auch die im Gemeindebezirke mit einem Wohnhause angesessenen meistbegüterten Grundeigenthümer, welche von ihrem im Gemeindebezirke gelegenen Grundbesitz mindestens funfzig Thaler an Haupt-Grundsteuer jährlich zahlen, und die im §. 35 vorgeschriebenen persönlichen Eigenschaften besitzen. Eine Verminderung der Steuerquote lediglich durch Ermäßigung des allgemeinen Steuerprozentsatzes (§. 37) hat das Ausscheiden des meistbegüterten Grundeigenthümers nicht zur Folge.

§. 47.

Die Zahl der zu wählenden Gemeinde-Verordneten wird wie folgt festgesetzt:

in Gemeinden

von weniger als		1000	Einwohnern	auf	....	6
von 1000	bis	3000	Einwohnern	auf	....	12
= 3001	=	10000	=	=	....	18
= 10001	=	30000	=	=	....	24
= mehr	=	30000	=	=	....	30.

Eine Vermehrung oder Verminderung der Einwohnerzahl einer Gemeinde hat erst dann eine Veränderung in der Zahl der Gemeinde-Verordneten zur Folge, wenn aus anderen Gründen neue Wahlen vorzunehmen sind.

§. 48.

Für die gewählten Gemeinde-Verordneten werden zur Hälfte ihrer Zahl Stellvertreter gewählt, welche bestimmt sind, in Behinderungsfällen oder beim Abgange einzelner Gemeinde-Verordneten deren Stelle einzunehmen, jedoch in der Art, daß für einen verhinderten Gemeinde-Verordneten nur ein Stellvertreter einberufen werden kann, welcher von derselben Wählerklasse (§. 50), wie der Verordnete selbst, gewählt worden ist.

Die Reihenfolge für die Einberufung der Stellvertreter bestimmt sich durch die Zahl der Stimmen, welche sie bei der Wahl erhalten haben. Bei gleicher Stimmenzahl entscheidet das Loos.

§. 49.

Die Gemeinde-Verordneten und die Stellvertreter werden

durch die zur Ausübung des Gemeinderechts befähigten Gemeindeglieder, mit Ausnahme der im §. 46 erwähnten meistbegüterten Grundeigenthümer, welche ohne Wahl zum Gemeinderathe gehören, aus ihrer Mitte auf sechs Jahre gewählt. Alle drei Jahre scheidet die Hälfte der Gemeinde-Verordneten aus, an deren Stelle neue zu wählen sind. Die Ausgeschiedenen sind wieder wählbar. Die Ausscheidung erfolgt bei dem Ablaufe der ersten dreijährigen Wahlperiode nach dem Loose, nachher nach dem Wahlturnus.

Die Stellvertreter bleiben sämmtlich 6 Jahre im Amte und können ebenfalls wieder gewählt werden.

§. 50.

Zum Behuf der Wahlen (§. 49) werden die Meistbeerbten nach Maaßgabe ihres Einkommens oder der von ihnen zu entrichtenden Steuern in drei Klassen getheilt, und zwar in der Art, daß auf jede Klasse ein Drittheil der Gesammtsummen des Einkommens oder der Steuerbeträge aller Meistbeerbten fällt.

In den im §. 33 unter I. Nr. 1. genannten Gemeinden bilden diejenigen, welche das höchste Einkommen besitzen, bis zur Summe eines Drittheils des Einkommens aller Meistbeerbten die erste Klasse, die zweite Klasse besteht aus den nächst jenen am meisten Begüterten, welche das zweite Drittheil des Einkommens aller Meistbeerbten besitzen; die dritte Klasse umfaßt alle übrige Meistbeerbten.

In eben dieser Weise werden unter Zugrundlegung der Steuern die Klassen in den im §. 33 unter I. Nr. 2. und II. erwähnten Gemeinden gebildet, und zwar in erstern nach der Gesammtsumme der Grund- und Klassensteuer, in letztern aber nach der Grundsteuer allein, wobei die Grundsteuer derjenigen meistbegüterten Grundeigenthümer, welche zu den im §. 46 erwähnten gehören und an der Wahl nicht Theil nehmen, außer Anrechnung bleibt.

Schließt in den ersten Klassen ein Drittheil des Gesammteinkommens oder der Gesammtsteuern nicht genau mit dem Einkommen oder der Steuer eines Meistbeerbten ab, so ist dieser zu der höhern Klasse zu rechnen. Ist bei mehrern Meistbeerbten, bei welchen die Klassen sich scheiden, das Einkommen oder die Steuer gleich, so entscheidet das Loos, welche von ihnen zu der höhern und welche zu der untern Klasse zu rechnen sind.

Diejenigen Forensen, welchen das Gemeinderecht aus besonderem Vertrauen verliehen ist (§. 36) gehören zur ersten Klasse und kommt die von ihnen bezahlte Steuer bei der Klassenabstufung nicht in Anrechnung.

Die auf diese Weise gebildeten Klassen müssen eine jede aus so viel Wählern, als von ihr überhaupt Gemeindeverordnete und Stellverteter gewählt werden sollen, also mindestens aus drei

Wählern bestehen. Zur Vervollständigung dieser Zahl werden nöthigenfalls die am meisten begüterten oder am höchsten besteuerten Wähler aus der nächstfolgenden Klasse in die höhere aufgenommen.

§. 51.

Jede Klasse wählt für sich eine gleiche Anzahl von Gemeindeverordneten und Stellvertretern, die Wahl ist aber an die Mitglieder dieser Klasse nicht gebunden. Vater und Sohn, sowie Brüder, können nicht zugleich Mitglieder des Gemeinderaths sein. Befinden sich unter den meistbegüterten Grundeigenthümern (§. 46), und wenn die Vertretung der Gemeinde durch sämmtliche Meistbeerbte stattfindet, unter den letztern dergleichen nahe Verwandte, so kann nur Einer von ihnen Mitglied des Gemeinderaths werden. Beim Mangel einer gütlichen Einigung entscheidet das höhere Alter und bei gleichem Alter das Loos.

§. 52.

Wenigstens die Hälfte der Gemeindeverordneten muß aus Grundbesitzern bestehen, welches jedoch auf die Stellvertreter keine Anwendung findet. Wenn von den zu Gemeindeverordneten Gewählten weniger als die Hälfte Grundbesitzer sind, so treten diejenigen Unangesessenen, welche die wenigsten Stimmen gehabt haben, zurück und werden die ersten Stellvertreter, soweit dergleichen überhaupt zu wählen sind.

Die Wahl muß alsdann zur Ergänzung der erforderlichen Anzahl von Grundbesitzern in denjenigen Wahlversammlungen, in welchen die Zurücktretenden gewählt waren, erneuert werden.

Wo örtliche Verhältnisse es nothwendig machen, kann der Ober-Präsident von der Vorschrift, daß wenigstens die Hälfte der Gemeindeverordneten aus Grundbesitzern bestehen soll, eine Ausnahme gestatten.

§. 53.

In dem Wahltermine, welcher vier Wochen vorher nach der in der Gemeinde gewöhnlichen Publikationsart bekannt zu machen ist, müssen die Wahlberechtigten persönlich erscheinen. Die Ausgebliebenen sind an die Beschlüsse der Anwesenden gebunden und zur Einsendung schriftlicher Abstimmungen nicht befugt. Wer, obgleich anwesend, sich der Abstimmung enthält, ist den Ausgebliebenen gleichzuachten.

Zu einer gültigen Wahl ist in jeder Wahlklasse die Theilnahme von wenigstens eben so vielen Wählern nothwendig, als Wahlen vorzunehmen sind. Kann hiernach eine gültige Wahl nicht zu Stande kommen, so ernennt der Landrath die Gemeindeverordneten und Stellvertreter, welche zu wählen waren, und die Ernannten sind dann, wenn ihnen nicht die gesetzlichen Entschuldigungsgründe, welche von der Uebernahme einer Vormundschaft befreien, zur Seite stehen, zur Annahme der Stellen unbedingt verpflichtet.

§. 54.

Die Wahl erfolgt unter der Leitung des Bürgermeisters im Beistand zweier von der Wahlversammlung zu bestimmenden Skrutatoren. Der Bürgermeister kann sich durch den Gemeindevorsteher vertreten lassen.

§. 55.

Die Wahl jedes Gemeindeverordneten und jedes Stellvertreters erfolgt in einer besonderen Wahlhandlung.

Als erwählt ist derjenige zu betrachten, welcher die absolute Stimmen-Mehrheit für sich hat. Ergiebt sich nicht eine absolute Mehrheit, so sind diejenigen zwei Kandidaten, welche die meisten Stimmen für sich haben, auf eine engere Wahl zu bringen. Wird auch hierbei nach zweimaligem Versuchen keine absolute Mehrheit erreicht, so entscheidet das Loos.

Fallen die meisten Stimmen in gleicher Zahl auf mehr als zwei Kandidaten, so ist unter denselben zum Behuf der engern Wahl eine Vorwahl zu veranstalten, bei welcher die relative Stimmen-Mehrheit entscheidet. Ergiebt die Vorwahl kein Resultat, so entscheidet unter denen, welche in derselben gleiche Stimmen bekommen haben, das Loos darüber, welche zwei Kandidaten auf die engere Wahl zu bringen seien.

§. 56.

Die Wahlstimmen werden mittelst verdeckter Stimmzettel abgegeben. Sollte diese Wahlform in einzelnen Gemeinden nicht anwendbar sein, so hat der Ober-Präsident für dieselben eine andere Wahlform zu bestimmen.

§. 57.

Reklamationen gegen das Verzeichniß der Wahlberechtigten, welches bei Ankündigung des Wahltermins öffentlich auszulegen ist, machen die Wahlhandlung nur dann ungültig, wenn nachher eine solche Abänderung desselben verfügt wird, durch welche der Gewählte die absolute Stimmen-Mehrheit verliert.

§. 58.

Die Wahlverhandlungen, aus welchen die Beobachtung der Vorschriften der §§. 51 bis 56 erhellen muß, sind, nach vorgängiger Prüfung im Gemeinderathe, dem Landrathe einzureichen, welcher, wenn gegen die Legalität des Verfahrens und die Qualifikation der Gewählten nichts zu erinnern ist, oder die Erinnerungen erledigt sind, die Wahl zu bestätigen und die Einführung der Gewählten anzuordnen hat.

§. 59.

Wenn unter einzelnen Abtheilungen einer und derselben Gemeinde über die besonderen Rechte derselben Streit entsteht, so wird hierüber nicht vom Gemeinderath verhandelt, sondern jede betheiligte Abtheilung, wenn sie nicht mehr als zehn Meistbeerbte enthält, durch die Versammlung der letztern, sonst aber durch fünf von den Meistbeerbten aus ihrer Mitte zu erwählende Deputirte vertreten, welche unter der Leitung des Bürgermeisters mit einander verhandeln und, falls keine Einigung zu Stande kommt, zur Ausführung ihrer Ansprüche Bevollmächtigte ernennen. Diese Deputirten stehen in Beziehung auf den Streitgegenstand in dem Verhältnisse des Gemeinderathes, der Bevollmächtigte aber in dem Verhältnisse der ausführenden Behörde (Abschnitt 4. Abtheil. 1. u. 3.).

§. 60.

Wenn in gemeinschaftlichen Angelegenheiten mehrerer Gemeinden die Beschlüsse der verschiedenen Gemeinderäthe nicht übereinstimmend sind, so haben die Gemeinderäthe Deputationen zu ernennen, welche unter dem Vorsitz des Bürgermeisters die Sache gemeinschaftlich zu berathen, und über das Resultat ihren Kommittenten Bericht zu erstatten haben. Werden dennoch keine übereinstimmende Beschlüsse der verschiedenen Gemeinderäthe erlangt, so hat die Regierung auch in den Angelegenheiten zu entscheiden, welche sonst den Beschlüssen des Gemeinderathes überlassen sind (§§. 86. 88), sofern die Sache nicht auf den Rechtsweg zu verweisen ist.

Wenn Gemeinden verschiedener Bürgermeistereien bei der Sache betheiligt sind, so führt den Vorsitz in der Versammlung der Deputationen der Bürgermeister, in dessen Bezirk der Gegenstand des gemeinschaftlichen Interesses belegen ist, und wo dieser Grundsatz nicht ausreicht, der älteste.

Vierter Abschnitt.

Von der Verwaltung der Gemeinden.

Erste Abtheilung.

Von den Rechten und Verhältnissen des Gemeinderathes.

§. 61.

Der Gemeinderath hat die Vollmacht und Verpflichtung, für die Gemeinde in ihren Gemeindeangelegenheiten nach Ueberzeugung und Gewissen verbindende Beschlüsse zu fassen. Ueber andere Angelegenheiten kann der Gemeinderath nur dann berathen, wenn solche durch besondere Gesetze oder in einzelnen Fällen durch Verfügung der Regierung, an ihn gewiesen sind.

§. 62.

Der Gemeinderath kann nur dann zusammentreten, wenn er dazu von dem Bürgermeister oder mit dessen Genehmigung von dem Vorsteher zusammenberufen worden ist. Auf den Antrag des vierten Theils der Mitglieder, und wenn ihre Zahl weniger als zwölf beträgt, auf den Antrag von wenigstens drei Mitgliedern, ist der Bürgermeister verpflichtet, den Gemeinderath entweder selbst zusammenzuberufen oder den Vorsteher zu dessen Zusammenberufung anzuweisen. Die Zusammenberufung erfolgt schriftlich, unter Angabe der zur Berathung kommenden Gegenstände, und, mit Ausnahme dringender Fälle, mindestens drei Tage vorher. Es können auch regelmäßige Sitzungstage durch den Bürgermeister, nach Anhörung des Gemeinderaths, ein für allemal bestimmt werden; die Gegenstände der Berathung sind aber auch dann, wenn dieselben nicht dringend sind, wenigstens drei Tage vor der Sitzung den Mitgliedern bekannt zu machen. Jedes Mitglied des Gemeinderathes hat das Recht, Anträge und Vorschläge über die Angelegenheiten der Gemeinde zur Berathung zu bringen. Dieselben müssen jedoch, wenn sie nicht vorher dem Bürgermeister und durch diesen drei Tage vor der Sitzung den übrigen Mitgliedern mitgetheilt sind, auf den Antrag des Bürgermeisters oder auch nur Eines Mitgliedes bis zur nächsten Sitzung ausgesetzt werden.

§. 63.

Der Bürgermeister führt im Gemeinderath den Vorsitz und hat bei Stimmengleichheit die entscheidende Stimme, sonst aber, wenn er nicht zugleich Gemeindevorsteher ist, kein Stimmrecht. Er kann jedoch in geeigneten Fällen dem Vorsteher den Vorsitz übertragen. Wenn über den Haushalts-Etat, über die Abnahme der Gemeinderechnung und über Angelegenheiten, bei welchen mehrere Gemeinden des Bürgermeisterei-Bezirks gemeinschaftlich betheiligt sind (§. 60), berathen wird, muß er stets selbst den Vorsitz führen. Der Vorsteher hat immer volles Stimmrecht, und wenn er den Vorsitz führt, bei Stimmengleichheit die entscheidende Stimme.

Der Gemeinderath kann einen Protokollführer aus seiner Mitte wählen.

§. 64.

Die Beschlüsse werden nach Stimmenmehrheit gefaßt; zur Gültigkeit eines Beschlusses ist die Gegenwart von wenigstens zwei Drittheilen der Mitglieder erforderlich.

Wenn der Gemeinderath, nachdem er zur Berathung ein und desselben Gegenstandes zwei Mal vorschriftsmäßig zusammenberufen ist, beide Male nicht in beschlußfähiger Zahl erscheint, so ergänzt der Landrath seinen Beschluß. Wer nicht mitstimmt oder die Unterschrift des Protokolls verweigert, ist als nicht erschienen zu betrachten. Es kann aber jedes Mitglied des Gemeinderaths verlangen, daß seine abweichende Ansicht in das Protokoll aufgenommen werde.

§. 65.

Wer bei einer Angelegenheit ein von dem Interesse der Gemeinde verschiedenes Interesse hat, darf an der Berathung keinen Theil nehmen. Kann wegen persönlicher Betheiligung der Mitglieder und der an deren Stelle einzuberufenden Stellvertreter eine beschlußfähige Versammlung nicht gehalten werden, so hat die Regierung vermöge des ihr zustehenden Ober-Aufsichtsrechts für die Wahrung der Rechte der Gemeinde Sorge zu tragen und die dazu erforderlichen Einleitungen zu treffen, nöthigenfalls auch einen Rechtsanwalt zu bestellen. Diese Bestimmung findet insonderheit alsdann Anwendung, wenn Streit darüber entsteht, ob ein Gegenstand Eigenthum der Gemeinde oder der einzelnen Gemeindeglieder ist.

§. 66.

Die Beschlüsse sind, mit Anführung der dabei gegenwärtig gewesenen Mitglieder, in ein besonderes Buch einzutragen, und sowohl von dem Vorsitzenden, als von allen anwesenden Mitgliedern, in der Sitzung selbst, zu unterschreiben. Die Ausfertigung solcher Beschlüsse, welche Urkunden beigefügt werden, oder als Autorisation für den Bürgermeister zu einzelnen Amtshandlungen dienen sollen (§. 102), müssen von dem Vorsitzenden und zwei Mitgliedern des Gemeinderaths unterschrieben werden. Letztere werden dazu jährlich vom Gemeinderath aus seiner Mitte gewählt.

§. 67.

Alle Beschlüsse des Gemeinderaths müssen dem Bürgermeister, insofern er nicht selbst den Vorsitz geführt hat, sogleich vorgelegt werden.

§. 68.

Der Gemeinderath kann zur Vorbereitung der zur Verhandlung kommenden Gegenstände Kommissionen aus seiner Mitte ernennen. Dem Bürgermeister steht es frei, auch in diesen Kommissionen den Vorsitz zu führen.

§. 69.

Den Meistbeerbten und Gemeindeverordneten ist es nicht erlaubt, irgend eine Vergeltung für die Ausübung ihres Berufes anzunehmen; nur baare Auslagen werden ihnen erstattet.

§. 70.

Der Versammlung des Gemeinderaths müssen alle Mitglieder regelmäßig beiwohnen und kein Mitglied darf sich der Abstimmung oder der Unterschrift des Protokolls entziehen. Ein Mitglied, welches die Versammlung dreimal nach einander ohne genügende Entschuldigung versäumt, oder wiederholt durch ungebührliches Benehmen Ordnung und Ruhe gestört und den Zuruf des Vorsitzenden zur Ordnung nicht beachtet hat, oder welches die

Theilnahme an der Abstimmung oder die Unterschrift des Protokolls ohne hinreichenden Grund verweigert, kann aus dem Gemeinderath ausgeschlossen werden. Die Entscheidung erfolgt durch die Regierung.

§. 71.

Sollte ein Gemeinderath in Unordnung oder Parteiung verfallen, oder fortwährend seine Pflichten in solchem Grade vernachlässigen, daß die im §. 64 vorgesehene Maaßregel zur Fortführung einer ordnungsmäßigen Verwaltung nicht ausreicht, so werden Wir den Gemeinderath nach genauer Untersuchung der Sache auflösen, die Bildung einer neuen Vertretung anordnen, und die Schuldigen auf gewisse Zeit oder auf immer für unfähig zu einer neuen Wahl erklären.

Zweite Abtheilung.

Von dem Vorsteher, dem Empfänger und den Unterbeamten der Gemeinden.

§. 72.

Der Gemeindevorsteher wird nach Vernehmung der gutachtlichen Vorschläge des Bürgermeisters von dem Landrathe aus den Mitgliedern des Gemeinderaths ernannt. Derselbe muß sich zur christlichen Religion bekennen, im Gemeindebezirke wohnen und die zu seinen Geschäften nöthigen Kenntnisse besitzen. Bei seiner Ernennung soll auf Personen, welche das Vertrauen der Gemeinde vorzugsweise genießen, sofern sie sonst für das Amt geeignet sind, besonders Rücksicht genommen werden.

Das Amt des Vorstehers dauert sechs Jahre, kann aber nach drei Jahren niedergelegt werden.

Für Verhinderungsfälle wird in gleicher Art ein Stellvertreter (Beistand) ernannt, welcher dieselben Eigenschaften besitzen muß.

§. 73.

In denjenigen Gemeinden, welche für sich allein eine Bürgermeisterei bilden, ist der Bürgermeister zugleich Gemeindevorsteher.

§. 74.

Auch kann, wenn mehrere Gemeinden eine Bürgermeisterei bilden, der Bürgermeister zugleich zum Vorsteher derjenigen Gemeinde bestellt werden, in welcher derselbe seinen Wohnsitz hat. Der Ober-Präsident hat hierüber nach Vernehmung des Gemeinderaths zu entscheiden.

In denjenigen Gemeinden, welche auf dem Provinziallandtage im Stande der Städte vertreten werden, sollen die Stellen des Vorstehers und des Bürgermeisters in der Regel verbunden und Ausnahmen hiervon nur mit Genehmigung Unseres Ministers des Innern gestattet sein.

§. 75.

Das Amt des Vorstehers wird unentgeltlich verwaltet, und nur für Dienstunkosten eine Entschädigung gewährt, welche von der Regierung nach Vernehmung des Gemeinderaths zu bestimmen ist, jedoch 1 Sgr für den Kopf der Bevölkerung nicht übersteigen soll. Für Dienstreisen nach einem mehr als zwei Meilen entfernten Orte kann besondere Vergütung verlangt werden. Gebühren für einzelne Amtshandlungen dürfen nur insoweit erhoben werden, als sie in den Gesetzen ausdrücklich gestattet sind; dagegen müssen die durch solche Handlungen verursachten baaren Auslagen jederzeit von den Betheiligten erstattet werden.

§. 76.

Der Vorsteher hat unter der Aufsicht und nach den Anweisungen des Bürgermeisters die Ortspolizei in seiner Gemeinde zu handhaben, soweit nicht besondere Behörden dafür bestehen. Für die Verwaltung der Gemeindeangelegenheiten und für alle Angelegenheiten der Bürgermeisterei, soweit sie die Gemeinde betreffen, ist der Vorsteher ein Organ des Bürgermeisters (§. 85). Dieser darf aber demselben das Etats-, Kassen- und Rechnungswesen nicht übertragen.

Die Gemeindevorsteher und deren Stellvertreter gehören in dem Bezirke des Appellationsgerichtshofes zu Cöln zu den Hülfsbeamten der gerichtlichen Polizei für die im Artikel 11. der Strafprozeßordnung bezeichneten Gegenstände.

§. 77.

Wo der Umfang der Gemeinde es nöthig macht, können für einzelne Theile derselben, nach Bestimmung der Regierung, Bezirks-, Dorfs- oder Bauerschaftsvorsteher bestellt werden, welche in dem ihnen angewiesenen Bezirke wohnhaft sein müssen. Wegen der Ernennung, Qualifikation und Amtsdauer derselben gelten die wegen des Gemeindevorstehers ertheilten Vorschriften. Wenn in dem Bezirke kein Mitglied des Gemeinderaths wohnt, so kann ein anderer Meistbeerbter zu diesem Amte ernannt werden. Die Dorfs- und Bauerschaftsvorsteher bilden eine Hülfsbehörde des Gemeindevorstehers für die Polizeiaufsicht ihres Bezirks.

§. 78.

So weit zum Dienste der Gemeinden Unterbeamte und Diener erforderlich sind, werden diese, wenn sie zu blos mechanischen Dienstleistungen bestimmt sind, von dem Bürgermeister, sonst aber von dem Landrathe ernannt, in beiden Fällen, nachdem der Gemeinderath mit seiner Erklärung über die Würdigkeit des Anzustellenden gutachtlich gehört worden ist.

Alle diese Anstellungen finden auf Kündigung Statt, wenn nicht die Anstellung auf Lebenszeit durch das Gesetz für gewisse

Funktionen des Beamten vorgeschrieben ist. In den Gemeinden, welche auf dem Provinziallandtage im Stande der Städte vertreten werden, sind die jetzt bestehenden und künftig zu erlassenden Verordnungen wegen der Versorgung der Invaliden zu befolgen.

§. 79.

In Beziehung auf die Verwaltung der Gemeindekassen bleibt es dem Beschlusse der Bürgermeisterei-Versammlung (§ 109) überlassen, ob solche dem Elementarerheber der direkten Steuern übertragen, oder ob ein besonderer Gemeinde-Erheber für sämmtliche Gemeinden der Bürgermeisterei bestellt werden soll. Entscheidet sich die Versammlung nicht für das letztere, so wird die Verwaltung der Gemeindekassen dem Steuererheber für die ganze Dauer seiner Amtszeit übertragen. Beschließt die Versammlung dagegen die Anstellung eines eigenen Einnehmers, so erfolgt dessen Ernennung durch den Landrath nach gutachtlicher Vernehmung des Bürgermeisters und der Bürgermeisterei-Versammlung.

In beiden Fällen ist der Betrag der Remuneration, so wie der Kaution des Erhebers nach Vernehmung der Bürgermeisterei-Versammlung von der Regierung zu bestimmen.

Wo die Verwaltung der Gemeindekasse bei Publikation dieses Gesetzes dem Erheber der direkten Steuern übertragen ist, da behält es bei diesem Verhältniß für die Amtsdauer des gegenwärtigen Beamten sein Bewenden.

§. 80.

Für die Steuerkasse und für die Gemeindekasse sind besondere Kautionen zu bestellen. Bei Defekten dient die für die Steuerkasse bestellte Kaution zunächst zur Deckung der Steuerkasse, die für die Gemeindekasse bestellte zunächst zur Deckung der Gemeindekasse.

Was den zu einer Kasse vereinigten Gemeinden an Kaution und anderen Deckungsmitteln zufällt, wird nach Verhältniß der Verluste, welche die einzelnen Gemeinden erlitten haben, unter dieselben vertheilt.

§. 81.

Die Regierung kann, wo sie es nothwendig findet, die Aufstellung eines von ihr zu genehmigenden Normal-Besoldungsetats anordnen.

§. 82.

In Ansehung der Suspension, Entsetzung und unfreiwilligen Entlassung der Gemeindebeamten kommen die Bestimmungen des Gesetzes, betreffend das gerichtliche und das Disziplinarverfahren gegen Beamte vom 29. März 1844 zur Anwendung.

§. 83.

Der Vorsteher hat als Organ des Bürgermeisters die Aufsicht über die Unterbeamten und Diener der Gemeinde und über ihre Dienstleistungen zu führen. Bei vorkommenden Dienstvernachlässigungen und Dienstvergehen hat er dem Bürgermeister Anzeige zu machen, welcher zur Erhaltung der nöthigen Disziplin das Recht hat, den Unterbeamten Ordnungsstrafen bis zu 3 Thalern und den bloß zu mechanischen Dienstleistungen angestellten Dienern auch Gefängnißstrafen bis zu 2 Tagen aufzulegen. Die Ordnungsstrafen fließen zur Orts-Armenkasse.

§. 84.

Der Bürgermeister ist der nächste Dienstvorgesetzte des Gemeindevorstehers und des Gemeinde-Empfängers, und als solcher gegen diese Beamten bei Dienstvernachlässigungen und Dienstvergehen zu Warnungen und Verweisen befugt. Zu Verhängung von Geldstrafen ist aber nur der Landrath ermächtigt, welcher solche bis zum Betrage von 5 Thalern festsetzen und deren Vollstreckung zum Besten der Armenkasse anordnen kann.

Dritte Abtheilung.

Von den Befugnissen und Geschäftsverhältnissen des Bürgermeisters, des Gemeinderaths und der Staatsbehörden hinsichtlich der Verwaltung der Gemeinde-Angelegenheiten.

§. 85.

Dem Bürgermeister gebührt in allen Gemeinde-Angelegenheiten unter der in gegenwärtiger Ordnung vorgeschriebenen Mitwirkung des Gemeindevorstehers (§. 76) die Ausführung, die Entscheidung aber nur in denjenigen Fällen, in welchen sie nicht dem Gemeinderathe übertragen ist.

Der Bürgermeister kann, wo das Bedürfniß es erfordert, mit Genehmigung der Regierung zur Verwaltung einzelner Geschäftszweige aus geeigneten Gemeindegliedern Deputationen bilden, wobei auf die bestehenden Einrichtungen dieser Art besonders Rücksicht zu nehmen ist. Mitglieder des Gemeinderaths können nur mit dessen Zustimmung zu einer Deputation bestimmt werden.

Solche Deputationen sind nur als im Auftrage des Bürgermeisters bestehend und als ihm untergeordnet zu betrachten.

§. 86.

Ueber alle von den Gemeinden zu bestreitende Ausgaben und zu leistende Dienste hat der Gemeinderath zu beschließen.

In Ansehung derjenigen Ausgaben und Dienste, welche zur Erfüllung von Pflichten der Gemeinden gegen den Staat, gegen Institute und gegen Privatpersonen nothwendig sind, z. B zur Anlage und Unterhaltung von Polizei- und Armen-Anstalten, in den Angelegenheiten der Kirchen, Schulen, frommen Stiftungen u. s. w. ist der Beschluß des Gemeinderaths als bloßes Gutachten anzusehen. Was nach den Festsetzungen der Staatsbehörde in Beziehung auf Angelegenheiten dieser Art erfordert wird, ist die Gemeinde zu leisten verpflichtet.

In Ansehung derjenigen Ausgaben und Dienste, welche nur das besondere Interesse der Gemeinde betreffen, ist der Beschluß des Gemeinderaths entscheidend.

Wegen des Umfanges der Pflichten der Gemeinden behält es bei den bestehenden Gesetzen sein Bewenden.

§. 87.

Ueber die Art, wie die Ausgaben gedeckt werden sollen, sowie über den Vertheilungsmaaßstab der Dienste, hat der Gemeinderath zu beschließen (§. 23).

Verweigert der Gemeinderath die Abfassung eines Beschlusses oder die Abänderung eines ungesetzlichen oder eines solchen Beschlusses, welchem die nach den Bestimmungen der gegenwärtigen Ordnung erforderliche Genehmigung der Staatsbehörde versagt wird, so läßt die Regierung die fehlende Summe nach dem Maaßstabe der Staatssteuern (§. 23) auf die Gemeinde-Angehörigen vertheilen und zur Gemeindekasse erheben.

§. 88.

Ueber die Art und Weise der Ausführung von Gemeinde-Anlagen und Anstalten, sowie über die Verwaltung des Gemeindevermögens, muß der Gemeinderath in allen Fällen zuvor gehört werden. In Ansehung solcher Angelegenheiten, welche sich auf Erfüllung von Pflichten der Gemeinden beziehen (§. 86), ist auch hier der Beschluß des Gemeinderaths als bloßes Gutachten anzusehen, welches aber soweit beachtet werden soll, als es den Zwecken entsprechend und mit den allgemeinen Staatsgrundsätzen vereinbar ist.

Für die Behandlung derjenigen Angelegenheiten, welche nur das besondere Interesse der Gemeinde und namentlich der Vermögensverwaltung betreffen, ist der Beschluß des Gemeinderaths entscheidend. Wenn jedoch der Bürgermeister die Ueberzeugung hat, daß ein Beschluß den Gesetzen widerspricht, oder dem Gemeindewohl wesentlich nachtheilig werden würde, so soll er die Ausführung versagen und darüber an den Landrath berichten; er muß aber, wenn er bei Abfassung des Beschlusses nicht anwesend war, eine nochmalige Berathung der Sache unter seinem Vorsitz veranlassen und eine Einigung versuchen. Der Landrath kann den Gemeinderath persönlich vernehmen, und hat, wenn auch er keine Einigung zu Stande bringt, die Verhandlungen mit seinem Gutachten der Regierung zur Entscheidung vorzulegen.

§. 89.

Ueber alle Ausgaben, Dienste und Einnahmen, welche sich im Voraus bestimmen lassen, stellt der Bürgermeister Etats auf, und hat, nachdem solche vom Gemeinderathe festgestellt worden, innerhalb der Gränzen dieser Etats, ohne über die einzelnen Anweisungen den Gemeinderath zu hören, selbstständig zu verfügen.

Ein Duplikat der Etats ist dem Landrath vor der Ausführung einzureichen, welcher, wenn darin gegen gesetzliche Bestimmungen gefehlt ist, die Ausführung nöthigenfalls zu suspendiren, die Entscheidung der Regierung einzuholen und danach den Etat festzustellen und dem Bürgermeister zur Ausführung zuzufertigen hat.

Der Entwurf zu den Haushalts-Etats soll, bevor er vom Gemeinderathe geprüft wird, vierzehn Tage lang im Verwaltungslokale zur Einsicht der Gemeindeglieder und der Forensen offen gelegt werden. Der Gemeinderath kann auch die Veröffentlichung der Haushalts-Etats durch den Abdruck beschließen.

Bei Vorlegung des Haushalts-Etats hat der Bürgermeister dem Gemeinderath einen ausführlichen Bericht über den Stand der gesammten Verwaltungs-Angelegenheiten der Gemeinde vorzulegen.

§. 90.

Der Bürgermeister hat dafür zu sorgen, daß der Haushalt nach den Etats geführt werde. Außerordentliche Ausgaben, welche außer dem Etat geleistet werden sollen, bedürfen der Genehmigung des Gemeinderaths und des Landraths.

§. 91.

Die Rechnung über die Gemeindekasse hat der Einnehmer vor dem 1. Juni des folgenden Jahres zu legen und dem Bürgermeister einzureichen. Nach vorläufiger Durchsicht läßt der Bürgermeister in der Gemeinde bekannt machen, daß die Rechnung im Verwaltungslokale während vierzehn Tage offen liege. Jedes Gemeindemitglied ist befugt, die Rechnung daselbst einzusehen und seine Erinnerungen dem Bürgermeister oder dem Gemeinderath schriftlich einzureichen, um davon bei Prüfung der Rechnung in geeigneter Weise Gebrauch zu machen. Der Bürgermeister revidirt sodann die Rechnung und legt sie mit seinen Bemerkungen dem Gemeinderath zur Prüfung und Abnahme vor.

Gleich nach der Abnahme der Rechnung des Einnehmers hat der Gemeinderath unter dem Vorsitz eines von ihm zu erwählenden Mitgliedes die Rechtmäßigkeit der vom Bürgermeister ertheilten Ausgabe-Anweisungen und die Vollständigkeit und Richtigkeit der Einnahme-Ueberweisungen zu prüfen. Das darüber aufzunehmende Protokoll reicht der Vorsitzende dem Landrath unmittelbar ein. Der Bürgermeister darf bei jener Berathung nicht zugegen sein.

§. 92.

Die Rechnung ist mit den Revisions- und Abnahmeverhandlungen an den Landrath zur schließlichen Prüfung und Feststellung einzusenden. Dieser hat längstens in sechs Monaten die weitere Revision der Rechnung zu bewirken und die Decharge zu ertheilen, oder seine Erinnerungen dem Bürgermeister mitzutheilen.

Der Gemeinderath kann die Veröffentlichung der Rechnungen durch den Abdruck beschließen.

§. 93.

Ueber die Art, wie die Haushaltsetats und Rechnungen, so wie das Kassenwesen, einzurichten sind, sollen die Regierungen die erforderliche Instruktion ertheilen.

§. 94.

Ueber alle Bestandtheile des Gemeindevermögens soll der Bürgermeister ein Lagerbuch doppelt führen, von welchem ein Exemplar auf der Bürgermeisterei und das andere bei dem Gemeindevorsteher beruht. Die in dem Lagerbuche vorgekommenen Veränderungen sollen dem Gemeinderath jährlich bei Gelegenheit der Rechnungsabnahme zur Einsicht und Erklärung vorgelegt werden.

§. 95.

Die freiwillige Veräußerung von Grundstücken kann nur auf den Antrag des Gemeinderaths, mit Genehmigung der Regierung und, mit Ausnahme der unten erwähnten besonderen Fälle, nur im Wege der öffentlichen Lizitation Statt finden.

Zur Gültigkeit der Lizitation aber gehört:

1) die Vorlegung eines beglaubten Auszuges aus dem Grundsteuer-Kataster nebst Taxe;
2) eine öffentlich auszuhängende Ankündigung;
3) einmalige Bekanntmachung durch das Amtsblatt der Regierung oder durch die etwa im Kreise erscheinenden öffentlichen Blätter, und durch öffentlichen Ausruf in der durch den Ortsgebrauch bestimmten Weise;
4) eine Frist von sechs Wochen von der Bekanntmachung bis zum Lizitationstermine;
5) Abhaltung des Lizitationstermins durch eine Justizperson oder den Bürgermeister.

Wenn der Katastralertrag des Grundstücks nicht zwei Thaler und die Taxe nicht funfzig Thaler übersteigt, so bedarf es nur der ortsüblichen Bekanntmachung.

Vor Erlassung der Bekanntmachung ist an die Regierung zu berichten, welche sich in geeigneter Weise, erforderlichenfalls durch kommissarische Ermittelung überzeugen muß, ob hinreichende Gründe zu der vorgeschlagenen Maaßregel vorhanden sind. Ist bei der Lizitation die Taxe nicht erreicht worden, so ist, wenn der Gemeinderath dennoch bei nochmaliger Vernehmung die Veräußerung beantragt, unter Einreichung der Verhandlung an die Regierung zu berichten, welche über den Zuschlag entscheidet.

In besonderen Fällen kann die Regierung auch den Verkauf aus freier Hand oder einen Tausch, und mit Genehmigung des Ministers des Innern auch die Vertheilung unter die Betheiligten gestatten, sobald sie sich überzeugt hat, daß der Vortheil der Gemeinde dadurch gefördert wird. Dem Ministerium des Innern bleibt vorbehalten, die Regierungen wegen Veräußerung von Gemeindegütern mit leitenden Anweisungen zu versehen.

Die vorstehenden Bestimmungen finden auch auf die Veräußerung von Realberechtigungen Anwendung.

§. 96.

Zur Veräußerung von Sachen, welche einen besonderen wissenschaftlichen oder Kunstwerth haben, imgleichen von Archiven, ist die Genehmigung des Ministeriums des Innern erforderlich.

§. 97.

Zur Aufnahme von Anleihen, zur Verwendung von Kapitalien, zum Ankauf von Grundstücken, zur Anstellung von Prozessen über Berechtigungen der Gemeinde oder über die Substanz des Gemeindevermögens oder zu Vergleichen über Gegenstände dieser Art, und zu Schenkungen und einseitigen Verzichtleistungen Seitens der Gemeinde, ist die Genehmigung der Regierung erforderlich.

Die Genehmigung zu Anleihen soll nur dann ertheilt werden, wenn für einen sichern Zinsen- und Tilgungsfonds gesorgt ist. Desgleichen sind Prolongationen von Anleihen und Abweichungen von dem genehmigten Tilgungsplan an die Einwilligung der Regierung gebunden.

Zu Prozessen gegen den Fiskus und zu Regreßklagen gegen Mitglieder der Staatsbehörden ist eine Genehmigung der Regierung nicht erforderlich.

§. 98.

Auch die Erhebung von Gemeinde-Auflagen erfordert die Genehmigung der vorgesetzten Staatsbehörde nach näherer Bestimmung der darüber von den Ministerien des Innern und der Finanzen bereits ertheilten oder künftig etwa noch zu erlassenden Instruktionen (§. 23).

§. 99.

Bei Verwaltung der Waldungen sind die Verordnung vom 24. Dezember 1816 und die in Gemäßheit derselben erlassenen oder noch zu erlassenden Reglements zu beachten.

§. 100.

Der Gemeinderath kontrolirt die Verwaltung. Er ist daher berechtigt und verpflichtet, sich von der Ausführung seiner Beschlüsse und der Verwendung aller Gemeinde-Einnahmen Ueberzeugung zu verschaffen, die Akten einzusehen, die Richtigkeit der Ausführung der Gemeinde-Arbeiten zu untersuchen u. s. w. Der

Gemeinderath kann Behufs dieser Kontrole Ausschüsse aus seiner Mitte ernennen.

§. 101.

Wenn der Gemeinderath glaubt, daß dem Vorsteher oder Bürgermeister Vernachlässigungen oder Pflichtverletzungen zur Last fallen, so ist dem Landrath Anzeige davon zu machen, welcher die Sache zunächst im administrativen Wege untersucht und darüber an die Regierung zur Verfügung berichtet.

Wenn aber der eine oder der andere Theil sich bei der Verfügung der Regierung nicht beruhigen will, so steht ihm frei, binnen vier Wochen, von dem Eingange der Verfügung an gerechnet, entweder auf die Entscheidung der höheren Verwaltungsbehörde oder in dazu geeigneten Fällen auf den Rechtsweg zu provoziren. Dem Ermessen der Regierung bleibt überlassen, ob ihre Verfügung vorläufig in Vollzug gesetzt werden soll. Ist auf Entscheidung der höheren Verwaltungsbehörde angetragen worden, und sind beide Theile mit diesem Antrage einverstanden, so ist der Rechtsweg ausgeschlossen; die höhere Verwaltungsbehörde bleibt jedoch befugt, die Sache selbst zum Rechtswege zu verweisen.

Sollte ein Prozeß gegen den Vorsteher oder Bürgermeister nöthig werden, so hat die Regierung solchen auf den Antrag des Gemeinderaths einzuleiten und für die Gemeinde den vom Gemeinderath vorgeschlagenen Anwalt zu bestellen, welcher Namens derselben den Prozeß zu führen hat.

§. 102.

Urkunden, welche die Gemeinde verbinden sollen, müssen Namens derselben vom Bürgermeister und Vorsteher unterschrieben werden; die Beschlüsse des Gemeinderaths und die Genehmigung der Staatsbehörden sind in den geeigneten Fällen der Urkunde in beglaubigter Form beizufügen (§. 66).

Dritter Titel.

Von den Bürgermeistereien.

§. 103.

Der Bürgermeister wird nach Vernehmung der gutachtlichen Vorschläge des Landraths von der Regierung ernannt, jedoch behalten Wir Uns vor, für diejenigen Bürgermeistereien, welche eine Stadt von mehr als 10,000 Einwohnern enthalten, den Bürgermeister auf den Vorschlag der Regierung Allerhöchstselbst zu ernennen, und demselben den Titel eines Ober-Bürgermeisters beizulegen. Bei diesen Ernennungen soll auf angesehene Grundbesitzer in dem Bürgermeistereibezirke und auf andere Personen, welche das Vertrauen der Eingesessenen vorzugsweise genießen, sofern sie sonst für das Amt geeignet sind, besonders Rücksicht genommen werden.

Für jede Bürgermeisterei sind von der Regierung in gleicher Weise zwei oder, wo es das Bedürfniß erfordert, mehrere Beigeordnete zu ernennen; das Amt derselben dauert sechs Jahre, nach deren Ablauf sie wieder ernannt werden können. Die Beigeordneten sind bestimmt, einzelne Amtsgeschäfte, welche der Bürgermeister ihnen aufträgt, zu besorgen, und diesen in Verhinderungsfällen und während der Erledigung des Amtes nach der unter ihnen von der Regierung festzusetzenden Reihefolge zu vertreten.

§. 104.

Soweit zum Dienste der Bürgermeisterei Unterbeamte oder Diener erforderlich sind, werden diese von dem Landrath ernannt, nachdem der Bürgermeister und die Bürgermeisterei-Versammlung mit ihrer Erklärung über die Würdigkeit des Anzustellenden gutachtlich gehört sind. Besteht die Bürgermeisterei nur aus einer Gemeinde, so verbleibt es bei den Bestimmungen des §. 78. Diese finden auch auf die Art und Weise der Anstellung der Unterbeamten oder Diener der Bürgermeisterei Anwendung.

In Ansehung der Suspension, Entsetzung und unfreiwilligen Entlassung der Unterbeamten und Diener der Bürgermeisterei finden die in dieser Beziehung für die Unterbeamten der Gemeinden bestehenden Vorschriften ebenfalls Anwendung. Auch stehen dem Bürgermeister gegen diese Beamten die im §. 83 bestimmten Disziplinarbefugnisse zu.

§. 105.

Der Landrath ist der nächste Dienstvorgesetzte des Bürgermeisters, und als solcher befugt, gegen denselben Ordnungsstrafen bis zu zehn Thalern zu verfügen und deren Vollstreckung zum Besten der Armenkasse anzuordnen. Der Beschluß der Regierung über die unfreiwillige Entlassung eines Bürgermeisters aus dem Amte bedarf der Bestätigung des Ministers des Innern. Hinsichtlich der unfreiwilligen Entlassung eines von Uns ernannten Ober-Bürgermeisters findet dasjenige Verfahren Anwendung, welches gegen unmittelbar von Uns ernannte oder bestätigte Staatsbeamte vorgeschrieben ist (Gesetz vom 29. März 1844 §. 45).

§. 106.

Wo die Einrichtung einer besonderen Bürgermeisterei-Kasse nöthig gefunden wird, finden die im §. 79 gegebenen Vorschriften ebenfalls Anwendung, und bleibt es unter den dort bezeichneten Maaßgaben der Beschlußnahme der Bürgermeisterei-Versammlung überlassen, ob die Verwaltung der Kasse dem Elementarerheber der direkten Steuern oder dem Gemeinde-Erheber übertragen werden soll.

§. 107.

Für jede Bürgermeisterei wird von der Bürgermeisterei-Versammlung ein Normal-Besoldungsetat aufgestellt und von der Regierung genehmigt. Die Besoldungen, sowie die Entschädigungen für Dienstunkosten, müssen von der Bürgermeisterei aufgebracht werden. Die Besoldung des Bürgermeisters und dessen Entschädigung für Dienstunkosten sollen zusammen 3 Sgr. auf den Kopf der Bevölkerung nicht übersteigen. Neben diesem Einkommen, von welchem zwei Drittheile als Besoldung und ein Drittheil als Büreaukosten angesehen werden, kann der Bürgermeister, wenn er zugleich Gemeindevorsteher ist (§. 74), die im §. 75 gedachte Entschädigung beziehen. In Ansehung der Vergütung für Dienstreisen außerhalb der Bürgermeisterei, sowie der Gebühren und baaren Auslagen für Amtshandlungen des Bürgermeisters, finden die Vorschriften des §. 75 Anwendung. Die Bürgermeisterei ist verpflichtet, ein angemessenes Geschäftslokal zu beschaffen.

Den bei der Publikation dieses Gesetzes angestellten Bürgermeistern, welchen bereits ein höheres Diensteinkommen zugesichert ist, soll dasselbe für die Dauer ihrer Dienstzeit auch ferner verbleiben.

§. 108.

Der Bürgermeister führt die Verwaltung der Kommunal-Angelegenheiten der Bürgermeisterei und ist hierbei die allein ausführende Behörde. Er hat, als die Polizeiobrigkeit des Bürgermeistereibezirks, in demselben die Polizeiverwaltung zu besorgen, sowie alle in Landesangelegenheiten vorkommende örtliche Geschäfte, soweit hierzu nicht besondere Behörden bestellt sind. Unter dieser Beschränkung ist er eben so berechtigt als verpflichtet, darauf zu sehen, daß überall die bestehenden Landesgesetze und Vorschriften gehörig beobachtet werden.

In dieser Hinsicht sind ihm auch alle zu öffentlichen Zwecken in dem Bürgermeistereibezirke bestehende Gemeindebehörden, imgleichen Korporationen und Stiftungen, jedoch unbeschadet der durch ihre Statuten oder besondere Gesetze begründeten Modifikationen Folge zu leisten schuldig.

Hinsichtlich der Funktionen der Bürgermeister und Beigeordneten als Civilstandsbeamte, als Hülfsbeamte der gerichtlichen Polizei und als Vertreter des öffentlichen Ministeriums bei den Polizeigerichten, sowie hinsichtlich der Befugnisse der Bürgermeister, Polizeiverordnungen und Polizeistraf-Resolute zu erlassen, behält es in den verschiedenen Theilen der Provinz bei der bestehenden Verfassung sein Bewenden.

§. 109.

Die Bürgermeisterei wird in ihren Kommunal-Angelegenheiten (§. 8) durch die Bürgermeisterei-Versammlung vertreten, auf die besondern Angelegenheiten der einzelnen Gemeinden steht ihr aber, den Fall des §. 79 ausgenommen, keine Einwirkung zu.

§. 110.

Die Bürgermeisterei-Versammlung ist in denjenigen Bürgermeistereien, welche nur aus einer Gemeinde bestehen, vom Gemeinderathe nicht verschieden; in den übrigen Bürgermeistereien wird dieselbe gebildet:

1. aus den im §. 46 erwähnten meistbegüterten Grundeigenthümern;
2. aus den Vorstehern der zur Bürgermeisterei gehörigen Gemeinden, vermöge ihres Amtes; und
3. aus gewählten Abgeordneten.

Jede Gemeinde sendet einen Abgeordneten; sind aber die einzelnen Gemeinden von sehr ungleicher Größe, so tritt bei den stärker bevölkerten Gemeinden eine Vermehrung der Abgeordneten ein, worüber der Ober-Präsident zu bestimmen hat.

Die Bürgermeisterei-Versammlung muß aus wenigstens zwölf Mitgliedern bestehen; zur Ergänzung dieser Zahl werden, wo es nöthig ist, nach Bestimmung des Ober-Präsidenten, aus den einzelnen Gemeinden, mit Rücksicht auf deren Größe, mehrere Abgeordnete gesendet.

Die Abgeordneten werden vom Gemeinderath einer jeden Gemeinde aus seiner Mitte gewählt und vom Landrath bestätigt. Sie bleiben so lange Mitglieder der Bürgermeisterei-Versammlung, als sie Mitglieder des Gemeinderaths sind. Ein Gemeindeverordneter, welcher in den Gemeinderath wieder gewählt ist (§.49), wird jedoch dadurch noch nicht wieder Mitglied der Bürgermeisterei-Versammlung.

Die Beigeordneten werden zu den Berathungen der Bürgermeisterei-Versammlung eingeladen, haben jedoch in derselben kein Stimmrecht.

§. 111.

Die Vorschriften wegen der Rechte und Verhältnisse des Gemeinderaths und wegen der Befugnisse und Geschäftsverhältnisse des Bürgermeisters und des Gemeinderaths und der Staatsbehörden (Tit. II. Abschnitt 4. Abtheil. 1. und 3.) finden auf die Bürgermeisterei-Versammlung und auf die Behandlung der Kommunal-Angelegenheiten der Bürgermeisterei gleichmäßige Anwendung.

§. 112.

Den Vorsitz in der Bürgermeisterei-Versammlung führt der Bürgermeister und bei dessen Verhinderung der stellvertretende Beigeordnete mit vollem Stimmrechte und bei Stimmengleichheit mit entscheidender Stimme. Ist auch der Stellvertreter verhindert, so hat der älteste Gemeindevorsteher den Vorsitz zu übernehmen.

Um die zur Beschlußfähigkeit der Versammlung erforderliche Anzahl von Mitgliedern zu ergänzen (§. 64) werden nöthigenfalls andere Mitglieder derjenigen Gemeinderäthe einberufen, deren Mitglieder fehlen. Die Reihenfolge bestimmt sich hierbei nach der Stimmenmehrheit, welche die Mitglieder bei der Wahl erhalten haben.

§. 113.

Das Verhältniß, in welchem die einzelnen Gemeinden zu den gemeinschaftlichen Bedürfnissen der Bürgermeisterei beizutragen haben, wird durch die Regierung nach Vernehmung der Bürgermeisterei-Versammlung festgesetzt. Wenn die Abgeordneten einzelner Gemeinden diese durch die Erklärung der Bürgermeisterei-Versammlung für benachtheiligt halten, so steht ihnen frei, ihren besonderen Antrag der Regierung mit vorzulegen. Die Beiträge, welche von den Gemeinden zu leisten sind, sollen nicht auf die einzelnen Gemeindeglieder, sondern auf die Gemeinden und in diesen nach deren Verfassung auf die Einzelnen vertheilt werden. Die Vertheilung auf die Gemeinden geschieht, wenn nicht besondere Verhältnisse ein Anderes nothwendig machen, z. B. wenn die Gemeinden ein ungleiches Interesse bei einer Ausgabe haben, nach Maaßgabe der Staatssteuern (§. 23, 87, 98).

Vierter Titel.

Von der Oberaufsicht über die Gemeindeverwaltung.

§. 114.

Die Oberaufsicht des Staats über die Bürgermeistereien und Gemeinden wird durch die Regierungen und Landräthe ausgeübt. Diese Behörden sind berechtigt und verpflichtet:

a) sich darüber, ob in jeder Bürgermeisterei und in jeder Gemeinde die Verwaltung nach den Gesetzen überhaupt und nach dem gegenwärtigen Gesetze insbesondere eingerichtet sei, Ueberzeugung zu verschaffen, zu diesem Zwecke auch die Etats und Rechnungen einzufordern und die dabei wahrgenommenen Mängel zu rügen;

b) dafür zu sorgen, daß die Verwaltung fortwährend in dem vorgeschriebenen Gange bleibe und alle Störungen beseitigt werden;

c) die Beschwerden Einzelner über die Verletzung der ihnen als Mitglieder zustehenden Rechte zu untersuchen und zu entscheiden;

d) die Bürgermeistereien und Gemeinden zur Erfüllung ihrer Pflichten anzuhalten, und

e) in den Fällen zu entscheiden, welche in der gegenwärtigen Ordnung dahin gewiesen sind.

§. 115.

Wegen des Verfahrens bei Ausübung dieses Aufsichtsrechts (§. 114) finden folgende nähere Bestimmungen Statt:

1) In denjenigen Angelegenheiten, welche durch gegenwärtige Ordnung ausdrücklich zur Entscheidung der Regierung gewiesen sind, verfügt dieselbe unmittelbar auf den Bericht des Landraths.

2) In denjenigen Angelegenheiten, welche das Gesetz den Landräthen besonders überweist, handeln diese als selbstständige Behörden.

3) In allen übrigen Fällen wird die der Regierung zustehende Aufsicht auf die Bürgermeisterei- und Gemeindeangelegenheiten durch die Landräthe, als beständige Kommissarien der Regierung, ausgeübt, sofern diese nicht für nöthig findet, die Sache zu ihrer unmittelbaren Einwirkung und Entscheidung zu ziehen.

Wo nicht eine Ausnahme dieser Art eintritt, ist in den Angelegenheiten der Bürgermeistereien und Gemeinden an den Landrath zu berichten, welcher in den Fällen zu 1. die Sache der Regierung zur Verfügung vorträgt, in denen zu 2. selbst entscheidet, und in denen zu 3. nach Maaßgabe der bestehenden und künftig zu erlassenden reglementarischen Bestimmungen entweder selbst verfügt, oder die Entscheidung der Regierung einholt.

§. 116.

In denjenigen Städten, welche der Aufsicht des Landraths bisher nicht unterworfen waren, bleibt dieses Verhältniß ferner bestehen. Alle Funktionen, welche das gegenwärtige Gesetz den Landräthen zuweist, werden in Bezug auf jene Städte unmittelbar von der Regierung ausgeübt.

§. 117.

Gegen die Entscheidung des Bürgermeisters bleibt der Rekurs an den Landrath, gegen die Entscheidung des Landraths der Rekurs an die Regierung, und gegen die Entscheidung der Regierung der Rekurs an den Ober-Präsidenten vorbehalten. Der Rekurs muß in allen Instanzen binnen einer Präklusivfrist von sechs Wochen, vom Empfang der Verfügung, gegen welche Rekurs ergriffen werden soll, an gerechnet, bei der Behörde eingelegt werden, gegen deren Verfügung Beschwerde erhoben wird. Die Rechtfertigung des Rekurses kann auch an die vorgesetzte Behörde eingereicht werden. Hinsichtlich der Zulässigkeit des Rechtsweges in den dazu geeigneten Fällen wird durch die gegenwärtige Ordnung an den bestehenden Gesetzen nichts geändert.

§. 118.

In Gemeinden, welche zu den Gebieten der vormals unmittelbaren deutschen Reichsstände und der im §. 5 bezeichneten

Standesherren gehören, bleibt diesen die Ausübung der Regierungsrechte durch ihre Behörden nach Maaßgabe der Instruktion vom 30. Mai 1820 und der abgeschlossenen besonderen Rezesse vorbehalten.

§. 119.

Die zur Ausführung der gegenwärtigen Ordnung erforderlichen ersten Einrichtungen werden unter der Leitung des Ober-Präsidenten getroffen, welchen der Minister des Innern mit einer Instruktion hierüber versehen wird.

Der Zeitpunkt, mit welchem in den einzelnen Gemeinden die Einführung gegenwärtiger Gemeindeordnung beendet sein wird, ist durch das Amtsblatt der betreffenden Regierung zur öffentlichen Kenntniß zu bringen. Bis dahin bleiben die seitherigen Gemeindevertreter in Funktion. Von diesem Zeitpunkte an treten für die betreffenden Gemeinden die bisherigen Gesetze und Verordnungen über die Verfassung und Verwaltung der Gemeinden, soweit in diesem Gesetze nicht darauf Bezug genommen ist, außer Kraft.

Die bestehende Organisation der Armenverwaltung wird durch dieses Gesetz nicht aufgehoben.

Urkundlich unter Unserer Höchsteigenhändigen Unterschrift und beigedrucktem Königlichen Insiegel.

Gegeben Sanssouci, den 23. Juli 1845.

(L. S.) Friedrich Wilhelm.

Prinz von Preußen.

v. Boyen. Mühler. v. Nagler. Eichhorn. v. Thile. v. Savigny.
v. Bodelschwingh. Gr. zu Stolberg. Flottwell. Uhden.

I. 4050 de 1845. Rhein. Gener. 145. Vol. 2.

2.

Verfügung vom 12. Mai 1854, — betreffend die strafgerichtliche Verfolgung von Beamten wegen solcher Handlungen, welche sie in Ausübung oder in Veranlassung der Ausübung ihres Amtes vorgenommen haben.

Verfügung vom 7. Juli 1852* (Rhein. Samml. Bd. X. S. 452).
Gesetz vom 13. Februar 1854 (Ges.-Samml. S. 86).

Durch die an Sie, Herr General-Prokurator, erlassene Verfügung vom 7. Juli 1852 sind die Königl. Ober-Prokuratoren angewiesen worden, vor einer jeden strafgerichtlichen Verfolgung von Beamten wegen solcher Handlungen, welche sie in Ausübung, oder in Veranlassung der Ausübung ihres Amts vorgenommen haben, auf dem darin geordneten Wege mit der vorgesetzten Provinzial- resp. Central-Dienstbehörde des Beamten in Kommunikation zu treten und im Fall eines von der Letzteren gegen die Verfolgung erhobenen Widerspruchs an den Justiz-Minister zu berichten.

Nachdem jetzt durch das Gesetz vom 13. Februar 1854, betreffend die Konflikte bei gerichtlichen Verfolgungen wegen Amts- und Diensthandlungen (Ges.-Samml. S. 86) auch für die in der Verfügung vom 7. Juli 1852, gedachten Fälle dem Königlichen Gerichtshof zur Entscheidung der Kompetenz-Konflikte die Bestimmung über die Zulässigkeit oder Unzulässigkeit des Rechtsweges übertragen worden ist, bedarf es der Berichtserstattung an den Justiz-Minister nicht mehr.

Damit jedoch die Dienstbehörden Gelegenheit erhalten, von der ihnen in diesem Gesetz ertheilten Befugniß zur Einlegung des Konflikts Gebrauch zu machen, und damit auch der Königl. Gerichtshof zur Entscheidung der Kompetenz-Konflikte nicht mit einer übermäßigen Anzahl derartiger Sachen belastet werde, wird unter Aufhebung der Verfügung vom 7. Juli 1852 Folgendes angeordnet.

Wenn ein Ober-Prokurator der Ansicht ist, daß gegen einen Beamten wegen einer in Ausübung oder in Veranlassung der Ausübung seines Amtes vorgenommenen Handlung, dieselbe sei als Amtsverbrechen oder Amtsvergehen in den gemeinen Strafgesetzen vorgesehen oder nicht, eine gerichtliche Verfolgung einzuleiten sei, so hat er, wenn nicht etwa ein hierauf gerichteter Antrag der dem Beamten vorgesetzten Dienstbehörde vorliegt, die Aeußerung derselben und zwar der Provinzial-Behörde, oder, wenn der Beamte einer solchen nicht untergeordnet ist, der Central-Behörde einzuholen. Erhebt dieselbe gegen die Verfolgung Widerspruch, so hat er denselben sorgfältig zu prüfen, demnächst aber, wenn nach seiner Ansicht das gerichtliche Verfahren einzuleiten sein würde, das Geeignete in der Sache zu veranlassen und der Behörde von seiner Entschließung Kenntniß zu geben. Von allen Sachen, welche hiernach zu behandeln sind, hat der Ober-Prokurator persönlich Kenntniß zu nehmen. Wenn der Staats-Prokurator bei einem auswärtigen Untersuchungsamte mit der Sache befaßt und der Ansicht ist, daß die gerichtliche Verfolgung einzuleiten sei, so hat er die Verhandlungen mit Bericht an den Ober-Prokurator einzusenden, und dieser hierauf in der oben vorgeschriebenen Weise zu verfahren.

Die vorstehenden Bestimmungen schließen solche vorläufige Ermittelungen, welche ohne gerichtliche Voruntersuchung stattfinden können, so wie die Ergreifung derjenigen Maßregeln, welche durch eine obwaltende Gefahr im Verzuge geboten werden, nicht aus.

Sie, Herr General-Prokurator, haben hiernach die Königl. Ober-Prokuratoren mit Anweisung zu versehen.

Berlin, den 12. Mai 1854.

Der Justiz-Minister
Simons.

An
den Königl. Herrn General-Prokurator
zu Cöln.

I. 1255. O. 37.

3.

Verfügung vom 5. April 1855, — betreffend die strafgerichtliche Verfolgung von Beamten wegen solcher Handlungen, welche sie in Ausübung oder in Veranlassung der Ausübung ihres Amtes vorgenommen haben.

Gesetz vom 13. Februar 1854 (Ges.-Samml. S. 86).
Verfügung vom 12. Mai 1854 (S. 440 dieses Bandes).

Es ist wiederholt der Fall vorgekommen, daß gegen Beamte, wegen Handlungen, die sie in Ausübung oder in Veranlassung der Ausübung ihres Amts vorgenommen, von den Polizeianwalten Anklagen erhoben worden sind, ohne daß zuvor die vorgesetzte Dienstbehörde jener Beamten davon Kenntniß erhalten hat.

Da nach dem Gesetz vom 13. Februar 1854, betreffend die Konflikte bei gerichtlichen Verfolgungen von Amts- und Diensthandlungen den vorgesetzten Provinzial- oder Central-Behörden die Erhebung des Kompetenz-Konflikts bei dergleichen Verfolgungen zusteht, so empfiehlt es sich auch bei Polizei-Uebertretungen diejenigen Grundsätze als Richtschnur zu befolgen, welche die an Sie, Herr General-Prokurator, bezüglich der Verfolgungen der in Rede stehenden Art gegen Beamte in der Rheinprovinz unterm 12. Mai 1854 erlassene Verfügung allgemein vorgeschrieben hat.

Sie werden daher hierdurch veranlaßt, die Beamten der Staatsanwaltschaft bei den Polizeigerichten anweisen zu lassen, daß dieselben in Fällen, in welchen es sich um Uebertretungen handelt, welche von Beamten in Ausübung oder in Veranlassung der Ausübung ihres Amtes begangen sein sollen, vor Ladung der Beschuldigten an die Ober-Prokuratoren berichten, damit die Letzteren in die Lage kommen, entweder selbst den betreffenden

Beamten der Staatsanwaltschaft bei dem Polizeigericht unmittelbar mit Anweisung zu versehen, oder darüber zuvor mit der vorgesetzten Dienstbehörde des beschuldigten Beamten sich in Vernehmen zu setzen.

Berlin, den 5. April 1855.

Der Justiz-Minister
Simons.

An
den Königl. Herrn General-Prokurator
zu Cöln.

I. 1035. O. 37.

4.

Auszug aus dem Gesetze, — betreffend die Gebühren und Kosten des Verfahrens bei Theilungen und bei gerichtlichen Verkäufen von Immobilien im Bezirk des Appellationsgerichtshofes zu Cöln. Vom 3. Mai 1858.

Verordnung vom 27. Juli 1855 (S. 129 dieses Bandes).

Wir Friedrich Wilhelm, von Gottes Gnaden, König von Preußen ꝛc. ꝛc.

verordnen unter Aufhebung der Verordnung vom 27. Juli 1855 hinsichtlich der Gebühren und Kosten, welche das Verfahren bei Theilungen und bei gerichtlichen Verkäufen von Immobilien veranlaßt (Gesetz vom 18. April 1855), mit Zustimmung beider Häuser des Landtags Unserer Monarchie für den Bezirk des Appellationsgerichtshofes zu Cöln, was folgt:

§. I. Allgemeine Bestimmung.

Artikel 1.

übereinstimmend mit dem Artikel 1. der Verordnung vom 27. Juli 1855 s. S. 129.

§. II. Bestimmungen, betreffend das gerichtliche Theilungsverfahren.

Artikel 2.

übereinstimmend mit dem Artikel 2. der Verordnung vom 27. Juli 1855 s. S. 130.

Artikel 3.

Den Notarien werden die Protokolle und Konferenzen, welche die gerichtliche Theilung zum Gegenstande haben, nebst den zur Vorbereitung derselben erforderlich gewesenen Arbeiten, sowie die

Uebermittelung der Urschrift des Protokolls über die Streitigkeiten zum Zweck der Hinterlegung auf dem Sekretariat, nach den darauf verwendeten Arbeitsstunden bezahlt. Für eine jede Stunde werden 15 Sgr. angesetzt. Die angefangene Stunde wird für voll berechnet. Hierbei können ohne Unterschied, ob das Geschäft am Wohnorte des Notars oder außerhalb desselben stattgefunden hat, die Gebühren nach der ganzen dazu wirklich verwendeten Zeit berechnet werden.

Die allgemeinen Bemerkungen zu der Tax-Ordnung für die Notarien unter Nr. 2., 4., 5., 8. kommen auch hier zur Anwendung.

Die Notarien müssen die verwendeten Stunden, unter Angabe des Anfangs und des Schlusses der Arbeitszeit, sowie ihre Gebühren und Auslagen, bei Strafe von Fünf Thalern, unter jedem Protokoll und jeder Ausfertigung gewissenhaft spezifiziren.

Jedes Protokoll muß nach Vorschrift des Artikels 43. der Notariats-Ordnung und bei Vermeidung der dort bestimmten Strafe unter dem Tage seiner Aufnahme ins Repertorium eingetragen werden, auch wenn es nur den Anfang oder die Fortsetzung der Theilungsverhandlungen enthält.

Artikel 4. 5. 6.

übereinstimmend mit den Artikeln 4. 5. und 6. der Verordnung vom 27. Juli 1855 s. S. 131.

§. III. Bestimmungen, betreffend das außergerichtliche Theilungsverfahren.

Artikel 7.

Für den Akt über die außergerichtliche Theilung (Art. 12., Art. 13. Nr. 1. des Gesetzes vom 18. April 1855) oder über die Vereinbarung zum Verkauf (Art. 22. Nr. 1.), sowie für die zur Herbeiführung derselben erforderlich gewesenen Vorarbeiten, stattgefundenen Verhandlungen und Konferenzen über Aufstellung der Masse, über Feststellung der Ansprüche und Berechnungen und über Auseinandersetzung der Betheiligten, ingleichen für die Protokolle über Loosziehung, über Tausche von Loosen, und über Vergleiche bei der Theilung (Art. 15.) erhalten die Notarien Gebühren nach den Arbeitsstunden; für jede Stunde werden 15 Sgr. angesetzt, die angefangene Stunde wird für voll berechnet.

Die sämmtlichen Bestimmungen des Artikels 3. dieses Gesetzes finden auch hier Anwendung.

Artikel 8.

Was in Artikel 4. dieses Gesetzes wegen Angabe der Arbeitszeit und der Gebühren und Auslagen in Beziehung auf das schließliche Theilungs-Protokoll und dessen Ausfertigung bestimmt ist, gilt in gleicher Weise und unter denselben Nachtheilen der Zuwiderhandlung auch in Beziehung auf die Theilungs-Urkunde bei der außergerichtlichen Theilung und in Beziehung auf die Urkunde der Vereinbarung über den Verkauf, sowie in Beziehung auf die Ausfertigungen derselben.

Die Bestimmungen des Art. 5. finden gleichfalls hier Anwendung.

Artikel 9. 10. 11.

übereinstimmend mit den Artikeln 9. 10. 11. der Verordnung vom 27. Juli 1855 s. S. 133.

§. IV. Bestimmungen, betreffend den gerichtlichen Verkauf von Immobilien.

Artikel 12.

übereinstimmend mit dem Artikel 12. der Verordnung vom 27. Juli 1855 s. S. 134.

Artikel 13.

Die Notarien liquidiren nach der Tax-Ordnung vom 25. April 1822, unter dem Satze: „Subhastation von Immobilien."

Hierbei treten folgende Bestimmungen ein:

a) Neben der Gebühr für die öffentliche Bekanntmachung können die anzuheftenden Abschriften nach der Position „Abschrift" in der Tax-Ordnung vom 25. April 1822, sowie die Auslagen für die Insertion in die öffentlichen Blätter berechnet werden.

b) Für Anfertigung des Hefts der Verkauf-Bedingungen erhält der Notar die in der Tax-Ordnung vom 25. April 1822 unter dem Satze „Subhastation von Immobilien Litt. b." bestimmte Gebühr, jedoch nur die Hälfte dieser Sätze, wenn derselbe für Entwerfung der Kauf-Bedingungen schon anderweitig eine Vergütung erhalten hat (Artikel 22. des Gesetzes vom 18. April 1855).

c) Eines Aktes über die Hinterlegung des Hefts der Verkauf-Bedingungen bedarf es nur bei dem gerichtlichen Theilungsverfahren, aber auch bei diesem nur dann, wenn der mit dem Verkaufe beauftragte Notar das Heft der Verkauf-Bedingungen nicht selbst angefertigt hat. Für den Akt über die Hinterlegung des letzteren erhalten die Notarien keine besondere Gebühr.

d) Für Offenlegung der Kaufbedingungen oder des Gutachtens der Sachverständigen, für Ertheilung von Auskunft, für die Beifügung von Nachweisen zu dem Heft der Bedingungen und für sonstige, die Versteigerung vorbereitende

Verrichtungen wird nichts vergütet; dagegen die auf Anfertigung des Eingangs zum Verkaufs-Protokoll vor dem Termin verwendete Zeit bei der für Abhaltung des Verkaufs zu berechnenden Zeit mit in Anschlag gebracht.

e) Für die dem betreibenden Anwalte auf dessen Verlangen zu gebende Abschrift des Heftes der Verkauf-Bedingungen werden die in der Tax-Ordnung vom 25. April 1822 unter Position „Abschrift" bestimmten Gebühren berechnet.

f) Der Notar kann einen Ausrufer zur Versteigerung der Immobilien zuziehen, wenn er es für erforderlich erachtet. Die Wahl desselben steht dem Notar zu. Als Gebühren für den Ausrufer kommen 15 Sgr. für die erste Stunde, 5 Sgr. für jede folgende Stunde in Rechnung.

g) Der Vorschrift des Artikels 49. Nr. 4. des Gesetzes vom 18. April 1855 wird dadurch genügt, daß im Versteigerungs-Protokoll auf das, bei den Urschriften des Notars beruhende Heft der Verkauf-Bedingungen Bezug genommen, sodann letzteres seinem ganzen Inhalte nach bei dem Anfange der Versteigerung vorgelesen, und diese Vorlesung im Versteigerungs-Protokoll erwähnt wird.

Bei der Ausfertigung des Versteigerungs-Protokolls sind alsdann aus dem Heft der Verkauf-Bedingungen die Erwähnung der betreffenden Eigenthums-Titel, sowie die Kauf-Bedingungen mit auszufertigen, jedoch nicht die Verfügung des Gerichts, durch welche der Verkauf verordnet worden, der bestätigte Familienraths-Beschluß und das Gutachten der Sachverständigen. Die zum Zwecke des Verfahrens bei dem Notar hinterlegten Ausfertigungen der letztgedachten drei Schriftstücke (Artikel 36. des Gesetzes vom 18. April 1855) bleiben bis nach erfolgter Versteigerung im Gewahrsam des Notars. Insofern diese Ausfertigungen nicht in den Verkauf-Bedingungen dem Verkäufer vorbehalten sind, hat der Notar dieselben dem Ansteigerer mit der exekutorischen Ausfertigung des Versteigerungs-Protokolls zu übergeben; wenn die Grundstücke im Einzelnen angesteigert wurden, so erhält die Ausfertigungen der Ansteigerer des Grundstücks, an dessen Erwerb nach Inhalt der Verkauf-Bedingungen der Anspruch auf die hinterlegten Ausfertigungen geknüpft ist, in Ermangelung einer solchen Bestimmung der Ansteigerer, welcher den höchsten Kaufpreis zu zahlen hat; die übrigen Ansteigerer können bei entstehendem Bedürfniß auf ihre Kosten neue Ausfertigungen bei der Gerichtsschreiberei entnehmen.

Ist bei der Versteigerung der Schätzungspreis nicht geboten worden, so sind die betreffenden Urkunden demjenigen, der sie übergeben hat, auf Verlangen zur weiteren Veranlassung zurückzugeben.

h) Ueber das Aufgeld muß der Notar dem Verkäufer Rechnung legen; was nach Abzug der gesetzlichen Gebühren und Auslagen davon übrig bleibt, tritt dem Kaufpreise hinzu.

Artikel 14.

Die Notarien erhalten für das Protokoll über das Verlangen des Wiederverkaufs, in welchem die Bescheinigung über Nichterfüllung der Bedingungen enthalten ist (Art. 55. des Gesetzes vom 18. April 1855), die in der Tax-Ordnung vom 25. April 1822 unter dem Satze: „einseitige Erklärung“ bewilligte Gebühr und die Gebühren für die Zeugen.

Findet ein Verfahren vor dem Präsidenten Statt, so wird nach Vakationen gerechnet.

Artikel 15.

übereinstimmend mit dem Artikel 15. der Verordnung vom 27. Juli 1855 s. S. 135.

§. V. **Gemeinsame Bestimmungen, das außergerichtliche Theilungsverfahren und den gerichtlichen Verkauf von Immobilien betreffend.**

Artikel 16.

übereinstimmend mit dem Artikel 16. der Verordnung vom 27. Juli 1855 s. S. 136.

Artikel 17.

Für die Verrichtungen in Betreff der Ernennung und Vereidigung von Sachverständigen liquidiren die Friedensrichter und Gerichtsschreiber ihre Gebühren nach der Ordre vom 28. April 1832; für die Hinterlegung des Gutachtens erhalten sie keine Gebühr. Die Bestimmung des Artikels 15. des Tarifs vom 16. Februar 1807 wird hierdurch nicht berührt.

Das Gutachten und die Protokolle über die Vereidung der Sachverständigen und die Hinterlegung des Gutachtens bleiben in Urschrift bei dem Gericht, bei welchem die Vereidung und Hinterlegung erfolgt ist, und werden von dem Gerichtsschreiber dieses Gerichts ausgefertigt.

Artikel 18. 19.

übereinstimmend mit den Artikeln 18. und 19. der Verordnung vom 27. Juli 1855 s. S. 136.

§. VI. Schlußbestimmung.

Artikel 20.

übereinstimmend mit dem Artikel 20. der Verordnung v. 27. Juli 1855 s. S. 137.

Urkundlich unter Unserer Höchsteigenhändigen Unterschrift und beigedrucktem Königlichen Insiegel.

Gegeben Berlin, den 3. Mai 1858.

Im Allerhöchsten Auftrage Sr. Majestät des Königs:

(L. S.) Prinz von Preußen.

v. Manteuffel. v. d. Heydt. Simons. v. Raumer. v. Westphalen.
v. Bodelschwingh. v. Massow. Gr. v. Waldersee.
v. Manteuffel II.

Rh. Offic. S. 17.

Inhalts-Verzeichniß.

I. Nachtrag zu den Gesetzen, Verordnungen und Rescripten aus den Jahren 1845—1853.

II. Im Jahre 1854.

III. Im Jahre 1855.

Num.	1855.	
		der Kammern und der Beschlußfähigkeit der Ersten Kammer.
62.	4. Juni.	Requisitionen um Insinuation gerichtlicher Vorladungen in Strafsachen im Verhältniß zum Großherzogthum Luxemburg.
63.	13. Juni.	Ressortverhältnisse in Standessachen. Siehe Nr. 34.
64.	14. Juni.	Zusatzvertrag zu dem Vertrage zwischen Preußen und Großbritannien wegen gegenseitigen Schutzes der Autorenrechte gegen Nachdruck und unbefugte Nachbildung vom 13. Mai 1846.
...	15. Juni.	Betrifft die von den Königl. Postanstalten für Extrapost-, Estafetten- und Kourier-Pferde zu erhebenden Kosten. Siehe Nr. 55.
65.	16. Juni.	Ermittelung und Ueberweisung der versorgungsberechtigten Militairpersonen. Siehe Nr. 169.
66.	18. Juni.	Erleichterung in den Förmlichkeiten bei Eheschließungen. Siehe Nr. 172.
67.	20. Juni.	Verpflichtung der Notariats-Kandidaten zum Halten der Gesetz-Sammlung.
68.	4. Juli.	Vergütung einer Stempeltantième an die Friedensgerichtsschreiber.
...	7. Juli.	Dienstprädikate der Justizbeamten bei Veränderung ihrer amtlichen Stellung. Siehe Nr. 70.
69.	27. Juli.	Gebühren und Kosten des Verfahrens bei Theilungen und bei gerichtlichen Verkäufen von Immobilien im Bezirk des Appellationsgerichtshofes zu Cöln. Siehe Nr. 53 u. 77. Vergl. hierzu Anhang Nr. 4. Auszug aus dem Gesetze vom 3. Mai 1858 betreffend die Gebühren und Kosten des Verfahrens bei Theilungen und bei gerichtlichen Verkäufen von Immobilien im Bezirk des Appellationsgerichtshofes zu Cöln.
70.	5. August.	Dienstprädikate der Justizbeamten bei Veränderung ihrer amtlichen Stellung.
71.	6. August.	Einreichung der Straferkenntnisse gegen Personen adlichen Standes in den Fällen, wo die Verurtheilung den Verlust des Adels zur Folge hat.
...	9. August.	Berechnung der Wittwenkassenbeiträge bei Feststellung der den suspendirten Beamten zu

IV. Im Jahre 1856.

V. Im Jahre 1857.

Sachregister

zum

eilften Bande

der

für die Rhein-Provinz ergangenen

Gesetze, Verordnungen und Rescripte.

G. bedeutet Gesetz, Verordn. Verordnung, A. E. Allerhöchster Erlaß, St. M. Beschl. Staats-Ministerial-Beschluß, Minist. Erkl. Ministerial-Erklärung, Publ. Pat. Publikations-Patent, Bund. Beschl. Beschluß der Deutschen Bundes-Versammlung, Stat. Statut, Städte-O. Städte-Ordnung, Gem. O. Gemeinde-Ordnung, B. Bekanntmachung, V. Verfügung, A. V. Allgemeine Verfügung, ebend. ebendaselbst, s. Siehe. Die deutsche Zahl giebt die Seite an.

A.

C.

D.

E.

F.

H.

J.

K.

M.

O.

P.

Q.

R.

S.

U.

V.

W.

Z.

Druckfehler.

Seite 107 in der Anmerkung *) Zeile 1 ist zu lesen:
Gesetz vom 25. Mai 1857 statt April 1857.

Kolibri 360 GmbH
Ferdinand-Jühlke-Straße 7
99095 Erfurt, Deutschland
produktsicherheit@kolibri360.de